Raymond Cartier

50mal Amerika

R. Piper & Co. Verlag
München Zürich

Das Originalwerk erschien in erster Ausgabe 1953 unter dem Titel
»Les 48 Amériques«, in revidierter und erweiterter Neuausgabe 1961
unter dem Titel »Les 50 Amériques«,
beide im Verlag der Librairie Plon Paris.
Übersetzt aus dem Französischen von Leonore Schlaich
und Max Harriès-Kester.
Bearbeitung der vorliegenden Neuausgabe 1974 von Eric Maschat.
Hubert d'Havrincourt hat das Generalsekretariat für diese Neuausgabe
»50mal Amerika« übernommen.
Die Dokumentation besorgten Marie-Benoite Allizon und
Philippe de Bausset in Washington und Fabienne Dublet in Paris.
Vorsatzkarten: Jutta Winter

Bildnachweis

Bavaria-Verlag, Gauting, gegenüber Seite 48, 49, 65, 128, 129 unten, 145 unten, 208, 209 unten, 224, 225, 336, 432 unten, 433 unten. Diehl, München, gegenüber Seite 64, 209 oben, 320 oben, 321 unten 337, 448, 449. USTS, Frankfurt, gegenüber Seite 129 oben, 144, 145 oben, 320 unten, 321 oben, 432 oben, 433 oben.

ISBN 3-492-02062-3
14. Auflage, 89.–93. Tausend 1979

Gesetzt aus der Linotype-Aldus
Gesamtherstellung: Hieronymus Mühlberger, Augsburg
Printed in Germany

Städte mit über 1 Million Einwohnern
Städte mit 1/2 bis 1 Million Einwohnern
Hauptstädte

Piper Panoramen der Welt

Raymond Cartier · 50mal Amerika

INHALT

DER WELTREPORTER – PORTRÄT EINES WELTBÜRGERS

Zu den zahlreichen Erwartungen, die das ebenso oft überforderte wie unterschätzte »Zeitalter der Technik« bisher nicht erfüllt hat, gehört auch jener Menschentyp, den unsere Väter als »Weltbürger« ankündigten. Sein Kommen schien bis etwa 1914 nahe, ja unvermeidlich, er galt als das logische Endprodukt eines immer rapider und intensiver sich entwickelnden Weltverkehrs.

Daß diese Rechnung nicht aufgegangen ist, weil das menschliche Schicksal nie durch einfache Addition, Subtraktion oder Multiplikation kalkuliert werden kann, weiß jeder, der als Gast oder Gastgeber, als Eroberer oder Eroberter, Vertreibender oder Vertriebener mit der Fremde in Berührung kam. Gewiß sind nie zuvor in so kurzer Zeit so viele Menschen verschiedener Länder und Kontinente, Sprachen und Rassen in körperliche Nähe miteinander geraten; aber nicht das erwartete Verständnis, sondern weit öfter Mißverständnisse waren die Folge.

Wie auf so vielen anderen Gebieten, so ist es auch hier: Der Mensch hält mit seinen von ihm selbst erdachten und geschaffenen physischen Möglichkeiten nicht Schritt. Ein Reisender früherer Tage kam zwar weit weniger schnell und mühelos an den Ort seiner Bestimmung, dafür war er geistig und seelisch durch den langen Weg auf das Neue, Andersartige unvergleichlich besser vorbereitet. So war die räumliche und zeitliche Entfernung von Land zu Land, von Kontinent zu Kontinent dem wirklichen internationalen Verständnis oft bekömmlicher als die durch den heutigen Schnellverkehr nur äußerlich eng gewordene Nachbarschaft.

Der durchschnittliche Besucher fremder Länder ist kein andächtiger Pilger, kein gebildeter Gast mehr: Er stürzt aus dem Himmel, strömt aus dem Zug oder dem Bus, läßt sein motorisiertes Schneckenhaus, das Auto, durch die engen Dorfstraßen donnern. Er stört den Frieden der Einwohner und fühlt sich selbst gestört durch ihre ihm ungewohnten Sitten. Moderne Kriege und zeitgenössischer Tourismus haben

eines gemeinsam: sie sind mehr Überfall als Begegnung und bringen meist das Schlechteste im Nationalcharakter an die Oberfläche.
Neben den Unerfahrenen, absichtlich oder unabsichtlich Ärgernis Erregenden hat sich allerdings besonders seit der Vollendung des weltweiten Netzes der Passagierfluglinien ein neuer Typ des Reisenden entwickelt, der einer weltbürgerlichen Vorstellung schon näherkommt. Das sind die großen Geschäftsleute, Strategen und Diplomaten: Vertreter wirtschaftlicher oder politischer Macht. Sie kennen einander meist von häufiger Begegnung und gelegentlichem Gespräch. Vor einem Jahr traf man sich in Orly und klagte gemeinsam über die langsame Zollkontrolle, heute wartet man in Ciampino auf den Anschluß nach dem Nahen Osten oder in Karatschi auf die verspätete Maschine nach Indonesien. »Haben Sie je anständiges Wetter in Gander getroffen?« fragt ein »Stratocruiser«-Nachbar den anderen, im vorgeschichtlich wirkenden Nebel von Neufundland herumtastend, während der vierte Motor wegen eines Maschinendefektes inspiziert wird, und der andere antwortet: »Sie sind doch nie zufrieden. Vorige Woche jammerten Sie über die Hitze in Dakar!«

Diese professionellen Weltreisenden sind keineswegs so »unermüdlich«, wie es in den klischeegespickten Artikeln oder Ansprachen heißt, mit denen man sie oft willkommen heißt. Im Gegenteil: sie wollen, sie brauchen Komfort, um die Anstrengungen ihrer allzu schnellen, Distanzen und Nerven verzehrenden Existenz ertragen zu können. Um ihnen entgegenzukommen, sorgen die Hoteliers von Pernambuco bis Reykjavik, von Chikago bis Hongkong dafür, daß die zeitweiligen Unterkünfte der Planetarier einander möglichst ähnlich sehen. Da diese falschen Weltbürger weder Zeit noch Geduld haben, ihre schnell wechselnde Umgebung kennenzulernen und sich ihr anzupassen, so wird das fremde Milieu ihnen angepaßt. An diesen Brükkenköpfen des Weltverkehrs, unter welchem Breitengrade sie sich auch befinden mögen, ist das Klima mit Hilfe der Heiz- oder »Air-condition«-Apparaturen auf ein erträgliches Maß »eingestellt«, ist dieselbe Bauweise, Küche, Sprache zu finden. Wenn am frühen Morgen die verschlafene Stimme eines brüsk geweckten Mannes der Telefonistin des großen New Yorker Hotels mit einem verschlafenen »Oui« statt mit »Yes« antwortet, sich falsch verbessernd, »Ja, ja . . .« sagt und der wiederholten Mitteilung, es sei Punkt sieben Uhr, ein nun halbwaches »Si, si . . .« hinwirft, weiß die Dame in der Zentrale, daß sie es mit einem jener Leute zu tun hat, die Länder und Kontinente schneller als ihre Hemden wechseln. Nur ihr Traumbewußtsein hält mit dem Tempo nicht Schritt. Es hat noch eine Ahnung von der Buntheit und Verschiedenheit der Welt jenseits der Standard-Flughäfen, Standard-Hotels und Standard-Bürohäuser, den Monumenten einer schleichenden Welt-Gleichschaltung.

Neben diesem im höheren Sinne verunglückten Versuch zu weltbürgerlicher Existenz gibt es mindestens einen, der mir gelungen zu sein scheint und dem hoffnungsfrohen Bild unserer optimistischen Ahnen oft recht nahekommt – das ist der »Weltreporter«, ein neuer Journalistentyp, der nicht eine einzelne Stadt, nicht einmal ein einzelnes Land, sondern den ganzen Erdball als sein Arbeitsfeld betrachtet. Im Gegensatz zum Durchschnittstouristen ist er meist gut vorbereitet auf die Begegnung mit der Fremde, im Gegensatz zum hastigen Berufs-Weltreisenden sucht er im Auslande nicht das Gewohnte, sondern gerade das Andersartige, Ungewohnte. Er bleibt in jedem Lande lange genug, um sich einzuleben und jene Freundschaften zu schließen, die ihn von nun an mit jener Stadt, jener Nation dauerhaft verbinden werden, aber er weiß sich auch wieder zu trennen, sobald er spürt, daß seine Unbefangenheit verlorengeht und er die Ereignisse gar zu sehr mit den Augen der »Eingeborenen« zu sehen beginnt. Seine Aufgabe ist es ja gerade, in der Fülle der Erscheinungen und Meinungen die Übersicht zu behalten, zu sehen und zu vergleichen, Teilansichten, die widersprüchlich wuchern, zu verstehen und in große Perspektiven einzuordnen.

Die meisten »Weltreporter« sind heute, bezeichnender Ausdruck der neuen Rolle ihres Landes, Amerikaner. Da ist John Gunther, der Wanderer zwischen den Kontinenten, und Cyrus L. Sulzberger, der Reisende zwischen den Regierungskanzleien von fünf Erdteilen. Sein Kollege von der *New York Times*, H. W. Baldwin, zeichnet und verbessert immer neu das Weltbild, wie es sich den Generalstäblern bietet, die Gebrüder Alsop pendeln von Geheimdienst zu Geheimdienst, und Homer Bigart von der *New York Herald Tribune*, der sich seine Sporen im griechischen Bürgerkrieg verdiente, fliegt seitdem von einer Bürgerkriegsfront an die andere, bald ist er in Korea, bald in Persien, heute in Indochina, morgen in Ägypten. Einen amerikanischen Weltreporter, der Kulturen und Religionen miteinander vergleichen würde, gibt es leider nicht, seit Vincent Sheean, der so etwas versucht hatte, im Glauben Gandhis Hafen und Anker fand.

Es gibt auch ein paar europäische »Weltreporter«, und sie entsprechen der Idealvorstellung des Typs noch besser als die Amerikaner, weil sie weniger »spezialisiert« sind. Der Italiener Luigi Barzini junior, der Engländer Sefton Delmer und der Schweizer Peter Schmid gehören zu jener kleinen Vortruppe von Zeitungsleuten mit planetarischen Kenntnissen. In Frankreich, dem Land, das vielleicht zuerst den Typ des weitreisenden, verständnisvollen »grand reporter« erfolgreich herausstellte und in Albert Londres, der bei einem Schiffsbrand zu früh weggerissen wurde, einen noch heute kaum erreichten Weltreporter von literarischem Format und moralischer Größe besaß, ist nach dem Zweiten Weltkrieg Raymond Cartier hervorgetreten. Er berichtet für die Millionen-Illustrierte *Paris Match,* die man heute nicht nur im großen Publikum, sondern auch in Ministerien, diplomatischen Vertretungen und — auf anderen Redaktionen aufmerksam liest, um zu erfahren, was Cartier in seinem wöchentlichen Kabel aus irgendeinem Winkel der Erde zu berichten hat.

Vergleicht man Cartier mit seinen französischen Vorgängern, so fällt einem auf, was er bei den amerikanischen Reportern gelernt (und was er verlernt) hat. Er ist mehr Fotograf als Maler, künstlerischer und literarischer Ehrgeiz scheint ihm abzugehen, dafür berichtet er vollständiger und genauer als der oft mehr um Gestaltung als um genaue Wiedergabe bemühte Journalist der »alten Schule«. Cartier sammelt, ordnet und bewertet »facts«, klare überprüfbare Tatsachen, die absichtlich kunstlos aneinandergereiht sind: Der Berichterstatter tritt hinter seinen Themen zurück.

Trotzdem wäre es falsch, diese Art des Journalismus, wie es häufig geschieht, nun als »unpersönlich« zu bezeichnen. Der Tatsachenreporter verwendet zwar das Wörtchen »ich« nur selten, gibt kaum je wieder, was er fühlte und empfand, aber welche »facts« er aussucht, wie er sie »montiert«, ist doch durchaus subjektiv. Der Schreiber dieser Zeilen würde zum Beispiel, wenn er über die gleichen Themen zu berichten hätte, die Cartier in dem vorliegenden Buch anschlägt, oft ganz anderes Material vorlegen als sein französischer Kollege: Cartier, dessen eigentliches großes Thema ja das Land und seine Leute ist, kann, wenn er sich auf das Gebiet der Politik begibt, auf eine persönliche Sicht nicht verzichten. »Objektivität« soll und darf eben auch vom modernen Reporter nicht erwartet werden, sondern nur die gar nicht so weitverbreitete Fähigkeit, ehrlich und unverzerrt das mitzuteilen, wozu ihn seine Beobachtungsgabe, seine Vorbildung und sein aus Gespräch oder Lektüre erworbenes Wissen besonders befähigen.

Trotz solcher persönlicher Begrenzung, deren Vorhandensein ein nicht nur die Außenwelt, sondern auch seine eigene Tätigkeit beobachtender Reporter niemals leugnen wird, muß er sich stets strebend bemühen, möglichst viel aus allen Regionen, allen Wissensgebieten, allen weltanschaulichen Lagern zu erfahren. Der Weltreporter hat nicht nur von Land zu Land, von Kontinent zu Kontinent zu reisen, er muß auch die oft viel schwieriger zu überwindenden Distanzen vom einen zum anderen Lebensbereich oder Forschungsgegenstand bewältigen.

Ein Berichterstatter wie Cartier kann sich nicht mehr mit »politischen Informationen« begnügen. Er weiß, daß wirtschaftliche Gegebenheiten und Gebundenheiten das politische Bild wesentlich beeinflussen. Es ist ihm klar, daß die Arbeiten in Laboratorien und Fabriken oft das Bild von Gegenwart und Zukunft entscheidender beeinflussen als das, was Diplomaten und Soldaten planen. So wird er gezwungen, ein lebendiges Archiv all dessen zu werden, was heute und gestern gedacht und getan wird. Er ist gezwungen, im Dienste jener großen Übersicht, die in der Überfülle der Tatsachen verlorenzugehen droht, ein »Hansdampf in allen Gassen« zu sein, stets bedrängt von dem großen Dilemma: Soll und kann er den Einzelfragen so gewissenhaft auf den Grund gehen wie die Fachleute oder im Bemühen um größtmögliche Vielseitigkeit gelegentlich eine Ungenauigkeit riskieren?

Wenn ein Reporter des Typs, den Raymond Cartier repräsentiert, scheinbar »wahllos« bald über einen Atombombentest und bald über die Wahl einer Schönheitskönigin, einmal über einen Bußprediger und dann wieder über das Phänomen der »Fliegenden Untertassen« berichtet, wenn er die kurze Biographie großer Politiker oder eines einfachen Tankstellenwärters schreibt, am Vormittag die Slums einer Metropole besucht, am Nachmittag bei einem diplomatischen Cocktail konversiert, abends in der Bibliothek recherchiert und dann noch in der Nacht mit einer Schauspielertruppe soupiert, so erfüllt er damit – vielleicht sogar ohne es zu wissen – eine gerade heute besonders wichtige Funktion: er ist das Bindeglied zwischen Berufen und Kontinenten, zwischen Fakultäten und Parteien, Klassen und Rassen. Trennung und Widerspruch einer unüberschaubar gewordenen Welt werden in seiner Person vereinigt und damit überwunden: Der Mensch wird in ihm und mit ihm Herr einer chaotisch scheinenden Welt.

Gerade an den Vereinigten Staaten, die mit ihren verschiedenen ethnischen Gruppen, ihrem so gegensätzlichen Klima, ihrer jenseits aller Standardisierungsbestrebungen doch so erstaunlichen Vielfalt, ja eine

Welt in sich sind, kann der »Weltreporter« sich bewähren. Außer dem Amerikaner John Gunther hat niemand auch nur den Versuch gemacht, ein so »komplettes« Amerikabuch zu schreiben, eine solche Unmenge von Tatsachen und Beobachtungen zwischen zwei Buchdekkeln anzusammeln wie Raymond Cartier. Neben den zahlreichen aus persönlicher und deshalb oft gewollt begrenzter Sicht entstandenen Amerikabüchern, die seit dem Zweiten Weltkrieg erschienen, nimmt Cartiers literarisches Riesen-Mosaik einen sehr wichtigen Platz ein. Es versucht, so prall, so vollgepackt mit oft kuriosen, widersprüchlichen, aber immer bunten Eindrücken zu sein wie das Land, das es sich zu beschreiben vornimmt.

Durch den echten Weltreporter wird die gewaltige Fülle moderner Daseinsarten und Erkenntnisse wenigstens oberflächlich bewältigt. Er ist Odysseus und Dante, Marco Polo und Faust, suchend und sammelnd, begeistert und bestürzt, lernend und belehrend, bewundernd und kritisch, ein Zeuge, der aussagt, was ist, in einer Zeit, da die von so vielem Neuen, Ungewohnten, Unbegreiflichen überwältigten Künstler zeitweilig die Sprache verloren haben. Indem der Reporter aus 50 Staaten Amerikas und doppelt so vielen Ländern des Erdballs, aus Hunderten von Wissensgebieten und Lebensregionen heranträgt, was er dort sah, hörte und las, bereitet er den großen Sehern den Weg, die dann einmal von höherer Warte aus inmitten der Verwirrung wieder das große Maß, das Gesetz und die Ordnung entdecken werden.

Salzburg, im März 1954 *Robert Jungk*

VORWORT
ZUR DEUTSCHEN NEUAUSGABE

Dieses Buch hat seit seinem Erscheinen im Jahre 1952 zahlreiche Wiederveröffentlichungen erfahren, deren jede mit dem Versuch verbunden war, alle Fakten auf den neuesten Stand zu bringen. Diesmal nun hat der Verfasser eine völlige Neubearbeitung vorgenommen in dem Bestreben, den allgemeinen Veränderungen Rechnung zu tragen, deren Schauplatz Amerika seit mehr als zwanzig Jahren geworden ist.
Diese Veränderungen sind beträchtlich und eindrucksvoll. Amerika und die Amerikaner haben viel von den Charakterzügen eingebüßt, die sie noch in der unmittelbaren Nachkriegszeit gekennzeichnet hatten. Sie galten als unbesiegbar. Enttäuschungen haben sie inzwischen mancher Illusion beraubt und unerwartete Widerstände ihren Traum zerstört, sie könnten die Welt nach ihrem Vorbild umgestalten, »The American way of life« weltweit einführen. Der schockartige Rückschlag löst eine Wendung nach innen aus. Er zieht eine Konzentration auf die internen Probleme nach sich, die in ihrer Mehrzahl — sei es nur scheinbar, sei es tatsächlich — dringlicher, ja in manchen Fällen wirklich gravierend geworden sind.
Und doch verfiele man einem Irrtum, wollte man so weit gehen anzunehmen, die Vereinigten Staaten wären heute etwas gänzlich, ja auch nur tiefgehend anderes als vor rund zwanzig Jahren. Nationen verändern sich, aber sie haben auch ein Beharrungsvermögen, und somit kann man sie auch grundverschieden porträtieren — je nachdem, ob man mehr Licht auf das Bleibende oder auf das Wandelbare wirft.
Dieses Buch bleibt, was es war, nämlich vor allem ein beschreibendes. Es faßt Amerika in der kontrastreichen und farbigen Wirklichkeit seiner fünfzig Staaten auf. Ohne auf Schlußfolgerungen zu verzichten, will es vor allem erzählen. Immer wieder stellt es der Gegenwart die Vergangenheit erklärend an die Seite und trachtet nach einer möglichst konkreten Darstellung dieses weiten, großen Landes, das — trotz den beachtlichen Fortschritten Europas — der tragende Pfeiler der westlichen Welt ist und bleibt.

Die Wegrichtung ist jetzt umgekehrt: die früheren Ausgaben begannen die Reise am Pazifik und bewegten sich ostwärts. Die vorliegende nimmt ihren Anfang in Neu-England und wählt die zuletzt zu der amerikanischen Staatenfamilie gestoßenen Länder Alaska und Hawaii als Zielpunkte. Ein besonders triftiger Grund für diese Veränderung der Wegrichtung bestand nicht, ausgenommen vielleicht die Tatsache, daß der Aufschwung im Westen in letzter Zeit nicht so stürmisch war, wie er vor zwanzig Jahren zu werden versprach. So hat diese Arbeit in ihrer neuen Form den historischen Weg Amerikas in der Bahn der Sonne wiedergefunden.

Paris, im Mai 1974 Raymond Cartier

CONNECTICUT · RHODE ISLAND · MASSACHUSETTS NEW HAMPSHIRE · VERMONT · MAINE

Neu-England

Hätte Amerika nicht die instinktive und wunderbare Klugheit besessen, von der es sich seit Beginn seiner Geschichte leiten ließ, so gäbe es heute einen unabhängigen und souveränen Staat mehr in der Welt. Er hieße Neu-England, seine Hauptstadt wäre Boston. Er zählte 11 224 000 Einwohner, besäße seine Fahne, seine Armee, seinen Zoll, seine Münze, seine Diplomaten und hätte einen Sitz in der UNO. Die Kinder würden in seinen Schulen lernen, wie selten harmonisch seine Gebirge und Ebenen, seine Küsten mit ihrem Hinterland, seine Landwirtschaft und seine Industrie seien, was ihn ganz offensichtlich von Ewigkeit her dazu bestimmte, eine historische und politische Einheit zu werden. Es ist sogar wahrscheinlich, daß diese Meinung in der ganzen Welt anerkannt, vielleicht auch bewundert würde — da auch das französische Sechseck, die britische Insel- und die italienische Halbinsellage als zwingende Gründe gelten, daß aus Europa ein Staatengemisch und eine Stierkampf-Arena gemacht wurden.

Bis auf ein paar kleine, unentbehrliche Dinge — wie Kohle und Erdöl —, die es im Ausland kaufen müßte, wäre Neu-England mit allem versehen, was zum Leben einer Nation notwendig ist. Es hätte eine Handelsflotte — vielleicht wäre sie zweiten Ranges, dafür aber sehr aktiv — und es hätte so produktive Fischereien, daß es sie entweder beschränken oder den Überfluß mit Hilfe eines Exportprämien-Systems ans Ausland absetzen müßte. Es würde mehr Holz und Zellstoff produzieren, als es selbst verwerten könnte. Es wäre ihm unmöglich, seine Äpfel selbst aufzuessen und seine Milch selbst zu trinken, es hätte aber zum Ausgleich einer ungenügenden Hüttenindustrie eine Textilindustrie, deren Kapazität seine Bedürfnisse weit übersteigen würde. Aus Rücksicht auf sein kommerzielles Gleichgewicht würde es seinen Bürgern vermutlich Orangen und Grapefruits vorenthalten, sie dafür aber mit einem schwarzen, groben Tabak beglücken, den man mit gutem Recht einheimisch nennen könnte, da er durch keine subtropische Mischung verfälscht wäre. Neu-England würde also über alle die Elemente der Einheit und des Gleichgewichts verfügen, die ein natürlich abgegrenztes Gebiet der Unabhängigkeit – dieses unschätzbaren Gutes – würdig machen.

Statt dieser brillanten nationalen Erfolge besteht Neu-England nur aus sechs der Vereinigten Staaten. Ihre Namen sind in alphabetischer Reihenfolge: Connecticut, Maine, Massachusetts, New Hampshire, Rhode Island und Vermont. Keiner von ihnen ist ein Koloß. Rhode Island, der kleinste Staat von Neu-England und von Amerika überhaupt, umfaßt nur 1214 Quadratmeilen, so daß man z. B. 220 Rhode Islands brauchte, um die Fläche des Bundesstaates Texas zu erhalten. Connecticut, Massachusetts, New Hampshire und Vermont ergeben zusammen nicht einmal einen mittelgroßen Staat des Westens. Maine allein wäre die Hälfte von Neu-England, aber es ist kaum größer als zweimal die Schweiz. Man befindet sich hier im europäischen Maßstab. Neu-England könnte mit Mann und Maus in 20 französischen Departements untergebracht werden.

Das soll nicht heißen, es ließe sich einfach mit ein paar Worten beschreiben. Es ist im Gegenteil viel weniger einheitlich als jedes andere Gebiet Amerikas. Es beginnt vor den Toren New Yorks mit der Autostraße Merritt Parkway, und es endet an der kanadischen Grenze in Urwäldern. Die sechs ungleichen politischen Teile, aus denen es besteht, haben alle ihre Eigenart. Jeder von ihnen hat seine Geographie, seine Geschichte, seine Volkswirtschaft, seine Tradition, seinen Partikularismus.

CONNECTICUT

Waffenschmied und Versicherer

Connecticut – 3 Millionen Einwohner, Hauptstadt Hartford – hat die Größe eines kleinen französischen Departements. Aber es entwickelt mehr Gegensätze und mehr Gebiete der Betätigung als die meisten europäischen Nationen. Es ist eines der Luxusschlafzimmer und einer der Golfplätze New Yorks. Aber in der Nähe des großen stillen Flusses Connecticut, der ihm seinen Namen gegeben hat, ist es auch ein ländliches Tal. Bridgeport, Newhaven (mit der berühmten Yale-Universität) und vor allem Hartford entziehen sich dem Einfluß New Yorks. Eine widerstandsfähige ländliche Lebensart hat sich hier ausgebildet und erhalten. Die Metallindustrie ist vorherrschend, aber sie hat eine Spezialindustrie entwickelt, die eher eine große Arbeiterschaft als eine große Tonnage mit sich bringt. Eine dieser Industrien ist die Fabrikation von Schußwaffen, der die internationale Lage einen großen Aufschwung gegeben hat. Connecticut ist der Staat der Waffenfabrikation, aber auch der Staat des Versicherungswesens. Hartford, die Heimstatt der Versicherungen — »The Insurance City« — ist Sitz von 43 großen Versicherungsgesellschaften, von denen 15 das Lebensversicherungsgeschäft mit insgesamt jährlich zweieinhalb Millionen neuen Policen betreiben.

Der zur Zeit berühmteste Sohn Connecticuts ist ein einsneunzig langer Bursche, dessen Anzüge meist schlecht gebügelt und dessen Absätze abgetreten sind, der in einem möblierten Zimmer haust und weder Auto noch Fernseher besitzt. Dieser Nichtkonsument heißt Ralph Nader und hat sich ganz spontan zum Verfechter der Verbraucherschaft gemacht. Sohn eines libanesischen Einwanderers, absolvierte er seine Lehrzeit nicht in Yale, sondern an den beiden mit dieser rivalisierenden Universitäten Princeton und Harvard. In Harvard verfaßte er eine Streitschrift, »American Cars: Designed for Death« — Amerikanische Autos: für den Tod gebaut — und brachte sie 1965 in erweiterter Form unter dem Titel »Unsafe at any Speed« — zu deutsch etwa »Bei jedem Tempo lebensgefährlich« — neu heraus. Eine Abteilung der General Motors hatte die schlechte Idee, eine privatpolizeiliche Untersuchung zu provozieren und somit diesen Störenfried tunlichst mundtot zu machen. Der Präsident des Industriegiganten, James Rocke, mußte sich bei Ralph Nader persönlich entschuldigen. Eine wirksamere Rechtfertigung konnte sich dieser gar nicht wünschen.

Seither hat Nader zwei Hauptbüros eingerichtet — eines in Connecticut, ein zweites in Ohio. Die von ihm ins Leben gerufene Organisation zählt nicht weniger als vierzehn Filialen, und die Sachgebiete, auf die sich seine uferlose Aktivität erstreckt, mehren sich ständig. Er ist zu wahren Kreuzzügen aufgebrochen gegen die Brennbarkeit von Kinderspielzeug, gegen alles Ungesunde in Gaststätten, gegen mangelhafte hygienische Bedingungen bei der Konservierung von Fleischwaren, gegen Ernährungsschäden durch Fische, die in verschmutzten Gewässern gefangen werden, gegen Sicherheitsmängel an Flugzeugen

usw., usw. Dabei liegt Amerika an der Spitze aller Länder, was die Fülle an Gesetzen und Vorschriften zum Schutze der Verbraucher im allgemeinen anbelangt – ganz gleich, ob es sich um die Reinheit von Lebensmitteln oder die Sicherheit von Personenaufzügen handelt. Dieser schreckliche Nader perfektioniert auch noch den Perfektionismus, findet Löcher im Urgestein der Paragraphen, fordert Maßnahmen und erweckt nach außen hin den irrigen Eindruck, Amerika sei ein vernachlässigtes, ungesundes Land.
Daß er dennoch nützlich sein kann, hat Expräsident Nixon erkannt; aber daß seine Aktionen ebenso systematischen wie demagogischen Charakter haben, kann auch nicht geleugnet werden. Nader will allzuvieles machen und beweisen. Eine endlos erscheinende Erfolgsspirale treibt ihn immer weiter in dem Bestreben, sich selbst zu überbieten, sich zu einer Art Generalprokurator aufzuwerfen gegen ein Erzeugungs- und Verteilungssystem, welches – von unvermeidlichen Unvollkommenheiten abgesehen – unbestritten das beste der Welt ist. Zuweilen gleichsam bei den Haaren herbeigezogene Aktionen müssen unweigerlich zu schwerwiegenden Irrtümern führen.

Fläche: 13 000 km²
Einwohnerzahl: 3 032 217
Haupstadt: Hartford
Beiname: Staat der Verfassung
Hymne: keine
Devise: Qui transtulit, sustinet
Blume: Steinlorbeer
Baum: Eiche (White Oak)
Wichtigste Städte: Bridgeport, New Haven
Wichtigste Produkte: Milch- und Geflügel-Produkte. – Kartoffeln. – Obst und Gemüse. – Tabak. – Steine, Sand und Kies. – Düsenflugzeuge und Hubschrauber. – Nadeln, Stecknadeln. – Silberwaren. – Kurzwaren. – Uhren. – Schreibmaschinen. – Messerschmiedewaren.
Bundesstaat seit 9. Januar 1788 (an 5. Stelle der ersten 13 Staaten).

RHODE ISLAND

Erbland des Nonkonformismus

In Rhode Island (950 000 Einwohner) ist die Küste sehr zerrissen. Flache Fjorde zwingen den kleinsten Staat, sich mit einem Netz von Brücken riesigen Ausmaßes zu bedecken. In den ersten Zeiten Amerikas brachte die Lage Rhode Islands einen Stamm von Seefahrern und Seeräubern hervor, aber die maritime Aktivität hat nachgelassen, und heute lebt der Staat mehr von der Industrie als vom Meer. Die Hauptstadt Providence ist eine vornehme alte Stadt, aber die Glanzrolle gebührt Newport. Vor fünfzig Jahren kam die ganze Hautevolee Amerikas dorthin und spielte auf seinen Rasenplätzen Krocket. Mrs. Astor, die große Gastgeberin Newports, sagte höchst demokratisch: »Ein Mann, der eine Million Dollar besitzt, kann so behaglich leben, als wäre er reich.« Es gibt noch Reste aus diesen entschwundenen Zeiten — Regatten, Tennisturniere, ein paar große, äußerst exklusive Häuser, die noch jeden Sommer ihre Tore öffnen — und seit 1954 — sehr zum Entsetzen der Einheimischen — das alljährliche Jazz-Festival; aber das Newport des letzten Jahrhunderts ist in einem Amerika der Erbschafts- und Einkommensteuer nur noch eine Legende.

Oberhalb des Kapitols von Providence erhebt sich das Standbild des Gründers von Rhode Island, Roger Williams mit Namen, eines fanatischen Geistlichen, dessen dissidenter Fanatismus am konformistischen Fanatismus der Puritaner von Boston Anstoß nahm. Als er 1635 aus der Plantage Massachusetts verbannt wurde, schlug er sich durch die verschneiten Wälder bis zu den Indianern durch, bei denen er den Winter verbrachte. Hatte er doch stets die Auffassung vertreten, sie seien die einzigen legitimen Eigentümer Amerikas. Im Frühjahr gründete er sodann mit den wenigen Getreuen, die ihm gefolgt waren, die Plantage Providence. Eine der seltenen Frauengestalten aus den Anfängen Amerikas, Anne Hutchinson, die gleichfalls aus Boston vertrieben worden war, brachte der noch gleichsam embryonalen Kolonie ihre Vorliebe für Streitigkeiten und wurde schließlich — als Verfemte oder Verstoßene — in der Gegend, wo heute Bronx liegt, von den Indianern massakriert. Verfälschung geschichtlicher Wahrheit hat aus Williams einen Liberalen gemacht, der gegen die Intoleranz revoltiert und die politische Tradition von Rhode Island begründet haben soll.

In den Augen der Konservativen Amerikas ist Rhode Island rot. Der

Zeitungsmagnat Robert McCormick ließ eines Tages einen von den 48 Sternen verschwinden, die dazumal die am Gebäude seiner *Chicago Tribune* wehende amerikanische Fahne zierten. So wollte er »Little Rhody« für seinen Bolschewismus bestrafen. Bestraft aber wurde er selber wegen Beleidigung des Sternenbanners. Jener behauptete Bolschewismus besteht naturgemäß in den dort regelmäßigen Wahlsiegen der Demokraten. Rhode Island hat ihnen 1964 fünf Stimmen gegen eine gegeben, als der Kandidat der Republikaner Barry Goldwater hieß, und auch noch einen erheblichen Vorsprung bei der Wahl von 1968, als der republikanische Kandidat Richard Nixon war. Die Kehrtwendung von 1972: 211 000 Stimmen für Nixon und 187 000 für McGovern, war eines der besonders bezeichnenden Ergebnisse einer Wahl, auf die ich noch mehrmals zurückkommen werde.

Fläche: 3156 km²
Einwohnerzahl: 949 723
Hauptstadt: Providence
Beiname: Klein-Rhody
Hymne: keine
Devise: Hoffnung
Blume: Veilchen
Baum: Ahorn
Wichtigste Städte: Newport, Portsmouth
Wichtigste Produkte: Milch- und Geflügelprodukte. — Ton, Granit. — Textilien. — Elektronische Geräte. — Werkstoffe. — Silberwaren. — Schmuck. — Werkzeuge. — Metallwaren.
Bundesstaat seit 29. Mai 1790 (letzter der ersten 13 Staaten).

MASSACHUSETTS

Wiege der Vereinigten Staaten

Massachusetts (5 700 000 Einwohner) ist das Rückgrat Neu-Englands, seine historische Basis und sein vollkommenster Ausdruck. Es spricht so beredt für Neu-England, daß die anderen fünf Staaten hin und wieder der Meinung sind, es mißbrauche seine Stimme. Seine große Bevölkerungsdichte, seine intensive industrielle Aktivität haben es mit Städten bedeckt (Boston, Springfield, New Bedford, Fall River, Lynn, Lowell usw.), von denen einige alt und schmutzig sind. In ihrer Gesamtheit sind die Städte von Massachusetts jedoch die harmonischsten in ganz Amerika mit ihren schattigen Gärten, ihren Rasenplätzen und ihren weißen Häusern im Kolonialstil. Kap Cod – das mit seinen Dünen wie eine große Streitaxt mitten in die Stürme und Strömungen des Atlantik geworfen ist – ruht ganz in sich im silbernen Licht seiner Wälder und Seen. In Provincetown, seiner äußersten Spitze, leben alte portugiesische Fischer zusammen mit den Schriftstellern und Künstlern eines maritimen Montmartre, dessen Gründer Eugene O'Neill, John Reed und Max Eastman waren.

Boston, 640 000 Einwohner (gegen 698 000 bei der Zählung von 1960), die Hauptstadt von Massachusetts, ist weltberühmt. Seine Lage an der Mündung des Charles River hat es zur Metropole gemacht. Die Stadt ist verwirrend, prächtig und schmutzig zugleich, mit Vierteln, die von ihrem Alter zeugen, und wunderbaren Vorstädten, die für die Lebensfreude gebaut wurden. Beacon Hill ist das Kapitol der stolzen City – ein mittlerer Hügel, dessen Straßen noch mit Kieselsteinen gepflastert sind. Oliver Wendell Holmes, der berühmte Professor von Harvard, sagte einmal: »Beacon Hill ist die Achse des Sonnensystems« – und die Bewohner von Beacon Hill dachten nicht eine Sekunde, er habe das ironisch gemeint. Diese Aristokraten nannten sich – und nennen sich noch heute – die »Brahmanen« oder die »Kabeljaus«, und der Hochmut, mit dem sie die Menschheit im allgemeinen betrachteten, hinderte sie nicht, unter sich hohe Hierarchien der Eitelkeit anzuerkennen. »Die Lowells«, so lautete eine Redensart, »sprechen nur mit den Cabots, und die Cabots sprechen nur mit Gott.« Die Spuren dieser herrschenden Schicht, die lebendiger geblieben ist als die alte Gesellschaftsschicht in Philadelphia, sind in den historischen Denkmälern von Boston zu finden – in der Faneuil Hall, wo sich die Revolutionäre von 1775 versammelten, und dem Haus, aus dem der Hugenotte aus Bordeaux, Paul Revere, zu seinem Marathonritt aufbrach, der ihn in die Lage versetzte, die Patrioten in Lexington vom Herannahen der Engländer zu benachrichtigen.

Boston war noch 1940 die neuntgrößte Stadt von Amerika. Anläßlich der Volkszählung von 1970 stellte sich heraus, daß die Stadt hinter Houston, Dallas, Washington, Indianapolis, Milwaukee, San Franzisko, San Diego und San Antonio zurückgeblieben und somit auf dem sechzehnten Platz gelandet war. Beinahe wäre es sogar der siebzehnte geworden, wenn nicht Saint Louis in Missouri noch rascher geschrumpft wäre.

Massachusetts hat lange in Puritanismus gebadet. In seinen Gesetzbüchern finden sich immer noch außer Gebrauch gekommene Überbleibsel der sogenannten »blue laws« — der »Gesetze gegen das Obszöne« —, die alles Laszive bis in das Ehebett zurückdrängen sollten. Boston kannte sogar lange Zeit eine von unkeuschen Keuschheitsvereinen erzwungene Buchzensur. Die Pornowelle ist auch über diese Stadt hinweggerollt wie überall, und das ohne ihren hervorragenden kulturellen Ruf irgendwie mehren zu können. Das Sinfonieorchester (von Erich Leinsdorf, früher von Charles Münch geleitet) und das Museum der Schönen Künste nehmen unter den entsprechenden amerikanischen Institutionen einen führenden Rang ein. Nicht in die Stadt Boston eingemeindet, jedoch zum Einzugsgebiet gehörig, ist die Gartenstadt Cambridge, Sitz des Massachusetts Institute of Technology und von neun Universitäten — darunter Harvard. Kein rühmlicherer Name im Kreis derer, denen Wissen und Lebenskultur am Herzen liegen. Diese älteste Universität Amerikas zählte 1972 20 000 Studenten und 5000 Professoren. Ihr Vermögen bezifferte sich auf 1,2 Milliarden Dollar. Somit wäre sie wohl die reichste (juristische) Person Amerikas. Sie kassiert die höchsten Studiengebühren (4770 Dollar im Jahre 1971), verfährt aber äußerst großzügig mit der Gewährung von Stipendien wie auch in der Förderung von Forschungsaufgaben. Die Bibliothek umfaßt sieben Millionen Bände, darunter die Gutenberg-Bibel und weitere 2500 vor 1501 gedruckte Bände. Trotzdem wird Harvard vom Amerikanischen Bildungsrat nach dem Leistungsgrad in den fünf Hauptfächern — den Humanistischen und Sozialwissenschaften, der Biologie, Physik und Technologie — nur an zweiter Stelle, nach Berkeley, eingestuft. Auch liegt Kalifornien nach der Anzahl der unter den ersten zehn rangierenden großen Studieneinrichtungen an der Spitze: mit

dreien (Berkeley, Stanford, Caltech) gegen zwei (Harvard und The Massachusetts Institute of Technology) in Massachusetts.
Harvard ist von den Studentenunruhen der letzten Jahre nicht verschont geblieben. Am 9. April 1969 drangen etwa fünfzig Studenten in das Kanzleramt der Universität ein, mißhandelten dort anwesende Professoren und zerstörten einen Teil der Archive. Ein weiterer Aufstand ereignete sich am 11. Dezember 1970, als die farbigen Studenten dafür demonstrierten, daß ihren Rassegenossen ein Anrecht auf 25 Prozent der im Bereich des Campus bestehenden Arbeitsplätze zugestanden werde. Der Präsident von Harvard, Dr. Nathan Marsh Pusey, nahm hierauf seinen Abschied. Der Leser wird bei der Lektüre dieses Buches noch auf weitere Studentenunruhen stoßen und in dem Kapitel über das turbulente Kalifornien eine Zusammenfassung zu diesem Thema finden.

Fläche: 21 000 km^2
Einwohnerzahl: 5 689 170
Hauptstadt: Boston
Beiname: Bay-Staat oder Alte Kolonie
Hymne: All hail to Massachusetts
Devise: Ense petit placidam sub libertate quietem
Blume: Primel
Baum: Amerikanische Ulme
Wichtigste Städte: New Bedford, Plymouth, Pittsfield, Springfield, Fall River
Wichtigste Produkte: Milch- und Geflügelprodukte. — Äpfel, Birnen, Moosbeeren. — Ahornsirup. — Fischerei. — Steine, Sand, Kies. — Lebensmittelindustrie. — Textilien. — Schuhe. — Elektrische und elektronische Apparaturen. — Gummiwaren, Werkstoffe. — Papier. — Metallwarenindustrie.
Bundesstaat seit 6. Februar 1788 (an 6. Stelle der ersten 13 Staaten).

NEW HAMPSHIRE · VERMONT · MAINE

Das Amerika aus Granit

Der Westen von Massachusetts ist gebirgig. Im Norden entfalten sich bewaldete Gebirge. Zwei Zwillingsstaaten haben sich auf diesem Bergland mit rauhem Klima und lange anhaltendem Schnee festgesetzt. Alle beide sind sehr bescheiden: New Hampshire, Hauptstadt Concord, 740 000 Einwohner; Vermont, Hauptstadt Montpelier (nur mit einem »l«), 445 000 Einwohner. Die Industrie hat sich in den Tälern angesiedelt, und Vermont holt aus seinen Granitbrüchen in Barré den Löwenanteil an Material für die Denkmäler der berühmten Männer Amerikas. Die Menschen in Vermont – »Green Mountain Boys« – haben den Ruf, schweigsam, mißtrauisch, hochmütig und geizig zu sein und den Vereinigten Staaten seit der Revolution die besten Soldaten zu liefern. New Hampshire, das noch gebirgiger ist, noch juraähnlicher, hat seinen Berggipfeln die Namen aller Präsidenten der Vereinigten Staaten gegeben (der Mount Washington beherrscht sie alle), und es lebt großenteils von seinen Sommerkurorten. Bretton Woods, wo die interalliierte Konferenz von 1944 stattfand, liegt in New Hampshire: es ist einer der teuersten und exklusivsten israelischen Country-Clubs der Vereinigten Staaten.

Und endlich noch Maine. Die gepflegten, geglätteten, geleckten Landschaften in Massachusetts und Connecticut finden hier ihr Gegenstück an Großartigkeit und Wildheit. Die Küste erinnert an die Bretagne und endet – ganz wie in der Bretagne – in einer Bucht, wo der Wellenschlag das Tempo eines galoppierenden Pferdes erreicht. Und wie in der Bretagne sind die beiden symbolischen Produkte – die nährenden Brüste – die Kartoffel und der Hummer. Und abermals wie in der Bretagne zieht sich an der Küste und den Flußmündungen entlang eine Girlande von Städten, darunter der Seehafen Portland und die Hauptstadt Augusta. Aber das Innere von Maine gleicht Finnland – es ist von 2465 Seen ausgehöhlt und von unergründlichen Wäldern bedeckt. Weite Gebiete haben als Zugang nur Privatwege von Zellstoff-Firmen, und die längste Strecke in Amerika ohne Benzintankstelle (mehr als 50 Kilometer) befindet sich wahrscheinlich auf der Bundesstraße 201 an der Grenze von Kanada. Im Sommer verdoppelt Maine – das »Ferienland« – seine Bevölkerung von 993 000 Einwohnern.

Die Vielfalt Neu-Englands ist somit beträchtlich. Trotzdem ist seine

Einheitlichkeit offensichtlich. Sie wird in den Staaten, wo Neu-England eine Art Vaterlandersatz als Bindeglied zwischen Europa und dem neuen Wohnort in Amerika darstellt, widerspruchslos anerkannt. Viele Touristen kommen von weit her, um die »alten Länder« zu sehen, und sie besuchten Neu-England fast wie ein Museum. Die Neu-Engländer ihrerseits fühlen unter sich eine Solidarität, die über ihren lokalen Eifersüchteleien steht. Die 6 Staaten erstreben gemeinsame Institutionen, oder zum mindesten eine enge Fühlungnahme zur Verteidigung ihrer gemeinsamen Interessen. Die besondere Physiognomie Neu-Englands wird sichtbar und kenntlich in jeder Falte seines Bodens.

Die Amerikaner, die viel gereist sind, erkennen die Ursache: Neu-England hat Ähnlichkeit mit Europa. Eine Landschaft des zwanzigsten Jahrhunderts ist selten Natur im Urzustand, sondern fast immer vom Menschen geprägt. In Neu-England sind die Spuren der menschlichen Besitznahme älter und tiefer als irgendwo sonst in den Vereinigten Staaten. »Es ist der einzige Teil Amerikas, der schon fertig ist«, sagt ein Geograph. Das Gefühl des Provisoriums, der Eindruck, die Ortschaften ließen sich wieder abbrechen und die Menschen blieben nur vorübergehend, ist dort völlig ausgeschaltet. Die Dörfer in Vermont und Maine führen uns buchstäblich wieder nach Europa durch die Haltung ihrer Bewohner, die Krümmungen ihrer Wege, ihre ohne Mörtel aufgeschichteten Mauern, ihre alten Friedhöfe und die Art ihrer Landwirtschaft. Die Einstellung zum Leben kann in diesen abgeklärten Ländern nicht dieselbe sein wie im Mittelwesten, der unter der »Tyrannei der geraden Linie« steht, und noch weniger dieselbe wie in Arizona, wo niemand behaupten kann, sein Urgroßvater sei dort geboren. Neu-England ist in seiner Volkswirtschaft und seinen Sitten von Grund auf konservativ, wie immer auch seine politischen Formen und die Bedeutung seiner syndikalistischen Zugehörigkeit sich noch entwickeln mögen.

Es wurzelt ganz und gar im amerikanischen Mittelalter. Die Küste von Maine ist 1546 von Sebastian Cabot entdeckt und 1604 von Samuel de Champlain erforscht worden. Die erste Kirche, das erste Fort und das erste nördlich der Chesapeake-Bai gebaute Schiff entstanden gegen 1607 an den Ufern des Kennebec, in der Nähe des heutigen Augusta (Maine). Die erste amerikanische Verfassung war die »Fundamental Order« von Connecticut, die 1639 proklamiert wurde. Die erste amerikanische Universität – Harvard College – wurde 1636 in Massachusetts errichtet. Und die berühmtesten Kolonisatoren Amerikas, die Pil-

ger der *Mayflower*, landeten am 21. Dezember 1620 gleichfalls in Massachusetts.
Diese Pilger sind so berühmt, daß sie einen Platz in der Geschichte bekommen haben. Dabei waren sie weder Entdecker noch die ersten Einwanderer, die sich auf dem heutigen Territorium der Vereinigten Staaten angesiedelt haben. Fast ein Jahrhundert vorher waren die Spanier unter Ponce de Leon und die französischen Hugenotten unter Jean Ribaut nach Florida gekommen. Und noch siebzehn Jahre früher landeten die 103 Kavaliere des Kapitäns John Smith in Virginia. Sie kamen sogar sieben Jahre nach den Holländern, die sich an der Mündung des Hudson festsetzten und den Urgroßvater des Urgroßvaters von Präsident Roosevelt zu den Ihren zählten. Trotzdem sind die Pilger die Väter Amerikas. Sie brachten zwar nicht die Freiheit mit, aber eine gewisse Konzeption der menschlichen und politischen Beziehungen, auf die sich die amerikanische Ideologie gründet. Schon 1620 säten sie die Keime zu den Ereignissen von 1776, und es ist bestimmt kein Zufall, daß die Revolution ein paar Kanonenschüsse weit von dem Strand entfernt begann, an dem die *Mayflower* gelandet war.
Dagegen war es ein großer Zufall, daß die Pilger in Plymouth ankamen. Ihr Bestimmungsort war Virginia. Die 101 Einwanderer des Kapitäns Christopher Jones wären dort auf die 103 Kolonisten des Kapitäns John Smith gestoßen, und es steht außer Zweifel, daß die politischen und religiösen Streitigkeiten Englands zwischen diesen Puritanern und diesen Kavalieren in Amerika fortgeführt worden wären. Die widrigen Winde und die mangelhaften Navigationsmethoden verhinderten diese Begegnung, die vielleicht den Lauf der Geschichte verändert hätte. Die *Mayflower* sichtete das Land am Kap Cod. Einige Pilger gingen an der Spitze der Sandsichel an Land, aber sie fanden nur unfruchtbaren Boden. Ihr kleines Schiff fuhr daraufhin weiter und warf seinen Anker etwa dreißig Kilometer von dem heutigen Boston entfernt. Der Überlieferung nach sollen die Pilger auf dem Felsen von Plymouth Boden betreten haben — eine tückische, heute von einem Marmor-Schutzdach bedeckte Klippe —, aber das erscheint zweifelhaft.
Ein kleines Museum, die Pilgrim Hall, hat die Reliquien der Pilger bewahrt, darunter auch den Schiffsrumpf der *Sparrowhawk*, die im Jahr darauf in den Klippen von Kap Cod scheiterte, als sie Nachschub heranbrachte. Dieses Museum ist sehr interessant, denn es enthüllt auf einen Blick die soziale Schicht der Gründer der »Plymouth Plantation« und der Vereinigten Staaten von Nordamerika. Die Pilger wa-

ren keine Bettler, und sie waren nicht einmal arm. Ihr Geschirr, ihre Möbel, ihre Waffen, ihre Kleider waren die der reichen oder wohlhabenden Klassen im Europa des siebzehnten Jahrhunderts. Sie wanderten nach Amerika weder als Hungerleider aus, die Brot suchten, noch als eine Sekte von Utopisten, die irgendwo eine egalitäre Gesellschaft gründen wollten. Sie hielten an der wirtschaftlichen Rangordnung fest, und außer den 41 Ehrenmännern, die den Mayflower-Vertrag unterzeichneten, transportierte das berühmte kleine Schiff auch Diener. Dieses Merkmal kennzeichnet die ganze Geschichte der englischen Kolonien und später die der Vereinigten Staaten. Amerika zog Massen von Unglücklichen und Abenteurern an, aber ihre Vorgänger waren wohlhabende Leute, die es jedem ersparten, erst soziale Ordnungen aufrichten zu müssen. Die Hefe Europas konnte sich eineinhalb Jahrhunderte lang über den amerikanischen Kontinent ergießen, ohne die öffentliche Ordnung zu gefährden, weil der Start dieses Kontinents gut gewesen war. Die kleine Ansiedlung der Pilger von Plymouth wurde von der großen Einwanderungswelle der Puritaner in die Enge getrieben und später absorbiert, als diese, von John Winthrop angeführt, 1630 Boston gründeten. Ohne daß sich die beiden Gruppen vermischt hätten, glichen sie einander doch; denn sie waren beide Fanatiker, ja sogar Besessene. Sie waren vor der Unterdrückung der Anglikanischen Kirche geflohen, aber nur, um auf dem jungfräulichen Boden, von dem sie Besitz ergriffen, ihre eigene Tyrannei zu errichten. Lebensfreude war ihnen verhaßt. Sie verhafteten einen gefährlichen Menschen, der seine Farm »Merrymount« – »Freudenberg« – genannt hatte, und schickten ihn nach England zurück. Am Sonntag zu lachen, war ein Vergehen, das mit Gefängnis bestraft wurde. Die Mitglieder von nicht kalvinistischen Sekten, die es wagten, in die Plymouth-Plantation einzudringen, wurden verfolgt und mehrere von ihnen sogar umgebracht. Die Angst vor dem Teufel quälte die schwachen Ansiedlungen, die auf einem unendlich großen, feindseligen Kontinent wie ausgesetzt dalagen. Im Jahr 1656 hängte man eine arme gute Frau namens Anna Higgins unter der Beschuldigung der Hexerei auf. 1692 brachten die Puritaner nach einem Prozeß, dessen sich Amerika heute noch schämt, der aber neben den Hekatomben in der Alten Welt umgebrachter »Hexen« eine Kleinigkeit ist, 5 Männer und 16 Frauen an den Galgen, die des Paktes mit dem Bösen beschuldigt wurden. Die Opfer wurden zweieinhalb Jahrhunderte später nach einem Wiederaufnahmeverfahren in aller Form rehabilitiert.

Mit den Indianern verfuhren Pilger und Puritaner sehr grausam. Allerdings hatten die Indianer den nicht wieder gutzumachenden Fehler begangen, die Fremden, die über das Meer kamen, als Freunde zu empfangen, statt ihren Boden todesmutig zu verteidigen. Die Pilger verhandelten mit dem Indianerfürsten Massassoit, kauften ihm einen Teil seines Territoriums ab und ließen sich von seinen Untertanen während der ersten Winter ernähren. Aber als sie sich ihnen überlegen fühlten, änderten sie ihre Politik und begannen den Krieg. Die Frage, wer der Herr im Land war, wurde 1676 entschieden durch die Niedermetzelung des Häuptlings Metasomet (von den Europäern King Philip genannt), Sohn des unvorsichtigen Massassoit — aber der heilige Vernichtungskrieg gegen die Indianer wurde fortgesetzt. Auf die Skalps der Rothäute waren nach einer abgestuften und sehr realistischen Skala Preise ausgesetzt: 100 Dollar für den Skalp eines Kriegers und 10 Dollar für den Skalp eines Kindes unter zehn Jahren. Massachusetts hat dieses Monument der Grausamkeit bis zum Jahr 1774 in seinem Gesetzbuch behalten. Es ist tatsächlich erstaunlich, daß Amerika in seiner Geschichte so viele Anlässe findet, die europäischen Kolonisierungsmethoden anzuklagen, und sowenig Anlaß festzustellen, daß es selber das Produkt einer wenig grausameren Kolonisierung ist als die der Holländer oder Franzosen.

Die von den Pilgern gegründete Plymouth-Plantage wurde die Kolonie und später der Staat Massachusetts. Providence-Plantation wurde die Kolonie und später der Staat Rhode Island. Weiter westlich hatten die Holländer von New Amsterdam seit 1623 die Erschließung des reichen Tales von Hartford begonnen: die aus Massachusetts vordringenden Engländer verjagten sie und gründeten die Kolonie, die zum Staat Connecticut wurde. Weiter nördlich entstand die Kolonie New Hampshire auf friedlichem Weg: die Weißen scheinen dort seit 1603 eingedrungen zu sein und gründeten schließlich im Jahr 1623 Portsmouth. Fast alle diese Daten fallen mit der Regierung Ludwigs XIII. zusammen, so daß Neu-England ungefähr dasselbe historische Alter hat wie die Dynastie der Bourbonen in Frankreich. Die beiden anderen Staaten, aus denen es sich noch zusammensetzt — Vermont und Maine —, erscheinen erst in späteren Epochen als politische Einheiten, aber sie waren schon zu Beginn des siebzehnten Jahrhunderts Zentren der Kolonisation. Ihre Namen beweisen, daß sie zuerst von Franzosen entdeckt wurden.

Neu-England hat die amerikanische Revolution ausgelöst. Das winzige

Rhode Island hatte die Kühnheit, eine Kriegsschaluppe Seiner Majestät des Königs von England zu entern, und es hatte außerdem die Kühnheit, seine Bande zum Mutterland schon vier Monate vor der Unabhängigkeitserklärung der Dreizehn Kolonien zu zerreißen. Massachusetts mit seiner turbulenten Metropole Boston und einer kleinen Schar von Demagogen, die eine ähnliche Rolle spielten wie die Publizisten der Französischen Revolution, war der geistige Herd der Rebellion. Am 5. März 1770 floß bei dem »schrecklichen Massaker« von Boston das erste Blut beim Zusammenstoß zwischen den deutschen Söldnern Georgs III. und den Amerikanern (3 Tote und 8 Verwundete). Am 28. September 1773 wurde die Teeladung der Brigg *Perry Steward* im Hafen von Boston ins Meer versenkt als Protest gegen das englisch-ostindische Monopol. Achtzehn Monate später entwickelten sich die ersten militärischen Operationen um Boston – der Marsch der Engländer auf Lexington, das Scharmützel in Concord, der Kampf um Bunker Hill. Die Engländer räumten die Stadt; der Krieg entfernte sich von Neu-England und breitete sich bis zu den Sümpfen Georgias und den Bastionen von Yorktown aus.

Neu-England wurde nicht der politische Erbe der Revolution, die es entfesselt hatte. Die Achse der Macht verlagerte sich nach Virginia, in die Nähe der künstlichen Hauptstadt, über die den Sieg davonzutragen sich Boston vergeblich bemüht hatte. Neu-England erzielte seine Gewinne auf materiellem Gebiet. Der von den Hemmnissen des Kolonialregimes befreite Seehandel half die ersten großen Vermögen schaffen. Die »Clippers« von Providence, Boston und Portsmouth, echte und großartige Produkte des amerikanischen Schiffbaus, segelten von der atlantischen Küste zu den Häfen des Fernen Ostens. Die schmalen Boote von New Bedford und Nantucket wagten sich als erste in die südlichsten Breiten, und ein Yankee-Kapitän von zwanzig Jahren, Nathaniel Palmer, reihte sich, ohne es gewollt zu haben, unter die großen Entdecker ein. Die Industrialisierung des neunzehnten Jahrhunderts breitete sich von Neu-England über Amerika aus. Die erste Serienfabrikation – es handelte sich um Gewehre – wurde in Boston von Paul Revere, dem historischen Kavalier von Lexington, organisiert. Die große Textilindustrie begann 1794 mit dem Webstuhl des Yankees Eli Whitney. Sogar die so moderne Industrie des Sammelns und Verkaufens von Nachrichten begann in Boston durch ein kleines Informationsbüro, aus dem die Agentur Associated Press wurde. Und eines der wichtigsten Ereignisse in der Geschichte des Menschen spielte sich im Jahr 1844 im Krankenhaus von Boston ab, als der Chirurg Warren die erste schmerzlose Amputation durchführte mit Hilfe von Äther, der von dem Chemiker Jackson entdeckt und von dem Dentisten Morton nutzbar gemacht worden war.

Das neunzehnte Jahrhundert war die glorreiche Epoche Neu-Englands, wie auch Englands. Die schöpferische Kraft, die wirtschaftliche Aktivität, die Kultur — Harvard, Yale usw. — erreichten ihren Gipfel in den sechs kleinen Staaten des Nordostens, ganz besonders in Massachusetts. Durch seinen Reichtum an Kapitalien wurde Neu-England zum Bankier bei der Erschließung des Kontinents und infolgedessen der Verteidiger der gesunden und strengen Finanzdoktrinen. Die Bereicherung war enorm, aber sie stellte schon ein Stadium erworbenen Vermögens dar, und die Rolle des Wucherers für Amerika, die Neu-England übernommen hatte, war nicht von Dauer. Neu-Englands relative Bedeutung ist fortwährend gesunken und sinkt noch immer inmitten des Wachstums der Vereinigten Staaten. 1790 stellten seine 1 100 000 Einwohner ein Drittel der amerikanischen Bevölkerung dar. 1890 war das Verhältnis auf ein Achtel gesunken. 1970 bildeten die 11 800 000 Einwohner Neu-Englands kaum noch 6 Prozent. Seit seiner Geburt hat sich Amerika um das Fünfzigfache vermehrt — Neu-England nur um das Achtfache.

Die klassischen Industrien von Neu-England begannen in der ersten Hälfte unseres Jahrhunderts allmählich abzuwandern. Das Schuhwerk — bislang ein Monopol von Boston — marschierte nach Missouri. Die Baumwolle nahm Richtung auf die beiden Carolina und ließ die großen Fabrikanlagen von Fall River und New Bedford leerstehen. Die Schafwolle folgte teilweise. Die Metallindustrien hielten besser stand, ja konnten sogar — Hand in Hand mit technologischen Entwicklungen — gewisse Fortschritte verzeichnen, die da und dort zu neuem Aufschwung führten. Nach der Uhrenindustrie, der Herstellung von Handfeuerwaffen und Gegenständen der Büroeinrichtung wandte sich Neu-England der Erzeugung elektronischen Materials zu, mit der es 15 Prozent der amerikanischen Produktion bestreitet. Hinzu kommen Reaktoren, sonstige kerntechnische Einrichtungen sowie Ausrüstungsgegenstände für die Raumfahrt. Der Autobahnring US 128, der Boston umgürtet, wurde zur Hochstraße einer Industrie von hoher wissenschaftlicher Qualifikation. Die Beschneidungen des Raumfahrtprogramms und der Verzicht auf den Bau des Überschall-Transportflugzeugs SST zogen leider Produktionseinschränkungen nach sich, die 10 000 von den 50 000 an der Straße 128 beschäftigt gewesenen Technikern arbeitslos werden ließen. Wir werden dem Problem in weit größerem Ausmaß am entgegengesetzten Ufer der Vereinigten Staaten wiederbegegnen.

*

Die soziale Struktur und die traditionelle politische Physiognomie Neu-Englands haben sich grundlegend verändert. Es ist nicht mehr der granitharte konservative und puritanische Kern Amerikas, die stolze Bastion des »Yankeetums«, der angesichts der nationalen Rassenmixtur auf die Reinheit seines angelsächsischen und protestantischen Blutes pocht. Der Verlauf der Geschichte ist sogar nicht ohne Ironie. Boston, von den Puritanern gegründet – deren Haß auf den Papismus unbeschreiblich war –, ist heute die katholischste Stadt der Vereinigten Staaten. Die Kreuzfahrt der *Mayflower* scheitert noch auf den Gräbern der Pilger am Triumph der römischen Kirche.
Ein typisches Produkt Neu-Englands sind die Stammbäume. Sie begnügen sich nicht immer damit, bis auf die *Mayflower* zurückzugehen. Denn es existiert eine amerikanische Gesellschaft, die ihre Abstammung auf den englischen Adel zurückführt, der die Magna Charta (1215) unterzeichnete, und eine andere, die behauptet, ihre Vorfahren hätten schon an den Kreuzzügen teilgenommen. Aber die 6 Staaten des Nordostens haben schon lange nicht mehr das Recht, eine homogene, rein protestantische Bevölkerung von Angelsachsen für sich zu beanspruchen. Viele von diesen Yankees – im genauen Sinn dieses Wortes – emigrierten ein zweitesmal und verpflanzten ihre Genügsamkeit, ihren Unternehmungsgeist, ihre Strenge und ihre Unduldsamkeit in andere Staaten. Und die Zurückgebliebenen sahen eine papistische Flut aufsteigen. Aus Irland, das von den großen Hungerkatastrophen des neunzehnten Jahrhunderts gepeinigt wurde, strömten die Menschen nach Neu-England. Nichts, nicht einmal die Versuche des wirtschaftlichen Boykotts, konnte den keltischen Elan eindämmen. Die Exaltiertheit, Kampflust, Beredsamkeit und bemerkenswerte politische Begabung der Iren wurden zu den grundlegenden Charakterzügen Neu-Englands. Sehr rasch eroberten die Kelten Boston von den »Codfish« – zu deutsch Kabeljaus – der Geldaristokratie. Sie machten daraus, das muß man ihnen lassen, eine der korruptesten Gemeinden der Vereinigten Staaten. Ein Bürgermeister, James Michael Curley, wurde nach dreißig Jahre lang verübten Veruntreuungen schließlich des Betruges

angeklagt, aber bei seiner Entlassung aus dem Gefängnis vom irischen Kardinal-Erzbischof empfangen und von der Bevölkerung gefeiert.
Die Bresche war geschlagen. Weitere Menschenmassen strömten herein. Italiener und Polen (Katholiken), Franko-Kanadier (Ultra-Katholiken), Juden, Schwarze. Neu-England hatte früher die homogenste Bevölkerung von ganz Amerika. Heute hat es – von New York abgesehen – wohl die buntscheckigste von allen.
Die Französisch-Kanadier sind ein Fall für sich. Angezogen von den hohen Löhnen und bedrängt durch die hohe Geburtenrate in der Provinz Quebec waren sie über die Grenze gegangen. Eine Statistik weist folgende annähernde Zahlen aus: Connecticut – 79 000; Maine – 132 000; Massachusetts – 378 000; New Hampshire – 138 000; Rhode Island – 142 000; Vermont – 65 000. Zusammen sind es fast eine Million und beinahe wäre von 10 Einwohnern Neu-Englands einer ein Franzose oder – wie sie sich selber nennen – ein Französisch-Amerikaner.
Dieser kraftvolle, arbeitsame Menschenschlag bevölkert vor allem die kleinen Industriestädte, wo er hauptsächlich die Arbeitskräfte für das Bekleidungshandwerk stellt. Berlin in New Hampshire wurde zwar selbstverständlich von Deutschen gegründet; aber wenn man das Telefonbuch zur Hand nimmt, findet man darin z. B. 2 Allard, 23 Arsenault, 4 Babin, 12 Beaudoin, 12 Bellenger, 27 Bergeron usw. – und keinen einzigen Adler oder Bauer. Lewiston in Maine, New Bedford, Leominster, Worcester in Massachusetts, Woonsocket in Rhode Island usf. haben eine ähnliche Einwohnerstruktur mit einem franko-kanadischen Anteil von bis zu 80 Prozent. Äußerlich haben diese Städte nichts Französisches an sich; auch alle Beschilderungen sind in englischer Sprache gehalten; aber Französisch ist die allgemeine Umgangssprache, und der kanadische Eigensinn, der noch aus der Bretagne und dem Poitou stammt, kämpft um ihre Erhaltung. Die loyale Einstellung zu den Vereinigten Staaten ist eine Selbstverständlichkeit – weit mehr als die Loyalität gegenüber der britischen Krone in Kanada. Dennoch haben die Französisch-Amerikaner ein wenig von dem kämpferischen Geist mitgebracht, der ihnen seit dem achtzehnten Jahrhundert im englischen Kanada entgegentritt. Die innerstädtischen Auseinandersetzungen zwischen den »Frankos« und den »Yankees« sind äußerst lebhaft, und ich habe einmal einen Bürgermeister solch einer franko-amerikanischen Stadt sagen hören, daß die französische Rasse und Sprache eines schönen Tages kraft der Tugend hoher Geburtenra-

ten Amerika erobern werden. »Der Endkampf«, so meinte jener militante Geist, »wird sich zwischen den Negern und uns abspielen.«
Im Unterschied zu den Cajuns von Louisiana, deren merkwürdige Geschichte später berichtet werden wird, stehen die Französisch-Amerikaner von Neu-England in unmittelbarer Verbindung mit ihrer sprachlichen Heimat Quebec. Sie lesen in Montreal gedruckte Zeitungen und haben Verwandte – unzählige Verwandte! – in Französisch-Kanada. Sie sind Teile einer erzkonservativen Gemeinschaft, die ihre Traditionen stets und überall mit sich getragen hat und bis in den Schatten des Kirchturms ihren gesellschaftlichen Rahmen wahrt. Trotz allem aber haben die Vereinigten Staaten eine größere Chance, sie zu assimilieren als Großbritannien, und zwar infolge des wahren Zaubers, den sie auf Kinder ausüben. Selbst in Lewiston (Maine), Berlin (New Hampshire) und Leominster (Massachusetts) weigern sich kleinere Kinder, französisch zu sprechen.
Auch der Klerus ist gegen die Französisch-Amerikaner. Sie haben zwar französische Pfarrer, aber die Bischöfe sind Iren und stehen dem Beharrungsvermögen des Französischen mit offener Feindseligkeit gegenüber. Die Anstrengungen der Familienväter, daß das Französische in ihren Konfessionsschulen alleinige Unterrichtssprache sein solle, wurden seitens des Episkopats zunichte gemacht, wobei manche Elternvereinigungen erst unter Androhung der Exkommunikation nachgegeben haben. Es erscheint immerhin phantastisch, sich vorzustellen, daß es Französisch-Amerikaner gibt, die fähig sind, sich mit ihren Bischöfen in einen Kampf einzulassen, der zum Ziele hat, sich dem Gebrauch des Englischen in den Vereinigten Staaten zu widersetzen.
Was das Negerproblem anbelangt, war Neu-England stets kämpferisch eingestellt. Harriet Beecher Stowe, die *Onkel Toms Hütte* schrieb, ohne je aus Massachusetts hinausgekommen zu sein, war eine Hausfrau aus Boston. John Brown, der gehängt wurde, weil er den Sezessionskrieg vorzeitig entfesseln wollte, war aus Tarrington, Connecticut. Aber östlich des Hudson waren Neger noch Seltenheiten. In den ländlichen Staaten Maine, Vermont und New Hampshire sind sie noch heute sehr spärlich vertreten. In Rhode Island hingegen hat sich ihre Zahl in dreißig Jahren verdoppelt, in Massachusetts verdreifacht und in Connecticut versechsfacht. Allein das letzte Jahrzehnt hat genügt, um 155 000 Neger nach Neu-England einströmen zu lassen und die farbige Bevölkerung zu verdoppeln. Boston zählt nunmehr 115 000 Neger, die aus dem Stadtviertel Roxbury ein Harlem machen.

Massachusetts rühmt sich, den ersten schwarzen Senator gewählt zu haben: Edward William Brooke, 1919 in Washington geboren, Sohn eines Anwalts und selber Anwalt. Er repräsentiert die völlig integrierte schwarze Bourgeoisie, die auf ihr Amerikanertum stolz ist und den schwarzen Rassismus verabscheut. Als Kandidat der Republikaner fand er enthusiastische Unterstützung aus allen, auch den konservativen Kreisen. In der Kampagne seines demokratischen Widersachers hingegen gedieh der Rassismus; denn der verstand es, sich bei den Arbeitermassen von Lynn und Fall River einzuschmeicheln. Der Zustrom von Schwarzen bringt unweigerlich rassische Spannungen mit sich, und es sind stets die wirtschaftlich schwächeren Kreise, in denen sie sich besonders heftig auswirken.

*

Die Unvereinbarkeit des Katholizismus mit der Funktion des Präsidenten der Vereinigten Staaten war lange Zeit eine ungeschriebene Klausel der amerikanischen Verfassung. Sie war gewissermaßen eine Widerspiegelung der Ursprünge der Nation. Mit Ausnahme von Rhode Island, Maryland und Pennsylvanien war die Ausübung der katholischen Religion in allen Staaten der Anfangszeit verboten. Alle Manifestationen des amerikanischen Chauvinismus waren antikatholisch und zugleich antisemitisch und fremdenfeindlich. Bis auf den heutigen Tag vertreten gewisse Extremisten die Auffassung, daß die Bischöfe in den Listen der Generalstaatsanwaltschaft als *Ausländische Agenten* (also eigentlich Spione) geführt werden müßten, weil sie doch Untertanen einer fremden Macht, nämlich des Heiligen Stuhls, seien. Nixon und die Republikanische Partei haben zwar offiziell entschieden, religiöse Fragen aus dem Wahlkampf auszuschließen; aber zahllose protestantische Wahlsprengel fuhren fort, den Wahlschlager zu verkünden, ein katholischer Präsident würde zwangsläufig bedeuten, daß Amerika vom Papst regiert wird. Diese im Mittelwesten und Süden angewandte Propaganda brachte in den politischen Kampf von 1960 eine Unsicherheit, die bis zur Auszählung der Stimmen nach der Wahl anhielt.

Aber die Lage der Katholiken hat sich während der ganzen Dauer der amerikanischen Geschichte stetig geändert. Im Jahre 1790 waren es keine 30 000 und ihre Geistlichkeit war auf 25 Priester zusammengeschrumpft. 1818 konnte der Erzbischof Ambrose Marshall in Rom berichten, daß er 52 Priester und 100 000 Gläubige betreue, deren geistliche Provinz ganz Amerika sei. Zehn Jahre später hatte sich die Zahl der Katholiken verdreifacht, und nach 1850 begann sich ein Strom glühender Anhänger des Papsttums als Einwanderer über Amerika zu ergießen: Irländer, Deutsche, Französisch-Kanadier, Italiener, Polen, Litauer, Ungarn und Mexikaner. Man kann wohl sagen, daß der Haß gegen den Katholizismus damals ein Höchstmaß an Heftigkeit erreichte und an Geheimbündelei grenzende Vereinigungen wie die »Know Nothing« – die Nichtswisser – und den »Ku Klux Klan« hervorbrachte. Die Neuankömmlinge ließen sich in Gruppen nieder. Es waren arme Teufel, schlecht angezogen und schlecht gewaschen. Sie radebrechten ein grauenhaftes Englisch und drückten die Löhne, indem sie sich zu Schleuderpreisen verdingten. Wenn man die Maßnahmen, die gegen sie gefordert wurden, und all die feigen Gewalttaten, deren Opfer sie wurden, aufzählen wollte, man käme damit nicht zu Ende.

Die Jahre verstrichen. Die Kinder der Einwanderer amerikanisierten sich: sie wurden reinlicher und reicher. Die Barrieren fielen nur nach und nach, und noch heute bleiben an manchen Universitäten die gesuchtesten »Bruderschaften« den katholischen Studenten verschlossen – aber die Hauptbewegung war trotzdem eine zunehmende Integration der Katholiken im sozialen Aufbau Amerikas. Es ist ein echtes Symbol, daß das bedeutendste religiöse Gebäude New Yorks, die Saint-Patricks-Kathedrale gegenüber dem Rockefeller Center, eine katholische Kirche ist und daß es am Ausgang nach der Messe schwierig wäre, bei den Gläubigen die geringste Differenz in der Kleidung oder im Akzent zu denen der protestantischen Kirche Saint-Thomas, die auf der anderen Seite der Fifth Avenue liegt, festzustellen.

Andererseits wächst die Zahl der Katholiken ständig mit eindrucksvoller Geschwindigkeit. Bei Lebzeiten des Erzbischofs Marshall waren es 300 000. Ein Jahrhundert später, zu der Zeit, als Al Smith mit seinem irischen Schwung die Beschuldigung, der Kandidat des Papstes zu sein, zurückwies, waren es 20 Millionen. Diese 20 Millionen stellten 1928 16,5 Prozent der Bevölkerung der Vereinigten Staaten dar. Dreißig Jahre später hatte sich ihre Zahl auf 48 250 000 erhöht und ihr Anteil auf 30 Prozent. Im großen und ganzen vermehren sie sich doppelt so schnell wie die Protestanten, und man muß die zwei Kurven nicht um sehr viele Jahre verlängern, um das Datum zu erreichen, an dem die Mehrheit der Amerikaner römisch-katholisch sein wird.

Der Katholizismus zeigt in den Vereinigten Staaten die gleiche Kraft des Bekehrungseifers wie in den europäischen Ländern mit protestantischer Mehrheit, wie Holland und Großbritannien. Seine Massen finden sich immer in den großen Arbeiterstädten, voran das Erzbistum Chikago mit mehr als 2 Millionen Gläubigen, gefolgt von den Erzdiözesen Boston und New York, in denen die Zahl der Katholiken eineinhalb Millionen überschreitet. Aber es gibt auch einen »mondänen« Katholizismus und von Zeit zu Zeit aufsehenerregende Konversionen, die das Prestige des alten Glaubens der armen Einwanderer nachträglich in der Elite vermehren. So die Konversionen von Clare Booth Luce und Henry Ford I. und einer der beiden Töchter des Präsidenten Johnson. Der Sohn von John Foster Dulles ist ein Jesuitenpater, während der Staatssekretär Eisenhowers eine der Persönlichkeiten des amerikanischen Protestantismus war.

Glänzende amerikanische Kirche: sechs Kardinäle — in Boston, Los Angeles, New York, Chikago und Philadelphia und ein Kurienkardinal — 32 Erzbischöfe, 229 Bischöfe, fast 60 000 Priester geben ihr einen mächtigen Rahmen. Ihre finanzielle Situation ist blendend, und sie ist durch die finanziellen Zuteilungen, die sie ihm bringt, die bevorzugte Tochter des Vatikans geworden. Eine solche Macht, eine solche Hierarchie kann nicht eine einzige Partei an sich reißen. Der katholische Glaube eines Kandidaten bringt ihm einerseits keineswegs alle Stimmen der Katholiken, ist aber andrerseits kaum noch ein nennenswertes Handikap. Auch hier also ein politisches Dogma Amerikas, das im Schwinden begriffen ist.

Ironie der Geschichte. Das Boston von John Winthrop, das puritanische Mekka, die Stadt der protestantischen Inquisition, wo man Hexen verbrannte, Quäker folterte und sich nicht einmal vorstellen konnte, daß ein Päpstlicher dort atmen könnte, diese Hochburg protestantischer Überzeugung und Intoleranz wurde nicht nur die katholischste Stadt Amerikas. Sie hat den ersten katholischen Präsidenten der Vereinigten Staaten hervorgebracht.

Die einzige vorangegangene katholische Kandidatur war die von Alfred Smith 1928 gewesen. Er schlug zum erstenmal eine Bresche in die republikanische und protestantische Bastion Neu-England. Massachusetts und Rhode Island, Fabrikstaaten, von Massen katholischer Arbeiter bevölkert, die aus Irland, Italien und Kanada gekommen waren, stimmten für ihn. Das Geschehen war als zufällig angesehen worden.

1932, in der berühmten Krisen-Wahl, gab Neu-England, als Ganzes genommen, den Demokraten die Mehrheit: 1 521 000 Stimmen und 24

Abgeordnete für Roosevelt, 1 486 000 Stimmen und 20 Abgeordnete gegen ihn. Vier Jahre später waren Maine und Vermont die einzigen Staaten in ganz Amerika, die dem republikanischen Kandidaten Landon ihre Stimmen brachten: Roosevelt 472 Mandate, Landon 8. Das Bild variiert dann von Wahljahr zu Wahljahr und macht aus dem ehemaligen republikanischen »solid North« politischen Schwimmsand.

Im ersten Jahr der Triumphe Eisenhowers, 1952, brüstete sich Massachusetts mit zwei Senatoren, die zur höchsten protestantischen Aristokratie gehörten: Leverett Saltonstall, Abkömmling einer der einzigen beiden Familien der Kolonialzeit, die in Amerika mit einem Wappen angekommen waren, und der Enkel eines der Hohepriester des Isolationismus, Henry Cabot Lodge jr. – einer der Cabots, die nur mit den Lodges sprachen, und der Lodge, die nur mit Gott sprachen. Das Mandat von Lodge war abgelaufen, aber er glaubte sich so sicher, daß er die Wahlkampagne Eisenhowers leitete, anstatt sich um seine eigene zu kümmern. Der General entführte Massachusetts mit Glanz, aber sein Lobredner im Wahlkampf blieb auf der Stecke. Lachender Gewinner war ein Mann von 35 Jahren: Kennedy.

Der Name Kennedy, ein sehr irländischer Name, ist in Amerika millionenfach verbreitet. Die Männer, die ihn mit sich brachten, kamen zum größten Teil Mitte des vorigen Jahrhunderts an, zu der Zeit, als der Hunger nach Kartoffeln die abgemagerten Iren in erbärmliche Einwandererschiffe trieb, die sich zum Ufer des Heils hin in Bewegung setzten. Der Urgroßvater des Präsidenten John Fitzgerald Kennedy kam nicht anders an, und zwar auf eine so dunkle Weise, daß das Datum seiner Landung unbekannt geblieben ist. Er kam nach Boston, hielt sich mit seiner Hände Arbeit über Wasser und eröffnete im Vertrauen auf das Fassungsvermögen seiner Rasse eine Bar für Iren. Der Sohn Patrick bediente sich ihrer, um in eine gewinnbringende städtische Politik einzutreten, und der Sohn des Sohns, Joseph, war der Gründer des Vermögens. Er war der einzige Kennedy, der nichts mit der Politik zu tun bekam, weil der schlechte Ruf, den ihm seine Börsenoperationen und Geschäfte mit dem Alkohol zur Zeit der »bootleggers« eintrugen, ein ausgesprochenes Hindernis war. Aber er verdiente einige hundert Millionen Dollar, erkaufte sich durch seine Freigebigkeit für die Demokratische Partei den Posten des Botschafters in London (wo er antibritisch und pronazistisch war) und machte jedem seiner neun Kinder eine Schenkung von einer Million Dollar, damit sie ihm, wie er sagte, ins Aug' spucken könnten, was in Amerika »Geh zum Teufel!« bedeutet. Trotz dieses starken Wortes war Joseph Kennedy niemals etwas anderes als ein alter Familienautokrat. Viele Amerikaner sind überzeugt, daß er von langer Hand plante, sein enormes Vermögen zu benützen, um einen seiner Söhne ins Weiße Haus zu bugsieren.

Der älteste der Kennedy-Söhne, Joseph jr., kehrte von einem Flugeinsatz über dem Ärmelkanal nicht zurück. Der zweite, John (verkleinernd: Jack), war nahe daran, das gleiche Schicksal im Pazifik zu erleiden, als die leichte Einheit, die er befehligte, von den Japanern vor den Salomon-Inseln versenkt wurde. Er kam mit einer Verwundung in die Vereinigten Staaten zurück, die seine Rückenwirbel angriff und die Ursache schmerzhafter Operationen war. Schon 1946 wurde er in das Repräsentantenhaus gewählt, zur gleichen Zeit wie ein anderer entlassener Marineoffizier des weit weniger bekannten Namens Richard Nixon. Später heiratete er ein reiches und schönes Mädchen, Jacqueline Bouvier. Er hat in Harvard und London studiert, in einer Botschaft gelebt, einige politische Essays geschrieben, ohne sich um Autorenrechte zu kümmern, von der Wiege an die Rechte eines großen Privilegierten gekannt. Im Gegensatz zur »life story« seines Rivalen Nixon, der die Pakete des väterlichen Kolonialwarengeschäftes austrug und ein paar Cent Trinkgeld verdiente, um damit seine Schulbücher zu kaufen.

Der Katholizismus Kennedys schien zuerst ein schwerer wiegendes Wahlhindernis zu sein als das Vermögen umstrittener Herkunft. Kennedy hatte die Kühnheit, während der »primaries« die Prüfung auf einem der ungünstigsten Prüfstände Amerikas zu wagen: in West-Virginia, halb Südstaat, wo der katholische Anteil 5 Prozent nicht überschreitet. Sein »brain trust« riet ihm ab, aber er blieb hartnäckig, stellte selber die religiöse Frage, hielt den Ansturm einer Armee protestantischer Pastoren aus und stellte seinen Rivalen, den Senator Humphrey, in die Ecke. Die Zauderer zauderten nicht mehr, Kennedy wurde von den Demokraten aufgestellt und im November 1960 gegen Nixon mit einer Mehrheit von 110 000 aus 69 Millionen abgegebenen Stimmen gewählt. Drei Jahre später wurde er in Dallas ermordet.

*

Neu-England kann noch zwei Politiker der ersten Reihe sein eigen nennen, die dem katholischen Glauben anhängen, und es ist ein merkwürdiger Zufall, daß beide als Anwärter für das Amt des Präsidenten der Vereinigten Staaten in Frage kämen.

Edmund Sixtus Muskie ist ein amerikanisierter Name. Der Vater hieß noch Marciszewski, als er — ein armer kleiner Schneider aus Polen — kurz vor der Geburt des Sohnes nach Amerika kam. Edmund wuchs inmitten unruhiger, streitbarer Französisch-Amerikaner in der kleinen, durch Zellstoffwerke verschandelten und verpesteten Stadt Rumford auf. Er ging als Demokrat in die Politik, und das zu einer Zeit, als Maine noch eine Bastion der Republikaner war. Zu seiner eigenen Überraschung wurde er 1954 zum Gouverneur gewählt. Vier Jahre danach kandidierte er für den Senat der Vereinigten Staaten. Noch nie war Maine durch einen demokratischen Senator vertreten gewesen: Muskie war der erste. Er wurde dort der Kollege der Grande Dame von Maine, der »Dame mit der Rose«, Margaret Chase Smith, aus der die Republikanische Partei mehr als einmal eine Vizepräsidentin der Vereinigten Staaten zu machen gedachte, die aber dann — nachdem sie sich allmählich selbst überlebt hatte — im Wahlgang von 1972 geschlagen wurde.

Daß ein Amerikaner der ersten Generation in den Senat der Vereinigten Staaten einzieht, ist schon ein bemerkenswerter Erfolg und ein Beweis, daß Amerika seine assimilierende Kraft nicht verloren hat. Aber Muskie wollte noch höher hinaus. Als die Vorwahlen zur Präsidentenwahl von 1972 begannen, meinten alle Sachverständigen, daß diese kraftvolle Persönlichkeit, dieser geschickte Unterhändler und intelligente Konservative von den Demokraten gegen Richard Nixon aufgestellt werden würde. Aber Muskie blieb halben Weges auf der Strecke, nachdem er sich der durch McGovern hochgepeitschten Welle des Nonkonformismus anvertraut hatte. Er bleibt ein möglicher Kandidat für 1976.

Der andere katholische Senator aus Neu-England ist kein anderer als Edward (Ted) Moore Kennedy.

Der jüngste der Kennedy-Söhne ist am 22. Februar 1932 geboren. Die Familie hatte schon dazumal ein Riesenvermögen erworben und Hyannis Port im Süden von Kap Cod war bereits ihr feudaler Herrensitz. Ted war von jedem erdenklichen Luxus umgeben — und wurde aus Harvard ausgeschlossen, weil er bei einem spanischen Aufsatz gemogelt hatte. Körperlich unterscheidet er sich von seinen drei verstorbenen Brüdern, wiegt 200 Pfund, erweckt den Eindruck einer gewissen Weichheit, scheint aber zum Ausgleich mit Intelligenz und Verschlagenheit bestens ausgestattet zu sein. Im Mindestalter von dreißig Jahren kandidierte er für den Senatorensitz, den sein Bruder Jack freigelassen hatte, als er ins Weiße Haus übersiedelte. Sein Konkurrent bei den demokratischen Vorwahlen, der Generalstaatsanwalt von Massachusetts McCormack, warf ihm anläßlich einer im Fernsehen übertragenen Debatte vor, keinen einzigen Tag seines Lebens gearbeitet zu haben. Am nächsten Tag wandte sich ein Arbeiter mit folgenden Worten an den Kandidaten: »Ted, mein Junge, ich hab' gehört, daß du nie gearbeitet hast. Glaub' mir, du hast nichts versäumt!« Der Brahmane Cabot Lodge versuchte, sich an Ted für die ihm von Jack zugefügte Wahlniederlage zu rächen. Er wurde haushoch geschlagen.

Das Jahr 1963 brachte dem Hause Kennedy die Apotheose. Ted war gerade Senator geworden. Jack hatte — allen kritischen Einwänden zum Trotz — den anderen jüngeren Bruder Bob mit seinem hochmütig finsteren Ausdruck, dem eisblauen Blick, der kurzangebundenen, schneidenden Redeweise, aufbrausendem Temperament und zügellosem Ehrgeiz auf den Posten des Generalstaatsanwalts und Justizministers berufen. Der Vater, Joe, hatte zwar sein Gesicht als Politiker verloren, behielt aber seinen Verstand und fuhr fort, aus der Kulisse die Rolle des Anregers und Ratgebers zu spielen. Schöne, die Gemüter bewegende Frauen zogen ständig die Aufmerksamkeit der Öffentlichkeit auf sich. Scharen von Kindern (allein zehn von Bob) versprachen eine überreich besetzte Wachablösung. Ein Clan schloß sich da zusammen dank des Familienvermögens und dank der unzähligen Posten, die alle Angehörigen innehatten. Eine Frage konnte sich da aufdrängen: Würden die Kennedys nicht eine ganz entscheidende Phase in den tiefgreifenden Wandlungen Amerikas einleiten? Kündigte sich nicht eine große Umwälzung an: der Übergang von der Republik zum »Empire« der Vereinigten Staaten?

Vergleiche zwischen Amerika und dem alten Rom sind unvermeidlich. Rom war anfänglich eine Ansiedlung mit klar abgegrenztem Gesichtskreis — ähnlich dem Amerika eines Washington und Jefferson. Es konnte jenem historischen Entwicklungsstadium kraftvolle — zugleich plutokratische und demokratische — Institutionen abgewinnen, die sich im weiteren Verlauf einer universellen Expansion zunächst anpassen ließen, dann aber angesichts neuer und übermäßiger Aufgaben mehr und mehr versagten — was bekanntlich auf die heutigen Vereinigten Staaten zutrifft. Die Folge war der stufenweise Übergang von der Republik zum Imperium — ein Prozeß, den ein franko-amerikanischer Historiker, Amaury de Riancourt, in seinem Buch »Die künftigen Cäsaren« (The Coming Caesars) in das heutige Amerika versetzt hat. Die millionenschweren Demagogen des Kennedy-Clans waren zwar gewiß nicht der Anfang dieser weitläufigen Entwicklung; aber sie mochten die Exponenten einer Etappe dazu sein. Um Cäsaren zu werden, kamen sie zu früh; aber vor den Cäsaren gab es ja die Gracchen ...

Sie waren die Gracchen ... — Tiberius-John fiel den Schüssen von Lee Oswald zum Opfer — Cajus-Robert denjenigen des Shiran-Shiran. Einen dritten Gracchen gab es nicht, aber einen dritten Kennedy gibt es — Edward ...

Man sagt, daß er von den Gedanken an einen Mordanschlag verfolgt wird. Wie wollte er ihnen auch entgehen, da ihn doch sein Posteingang daran hindert! Ted Kennedy ist der im öffentlichen Leben Amerikas am meisten mit dem Tod bedrohte Mann — wütendes Memento des Hasses, dem sein bloßer Name ausgesetzt ist. Er hat überdies auch eine andere Form des Sterbens unmittelbar nahe erlebt, als er in ein Flugzeugunglück verwickelt wurde, dessen Auswirkungen ihn für Monate immobilisierten und schmerzhafte Folgeerscheinungen zurückgelassen haben. Eine Schwester ist bei einem anderen Flugzeugunglück ums Leben gekommen, und der älteste Bruder wurde das Opfer eines heroischen Luftwaffeneinsatzes: er war in einer mit Sprengstoff vollgepackten Maschine gestartet, die über einer V2-Basis zum Absturz gebracht werden sollte; das Flugzeug explodierte aber, bevor er mit dem Fallschirm abspringen konnte. Der Tod reagiert in unerbittlicher Weise auf die Lebenskraft der Kennedys.

John war durchaus kein mustergültiger Senator gewesen. Robert, der nach der Ermordung seines Bruders in den Senat von New York gewählt wurde, war sogar noch nachlässiger in der Erfüllung seiner Pflichten. Beide waren autoritäre Persönlichkeiten, geschaffen fürs Regieren in der Befehlsform, und einer wie der andere unterzog sich der parlamentarischen Verfahrensweise nur mit Mißvergnügen. Edward hingegen fand sich mit ihr ab und tat sich darin geradezu hervor. Der Verlauf seiner Karriere schien den überlebenden der Brüder Kennedy geradeswegs an die demokratische Kandidatur für die Präsidentenwahl 1972 heranzuführen.

Ein sonderbares und dramatisches Abenteuer kam ihm in die Quere. Unweit von Nantucket, der historischen Insel der Walfischfänger, ist die Insel Marthas Vineyard dem Kap Cod vorgelagert. Chappaquiddick ist eine kleine, dem Marktflecken Edgartown durch eine Fähre verbundene Nachbarinsel. In der Nacht vom 18. auf den 19. Juli 1969 —

Apollo XI brachte gerade die ersten Menschen vom Mond zur Erde zurück — fiel ein Automobil von einer Brücke gegenüber dem Anlegesteg der Fähre und setzte — zur Hälfte unter Wasser — am Grund eines kleinen Meeresarmes auf. Es wurde um 8 Uhr 20 bemerkt, und bereits um 8 Uhr 45 zog der Taucher John Farrar die Leiche eines jungen Mädchens aus dem Wrack. Aber erst um 9 Uhr 30 meldete sich der Senator Edward Kennedy bei der Polizeistation von Edgartown und sagte aus: »Ich war der Fahrer.«

Die Tote war Mary Jo Kopechne, Sekretärin, 28 Jahre alt. Sie hatte an einer fröhlichen Party teilgenommen, die der Senator in einer Villa in Chappaquiddick arrangierte. Nach Teds Aussage wollte er sie um 23 Uhr 15 zur Fähre bringen, wendete den Wagen nach rechts anstatt nach links, verfehlte so die kleine Brücke, konnte noch aus dem Wagen herausspringen, verlor aber dann den Kopf, lief zur Villa zurück und konnte sich erst zwölf Stunden nach dem Unfall entschließen, die Anzeige zu erstatten.

Kennedys Aussage enthält die denkbar krassesten Unglaubwürdigkeiten, und man kann seine Rolle nur als abscheulich bezeichnen. Er hat nichts unternommen, um seinem Opfer Hilfe zu bringen. Er hat einen Teil der Nacht damit zugebracht, im Kreis seiner Freunde — zugleich seiner moralischen Komplicen — die Möglichkeiten, wie er den rechtlichen und politischen Folgen des fatalen Ereignisses entgehen könnte, zu erörtern. Die gerichtliche Untersuchung wurde durch die mächtigen Helfer, die er ins Treffen führen konnte, behindert — nicht zuletzt allerdings auch durch die Familie des Opfers, die eine Autopsie nicht zuließ, obgleich diese zur Klärung der hinsichtlich des Zeitpunkts und der Ursache des Todes der Sekretärin aufgekommenen Zweifel notwendig gewesen wäre. Die Rettungsaktion zugunsten des Senators Kennedy wurde — sehr im Gegensatz zu derjenigen für Mary Jo — mit Feuereifer und vollem Erfolg betrieben. Ein freundlich gestimmter Gerichtshof verurteilte ihn zu zwei Monaten Gefängnis mit Bewährung. Und was seine politische Zukunft anbelange, überlasse man diese dem Urteil der Wähler.

Und die Wähler haben ihre Antwort gegeben. Edward Kennedy von Chappaquiddick wurde im Jahr darauf mit triumphalem Ergebnis als Senator von Massachusetts wiedergewählt. Er hatte sich allerdings selbst eine Beschränkung auferlegt, indem er erklärte, 1972 nicht für die Präsidentschaft kandidieren zu wollen. Er hat Wort gehalten, und das gegen die Anstrengungen seitens der Demokraten, die ihn von seinem Verzicht abbringen wollten. Aber eine Probe seiner Macht hat er doch noch geliefert, als »sein« Massachusetts als einziger von 50 Staaten – den Distrikt von Columbia ausgenommen – dem Präsidentschaftskandidaten McGovern die Majorität zuerkannte. Ted Kennedy wird auch 1976 erst 44 Jahre alt sein – genauso alt wie sein Bruder John, als dieser in das Weiße Haus einzog. Bedenkt man die fünfzehn Kinder der kommenden Generation, bestehen die größten Chancen, daß die Welt noch lange von dieser Dynastie hören wird.

New Hampshire

Fläche: 24 905 km²
Einwohnerzahl: 737 681
Hauptstadt: Concord
Beiname: Der Staat aus Granit
Hymne: Old New Hampshire
Devise: Live free or die
Blume: (Purpurroter) Flieder
Baum: Weißbirke
Wichtigste Städte: Manchester, Lowell, Cambridge
Wichtigste Produkte: Milch- und Geflügelprodukte. – Elektrische und elektronische Apparaturen. – Schuhe, Papier, Textilien.
Bundesstaat seit 21. Juni 1788 (an 9. Stelle der ersten 13 Staaten).

Vermont

Fläche: 24 983 km²
Einwohnerzahl: 444 732
Hauptstadt: Montpelier
Beiname: Staat der grünen Berge
Hymne: Salut Vermont
Devise: Freedom and Unity
Blume: Klee
Baum: Ahorn
Wichtigste Städte: Burlington, Woodstock, Northfield, Bennington

Wichtigste Produkte: Butter, Käse, Milchprodukte. — Ahornsirup. — Schiefer. — Talk. — Marmor, Granit, Glimmer, Asbest. — Werkzeugmaschinen. — Möbel. — Papier.
Bundesstaat seit 4. März 1791 (an 14. Stelle).

Maine

Fläche: 86 000 km²
Einwohnerzahl: 993 663
Hauptstadt: Augusta
Beiname: Tannenstaat
Hymne: State of Maine Song
Devise: Dirigo
Blume: Tannenzapfen und -blüte
Baum: Weißtanne
Wichtigste Städte: Bangor, Portland, Brunswick, Rockland
Wichtigste Produkte: Hummer, Sardinen, Kabeljau, Thunfisch. — Geflügel, Eier. — Kartoffeln. — Konserven. — Holz. — Granit, Zement, Feldspat.
Bundesstaat seit 15. März 1820 (an 23. Stelle).

DIE STADT NEW YORK

Fünf Magistratsbezirke und zehntausend Probleme

Schuld an den meisten Nachteilen, Widrigkeiten und Problemen der Stadt New York sind die Holländer. Sie haben Neu-Amsterdam (das heutige New York) 1624 gegründet. Zwei Jahre später kaufte der Gouverneur Peter Minuit den Indianern die Insel Manhattan ab. Diese Erwerbung wird häufig als Musterbeispiel eines über die Maßen »leoninischen Vertrages« zitiert. In Wahrheit aber waren die Betrogenen die Käufer. Als nämlich die Holländer den bedungenen Kaufpreis von 25 Gulden in Eisen- und Kurzwaren sowie Kleinkram aus Glas bezahlt hatten, stellte sich heraus, daß der Häuptling, der ihnen die Insel verkauft hatte, gar nicht der rechtmäßige Besitzer war und sie ihr Land einem andern Stamm mit Waffengewalt abgewinnen mußten. Sie dachten jedoch gar nicht daran – übrigens ebensowenig wie nach ihnen die Engländer –, dieses wie eine langgezogene Pfeilspitze zwischen einem Strom, einem Meeresarm und einem schnellen, den Wassergraben gleichsam abschließenden Fluß so prachtvoll gelegene Stück Land je wieder aufzugeben. Es kam diesen Geschichtemachern gar nicht in den Sinn, daß sie der Annehmlichkeit des Augenblicks nachgaben und die Hauptstadt der Welt in viel zu eingeengter Lage gründeten. Sie zwangen damit ihre fernen New Yorker Nachfahren, in den Wolken zu leben und überdies alle die Unbequemlichkeiten einer kleinen Insel auf sich zu nehmen, die einer riesigen Stadt als Sockel diente.

New York war lange Zeit – bis zum Jahr 1898 – nur die Stadt zwischen Harlem River, East River und Hudson River. Schon damals erschien sie den Europäern voll von taumelnder Bewegung und dröhnendem Lärm, als sich dann plötzlich die Einwohnerzahl verdoppelte und die Ausdehnung des Stadtgebiets verzehnfachte. Der ursprüngliche Stadtkern vereinte sich mit den Städten, die jenseits der Brücken entstanden waren. Er war nur eine Insel – jetzt wurde daraus ein Archipel. An Stelle einer einzigen Stadt waren es jetzt fünf – Manhattan, Brooklyn, Queens, Bronx und Richmond –, jede mit ihrer eigenen

Art, ihrem eigenen Patriotismus, ihrer eigenen Bevölkerung und sogar ihrem eigenen Akzent. Diesem Kosmos blieb der Name New York.
Bei der Zählung von 1950 hatte New York fast 8 Millionen Einwohner. Bei der Zählung von 1960 jedoch verlor es viele Bürger, statt welche hinzuzugewinnen (7 710 346 gegenüber 7 891 957). Anläßlich der Zählung von 1970 blieb die Bevölkerung praktisch unverändert (7 895 600). Aber man kann mit Recht behaupten, daß New York sein Stadtgebiet weit überschritten hat. Jenseits des Hudson mit seiner langen Industrie-Front sind die großen Städte New Jersey, Newark, Jersey City, Pasaic, Paterson usw. Teile New Yorks geworden. Auf Long Island ist der Gürtel der Vorstädte so dicht, daß man nicht merkt, wo Brooklyn oder Queens anfängt. Yonkers, Mount Vernon, New Rochelle, White Plains auf dem Festland sind viel charakteristischer für New York als gewisse Gegenden in Richmond und sogar in Queens. Wenn man an den Ufern des Hudson und des Sunds entlangfährt, hört die Stadt überhaupt nicht mehr auf und zieht sich noch endlos hin, wenn »der Kirchturm des Dorfes« — der Doppelturm des Trade Center, 405 Meter über dem Meeresspiegel — schon am Horizont verschwunden ist. Ungefähr vierzehn Millionen Einwohner leben in diesem New York, das seine Fühler immer weiter ausstreckt. Man hat ihm schon oft vorgeschlagen, einen eigenen Staat zu bilden und die künstliche Fessel zu zerbrechen, die es mit dem Upstate vereint, der schon dem Mittelwesten zugewandt ist. Vierzehn Millionen Einwohner stellen nicht nur die größte Zusammenballung von Menschen dar, sondern auch die reichste, lebendigste, beweglichste, buntscheckigste und meistbeneidete Stadtbevölkerung der Geschichte und der ganzen Welt.
Jeder der fünf Teile, aus denen New York besteht, wird »borough« genannt — das bedeutet technisch einen Verwaltungsbezirk. Der Zusammenschluß von 1898 war unvollkommen. New York hat einen gemeinsamen Stadtrat, aber das Hauptorgan seiner Verwaltungsmaschinerie ist ein Direktorium mit dem seltsamen Titel »Board of Estimate«. In ihm sind die »boroughs« gleichmäßig vertreten trotz der riesigen Unterschiede ihrer Bevölkerung und ihres Reichtums. Der »Board of Estimate« besteht aus acht Mitgliedern: jeder »borough« hat einen Vertreter, dazu kommt der Präsident des Stadtrats, der Leiter der Finanzbehörde und der Bürgermeister, der von der ganzen Stadt gewählt wird. Jede dieser Persönlichkeiten erhält 25 000 Dollar Gehalt, nur der Bürgermeister erhält 40 000 und hat außerdem Gracie

Mansion zur Verfügung, das Weiße Haus von New York, das auf einer Terrasse liegt, mit Aussicht auf den East River. Das Budget, das er verwaltet, beziffert sich auf sieben Milliarden Dollar und übersteigt somit das der UNO, in der drei Viertel der 130 Nationen vereinigt sind. Unter seiner Kontrolle befördern die städtischen Verkehrsmittel täglich acht Millionen Fahrgäste und die städtische Müllabfuhr vier Millionen Tonnen Haushaltabfall im Jahr. Die Armee, die er befehligt, die New Yorker Polizei (sie rekrutiert sich fast ausschließlich aus kräftigen Iren), besteht aus 24 258 Männern und 237 Frauen. Der Bürgermeister von New York spielt, was die Repräsentationspflichten anbelangt, die zweitwichtigste Rolle gleich nach dem Präsidenten der Vereinigten Staaten. Ein guter Bürgermeister nimmt durchschnittlich im Jahr an 1500 Veranstaltungen jeder Art teil.

Viele New Yorker Bürgermeister waren eminente, einige allerdings auch eminent umstrittene Persönlichkeiten. Jimmy Walker zum Beispiel, der Bürgermeister der Epoche des Alkoholverbots und zugleich Träger des Namens einer Whisky-Marke, war in so zahlreiche Skandale verwickelt, daß er demissionieren mußte, um nicht vom Gouverneur des Staates New York, Franklin Roosevelt, aus dem Rathaus gejagt zu werden. Sein Nachfolger, Fiorello La Guardia, der Little Flower (das Blümchen) genannt wurde, war ein explosiver Demagoge, dessen lärmend tumultreiche Herrschaft sich elf Jahre hinzog. William O'Dwyer war der nächste und verflüchtigte sich – unter nur mangelhaft aufgeklärten Begleitumständen und gefälliger Hilfsbereitschaft eines Truman – auf den Posten eines Botschafters in Mexiko. Eine Art »moralischer Reaktion« verhalf 1950 dem Unabhängigen Vincent Impelliteri zur Wahl, jenem Demokraten, der gegen das inzwischen längst unwichtig gewordene, damals berühmte Comité von Tammany Hall revoltierte. Aber »Impy« hielt sich nicht lange. Er wurde 1954 durch Robert Wagner ersetzt, den Sohn eines demokratischen Senatsmitglieds, das seine politische Karriere großem Entgegenkommen gegenüber den Gewerkschaften verdankte. Es war seit langem das erste Mal, daß ein Bürgermeister von New York in den Vereinigten Staaten geboren war. Er verwaltete die Stadt bis Ende 1965. Mit 55 Jahren entschloß er sich zum Rückzug vor der Wahlkampagne von John V. Lindsay, zu deren Themenkreis die totale Fahrlässigkeit seiner Amtsführung gehörte. Der 43jährige Republikaner Lindsay gewann die Wahl vor dem Demokraten Abraham Beame.

Amerika reagierte mit dem Aufschrei: »Ein Wunder!« Konnte einer schöner, ranker, schlanker und dabei dynamischer sein als dieser John Vliet Lindsay? Er war sechs Jahre lang Deputierter von Manhattan gewesen, ausgerechnet Abgeordneter dieses 17. Distrikts im Kongreß, der »Silk Stocking District« – Seidenstrumpf-Distrikt – genannt wird, weil er die opulentesten Stadtviertel umfaßt. Lindsay hätte eines schönen Tages, und das schon sehr bald, die Nachfolge eines Jacob K. Javits auf dessen Senats-Sessel oder eines Nelson D. Rockefeller auf seinem Gouverneursposten ins Auge fassen können. Er hat sich entschlossen, nach einem weit weniger prestige-fördernden und unendlich viel schwierigeren Mandat zu streben, dem eines Bürgermeisters von New York. Freunde beiläufiger Plattheiten erfanden unverzüglich ein ihnen passend erscheinendes Epitheton ornans für ihn: »Der republikanische Kennedy.«

Lindsay ist nicht in Reichtum und Macht hineingeboren wie seine Vergleichsfigur. Sein von der Insel Wight eingewanderter Großvater war Maurer. Der Vater widmete sich dem Bankgeschäft, brachte es bis zum Vizepräsidenten der Swiss-American, hinterließ aber, als er 1962 starb, nur 700 000 Dollar, die unter die vier Söhne aufgeteilt werden mußten. John studierte an der Yale Universität Jura und trat nach dem Krieg zu einem Jahresgehalt von 3000 Dollar in eine Wall-Street-Firma ein. Alsbald vom Strom der Politik ergriffen, konnte er seine berufliche Laufbahn nicht sehr fruchtbar gestalten, und seine Einkommensquellen hielten sich in bescheidenen Grenzen. Aber John Lindsay besitzt eine Qualifikation, die ihm in einem ja weit konservativeren Amerika, als man es sich meist träumen läßt, häufig Glück bringen sollte. Sie ist durch die Abkürzung WASP gekennzeichnet, was White Anglo-Saxon Protestant bedeutet. Wenn man schon unbedingt nach Vergleichen suchen will, hier wäre eine derartige Annäherung gegeben, und zwar heißt das viel eher auf der Seite der Roosevelts als auf jener der Kennedys.

Die Bürgermeister von New York sind Italiener – wie Impelliteri oder La Guardia; oder Iren – wie O'Dwyer oder O'Brien; gelegentlich auch ein Jude wie Robert Wagner. Ein WASP und noch dazu Republikaner sollte sich zum Oberhaupt einer Großstadt erheben können, in der drei von vier Einwohnern Katholiken, Neger, Juden oder Demokraten sind? Das war ein Lotteriespiel. Lindsay gewann es.

Noch ein anderes Lotteriespiel spukte in seinem Kopf. Die Präsidenten der Vereinigten Staaten rekrutieren sich aus dem Kreis der Gouverneure der einzelnen Staaten – wie die beiden Roosevelt, Woodrow

Park Avenue in New York

ONE WAY
GARDEN
STAURANT
ONE FLIGHT UP
Pagoda REST 41
RATHSKELLER
BAR
GIFT SHOP
BOWL

Wilson oder Calvin Coolidge; etwas seltener aus dem Senat – wie Harry S. Truman, John F. Kennedy oder Lyndon B. Johnson; ausnahmsweise auch aus der Front siegreicher Generäle wie Ulysses S. Grant oder Dwight D. Eisenhower. Die Hierarchie städtischer Ämter hingegen gilt in Amerika als zweitrangig und in gewisser Weise zwielichtig im Hinblick auf die häufigen Korruptionsaffären in den Großstädten. Daß eine Bürgermeisterkarriere im Weißen Haus enden könnte, ist eine abnorme Idee. Nicht so für Lindsay. Niemand konnte voraussehen, daß Nixon 1972 wieder Kandidat der Republikaner sein würde. Der Bürgermeister von New York jedenfalls ließ keinen Zweifel daran aufkommen, daß er seinen Anspruch geltend machen und im übrigen ab 1968 verfügbar sein wolle, sofern sich dies als wünschenswert herausstellen sollte.

Das Bürgermeisteramt von New York hielt für John V. Lindsay unzählige Schwierigkeiten und zahlreiche Enttäuschungen bereit. Er mußte mit gewaltigen Streiks unter den 354 000 städtischen Funktionären und Angestellten fertig werden, die ihm theoretisch unterstellt waren. Gruppe für Gruppe legten die Straßenreiniger, die Polizisten, die Feuerwehrleute, die Lehrer die Arbeit nieder oder verlangsamten sie doch bis zu einem Punkt, der für das Leben einer ständig am Rande des Chaos schwankenden Stadt vollends chaotische Zustände bedeutet.

New York hat schon mehrmals bewiesen, daß Logik nicht existiert und Mathematik nicht stimmt, von den amtlichen Statistiken ganz zu schweigen! Im Prinzip müßten die New Yorker mindestens einmal in der Woche an Luftmangel, Entkräftung oder nervöser Erschöpfung sterben. Die Gleichung zwischen dem Verkehr und den Straßen demonstriert, daß diese absolut unentwirrbar verstopft sein müßten. Und die Gleichung zwischen der Metro und dem Publikum, das der New Yorker Jargon »Sardinen« nennt, demonstriert, daß sich unter der Erde theoretisch mehrmals am Tage Massenopfer abspielen müßten – Tausende von Menschen müßten totgedrückt werden. Die Brükken und die Tunnels *können* unmöglich für den Verkehr zwischen New York und der übrigen Welt genügen: die Lebensmittelversorgung *kann* nicht in genügendem Umfang erfolgen, auch bei gutem Wetter, und der überhöhte Bodenpreis läßt es nicht zu, die Häuser zu renovieren. New York wird widerlegt durch mehrere Gleichungen a + b ...

Denkt man sich zu diesen extravaganten Begleitumständen auch noch

Straßenbild in New York

die unvermeidlichen personellen Abfallbewegungen innerhalb einer städtischen Verwaltung hinzu, wird man begreifen, daß ein Bürgermeister von New York Nerven aus Stahl haben muß, um keinen Nervenzusammenbruch zu erleiden. Und auf die finanziellen Probleme werde ich erst später — bei tieferem Eindringen in die Schrecknisse von Megalopolis — zu sprechen kommen.
Die Große Politik war ihrerseits dem Bürgermeister Lindsay auch nicht gewogen. Als ihm klar wurde, daß sein Weg ins Weiße Haus nicht über die Republikanische Partei führen konnte, wechselte er die Feldzeichen und ließ sich bei den Demokraten einschreiben. Er kandidierte 1972 für die Präsidentschaft und war tödlich beleidigt, als das Echo aus dem Kreis dieser Partei nur äußerst bescheiden ausfiel, obwohl er zu ihren Gunsten ein Abtrünniger geworden war. Es sieht nicht so aus, als ob seine Chancen für 1976 glänzender sein könnten. Das Bürgermeisteramt von New York ist im öffentlichen Leben Amerikas noch nie etwas anderes gewesen als eine Sackgasse.

*

Die »boroughs« von New York sind komplette Städte — jede von ihnen hat ein Zentrum und Vorstädte, Geschäftsstraßen und Regierungsviertel, reiche und arme Bezirke. Nur wenige europäische Besucher realisieren diesen so eigentümlichen Zug der großen Stadt. Sie halten Manhattan für das Zentrum des Reichtums und das übrige New York, in das sie nie einen Fuß setzen, für simple Vorstädte, wohin die Armut um sechs Uhr abends mit der Metro zurückkehrt. Ein großer Irrtum. Manhattan wird, obgleich es die strahlendsten und üppigsten Stadtviertel der Welt besitzt, in allen städtischen Berichten als der »borough« bezeichnet, der am meisten Beihilfe braucht. Der »borough«, der dagegen die durchschnittlich reichste Bevölkerung besitzt, ist Queens (1 947 000 Einwohner), das sich mit Brooklyn in die New Yorker Skyline auf Long Island teilt. Es ist auch am weiträumigsten und besitzt mindestens die Hälfte der acht Millionen Bäume New Yorks — denn New York, das so oft als Steinwüste geschmäht wird, hat immerhin ebenso viele Bäume wie Menschen.
Queens ist außerdem ein aufsteigender Stern. Vor fünfzig Jahren war es nur ein Konglomerat von Dörfern, die sich dann mehr und mehr vergrößerten, sich näherten, ineinander übergingen, sich verbanden, wobei sich jedes seinen individuellen Charakter bewahrt hat.

Es ist noch gar nicht lange her, daß Queens durch die Industrialisierung und den Bau von großen Wohnblocks echt städtische Formen angenommen hat. Seine Bevölkerung wächst ständig, während die anderer »boroughs« stehenbleibt oder abnimmt. Wenn es in Zukunft so weitergeht, ist leicht vorauszusehen, wohin sich New York verlagert. Der Raum ist da – er ist sogar unermeßlich, wie in der weiteren Umgebung von Queens, wo man den internationalen Flugplatz Idlewild in einer Ebene angelegt hat, die so kahl ist wie Turkestan. Der Sund, der Meeresarm, der Long Island vom Kontinent trennt, wird vermutlich das Zentrum einer ganz neuartigen Großstadt werden, deren Kern Queens sein wird.

*

The Bronx – mit seinen 1 470 000 Einwohnern bei der Zählung von 1970 – ist der einzige nicht insulare Teil von New York. Man muß ihn durchqueren, um in die reichen Gefilde der Wohnviertel von Westchester County, von Rye und Greenwich zu gelangen. Die New Yorker Universität, der Zoo, das Yankee-Stadion befinden sich im Bronx, ebenso die meisten städtischen Friedhöfe. Aber die Umweltbedingungen für die Lebenden sind nicht zufriedenstellend. Der Bronx – lange Zeit durch einen hohen jüdischen Bevölkerungsanteil gekennzeichnet – wurde von einer portorikanischen Welle überflutet, die Armut, Ungesundheit und Unsicherheit mit sich brachte. 40 Prozent der Familien fallen der öffentlichen Fürsorge zur Last und 10 Prozent der Jahrgänge zwischen 15 und 44 Jahren sind drogensüchtig. Die Gangs, von denen die West Side Story der Welt berichtet hat, nennen sich Cliquen, und ihr Rassismus ist mit Kriminalität gewürzt. Eine der Bedingungen für die Aufnahme in eine solche Clique ist, ein weißes Mädchen verdroschen und tunlichst auch vergewaltigt zu haben.

Der Fall Brooklyn ist besonders interessant. Der Name ist weltberühmt, vielleicht sogar bekannter als Manhattan, das sich in der Vorstellung mit New York vermengt. Brooklyn ist sich der Ungerechtigkeit seines Schicksals bewußt. New York müßte eigentlich Brooklyn heißen, denn dort lebt der größte Teil seiner Einwohner: 2 740 000, während Manhattan keine zwei Millionen aufweist. Die Brooklyner fügen gern hinzu, daß man bei ihnen den wahren Charakter, den wahren Geist und sogar den wahren Akzent von New York finde – nur leider werde das alles auf der andern Seite des Wassers im Kosmopolitismus von Manhattan ertränkt. Obgleich Brooklyn sozusagen das Schlafzimmer New Yorks ist, überqueren Hunderttausende seiner Bürger niemals die Brücken dorthin. (Auch nicht die alten Fräuleins aus »Arsen und Spitzenhäubchen« – einem Brooklyner »Volksstück«!) Man trifft in diesem Teil von New York auf einen kräftig ausgebildeten Provinzialismus.

Brooklyn hat den Anschluß von 1898 niemals völlig akzeptiert. Es hatte sich ihm sogar lange widersetzt. »Nicht der East River trennt Brooklyn von New York«, erklärte der alte General Jeremie Johnson aus Brooklyn, »sondern ein Abgrund, der sich durch nichts auffüllen läßt.« Als man diese beiden Gegensätze durch eine Brücke verbinden wollte, wehrten sich die Brooklyner verzweifelt dagegen. Sie hatten allen Grund, denn der Bau der berühmten Brooklyn Bridge – ein Wunder und fast ein Schrecken am Ende des neunzehnten Jahrhunderts, wenn sie auch heute so friedlich wirkt – war der Untergang der Unabhängigkeit. Diese Unabhängigkeit wurde von »Zugezogenen« preisgegeben, die für den Zusammenschluß der beiden Städte stimmten; aber der 1. Januar 1898 wurde für alle echten Brooklyner ein Trauertag. Noch heute findet man dort Leute, die versichern, daß die Zustimmung zum »Greater New York« ein schrecklicher Irrtum gewesen sei.

Auch ohne New York wäre Brooklyn (nach Chikago) die zweitgrößte Stadt der Vereinigten Staaten. Seine Entwicklung, sein städtisches Gesicht, seine Verwaltungs- und Kultur-Institutionen wären einer Metropole würdig gewesen, während es nun unzweifelhaft der kleinen anmaßenden Insel geopfert wurde, die es von der Höhe ihrer Wolkenkratzer aus herablassend betrachtet.

Brooklyn war lange Zeit für sein Coney Island und seine »Dodgers« berühmt. Der populäre Badestrand ist immer noch da und lockt mit seinem lautstarken Vergnügungspark Massen von Menschen an; aber o weh – Brooklyn hat »seine« Dodgers verloren! Sie waren gleichsam seine Privatarmee, die ruhmreiche Truppe, die seinen Namen in den großen nationalen Schlachten des Baseball zu verteidigen und hochzuhalten hatte. Alle großen Städte besitzen Baseball-Mannschaften mit hochtönenden Namen – die »Tiger« von Detroit, die »Kardinäle« von St. Louis, die »Senatoren« von Washington, die »Piraten« von Pittsburgh –, aber keine Stadt hing, vielmehr klebte so an ihren Helden wie Brooklyn an seinen Dodgers. Und diese Undankbaren sind auf und davon – unter noch güldenere Himmel. Was die

Europäer unbegreiflich finden, weil ihnen Baseball langsam und zusammenhanglos erscheint, ist für die Amerikaner ein sie bis zur Besessenheit begeisternder Kult. Der größte Ruhmestitel des Generals Abner Doubleday ist nicht die Tatsache, daß er einer der Sieger im Sezessionskrieg war – Verteidiger des Forts Sumter und einer der Divisionäre von Gettysburg –, sondern daß er die Regeln des Baseballspiels aufgeschrieben hat. Die schweren, bis an den Hals vermummten Berufsspieler dieser Sportart sind trotz ihrer plumpen und unhygienischen Aufmachung das fleischgewordene Ideal der jungen Burschen, die Perfektion des Ewigmännlichen für die Frauenwelt und ein unerschöpflicher Gesprächsstoff für die ganze Nation. Die »Größen« verdienen acht- oder zehnmal soviel wie ein Universitätsprofessor, und nicht einmal der Ruhm der Stierkämpfer in den Ländern spanischer Zunge kommt jenem gleich, mit dem die Unsterblichen des Baseball sich bekränzen dürfen – wie Ty Cobb oder George H. (»Babe«) Ruth. Dabei ist der Baseball auf streng kaufmännisch-industrieller Grundlage organisiert. Die großen Clubs sind millionenschwere Privatunternehmungen. Sie sind in zwei Ligen – die »American« und die »National« – geteilt. Das ist aus Wettbewerbsgründen erforderlich. Aber ein gemeinsames »Government« regelt alle Streitfragen und wacht über die gemeinsamen Interessen.

Kein anderes Ereignis kann die Städte Amerikas in einen ähnlichen Fiebertaumel versetzen wie das Meisterschafts-Endspiel, das in leicht megalomaner Reklamesucht als »World Series« angepriesen wird. Es wird zwischen den Siegern der beiden Ligen ausgetragen, und wenn im Zuge dieses Ereignisses die Dodgers antraten, durchlebte Brooklyn ein Drama zwischen Hoffnung und Angst. Meist traf da die ohnehin schon so unbillig behandelte Stadt ein hartes Los. In den Jahren nach 1941 gewannen die Dodgers sechsmal den »Pennant«, das Siegeszeichen der National-Liga, und brachten es dennoch nur ein einziges Mal – nämlich 1955 – fertig, das Meisterschafts-Endspiel zu gewinnen. Die grausamste Ironie dabei war, daß regelmäßig die Repräsentanten der angestammten Feinde von jenseits der Brücken den Dodgers den Weg zum Sieg verlegten – die Yankees, die erfolgreichen Yankees von Manhattan. An den Abenden dieser historischen Niederlagen glich Brooklyn einer Stadt, über die ein Unglück hereingebrochen ist. Die Kinos waren geschlossen, die Gesichter der Menschen sahen verstört aus, und in den Bars drängten sich die Leute und betranken sich fürchterlich. Aber mit der aufgehenden Sonne kam auch

stets die Hoffnung wieder, und selbst nach den bittersten Enttäuschungen ließ Brooklyn nichts über seine Dodgers kommen.
Nun haben schmutzige Interessen die letzte Hoffnung zerbrochen. Die Besitzer des Clubs beklagten sich seit langem über abnehmende Einnahmen und die Unzulänglichkeit ihres Stadions in Ebbetsfield, das die knausrige Stadt neu zu bauen verweigerte. Da ließen die Sirenen vom Pazifik ihre Stimmen hören. Der kalifornische Baseball war neben dem Baseball des Ostens nur eine mittelmäßige Angelegenheit, aber Los Angeles bot den Dodgers eine Arena für 100 000 Personen und ein üppiges Mäzenat an. Zu gleicher Zeit liefen daneben die Verhandlungen San Franziskos mit der dritten Mannschaft von New York, den Giants von Bronx. Die Verzweiflungskundgebungen der machtlosen Anhänger waren umsonst. Die doppelte Verpflanzung wurde beschlossen. Die Dodgers von Brooklyn wurden die Dodgers von Los Angeles und, um der traurigen Geschichte das allerbitterste Ende zu setzen: sie gewannen 1959 die erste Meisterschaft, an der sie für ihre neue Heimat teilnahmen — während Brooklyn auf diesen Ruhmestag fünfzig Jahre vergeblich gewartet hatte.

*

In gewisser Beziehung ist der eigenartigste »borough« Richmond — man nennt es auch Staten Island. Niemand konnte je begreifen, was diese ländliche Insel inmitten der Familie von Stadtriesen soll, aus denen New York besteht. Es liegt eine halbe Stunde mit dem Dampfer von der Landungspier in Manhattan entfernt, in der Nähe von Ellis Island, das zum Verkauf steht, nachdem es seine Funktion als Quarantäne- und Aufnahmestation für Einwanderer verloren hat; in der Nähe auch von Governors Island, das der Armee gehört, und schließlich in der Nähe der Freiheitsstatue. Aber trotzdem ist es deutlich eine Dependance von New Jersey, von dem es nur durch eine gewundene Fahrrinne getrennt ist, die von monumentalen Brücken überquert wird. Es wurde 1524 von dem Venezianer Verrazone entdeckt, der die Fregatte Franz' I., *La Dauphine*, befehligte, spielte mehrmals eine historische Rolle, und die Geschichte verband es auch mit New York City. Aber es war niemals dicht bevölkert. Seine Handvoll Einwohner (150 000) betrachten es als eine Art Adelstitel, Bürger von Richmond zu sein, und auf ihrem Arbeitsweg nach Manhattan sehen sie das berühmte Panorama, das den Passagieren der Überseedampfer zum bleibenden Erlebnis wird. Wälder im Naturzustand und einsame Teiche bedecken dieses Gebiet, das die große Stadt glücklich ergänzt.

*

Aber New York ist Manhattan. Alles, was New York bedeutet, liegt in Manhattan: Wallstreet, Broadway und Times Square, die Fifth Avenue, der Central Park, Harlem, das Waldorf Astoria, das Rockefeller Center, Madison Square Garden, die Vereinten Nationen und die Rocket Girls von Radio City. Alle Superlative New Yorks sind in Manhattan. Dort erheben sich auch die höchsten von Menschenhand errichteten Gebäude. Das höchste war noch gestern das Empire State Building mit 102 Stockwerken und 375 Metern Höhe. Heute ist es das Manhattan Trade Center: Zwillingstürme mit 110 Stockwerken, 405 Meter hoch, 43 600 Fenster, 102 Aufzüge in jedem der Türme. 50 000 Menschen arbeiten dort und weitere 80 000 gehen täglich ein und aus. Das Trade Center ist ein Teil des Neuaufbaus der Südspitze von Manhattan, dieser Unterstadt (»down town«), der man bereits ein allmähliches Absterben nachsagen wollte. Sie revanchiert sich mit hoheitsvoller Verachtung und erhebt sich höher und majestätischer denn je.

Das Erneuerungspotential von New York ist nach wie vor phänomenal. Nach der Umgestaltung der Park Avenue – ein Triumph der modernen Architektur – ist die Avenue of Las Americas, die von den New Yorkern beharrlich die 6th Avenue genannt wird, ihrerseits eine Art Stromsystem prächtiger und schwindelerregender Bauwerke geworden. Im Zentrum Manhattans entstehen immer neue, 25- bis 30-stöckige Gebäude mit Luxuswohnanlagen. Noch vor wenigen Jahren glich die West Side einer zerbombten Stadt, so eifrig waren die Abreißtrupps am Werk. Heute erheben sich dort riesige Wohnblöcke billiger Mietkategorien anstelle des früheren baufälligen, halbverrotteten Gemäuers und abscheulicher Lagerhäuser. Brooklyn, Queens, The Bronx – sie alle sind vom selben Betonfieber befallen, von der Sucht nach Glas und rostfreiem Stahl. New York erneuert sich ohne Unterlaß aus sich selbst. Es ist und bleibt ein unaufhörlich geschäftiger, lärmender Bauplatz. Aber auch ein Schauplatz von verschwenderischer Vielfalt, eine Stadt, über der so viele Gefahren schweben, die so viele Gründe hat, ihren Niedergang zu befürchten – und die doch so viel Lebenskraft beweist.

New York ist derjenige Ort auf Erden, wo der Quadratmeter Grund zuhöchst bezahlt wird, wo die aufwendigsten Darbietungen stattfinden, wo man mit Geld die größte Vielfalt an Gegenständen erwerben kann. Es ist auch das größte Finanzzentrum der Welt, aber auch der Ort, wo die meisten Bücher erscheinen und die meisten Theaterstücke uraufgeführt werden. Hier werden die meisten Ankünfte von Touristen, Einwanderern und Berühmtheiten registriert. Es ist die Stadt, wo die meisten Leute auf der Straße mit sich selber reden, wo die meisten Gewaltverbrechen verübt werden und wo es die meisten Kliniken für Mensch und Tier gibt. Es ist auch die Großstadt, in der die Straßen am meisten verpestet, der Postdienst am schlechtesten und der Metrobetrieb am brutalsten ist. New York ist auch – aber man könnte gewiß nicht sagen »schließlich«! – die urbane Landschaft, die am allerhäufigsten und in erdenklich widersprüchlicher Manier beschrieben worden ist: es findet sich alles zwischen lyrischen Ergüssen und härtesten Akzenten wilden Hasses.

Das Charakteristische an Manhattan ist naturgemäß das Hochragende, die »Vertikalität«. Diese Insel hat den Wolkenkratzer erfunden, weil der Himmel die einzige Expansionsmöglichkeit bot. So wurde auch eine Architektur erschaffen, die sich zu einem der hauptsächlichen Amerikanismen entwickelt hat. Die 34 Stockwerke des Kapitols von Bâton Rouge in Louisiana, die 47 des Lincoln-Levèque-Tower in Columbus (Ohio), vor allem aber die 22 des Kapitols von Bismarck in Nord-Dakota sind nicht von der Enge der Örtlichkeiten bestimmt, sondern von architektonischem Konformismus. Dieser Konformismus war es auch, der dazu geführt hat, daß der in New York aus der Raumnot geborene Stil in ganz Amerika übernommen wurde.

In New York stehen insgesamt 107 Gebäude mit einer Höhe von mehr als 100 Metern, davon 98 in Manhattan. Die ersten Wolkenkratzer entstanden – sehr zum Entsetzen der Leute und zur Entrüstung der Ästheten – gegen Ende des vorigen Jahrhunderts. Unmittelbar an die Straßen gebaut erweckten sie das bedrückende Gefühl des Eingesperrtseins in Straßenschluchten und schufen die noch heute berüchtigte Souterrain-Atmosphäre von Wallstreet. Etwa ab 1920 brachte eine neue Generation von Kolossen veränderte, besonders für die Midtown charakteristische Strukturprinzipien: zurückgenommene Fronten, treppenartig angelegte Stockwerke, freier Zutritt für Luft und Sonne. Noch jüngeren Datums ist eine weitere Umwälzung, die sich mit der systematischen Abstimmung der horizontalen mit den vertikalen Baulinien sowie durch die ausgedehnte Verwendung von Glas und Leichtmetall eingestellt hat. In diesem Sinn mag man die prächtigen Bauten sehen, die bei der Neugestaltung der Park Avenue entstanden sind und die der Stadt New York zu einem Zugewinn vielfältiger Schönheit verholfen haben, so zum Beispiel die Lever und Seagram Buildings. Mehr als 30 Stockwerke kommen kaum vor – gegenüber den 112 Etagen des Trade Center; aber die Proportionen der Baumasse und die funktionelle Konzeption sind hochgradig perfektioniert worden.

Alle diese Bebauungsformen sind gleich wenig geeignet, die dringendsten Probleme New Yorks zu lösen. Der Wolkenkratzer, der viele Menschen und viele Tätigkeiten auf einem kleinen Raum konzentriert, braucht viele Ausgänge, viele Zufahrtsstraßen und geräumige Parkplätze. New York (Manhattan) besitzt sie nicht. Die einzige Möglichkeit, aus ihm eine erträgliche Stadt zu machen, wäre, zwei Drittel der Baublocks abzureißen, um den entsprechenden Raum für das Straßennetz und die Erfordernisse des modernen Lebens zu verwenden. Aber nur ein Krieg oder ein Diktator könnte diese Art der Stadtplanung realisieren.

*

New York verändert sich fortwährend. Vor kaum mehr als fünfzig Jahren war das Zentrum des mondänen und des Nachtlebens Madison Square, auf der Höhe der 26. Straße – heute ab sieben Uhr abends eine der ausgestorbenen Querstraßen. Bis zum Jahr 1900 war das Theaterzentrum nicht der Broadway, sondern die Bowery, die zum häßlichen, abenteuerlichen Dschungel der Obdachlosen geworden ist. Die Fifth Avenue war lange Zeit eine Straße der Millionäre, deren vornehme Privathäuser eines nach dem andern von den Luxusgeschäften verdrängt wurden. Die Park Avenue war damals nur von Parvenus bewohnt, mit denen sogar die Durchschnittsbürger von Madison Square nichts zu tun haben wollten. Übrigens gibt es heute wieder mehr als jemals in New York einen derartigen Adressen-Snobismus. Die Fifth Avenue – dem Rückgrat eines Sauriers vergleichbar – grenzt den Osten vom Westen ab. Der Osten gilt als Empfehlung, der Westen als Makel. Die herrliche Uferstraße Riverside Drive, die über dem mächtigen Hudson erbaut ist, wird den Juden überlassen, weil sie im Westen liegt, ebenso ist auch die eine Seite des Central Park hochgeehrt und die andere verachtet. Ein bekannter Mann der

New Yorker Gesellschaft sagte einmal etwas sehr Bezeichnendes, als sein Sohn verhaftet wurde, der seine Geliebte in einer Straße westlich von der Fifth Avenue getötet hatte: »Was hatte er überhaupt in West Side zu suchen?«

Das soll nicht heißen, daß östlich der Fifth Avenue das Stadtviertel der vornehmen Leute sei und westlich nur ein Elendsquartier. Diese Art der Lokalisierung von arm und reich hat für New York keine Geltung. Die Bowery befindet sich im Osten der Fifth Avenue, und die untere East Side ist das ärmlichste Viertel von ganz Manhattan. Ein Teil von Harlem, und zwar der schlimmste, erstreckt sich über die geheiligte Trennungslinie hinweg. Ein Gegenbeispiel sind die Häuser über dem Steilufer des Riverside Drive, dessen Wohnungen im Central Park bestimmt nicht als Herberge der Armut gelten können, trotz des gesellschaftlichen Mißkredits, mit dem sie behaftet sind. In sozialer Hinsicht gleicht New York einem gefleckten Pantherfell – man kann dort in Abständen von 100 Metern Fotoaufnahmen machen, die sich mit den vornehmen Vierteln von London vergleichen lassen, und andere, die an die Armenviertel in Neapel erinnern.

Eine weitere Eigenart New Yorks ist die örtliche Verteilung der Geschäfte und Industrien. Ein mächtiger Herdeninstinkt vereinigt die gleichen wirtschaftlichen Zweige auf die gleichen Stadtgegenden, statt sie zu verteilen, um die Konkurrenz zu vermindern. So ist die Wallstreet die Straße der Finanzgewaltigen und der Broadway die Theater-Avenue (wenn auch, genaugenommen, kein einziges Theater an der Straßenfront des Broadway steht), aber viele Leute ahnen nicht, daß man im Viertel zwischen der Canal Street und der North Street – also in der Unterstadt – nur Werkzeugmaschinen verkauft oder daß die Bücherantiquariate sich praktisch alle auf 250 Metern der Fourth Avenue, zwischen der 8. und der 12. Straße, befinden. Zwischen der 51. und der 72. Straße, im Abschnitt der Häuser mit den Nummern 1789, 1848, 1918, die alle an historische Jahreszahlen erinnern, wird der Broadway zur Automobilausstellung – obgleich Wagen der ausländischen Marken wie auch die kleinen Luxusfahrzeuge alle in den vier Blocks nächst dem Grand-Central-Bahnhof verkauft werden. Frühgemüse und Früchte findet man um die Bleak Street herum und Hochzeitskleider fast ausschließlich in der Grand Street.

Das Garment Center – das Konfektionsviertel – ist nicht nur ein unerhört interessanter Stadtteil New Yorks, sondern auch eine Institution, deren Einfluß sich auf die ganze amerikanische Zivilisation auswirkt. Drei Viertel aller Kleider, vier Fünftel aller Mäntel, fünf Sechstel aller Pelze, die von den amerikanischen Frauen getragen werden, kommen aus einem Rechteck, das von der Sixth Avenue und der Ninth Avenue und der 30. und der 42. Straße begrenzt wird. Manche Firmen produzieren bis zu einer halben Million Kleider im Jahr, und manche Zuschneider schneiden mit der elektrischen Schere 500 Stofflagen auf einmal zu. Der Einzelverkaufspreis für die Produkte des Garment Center variiert von 10 Dollar bis zu 20 000 Dollar (für die Pelzmäntel), aber die kaufmännischen Prinzipien sind bei einem Nerzmantel dieselben wie bei einer Baumwollbluse. Es handelt sich stets darum, die Selbstkostenpreise durch die bewährten Verfahren der Spezialisierung und der Massenproduktion auf ein Mindestmaß zu reduzieren. Jede Firma spezialisiert sich auf einen Kleidertyp und auf eine Preisklasse. Keine Industrie ist übrigens mehr der Konkurrenz ausgesetzt. Drei Gebäude der Seventh Avenue – die Nummern 498, 500 und 512 – repräsentieren eine Textil-Aristokratie, aber zahllose Textilfirmen sind in den Nebenstraßen und am Broadway etabliert. Nirgendwo sonst sind Unternehmen einem so raschen Auf und Ab ausgesetzt wie im Garment Center. Jeden Tag entstehen neue Firmen, aber die juristischen Berater in der Nachbarschaft kennen sich in der »Bankruptcy Act« sehr genau aus und regeln das, was man dort lieber ein »Zurücktreten vom Geschäft« nennt.

Das Vorhandensein des Garment Center im Herzen von Manhattan hat seine großen Nachteile. Der ganze Westen der Insel in der Gegend des Pennsylvania-Bahnhofs leidet ständig unter einem schrecklichen Verkehrsstau. Tausende von riesigen Lastwagen verstopfen die engen Straßen, in denen außerdem noch kleine Handwagen zirkulieren, die auf Kleiderbügeln Dutzende von Kleidern und Mänteln transportieren. Die Bekleidungsindustrie könnte besser und billiger arbeiten, wenn sie über größere und rationellere Räumlichkeiten als die oft mangelhaften Ateliers im Garment Center verfügte. Aber es hat sich erwiesen, daß dieses unbedingt in der Nähe der großen Hotels und Vergnügungslokale liegen muß wegen der so verehrten und zugleich gefürchteten Geschöpfe, der Einkäufer nämlich – dort »buyers« genannt. Sie kommen aus ganz Amerika, um im Garment Center für die Kaufhäuser, die sie vertreten, einzukaufen. In einem Land, das ganz auf Verkaufen eingestellt ist, sind diese Könige des Geschäfts die Herren. Ihre Ankunft wird in den Zeitungen gemeldet, und die Konfektionsindustrie überbietet sich in verzweifelten Anstrengungen, sie zu umwerben. Weder in New York noch sonstwo läßt sich etwas mit den Trottoirs des Garment Center vergleichen. Die Stunde des Lunchs und des Arbeitsschlusses machen es zum Schauplatz eines Menschengewimmels, in dem jeder einzelne soviel wie möglich vom Leben zu erhaschen sucht. Das Amerikanisch, das dort gesprochen wird, stellt – soweit es nicht reines Jiddisch ist – einen sehr rauhen Dialekt dar, vermischt mit Brooklyner Ausdrücken, Berufsjargon und deutschen Brocken. Die Juden überwiegen bei weitem in diesem höchst internationalen Menschengemisch – sie bilden eine starke Majorität der Arbeitgeber und eine große Mehrheit der Angestellten. Die Italiener stellen die zweite große Gruppe.

Das Garment Center war und ist übrigens ein soziales Schlachtfeld. Der »Needle Trade« – das Schneiderhandwerk – hat aus zahlreichen Gründen stets die ärmsten Emigranten angezogen, die früher einer rücksichtslosen Ausbeutung ausgesetzt waren. Der Syndikalismus – der Gewerkschaftsgeist – hat einen Kampf voller Streiks und blutiger Unruhen gegen die Hungerlöhne und die Ausbeutung der Arbeitskräfte geführt, die durch den Stücklohn und den Kampf ums Dasein bedingt waren. Diese Schlacht hat er gewonnen und er ging – wie gewöhnlich – nach seinem Sieg zu weit. Eine der mächtigsten Gewerkschaften der Vereinigten Staaten, die International Ladies Garment Workers Union, die I.L.G.W.U., hat das Garment Center gleichsam zu Lehen genommen und gibt den Arbeitern seine Lehensherren. Ihr Präsident seit 1932, David Dubinsky, geboren in Brest-Litowsk, früherer Terrorist in Rußland und ehemaliger Agitator in Amerika, ist mit Hilfe von 363 000 freiwilligen oder erzwungenen Mitgliedern einer der großen Machthaber der A.F.L.-C.I.O. und der Arbeitswelt geworden. Er hat sich 1967 als Vierundsiebzigjähriger zur Ruhe gesetzt und wurde durch Louis Stulberg ersetzt. Die Machtbefugnisse des Präsidenten der I.L.G.W.U. reichen bis zur Verteilung der von den Firmen bezahlten Urlaubsgelder, ja sogar bis zur Urlaubssperre »wegen ungenügenden gewerkschaftlichen Eifers«. Bei allen Wahlen mußten die Arbeiter und Arbeiterinnen des Garment Center einen »freiwilligen Zwangsbeitrag« in die Wahlkampfkasse der Demokraten entrichten, der zwischen 3 und 7 Dollar lag.

Man hat allen Grund anzunehmen, daß viele von ihnen – besonders die Frauen – sich in der Wahlzelle gerächt haben. Aber die politische Freiheit ist für die Lohnempfänger zwischen der 30. und 42. Straße zu einem Märchen geworden.

Das Garment Center ist ein Rassengemisch; der Broadway, zu dem es gehört, erst recht eine Musterkarte aller Rassen, und New York gleicht in seiner Gesamtheit dem Broadway. Der phantastische Kosmopolitismus der Stadt ist ein Element, das man sich unbedingt vor Augen halten muß, um das Phänomen zu begreifen, das er darstellt, und auch welche Reserven er für die Vereinigten Staaten hervorbringt.

Es gibt in New York mehr Iren (550 000) als in Dublin, mehr Italiener (1 100 000) als in Rom, mehr Deutsche (500 000) als in Nürnberg, mehr Russen (900 000) als in Kiew, mehr Portorikaner (350 000) als in San Juan, mehr Juden (2 500 000) als in Israel, mehr Polen (425 000) als in Krakau und mehr Neger (800 000) als in irgendeiner Stadt in Afrika. Mehr als die Hälfte der Einwohner der Megalopolis, fünf von acht Millionen, sind im Ausland geboren oder Nachkommen von im Ausland geborenen Eltern. Einundfünfzig Nationalitäten, das heißt praktisch alle Nationalitäten der Erde, sind in den amtlichen Einwohnerkarteien vertreten. Die Liste der New Yorker Zeitungen umfaßt folgende Titel: *Staats-Zeitung, Aufbau, El Diario de Nueva York, Il Progresso, Laisve Lithuanian Daily, Freie Arbeitsstimme, China Daily News, Magyar Jovo, Novoye Russkoye Slovo, Nowy Swiat, New Yorky Dennik, Harvatski Svijet* usw., usw. Buchstäblich bilden alle Sprachen, alle Dialekte, alle Menschenrassen, alle nationalen Küchen und Vorurteile zusammen New York. Die Amerikaner sagen: »Wir sind das Land, das in New York am schlechtesten vertreten ist, denn wir sind die einzigen, die dort kein Konsulat haben.« Und wenn sie erfahren, daß ein Bürgermeister zur Zeit der Sezession den Vorschlag machte, New York als Freie Stadt Europa anzugliedern, lachen sie nur und sagen: »Wie schade, daß man nicht auf ihn gehört hat!«

Für dieses aus so verschiedenartigen Elementen zusammengesetzte New York hat man einen historischen Vergleich gefunden: Konstantinopel unter der türkischen Herrschaft. Das heißt, es ist ein Potpourri von Rassen und Nationalitäten, die nur geographisch zu dem Land gehören, in dem sie sich aufhalten. New York City hat bestimmt mehr Verbindungen jeder Art mit der anderen Seite des Atlantik als mit der anderen Seite des Harlem River. Wenn in Italien gewählt wird, ist einer von acht New Yorkern in heller Aufregung, und wenn Israel in Gefahr ist, tauchen aus dem Straßenpflaster Hunderte von Propheten auf. Die Iren und Italiener beteiligen sich an der Feier des

14. Juli, aber die Feste, die sie wirklich feiern, sind die ihrer Nationalheiligen, Patrick beziehungsweise Januarius. Man kann Dutzende von Jahren in London oder Paris leben, ohne etwas vom Passahfest oder vom Yom Kippur zu merken, aber diese beiden israelischen Feiertage verändern das Gesicht New Yorks fast so sehr wie Ostern und Weihnachten. In New York bleibt jede rassische oder nationale Gruppe eine kompakte Masse, die sich ihr Milieu bewahrt. Deshalb geht auch die Assimilation so langsam vor sich. Überall sonst genügen einige dutzend Jahre, die Einwanderer zu Amerikanern zu machen, während es den New Yorkern durch mehrere Generationen hindurch nicht immer gelingt, sie Europa vergessen zu machen.
Die räumliche Verteilung der Nationalitäten — sie ist so auffallend wie die der Berufe — begünstigt die Resistenz New Yorks gegenüber Amerika. Die Stadt besteht aus zwei Arten von Stadtvierteln: in der ersten (Wallstreet, Broadway usw.) mischen sich die Rassen während des Tages, und in die zweite kehrt jede der Rassen bei Sonnenuntergang heim. Allein in Manhattan findet man ein kleines Italien, ein kleines Polen, ein kleines Böhmen, eine Chinesenstadt, eine deutsche Stadt, ein armenisches Dorf, ein Getto usw. Das Wechseln des Stadtviertels ist oft gleichbedeutend mit einem Wechseln des Landes und manchmal sogar des Kontinents. Die Ladenschilder sind in allen Sprachen von Jiddisch bis zu Mandarin geschrieben, und die in den Lebensmittelgeschäften ausgestellten Nahrungsmittel umfassen alle Spezialitäten der Welt, von der glasierten Ente bis zum »Landjäger«. In Wirklichkeit ist New York ein riesiger Atlas.

*

Ein Atlas, in dem keine Seite so bedeutend und aufregend ist wie Harlem.
Die Bedeutung Harlems ist durch seine Lage bedingt. Es ist nicht eine abgelegene Vorstadt, sondern ein Stadtviertel von Manhattan. Es grenzt an den Central Park und beginnt genau an der Stelle, wo die Fifth Avenue der Millionäre endet. Läge es abseits, am Rande des Bronx, so wäre es nur eine schwarze Vorstadt; da es aber inmitten der Metropole Amerikas liegt, ist es das dramatische Symbol des erstesten Problems der USA. Es ist ein Mal, aber eines jener schwärenden Male, von denen die Krankheiten des Blutes begleitet sind.
Es ist schwer zu glauben, daß es dieses Harlem noch gar nicht lange

gibt. Bis zu Anfang dieses Jahrhunderts war es das Neuilly von New York. In der Nähe des Harlem River spielte man Polo, an der Stelle, wo noch jetzt die Poloplätze liegen, und Oscar Hammerstein, der Vater des Komponisten von *South Pacific*, eröffnete 1889 das Harlem Opera House, das – so dachte er – die ganze Theaterwelt in die 125. Straße locken sollte. Ein Baufieber folgte diesem ersten Versuch, aber im Jahr 1901 bewirkte eine Krise, daß eine große Zahl dieser Häuser leer stand. Damals brachte ein Häusermakler namens Philip A. Payton, einer dieser unbekannten Männer, die Geschichte machen, die Eigentümer dazu, die leerstehenden Häuser an Neger zu vermieten. Der schwarze Ansturm, der daraufhin erfolgte, war überwältigend. Die Reichen, deren Privatbesitztümer an die Lennox Avenue grenzten, machten sich sofort aus dem Staub, die deutschen und irischen Emigranten jedoch, die sich in diesem modernen und bequemen Viertel einquartiert hatten, verteidigten das Terrain Straße um Straße. Ihr Widerstand war vergeblich. Schon 1910 hatten die letzten Weißen Harlem verlassen.

Charakteristisch für Harlem ist seine expansive Kraft. Vor dreißig Jahren grenzte es im Norden an die 145. Straße, im Süden an den Central Park. Heute erstreckt es sich nordwärts bis zum Harlem River. Gegen Süden hat es sich westlich des Central Park bis zur 80. Straße und östlich bis zur 90. Straße ausgedehnt. Der schwarze Siegeszug hat es leicht. Es genügt, daß sich eine schwarze Familie in einer Straße niederläßt, und man wird in kürzester Zeit keinem weißen Mieter mehr begegnen. Überfüllung und Verfall der Gebäude sind die Begleiterscheinungen des Vordringens der Farbigen.

Sooft der Häusermakler Payton einer Anzahl Schwarzer eine Zone zum Wohnen freigab, hatte er einer Handvoll Weißer eine Goldmine freigelegt. Die Häuser in Harlem, von denen manche alte Verrücktheiten der »gay nineties« darstellen, waren und bleiben die besten Kapitalanlagen in Immobilien von ganz New York und vielleicht der Welt. Man behauptet, die Mieten seien in der häßlichen 117. Straße so teuer wie in der Park Avenue, und das ist gar nicht so sehr übertrieben, wenn man die Qualität der Wohnungen und den Preis für den Kubikmeter Luft in Betracht zieht. Denn die Überfüllung von Harlem ist ungeheuerlich. Weit über 600 000 Menschen – etwa die Bevölkerung von Stuttgart – drängen sich, schichten sich auf einem Viereck zusammen, das noch nicht einmal zwei Quadratkilometer groß ist. In den Sommernächten breitet sich die Masse der Schläfer auf den Feuerleitern, Dächern und Trottoirs aus, aber sobald der harte New Yorker Winter kommt, drängt sie sich wieder hinter den Mauern zusammen, die von den Massen der in ihnen zusammengepferchten menschlichen Leiber gequält und abgenutzt sind.

Man darf trotzdem nicht glauben, Harlem sei ganz einheitlich ein Elendsquartier. Es gibt vor allem nicht nur ein Harlem, sondern mehrere.

Gewöhnlich unterscheidet man drei: das schwarze, das spanische und das italienische. Es gibt aber noch mehr – wie zum Beispiel das französische Harlem, dessen Bewohner aus Martinique und Haïti stammen und dessen Volksbibliothek Alexandre Dumas in die Rubrik »Ausländische Negerautoren« einreiht. Aber sie sind nur von nebensächlicher Bedeutung, und das italienische Harlem in der Nähe des East River ist nichts anderes als noch ein weiteres neapolitanisches Viertel. Die Tragödie beginnt beim spanischen Harlem, das im wesentlichen von Portorikanern bewohnt wird.

Dieser Herd des Elends und der Erniedrigung ist durch einen großmütigen Irrtum entstanden. Die Vereinigten Staaten annektierten Portoriko – zugleich mit Cuba – nach dem spanisch-amerikanischen Krieg. Sie hätten ihm seine Unabhängigkeit gegeben, wenn die ausgepowerte, übervölkerte Insel politisch lebensfähig gewesen wäre. Gegen ihre Prinzipien gezwungen, eine koloniale Besitzung zu behalten, glaubten sie, ihr Gewissen beschwichtigen zu können, wenn sie allen ihren Untertanen in Portoriko wenigstens einen amerikanischen Paß gaben. Sie schufen damit ein Problem und begingen, ohne es zu wollen, eine Grausamkeit.

Die Portorikaner kamen zu Tausenden in New York an, ohne daß die Einwanderungsbeschränkungen sie daran hindern konnten. Sie eilten herbei, verführt von einer Fata Morgana des Reichtums und manchmal sogar von Politikern angelockt, die in ihnen eine Herde von Wählern sahen. Ungebildet, entwurzelt, gleichgültig, ohne einen Beruf, ohne ein Wort Englisch, pferchten sie sich im spanischen Harlem zusammen, dessen Geschäftsschilder und heimatlichen Gerüche ihnen Mut einflößten. Alle Versuche, ihnen das ländliche Leben schmackhaft zu machen – das einzige, zu dem sie geeignet waren –, scheiterten. »Die Meinungsforscher stellen fest«, besagt ein amtlicher Bericht, »daß nur ein sehr schwacher Prozentsatz der Portorikaner sich bewegen läßt, eine Beschäftigung außerhalb von New York anzunehmen. Statt in der frischen Luft unter Fremden zu arbeiten, zie-

Oben: Freiheitsstatue – New York
Unten: Brooklyn Bridge in New York

BLOCK
SSING
ILLEG

hen sie es vor, in den unsauberen Straßen ihrer Elendsquartiere zu leben.« Die Unterstützungen der öffentlichen Armenpflege — ich komme auf ihr erschütterndes Anwachsen noch zurück — sind infolgedessen die Haupteinnahmequelle des portorikanischen Harlem.

Die einschlägigen Zahlen sind erschreckend: die Zählung von 1900 ergab für New York 600 Portorikaner. 1970 stellte man 612 600 fest. Von ihnen wohnen 225 000 in Manhattan, was hier gleichbedeutend mit Harlem ist.

Das große schwarze Harlem — westlich vom spanischen Harlem — ist nicht wie dieses eine Landschaft unerbittlicher sozialer Verdammnis. Es hat ebenso seine Reichen wie seine Armen und seine Luxus- wie seine Elendsquartiere. The Valley ist ein Rechteck von verrufenen Straßen, an denen halb verfallene, übervölkerte Häuser stehen, die manchmal noch Petroleumbeleuchtung haben und oft von Ratten verseucht sind. Aber Golden Edge (am Rand des Central Park) und Sugar Hill sind die Wohndistrikte der vornehmen schwarzen Bürger. Manche von ihnen unterhalten in Harlem nur eine Scheinadresse und leben auf ihren Besitzungen in Long Island. Oder sie wandern nach Washington Heights aus, der jüngsten Eroberung des schwarzen Gettos.

Im übrigen bewirken umfangreiche Programme der amtlichen und der kooperativen Bautätigkeit ein zügiges Verschwinden der Elendsquartiere. Aber alle Anstrengungen, die verschiedenen Hautfarben in diesen Gebäuden zu mischen, haben wenig Erfolg: sie stoßen auf Widerstände, die bei Schwarz fast ebenso heftig sind wie bei Weiß.

Das portorikanische Harlem läuft zunehmend von Menschen über. Das schwarze Harlem hingegen entvölkert sich zusehends. Es zählte im Jahre 1966 — auf dem Scheitelpunkt seiner demoskopischen Kurve — 336 364 Einwohner. Man schätzt, daß ihre Anzahl 1973 auf weniger als 200 000 gesunken ist. Und das, während sich die Zahl der in Brooklyn lebenden Schwarzen zwischen den beiden Zählungen von 1960 und 1970 (71 000 bzw. 654 000 Einwohner) verneunfacht hat.

Das Abbröckeln des schwarzen Harlem ist ein äußerst bedeutsamer Vorgang. Es entmutigt die Aktivisten, die in dem Großgetto von Manhattan die künftige Hauptstadt eines Schwarzen Amerika sahen. Diese geheime Kapitale gab sich entsprechende Merkmale und Einrichtungen. Sie schien jene Maxime anwenden zu müssen, die Malcolm X 1964 in einer in Cleveland gehaltenen Rede aufgestellt hatte: »Wir sind keine Amerikaner. Wir sind Afrikaner, die sich in Amerika befinden ... Wir sollten uns Afrikaner nennen und nicht mehr Neger oder

Amerikanischer Polizist

Schwarze.« Harlem gab sich alle Mühe, den großen afrikanischen Städten der freigewordenen Völker gleichzukommen — wie Accra oder Ibadan. Haartracht, Kunst, Musik, Küche — all das trug bei zu einer Auferstehung der verlorenen afrikanischen Heimat. Suaheli wurde Lehrfach, und Fanatiker forderten sogar, daß das Englische künftig als Fremdsprache behandelt werde, die zwar vielleicht für den Umgang mit der weißen Bevölkerung unerläßlich, jedoch keinesfalls fähig sei, die Bestrebungen und den Geist der im Exil lebenden afrikanischen Nation auszudrücken. Das mit dieser ideologischen Vorbereitung angesteuerte politische Ziel war, das Getto Harlem mehr und mehr abzuriegeln, um allmählich eine ausschließlich schwarze Stadt mit eigener Verwaltung und Polizei und autonomem Erziehungssystem entstehen zu lassen. Der gleiche Prozeß sollte auf die übrigen schwarzen Gettos angewandt werden und deren Umwandlung in Stützpunkte einleiten, von wo aus geeignete politische Exponenten mit der Regierung der Vereinigten Staaten gleich auf gleich verhandeln konnten. Diese weitreichenden Pläne sind infolge der Bewegung, die die Bewohner von Harlem aus Harlem vertreibt, zum Scheitern verurteilt.

Trotzdem ist Harlem ein Getto. Aber es hat sich von New York und dem Weißen Amerika geschieden. Noch vor einem halben Jahrhundert stand Harlem auf dem Reiseplan aller Großfürsten. Die Prohibition wurde dort viel offenkundiger umgangen als in jedem andern Viertel New Yorks. Die berühmten Nachtlokale Cotton Club und Plantation Club zeichneten sich durch vollkommenen Exotismus aus. Die Neger waren ausgelassen, zudringlich, ein wenig diebisch, aber ungefährlich und so hochgeehrt, daß sie sich vor den vornehmen Besuchern vom Stamme Japhet oder Sem aufspielen konnten. Das schwarze Fleisch war für alle Liebhaber erreichbar. In den Straßen des »Market« senkten die Prostituierten ihren Tarif bis zu 20 Cent und benahmen sich gegen ihren Kunden genauso respektvoll wie ihre Großmütter gegen den Pflanzer. Diese Zeiten sind vorbei. Das servile Harlem ist tot. An seiner Stelle steht eine argwöhnische, abweisende Stadt.

Nichts hindert einen, dorthin zu gehen. Es gibt weder Gitter noch Zugbrücke. Bei Tag riskiert der Weiße — mit dem beleidigenden und unübersetzbaren Spitznamen »offay« bezeichnet — nichts Außergewöhnliches, er wird höchstens in einigen Seitenstraßen mit Kehricht beworfen. Die Gefahr beginnt erst bei Sonnenuntergang. Die Europäer, die unter dem Schutz von Harlemer Freunden ein paar Night

Clubs besucht haben, dürfen daraus nicht schließen, daß die Warnungen, die sie erhielten, übertrieben seien. Jed Lait und Lee Mortimer drücken sich in ihrem Buch *New York Confidential* sehr bestimmt aus, und sie haben recht: »Die Gaffer und Sensationslüsternen, die ihr Harlem nicht genau kennen, riskieren dort ihr Leben. Wenn Sie keinen legitimen Grund haben, dorthin zu gehen, so *meiden Sie Harlem!*«

Der Rat wird befolgt. Bei Tag zeigt sich der Weiße selten, bei Nacht niemals. Die Taxichauffeure weigern sich häufig, nach Harlem zu fahren, und manchmal sogar, es auf der Durchfahrt zu passieren. Die Neugierigen, die trotzdem in der Siebenten Straße oder der Lennox Avenue aufkreuzen, erhalten zwar nicht unbedingt einen Schlag mit dem Gummiknüppel oder werden nicht zwangsweise von einer schwarzen Venus bestohlen, aber sie setzen sich zum mindesten feindlichen Blicken und einer abkühlenden Atmosphäre aus, die sie gewöhnlich rasch in die weißen Viertel zurücktreiben. Die Harlemer machen mit lautstarker oder stummer Beredsamkeit deutlich, daß ihre Stadt weder ein Schaustück noch ein Jagdgebiet ist. Sie haben nichts mehr mit den Weißen gemein, nicht einmal ihre Laster. Ein eiserner Vorhang ist gefallen.

Die Empfindlichkeit Harlems ist der Alpdruck der New Yorker Behörden. Die Polizei ist aus sehr verschiedenen und tiefen Ursachen — viel mehr als aus begründeten Motiven — höchst verhaßt in der schwarzen Stadt. Häufige Zwischenfälle führten dazu, den Polizisten — den »cops« —, die in Harlem patrouillieren, ihre Waffen zu entziehen, aber dadurch war ihr Leben so gefährdet, daß man sie ihnen wiedergeben mußte. Die Kriminalität jeder Art ist extrem gestiegen und das Aufspüren der Verbrecher außerordentlich schwierig, auch wenn man schwarze Polizisten zu Hilfe nimmt. Die absurdesten Anschuldigungen gegen die Polizei im besonderen und die weißen Behörden im allgemeinen werden mit Sicherheit geglaubt. Beispiel: die Droge. »Die Mehrzahl der Schwarzen«, so schreibt die in Harlem beheimatete Schriftstellerin Rosa Guy, »sind überzeugt, daß die Überschwemmung Harlems mit Rauschgift Teil eines gegen die Schwarze Rasse gerichteten Ausrottungsplans ist ... Wenn man dem entgegenhält, daß diese Geißel der Menschheit auch anderwärts wütet, antworten sie, die Weißen behalten die ›guten‹ Drogen eben für sich und verkaufen den Schwarzen ›das tödliche Gift‹.« Was daran so schwer wiegt, räumt Rosa Guy ein, ist nicht die Anschuldigung als solche, sondern die Tatsache, daß sie von der ganzen Einwohnerschaft geglaubt wird.

»Paradox ist es« — schrieb ich in früheren Ausgaben dieses Buches —, »daß es sogar in Harlem üblich ist, die Vornehmheit nach dem Gehalt an weißem Blut abzustufen. Eine ganze Hierarchie gründet sich auf Schattierungen der Haut. Für einen Achtelmischling ist ein Viertelmischling ein Schwarzer — ein ›black‹ —, und ein Mulatte kaum mehr als ein ›Nigger‹. Das für Harlem typische Ehepaar besteht aus einem dunkelhäutigen Mann und einer hellhäutigen Frau — der Mann hatte ja die Wahl. Es ist eine Tatsache, daß bei den eleganten ›Parties‹ in Sugar Hill fast niemals ein reiner Afrikaner zu sehen ist. Obgleich fast keine Mischehen mehr geschlossen werden, schätzt man, daß jedes Jahr 50 000 Menschen ›die Grenze überschreiten‹ und sich mit Weißen vermischen. Die Sehnsucht, diesen fast unüberwindlichen Graben zu überspringen, vermengt sich seltsam mit einem wachsenden Rassenbewußtsein der schwarzen Eliten der Vereinigten Staaten.« Ich hatte also das Phänomen als solches erkannt, jedoch nicht vorausgesehen, wie schnell es sich ausbreiten würde. Die Vorstellung, daß Weiß die wünschenswerte Farbe sei, ist durch das Schlagwort »Black is beautiful« hinfällig. Die Illustrierten der Schwarzen würden boykottiert, wenn sie fortführen, weiße Frauen zu zeigen oder auch nur sehr hellhäutige Schwarze. Eine tiefgehende Bewußtseinsveränderung setzt sich in dieser Entwicklung um.

Zusammenfassend kann man sagen, daß Harlem in der New Yorker Farbigenwelt trotz seiner räumlichen Ausdehnung, relativ gesehen, an Bedeutung verliert.

Ich werde zwangsläufig auch in den folgenden Kapiteln verschiedentlich auf die Negerprobleme zurückkommen. Um aber das Kapitel Harlem abzuschließen, muß vorstehender Tatbestand festgehalten werden. Ein Rassenaufstand in Harlem ist deswegen nicht weniger möglich und nicht weniger zu fürchten, weil eben Harlem infolge seiner zentralen Lage im Herzen New Yorks strategisch begünstigt erscheint. Einzig der besonnene Mut des republikanischen Bürgermeisters John Lindsay, der sich unmittelbar nach Bekanntwerden des Mordanschlags auf Martin Luther King noch in der Nacht nach Harlem begab und dort im Gespräch mit den aufgebrachten Menschen durch die Straßen zog, hat eine gefährliche Explosion verhindert. Die kritische Straße ist und bleibt die 125., die Geschäftsstraße von Harlem, wo in Gestalt jüdischer Kaufleute immer wieder »Bleichgesichter« auftauchen. Sie haben lange Zeit die Einstellung schwarzer Verkäufer abgelehnt, wurden aber durch die Aufstände von 1935 und 1939 dazu gezwungen. Harlem ist im großen und ganzen antisemitisch eingestellt, obgleich es dort auch schwarze Juden und sogar schwarze Rabbiner gibt. Eine Massensymbiose wie in Brooklyn oder Bronx kommt allerdings in Harlem nicht vor. Sie verursacht in den letztgenannten Stadtteilen häufige Zusammenstöße und hat zur Bildung von Milizen geführt, die der jeweiligen Selbstverteidigung dienen. Und was die Ursachen dieser Gegensätze anbelangt, muß man sie wohl in erster Linie in der ständigen Konfrontation der Massen im Weichbild New Yorks suchen.

*

Der Standort New York ist für die Welt des Judentums noch weit wichtiger als für die Welt der Schwarzen. 1 836 000 Juden leben in den fünf Boroughs von New York City – davon 395 000 im Bronx und 766 000 in Brooklyn. Die benachbarten Vorstädte beherbergen weitere 414 000, und zwar in Nassau, Suffolk und Long Island, weitere 131 000 in Westchester. Insgesamt ergibt das 2 381 000 und das bedeutet, daß von vier New Yorkern einer ein Jude und weiter, daß jeder sechste Jude auf der Welt ein New Yorker ist. Die Juden pflegten vor der Gründung des Staates Israel zu sagen: »New York ist unser Zion.« Und die Antisemiten verbesserten – sie tun es noch – den Namen der Stadt in »Jew York«.
Die Verbindung des Judentums mit New York geht weit zurück. Die ersten Juden kamen mit den Holländern in New Amsterdam an, und ihre erste amerikanische Gemeinschaft Sharith Israel – »die Trümmer Israels« – wurde dort im Jahr 1656 gegründet. Es vergingen indessen mehr als drei Jahrhunderte, ehe die große Völkerwanderung begann, die aus New York den Triumphbogen machte, durch den ein gequältes Volk seinen Einzug in ein gelobtes Land hielt. Zwischen 1882 und 1914 landeten fast 2 500 000 Juden in der Battery. Die meisten von ihnen kamen aus den Ländern der Juden-Pogrome – aus Rußland und Österreich-Ungarn. Sie waren sicherlich mindestens so arm wie die nichtjüdischen Emigranten, die mit ihnen zugleich kamen. Sie hatten zwar denselben Start wie diese, haben aber einen Anteil am amerikanischen Vermögen erobert, der zweifellos viel höher war, als es ihrer Bevölkerungszahl entsprach. Heute gibt es in den Vereinigten Staaten 5 721 000 Juden innerhalb einer Gesamtbe-

völkerung von etwas mehr als 211 Millionen, und niemand würde zu behaupten wagen — obgleich es keine genaue Statistik darüber gibt —, daß sie sich mit weniger als dem dreißigsten Teil des Nationalvermögens begnügen.

Dagegen wäre es absurd zu behaupten, die Juden besäßen ganz Amerika, wie es die Hitlerische Propaganda so oft getan hat. Zwei große Industrien gehören ihnen fast ausschließlich — die Bekleidungs- und die Filmindustrie —, und sie sind entscheidend oder maßgeblich an folgenden Bereichen beteiligt: dem Rundfunk, den Zeitungen, dem Theater, den Banken, den Versicherungen und dem Einzelhandel. Aber die Hütten-, Automobil- und Erdölindustrie, das Transportwesen und die Chemische Industrie sind nicht in den Händen der Juden oder wenigstens nur zu einem ganz kleinen Bruchteil. Grund und Boden ist es in keiner Weise. Man verzeichnete im letzten Jahrhundert einige enthusiastische Versuche, einen Teil des jüdischen Zustroms, der sich über die Vereinigten Staaten ergoß, der Landwirtschaft zuzuführen: ein paar Gemüsegärtner und ein paar Geflügelzüchter in New Jersey sind als letzte Spuren eines vergeblichen Versuches übriggeblieben, eine Rasse von ihrem in dieser Welt eingeschlagenen Weg abzubringen.

Die jüdische Bevölkerungsdichte ist daher in den Vereinigten Staaten äußerst verschieden. In den Agrargebieten des Südens, des Zentrums und des Westens gibt es praktisch keine Juden. In den beiden Carolina, in Mississippi, Idaho usw. erreicht der Prozentsatz der Israelis kaum 0,2 Prozent, und bei 24 der 50 Staaten bleibt er unter 1 Prozent. Mehr als 5 Prozent beträgt er nur in Connecticut (5,35), Massachusetts (5,94), New Jersey (6,17) und New York (17,2). Diese vier Staaten plus Pennsylvania und Rhode Island — also die gesamten großen städtischen Gebiete des Ostens — vereinigen mehr als zwei Drittel der amerikanischen Juden. Ein paar große Gruppen leben in Chikago (270 000), in Boston (169 000), in Philadelphia (330 000) usw. Und schließlich haben noch zwei Regionen — die beiden Sonnenländer Südkalifornien und Florida — einen großen Zustrom an Juden infolge ihres wachsenden Reichtums. In 40 Jahren ist die jüdische Bevölkerung von Los Angeles von 82 000 auf 535 000 gestiegen und die von Miami von 75 000 auf 149 000.

Keine Stadt jedoch bietet ein so vollständiges und so malerisches Bild der israelischen Welt wie New York. Das klassische »Getto«, das einen Teil der Lower East Side bedeckt, bewahrt die strengsten Formen der religiösen Orthodoxie, der traditionellen Kleidung und der rituellen Ernährung — aber es beherbergt in seinen schmutzigen Straßen auch in Massen Intellektuelle, Künstler und Schriftsteller der äußersten Linken, von denen manche (wie der Exkommunist Michael Gold) den Stoff zu ihren Werken in der heimatlichen Gosse finden. Zeitungen und kulturelle Institutionen gibt es auch im Getto, obgleich dieses für die Juden nicht dieselbe Bedeutung hat wie Harlem für die Schwarzen. Dort wohnt auch nur ein kleiner Bruchteil der jüdischen Bevölkerung New Yorks, die alle »boroughs« überschwemmt. Das Telefonbuch von Brooklyn — um nur ein Beispiel zu nennen — verzeichnet mehr als 9000 jüdische Namen von Rosen (Aaron) bis zu Rosenzweig (Zeta).

Im allgemeinen sind die meisten New Yorker, die keine Juden sind, Antisemiten. Es ist verständlich, daß eine so große, so reiche, so intelligente und so unternehmende Gemeinschaft in ihrem Umkreis ein Gefühl der Feindschaft erzeugt. Der Antisemitismus hat übrigens in ganz Amerika starke und zähe Wurzeln gefaßt, obgleich er nur selten und schüchtern, sozusagen verschämt, in der Politik Ausdruck findet. In den radikalen Bewegungen des Protestantismus und des Amerikanismus verbindet er sich oft mit dem Antikatholizismus. Der Ku-Klux-Klan hatte es auf drei Feinde abgesehen: den Neger, den Katholiken und den Juden. Einige Großkapitalisten, deren kühnster Henry Ford war, brachten ihre judenfeindliche Einstellung offen zum Ausdruck, und noch heute gilt ein reicher Ölmagnat in Texas — George W. Armstrong — als Förderer des Antisemitismus. Sein bekanntester Streiter ist der Pamphletist Gerard L. K. Smith, der Herausgeber der Wochenzeitschrift *The Cross and the Flag* und der Gründer des »Christian Nationalist Crusade«. Smith und seine Jünger griffen Eisenhower während der Wahlkampagne von 1952 an, da Truman — was übrigens ein sehr unglücklicher Einfall war — versuchte, auf religiösem und rassischem Gebiet Mißtrauen gegen den republikanischen Kandidaten zu säen. Ähnliches hat sich aber bei späteren Wahlen nicht wiederholt.

Der amerikanische Antisemitismus, der politisch schwach ist, nimmt vor allem die Form sozialer Exklusivität an. In einigen Staaten sagt eine grobe Inschrift, »Christians Only«, vor der Tür mancher Restaurants und am Eingang mancher Badeorte den Juden, daß sie unerwünscht sind. Anderswo, namentlich im Staat New York, wo das Gesetz diese Aufrichtigkeit nicht erlaubt, sagen Umschreibungen wie

»selected«, »restricted clientele«, »Christian surroundings«, »convenient to Church goers« usw. mit mehr Takt genau dasselbe. Aber die Juden beantworten die partielle Absonderung wie die Schwarzen – nachdrücklicher und mit weniger Grund als diese – mit einer Gegen-Absonderung. Es gibt Hotels, Country-Clubs (manche sind äußerst luxuriös) und sogar Sommerfrischen, die exklusiv jüdisch sind. »Dietary laws« ist das Gegenstück zum »Christian surroundings« – die Aufforderung für den Nichtjuden, sich abseits zu halten.

Der Zionismus hat der Judenfrage einen neuen Aspekt und dem Antisemitismus eine neue Waffe gegeben. Die Ausrufung eines unabhängigen Staates Israel wurde in New York mit frenetischem Jubel gefeiert, und alle Angriffe, denen der junge Staat hinfort ausgesetzt war, forderten wütende Proteste heraus. Der United Jewish Appeal nimmt alljährlich die Mühe auf sich, alle amerikanischen Juden einem Zensus zu unterwerfen mit dem Ziel, daß sie Israel die finanzielle Unterstützung angedeihen lassen, deren das Land angesichts der über ungeheuere Ölvorräte verfügenden arabischen Welt bedarf. Jüdische Vereinigungen organisieren fallweise Kundgebungen oder gar Attentate gegen Exponenten der eine anti-zionistische Politik treibenden Mächte. Kein New Yorker Gebäude wird von der Polizei strenger bewacht als die Geschäftsräume der sowjetrussischen Mission am Sitz der Vereinten Nationen in der Park Avenue. Umgekehrt behaupten die Antisemiten, daß die Juden vor allem treue Israelis und dann erst treue Amerikaner sind. Jedenfalls ist die Masse der jüdischen Bevölkerung stets bereit, sich für die Verteidigung Israels einzusetzen.

Die Juden selber stehen im übrigen keineswegs allein. Die riesenhafte Stadt erlebt, erleidet die Zerrissenheit, die Tragödie der Menschheit in aller Welt mit außerordentlicher Intensität mit. Die Pfalz, die Provinz, die fast jedes Land in New York besitzt, zittert, kämpft auch manchmal und leidet immer für die Heimat der Vorfahren. Das New Yorker Irland hat jahrelang den Kampf Irlands um seine Unabhängigkeit mit Geldmitteln unterstützt, und noch heute tritt es für die Befreiung von Ulster mit Ungestüm ein. Das New Yorker Italien trug mächtig zur Bekämpfung der Kommunisten bei, indem es das »alte Land« vor den Wahlen mit Warnbriefen überschwemmte. Das New Yorker Deutschland, das sich um seinen »Bund« gruppiert, hatte eine Zeitlang im Herzen Manhattans das Hitlerbild aufgestellt. Das New Yorker China ist von den Roten schändlich ausgeplündert worden, die aus seinen Wäschern und Restaurateuren riesige

Lösegelder für ihre Verwandten und Gräber erpreßt haben. Das New Yorker Frankreich brennt noch immer von den schrecklichen Kämpfen der Kriegszeit, die zwischen den Anhängern De Gaulles und den Anhängern Pétains ausgefochten wurden. Das New Yorker Rußland (es wurde ein Buch geschrieben mit dem Titel *Moscow-on-the-Hudson*) ist noch heute ein Kampfplatz für alles, was sich seit dem Aufstand gegen den Russisch-Japanischen Krieg im Jahr 1905 bis zu den Besuchen Chruschtschows ereignet hat. Es kann in der Welt nichts passieren, ohne daß nicht mindestens eine Gruppe New Yorker sich aufregt, sich zusammenrottet, in Aufruhr versetzt wird, Petitionen verfaßt, ein Pamphlet veröffentlicht, in Washington interpelliert und einen dieser Umzüge mit Plakaten veranstaltet, die man in Amerika »picket« nennt. Die Riesenstadt, die sich ihren eigenen Angelegenheiten widmen muß, bemerkt selten etwas von diesen Unruhen der nationalen Minderheiten, aus denen sie sich zusammensetzt, aber sie spiegelt sie alle wider, und alle zusammen geben sie ihr diesen Kosmopolitismus, den nur das Rom Cäsars im selben Maß besessen haben muß. New York ist der einzige Ort auf der Welt, wo kein Mensch sich völlig als Ausländer fühlen kann.

*

Wie mag wohl die Zukunft dieser faszinierenden Stadt aussehen? Man zögert unwillkürlich mit der Antwort. Viele pessimistische Prognosen sind Lügen gestraft worden. Hingegen haben sich Krankheitserscheinungen weit schneller entwickelt, als man zu erwarten berechtigt war. Zahlreiche Argumente sprechen dafür, daß New York seine Bedeutung und seine Lebenskraft behalten wird, doch kann man mit nicht weniger Berechtigung behaupten, New York sei eine kranke Riesin, deren Krankheit zu denen zählt, die keinen Pardon kennen.

Der Niedergang New Yorks war eine der gängigen Voraussagen unmittelbar nach dem Kriege. Der große Hafen war das Einfallstor der Einwanderer gewesen, die flutartig im neunzehnten und in den Anfangsjahren des zwanzigsten Jahrhunderts (1906 waren es 1 100 000) ankamen. Er war von Anbeginn der Angelpunkt zwischen der Alten und Neuen Welt gewesen. Die Zerstörung Europas schränkte diese Rolle in entscheidendem Maße ein. Die Entwicklung der Dinge in der westlichen Hemisphäre sollten künftig längs des Pazifik oder gar — im Einklang mit dem zu erwartenden Fortschritt in Lateinamerika — im

Sinne der geographischen Längen und nicht mehr dem der geographischen Breiten verlaufen. Zwei Städte meldeten daher ihren Anspruch an, New York zu ersetzen: Los Angeles und New Orleans. »Die Wolkenkratzer von New York«, verkündete ein Seher von damals, »werden nur noch für die Hühnerzucht taugen.«

Europa ist dem Grab entstiegen. Die Bedeutung New Yorks als Hafenstadt, Finanz-, Handels- und Industriezentrum hat nicht gelitten. Der von der New Yorker Hafenbehörde getätigte Gesamtumschlag im Schiffsverkehr übertrifft denjenigen von New Orleans noch bei weitem — 175 gegen 125 Millionen Bruttoregistertonnen — und ist erst recht gegenüber Los Angeles mit seinen 31 Millionen Tonnen führend. Chikago ist durch den Sankt-Lorenz-Seeweg Seehafen geworden, ohne daß sich die für New York prophezeiten dramatischen Folgen eingestellt hätten. Geschäftsgang und Industrieproduktion haben für New York die gleichen Wachstumsraten eingehalten, die in den Vereinigten Staaten insgesamt zu verzeichnen waren. Die Errichtung des Manhattan Trade Center ist die stolze Bekräftigung dieser intakten Machtposition und unveränderten Vertrauens in die Zukunft.

Und dennoch — alle Fachleute sind sich einig, alle Untersuchungen führen zum gleichen Ergebnis: hinter einer stolzen, immer noch wachsenden Fassade gleitet New York City rapide in ein Chaos hinein.

Seit 1950 haben eineinhalb Millionen New Yorker die Stadt verlassen. Dieser Tatbestand läßt sich aus der Einwohnerstatistik nicht ablesen, weil sich Zuwanderer in gleicher Zahl ansässig gemacht haben. Aber die Abgewanderten gehörten der besitzenden Klasse an. Hingegen sind alle New Yorker Neubürger — zumeist Neger oder Portorikaner — arm, ja in manchen Fällen Menschen im Elend. Der Weggang der ersteren mindert das finanzielle Aufkommen, die Ankunft der letzteren vermehrt die Lasten der Stadt. Die Finanzlücke wird somit größer.

Während einiger Jahre konnte man eine Art sonderbaren Schaukelspiels beobachten. Es gab Perioden der Abwanderung, in denen die Menschen durch Grünflächen nach außerhalb gelockt wurden. In der darauffolgenden Periode führte sie der lästige Umstand des Pendelns zwischen Wohnung und Arbeitsplatz wieder zurück in die Stadt. Gegenwärtig funktioniert die Schaukel nicht mehr. Wer einmal draußen ist und es sich leisten kann, der bleibt draußen. Der Verdienst ist maßgebend.

Anders sieht es für die Armen aus. Für sie hat New York eine magische Anziehungskraft. Sie finden dort — abgesehen von im allgemeinen geordneten Existenzbedingungen — eine Vorsorge, die sich Welfare nennt, das heißt die öffentliche Fürsorge, multipliziert mit dem Koeffizienten Amerika. Was im alten Rom die »sportula« war, hat man in New York City wiederhergestellt. Die Auswirkungen sind nicht geringer als zu Zeiten eines Nero oder Diokletian.

Nirgends ist die Wohlfahrt großzügiger als in New York. Im US-Durchschnitt beträgt das Kindergeld 41 Dollar, in New York 71 Dollar, also derzeit über DM 175,— monatlich. Ein Arbeiter, der den gesetzlichen Mindestlohn verdient und eine Frau mit drei Kindern zu ernähren hätte, handelt als mustergültiger Familienvater, wenn er die Familie »im Stich läßt«: sie werden dadurch automatisch in die höchste Unterstützungsstufe eingereiht, was einem Jahreszuschuß von 3700 Dollar, also rund DM 9250,— entspricht, und erhalten somit mehr als die ganze Löhnung des Vaters, wenn er sie nach Hause brächte. Das ist wohl einer der guten Gründe, warum 78 Prozent aller Familien, die Unterstützungsempfänger sind, keinen Familienvater haben.

Der Beschäftigungsstand ist praktisch ohne Einfluß auf die Wohlfahrt. Selbst wenn er auf Maximalhöhen ansteigt, gelingt es der Wohlfahrt nicht, nennenswerte Kontingente ihrer eigenen Armeen in die Armee der Arbeit einzuschleusen. Des Kampfes müde, kam man am Ende überein, daß Unterstützungsempfänger nicht anstellungsfähig seien, was ganz selbstverständlich viele von ihnen nicht hindert, ihre Sozialrente durch Schwarzarbeit aufzubessern. Der Mißbrauch ist nicht abzustellen, und gleich allen nicht abstellbaren Mißbräuchen wird er zur unabänderlichen Tatsache, bis man es erwarten kann, daß er zu einem Rechtsanspruch wird.

Eine weitere New Yorker Eigenschaft menschenfreundlicher Milde ist die Liberalität der Wohltätigkeit. Wer immer seinen Fuß auf New Yorks Boden setzt, kann noch am selben Tage erklären, daß er kein Geld hat, und wird prompt von der Wohlfahrt akzeptiert. Es ist dies die übliche Praxis der Portorikaner, die — ausgerüstet mit einem sogenannten grünen Paß — nach New York auswandern und dort unmittelbar nach der Landung auf dem Flugplatz zum Schalter der Stadtverwaltung dirigiert werden. Auf der Stelle oder auch schon im voraus eingeholte Auskünfte oder Feststellungen mögen die Zurückweisung eines Gesuches nach sich ziehen, doch scheinen solche Fälle mehr und mehr zu seltenen Ausnahmen zu werden. Unter dem Bür-

germeister Wagner wurden 42 von 100 Anträgen zurückgewiesen, unter Lindsay sank der Prozentsatz der Ablehnungen auf 20.
Die Anzahl der Wohlfahrtsempfänger nimmt monatlich um zwei- bis sechzehntausend zu. 1967 waren es 872 000, seit 1972 sind es mehr als 1 200 000. Die Öffentliche Wohlfahrt gewährleistet somit derzeit den Lebensunterhalt für einen von acht New Yorker Einwohnern. Die Tendenz ist weiter steigend.
Dieser gigantische Anteil der Wohlfahrt am Volkseinkommen wird als Anklage gegen die amerikanische Gesellschaft benutzt. Zwar ist er in Wahrheit eine Anklage, jedoch nicht in dem von den Demagogen verstandenen Sinn. Nachdem Amerika einmal das Land eines virilen Individualismus gewesen war, ist es nun das Land sozialer Gefühlsduselei geworden. Die phantastischen Mißbräuche der Öffentlichen Wohlfahrt ziehen ja die große Masse, die in trägem Mittelmaß zu verkrusten droht, von der Arbeit und damit vom sozialen Aufstieg ab. Man ist sich dieser beklemmenden Lage zwar bewußt geworden, und die Heilmittel dagegen — strikte Kontrolle der Wohlfahrt, gesetzliche Verpflichtung, sich bietende Arbeit auch anzunehmen usw. — sind nicht sehr schwer zu finden; aber zu ihrer Anwendung wäre eine unbändige Energie vonnöten. Amerika wird sie einmal entwickeln müssen, wenn es aus der Sackgasse herauskommen will.
Die Flucht der Reichen und die Invasion der Armen verschärfen ein Finanzproblem, das noch in keiner Phase der Stadtgeschichte leicht zu lösen war. »Unsere Einnahmen«, sagt der Stadtdirektor für das Finanzwesen, »steigen jährlich um 5 Prozent, die Lasten um 15 Prozent. Das Defizit, das sich zwischen 1962 und 1968 von 45 auf 300 Millionen Dollar entwickelte, ist inzwischen auf 688 Millionen gestiegen. Die Stadt New York ist nach finanztechnischen Begriffen bankrott. Staat und Bund müssen mühsamste Anstrengungen machen, uns über Wasser zu halten.«
Aber es wird zusehends schlechter in der großen Stadt. Die Städtischen Dienstleistungsbetriebe haben mit wachsenden Schwierigkeiten zu kämpfen. Die Stadtreinigung funktioniert immer schlechter, die Masse der Abfälle wächst jährlich um 3 Prozent, während die Personal- und Materialkosten mangels ausreichender Mittel stationär gehalten werden. In den Straßen und Parkanlagen sind Anzeichen der Vernachlässigung nicht zu übersehen. Mit regelmäßigen Katastrophen muß man sich abfinden. So etwa mit der Paralysierung der ganzen Stadt nach reichlicheren Schneefällen, gegen deren Folgen uner-

schwingliche Vorkehrungen vonnöten wären. Jede Hitzewelle zieht einen Zusammenbruch der Elektrizitätsversorgung nach sich, der durch Überbeanspruchung der Klimaanlagen hervorgerufen wird und zum Stillstand mancher Aufzüge sowie der Metro führt. New York City ist eine allzu große und schwerfällige Maschinerie geworden.

Ein neuer Tatbestand kommt hinzu: die New Yorker haben Angst. Diese Angst um New York mag durch übertriebene Berichte europäischer Reisender hochgespielt worden sein. Sie hat dennoch reale Hintergründe und nimmt von Zeit zu Zeit psychotische Formen an. Alle Gespräche kreisen um Überfälle bei Nacht und bei Tag, den sogenannten »Stehenden Verkehr« – auf amerikanisch hold-up –, um Karambolagen und Gewaltakte aller Art. Ein jeder trägt konkrete Fälle aus eigener oder der Erfahrung ihm nahestehender Personen bei. Meinungsumfragen ergeben, daß von zehn befragten Personen vier nach Einbruch der Dunkelheit nicht mehr aus dem Haus gehen, weil sie Angst haben. Die Apartmenthäuser schließen ihre Haustore um Mitternacht, und die Nachtwache muß spätkommende Hausbewohner identifizieren, ehe ihnen geöffnet wird. Den Central Park meidet man bei Nacht schon seit langem; aber seit einiger Zeit ist es sogar gefährlich, sich am Tage tiefer hineinzuwagen. Harlem ist schon längst eine für die Weißen verbotene Stadt; aber sogar schwarze Taxifahrer weigern sich, in bestimmte Straßen zu fahren. Times Square ist heutzutage gefährlicher als einstens die Triften des Wilden Westens – trotz einiger hundert oder hundertfünfzig allabendlicher Festnahmen. Die Metro von New York war schon immer lärmend und schmutzig. Sie ist halsabschneiderisch geworden. Die Passagiere, die man beraubt, zusammengeschlagen oder erstochen hat, sind nicht mehr zu zählen.

Rauschgift ist das Grundübel eines beträchtlichen Teils der Kriminalität in New York. Man schätzt, daß es etwa 250 000 Rauschgiftsüchtige in New York gibt – davon 100 000 in Harlem. Nach einem Bericht der Justizbehörde von Albany fließt ein Drittel der von der Öffentlichen Wohlfahrt verteilten Unterstützungen – das sind etwa 272 Millionen Dollar – durch die Kanäle der Mafia in die Taschen der Rauschgifthändler. Diese Quellen sowie die Beschaffung auf anderen, legitimen Wegen reichen jedoch nicht aus. Die Süchtigen »müssen« zusätzliche Mengen durch Diebstahl beschaffen.

Nichts von dem ist allerdings eine Besonderheit von New York. Alle amerikanischen Großstädte führen ähnliche Vorgänge in ihren Akten, und alle leben – wenngleich zu unterschiedlichen Graden – in der

Angst. Eine sich über sechs Wochen erstreckende Untersuchung des Magazins *Life* in Baltimore (940 000 Einwohner) ergab das Bild einer Stadt, die an einer wahren Angstpsychose leidet. 40 Prozent der Einwohner haben es aufgegeben, ein Restaurant oder ein Kino zu besuchen. Die Menschen verbarrikadieren sich, wenn es Abend wird, hinter raffinierten Patentschlössern und Alarmsystemen, mit Polizeihunden und griffbereiten Waffen. Detroit wird – so befindet ein dortiger Universitätsprofessor – wieder eine Stadt des Wilden Westens. Kaufleute, Verwaltungsbehörden und Private bilden Zivilmilizen, und die Pinkerton Agency erlebt eine neue Blüte wie seit hundert Jahren nicht mehr. In beiden genannten Städten bilden die Neger fast die Hälfte der Einwohnerzahl und die rassischen Spannungen sind äußerst lebhaft. Sie sind im Begriffe, in Brigantentum auszuarten.
So wie New York das äußere Erscheinungsbild der Nation glorifiziert, läßt es auch ihre Fehler und Mängel besonders hervortreten. Alle urbanen Probleme spiegeln sich in dieser Stadt mit besonderer Intensität, und nicht das geringste unter ihnen ist der Niedergang der Stadtkerne mit den sie übervölkernden farbigen Minderheiten und Unterstützungsempfängern. Trotz aller Aufbaubemühungen ist es nicht ausgeschlossen, daß das vielgerühmte Manhattan eines Tages infolge der allmählichen Selbstausschaltung des in Teilen der 57. Straße noch vorhandenen Wohlstandsgürtels zum Herzstück der New Yorker Misere wird. Was nicht Gefahr läuft, seinen Platz unter den großen Ballungsgebieten der Menschheit zu verlieren, das ist das eigentliche New York, das sich über den größten Teil von Long Island ausbreitet, das längs des bis Poughkeepsie im Hudson-Tal reichenden Sunds weit nach Connecticut hineinreicht und gleichsam überschwappt bis Trenton in New Jersey. Für das Jahr 2000 kann man ein New York erahnen, das ein Städtebund von 27 Großsiedlungen sein könnte, wobei jede von ihnen ein wirtschaftliches und kulturelles Zentrum bilden und allen gemeinsam eine Zentralregierung vorstehen könnte – gleichsam als krönende und alles koordinierende Instanz. Vielleicht ist das das Schema für alle großen Städte der Welt in einer nicht mehr fernen Zukunft.

DER STAAT NEW YORK

Still-friedlicher Hudson, Roosevelt und Rockefeller

New York wird von New York völlig in den Schatten gestellt – New York State von New York City. Die tyrannische Stadt macht vergessen, daß sie ihren Namen mit einem Land teilt, das viermal größer und sechsmal reicher ist als Belgien. Von zwei New Yorkern wohnt einer – so könnte man fast sagen – nicht in New York City. Er ist von der Stadt nicht nur durch die Entfernung getrennt, die so groß sein kann wie die von Hamburg nach München, sondern häufig auch durch eine heftige Abneigung. New York City, viel weniger bewundert als Washington, ist in Amerika ganz allgemein wenig beliebt, und die temperamentvollsten Verächter dieser Stadt gehen sogar soweit, sie als einen Fremdkörper innerhalb der Nation zu betrachten. Diese Feindseligkeit beginnt sozusagen an der Grenze ihres Stadtgebiets. Der konservative, ländliche, höchst amerikanische Staat New York findet nichts Gemeinsames zwischen sich und der abenteuerlichen, kosmopolitischen Stadt – dem in den Augen der Welt einzigen New York.

Der Staat New York ist sehr schön. Ähnlich wie Pennsylvania, aber mit zwei viel größeren Uferfassaden, bildet er einen Isthmus zwischen dem Ozean und dem amerikanischen Meer der Großen Seen. Der Hudson, dieser große, aber relativ kurzgeratene Strom, der nur halb so lang ist wie die Loire, aber doppelt so wasserreich wie der Rhein, durchfließt ihn von Anfang bis zu Ende, durch Landschaften, denen nur wenige Täler der Welt das Wasser reichen können. Wenn man den Hudson aufwärts fährt, taucht man tief in die Natur und in die Geschichte ein. Gleich hinter New York City zwingen die steilen Felsen der »Palisades« den Hudson zu einem heroischen Durchbruch und bilden eine der klassischen Sehenswürdigkeiten der Geologie. Dann beginnt der Wald; er ist erstaunlicherweise ganz unversehrt und gibt ein so beschwörendes Bild von dem, was Amerika einst war, ehe der weiße Mann kam, daß ich einen Dichter aus Europa vor der Landschaft des Bear Mountain sagen hörte, Christoph Kolumbus habe niemals existiert.

Der Hudson spielte schon fast bei den ersten Anfängen der Geschichte des nordamerikanischen Kontinents eine Rolle. Er brach das Herz seines Entdeckers Henry Hudson, der über die Nordwest-Passage den Weg nach Indien suchte und feststellen mußte, daß das Wasser süß wurde. Die holländischen Kolonisten, die einige Jahre später kamen, fuhren den Fluß bis zu seiner Quelle aufwärts. Die fast geradlinige und gewaltige, aber regelmäßige und sichere Wasserstraße war der ideale Weg, um in die großen unerforschten Weiten im Innern vorzudringen, und daher eine der Achsen, um die sich die Neue Welt aufbaute. Einige der größten menschlichen Ansiedlungen Amerikas säumen seinen Lauf.

Eine davon ist West Point. Auf dem Vorgebirge packte das Schicksal das Glück der Vereinigten Staaten beim Schopf. Benedict Arnold, der Erztyp eines Verräters, verkaufte den Engländern die Festung, die George Washington gebaut hatte, um den Hudson abzuriegeln, aber er konnte sie ihnen gar nicht ausliefern. Amerika jedoch hat — frei von Aberglauben — seine Militärakademie an diesem Ort errichtet, der Zeuge einer hassenswerten Pflicht- und Ehrvergessenheit gewesen war. Aus West Point gingen Eisenhower und MacArthur hervor und vor ihnen Pershing (nicht aber Marshall, der in der Militärakademie von Virginia ausgebildet wurde); ihre Vorgänger waren die beiden Gegner im Sezessionskrieg, Robert A. Lee und Ulysses S. Grant.

In der Schule herrscht wie in allen Schwester-Instituten der alte Zopf. Sie ist eine Altersgenossin von Potsdam und hat noch ihre Paradeuniform von 1836 in Gebrauch: den hohen Tschako mit den Kupfertressen, das weiße kreuzförmige Lederzeug und die lange preußisch-blaue Tunika. Die Zöglinge — »bizuths« — sind den kleinen Schikanen und Demütigungen ausgesetzt, die den Männern alter Schule zur Einführung in das Waffenhandwerk notwendig zu sein scheinen. Der auffallendste Anachronismus ist jedoch die Rekrutierung der Kadetten. Ihre Zulassung wird von den Senatoren und Abgeordneten bestimmt, welche die Betten, über die sie in den Schlafsälen von West Point verfügen, zu ihren großen Wahlschlagern zählen. Die historische Wurzel dieser Absurdität geht auf die Epoche zurück, in der noch die Furcht vor einer prätorianischen Zentralmacht in den Kolonien spukte, die sich noch nicht lange von den Rotröcken Georgs III. befreit hatten. Man diskutierte lange darüber, ob eine Bundes-Armee geschaffen werden solle, und sie wurde nur unter der Bedingung genehmigt, daß ihre Offiziere von den Abgeordneten der Staaten ernannt würden.

An den Ufern des Hudson reihen sich in dichter Folge die Herrensitze, die mit den großen Vermögen des neunzehnten Jahrhunderts gebaut wurden. Die meisten sprengen heute den Rahmen der durch Folgelasten reduzierten Finanzkapazität der Besitzer, aber Father Divine, der erstaunliche Wundertäter von Harlem, hatte ein Haus voller Leben, das dem Schloß gegenüberliegt, aus dem die Vanderbilts ein Museum machen mußten. Man befindet sich hier in einem der Gebiete Amerikas, wo sich der Mensch auf seinem Grund und Boden behaglich einrichtet – die Dutchess County ist das Synonym für gewachsenen Reichtum und geruhsames Landleben. Der Hauptort trägt den indianischen Namen Poughkeepsie und besitzt in seinem Vassar College wahrscheinlich das aristokratischste Mädchenpensionat von ganz Amerika – auf alle Fälle hat dieses College der Kommunistischen Partei Amerikas den meisten Zündstoff geliefert. 20 Kilometer weiter nördlich werden dagegen in dem reizenden Dorf Rhinebeck Veilchen gezüchtet – neun Zehntel aller Veilchen, die in Amerika verkauft werden. Es verdankt dieses Produkt einer magischen Erde, die vermutlich die Essenz der Bescheidenheit enthält. Zwischen diesen beiden Extremen liegt das Bethlehem und das Heilige Grab einer schon verblassenden Religion: Hyde Park.

Isaac Roosevelt, der sich in Hyde Park niederließ, war der Großvater des Präsidenten Franklin Delano Roosevelt und der sechste Nachkomme in direkter Linie von Claes Martenszon von Rosenvelt, der im Jahr 1649 von Holland nach New Amsterdam auswanderte. Er war Arzt und in seinem Beruf gehandikapt durch einen unüberwindlichen Abscheu vor Blut, der mit einer leidenschaftlichen Liebe zu Bäumen und Vögeln verbunden war. Um seinen Besitz in Hyde Park erwerben zu können, verkaufte er beträchtliche Bodenparzellen, die er auf der Insel Manhattan geerbt hatte – sie befanden sich etwa auf dem Gebiet der heutigen 125. Straße. Ohne diese Transaktion, die von einer geheimen Menschenfeindlichkeit inspiriert war, wären die Roosevelts automatisch so reich geworden wie die Astors, die ehemaligen Feudalherren des Territoriums von New York.

Aber den Roosevelts gefiel es so. Franklin erbte von seiner Mutter 920 115 Dollar, und er hinterließ bei seinem Tod 1 821 887 Dollar. Der Besitz Hyde Park umfaßte zu Lebzeiten des Präsidenten 1365 Acres, das sind mehr als 550 Hektar. Er liegt wunderbar über einem dichten Wald, der bis zum Hudson hinabreicht. Das Haus, das die Demokraten eine Farm nannten und die Republikaner einen Feudalsitz,

ist weder das eine noch das andere, sondern ganz einfach das Wohnhaus eines sehr wohlhabenden Bürgers. Mit all seinem Trödelkram, der den Mangel an künstlerischem Geschmack der ganzen Sippe bezeugt, wurde es als Museum eingerichtet — wie eine Bekanntmachung treuherzig verkündet —, und zwar gemäß den persönlichen Instruktionen von Franklin Roosevelt, der die Inszenierung seiner postumen Popularität so weit trieb, daß er sogar den musealen Platz seines Rollstuhls, seines Hausrocks und seiner Anzüge bestimmte.
Aber mit dem Tag des Begräbnisses begann der so aufwendig betriebene Roosevelt-Kult rapide abzunehmen. Aus Hyde Park — einem festen Bollwerk des Konservativismus, wo Roosevelt niemals Stimmen gewinnen konnte — wollte man das Lourdes des New Deal machen. Zum großen Mißvergnügen der Bewohner planten unternehmungslustige Geschäftemacher die Eröffnung von Restaurants, die Anlage von Rennbahnen für Motorfahrzeuge, Buden mit Artikeln zum pietätvollen Gedenken an Roosevelt, ja sogar einen Vergnügungspark. Anfänglich kamen imposante Pilgerscharen. Aus dem 100 Meilen entfernten New York kamen Menschenmassen, vielfach geführt von ihren kirchlichen oder gewerkschaftlichen Oberhirten. Auch zahlreiche Flüchtlinge aus Europa, für die der Name Roosevelt messianischen Beiklang hatte, waren unter den Besuchern. Diese Bewegung ebbte jedoch rasch ab, um alsbald ganz zu versiegen. Hyde Park ist ein Dorf, das zuweilen von offiziellen Gruppen durchschritten wird. Sie bewegen sich in Richtung auf eine von Buchsbaum umschlossene Grabstätte zu, die zwei einfache Inschriften zieren: »Franklin Delano Roosevelt — 1882—1945«; »Anna Eleanor Roosevelt — 1884—1962«.

*

In Albany, der alten kleinen Hauptstadt des Staates New York, die 1624 gegründet wurde, verliert der Hudson plötzlich alle Großartigkeit. Seine Rolle des mächtigen historischen Wasserlaufs wird ihm von seinem Nebenfluß, dem Mohawk River, streitig gemacht, der — von Westen kommend — mehrere Generationen lang eine Grenze der Unsicherheit und der Zeuge wilder Kämpfe zwischen den Pionieren und den Indianern war. Bis zum Sankt-Lorenz-Strom und Kanada im Norden bilden die Wälder von Adirondack eine grünende Wüste. Wer sie einmal mit dem Flugzeug überquert hat, weiß, wie weit Amerika noch davon entfernt ist, völlig urbar gemacht zu sein. Der große Einschnitt des Lake Champlain setzt in der Richtung nach Montreal einen Verbindungsweg fort, dessen Bedeutung während der kurzen militärischen Geschichte der Vereinigten Staaten beträchtlich war. Denn dort hat England seine amerikanischen Kolonien verloren, als der »Gentleman« John Burgoyne von Kanada herbeieilte, um die Rebellion niederzuschlagen, und in den Wäldern erlahmte, die von Moskitos, giftigem Efeu und von Tirailleuren verseucht waren. Die entscheidende Schlacht, der die Kapitulation Burgoynes folgte, fand bei Saratoga Springs statt, das hundert Jahre später zum Baden-Baden Amerikas werden sollte, ehe es in seine heutige Lethargie verfiel. Auf dem Schlachtfeld erhebt sich nur ein einziges Denkmal: eine Art Obelisk, der ein gestiefeltes Bein darstellt – das Bein Benedict Arnolds –, es wurde bei Saratoga im Dienste des Vaterlands verwundet und als einziger Körperteil des Verräters von West Point für würdig erachtet, geehrt zu werden.

Der Westen des Staates New York ist im Gegensatz zum Norden ein Gebiet mit großen Städten, großen Industrien und großem Verkehr. Buffalo (1 323 000 Einwohner) ist einerseits eine große Mühle, andererseits ein großes Stahlwerk. Rochester (820 000 Einwohner) ist der Sitz der Kodakwerke. Der Name Shenectady verbindet sich mit der General Electric. Niagara Falls beherbergt jährlich 1 500 000 Hochzeitsreisende und andere Touristen, es erhält aber außerdem von den Wasserfällen die notwendige Energie für ein Dutzend Chemie- und Elektrometall-Werke. Andere große Städte haben Namen, die dem mächtigen Staat New York einen antiken Charakter geben: Syracuse (613 000 Einwohner), Rome, Utica. Man findet auch ein Batavia, Moravia, Ithaca, Caledonia, Palmyra, Naples, Corfu, Berlin, Dresden, Belfast, Fabius, Manlius, Camillus, Marcellus – und außerdem Salamanca, Geneva, Manchester, Liverpool, Dundee, Amsterdam, Waterloo, Pompey, La-Fayette, De Ruyter, Lyon, Varsaw, Dunkirk, Smyrne, Dehli, Genesee, Apulac, Mexico und Panama –, die ganze Geschichte, die ganze Sage und die ganze Erde stehen Pate.

Es versteht sich von selbst, daß der vornehme Staat New York republikanisch ist, da New York City es nicht ist. Die ländlichen Bezirke geben den Kandidaten des »Elefanten« kompakte Majoritäten, und die großen Städte im Seengebiet sind trotz ihrer starken Arbeiterbevölkerung Schlachtfelder, wo diese Kandidaten öfter als im eigenen Wahlkreis gewinnen. Die politische Orientierung des Staates hängt von einem heiklen Schaukelspiel ab. Wenn die Stadt New York eine republikanische Minderheit aufweist, erobern die Republikaner den Staat, und umgekehrt verlieren sie ihn, wenn die demokratische Minderheit des Upstate eine gewisse Stärke überschreitet. Aber die Positionen der beiden Parteien sind fast immer gleich stark und immer veränderlich, so daß das politische Bild des größten Sterns im Banner Amerikas periodisch wechselt. Der Staat New York stimmte in den Jahren 1932, 1936, 1940 und 1944 für Roosevelt — aber im Jahr 1948 für Dewey und im Jahr 1952 und 1956 für Eisenhower —, wurde 1960 wieder demokratisch und blieb es 1964 und 1968, um 1972 mit Nixon wieder republikanisch zu werden. Im Jahr 1922 wählte New York als Gouverneur den Demokraten Alfred Smith, dessen Nachfolger der Demokrat Franklin Roosevelt und anschließend der Demokrat Herbert Lehman waren — aber 1942 schwenkte er mit der Wahl von Thomas Dewey zu den Republikanern um. Als letzterer nach dreimaliger Wiederwahl 1954 eine vierte Kandidatur ablehnte, schwang die Staatswaage zu den Demokraten zurück, zu dem Erz-Plutokraten Averell Harriman, dem Enkel eines der Eisenbahnkönige. Seine Popularität verflüchtigte sich sehr schnell, und von 1958 an wandte sich der Staat New York wieder den Republikanern zu, an deren Spitze der Träger eines großen Namens stand: Nelson Rockefeller.

*

Averell Harriman war Erbe eines Eisenbahnvermögens, das im letzten Jahrhundert von einem hart gesottenen Schienenbaron begründet worden war. Er gab sich wie andere Millionärssöhne der Illusion hin, die väterlichen Härtemethoden gutzumachen, indem er eine Linkspolitik betrieb, durch die er Minister unter Roosevelt und Botschafter in Moskau wurde. Als Nelson Rockefeller sich als sein Gegenkandidat aufstellen ließ, sah man zwei Bewerber einander gegenüberstehen, die ihre Millionen nach Zehnern zählen konnten und Picassos besaßen.

Der legendäre John D. Rockefeller ist in jener ländlichen Gegend des Upstate New York geboren, für die langgestreckte fingerförmige Seen charakteristisch sind. Der Vater übte eine Arztpraxis aus, die infolge Mangels jeglicher Diplome in Wahrheit reine Scharlatanerie war. Die Familie übersiedelte nach Cleveland in Ohio, wo John Davison als Laufjunge begann, sein Glück zu suchen. Der nächste Versuch war die Gründung eines kleinen Kommissionsgeschäftes, gemeinsam mit einem gewissen Morris Clark. Der Sezessionskrieg (1860—1865), an dem er lediglich als Lieferant teilzunehmen sich entschloß, brachte ihm den ersten Goldregen, der sich später aus einer Petroleumquelle — ein falscher General namens Drake hatte sie ein paar Jahre zuvor in Pennsylvania entdeckt — verstärkte. Nicht ohne seinen Weg aus dem geliebten Cleveland ins Exil zu beklagen, verlegte John D. sodann seinen Wohnsitz nach New York, wo er das Hauptquartier seiner Standard Oil aufschlug. Noch heute liegt der gegen Besucher und Fotografen streng abgeriegelte Familiensitz im Gebiet der Pocantico Hills im Hudson-Tal vor den Toren der Megalopolis. Dieses reichlich 1600 Hektar umfassende Gebiet ist Grund und Boden für erlesene Herrenhäuser und gleichsam der gemeinsame Bienenkorb der fünf Rockefeller — Enkel des alten Hexenmeisters und Söhne des 1960 verstorbenen Super-Philanthropen John D. junior. Keine andere der großen amerikanischen Familien hat sich so viel Harmonie und Zusammenhalt bewahrt.

Von den fünf jetzigen Rockefellers hat der älteste, John Davison III., den Namen des Gründers unverändert beibehalten und widmet auch seine ganze berufliche Arbeit der humanitären Sendung, der sein Vater sich verschrieben hatte. Der dritte, Lawrence, trägt mit Vorliebe die lässige Haltung eines britischen Gentleman zur Schau; aber er liebt die Maschinen und steckt seine Gelder in das, was man in Amerika »ventures« nennt, avantgardistische Industrieunternehmungen, die entweder zum völligen Ruin oder zu glänzendem Erfolg führen. Der vierte, Winthrop, machte den einzigen ehelichen Bankrott der Familie: seine Ehe mit der Tochter eines litauischen Bergmanns, aus der er sich durch Zahlung eines Lösegelds von 5 Millionen befreite. Aber, nachdem er Arkansas als Ort für den Scheidungstermin gewählt hatte, verliebte er sich in den armen Staat, in dem er große landwirtschaftliche Betriebe schuf, nach dem Grundsatz der Familie Rockefeller zugleich philanthropisch und gewinnbringend, was ihm 1966 die Wahl zum Gouverneur eines bis dahin von den Demokraten regierten Staates gewinnen half. Der fünfte und letzte, David, ist einer der Leiter der Chase Bank, und er ist nicht böse, wenn er sagen hört, daß er seine hohe Stellung auch erreicht hätte, wenn er Brown hieße. Nelson Aldrich schiebt sich dem Alter nach mit der Nummer zwei in diese Reihe. Er ist 1908 geboren. Er war also 25 Jahre alt, als der Titel eines Gouverneurs des Empire State einer Familie zuteil wurde, von der man glaubte, sie könne vom Himmel nichts mehr erwarten.

Als Nelson Rockefeller seine Kampagne führte, wurde sein Ruf von den Leistungen der Rockefeller mitgestützt. Das unermeßliche Vermögen, dessen Aufbau in unseren Tagen unvorstellbar wäre, präsentiert sich heute in vielen Zweigen, seine sichtbaren Spuren geben eine viel bessere Vorstellung seiner Größe als alle Schätzungsversuche mit kalten Zahlen. Allein in New York hat das Geld der Rockefellers geschaffen oder zu schaffen geholfen: das großartige Museum of Modern Art, das begeisternde Naturhistorische Museum, die historische und archäologische Inszene der »Cloisters«, das neue Viertel der Morningside Heights und den Vorortpark Palisades. Die Sitze zweier großer Stiftungen von John D. jr. befinden sich in Manhattan: die Rockefeller Foundation in der 48. Straße, für die humanitäre internationale Tätigkeit bestimmt, und das Rockefeller Institute, das der medizinischen Forschung vorbehalten ist, in der Nähe des East River.

Es ist, wohlverstanden, das Rockefeller Center, das den berühmten Namen im täglichen Gespräch erhält. Es gehört noch der Familie, aber die Einkünfte gehen an die Columbia-Universität, die im einundzwanzigsten Jahrhundert – genauer 2069 – Besitzerin werden wird. Seine »Bevölkerung« von 32 000 Angestellten und vor allem 126 000 tägliche Besucher machen es zur 62. Großstadt der Vereinigten Staaten: 14 Gebäude, 215 Fahrstühle, 20 Konsulate, 12 Banken, 65 Reisegesellschaften, Tausende von Geschäften, Lagerräumen und Büros befinden sich darin. Der Bau wurde 1931 beschlossen, in der Zeit der vollen Krise ausgeführt und ist heute, nach dreißig Jahren, immer noch das Herz der erregenden Stadt New York.

Die Lage des UNO-Gebäudes ist ein Kapitel für sich. Man suchte eine Bleibe für die riesige Institution, die provisorisch im Untergeschoß einer ihrer ursprünglichen Bestimmung entzogenen Fabrik am Stadtrand von New York untergebracht war, am Lake Success beim Utopia Parkway. Einige beherzte Städte, darunter San Franzisko und Boston, stritten sich um die UNO, aber sie verwarf diese Unterpräfekturen und fand ihrer Größe nur New York ebenbürtig. Die Rockefellers boten ihr ihren Besitz von Pocantico an: sie wies ihn mit Geringschätzung zurück. Man erinnerte sich schließlich eines großen Vierecks am Ufer des East River, aus dem der Finanzier William Zeckendorf eine Traumstadt zu machen träumte, Dream City, für Mieter, die mehrere hundert Dollar im Monat zahlen könnten. Zeckendorf ließ sich bitten, erklärte, daß er nur aus Liebe zu den Vereinten Nationen weiche, schwor, daß er sich für sie opfere, wenn er sich mit den achteinhalb Millionen zufriedengebe, die die Rockefellers ihm anboten. Es waren keine langen Bemühungen mehr nötig, um die UNO das Geschenk annehmen zu lassen, das sie, wie sie sagt, von der Fifth Avenue ausschloß und in das Dockviertel verbannte. Man hätte tatsächlich noch besser getan, sie auf der Kerguelen-Insel einzurichten.

Was für David zutrifft, stimmt auch für Nelson: selbst wenn er Brown hieße und keinen Cent hätte, wäre er ein politischer Streiter erster Ordnung dank der Wärme seiner Kontaktfreudigkeit und ausgleichend vermittelnden Aktivität. Er genoß die strenge Erziehung der Rockefeller-Enkel, wurde bis zu seiner Reife den Versuchungen des Geldes ferngehalten, machte als Koch an Bord eines Walfängers eine ozeanographische Expedition mit, kam nach Amerika zurück, um sich mit der total vernachlässigten Vermietung der 5 799 871 Quadratfuß des Rockefeller Center beschäftigen zu müssen, hatte über alle Erwartung hinaus Erfolg, interessierte sich dann für Lateinamerika, gründete halb landwirtschaftliche, halb philanthropische Gesellschaften in Venezuela und Brasilien, wurde von einem Franklin Roosevelt nach Washington berufen, der es pikant fand, in seiner Verwaltung den größten Namen des von ihm bekämpften Kapitalismus zu haben, setzte seine Verwaltungskarriere unter Truman und Eisenhower fort und brachte es bis zum Posten des Unterstaatssekretärs im Gesundheitsministerium mit einem Gehalt von 17 000 Dollar jährlich. Sein Sieg über Harriman für das Gouverneursamt von New York war spektakulär. Er erhielt eine Mehrheit von 573 034 Stimmen in jenem Jahr 1958, das überall sonst den Zusammenbruch der Republikaner sah. Und man fragte sich, ob der republikanische Kandidat für die Präsidentschaftswahl 1960 nicht der Gouverneur Nelson Rockefeller sein würde. Man stellte sich die gleiche Frage 1964 und noch einmal 1968 . . .

Der Konvent von Miami setzte Rockefellers Absichten auf die Präsidentschaft ein Ende. Es war eine Art Trostpreis für ihn, als er 1970 zum Gouverneur des Staates New York wiedergewählt wurde; denn er ist der einzige Träger dieses Amts, dem eine viermalige Wiederwahl zuteil wurde. Es bleibt ihm noch eine Chance für die Wahl von 1976; aber mit der einzigen Ausnahme eines alten Generals, William Henry Harrison mit Namen, der noch mit achtundsechzig Jahren gewählt und bereits im zweiten Monat seiner Präsidentschaft vom Tod ereilt wurde, hätte er das zweifelhafte Privileg, der Doyen in der Reihe der ersten Diener der Nation zu werden. Selbst Eisenhower war nur zweiundsechzig, als er gewählt wurde. Es ist weit wahrscheinlicher, daß der Regierungssitz in Albany, der große Bau mit seinen vierzig Räumen, in denen der steinreiche Gouverneur Picassos, Dufys und van Goghs aufgehängt hat, der Gipfel der politischen Laufbahn dieses gleichermaßen begabten wie begünstigten Mannes sein und bleiben wird.

Fläche: 128 490 km^2
Einwohnerzahl: 18 241 266
Hauptstadt: Albany
Beiname: Empire State
Hymne: keine
Devise: Excelsior
Blume: Rose
Baum: Ahorn
Wichtigste Städte: Buffalo, Rochester, Syracuse, Utica
Wichtigste Produkte: Milch- und Geflügelprodukte. — Obst, Gemüse. — Druck- und Verlagswesen. — Bekleidung. — Verarbeitungsindustrie. — Saffiangerberei. — Fotografie.
Bundesstaat seit 26. Juli 1788 (an 11. Stelle der ersten 13 Staaten).

NEW JERSEY · DELAWARE · MARYLAND

NEW JERSEY

Blut in Newark

Anmutige Hügel und im Küstengebiet eher triste Sümpfe geben der Landschaft New Jerseys ihren Charakter. Durch die riesigen Ballungsgebiete in der Nachbarschaft angelockt, hat sich die Industrie in den flachen Landesteilen kompakt installiert. Gemeinsam mit dem Ozean trägt sie zur Nebelbildung bei, die auf der prächtigen, zwischen den Flüssen Hudson und Delaware gebauten Autobahn nicht selten Massenkarambolagen verursacht. Sie erfüllt die Luft mit dem scharfen, für die Erdölindustrie bezeichnenden Geruch. Standard Oil of New Jersey ist einer der großen Namen der Erdölwelt, und an die hunderttausend Tonnen Rohöl werden täglich entlang der US-Autobahn Nr. 1 zwischen New Brunswick und der Pulanski Skyway der Raffinade zugeführt. Der Staat New Jersey ist vergleichsweise winzig klein: mit 7836 Quadratmeilen steht er an der 46. Stelle. Das gilt aber nur für den Flächeninhalt; denn hinsichtlich der Einwohnerzahl kommt ihm der achte und nach dem Wertzuwachs der Produktion der siebente Rang zu.

An diesem Staat zerrt die Gravitation zweier Großplaneten — Philadelphia im Süden, New York im Norden. Der einzige Ort, der ihren Anziehungskräften entgeht, ist die Hauptstadt Trenton, berühmt aus dem Unabhängigkeitskrieg und von weitem kenntlich durch ihr luxuriöses Wahrzeichen, die goldene Kuppel des Kapitols.

Eine der wichtigsten Städte von New Jersey ist Camden, wenngleich eigentlich Vorstadt von Philadelphia. Nur eine Brücke trennt die beiden. Die Beziehungen des Staates New Jersey zu New York sind naturgemäß weitaus intensiver. Zahlreiche Geschäftsleute und gehobene Angestellte wohnen in den Gebieten der Seen, Wälder und Wiesen des Staates, überqueren tagtäglich den Hudson und arbeiten in der Wallstreet oder Madison Avenue. Atlantic City, wo alljährlich — und seit einiger Zeit entgegen den Protesten von »Women's Lib« — der Titel der Miss Amerika verliehen wird, ist ein Strandgebiet von New York. Ein gutes Drittel des New Yorker Hafens füllt auch die Buchten und Windungen von New Jersey, dessen großer Flughafen Newark auch der Flughafenleitung von New York untersteht. Und dazu die Front von New Jersey über dem Hudson, die Kette der großen Städte Bayonne, Elizabeth, Newark, Jersey City, Bergen, West New York, Patterson — sie alle gehören zum Sternennebel New York, dem sie ohne Zweifel eines Tages noch durch andere als die Bande der Tatsachen verbunden sein werden.

Unter den Städten am Hudson hat Newark eine besondere Bedeutung, weil es die urbanen Probleme Amerikas in ihrer schärfsten Form verkörpert und den Rassenkonflikt unter den härtesten Aspekten erkennen läßt.

Dieses Newark ist durchaus kein plötzlich oder neu entstandener urbaner Auswuchs, sondern schon 1666 zur Zeit der Amerikanischen Revolution gegründet worden. Die Stadt ist bekannt für ihre loyale Einstellung zur Britischen Krone. Seit langem ist sie das kommerzielle und finanzielle Zentrum von New Jersey, aber auch — infolge des auffallenden italienischen Kolorits der Bevölkerung — eine Hochburg der Mafia. Mit nur 380 000 Einwohnern war sie 1970 gerade noch an 35. Stelle der Städte Amerikas; aber vor erst dreißig Jahren war sie noch auf dem 18. Platz, und nichts ließ damals auf ihren Abstieg schließen. Die mächtige Prudential Insurance Company hat dort ihren Sitz und das Geschäftsviertel, das weiße Newark, dessen dreißigstöckige Gebäude gegen Manhattan Front machen, unterscheidet sich äußerlich durch nichts von einer prosperierenden amerikanischen Großstadt. Aber sie liegt auf einem kleinen Eiland, dessen angsterfüllte Bewohner wegziehen, während die farbige Bevölkerung rundum wächst.

In zehn Jahren haben mehr als hunderttausend Weiße Newark verlassen. Annähernd ebenso viele Neger sind zugezogen. Ihr Anteil an der Bevölkerung beträgt 61 Prozent. Dazu kommen 11 Prozent Portorikaner. Diese mit Washington nicht vergleichbaren Ziffern haben das öde Elend der Gettos im Gefolge: 25 bis 30 Prozent Arbeitslose, etwa 20 000 Rauschgiftsüchtige, eine Vielzahl vaterloser Familien, mehr als ein Viertel der Bevölkerung lebt von der Öffentlichen Wohlfahrt ohne Möglichkeit, aber auch ohne Antrieb, aus dem gesicherten Elend oder der elenden Sicherheit herauszukommen, wie sie die von

Mißbrauch förmlich durchsiebte Welfare-Behörde eben bieten kann. Die Zahl der Unterstützungsempfänger im Staate New Jersey ist in den Jahren 1966 bis 1971 von 174 298 auf 461 623 gestiegen. Vom rapidesten Anstieg aber war Newark betroffen.

Für die Aktivisten unter den Negern bietet Newark die besten bisher bekannten Möglichkeiten, die Schwarze Herrschaft aufzurichten; denn die Schwarzen sind dort im Begriffe, die ungeteilte Kontrolle über alle städtischen Einrichtungen zu erobern.

Am 12. Juli 1967 entfesselte die Arretierung eines farbigen Taxichauffeurs durch einen weißen Polizisten einen schrecklichen Aufstand in Newark. Das Polizeikommissariat in der 17. Straße wurde im Sturm besetzt. Hunderte von Geschäften wurden geplündert oder angezündet. Der damalige Bürgermeister war ein Italo-Amerikaner, Hugh Addonizio, der wegen der Anschuldigung des Betruges und der Korruption ernste Schwierigkeiten mit der Justiz hatte. Er appellierte an den Gouverneur Richard Hughes. 4000 Mann Nationalgardisten brauchten vier Tage, um des Aufstandes Herr zu werden. Es wurden 26 Tote gezählt, die möglicherweise noch durch die von den Guerilleros heimlich im Getto verscharrten Leichen zu ergänzen wären.

Seit diesen tragischen Tagen hat Newark einen schwarzen Bürgermeister gewählt: Kenneth Gibson. Er gibt sich alle Mühe, seine Wähler zufriedenzustellen, ohne den Exodus der Unternehmer und der weißen Steuerzahler zu beschleunigen, aber er ist den Aktivisten ausgeliefert, die die Afrikanisierung Newarks betreiben, um aus der Stadt ein Modell zu machen, dessen Abklatsch dann alle amerikanischen Negerstädte werden sollen. Ein Dichter, LeRoi Jones, der seinen Namen in Imamu Baraka geändert hat, läuft durch das Getto und verkündet, der Neo-Kolonialismus, dessen Instrument Gibson sei, müsse gebrochen werden. Es wird gefordert, daß in den Schulen nur noch Schwarze lehren dürfen und daß der Polizeichef ebenfalls ein Schwarzer sein müsse. Der Prozeß, der sich im Lauf der kommenden Jahre in allen Städten entwickeln wird, in denen die Farbigen allmählich die Majorität erringen, läßt sich in Newark bestens studieren.

Eine Geste mag diesen Prozeß illustrieren. Der neue Stadtrat hat angeordnet, daß die Fahne des Schwarzen Volkes in allen Schulen Newarks an der Seite des Sternenbanners — auch das vorbehaltlich eventueller weiterer Anordnungen — zu zeigen ist. Das Emblem besteht aus drei Bahnen — einer schwarzen, die keines Kommentars bedarf, einer roten, die an das vom Schwarzen Volk unter der weißen Unterdrükkung vergossene Blut erinnern soll, und einer grünen, die das grünende Afrika symbolisieren soll, nach dem sich seine verpflanzten Kinder in Heimweh verzehren.

Weit von Newark fühlt man sich in den neugotischen, efeuumrankten Gebäuden der Princeton-Universität. Woodrow Wilson wechselte von der Präsidentschaft dieser Universität zu jener der Vereinigten Staaten über. Einstein fand dort sein letztes Asyl und auch sein Totenbett. In einer anderen Universität von New Jersey, dem Rutgers College, hat ein einfacher Bodenchemiker, der aus Rußland eingewanderte Professor Waksman, eines der wirksamsten Antibiotika, das Streptomyzin, als wirksame Waffe gegen die Tuberkulose gefunden. Rutgers hat in Zusammenarbeit mit einer großen Herstellerfirma chemischer Erzeugnisse riesige Gewinne aus den Arbeiten Waksmans erzielt, wobei sie der realistischen Gepflogenheit der großen amerikanischen Universitäten gefolgt ist, die einen Teil der ihrem Mäzenatentum dienenden Mittel aus ihren Laboratorien gewinnen.

Fläche: 21 285 km^2
Einwohnerzahl: 7 168 164
Hauptstadt: Trenton
Beiname: Gartenstaat
Hymne: keine
Devise: Liberty und Prosperity
Blume: Veilchen
Baum: Eiche (Red Oak)
Wichtigste Städte: Richmond, Petersburg, Newark
Wichtigste Produkte: Getreide. — Tomaten, Spinat, Spargel. — Äpfel, Birnen. — Milch- und Geflügelprodukte. — Fischerei. — Steine, Sand, Kiesel. — Torf. — Ton. — Zink. — Lebensmittelindustrie. — Chemische und pharmazeutische Produkte, Farben. — Elektrische Ausrüstung. — Glas, Kautschuk und Werkstoffe. — Leder. — Erdölprodukte.
Bundesstaat seit 18. Dezember 1787 (an 3. Stelle der ersten 13 Staaten).

DELAWARE

Das Liechtenstein Amerikas

Delaware ist das Fürstentum Liechtenstein der USA. Es besitzt zwar nicht die majestätischen Berge von Vaduz — sein höchster Hügel ist kaum 100 Meter hoch —, aber es ähnelt dem Staat Liechtenstein durch sein von Aktiengesellschaften wimmelndes Telefonbuch. Wie der winzige Staat in den Alpen hat auch Delaware sie angezogen, da es ihnen im Rahmen seiner Hoheitsrechte ein günstiges Steuersystem bietet.

70 000 Gesellschaften — und unter ihnen wahre Riesen wie Coca-Cola, Pullman, Bethlehem Steel, Ford usw. sind in Delaware eingetragen. Als vorletzter an Ausdehnung und 46. nach der Einwohnerzahl (548 104 Einwohner) wäre es der Staat mit der größten Industrie Amerikas, wenn die Fabriken wirklich dort säßen. Aber Delaware ist im wesentlichen nur eine kleine altmodische Provinz, wo eine sehr alte Bevölkerung auf einem wenig ertragreichen Boden in relativer Armut lebt.

DuPont de Nemours macht eine große Ausnahme in dieser durch Abwesenheit glänzenden Industrie, die — zum Nachteil von Delaware — einen so großen Unterschied schafft zwischen der Fassade der nur eingetragenen Gesellschaften und den wirklich vorhandenen Fabrikschloten. Diese Riesenfirma — 65 Millionen Aktien, zweieinhalb Milliarden Kapital — hat natürlich nicht alle ihre Unternehmen in ihrem Heimatstaat, aber wenigstens einige von ihnen, außerdem ihr Forschungszentrum, das allein 2500 Wissenschaftler, Techniker und Angestellte beschäftigt. Zwischen diesen beiden Namen — Delaware und DuPont — besteht in Amerika eine Gedankenverbindung, und zwar in dem Sinn, daß DuPont Delaware führt und besitzt, was nur bis zu einem gewissen Punkt zutrifft.

Charakteristisch für diese ungeheure Macht — die E. I. (Eleuthère-Irénée) DuPont de Nemours Corporation — ist die Verstreutheit ihrer Unternehmen. Geographisch verteilen sich ihre 85 Werke über ganz Amerika — von Pennsylvania bis zum Staat Washington und von New York bis nach Texas. Dynastisch umfaßt sie mehrere Dutzend DuPont de Nemours, die an Reichtum und Macht sehr verschieden sind, aber alle denselben Ursprung haben und auch dasselbe geschäftliche Interesse. Ihre reiche Fabrikationsskala macht sie gewinnbringender als alle anderen Industriegesellschaften. DuPont erzeugt Farben, Firnis,

Lacke, Färbemittel, Cellophan, Kunstseide, Explosivstoffe, Nylon, Orlon, Arzneimittel, Waschmittel, Denaturierungsmittel, Insektenpulver, synthetischen Gummi, Ammoniak, Säuren usw. Man muß sich beschränken: die vollständige Liste umfaßt 1200 Produkte und erweitert sich jedes Jahr.

Ehe der Name DuPont de Nemours den Atlantik überquerte, schrieb er sich schon in die Geschichte Frankreichs ein. Pierre-Samuel DuPont (aus Nemours) war ein Physiokrat, das heißt, er gehörte zu den vorrevolutionären Volkswirtschaftlern, die behaupteten, aller Reichtum komme aus dem Boden und daher dürften allein die Produkte des Bodens besteuert werden. Dieser kluge Bürger war Deputierter des Dritten Standes bei den Generalstaaten. Er wurde während des Revolutionsterrors ins Gefängnis geworfen und ... glücklicherweise vergessen. Des gefährlichen Vaterlandes müde, überquerte er 1799 den Atlantik, angezogen von der Freundschaft Thomas Jeffersons, des ehemaligen Gesandten in Paris und späteren Präsidenten. Vor ihm waren schon viele Franzosen emigriert, von denen einige unter der Führung des königlichen Intendanten Omer Talon in einer Schleife des Susquehanna ein Asyl gegründet hatten — ein zweistöckiges »Palais« aus Holz, das einige Zeit für die unglückliche Marie-Antoinette bereitstand. Da Pierre-Samuel mit Projekten gekommen war, die seiner alten Ideologie entsprachen, versuchte er, bukolische Siedlungen anzulegen, er hatte aber damit keinen befriedigenden Erfolg. Es mußte dem Sohn des Physiokraten, Eleuthère-Irénée, überlassen bleiben, die amerikanische Epopöe der Familie zu beginnen, indem er der Physiokratie entschlossen den Rücken kehrte.

Amerika fehlte damals ein höchst notwendiges Produkt: das Schießpulver. Die Pioniere hatten sich aus einheimischem Salpeter eine schlechte Ausführung selbst angefertigt, aber seit sich die Pyrotechnik verfeinerte, waren die Vereinigten Staaten von England abhängig. Um diesem Handikap abzuhelfen, das während des Unabhängigkeitskrieges eine schwerwiegende Rolle gespielt hatte, gründete Eleuthère-Irénée im Jahr 1802 eine erste Schießpulverfabrik. Das war fast zur selben Zeit, in der ein anderer Franzose, Paul Révère, der Held der Rebellion von 1775, sich in Boston die serienmäßige Fabrikation der Gewehre ausdachte. Die Vorfahren der gigantischen amerikanischen Rüstungsindustrie stammten somit aus Orléans und der Gascogne.

Der Aufstieg der DuPont de Nemours war — wie es sich gehörte — von dröhnenden Explosionen begleitet. Niemand hinderte sie, ihr Werk fortzusetzen. Sie bauten ihre Fabriken, die in die Luft flogen, immer wieder auf, stürzten sich auf alle neuen technischen Erfindungen und behielten das Monopol einer Industrie in der Hand, die sich zwischen den Kriegszeiten durch die Ausbeutung der Erzgruben und den Ausbau der Schienenwege immer weiter entwickelte. Als Amerika im Jahr 1917 in den Ersten Weltkrieg eintrat, produzierten die DuPonts, die inzwischen ihre fünfte Generation seit ihrer Einbürgerung in Amerika in die Welt gesetzt hatten, noch immer fast sämtliche Explosivstoffe der Neuen Welt. Aber sie steckten auch schon im Labyrinth der Chemie und starteten die lange Liste ihrer 1200 Produkte. Kurz vor dem Zweiten Weltkrieg ergänzten sie diese Liste mit einem ihrer berühmtesten Namen: dem Nylon. Zum erstenmal übertraf ein chemisches Textilprodukt durch eine große Zahl seiner Eigenschaften das entsprechende Naturprodukt. In wenigen Jahren fiel der Prozentsatz der reinseidenen Strümpfe, die von den Amerikanerinnen getragen wurden, um einen großen Teil. Unbeschadet der weiteren Verwendung des Nylons, die bis zu falschen Zähnen geht.

Die Entwicklung der synthetischen Textilien ließ DuPont verschiedene neue Erzeugnisse schaffen, deren bekannteste Orlon und Dacron sind und deren neueste eine elastische Fiber namens Lycra ist. Aus der Abteilung der Plastics oder Kunstharze gingen das Alathon, Teflon, Delrin usw. hervor. Große Entwicklungen werden in der Biochemie, der Elektronik, den seltenen Metallen usw. vorbereitet. Die Verkaufsziffer ist von 1297 Millionen Dollar im Jahre 1950 auf 3667 Millionen im Jahre 1970 gestiegen. Die Verringerung der Kaufkraft des Dollars jedoch reduziert ein wenig die Realität dieses Fortschritts, und es ist nicht sicher, ob — aufs Ganze gesehen — die amerikanische Industrie, deren Koloß DuPont ist, den gleichen Schritt nach vorwärts gemacht hat wie ihre europäischen Konkurrenten in den letzten zwanzig Jahren.

Während des Zweiten Weltkrieges haben die DuPonts sich mit einem neuen Zweig der Explosivstoffe beschäftigt. 1941 wurden sie aufgefordert, die Atomfabrik von Oak Ridge zu bauen. Ein wenig später wurden sie mit dem Bau der Atomfabrik in Hanford beauftragt und erst kürzlich mit dem des Riesenwerks am Savannah River, in dem Schwerer Wasserstoff hergestellt wird. Jedesmal haben sich die DuPonts erst geweigert und geltend gemacht, daß sie Chemiker seien und keine Erbauer von Fabriken, daß man außerdem von ihnen technische Unmöglichkeiten verlange; sie seien ja keine Zauberer. Als die Firma unter dem Druck der Regierung nachgab, ließ sie wissen, sie wolle an den riesigen Unternehmen, die man ihr anvertraute, höchstens die symbolische Summe von einem Dollar verdienen. Sie begnügt sich damit, kostenfrei zu arbeiten — jedoch mit einer kleinen Klausel, die ihr nicht verweigert werden konnte: die Patente, die zum Bau der Atomwerke verwendet werden, bleiben das Eigentum der E. I. DuPont de Nemours Corporation. Man glaubt, daß diese Patente gigantische Summen darstellen und für die friedliche Verwendung unbegrenzte Möglichkeiten bieten werden. Die Uneigennützigkeit der DuPonts wird sich schließlich als eine wunderbare Geldanlage erweisen.

Es ist DuPont zu danken, daß sich die zweitrangige Industriestadt Wilmington (80 000 Einwohner) mit ein wenig narzißhafter Anmaßung die chemische Kapitale der Welt nennen kann. Die Hauptstadt von Delaware dagegen — Dover — war lange Zeit nicht mehr als ein bäuerlicher Marktflecken mit einigen hundert Einwohnern. Die Zählung von 1970 ergab 17 165, was gegenüber der letzten einen Zuwachs um reichlich das Doppelte bedeutet. Darin zeigt sich ein ziemlich allgemeiner Zug in der Entwicklung des heutigen Amerika. Viele große Städte verlieren Einwohner, und die kleinsten Nester sind überfüllt — ein Indiz tiefgehender Veränderungen.

*

Es gibt Ähnlichkeiten zwischen dem Senator von Maine Edmund Muskie, dem glücklosen Präsidentschaftsbewerber der Demokraten anläßlich der Wahl von 1972, und dem zurückgetretenen republikanischen Vizepräsidenten Spiro Agnew. Beide sind Söhne von Einwanderern in der ersten Generation und somit neugebackene Amerikaner. Die Väter kamen ungefähr zur gleichen Zeit — um die Wende des Jahrhunderts. Der Pole Marciszewski amerikanisierte seinen Namen in Muskie. Der Grieche Anagnotopoulos, der in Baltimore ein kleines Restaurant eröffnete, erfand die neue Namensform Agnew. Spiro hatte eine ähnlich schwere Jugend wie Muskie — und Nixon. Er errang einen bescheidenen Studienabschluß an der Universität, widmete sich sodann ganz der Politik, wurde Gouverneur des Staates Maryland und 1968 zur allgemeinen Überraschung von Nixon zum Listenpartner erwählt. Man hatte dann 1972 damit gerechnet, daß Nixon sich von ihm trennen würde — aber daraus wurde nichts.

Agnew hat gar manches Gewitter über seinem Haupt zusammengezogen. Er hat die Intellektuellen gegeißelt, die den Patriotismus mit Füßen treten. Er hat sich gegen die Hilfestellung empört, welche die vietnamesischen Kommunisten im Herzen Amerikas finden. Er hat die Amerikaner, die Amerika nicht mögen, aufgefordert zu gehen. »Wir brauchen sie nicht. Wir werden sie mit keinem größeren Bedauern ziehen sehen, als man dabei empfindet, wenn man aus einem Faß die faulen Äpfel herauswirft.«

Für Nixon hat Agnew – ganz abgesehen von den Hintergründen seines vorzeitigen Rücktritts – so manche Unannehmlichkeit mit sich gebracht. Eine raffinierte Angriffsweise gegen den zur Wiederwahl anstehenden Präsidenten war etwa folgende Lesart: »Nixon, na schön; aber haben Sie bedacht, daß für den Fall, daß ihm etwas zustößt, die Atombombe in Agnews Händen läge? ...« In Wahrheit hat Agnew weder in außen- noch in innenpolitischen Grundfragen jemals in aufsehenerregender Form Stellung genommen. Er ist weder ein Kriegstreiber noch ein Rassist. Auf seinem Posten in Maryland war er vielmehr ein eher liberaler Gouverneur. Seine rustikale Sprache ist nicht die eines Extremisten, sondern ganz im Gegenteil jene, die mit der Stimme des amerikanischen Volkes im Einklang ist.

Aber Nixon hat nicht vorausgesehen, daß Agnew – gleichsam als Zusatz zur Watergate-Affäre, die ich an anderer Stelle behandle – wegen diverser finanzieller Unregelmäßigkeiten, die ihm in seiner politischen Karriere unterlaufen sind, in den Anklagezustand versetzt werden und sich zu vorzeitigem Rücktritt veranlaßt sehen würde.

Dienststellung und Situation eines Vizepräsidenten der Vereinigten Staaten sind so sonderbar wie nur möglich. Der Vorsitz im Senat, der ihn nur im Falle von Stimmengleichheit stimmberechtigt sein läßt, scheint ihm von den Verfassungsvätern in der mildtätigen Absicht zugebilligt worden zu sein, ihm eine Beschäftigung zu sichern. Innerhalb der Regierung hat er offiziell weder Rang noch Funktion. Sein derzeitiges, voll zu versteuerndes Einkommen von 72 500 Dollar ist das gleiche wie dasjenige des Präsidenten des Repräsentantenhauses. Wie dieser wohnt er auf eigene Kosten. Die Verfassung bestimmt, daß der Vizepräsident eine Privatperson zu sein hat, bis – ja, bis der Tod am Tor des Weißen Hauses anklopft und ihm mit sofortiger Wirkung und ohne eine Zeit des Übergangs die ganze Macht in die Hand gibt.

Auf die 36 Präsidenten der amerikanischen Geschichte kommen 12, die zuvor Vizepräsidenten waren. Vier haben ihr Mandat voll abgedient und wurden erst danach an die erste Stelle im Staat gewählt: Adams,

Jefferson, Van Buren und Richard Nixon. Die acht übrigen betraten das Weiße Haus zusammen mit dem Tod – gleichsam als Schließer und Beschließer. Zu Anfang waren sie alle vom Pech verfolgt. Tyler, Fillmore, Andrew Johnson und Arthur konnten zwar ihr Mandat zu Ende führen, nicht aber ihre Präsidentenkarriere aus eigener Kraft fortsetzen. Theodore Roosevelt, der dem 1900 ermordeten McKinley folgte, brach den Bann und Calvin Coolidge, Harry Truman und Lyndon Johnson konnten ihre Wiederwahl erleben, nachdem sie jeweils Gamaliel Harding, Franklin Roosevelt und John Kennedy nachgefolgt waren.

Nach derzeitiger Handhabung trachtet man, sich den Vizepräsidenten nutzbar zu machen, und hält ihn vor allem hinsichtlich der wichtigen Vorgänge im Staatswesen auf dem laufenden. Er ist zu den Sitzungen des Kabinetts und des Sicherheitsrats zugelassen. Man vertraut ihm gewisse Pflichten an, jedoch nur unter der Kontrolle der meist eifersüchtigen Amtsträger, die derartige Pflichten an ihn delegieren. Kennedy trug Johnson auf, sich um die Raumfahrt zu kümmern; aber die durch Fragen der Herkunft, der gesellschaftlichen Stellung und Gezänk der Gattinnen vergifteten Beziehungen der beiden Männer waren nie anders als widerwärtig. Als dann Johnson seinerseits einen Vizepräsidenten hatte, biß auch dieser, Hubert Humphrey, auf die Trense und beugte sich unter viel verhaltenem Zorn dem autoritären Titular des Weißen Hauses. Insgesamt gesehen, war die Equipe Nixon–Agnew eine der in sich wenig reibungsreichen. Bis zu dem Tag, der sie kraft der gleichzeitig gegen beide geführten, einer Stärkung ihrer Solidarität keineswegs förderlichen Angriffe entzweite.

Fläche: 6900 km^2
Einwohnerzahl: 548 104
Hauptstadt: Dover
Beiname: Erster Staat der Union
Hymne: Our Delaware
Devise: Liberty and Independence
Blume: Pfirsichblüte
Baum: Amerikanische Stechpalme
Wichtigste Städte: Wilmington, Greenville
Wichtigste Produkte: Hühner. – Obst und Gemüse. – Steine. – Sand

und Kiesel. – Tiefgefrorene Lebensmittel, Konserven. – Stahl. – Schiffs- und Automobilbau. – Chemische Produkte. – Leder, Textilien.

Bundesstaat seit 7. Dezember 1787 (an 1. Stelle der ersten 13 Staaten).

MARYLAND

Wo das Sternenbanner entstand

In der Skala der amerikanischen Länder ist auch Maryland ein Staat von geringer Ausdehnung. Seine geographische Gliederung ist dementsprechend gedrängt. Von Ost nach West zwischen dem Meer und dem Alleghany-Gebirge gelegen, ist es um die Mitte durch einen engen Gürtel gleichsam stranguliert, der seinen westlichen Teil beinahe vollständig lostrennt und isoliert, während der östliche Teil vom Kern der Landmasse durch die ganze Breite der Chesepeake Bay abgetrennt ist. Derartige Kontorsionen der Landesgrenzen sind im Bereich der atlantischen Front keine Seltenheit, weil sie hier aus dem lebensvollen Wettstreit der Einzelstaaten entstanden sind.

Maryland ist als eine inmitten protestantischer Bevölkerungsgruppen eingesprengte Enklave entstanden. Charles I. Stuart überließ George Calvert, Lord Baltimore, das Territorium zwischen dem Potomac und dem 40. Grad nördlicher Breite. Virginia, das einige Jahre früher gegründet worden war, widersetzte sich jener als Übergriff empfundenen Landnahme sehr energisch, und William Penn gelang es später, Maryland südwärts zurückzudrängen, indem er ihm die Gegend um Philadelphia wieder entriß. Nach einem kurzen Bürgerkrieg kamen die Puritaner an die Macht, worauf Cromwell den Calverts ihre Charta abnahm. Die Folge war, daß Maryland hinfort nur noch eine der dreizehn Kolonien war, die sich gegen die Britannische Krone empörten und die Vereinigten Staaten gründeten.

Lord Baltimore war es vorbehalten, einer der größten Städte der Nation seinen Namen zu geben. Nach der Regel, die den städtischen Kerngebieten ihre Bedeutung streitig macht, ist ihre Einwohnerzahl von 950 000 auf 900 000 zurückgegangen, aber das Ballungsgebiet,

dessen Zentrum sie bildet, vereinigt mehr als zwei Millionen Menschen. Der Bevölkerungsanteil der Schwarzen erreichte 1970 46,4 Prozent und reihte Baltimore in die Gruppe der Städte ein, die binnen weniger Jahre mit Sicherheit eine farbige Mehrheit verzeichnen werden. Der Hafen — seiner Bedeutung nach der sechste in Amerika — bildet das Einfallstor für die nach USA exportierten europäischen Automobile. Ihre Zahl hat sich seit 1962 verdreizehnfacht.
Das Idol der Stadt ist eine Amsel, die Oriole genannt wird. Les Orioles ist gleichsam der Familienname der berühmten Baseball-Mannschaft von Baltimore. Sie gehört zur American League, die mit der National League in ständigem Wettstreit begriffen ist. In der Baseball-Saison sind die Gazetten mit schreckenerregenden Schlagzeilen übersät: »Die Roten (Cincinnati) morden die Senatoren (Washington)« . . . »Die Tiger (Detroit) fressen die Kardinäle (Saint Louis)« . . . — Die beiden Spitzenmannschaften der zwei Ligen — die sogenannten »Pennant Winners« — liefern sich am Herbstanfang das große Endspiel der sogenannten »World Series«. 1971 haben die Piraten von Pittsburgh die unglücklichen Amseln von Baltimore gerupft. Baltimore legte Trauer an. Sie nennt sich gern die »City of Champions«, aber sie brilliert vor allem mit ihren professionellen Equipen, den Orioles, ferner den Bullets im Basketball und den Clippers im Eishockey.
Zum Erbe der Vergangenheit gehört das Fort McHenry, das einst zur Verteidigung der Hafeneinfahrt von Baltimore errichtet worden war. Die Engländer, die gerade die im Entstehen begriffene Hauptstadt Washington niedergebrannt hatten, begannen den Beschuß des Forts am 13. September 1814. Der Advokat Francis Scott Key, der sich als Parlamentär auf eines ihrer Kriegsschiffe begeben hatte, wurde die ganze Nacht im untersten Schiffsraum festgehalten. Bei Tagesanbruch sah er das 14 Meter lange und 10 Meter breite Sternenbanner noch immer im Sturm der Kanonade wehen. Da kritzelte er einige von Begeisterung getragene Verse auf einen Briefumschlag, die er tags darauf noch ergänzte und einer dazumal populären Weise, Anacreon in Heaven, anpaßte. So wurde das Lied The Star-Spangled Banner geboren — aber erst 1916 wurde es auf Anordnung von Präsident Wilson in das Reglement für den Ablauf militärischer Zeremonien aufgenommen und noch viel später, nämlich am 3. März 1931, wurde es durch Kongreßbeschluß zur offiziellen Hymne der Vereinigten Staaten erklärt. Die Melodie ist zu kompliziert und der Text zu unpopulär; aber auch die vorgeschlagenen Vereinfachungen fanden keinen Widerhall. Übrigens,

Baltimore wurde 1814 nicht erobert. Nachdem der Admiral Cockburn 1500 Kugeln über das Sternenbanner hatte regnen lassen, fuhr er die Chesapeake Bay wieder hinunter und segelte Richtung Jamaika.
Hauptstadt von Maryland ist das reizende alte Städtchen Annapolis. Kurz bevor meine Schilderung beim Staate New York angelangt war, habe ich eine Bemerkung über die Militärakademie in West Point gemacht. Die Marine-Akademie von Annapolis ist das Gegenstück dazu, während die Air Force ihre große Schule in Colorado Springs in den Rockies hat. Die drei Institute gleichen einander sehr. Die Studienzeit beträgt vier Jahre, die Zahl der Absolventen liegt jährlich zwischen 1200 und 1500. Eine bestimmte Zahl von Studienplätzen ist der Militärverwaltung vorbehalten, aber der überwiegende Teil wird — allerdings unter Vorbehalt des Bestehens einer Eignungsprüfung — von den Mitgliedern des Senats und des Repräsentantenhauses der Vereinigten Staaten vergeben. Die Sorge, der Militarismus könnte in die Regierung eindringen und die Autonomie der einzelnen Staaten bedrohen, hat diesen eigenartigen Modus in der Rekrutierung der Nachwuchsstreitkräfte entstehen lassen.

Fläche: 27 394 km²
Einwohnerzahl: 3 922 399
Hauptstadt: Annapolis
Beiname: Freistaat
Hymne: Maryland, my Maryland
Devise: Fatti Maschi, Parole Femine (Männliche Taten, weibliche Reden)
Blume: Margerite
Baum: Eiche (White Oak)
Wichtigste Stadt: Baltimore
Wichtigste Produkte: Produkte des Meeres. — Zerealien, Tomaten. — Äpfel. — Milchprodukte. — Holz, Tabak. — Kohle. — Steine, Zement. — Stahl, Metall- und chemische Produkte. — Elektrische Apparaturen. — Transportmateriäl. — Kautschuk, Werkstoffe. — Glas.
Bundesstaat seit 28. April 1788 (an 7. Stelle der ersten 13 Staaten).

PENNSYLVANIA · WEST-VIRGINIA

PENNSYLVANIA

Das Abenteuer des Stahls

Der Staat Pennsylvania bezeichnet sich selbst als den »Grundpfeiler« — »Keystone State«. Sein Emblem ist der Lorbeer und seine Devise »Tugend, Freiheit und Unabhängigkeit«. Seine Fahne ist königsblau mit Gold verbrämt und trägt in der Mitte ein Wappenschild, das von einem Adler gekrönt und von zwei Streitrossen gestützt wird. Sein offizieller Name ist: Commonwealth of Pennsylvania. Und sein Stolz hat mehrmals beinahe zur Entzweiung der jungen Nation geführt — zu einer Zeit, da der Zement der Einigkeit noch nicht erhärtet war.

Auf der Karte stellt er ein fast gleichmäßiges Rechteck dar. Nur ein kleiner kurzer Stiel schiebt sich zum Meer vor und ein zweiter zu den Großen Seen. Vom Flugzeug aus ist er eine Reihe von genau parallel verlaufenden Bergketten und von Tälern, die aussehen, als seien sie von einer Armee von Trockenbaggern ausgegraben worden. Die Berggipfel sind so dicht bewaldet, daß man glauben könnte, seit den Schöpfungstagen habe noch keine Menschenhand hier auch nur einen einzigen Baum gefällt. Noch immer bedecken die großen Wälder die Hälfte des Staatsgebiets. Pennsylvania — Penns Wald: schon der Name sagt es.

Landschaftlich ist Pennsylvania einer der schönsten Staaten Amerikas. Historisch einer der ältesten, ist und vor allem war er wirtschaftlich einer der wichtigsten. Sein Name bedeutet Kohle — er bedeutet Stahl —, er bedeutet beinahe 12 Millionen Amerikaner, deren jährliches Durchschnittseinkommen rund 4000 Dollar erreicht. Seit der Westen und der Süden sich industriell entwickeln, hat seine Bedeutung abgenommen und nimmt noch weiter ab, aber Pennsylvania repräsentiert noch immer mächtige politische und syndikalistische Einflüsse. Es bleibt unverändert einer der Schlüsselstaaten, die auf die Ernennung der Präsi-

dentschaftskandidaten und auf die Wahlen entscheidenden Einfluß haben und den Vereinigten Staaten ihre politische Richtung geben.
Pennsylvania ist ebenso wie Virginia und Massachusetts ein »Geburtsland« der USA. Der Quäker William Penn, ein Mann mit einer seltsamen Mischung aus Mystizismus und Geschäftssinn, tauschte im Jahr 1682 eine Schuldforderung von 12 000 Pfund Sterling gegen einen Freibrief Karls II. (Stuart) ein, wodurch er zum größten Besitzer jungfräulichen Bodens in der ganzen Welt wurde. Anstatt sein Gebiet abzusperren, hielt er es offen. Anstatt es für eine Konfession oder eine Sekte zu reservieren, wie die Katholiken in Maryland und die Puritaner in Neu-England es taten, rief er die Verfolgten aller Konfessionen und aller Sekten, alle, die den Frieden und die Freiheit zugleich suchten, zu sich. Er betrieb in seinem Pennsylvania schon damals eine Einwanderungs- und Bevölkerungspolitik, die im neunzehnten Jahrhundert die der Vereinigten Staaten werden sollte. Als er Philadelphia gegründet hatte, gab er ihm den Namen »Stadt der Bruderliebe«, den es — mit einem ironischen Beigeschmack — behalten hat. Und da er sich für die religiöse Freiheit einsetzte, machte er aus seinem Waldland etwas Einzigartiges in der Neuen Welt und in der Welt überhaupt.
Die in historischer Zeit gelegten Keime wirken lange nach. Pennsylvania ist einer der Orte auf der Welt, wo die Art und Weise, Gott zu ehren, ein Maximum an Verschiedenartigkeit erreicht hat. Die Quäker, eine sehr festgefügte und tätige Gemeinschaft, bewahren den von ihrem Gründer ererbten Vorrang. Manche Sekten sind erstaunliche Anachronismen, wie zum Beispiel die Mennoniten, die den Fortschritt verdammen, mit ihren Wagen aus dem siebzehnten Jahrhundert auf den betonierten Straßen fahren, alle einen Bart tragen, ihre Frauen schwarz vermummen und ihren Töchtern im Bett den Hof machen lassen. Eine detaillierte Studie über die Menschen in Pennsylvania würde zeigen, daß es ein drei Jahrhunderte altes Museum Europas darstellt, und besonders des geteilten und zerrissenen Deutschlands, in dem die liberale Rekrutierung William Penns den größten Erfolg hatte. Der Fall ist übrigens absolut nicht einzigartig: die Pennsylvania Dutch (deutscher und nicht holländischer Abstammung) mit ihrem altmodischen deutschen Dialekt und ihren Sitten einer vergangenen Epoche haben ihr Gegenstück in den Cajuns von Louisiana, die in gewisser Hinsicht dem Frankreich Ludwigs XIV. viel näher stehen als dem Amerika Nixons.
Pennsylvania ist groß genug, um sich alle Gegensätze erlauben zu

können. Manche seiner ländlichen Gebiete sind so altmodisch, daß sie sich mit der europäischen Vorstellung von Amerika schwer in Einklang bringen lassen. Andererseits ist es ein dichter Wald von großen Städten. Dreizehn dieser Städte haben mehr als 100 000 Einwohner. Eine von ihnen heißt Bethlehem und feiert jedes Jahr Christi Geburt mit einem Gepränge, das sie eines Tages noch glauben machen wird, der Stall des Heilands habe einmal zu ihr gehört. Die Hauptstadt Harrisburg ist ein Washington im kleinen. Die anderen Städte sind industrielle Niederlassungen, voll Nüchternheit, aber auch überraschender Schönheit durch das Grün ihrer Wohnviertel. Zwei große Städte – selbstverständlich Rivalen – überragen alle anderen an Bedeutung: Philadelphia und Pittsburgh.

*

Der Name Philadelphia erinnert an ein geschichtliches Ereignis. Das den Amerikanern heiligste Denkmal ist die Independence Hall, das frühere State House. Sie erhebt sich in der Chestnut Street zwischen der 5. und 6. Straße. Die Unabhängigkeitserklärung, die von Thomas Jefferson verfaßt und von allen Mitgliedern des zweiten Kontinentalkongresses unterschrieben wurde, ging aus diesem kleinen roten Backsteingebäude hervor, das von einem bescheidenen Glockenturm gekrönt ist. Ein Ereignis von unabsehbarer Tragweite auf die Entwicklung der Menschheit hat sich dort abgespielt. Die Tafel, die vorschreibt, beim Betreten dieses Heiligtums den Hut abzunehmen, ist überflüssig: man tut es von selbst.

Aber Amerika hat, wie alle Länder, die Historie seines Ursprungs verschönt und dramatisiert. Die Unabhängigkeitserklärung entstand im State House nicht in einem Zuge unwiderstehlicher Begeisterung und Kühnheit. Ihr offizielles Geburtsdatum – der 4. Juli 1776 – ist eine Vereinfachung. Die Unterschriften gingen erst viele Tage später ein – eine nach der andern und manchmal unter ernstlichen Schwierigkeiten. Manche ließen bis 1777 auf sich warten. Erst auf späteren Stichen sieht man die Väter der Nation sich singend zur Unterzeichnung der Rebellion drängen.

Liberty Bell, die Glocke der Freiheit, ist die glorreichste Reliquie der Independence Hall. Auch hier vermischen sich Legende und Geschichte. Die Glocke hat am 4. Juli 1776 nicht geläutet, um das Volk in Philadelphia zum Lesen eines Dokuments aufzufordern, das noch gar nicht ratifiziert war. Dagegen ist es sicher, daß sie 1835 barst, als sie John Marshall, dem Höchsten Richter des Obersten Bundesgerichts und Vorfahren des Generals George C. Marshall, das Totengeläute gab. Sie wurde von ihrem Turm heruntergeholt, steht nun auf einem Wagen, und zwei Wächter sind ständig bereit, sie aus der Independence Hall hinauszurollen, sobald Feueralarm gegeben werden sollte.

Philadelphia besitzt die Heiligtümer der amerikanischen Freiheit, aber es sorgt schlecht für sie. Das Museum der Independence Hall ist in einem unverantwortlichen Zustand des Verfalls. Man konserviert das Haus der Quäkerin Betsy Ross, von der erwiesen ist, daß sie niemals eine amerikanische Flagge gezeichnet hat; aber die Zeugnisse einer wirklich authentischen Vergangenheit sind zum größten Teil verschwunden. Philadelphia war damals eine schöne und elegante Stadt. Im achtzehnten Jahrhundert war sie die zweitgrößte britische Stadt nach London, und das gesellschaftliche Leben rivalisierte, zeitgenössischen Berichten zufolge, mit dem von Paris. Benjamin Franklin, der aus Neu-England stammte, druckte dort seinen Almanach *The Poor Richard,* der schon eine erste Unabhängigkeitserklärung war; aber die vornehme Welt hatte nur Sinn für Bälle und Soupers. Übrigens war die Stadt lange Zeit übermäßig englandfreundlich eingestellt. Sie erregte die Entrüstung der Patrioten, weil sie die britischen Truppen, die sie 1777 zurückerorberten, mit Begeisterung empfing. Und daß in Philadelphia noch Kricket gespielt wird, das fast überall in Amerika vom Baseball verdrängt wurde, ist vielleicht eine ferne Erinnerung an seine Liebe zu England.

Die Gesellschaft von Philadelphia war lange Zeit berühmt. Zehn Familien — die *Big Ten* —, deren Namen nichts zur Sache tun, betrachteten sich als lebende Wahrzeichen der Stadt. Snobismus und Exklusivität in kaum glaublichen Formen regelten die Beziehungen einer angeblichen Elite mit der übrigen Welt. Das Ereignis des Jahres war die *Assembly,* ein Ball mit Souper für 40 Cents pro Kopf, zu dem nur Familien zugelassen waren, die sich vor 1749 in Philadelphia niedergelassen hatten. Die Tradition wurde vor etwa 40 Jahren durchbrochen, als der Bankier E. T. Stotesbury sein Vermögen in einen anderen Staat verbringen zu wollen drohte, wenn seine beiden Töchter nicht zur *Assembly* geladen würden. Sie wurden — aber sie fanden Ödland vor: die wichtigsten Sprößlinge der vor 1749 gepflanzten Stammbäume waren zu Hause geblieben.

Philadelphia hütet seine exklusivsten Clubs der Welt. Fish House — ursprünglich ein kleiner Verein von Sportfischern — hat in 214 Jahren ganze 392 Kandidaten zu Mitgliedern gemacht und nie mehr als zwei Ehrenmitglieder geduldet: den Marquis La Fayette und den General Pershing. Der 1834 in einer Taverne gegründete Philadelphia-Club hat seine Mitgliederzahl stets auf 425 Seliggesprochene beschränkt. Nirgends war die Sperrung gegen Neuankömmlinge so hartnäckig wie in der großen Stadt Pennsylvaniens. Nirgends auch waren die gesellschaftlichen Vorurteile, die die Kehrseite der amerikanischen Demokratie bilden, so stark und so unverrückbar wie hier.

Diese große Stadt ist des Rufs, den sie in der ganzen Welt genießt, nicht mehr würdig. Ich kenne Europäer, die bei ihrem Besuch Amerikas lieber auf den Gran Cañon verzichtet hätten als auf Philadelphia, aber alle sind enttäuscht wiedergekommen. Philadelphia verstand es weder zu altern noch sich zu verjüngen. Die Gleichgültigkeit gegen seine Vergangenheit und seine allgemeine Verachtung für geistige Werte bedeuten noch nicht einmal, daß es sein Interesse auf die solide Realisierung materieller Werte konzentriert. Es ist heute eine düstere, unwirtliche Stadt. Straßenreinigung und Müllbeseitigung funktionieren miserabel, Hafen und Industrieviertel sind verschmutzt. Philadelphia war schon seit langem ein vernachlässigtes Republikanernest; aber die Demokraten, die sich 1954 der Stadt bemächtigen konnten, haben nichts gebessert. Unsicherheit und Rassenstreit breiteten sich aus. Ein Kommando der Schwarzen Panther überfiel 1970 ein Polizeikommissariat und brachte den Wachoffizier in seinem Büro kaltblütig um. Um das Umsichgreifen politischer und sonstiger Verbrechen bekämpfen zu können, bediente sich der Polizeichef Frank L. Rizzo umstrittener und von den Behörden getadelter, äußerst harter Methoden. Als er, der Verzweiflung nahe, sein Amt als Polizeichef zur Verfügung stellte und für das des Bürgermeisters kandidierte, stimmte die schwarze Minorität — immerhin ein Drittel der Bevölkerung — gegen ihn, während die weiße Majorität ihn durch Volksentscheid bestätigte. Zahlreiche Städte haben Philadelphia nachgeeifert und ehemalige Polizisten zu Bürgermeistern mit strammer Faust gemacht.

Die Stadt ist am Ende ihrer Entwicklungsmöglichkeiten angelangt. Sie hatte 1950 über 2 Millionen Einwohner, hat sich noch 1960 auf diesem Stand gehalten (2 002 500), doch brachte die Zählung von 1970 einen Rückschritt auf 1 950 100 Einwohner, wobei der Zustrom der Schwarzen die Abwanderung der Weißen weitgehend ausgeglichen hatte. Hochfliegende Stadtentwicklungspläne sind gescheitert, weil

Pläne allein für ein gesundes Wachstum nicht ausreichen. Pennsylvaniens Aufschwung gehört nun den Industriestädten, die das Tal des Delaware mit der neuzeitlichen Architektur der Erdölraffinerien und Hochöfen überziehen und mit diesem Näherrücken der Schwerindustrie zum Meere hin einer allgemeinen, weltweiten Entwicklung folgen.

Boston, Washington und Philadelphia haben sich um die Ausrichtung der Ausstellung beworben, die zur Zweihundertjahrfeier der Gründung der Vereinigten Staaten veranstaltet wird. Eine eigens eingesetzte Kommission hat Philadelphia den Vorzug gegeben. Viele Bürger der Stadt fragen sich, ob das nicht ein Danaergeschenk ist. Die beiden letzten Ausstellungen mit weltweitem Wirkungsbereich, die 1964 in New York und 1967 in Montreal stattgefunden haben, brachten hohe Defizite. Die materielle Organisation erweist sich als schwierig. Vier verschiedene Örtlichkeiten sind nacheinander ausgewählt und wieder verworfen worden, weil man auf den Widerstand der betroffenen Bezirksgemeinschaften stieß. Man befürchtet, daß sich jenes Wunder aus dem neunzehnten Jahrhundert — die Große Weltausstellung, die die ganze Welt zusammenzuführen schien — in einer Epoche überlebt hat, in welcher so viele Millionen Menschen die Herkunftsorte der Ausstellungsgegenstände selbst aufsuchen. Die Expo Philadelphia 1976 mag hierfür ein entscheidender Testfall werden.

*

Noch vor vierzig Jahren hat das Tal des Monongahela keine Sonne gesehen. Der Mensch hatte darüber eine Wolke geschaffen, die so mächtig und beständig war wie ein gewaltiges Naturphänomen. Sie stammte aus unzähligen Fabrikschloten und verschluckte pro Jahr 7 bis 8 Millionen Tonnen Kohlenasche — eine riesige Verschwendung und zugleich eine wahre Landplage. Die Statistiker berechneten, daß dadurch jeder einzelne der 1 400 000 Einwohner des Alleghany-Bezirks 25 Dollar jährliche Mehrkosten für seine Wäsche hatte. Die Spaßvögel erzählten, ein Assistenzarzt in einem Krankenhaus in Pittsburgh habe sein Skalpell vor einem Leichnam, den er sezierte, fallen lassen und gerufen: »An was für einer seltsamen Krankheit ist dieser Mann gestorben? Seine Lunge ist rosarot!« In Pittsburgh war alles schwarz: die Lungen, die Gesichter, die Steine, der Himmel.

Das war einmal. Pittsburgh hat seinen Himmel gewaschen. Den von den Behörden des Bezirks ernannten Diktatoren ist gelungen, was unmöglich schien: sie haben die Besitzer jeder Art von Fabrikkesseln – einschließlich der Hochöfen der U.S. Steel – gezwungen, eine Vorrichtung zur Beseitigung des Qualms einzubauen. Große rote Dampfwolken, die aus überhitztem Sand bestehen, steigen im Augenblick des Schmelzprozesses hoch, aber die Wolken schlecht verwerteter Kohle, die sonst zum Himmel stiegen, sind verschwunden.

Die Romanschriftstellerin Marcia Davenport hat Pittsburgh das »Tal der Entscheidung« genannt. Das ist die Wahrheit in mehr als einer Beziehung. Das Schicksal Amerikas ist dort ausgekämpft worden. Die Franzosen hatten sich an der Wiege des Ohio – der »Belle Rivière« – festgesetzt, da sie spürten, daß sie der Schlüssel zur Neuen Welt war. Die Indianer machten in diesem Gebiet gemeinschaftlich die größten Anstrengungen, den weißen Mann am weiteren Vordringen in ihre Jagdgründe zu hindern. Sowohl die Franzosen wie die Indianer verloren. Fort Duquesne wurde genommen und in Fort Pitt verwandelt, und daraus wurde Pittsburgh. Die Rothäute wurden gefangen und niedergemacht. Aber das alles ereignete sich nicht an einem Tag. Pittsburgh war lange Zeit eine brutale Grenze, wo die Schurkerei als Waffe gehandhabt wurde wie die Muskete.

Das Abenteuer des Stahls folgte dem Abenteuer des Kriegs und der Eroberung. Pittsburgh schien keineswegs dazu vorbestimmt zu sein, das Zentrum der Metallindustrie zu werden, da es weder über Kohle noch Minerale verfügt. Nicht die natürlichen Vorkommen, sondern der Bedarf schuf dort die ersten Hüttenwerke, die durch die hervorragende Lage am Zusammenfluß der beiden Wasserläufe begünstigt wurden. Während des Sezessionskrieges war Pittsburgh das erste Waffenarsenal der Demokratie. Später fixierte der ungeheure Eisenbedarf eines im Aufbau befindlichen Kontinents die große amerikanische Hüttenindustrie an den Ort, wo sie durch Zufall entstanden war. Pittsburgh schluckte die ankommenden Massen aus Deutschland, der Tschechoslowakei und Polen. Das Leben war dort lange Zeit hart und manchmal tragisch. Die sozialen Kämpfe, die Streiks, die Aufstände, die Feuergefechte zwischen den Streikenden und den bewaffneten Agenten Pinkertons, von denen die Fabriken bewacht wurden, durchziehen die Geschichte der Täler.

Es ist amüsant nachzulesen, was vor fünfzig Jahren die Besucher aus Europa über Pittsburgh schrieben. Die Stadt hat ihnen buchstäblich Angst eingejagt. Das Feuer, das Eisen, die von Flammen durchzuckten

Rauchwolken, die schwarzen Berge, die engen Straßen, die widerhallenden Brücken, die sozusagen metallisierten Menschenmassen machten auf sie einen solch starken und seltsamen Eindruck, daß man sich fragen muß, ob es schon damals in Europa wirklich ein Sheffield und ein Essen gegeben hat.

Heutzutage bedarf es einiger Phantasie, um Pittsburgh als eine Hölle zu empfinden. Die Lage ist großartig. Der Ohio erblickt dort durch den Zusammenfluß des Alleghany und des Monogahela schon als Erwachsener das Licht der Welt. Der durch die Begegnung der Flüsse entstandene sogenannte *Golden Triangle* ist von einem Park umsäumt. Mit dieser kühnen städteplanerischen Herausforderung sollen befreundete Städte wohl gezeigt bekommen, wie verkehrt es war, sich gleichsam vagabundierend in die Weite zu entwickeln und die Stadtkerne in Überalterung und Vermassung verkommen zu lassen. Pittsburgh erneuert sich am Ort seiner Geburt und bestätigt sich als die Stadt des einundzwanzigsten Jahrhunderts, indem es die Konzentration auf eine urbane Mitte verficht, die das neunzehnte Jahrhundert für das einzig Wahre hielt. Gleichwohl breiten sich jenseits der den Goldenen Triangel aufnehmenden Bodensenke große Wohngebiete aus. Eine der seltenen senkrecht konstruierten Universitäten, die »Cathedral of Learning«, reckt ihren Turm von 42 Stockwerken über einer Canterbury nachgebildeten neugotischen Halle empor. In den Flußtälern sieht man das rötliche Leuchten der Stahlhütten, und allabendlich steigen die Werksleute aus ihrem Hochofen in einen Park herauf.

Es gibt in Pittsburgh nicht nur Eisenindustrie, vielmehr haben sich Dutzende von Industrien dort angesiedelt. Man findet hier die größte Aluminiumfabrik und die größte Konservenfabrik der Welt (H. J. Heinz, deren Ketchup in allen Ländern bekannt ist), die größte Glashütte der Welt, das zweitgrößte Werk der Welt für elektrisches Zubehör (Westinghouse) usw. Aber der Stahl hat in diesem Industriepudding bisher die Vorherrschaft.

An der Spitze steht die U.S. Steel, die in der Hüttenindustrie dieselbe Bedeutung hat wie die General Motors in der Autoindustrie. Das Konsortium bildete sich, als die Herren der Hüttenbranche sich vor einem halben Jahrhundert übermäßige Konkurrenz machten. Die Stahlindustrie, die in rücksichtslosem Individualismus gegründet worden war, schloß sich unter der Ägide einer großen Bank zusammen. J. P. Morgan, der Mann, der die U.S. Steel gründete, hatte wahrscheinlich niemals eine Gußform gesehen. Er kaufte zuerst zwei Stahlwerke, Kokereien, ein Bergwerk und eine Eisenbahn. Eines Tages im Jahr 1901 erfuhr er, daß Carnegie, der Metallkönig, seine Werke verkaufen wollte. Er erkundigte sich nach dem Preis. Carnegie schickte ihm ein Stück Papier, auf dem nur die Ziffer stand: 400 Millionen Dollar. Morgan schrieb unter die Ziffer: *yes*. Die U.S. Steel war geboren.

Die U.S. Steel (Big Steel), deren Sitz zwar in Pittsburgh ist, deren Werke sich aber über ganz Amerika verteilen, produziert 20 Prozent des amerikanischen Stahls. Das Konkurrenzunternehmen, das mit ironischer Bescheidenheit den Namen »Little Steel« trägt, obwohl es mit so gewichtigen Namen wie Republic Steel, Bethlehem Steel, John & Laughlin u. a. Staat machen kann, hat kürzlich die Produktion der Big Steel überholt. Fast zwei Drittel der amerikanischen Metallindustrie sind daher stark konzentriert. Aber die Konkurrenzmacht, die »United Steel Workers of America« — 934 000 Mitglieder — ist noch gewaltiger. Eine der größten Gefahren, die Amerika immer wieder bedrohen, ist der Zusammenprall dieser Kolosse.

Am 15. Juli 1959 blieben die Werke der zwölf wichtigsten Hüttengesellschaften der Vereinigten Staaten, die 85 Prozent der nationalen Stahlerzeugung repräsentierten, zum sechstenmal seit Kriegsende stehen. Der letzte große Streik war der von 1956 gewesen, durch den die Metallarbeiter die sensationelle Lohnaufbesserung von 62 1/2 Cent erlangten (damals ca. DM 2,50) — aber die Gesellschaften hatten den Stahlpreis um 7 Dollar pro Tonne erhöht, was der Inflationsspirale eine neue Drehung gab. Die Gewerkschaft erklärte wieder den industriellen Krieg und hielt die Produktion eines Grundstoffes der Nation an wegen einer weiteren Forderung von 15 Cent pro Stunde und einer Differenz von etwa 10 Cent gegenüber den Vorschlägen der Gesellschaften.

Der General dieses Feldzuges war der bestgekleidete und bestmanikürte Gewerkschaftler Amerikas, David J. McDonald. Mit seinen mehr als sechzig Jahren war er dennoch der Repräsentant der neuen Generation der Arbeiterführer, die nicht mehr aus den Werkstätten, sondern von den Universitäten kommen und in der Sozialbewegung Karriere machen, wie sie sie genauso in der Advokatenpraxis oder in der Corned-beef-Vertretung gemacht hätten. Der Laienschauspieler McDonald bekannte, daß er Produzent in Hollywood werden wollte, und er trug bewußt oder unbewußt das Gehabe des Berufes zur Schau, dem seine Sehnsucht galt. Er begann seine Karriere als Sekretär des katholischen Schotten Philip Murray, der die United Steel Workers Union in ihre hohe Machtstellung gebracht hatte. Als Murray gestorben war, folgte ihm McDonald – ein wenig überraschend, da niemand von diesem sehr eleganten Gentleman den zur Führung einer so harten Gewerkschaft nötigen Mut erwarten konnte. Der Streik von 1956, die 62 1/2 Cent, machten McDonald fast zu einem Heiligen und aus dem umstrittenen Gewerkschaftsfunktionär eines der beliebtesten, mächtigsten und beneidetsten Häupter der Welt der Arbeit.

Es stellte sich bald heraus, daß die Bezahlung nicht der wahre Einsatz war, um den in dem Streik gespielt wurde. Im gegebenen Moment reduzierte sich der Unterschied zwischen den Forderungen des Syndikats und den Vorschlägen der Arbeitgeberschaft auf einen Cent. Die Gesellschaften verloren 200 Millionen Dollar in der Woche, die Arbeiter sahen, wie auf schwindelerregende Weise die Zahl der Monate anstieg, die sie benötigen würden, um den Lohnausfall durch die errungenen Aufbesserungen auszugleichen, und McDonald selbst, dessen jährliches Gehalt von 50 000 Dollar nach Gewerkschaftsbrauch für die Zeit des Streiks ausgesetzt worden war, bezahlte die Verlängerung des Konflikts mit 1000 Dollar pro Woche. Einige Dollar mehr oder weniger spielten keine Rolle. Es handelte sich darum zu wissen, wer der Herr in den Hüttenwerken war. Die Arbeitgeber nahmen, des Kapitulierens müde, neue Geldopfer nur gegen das Recht zur Reorganisation der Arbeit auf sich, und die Gewerkschaft verteidigte mit Verbissenheit die auf diesem Gebiet errungenen Rechte. Über diesem grundlegenden Streit spielte sich ein Kampf der Giganten ab, der Amerika für 160 Tage des Stahls beraubte.

Die Regierung wollte sich zunächst heraushalten, mußte aber schließlich doch intervenieren. Ab Oktober befiel die Lähmung nach und nach alle vom Stahl abhängigen Industrien. Bis nach Europa und Japan verschlug der Stahlhunger die Käufer, die verzweifelt Bezugsquellen suchten, indem sie Importströme anlockten, die nicht alle versiegten, als die amerikanischen Hochöfen wieder angeheizt wurden. Die seit Wochen angehaltenen Maschinen waren vom Rost bedroht, und der nahende Winter brachte mit dem Eis der Großen Seen das Risiko, den Stillstand einer Industrie, die nicht ihre normalen Erzvorräte hatte bilden können, bis zum Frühling zu verlängern. Am 7. November machte Eisenhower nach langen Aufschüben von der Klausel des Taft-Hartley-Gesetzes Gebrauch, die erlaubte, auf gerichtlichem Wege die Wiederaufnahme der Arbeit für achtzig Tage anzuordnen. Die Gewerkschaft gehorchte und schwor, daß sie den Streik nach Ablauf des

Aufschubs wiederbeginnen lassen werde; in diesem Fall wäre dem Präsidenten keine Hilfe geblieben, außer der, von der der energische Truman 1952 Gebrauch machte, indem er die Stahlwerke requirierte. McDonald hatte aber inzwischen begriffen, daß das Maß überschritten war und daß er eine Krise des Gewerkschaftssystems heraufbeschwor. Er wartete das Ende der achtzig Tage nicht ab, um mit den Arbeitgebern über einen Kompromiß zu verhandeln.

Dieser historische Streik stellt auch ein allgemeines Problem, nämlich wie weit ein Arbeitsstreit überhaupt getrieben werden kann, wenn er die lebenswichtigen Interessen der Nation bedroht. Einst fand der Streik sein übrigens grausames und ungerechtes Ende in den Möglichkeiten der Arbeiterklasse, Ersparnisse zu machen: die Ersparnisse waren unbedeutend, die Gewerkschaftskassen waren leer, und der Kredit war mit dem Tag, an dem der Frieden aufhörte, abgeschnitten. Heutzutage erlauben die glücklichen Verhältnisse der amerikanischen Arbeiter und die Gewerkschaftskassen, einen Streik auf praktisch unbegrenzte Zeit zu finanzieren. Während des langen Arbeitsstops von 1959 hingen die Kaufhäuser in Pittsburgh und anderen Stahlstädten ständig Spruchbänder aus: »Streik oder nicht, Ihr Kredit ist gut; treten Sie ein und kaufen Sie!« Und die Finanzierungsgesellschaften zögerten nicht, die monatlichen Ratenzahlungen für Häuser, Autos und Kühlschränke zu stunden – in der Sicherheit, wenn der Streik sich überlebt haben würde, auch gleich wieder eine hohe Zahlungsfähigkeit zu finden. Ihnen macht es nichts aus, wenn die großen kapitalistischen Gesellschaften gigantischen Verlusten begegnen müssen. Auf beiden Seiten ist die Macht der Kämpfer übermäßig geworden; ihr Kampf ist eine Zerreißprobe für den Staat.

Die Stahlproduktion ist nicht mehr der Maßstab für das industrielle Potential einer Nation. Daran muß man denken, wenn man den relativen Abschwung der amerikanischen Eisenhüttenindustrie richtig interpretieren will. Amerika hat 1945 die Hälfte des auf der Welt insgesamt erzeugten Stahls geliefert; 1956 waren es 35 Prozent, und inzwischen ist die Quote auf 20 Prozent zurückgegangen. Amerikas Mengenanteil beträgt etwa 128 Millionen Tonnen, derjenige der Sowjetunion 110 Millionen und die Zehn des Gemeinsamen Marktes produzieren 135 Millionen Tonnen. Japan kommt an die 100 Millionen heran, und es ist nicht ausgeschlossen, daß es – ohne Eisen und Kohle – die Vereinigten Staaten einholt.

Um nun wieder auf Pittsburgh zurückzukommen: Man ist dort – ähnlich wie in Philadelphia — auf dem absteigenden Ast. Die Zählung von 1970 hat im eigentlichen Stadtgebiet nur 520 000 Einwohner vorgefunden, und das bedeutet den 24. Rang hinter weit weniger berühmten Namen wie Memphis, Tennessee oder Jacksonville in Florida. Das gesamte Einzugsgebiet von Pittsburgh ist mit etwa 2 400 000 Einwohnern bestenfalls stationär und rangiert auf dem achten Rang der amerikanischen Ballungsgebiete. Sein relativer Platz in der amerikanischen Hüttenindustrie steigt ständig ab. Der Süden hat seit langem sein eigenes Pittsburgh, das in Alabama liegt und den ebenfalls berühmten Namen Birmingham trägt. Aber vor allem der Umkreis der Großen Seen zieht neue Anlagen an. Das Eisenerz, das von der Mesabi Range oder direkt aus Labrador durch den Sankt-Lorenz-Seeweg kommt, kann in riesigen Frachtern direkt anlegen. Der Eriesee und der Michigansee sind von Hochöfen umgeben. Ohio und Indiana sind beachtliche Konkurrenten von Pennsylvanien geworden. Pittsburgh produziert immer noch zwischen einem Viertel und einem Drittel des amerikanischen Stahls und bleibt die größte Hüttenkonzentration Amerikas; aber Städte wie Buffalo, Toledo, Youngstown, Gary (das aus dem Stahl geboren wurde und den Namen eines Präsidenten der U.S. Steel trägt) machen ihm Konkurrenz und werden es eines Tages in den Schatten stellen.

Nicht die Rede sei hier von der Metallhüttenindustrie in den Flußmündungen, den Stahlwerken auf dem Salzwasser, denen ohne Zweifel die Zukunft gehören wird.

*

Ursprünglich war die Kohle für die industrielle Bedeutung Pennsylvaniens ausschlaggebend. Der Kohlenabbau großen Stils hat verhältnismäßig spät begonnen, zum Teil wegen des lange anhaltenden Überflusses an Holz. Um 1850, als England bereits im Kohlenqualm lag, konnte Amerika seinen Feuerungsbedarf noch zu 90 Prozent mit Holz decken. Zum Gesamtenergiebedarf in Beziehung gesetzt, kam Kohle nur mit kaum 5 Prozent als Energielieferant in Betracht gegen 51 Prozent tierischer und 14 Prozent menschlicher Muskelkraft. Aber der Aufschwung ging schnell. Bis auf Erdbodenhöhe reichten überall in den Tälern Pennsylvaniens und in den damals zum Gebiet von Virginia gehörenden Gebirgsfaltungen der Appalachen die Kohlenvorkommen.

Der Höhepunkt der Kohle als Energiequelle wurde 1910 erreicht. Sie lieferte damals fast 80 Prozent des Energieverbrauchs der Vereinigten Staaten. Der Anteil der von Mensch und Tier gespendeten Energie war auf 15 Prozent gesunken. Der kleine verbleibende Rest kam vom Wind, aus dem Wasser und Erdölprodukten. Holzheizung hatte nur noch Erinnerungswert.

Die Überlegenheit Pennsylvaniens lag am Anthrazit. Schwarz und glänzend, arm an Rückständen und von hohem Kalorienwert, war das eine Luxuskohle, die vor allem dem Hausbrand zu dienen hatte. Öl und Benzin haben auch diesen Energiespender gänzlich entthront. Von 55 Millionen Tonnen 1945 ist die Produktion 1970 auf unter 10 Millionen gesunken.

Die sogenannten erdharzhaltigen Kohlensorten erfuhren gleichfalls einen Niedergang. Zahlreiche Minen verödeten. Entmutigung und Überalterung griffen um sich im schwarzen Land. Die amerikanische Gesamtförderung, die 1945 577 Millionen Tonnen betragen hatte, sank 1961 auf 402 Millionen. Kohlenkumpel waren Luxusarbeiter. Zur Verteidigung ihres hohen Lebensstandards benötigten sie den schwärzesten und großmäuligsten Gewerkschaftsboß, den der brutale amerikanische Syndikalismus je hervorgebracht hat: John Lewellyn Lewis. Unablässige Agitation und vor allem ein vor nichts zurückschreckender diktatorischer Druck auf die Bergleute haben ihn auf diesen Posten gebracht. Wenn J. L. Lewis einen Streik befahl, dachten die Leute bei der United Minors Union gar nicht daran, Streikposten aufzustellen, so unvorstellbar wäre es erschienen, daß auch nur ein einziger Kumpel auf seinem Recht auf Arbeit bestehen könnte. Ganz Amerika erregte sich über das Martyrium eines armen Teufels von Bergmann, der in einem Glas Whisky die Kühnheit gefunden hatte, Lewis einen Tyrannen zu heißen: er erlag den Züchtigungen, denen er unterworfen wurde.

Lewis war trotz allem von den Umständen abhängig. Als er die Führung der U.M.W. 1960 aufgeben mußte, hatte sich die Kohlenkrise so verschärft, daß der Verfall der Löhne und die Abwanderung der jungen Arbeitskräfte nicht aufzuhalten waren. Die Wende kam bald nach dem Abgang von Lewis. Erhöhter Energiebedarf brachte den Rückgriff auf die Kohle zum Zwecke der Stromerzeugung. Europa wandte sich immer häufiger an Amerika, um seine allmählich zu Ende gehenden Kohlenvorräte zu ergänzen bzw. zu strecken. Dann machte die durch die Politik der arabischen Länder heraufbeschworene Energiekrise die Re-Inthronisation der Königin Kohle unvermeidlich.

Die Kohle bildet bei weitem die größte Menge der dem Menschen zu Gebote stehenden fossilen Energie. Der Geological Survey – die geologische Überwachungsbehörde der USA – schätzt die amerikanischen Reserven auf 1 546 900 000 Tonnen, das bedeutet bei gleichbleibendem Verbrauch den Bedarf für 2000 bis 2500 Jahre. Auf Quadrillionen thermischer Einheiten umgerechnet, beläuft sich die Zahl für Kohle auf 25 409 gegenüber der Erdölziffer von nur 366 Einheiten. Zahlreiche Kohlenvorkommen sind noch gar nicht erschlossen. In den alten Kohlenrevieren wie denen Pennsylvaniens ist die Gewinnung der Kohle einfach. Die Hälfte der Minen wird im Tagbau – dem sogenannten »strip mining« – bearbeitet, was das Problem der Zerstörung der Bodenoberfläche mit sich bringt, die Umweltschützer auf den Plan ruft und die Staatsverwaltungen entweder zu restriktiven Maßnahmen oder zur Wiederinbetriebnahme von Grubenbauminen zwingt. Der mittlere Ertrag je Bergmann, der in der Europäischen Gemeinschaft 3265 Kilo beträgt, erreicht in den Vereinigten Staaten insgesamt 17 600 Kilo, wobei der Unterschied in der Mechanisierung kaum noch eine Rolle spielt; vielmehr ist es die Reichhaltigkeit der Mine, die das Gewicht bringt.

Fläche: 117 400 km²
Einwohnerzahl: 11 793 909
Hauptstadt: Harrisburg
Beiname: Grundpfeiler-Staat
Hymne: keine
Devise: Virtue, Liberty and Independence
Blume: Steinlorbeer (?) (Mountain Laurel)
Baum: Kanadische Tanne
Wichtigste Städte: Pittsburgh, Allentown, Philadelphia
Wichtigste Produkte: Trauben, Birnen, Äpfel, Kirschen. – Milch- und Geflügelprodukte. – Waldprodukte. – Anthrazit, Braunkohle. – Steine, Zement, Ton. – Erdöl, Erdgas. – Zink. – Stahl, Eisen. – Lebensmittelindustrie. – Elektrische Apparaturen. – Chemische Produkte. – Transportmaterial. – Textilien.
Bundesstaat seit 12. Dezember 1787 (an 2. Stelle der ersten 13 Staaten).

WEST-VIRGINIA

Die Renaissance der Kohle

Der Kohlenreichtum Amerikas ist sehr gerecht verteilt. Mindestens die Hälfte der fünfzig Staaten sind im Besitze bedeutender Vorkommen, von denen sich – grob gesehen – drei große Gruppen unterscheiden lassen. Die westliche verläuft von Nord nach Süd – etwa entlang der Linienführung der Rocky Mountains. Die mittlere Gruppe umfaßt weite Gebiete südlich der Großen Seen. Die östlichste, die seit längster Zeit und besonders intensiv ausgebeutet wird, erstreckt sich von der Umgebung der Stadt Cleveland bis Birmingham im Herzen des Südens. Die sechs Staaten, von denen die übrigen hinsichtlich des Umfangs der Kohlegewinnung, nicht aber unbedingt auch hinsichtlich der Größe der Vorkommen übertroffen werden, waren infolge ihrer Wirtschaftsstruktur im Verlauf der Entwicklung zu irgendeinem Zeitpunkt in besonderem Maße auf die Energiegewinnung aus ihrem eigenen Boden angewiesen. Es sind dies – in der Reihenfolge ihrer Bedeutung in diesem Zusammenhang: West-Virginia, Kentucky, Pennsylvanien, Illinois, Ohio und Virginia. Sie liefern insgesamt 86 Prozent der Kohle und Braunkohle, die in den Vereinigten Staaten Verwendung finden.

Zu diesem bedeutenden Anteil trägt West-Virginia mehr als ein Drittel bei. Ein Viertel der gesamten in Amerika verbrannten Steinkohle kommt aus einem Staat, der weniger als 1 Prozent der Bodenfläche des Landes im ganzen bedeckt.

Dieses West-Virginia ist aus einer »Sezession innerhalb der Sezession« entstanden. Als sich Virginia 1861 der Sache der Südstaaten verschrieb, lösten sich die 40 westlichen, gegen die Sklaverei eingestellten Landkreise los und bildeten das 35. Mitglied in der Staatenfamilie.

West-Virginia, das Herz der Appalachenkette, ist ein rauhes, hartes Land. Zahlreiche seiner physikalischen und humanen Züge lassen an Wales denken – auch dort ist es gebirgig, rußig, düster und unwirtlich. Die Hauptstadt Charleston trägt den gleichen Namen wie die Perle von Süd-Carolina, hat aber bei weitem nicht deren poetischen Charme. Die vorwiegend aus Gebirglern bestehende Bevölkerung verharrt in einem Geist des Individualismus, der bekanntlich aus West-Virginia eine – mit Vorzug im nächtlichen Mondenschein arbeitende

— Whisky-Schwarzbrennerei gemacht hat. Der sogenannte *Moonshine-Whiskey* wird später in »legalisierte«, überall im Wiederverkauf erhältliche Flaschen abgefüllt, wie sie für den versteuerten Bourbon-Whisky verwendet werden. Die Industriestädte Wheeling, Morgantown usw. sind Trabantenstädte von Pittsburgh. Riesige unterirdische Höhlen werden als Gasbehälter für innerhalb des Staates gewonnenes oder von außen hergeleitetes Erdgas benutzt. Aber die Kohle ist und bleibt die weitaus wichtigste Quelle des Reichtums in diesem Land.

Trotz des durch die schwere Energiekrise entstandenen Mehrbedarfs geht die Intensivierung des Kohleabbaus auch in West-Virgina nur langsam vonstatten. Mit 602 Millionen Tonnen hat die Gewinnung bitumenhaltiger Kohle in Amerika im Jahre 1970 den Rekord von 1945 überschritten, doch hat sich die Produktionssteigerung verlangsamt, ja sie ist 1972 sogar auf 595 Millionen Tonnen zurückgegangen. Hauptursache der Stagnation ist der Mangel an Arbeitskräften. Es macht offenbar Schwierigkeiten, die jungen Jahrgänge, die einmal aus den Minen hinausgefunden haben, wieder dahin zurückzubringen.

Mehr als die Hälfte der amerikanischen Kohle — etwa 350 Millionen Tonnen — dient der Stromerzeugung. Von den 1750 Milliarden Kilowattstunden, die in den Vereinigten Staaten verbraucht werden (in Westdeutschland 210 Milliarden, in Frankreich 136 Milliarden) stammen 1420 von der Kohle. Wasserkraft trägt nur ein Achtel und Kernenergie vorerst nur einen unbedeutenden Bruchteil zur Bestreitung des Energiebedarfs bei. Einige Details zum Energieproblem behalte ich mir für Tennessee, den in der Kernenergie-Erzeugung wichtigsten Staat, und für Texas vor, welch letzterer, führend in der Erdölgewinnung, bezüglich der Kohleverflüssigung wichtig ist.

Die Restauration der Kohle wird möglicherweise die Abwanderungsbewegung, von der West-Virginia betroffen ist, zum Stillstand bringen. Die Bevölkerung von Charleston hat sich innerhalb von zehn Jahren von 86 000 auf 75 000 verringert. Die Einwohnerzahl des Staates ist von 1950 bis 1970 von 2 005 553 auf 1 744 237 zurückgegangen. Von Dakota mit seinen polaren Wintern abgesehen ist das der einzige der fünfzig Staaten, dessen Bevölkerungszahl im Abnehmen begriffen ist.

Fläche: 62 870 km²
Einwohnerzahl: 1 744 237
Hauptstadt: Charleston
Beiname: Staat des Gebirges
Hymne: The West Virginia Hills
Devise: Montani semper liberi
Blume: Riesen-Rhododendron
Baum: Ahorn
Wichtigste Städte: Huntington, Parkersburg
Wichtigste Produkte: Zerealien, Obst, Trauben. – Milch- und Geflügelprodukte. – Holz. – Braunkohle. – Erdgas, Erdöl. – Eisenerz. – Metallindustrie. – Werkstoffe und synthetische Faserstoffe. – Glas.
Bundesstaat seit 20. Juni 1863 (an 35. Stelle).

DER COLUMBIA-DISTRIKT

Großunternehmen Demokratie

Washington ist eine Stadt der Gegensätze. Es ist das Mekka der Demokratien –, aber seine Bürger mußten bis in die zweite Hälfte des zwanzigsten Jahrhunderts warten, ehe sie das Stimmrecht erhielten; denn die Hauptstadt mußte sich gegenüber den einzelnen Parteien neutral verhalten. Sie ist der Mittelpunkt der Welt – aber so wenig der Mittelpunkt der Vereinigten Staaten, daß man von Zeit zu Zeit davon spricht, es durch St. Louis zu ersetzen oder auch durch eine ganz neue Stadt, die man in Kansas zusammenflicken würde. Sie herrscht über die größte industrielle Zivilisation des Universums – aber sie besitzt selbst nur einen Fabrikschornstein, den des Gaswerks. Sie repräsentiert das Land, das den Mut zum Wolkenkratzer hatte – aber sie verbietet ihren Architekten, auf ihren Avenuen höher als 13 Stockwerke zu bauen. Sie verzeichnet eine Rekordziffer von Leuten mit Universitätsdiplomen – aber zu gleicher Zeit einen Höchstanteil an wüsten Verbrechen, die in Amerika begangen werden. Dagegen sind die Verbrechen aus Leidenschaft in Washington sehr selten – obgleich dort auf acht Männer zehn Frauen kommen und der Kampf um die Liebe noch erbitterter ausgefochten wird als überall sonst.

In Washington gibt es nichts, was man normal nennen könnte. Das Klima ist fürchterlich. Der Sommer ist ein Türkisches Bad. Es ist noch gar nicht lange her, daß die englische Regierung ihren Diplomaten in Washington die sogenannte »Hügelentschädigung« gestrichen hat, die sie in den tropischen Ländern für Erholungsaufenthalte in hochgelegenen Orten gewährt. Die Natur ist jedoch herrlich. Sie dringt tief in die Stadt ein, die sich ihr in einer unvergleichlichen Fülle von Grünanlagen überläßt. Washington ist eine Hauptstadt in einem Park. Und Bäume bewahren es vor falscher Pracht. Keine Stadt hat seit dem Rom Cäsars so viel Marmor verbraucht; aber sie hat es vermieden, die Antike pompös nachzuahmen, indem sie ihre Giebel mit dem Laub der Bäume säumte. Alle, die Washington zum erstenmal sehen, sind von seiner Schönheit entzückt.

Es ist eine reiche, sogar eine sehr reiche Stadt. Die Beamten, die dort wohnen, beklagen sich zwar, sie seien schlecht bezahlt, aber der D. C. (District of Columbia) steht durch sein jährliches Durchschnittseinkommen an der Spitze der 50 Staaten, die er regiert: 5870 Dollar pro Kopf der Bevölkerung.

Trotz allen Reichtums und einer unverhältnismäßig hohen Anzahl von Studiendiplomen war Washington lange Zeit eine geistige Wüste. Das gilt in vielerlei Hinsicht noch heute. Die Hauptstadt der Nation verfügt noch immer nicht über ein Theater, ein Ballettensemble oder ein Orchester, das ihres Namens würdig wäre. Sie mußte bis zum Jahre des Heils 1971 warten, um wenigstens eine geeignete Bühne für Gastspiele aus anderen Städten zu haben. Das Kennedy Center hat mit einer Fläche, die vier Fußballplätze aufnehmen könnte, und einem Aufwand von 3200 Tonnen verbauten Carraramarmors diese Lücke gefüllt. Feinfühlige Kritiker zögern nicht, von einem »architektonischen Desaster« zu sprechen oder bestenfalls einem »Superbunker«. Aber er hat Washington immerhin drei respektable Veranstaltungssäle beschert, die nichts zu wünschen übrig lassen.

Auf dem Gebiet der Museen ist Washington früher an den Start gegangen. Deren früher Aufschwung ist einem Engländer zu danken, der nie seinen Fuß auf amerikanischen Boden gesetzt hat, James Smith. Das reichliche Geschenk von 500 000 Dollar, das er 1846 machte, war der Grundstein für die Smithsonian Institution, die man meist fälschlich für eine ausschließlich technische Ausstellung hält (die übrigens einen prächtigen Teil des Ganzen bildet). Die Smithsonian Institution, deren originelles Gebäude die Nachbildung eines efeubewachsenen Feudalkastells ist, bildet einen ausgedehnten Komplex, der mehrere Museen der Bildenden Künste umfaßt – darunter die prächtige National Gallery. Letztere verdankt den Grundstock ihrer reichen Schätze einer Differenz zwischen dem Milliardär Andrew Mellon und dem amerikanischen Fiskus. Mellon schuf die Voraussetzungen für eine Transaktion, indem er der National Gallery 104 Meisterwerke zum Geschenk machte – darunter Bilder von van Eyck, Perugino, Botticelli, Tizian und Raphael –, die er für 3 247 695 Dollar von der Sowjetregierung erworben hatte. Heute kommt der Bundeshauptstadt Washington als Kunstschatzkammer anerkanntermaßen nur noch New York gleich.

Das gesellschaftliche Leben ist eher im Abstieg. Die Gastgeberinnen von Washington waren lange ein klassisches Thema der amerikanischen Magazine: Die alten Millionärinnen gaben sich der Illusion hin, eine Rolle in der nationalen und internationalen Politik zu spielen, wenn sie einen Salon eröffneten, die Farben einer Partei trugen und um unvergleichlich prächtige Tafeln nicht weniger unvergleichliche Anhäufungen von Senatoren, Botschaftern und Reportern versammelten. Es gibt solche Damen immer noch. Allerdings leicht reduziert an Zahl, Aktivität und Üppigkeit und mehr als früher in den Schatten gestellt durch die Diplomatischen Missionen, deren Zahl sich dank der jüngsten afrikanischen Emanzipationen auf über 100 erhöht hat. Der Kreislauf von Diners, Empfängen, Cocktails, Unabhängigkeitsfeiern und Nationalfesten, die sich das ganze Jahr lang jagen, wäre schwindelerregend, wenn nicht die Gewöhnung und manchmal die Mittelmäßigkeit Langeweile erregten. Man braucht nicht lange, um gewahr zu werden, daß der größte Teil der Partys sich gleicht wie ein Ei dem anderen. Sie werden von den zwei oder drei Stadtköchen, »caterers«, organisiert und bedient, deren »business« natürlich eines der wichtigsten der Hauptstadt ist. Die Unterhaltungen drehen sich im Kreis um diplomatische Gemeinplätze und gesellschaftliche Banalitäten. Manche Naturen passen sich diesem konventionellen Leben an, andere finden eine Stadt schnell unerträglich, deren Bewohner, Amerikaner oder Fremde, in Wirklichkeit nur Passanten sind. Ein neues Paradox: einer der Brennpunkte des Weltgeschehens ist ein Ort der Langeweile.

Keine Hauptstadt hat einen gemächlicheren Pulsschlag als Washington. Das kommt offensichtlich daher, daß dort nur über Staatsgeschäfte verhandelt wird. Die Väter der Nation wußten, was sie taten, als sie es ablehnten, das Haupt ihres jungen Staatenbundes in den turbulenten Städten Boston, New York oder Philadelphia unterzubringen. Nach ihrer Meinung war das Regieren eine geruhsame Betätigung, und sie schufen ihm eine so dauerhafte Stätte, daß sie noch heute besteht. Washington hat weder eine Börse noch einen Handelshafen, weder Industrie-Vororte noch ein Studentenviertel und ein Theaterviertel, die sein Blut in Wallung bringen könnten. Um 6 Uhr nachmittags stoppt das Leben der Politik und der Verwaltung mit einem Schlag. Um 9 Uhr abends sind die wichtigsten Straßenkreuzungen öde und verlassen. Das State Department versinkt in Schlaf, als ginge die Sonne auf der ganzen Welt in dem gleichen Augenblick unter, in dem sie in den Potomac eintaucht.

*

Ein anderes Paradox Washingtons ist folgendes: Es ist die Hauptstadt einer Nation, die zu neun Zehnteln aus Weißen besteht, von der Bevölkerung der Hauptstadt hingegen sind 71 Prozent Schwarze: 517 000 Schwarze gegen 238 000 Weiße. Die an zweiter und dritter Stelle liegenden Städte mit hoher Farbigenquote sind Newark und Atlanta mit nur 61 Prozent und 51,3 Prozent.

Bis 1967 lag die Verwaltungsarbeit für die schwarzen Massen Washingtons in weißen Händen. Die drei vom Kongreß ernannten Mitglieder der Städtischen Verwaltungskommission waren Weiße. Sie wurden durch ein einziges Mitglied ersetzt, dessen Ernennung dem Präsidenten anvertraut wurde. Der war damals Lyndon Johnson, und er befand es für notwendig, das, was in Wahrheit das Bürgermeisteramt von Washington wurde, einem Farbigen zu übertragen. Er konnte keine symbolträchtigere Wahl treffen als den Leiter des Transportwesens, Walter E. Washington. Nixon bestätigte diesen später in gleicher Funktion.

Ein weiterer Schritt in Richtung politischer Machtvollkommenheit der Bürger von Washington wurde 1971 getan, als sie einen Repräsentanten im Kongreß designieren durften, der mit allen an diese Funktion geknüpften Rechten ausgestattet ist — ausgenommen ein einziges: das der Teilnahme an den Abstimmungen. Ein junger Pastor, Jünger von Luther King und sehr radikal in seiner Tendenz, Walter E. Fauntroy, wurde mit großer Mehrheit gewählt.

Diese zweifarbige Stadt ist nicht gesprenkelt, sondern gescheckt. Rock Creek Park, wo man auf jeden Fall wohnen muß, wenn man auf sich hält, zählt nur 1500 farbige Bewohner auf 107 000 Weiße. Das Verhältnis ist fast dasselbe in Georgetown, aber in den sechs anderen Bezirken der Hauptstadt ist es mehr oder weniger umgekehrt. Nirgends wurde die Sonderung nach Wohnstätten, die am schwersten zu überwinden ist, so weit getrieben.

Die anderen Erscheinungsformen der Rassentrennung existierten seit langem, da Washington, die Hauptstadt der Nation, zugleich eine Stadt des Südens ist. Die Schwarzen haben in den öffentlichen Verkehrsmitteln keine gesonderten Plätze mehr, und die wachsende Zahl der schwarzen Diplomaten hilft ihnen zunehmend, in den Hotels und Restaurants zugelassen zu werden. Die schulische »Entsonderung«, die 1954 vom Obersten Gerichtshof verfügt worden war, wurde dem Anschein nach ohne Schwierigkeiten durchgeführt, als ob die Hauptstadt ein Beispiel des Gehorsams gegenüber der höchsten richterlichen

Autorität des Landes geben wollte. In Wirklichkeit findet man, wenn man ein wenig an dem künstlichen Optimismus kratzt, im Gegenteil neue Beweise für die Schwierigkeit, zwei Rassen zu vermischen. Die Weißen zogen ganz einfach aus den Schulen aus, die den Schwarzen geöffnet wurden. Der Anteil der Neger in den öffentlichen Lehranstalten überschreitet 76 Prozent, und was noch bedeutungsvoller ist, 85 Prozent der neuen Schüler beim Schulbeginn 1960 waren schwarze Kinder. Die Weißen flüchteten sich in Privatschulen oder wanderten aus dem Distrikt aus.

Nicht nur die Schule, die Stadt selbst wird mehr und mehr den Schwarzen überlassen. Ihr Anteil ist in zehn Jahren um 20 Prozent gewachsen, während die Bevölkerung von Washington von 806 000 auf 756 000 Einwohner sank – eine Folge des Auszugs der Weißen. Sie richten sich am Rand des Distrikts ein, in Luxusschlafstädten wie Silver Spring und Chevy Chase in Maryland oder Alexandria am virginischen Ufer des Potomac. Man sieht den Zeitpunkt voraus, wo der Präsident der Vereinigten Staaten und ein paar Botschafter die einzigen nächtlichen Vertreter der weißen Rasse in der weißen Stadt sein werden, die die 50 Staaten krönt. Zum größten Teil sind diejenigen, die sich weigern, die Nacht mit ihren farbigen Landsleuten zu teilen, Beamte, deren Überzeugungen im ganzen eher links orientiert sind. Sie sind theoretisch und zweifellos aufrichtig für die Gleichheit der Rassen, aber das hindert nicht, daß sie es unangenehm finden, einen zu dunkelhäutigen Nachbarn zu haben.

Es wäre unrichtig, wollte man behaupten, Gewaltverbrechen seien in Washington ehedem unbekannt gewesen. Blut ist dort schon mehrmals geflossen, als die Stadt noch weiß war. Man denke nur an die Ermordung Lincolns 1865, den Marsch der alten Kämpfer 1932 und das versuchte Attentat einer portorikanischen Gruppe auf Truman 1950. Aber der Rassenaufstand war bis zum 4. April 1968, dem Datum der Ermordung Martin Luther Kings, und den darauffolgenden ständigen Rassenunruhen unbekannt. Nur 200 Meter vom Weißen Haus entfernt fielen Schüsse, und Präsident Johnson ordnete den Einsatz von Militär an. Seit damals hat eine alles beherrschende Spannung in Washington nie mehr nachgelassen. Die politische Neutralität der Stadt ist nur noch ein ferner Traum.

Kriminelle Gewalttaten wurden immer häufiger. Washington war seiner Tradition nach eine Stadt tiefsten Friedens, bestand doch seine Einwohnerschaft aus Beamten und gutmütigen Negern. Von dieser friedfertigen Vergangenheit hat sie sich dann abgewandt, um eines schönen Moments an den zweifelhaften Ehrenplatz an der Spitze aller amerikanischen Städte über 500 000 Einwohner zu gelangen, was die Kriminalität anbelangt. Von 1966 bis 1969 stieg die Zahl der Morde von 144 auf 289, die der Vergewaltigungen von 134 auf 336 und die der schweren Diebstähle von 3703 auf 12 423. Der Kongreß verabschiedete hierauf ein Sondergesetz für den Columbia-Distrikt, wonach die Rechte der Polizei erweitert und in Fällen, in denen die Indizien klar gegen den Tatverdächtigen sprechen, die Vorbeugehaft anwendbar wurde. Mit dem darauffolgenden Jahr sank die Zahl begangener Verbrechen um 14 Prozent.

Ungeachtet der geschilderten Symptome der »Verdunkelung« — im übertragenen wie im faktischen Sinne — bleibt Washington für Amerika ein Gegenstand des Stolzes und reger Anteilnahme. Von ferne, aus dem innersten Arkansas oder Oregon, mögen sich Farmer oder Kaufleute noch so bitter auslassen über ihre Hauptstadt, wo das »politisch Spiel, ein garstig Spiel«, und Bürokratie und Korruption blühen.

Aber wenn sie von weitem die Kuppel des Kapitols erblicken, beginnt ihnen die Rührung die Kehle zuzuschnüren, und wenn sie vor dem Lincoln Memorial anlangen, kommen ihnen die Tränen. Ganz Amerika bewundert Washington und bewundert sich in ihm. Es ist der größte touristische Anziehungspunkt des Kontinents; fünf Millionen Besucher strömen jedes Jahr hindurch. An der Spitze aller Denkmäler, die sie sehen wollen, stehen das Weiße Haus, das Kapitol, das Lincoln Memorial, das neun von zehn Besuchern für das Grab Lincolns halten, und der Nationalfriedhof von Arlington. Das Washington Memorial, ein riesiger hohler Obelisk von 555 Fuß (180 m) Höhe; das Smithsonian Institute, wo man John Marshalls Goldklumpen und Lindberghs Flugzeug sieht; der schöne Palast des Obersten Gerichtshofes und der Sitz des FBI kommen an zweiter Stelle unter den Hauptattraktionen. Die Besucher scheiden wie geblendet. Es ist allgemein bekannt, daß der Besuch Washingtons das wirksamste Mittel ist, den amerikanischen Patriotismus zu erhitzen.

*

Diese in ihrer Art einzigartige Stadt, dieses Versailles einer Demokratie im Atomzeitalter, ist noch keine zweihundert Jahre alt. Am 15. April 1791 setzte George Washington den ersten Meilenstein, der seine zukünftige Stadt abgrenzte. Die Widersinnigkeit dieses Tuns schien auf der Hand zu liegen. Die Idee, unter großen Unkosten auf einem Sumpfland die Hauptstadt einer jungen und armen Nation aufbauen zu wollen, war gegen alle Vernunft. Aber der Streit um den Sitz der Bundesregierung hätte die amerikanische Union fast zum Scheitern gebracht, und das Sumpfland stellte einen Kompromiß dar. Der Süden bekam die Hauptstadt auf seine Seite, aber dafür erklärte er sich einverstanden, daß die Staatsschulden zusammengelegt wurden, obgleich der Norden viel verschuldeter war als er. Der gewandte Alexander Hamilton hatte die Verhandlung geführt: Virginia und Maryland stellten das Bundesterritorium zur Verfügung, und George Washington, ein erfahrener Feldmesser, bestimmte persönlich die genaue Stelle – welch ein Zufall – gleich neben seinem Haus am Mount Vernon.

An dem Tag, als Washington – wie Romulus – die Stadt abgrenzte, die seinen Namen tragen sollte, hatte er einen kleinen, von hochfliegenden Plänen erfüllten und von persönlichem Ehrgeiz gequälten Mann an seiner Seite – den Major Pierre-Charles L'Enfant, der ein paar Tage zuvor zum Architekten der zukünftigen Hauptstadt ernannt worden war. Vielleicht gibt es kein zweites Schicksal eines Städtebauers, das sich mit dem dieses Mannes vergleichen läßt, den sowohl Amerika wie Europa vollkommen vergessen hat.

L'Enfant war zweifellos ein Seher. Er war Franzose, Pariser, Sohn eines Hofmalers, und war sechs Wochen vor dem Marquis de La Fayette auf dem amerikanischen Kontinent angelangt, wo er zweimal für die transatlantische Freiheit blutete, zu deren Verteidigung er gekommen war. Als der Krieg gewonnen war, kehrte er nach Frankreich heim, aber die Sehnsucht nach der Neuen Welt trieb ihn dorthin zurück. Aus den 13 kleinen Kolonien, die noch kaum ihre Freiheit gewonnen und von ihrem Kampf sich noch nicht erholt hatten, sah er ein riesiges, mächtiges, reiches und herrliches Land entstehen. Als Künstler, Ingenieur und Architekt träumte er davon, Amerika eine Hauptstadt zu schenken, die seiner Zukunft würdig wäre. »Man muß«, so sagte er, »sie in einem so weiträumigen Maßstab anlegen, daß er ihre Vergrößerung und Verschönerung erlaubt, wie sie der wachsende nationale Reichtum eines schönen Tages mit sich bringen wird.« Aber L'Enfants Ideen erschienen extravagant, und der kleine Mann war so aufbrausend und argwöhnisch, daß er seiner Sache einen schlechten Dienst erwies.

Als er sich an den Plan von Washington machte, hatte er schon die Knauserei der Stadt New York zu spüren bekommen, die ihm für den Wiederaufbau der City Hall als Bezahlung die Wahl gelassen hatte zwischen 750 Dollar oder 10 Morgen Land auf der Insel Manhattan. Er hatte diese elenden Angebote wütend zurückgewiesen, aber sein Enthusiasmus war unerschöpflich. Unter seinem Stift entstand Washington in zwei Tagen. Mitten aus der Ebene erhob sich ein kleiner Hügel: Jenkins Hill. L'Enfant schmückte ihn mit einem Kapitol, und ans Ufer des Potomac (der viel breiter war als heute) zeichnete er ein Rechteck, das er »Palast des Präsidenten« nannte. Die beiden Pole der öffentlichen Macht verband er mit einer 130 Meter breiten Prachtstraße, und jenseits davon zeichnete er Straßenkarrees, die von 52 Meter breiten Avenuen diagonal gekreuzt wurden. Blaue und rote Tupfen stellten die staatlichen Gebäude und die ausländischen Gesandtschaften dar. Das Ganze — ein unregelmäßiges Rechteck — bedeckte eine größere Fläche als Paris und erinnerte in seiner Grundrißzeichnung an einen französischen Garten. Washington war im Entwurf fertig.

Aber L'Enfant war verloren. Niemand konnte ahnen, daß sein Plan keineswegs das Projekt eines Verrückten war. Er war so unbesonnen, den Namen Washingtons zu gebrauchen, als er den Befehl gab, mit den Arbeiten am Kapitol zu beginnen, aber der mißtrauische Kongreß, dessen Kassen leer waren, hinderte ihn daran. Man wollte sich seiner entledigen und bot ihm 300 Guineen, die er genauso ablehnte wie die 10 Morgen in Manhattan. Die Rechnung, die er aufstellte — 95 000 Dollar —, hielt man für eine Unverschämtheit. Zehn Jahre lang kämpfte L'Enfant erbittert und fieberhaft um seine Honorierung. Schließlich erzwang er 1394 Dollar und 20 Cent, was ihn nicht davor bewahrte, in der Nähe »seiner« offensichtlich gescheiterten Stadt im Elend zu sterben. Er wurde im Armengrab beerdigt, aber viele Jahre später in das Pantheon Amerikas, den Nationalfriedhof in Arlington, übergeführt.

L'Enfant ist der authentische und anerkannte Vater Washingtons. Sein Plan wurde verlacht, vergessen und dennoch ausgeführt. Die erste Anlage der Stadt bildete sich nach dem Grundriß, den er ihr gegeben hatte. Ein Jahrhundert später, als Amerika um 1900 zum Gefühl für Größe erwachte, hat es den Entwurf des kleinen französischen Majors ausgegraben, um begangene Irrtümer zu berichtigen und seiner Hauptstadt einen edlen Impuls zu geben. Die Regelmäßigkeit der

Straßen, der Mantel von Grün, die Majestät des Kapitols, die charmante Bescheidenheit des Weißen Hauses, die Noblesse der Pennsylvania Avenue, der prächtige Durchblick zur Mail sind aus der strengen Klassik Frankreichs, gemildert durch das achtzehnte Jahrhundert, entstanden und von der prophetischen Phantasie eines Mannes, der einen besonders schlechten Charakter besaß, auf den anderen Kontinent gebracht worden. Washington, die horizontale Hauptstadt der vertikalen Städte, ist daher das architektonische Band zwischen Europa und der anderen großen Hälfte der westlichen Welt.

Die Stadt wuchs langsam und oft unter Stürmen. Die Bundesregierung ließ sich im November 1800 dort nieder, genau ein Jahr nach dem Tod George Washingtons. 1810 zählte sie 8208 Einwohner – ohne die Sklaven. Während des Krieges von 1814 eroberten sie die Engländer und brannten sie haßerfüllt nieder. Die Regierung der Vereinigten Staaten kehrte nach Philadelphia zurück und wäre fast dort geblieben. Aber ein Aufruhr alter Soldaten erinnerte sie noch rechtzeitig an die Nachteile der großen Städte. Man kehrte in die Sümpfe zurück, zur großen Verzweiflung der ausländischen Diplomaten, die ihre Regierungen lange Zeit anflehten, sie mögen sie von den Moskitos und den Fiebern des Potomac befreien. Viele Jahre lang blieb Washington ein kleines Nest, das sich in einem zu großen Kleid verlor. Die Wagen versanken und fielen in den von L'Enfant gezeichneten ausgestorbenen Triumph-Straßen auseinander. Die Mail blieb eine schlammige Wiese, auf der die Kühe zwischen der Legislative und der Exekutive weideten. Der Gedanke, die Stadt könnte sich vergrößern, ging den Gehirnen so wenig ein, daß die Hälfte des Columbia-Distrikts, der ganze südlich des Potomac gelegene Teil, im Jahr 1846 wieder an Virginia abgetreten wurde.

Amerika gewöhnte sich tatsächlich sehr schlecht an seine bundesstaatliche Struktur. Die eigentlichen politischen Faktoren blieben die einzelnen Staaten, und die nationale Hauptstadt, eine Schwäre, wurde von dem nur selten dort tagenden Kongreß knausrig und widerwillig unterhalten. Die Senatoren und Repräsentanten kampierten bloß in Washington, statt dort zu wohnen. Die Bundesregierung war ein ganz kleines Amt, das kaum ein paar Dutzend Angestellte beschäftigte. Das Schema existiert noch heute mitten im modernen Washington: das Weiße Haus, viel eher die Wohnung eines wohlhabenden Bürgers als die Residenz des Staatsoberhaupts, liegt zwischen einem Gebäude im Barockstil, dem einstigen State Department, und einem Gebäude im klassischen Stil, das noch heute das Schatzamt ist. Das war mit den beiden Sekretariaten des Verteidigungsministeriums und den Büros des Generalpostmeisters die ganze Regierungsgewalt. Amerika entsprach dem liberalen Ideal, das heute so unerreichbar scheint: sowenig Regierung wie möglich.

In der Geschichte Washingtons spielten die Kriege eine wichtige Rolle. Allen voran der Bürgerkrieg. Der Süden bezahlte 1861 teuer für den Vorteil, den er 1791 errungen hatte, als er das Haupt der Nation diesseits der Mason-Dixon-Linie herübergezogen hatte. Washington, der Sitz der Regierung, war eine Zitadelle des Nordens auf südstaatlichem Boden, ein Symbol, das es um jeden Preis zu verteidigen galt. Und es war auch ein vorgeschobener Posten, der die Gefolgschaftstreue einiger Staaten wie Maryland und Delaware festigte. In der ganzen ersten Zeit des Feldzugs war Washington sowohl Stützpunkt wie Kampfobjekt. Später blieb die Hauptstadt ein Feldlager, eine Etappenstadt, ein Munitionslager, ein Lazarett, aber da es gleichzeitig der Sitz der Führung eines hartnäckigen Kampfes war (mehrere Millionen Mobilisierter) vermehrten sich die Verwaltungsbehörden.

Als der Krieg zu Ende war, pflasterte man die Hauptstraßen und baute das erste Kanalisierungssystem. Der Aufschwung hielt an, weil die Regierung an Bedeutung und Umfang immer mehr zunahm. Im Jahr 1900 erreichte die Bevölkerung die Zahl 278 000, und seit dem ersten Präsidenten Roosevelt gewöhnte man sich daran, Washington als eine große Hauptstadt zu betrachten. Der Erste Weltkrieg steigerte noch seine Bedeutung, und der New Deal des zweiten Roosevelt bewirkte eine weitere Zunahme der öffentlichen Ämter. Im Zweiten Weltkrieg wanderten Massen von Menschen zu, die sich von den Nachkriegsverhältnissen nicht abgestoßen fühlten – ganz im Gegenteil. Washington wuchs über die Grenzen des Columbia-Distrikts, es dehnte sich im Norden auf Maryland aus und im Süden über jenes Gebiet von Virginia, das es ein Jahrhundert zuvor verschmäht hatte. Dort etablierte besonders das monströse und hinderliche Pentagon seine 60 Kilometer langen Korridore und seine 130 000 Kilometer Telefondrähte. Das militarisierte, bürokratisierte, zentralisierte, etatisierte und in hohem Grad sozialisierte Amerika hatte endlich eine seiner Größe entsprechende Hauptstadt: 2 615 000 Einwohner (von denen 756 000 ihren Wohnsitz im Distrikt haben) und 300 000 Beamte – die größte Zusammenballung von Büromenschen in der ganzen Welt.

Capitol in Washington – Sitz beider Häuser des amerikanischen Parlaments

Die Konservativen haben immer dafür gekämpft, daß dem Wachstum Washingtons und den Veränderungen, die es nach sich ziehen mußte, Einhalt geboten werde. Beschwörende Hinweise auf den besonderen Charakter der Stadt konnten den Bau von Riesenhotels und neuen Stadtvierteln nicht verhindern. Zu letzteren gehört auch Watergate. Es hat durch die Affäre mit dem Einbruch beim National-Comité der Demokraten, der von allzu eifrigen Parteigängern des Präsidenten Nixon verübt wurde, in die amerikanische Geschichte Eingang gefunden. Der Widerstand gegen andere Verschönerungen ist durch den Geist der Sparsamkeit im Kongreß, der ja die Finanzen Washingtons in Ordnung halten soll, gestärkt worden. Seit 1967 gab es ein Projekt, unweit des Weißen Hauses, unmittelbar benachbart dem Schatzamt, eine monumentale Plaza anzusiedeln, was bedeutete, daß das mit einem Jahrhundert amerikanischer Geschichte verbundene Hotel Willard und das Occidental Restaurant, wo alle Berühmtheiten zu speisen pflegten, geopfert werden mußten. Der Plan ist zwar vorübergehend in Vergessenheit geraten, aber das Willard und das Occidental haben ihre Pforten geschlossen und die Plaza ist für die Zweihundertjahrfeier 1976 wieder auf der Tagesordnung. Andere große Vorhaben sind beschlossen, und einige haben bereits mit riesigen Erdaushebungen begonnen. Washington bekommt eine Metro. Die Pennsylvania Avenue, deren Architektur ihrer symbolischen Bedeutung nicht angemessen ist, wird renoviert; das FBI hat sich dort eine prächtige Fassade reserviert, während die CIA, die oft mit dem FBI verwechselt wird, in das dichte Laubwerk von McLean in Virginia ausgewandert ist. Das Kapitol muß innenarchitektonisch saniert und die Außenstellen müssen vergrößert werden; denn das Personal, das um und für den Kongreß tätig ist, hat die phänomenale Zahl von 28 000 Personen erreicht. Die Union Station war vielleicht der monumentalste Bahnhof der Welt – mit seinem großen Portal und den beiden zurückgesetzten Seitenflügeln; aber Bahnhöfe sind anachronistische Überbleibsel in einem Amerika fast ohne Eisenbahnen. Man will also die Union Station durch ein großes Informations- und Empfangszentrum für Touristen mit einem Parkplatz für 4000 Wagen ersetzen.

Diese Wandlungen werden den klassischen Charakter der Architektur Washingtons unzweifelhaft verändern. Glas und Metall werden sich gegen den Marmor durchsetzen, der das helle Weiß und die ganze Pracht dieser Stadt bedeutet hat. Aber der Marmor war an die Idee

Oben: »Faces in Mountain« – Präsidenten-Porträts in den Rocky Mountains
Unten: Weißes Haus in Washington

gebunden, aus der sich Washington ursprünglich verstand: eine ganz kleine Hauptstadt zu sein, geplant für die einzige Mission, eine recht lose Föderation einiger Staaten zu lenken. Die Mission als solche ist die gleiche geblieben. Lenken ist und bleibt die einzige Aufgabe für Washington – aber Amerika lenken ist eine gigantische und vielfältige, extrem heikle Aufgabe geworden.

*

Die Achse dieser gewaltigen Lenkungs-Maschinerie ist noch immer dieselbe, die der Major L'Enfant gezeichnet hatte: die Linie, die das Kapitol mit dem Weißen Haus verbindet, die Legislative mit der Exekutive, die kollektive Macht des Kongresses mit der individuellen des Präsidenten. Es ist selten – oder vielmehr, es ist ohne Beispiel, daß zwischen diesen beiden Endpunkten die Vernunft regierte. Es gibt keinen Präsidenten, der nicht vom Kongreß geplagt wurde, so wie es keinen Kongreß gibt, der nicht vom Präsidenten verwünscht worden wäre. In Wirklichkeit ist jeder das Alibi des andern vor einem gemeinsamen Tyrannen. Dem Wähler sagt der Präsident: »Der Kongreß hat es nicht gewollt ...«, und der Kongreß sagt: »Der Präsident hat es nicht erlaubt ...« Das ist eine der intelligentesten und bequemsten Züge in der Verfassung der Vereinigten Staaten.
Der Kongreß tagt unter einer massiven Kuppel, die der des Petersdoms nachgebildet und von einer wohlweislich bewaffneten »Miss Liberty« gekrönt ist. Der rechte Flügel des Gebäudes ist den Abgeordneten vorbehalten, der linke den Senatoren. Abgeordnete gibt es 435 – Senatoren 100. Theoretisch repräsentieren die Abgeordneten das Volk und die Senatoren die Staaten, die gleichmäßig vertreten sind. Das führt zu sonderbaren Anomalien. Jeder Staat, wie groß auch seine Bevölkerung sei, wählt zwei Senatoren, so daß die 450 000 Einwohner von Nevada ebensoviel Gewicht im linken Flügel des Kapitols haben wie die 18 Millionen Einwohner des Staates New York. Aber im Repräsentantenhaus wird New York durch 43 Mitglieder repräsentiert, während Nevada nicht ein einziges aufzuweisen hat. Vier andere Staaten – Delaware, Wyoming, Vermont und Alaska – sind in der gleichen Lage: zwei Senatoren und ein einziger Abgeordneter. Die Verfassung der Vereinigten Staaten ist nicht logisch, wie der oberflächliche Beobachter annimmt. Sie ist im Gegenteil voller Unlogik, weil sie ebenso veraltet wie absurd ist. Immerhin funktioniert

sie — was schließlich ein Vorteil ist gegenüber den logischen Verfassungen, die nicht funktionieren.

Die beiden Zweige der Legislative sind weder gleich noch gleichwertig. Nur die Abgeordneten bestimmen über die Finanzen, und nur die Senatoren kontrollieren die Außenpolitik und die Ratifizierung der Verträge. In Wirklichkeit sind diese prinzipiellen Unterschiede sehr abgeschwächt. Was noch besteht, das sind Nuancen der individuellen Bedeutung unter den Mitgliedern der beiden Häuser. Winzige Privilegien, oft barocke Unterscheidungen, wobei die menschliche Eitelkeit eine Rolle spielt, betonen die Vorherrschaft des Senats. Neben dem Sessel eines jeden Senators befindet sich ein Spucknapf aus Kupfer, und am Eingang des Saales erhält man immer frischen Schnupftabak — man muß ihn sich aus Philadelphia verschaffen, aus der letzten Fabrik Amerikas, die diesen ehrwürdigen Greuel noch herstellt. Im Untergeschoß steht für die Senatoren eine kleine eingleisige Untergrundbahn bereit, die sie zu ihren Büros bringt, während die Abgeordneten denselben Weg zu Fuß machen müssen.

Aber das große und wesentliche Privileg der Senatoren besteht in der Dauer ihres Mandats. Die Senatoren, von denen immer ein Drittel neu gewählt werden, haben ihr Mandat für sechs Jahre, während die unglücklichen Volksvertreter alle zwei Jahre neu zu wählen sind. Dieser viel zu kurze Termin macht ihr Leben zu einer fortwährenden Wahlschlacht und wirkt sich unheilvoll auf die Aktivität des Repräsentantenhauses aus. Daraus erklärt sich zum großen Teil, warum die einzigen parlamentarischen Namen, die auch im Ausland bekannt geworden sind — Taft, Connally, McCarthy, Kefauver, McCarran usw. —, die von Senatoren sind. Anscheinend hat Amerika jedoch wenig Neigung, die Mandate seiner Abgeordneten zu verlängern. Es hält sie sogar für würdig, als Vorbild zu dienen, und hat sie der japanischen Verfassung vorgeschrieben, wo sie ein gefährliches Element der Instabilität und eine ernstliche Gefahr darstellen.

Nur mit seltenen Ausnahmen ist die allgemeine Krankheit der Abgeordneten der amerikanischen Nation die Geldverlegenheit. Sie beziehen ein Gehalt von 42 500 Dollar. Onkel Sam gewährt ihnen unentgeltlich zwei Reisen im Jahr zwischen Washington und dem Sitz ihres Wahlbezirks, wie auch Portofreiheit und 50 unentgeltliche Ferngespräche. Er bezahlt ihnen ein Sekretariat, dessen Budget nach der Bedeutung des Wahlkreises berechnet wird. Viele Senatoren und Volksvertreter vertrauen einen der Posten dieses Sekretariats ihrer

Frau an. Trotz dieser Erleichterung fällt es den Mitgliedern des Kongresses oft schwer, mit ihren Mitteln auszukommen. Sie geraten in Schulden und wohnen in bescheidenen Vorstadthäuschen in Chevy Chase oder Alexandria.

Im großen und ganzen sind die Deputierten des amerikanischen Volkes nicht schlechter und nicht besser als die europäischen Parlamentarier, mit denen sie große Ähnlichkeit haben. Sie sind meistens überbürdet und überanstrengt durch die riesige Maschinerie, in die sie eingespannt sind. Bis zum New Deal, streng genommen bis zum Zweiten Weltkrieg, waren die Sitzungsperioden noch relativ kurz, und einem sehr begabten und sehr fleißigen Mann war es noch möglich, die Gesamtheit der gesetzgeberischen Arbeit zu übersehen. Aber die Zahl der vom Kongreß jährlich verabschiedeten Gesetze ist von etwa 500 auf über 8000 angewachsen. Die Probleme der ganzen Welt sind bis ins Kapitol gedrungen, und die Probleme Amerikas drängen sich in dichter Folge. Den Parlamentarier, der im Prinzip allwissend und allmächtig ist, gibt es längst nicht mehr. Auch die Spezialisierung ist Leuten, deren Zeit von den Wählern verschlungen wird, kaum möglich. Die Senatoren und Abgeordneten werden mit einer riesigen, oft übertriebenen Korrespondenz überschwemmt. Sie sind dem ständigen Druck der »lobbyists« ausgesetzt — beglaubigten und prinzipiell registrierten Repräsentanten der verschiedensten Interessen —, von den Arbeiterverbänden und den Milchproduzenten bis zu der Regierung Tschiang Kai-scheks. Sie gehen selten zu den Sitzungen, die meistens recht bedrückend sind, aber die Arbeit, die sie in den Ausschüssen und noch viel mehr in der technischen Vorbereitung ihrer Wiederwahl erledigen, würde ihnen ein Vermögen einbringen, wenn sie diese Mühe für ihre Privatgeschäfte verwendeten. Es gibt Abgeordnete, die es für nötig halten, 500 Briefe im Tag aus ihrem Sekretariat abzuschikken, die sie alle mit der Hand unterschreiben wollen. Derselbe Abgeordnete muß außerdem ein Budget von 200 Milliarden Dollar genehmigen und verteilen, auf allen Gebieten der amerikanischen Aktivität Gesetze erlassen und durch seine Stimme zur internationalen Politik auf das Schicksal der Menschheit wesentlich einwirken.

*

Das Weiße Haus ist der andere Pol der öffentlichen Gewalt. Das Gebäude — eines der anmutigsten des achtzehnten Jahrhunderts und

vielleicht das berühmteste des zwanzigsten – ist von Grund auf renoviert worden. Es war höchste Zeit! Als Truman 1948 eines Morgens aus seinem Schlafzimmer kam, hatte er das Gefühl, daß der Boden unter ihm schwanke, und sein Architekt, Lorenzo Winslow, stellte fest, daß das Weiße Haus nur noch durch die Macht der Gewohnheit aufrecht stand. Der logische Schluß wäre gewesen, es abzubrechen und eine neue Residenz der Präsidenten zu bauen. Aber die historische Pietät der amerikanischen Nation empörte sich dagegen. Man beschloß das Widersinnige: eine Restauration, die darin bestand, die Außenwände zu erhalten und den ganzen Innenausbau samt allen Installationen zu erneuern. Die Kosten betrugen 5 400 000 Dollar, das heißt dreimal die Kosten für ein neues Palais. Aber ich glaube nicht, daß es einen einzigen amerikanischen Steuerzahler gab, der sich über diese große Geldverschwendung beklagt hätte.
Das Weiße Haus, mit dessen Bau 1792 begonnen wurde, ist das älteste Gebäude in Washington. 1814 brannte es ab und wurde so oberflächlich restauriert, daß sich jedes Jahr beim Sommerputz die Spuren der Feuersbrunst zeigten. Dann war es einer ungeheuren Abnutzung ausgesetzt. Im neunzehnten Jahrhundert besuchte man das Weiße Haus wie ein Postamt. Die Empfänge des Präsidenten waren Volksversammlungen. Zu einem dieser Empfänge hatte ein New Yorker Industrieller einen tonnenschweren Käse geschickt, den die Gäste im East Room mit ihren Taschenmessern zerlegten. Später, als der Secret Service die ungenierten amerikanischen Manieren gemäßigt hatte, kamen die Touristen millionenweise. Um so vielen, wenn auch ehrfürchtig auftretenden Füßen standzuhalten, braucht man Marmor, Stahl und Granit. Das Weiße Haus – elegant, graziös, zierlich trotz seiner 60 Zimmer – bestand aus Ziegeln und Holz. Die Menschenmassen nutzten es ab – ein weiteres Symbol der Demokratie.
Seit seiner Renovierung besitzt das Weiße Haus endlich alle modernen Bequemlichkeiten, aber lange Zeit fehlte ihm jeglicher Komfort. Das erste Badezimmer wurde erst Ende des letzten Jahrhunderts eingebaut, wobei der Kongreß sich über diese Nachahmung einer ausländischen Sitte, die der Nation ein verderbliches Beispiel gebe, beschwerte. Die Schlafzimmerkrise begleitete die Geschichte der Residenz. Als der Prinz von Wales, der spätere Eduard VII., Washington besuchte, überließ ihm Präsident Buchanan sein Bett und schlief auf einem Sofa. Der Einbau der Wasserleitung, der Elektrizität, des Telefons, der Zentralheizung, der Klimaanlage zwangen die Architek-

ten, in periodischen Abständen das Weiße Haus zu untergraben. Und die Termiten, die im tropischen Klima von Washington sehr aktiv sind, vermehrten die Verwüstungen, die der moderne Fortschritt anrichtete. Hätte Truman nicht mit Entschlossenheit gehandelt angesichts der geteilten Ansichten der Fachleute, wäre das Weiße Haus vielleicht über dem Haupt des obersten Beamten der USA zusammengestürzt, was auf alle abergläubischen Geister der Welt seinen Eindruck nicht verfehlt hätte.

Siebenunddreißig Präsidenten — von John Adams bis Gerald Ford — haben das Weiße Haus bewohnt. Nur zwei sind darin gestorben (zwei Generäle, William Henry Harrison und Zachary Taylor), obgleich auch Lincoln, Garfield, McKinley, Harding, Franklin Roosevelt und John Kennedy während ihres Mandats starben. Zwei von ihnen, Cleveland und Wilson, haben sich ein zweitesmal darin verheiratet, und nur ein einziger, George Buchanan, bewohnte es bis zum Schluß als Junggeselle. Die erste Gastgeberin im Weißen Haus, Abigail Smith Adams, hing ihre Wäsche eigenhändig im East Room auf, aber die vierte Präsidentin, Dolly Todd Madison, verlieh der Residenz einen Hauch von Eleganz, der ihr seither geblieben ist. Das Weiße Haus spiegelt das Wesen und Schicksal seiner Bewohner — es ist abwechselnd gastlich oder unnahbar, lebendig oder trübselig, volkstümlich oder verhaßt. Es erlebte schwere eheliche Tragödien wie die des unglücklich verheirateten Lincoln, heftige politische Kontroversen wie die von Andrew Johnson, der sich vor dem Kongreß verantworten mußte, oder die von Herbert Hoover, der von der Krise entwurzelt wurde, oder die Krise um Richard Nixon, die gleichsam am Morgen nach einer triumphalen Wiederwahl ausbrach; auch jammervolle gesundheitliche Tragödien, wie den physischen und geistigen Ruin von Woodrow Wilson und Franklin Roosevelt. Es beherbergte so farblose Männer, daß ihre Namen in der Geschichte der Vereinigten Staaten nur als gestaltlose Schemen weiterleben: Millard Fillmore, James Buchanan und Rutherford B. Hayes usw., und es barg auch recht schillernde Persönlichkeiten unter seinem Dach. So hatte man seine liebe Not, dem Präsidenten Andrew Jackson begreiflich zu machen, daß es dem ersten Mann im Staate nicht wohl anstehe, sich zu duellieren. Der erste Roosevelt, Theodor, hat aus dem Weißen Haus eine Art Trainingslager für sportliche Wettkämpfe gemacht und dortselbst auch höchst persönlich Jiu-Jitsu unterrichtet, während die wilde Gang seiner Söhne ihre Ponys in Aufzüge steckte und mit Fahrrädern durch die

Salons kurvte. Unter dem zweiten Roosevelt machte dessen Gattin Eleanor – eine Nichte des Theodor – aus dem Weißen Haus eine Art Jakobinerclub, wo sie Leute empfing, die der FBI wegen staatsfeindlicher Umtriebe überwachen ließ.

*

Seit dem Krieg haben sechs Präsidenten das Weiße Haus bezogen: Harry Truman (1945–1952), Dwight Eisenhower (1952–1960), John Kennedy (1961–1963), Lyndon Johnson (1963–1968), Richard Nixon (1968–1974) und schließlich Gerald Ford. Jeder von ihnen gab seinen Funktionen einen eigenen Stil und ließ jeweils erkennen, welche Nuancen in der Ausübung der Amtsgewalt des Präsidenten möglich und akzeptabel sind.

Harry S. Truman (das S. wurde zwecks Anpassung an einen amerikanischen Brauch nachträglich hinzugefügt, weil Truman bei seiner Geburt keinen »middle name« erhalten hatte) war ein Wunder an Gesundheit und seelischem Gleichgewicht. Kein Präsident war je ein zäherer Arbeiter. Bei Morgengrauen stand er auf, riß den Secret Service aus dem Schlaf und brachte seine Wächter außer Atem, wenn er dann im Schnellschritt einen ausgedehnten Spaziergang um das Weiße Haus unternahm. Anschließend arbeitete er ununterbrochen bis zum Schlafengehen; denn die Akten begleiteten ihn sogar bis ins Schlafzimmer. Schlecht vorbereitet auf die Pflichten und Verantwortlichkeiten, die auf ihn warteten, war er ins Weiße Haus gekommen; war er doch von Franklin Roosevelt systematisch von allen wichtigen Staatsgeschäften ferngehalten worden. Das ging soweit, daß er nicht einmal von der Existenz der Atombombe wußte, über deren Einsatz gegen Japan er wenige Wochen später dann entscheiden mußte. Anfänglich voller Bescheidenheit gegenüber seiner Aufgabe sollte er alsbald nicht zögern, sicheren Tritt zu nehmen, sich selbst als »guten« Präsidenten zu erkennen und anzuerkennen, bis er endlich den Moment abgewartet zu haben glaubte, das Epitheton »Großer« Präsident für sich in Anspruch nehmen zu können. Nach langjähriger Senatorenlaufbahn selber aus dem Kongreß hervorgegangen, war er einer der Präsidenten, die sich am schlechtesten mit dem Kongreß vertrugen. Man hörte ihn Stalin beneiden, der ein Sechstel der Erde regieren konnte, ohne irgendjemandem Rechenschaft geben zu müssen. Der Posten eines Präsidenten der Vereinigten Staaten gehört zu jenen, die in besonderem Ausmaß zum Autoritarismus und zum Hochmut verführen.

Trotz aller Härte der Zeitläufe wäre Dwight David Eisenhower eine der ruhigsten Präsidentschaften in der Geschichte des Weißen Hauses beschieden gewesen, hätten nicht drei schwere gesundheitliche Krisen ihn heimgesucht und die amerikanische Nation in Angst und Sorge versetzt. Er folgte einem Mann ins Weiße Haus, dessen schrankenlose Hingabe an die Arbeit phänomenal war und der ihm einen gehörigen Schrecken einjagte, als er ihn über seine Zeiteinteilung aufklärte. Der wackere Ike hatte sich nur ungern für die Präsidentenwahl aufstellen lassen und war durchaus nicht bereit, sein Recht auf den nach langen Jahren soldatischen Dienstes ersehnten Ruhestand völlig aufzugeben. Er schwor, das Joch zu brechen, und es gelang ihm. Das verblüffte Amerika sah in dieser hochoffiziellen mörderischen Galeere, die man das Weiße Haus nennt, einen von jeglicher Überforderung befreiten Mann, der es sich leisten konnte, mehr Zeit der Muße als der Arbeit zu widmen.

Eisenhowers Arbeitstag begann nicht vor neun oder zehn Uhr und war um vier oder fünf Uhr nachmittags zu Ende. Er erklärte ganz einfach, er werde Berichte von mehr als einer Seite nicht mehr zur Kenntnis nehmen, dekretierte, daß die Abende zur Zerstreuung und die Nächte zum Schlafen da seien und die Wochenenden, um respektiert zu werden. Er reduzierte den enormen Stab der Präsidialkanzlei und schränkte die Kontakte mit den Ressortchefs sowie den Kongreßmitgliedern mehr und mehr ein. Die Lebenskunst eines glücklichen Menschen hat Zwänge entkrampft, die man für unausweichlich gehalten hatte, und hat Knoten gelöst, die für unlösbar galten.

Als Soldat und Oberbefehlshaber liebte Ike das Golfspiel. Als Präsident war er wie versessen darauf. Die freien Wände des ovalen Kabinetts im zweiten Stock des Weißen Hauses schmückten sich mit Klubabzeichen, und Ike nahm die Gewohnheit an, zwischen zwei Staatsgeschäften Golfschläge auf seinem Teppich auszuprobieren. Oder er ging auf den Rasen hinunter, wo man ihn bis zu dem Tag sehen konnte, an dem der Secret Service Schutzwände aufrichtete. Jede Woche strich er einen Arbeitsnachmittag, um ihn auf dem Golfplatz von Burning Trees im benachbarten Maryland zu verbringen. In regelmägen Abständen riß er nach Süden aus, wo er in Thomasville, Georgia, ein weiteres Golferparadies gefunden hatte. Ein ganzer Dienst entwikkelte sich für das Präsidentengolf, das eine Staatsangelegenheit geworden war, wie die Jagd Ludwigs XIV. Ike spielte gerade Golf, als er erfuhr, daß die Franzosen und Engländer in Suez gelandet waren, und er spielte immer noch, als die Russen den Start des Sputnik meldeten. Er spielte bei strömendem Regen, bei lastender Hitze, bei kräftigem Frost, ob er sich wohl fühlte oder krank war, mit einer an Manie grenzenden Besessenheit.

Neben dem Golf, dieser verzehrenden Leidenschaft, waren die anderen Zerstreuungen des Präsidenten nicht zu übersehen. Das tägliche Bridge war eine alte Etappengewohnheit: sie wurde respektiert. Der Geschmack, den er im Alter am Malen fand und der grundsätzlich im Abmalen farbiger Postkarten bestand, verriet eine absonderliche, bald erlahmende, bald anspruchsvolle Phantasie. Forellenfischen und Wachteljagd waren saisonbedingte Ausflüchte, während das Picknick im Grünen eher eine allwöchentliche Zerstreuung war. Die Lektüre wurde niemals vernachlässigt, aber sie bestand – außer während kurzer Zeiträume geistiger Ambitionen – fast ausschließlich aus Cowboyromanen.

Dieses entspannte Leben schloß »echte« Ferien nicht aus. 1953 nahm Ike 79 Tage und 1954 118 Tage Urlaub. In der Folge schwankte seine Urlaubszeit zwischen 42 und 71 Tagen, 119 Tage Krankheit und Wochenenden nicht gerechnet, die der Exgeneral des Westens auf der von dem Honorar für seine Memoiren »Kreuzzug in Europa« gekauften Farm in Pennsylvanien, bei Gettysburg, verbrachte. Insgesamt nahm Eisenhower ungefähr doppelt soviel Urlaub wie seine Vorgänger Roosevelt und Truman, wobei er aber täglich etwa die halbe Zeit in seinem Büro verbrachte. Außer Gettysburg, Burning Trees und Thomasville waren seine Ruhe- und Erholungsorte Newport in Rhode Island, Denver in Colorado, Palm Springs in Kalifornien und Camp David, das ehemalige Shangri-La Franklin Roosevelts, in Maryland.

Ike ist niemals ausgestochen oder in den Schatten gestellt worden. Er war weder ein Schwächling noch mittelmäßig, sondern im Gegenteil eine eigenwillige Persönlichkeit von starker Intelligenz. Er besaß eine rasche Auffassungsgabe und die Fähigkeit, Zusammenhänge zu erkennen. Seines Spezialtalents der Vereinfachung und Kürzung bediente er sich mit vollendeter Kunstfertigkeit, wenn es galt, sich langatmige Studien zu ersparen. Er war ein Mann der Überzeugung und des persönlichen Mutes. Im Grunde seines Herzens Pazifist, hätte er doch nie gezögert, den Säbel zu ziehen, wenn es gegolten hätte, Amerika oder ein anderes Mitglied des Atlantikpakts zu verteidigen. Die Popularität, die ihm bis zuletzt erhalten geblieben ist, war der Ausdruck des tiefen Vertrauens und zugleich der Zuneigung des amerikanischen

Volkes, deren er würdig war. Nur wenige Präsidenten – möglicherweise keiner außer ihm – waren in der Lage, mehr von der Nation fordern zu können.

Trotz allem aber ist nicht zu leugnen, daß unter der Präsidentschaft Eisenhowers eine Triebfeder Amerikas zerbrochen ist. Das Weiße Haus hat sich immerzu befleißigt, ein Volk zu beruhigen, das gar nichts anderes wollte, als beruhigt sein zu können. Und das in einer Zeit, da sich die Sowjetunion in einen Wettlauf mit Amerika um die militärische und wissenschaftliche Überlegenheit eingelassen hatte. Als die Russen an dem in die Weltgeschichte eingegangenen 4. Oktober 1957 den ersten Sputnik ins Weltall jagten, notierte jemand aus der nächsten Umgebung Eisenhowers dessen wörtliche Reaktion: »Ich begreife nicht, warum sich die Amerikaner über dieses Ding so aufregen. Es wird uns schon nicht auf den Kopf fallen.« Um die gleiche Zeit bemerkte jemand zum damaligen Verteidigungsminister Charles Wilson, dem ehemaligen Generaldirektor von General Motors, wenn das in dem Tempo weitergehe, werden die Russen bald auf dem Mond sein. »Um so besser«, soll er geantwortet haben, »dann kommt ihnen wenigstens nicht der Gedanke, nach Detroit zu wollen.« Bei seinem Einzug ins Pentagon wollte derselbe Wilson das ganze Raketenprogramm annullieren; denn er betrachtete es als ein Kapitel aus einem Science-fiction-Roman und strich ganz einfach die für die Forschung beantragten Posten mit den Worten: »Für die General Motors geben wir viel, viel weniger aus.« Und Ike ließ es geschehen. Er blieb bei dem Wahlspruch der glücklichen zwanziger Jahre: »Was für die General Motors gut ist, ist für die Vereinigten Staaten gut.« – Im übrigen brachten es seine militärische Vergangenheit, vielleicht gerade auch sein soldatischer Ruhm und zweifellos seine humanitäre Einstellung mit sich, daß er gegen die furchtbaren futuristischen Waffensysteme eine unüberwindliche Abneigung empfand. Manche haben versucht, ihm die in Gang gekommene wissenschaftliche und militärische Umwälzung bewußt zu machen und ein Sofortprogramm abzuringen, indem sie die sowjetischen Erfolge und Fortschritte ihm gegenüber besonders hervorhoben. Gewöhnlich bestand seine Antwort in der wiederholten Erzählung von den Pressionen, denen er im Zweiten Weltkrieg ausgesetzt war, er solle seine Pläne für die Landung in der Normandie ändern, und wie sehr er recht gehabt habe, sich diesen Einflüssen zu widersetzen. Schon 1955 wandte sich ein junger Unterstaatssekretär bei der Luftfahrt, Thomas Gardner, über den Kopf seiner Vor-

gesetzten hinweg direkt an den Präsidenten, um ihm zu sagen, daß in den Dienststellen für das Raketenwesen eine tiefgehende Anarchie herrsche und Amerika vor einem Desaster stehe. Eisenhower empfing ihn für fünf Minuten, sprach anstatt zuzuhören und entließ ihn mit dem guten Rat, er solle sich künftig an den Dienstweg halten. Gardner demissionierte noch im Hinausgehen.
Aber das Geschick regiert die Menschen. Ike, der seine Präsidentschaft begann, indem er dem Koreakrieg Einhalt gebot, sollte nach achtjähriger Amtszeit bei ungeminderter Verehrung der ganzen Nation der Last seines Amtes enthoben sein. Der Dollar schien immer noch unerschütterlich »fest« zu sein. Der Vietnamkrieg war noch nicht ausgebrochen, die inneren Unruhen noch nicht entfesselt. Nur ein paar Schwarzseher glaubten die Risse im Gestein zu erkennen, die sich aufgetan hatten, während der ruhmreiche Veteran Golf spielte.

*

John Fitzgerald Kennedy war der erste im 20. Jahrhundert geborene Präsident der USA. Als 43jähriger in das Weiße Haus gekommen, wäre er der jüngste in der von George Washington begonnenen Präsidentengalerie gewesen, wenn nicht Theodore Roosevelt nach der Ermordung von McKinley schon mit 42 Jahren gekürt worden wäre. Nur noch drei Präsidenten waren unter 50, als sie in ihr Amt eingeführt wurden: Franklin Pierce, Ulysses Grant und Grover Cleveland.
Unter dem Ehepaar Eisenhower war das Weiße Haus auf eigenbrötlerisch abweisende Art amerikanisch. Der General konnte im Gespräch oder in einem amtlichen Bericht kein Fremdwort vertragen, und Mamie hätte sich nie im Traum einfallen lassen, der einheimischen Mode untreu zu werden. Das Ehepaar Kennedy, das in Daunenbetten des Glücks aufgewachsen war, öffnete dem Kosmopolitentum die Pforten, hielt einen französischen Küchenchef, ließ französische Weine ausschenken – und sie, geborene Jacqueline Bouvier, sprach blendend französisch und spanisch und durfte es wagen, sich bei Chanel anzuziehen. Diese Eigenheiten verhalfen ihnen eher in Paris, Frankreich, zu Popularität als in Topeka, Kansas, oder in Rockford, Illinois.
Im Weißen Haus unter Ike lief alles geregelt und unterkühlt. Unter Kennedy begann es zu vibrieren und ein wenig unordentlich zu werden. Der Präsident kam immer und überall zu spät, brachte seine Audienztermine durcheinander und verlegte seine Papiere. Eisenhower

dachte hierarchisch und hielt streng auf den Dienstweg. Er verkehrte daher nur mit einem sehr kleinen Kreis von Untergebenen direkt und gab alles Detail an den Chef des Stabes weiter. Der war — bis zu seiner Enthebung infolge gewisser unvorsichtiger Kontakte — Sherman Adams, der Exgouverneur von New Hampshire. Kennedy bemächtigte sich der Dienstgeschäfte ganz nach Lust und Laune, es gab Kurzschlüsse in den Verantwortlichkeiten, und er pflegte unvermittelt in dem einen oder anderen Büro zu erscheinen. Er war kein Athlet der Arbeit wie Harry Truman, verfügte jedoch über eine rasche Auffassungsgabe, die durch äußerste Schnelligkeit im Lesen noch verstärkt wurde. In seinen Tagen gab es nur eine Konstante: die 45 Minuten Siesta, zu der er sich — Churchills Beispiel folgend — entkleidete, um einen tiefen Schlaf zu tun. Die Wirbelsäule, die er sich beim Fußballspiel in Harvard verrenkt hatte, trug noch einiges zur Unregelmäßigkeit seiner Tätigkeit bei; denn sie verursachte ihm zeitweise heftige Schmerzen, die ihn dann bis zur Unbeweglichkeit beeinträchtigten.

Kennedy war mit einer der schwächsten Mehrheiten gewählt worden, die aus der amerikanischen Geschichte bekannt sind: nämlich mit 34 227 006 Stimmen gegen 34 108 546 für Richard Nixon. Seine Position in den Kreisen der amerikanischen und internationalen Intelligenz war allerdings weitaus stärker und brachte ihm in Ergänzung zu seiner Jugendlichkeit einen Grad der Beliebtheit, wie ihn wohl kaum einer seiner Vorgänger — Franklin Roosevelt eingeschlossen — je aufgebracht hatte. Zu seinen Gunsten schlägt unbestreitbar die Tatsache zu Buch, daß er die Erstarrung, in die Eisenhower Amerika hatte gleiten lassen, zu lösen und die Untätigen aufzurütteln verstand. Schier auf der Schwelle des Weißen Hauses erklärte er schon, daß er den Rückstand in der Raumfahrt aufholen und daß noch vor 1970 ein Amerikaner auf dem Mond landen werde. Als das Versprechen eingelöst wurde, war John Kennedy tot.

Die übrigen Leistungen seiner verkürzten Präsidentschaft rechtfertigen eher Zurückhaltung. Sein Wirken im Innern war mittelmäßig. Die Bürgerrechte machten unter diesem Liberalen weniger Fortschritte als unter dem Konservativen Eisenhower. Das anfängliche Schwinden des Währungsgleichgewichts hätte damals durch eine Revision der Basiskurse zwischen Amerika und Europa noch mühelos aufgefangen werden können. Es war nicht einmal die Rede davon, obgleich schon sehr merkliche Vorzeichen zu registrieren waren. Die versuchte Invasion in Kuba war ein Meisterstück an Dilettantismus, das in einer nationalen

Demütigung gipfelte. Sie wurde allerdings einige Monate später von Kennedy korrigiert, indem er Chruschtschow zwang, die Raketen wieder zurückzuziehen, die er bei Fidel Castro untergestellt hatte.
Aber die schwerste Verantwortung, die auf John Kennedy lastet, ist das amerikanische Engagement in Vietnam – eine Schuld, die durch eine sonderbare Art von Amnestie gleichsam zugedeckt worden ist.
Als der vorsichtige Eisenhower das Weiße Haus verließ, gab es in Indochina lediglich eine winzige militärische Mission von ein paar Dutzend Mitgliedern. Kein einziger amerikanischer Soldat war noch im Kampf gefallen (der erste, Master Sergeant James Davis aus Livingston, Tennessee, fiel am 9. Dezember 1961). Als Kennedy starb, bezifferten sich die amerikanischen Streitkräfte in Vietnam bereits auf 15 000 Mann, und weitere Verschiffungen waren im Gange. Außerdem hat es Amerika für notwendig befunden, Ngo Ding Diem im Stich zu lassen, der am 1. November 1963 gestürzt und ermordet wurde. Es sollte der Monat nicht zur Neige gehen, ohne daß John Kennedy das gleiche tragische Schicksal erleiden mußte.
Sein Nachfolger, Lyndon Baines Johnson, war um zehn Jahre älter als er. Mehrfach hatte dieser seine Umgebung überrascht und konsterniert, weil er die dem Führer der stärksten Partei im Senat und somit zweitwichtigsten Mann im Staate zustehende Funktion eines Vizepräsidenten, eine Rolle, die er als Sackgasse erkannt hatte, nicht annehmen wollte. Er führte Kennedys Mandat zu Ende und bekam 1964 den Republikaner Barry Goldwater als Konkurrenten, der sich ganz offen als Konservativer bekannte. Dessen persönliche Ausstrahlung konnte das freiwillige Handikap, das er sich auferlegte, nicht wettmachen. Die Wahl wurde ein Triumph für Johnson: 43 126 506 Stimmen aus 45 Staaten mit 486 Groß-Wahlkreisen gegen 27 176 799 Stimmen aus 5 Staaten und 52 Wahlkreisen. Zum Überfluß traf es sich auch noch, daß Johnsons erstes Mandat – eigentlich das Restmandat Kennedys – nach weniger als zwei Jahren ablief und er somit nicht unter das Verbot der Wiederwahl fiel. Vielmehr war er auch 1968 wählbar, und eine brillante Präsidentenkarriere schien sich anzubahnen.
Mit der Urkraft eines Ebers und einem Beigeschmack von Rache brach Texas in das Weiße Haus ein. Die Beziehungen zwischen Kennedy und Johnson waren schlecht, diejenigen zwischen Jackie und Ladybird miserabel gewesen. Das Kosmopolitenpaar, das sich kraft des Rechts der vom Glück Begünstigten stark fühlte, betrachtete das Provinzlerpaar, das aus der Armut gekommen war, als rustikale Parvenüs. John-

son rügte die Ungeschicklichkeit Kennedys im Kongreß, die Unordnung in seiner Verwaltungsarbeit, den Mißbrauch, den er mit der Einbeziehung so vieler liberaler junger Intellektueller in seinen engsten Mitarbeiterstab trieb und dadurch eine fragwürdige Equipe von New Dealers nach dem Muster Roosevelts sich bilden ließ. Unter Johnson fand die Rückkehr zu professioneller Politik und einem mahnenden Amerikanismus statt, der sich noch schillernder und salopper gab als der unter Eisenhower. Im Weißen Haus roch es, wenn nicht gar nach Stall, so doch nach Ranch.

In seiner Handhabung der inneren Verwaltung war Johnson eher ein glückloser als ein ungeschickter Präsident. Die höchste Welle sozialer und Rassenunruhen rollte vorüber, während er im Weißen Haus residierte: die großen Aufstände von Watts, Detroit, Newark, Chikago; zahlreiche Unruhen an Universitäten; die Ermordung Martin Luther Kings usw. Seine Außenpolitik, die sich durch den Sturz Chruschtschows entspannt hatte, ist durch die ersten Anwandlungen einer russo-amerikanischen Annäherung gekennzeichnet, ohne daß sich allerdings schon irgendwelche substantielle Erfolge gezeigt hätten. Aber sein Verhängnis war Vietnam.

Unerbittlich steigen die Zahlen der amerikanischen Truppen: 23 000 Mann im Dezember 1964; 75 000 im Juli 1965; 358 000 (4904 Gefallene) im November 1966 und 474 000 Mann und über 15 000 Gefallene Ende 1967. Zu diesem Zeitpunkt ist die Höchstzahl der in den Koreakrieg verwickelt gewesenen Angehörigen der kämpfenden Truppe bereits überschritten. Eine endlose Schraube läßt aus einem befremdlichen, fernen Krieg einen weltweit wirkenden Konflikt entstehen. Er ist legitim, weil er der kommunistischen Aggression gegen Südvietnam einen Widerstand entgegensetzt; aber die Art der Kriegführung ist absurd. Je glänzender die amerikanischen Militärs kämpfen — wie etwa der General Westmoreland —, desto gröber sind die Fehler, die sie machen. Sie nehmen die ganze Last der Kämpfe auf sich und bekunden gegenüber den südvietnamesischen Soldaten eine Geringschätzung, die sogar jene noch übersteigt, deren sich die Franzosen zu ihrer Zeit schuldig gemacht haben, und so bringen sie es fertig, jene sowohl durch die minderwertigen Waffen, die sie ihnen geben, als auch die untergeordneten Pflichten, zu denen sie sie abschieben, vollends zu demoralisieren. Die amerikanischen Soldaten selbst — zumeist durch Aushebungen rekrutiert — sind nicht recht bei der Sache, weil sie sie nicht begreifen. Das Anwachsen der Zahlen geht weiter, ohne

das Gesicht dieses Krieges zu verändern und entscheidende Erfolge herbeizuführen. Im Frühjahr 1968 erreicht die Zahl der amerikanischen Streitkräfte in Vietnam 549 000 Mann. Und die Generäle fordern weitere Verstärkungen an . . .
Der unglückliche Johnson sah sich vor einem höchst tragischen Dilemma. Entweder mußte er eine Niederlage hinnehmen; hinnehmen auch den triumphalen Einzug der Roten in Saigon — und er kannte die Politik zu gut, um nicht zu wissen, daß man zwar der feigen Lösung zunächst vielleicht zustimmen, daß aber hernach die Reaktion des verletzten Nationalstolzes nicht ausbleiben und ihn mit einem unauslöschlichen Makel beflecken würde. — Oder aber er mußte die Kampfkraft der amerikanischen Luftwaffe voll zur Entfaltung bringen, Hanoi und Haiphong ausradieren, die Deiche des Tonkin zerstören und damit Nordvietnam vernichten. Auf der einen Seite also eine entehrende Kapitulation. Auf der anderen ein abscheulicher Mißbrauch der Gewalt. Er zog es vor, sein Heil in der Flucht zu suchen. Am 31. März 1968 erfuhr die Welt, daß sich Lyndon Baines Johnson im November nicht mehr der Wiederwahl stellen werde. Alle Erklärungen und Begründungen, die gegeben wurden — Gesundheitsgründe, Einsprüche der Gattin — waren erkünstelt. Es war Vietnam und nur Vietnam, das Johnsons Karriere in einem Moment höchster Spannungen zerschlug.
Nixon war 1960 nur mit einer sehr kleinen Mehrheit von 118 550 Stimmen von Kennedy geschlagen worden. Er wurde sodann 1968 mit einer gleichfalls nur schwachen Majorität von 511 944 aus 70 Millionen Stimmen gegen den mittelmäßigen Kandidaten Hubert H. Humphrey gewählt. Auf seine Persönlichkeit komme ich ausführlicher zu sprechen, wenn die Behandlung seines Herkunftslandes Kalifornien ansteht. Mit dem Columbia-Distrikt bringe ich nur Nixons Meisterstück — das Disengagement Amerikas in Vietnam — und den minderen Rachefeldzug, den er als Quittung für seine politische Vergangenheit mit der Watergate-Affäre hinnehmen mußte, in Verbindung.
Nixon kam ins Weiße Haus, nachdem er über die Sackgasse, in die sich Johnson hatte treiben lassen, gründlich nachgedacht hatte. Das zu lösende Problem war, aus einem endlosen, unpopulären und blutigen Krieg herauszukommen, ohne die Sache aufzugeben, um derentwillen 200 000 Amerikaner schon ihr Leben lassen mußten oder verwundet worden waren — die Unabhängigkeit Südvietnams. Die einzig mögliche Lösung war, die Saigoner Regierung an die Spitze einer Armee zu bringen, die fähig war, ohne Mitwirkung amerikanischer Streitkräfte

den roten Angriffen zu widerstehen. Diese »Vietnamisierung« des Krieges erschien in politischen und militärischen Kreisen so gut wie niemandem möglich. Nixon glaubte daran und zwang seine Generäle, ihrerseits daran zu glauben oder doch so zu handeln, als glaubten sie.
Mit dem Beginn der neuen Präsidentschaft wurden sowohl die Konsolidierung der südvietnamesischen Armee als auch der Abzug der amerikanischen Truppen vorangetrieben. In den ersten drei Monaten wurden 25 000 Mann abtransportiert, und das Tempo des Abzugs wurde hierauf noch beschleunigt. Am 9. November 1969 waren die Angehörigen der kämpfenden Truppe auf 368 000 reduziert und am 1. Dezember 1971 waren es nur mehr 185 000. In zunehmendem Ausmaß ersetzten südvietnamesische Einheiten die GIs in den zu bestehenden Kämpfen. Ende März 1972 stellten die Bodentruppen ihre Kampftätigkeit ein. Seit dem 18. Januar 1969 liefen in Paris Verhandlungen, aber die Führung Nordvietnams hielt den Augenblick für gekommen, die nunmehr – abgesehen von der Unterstützung aus der Luft – auf ihre eigenen Kräfte angewiesenen Südvietnamesen zu vernichten. Eine überstürzte Offensive, die am 30. März vom Norden unternommen wurde, kam nach Anfangserfolgen zum Stillstand und wurde zerschlagen. Die Vietnamisierung hatte die Prüfung bestanden – Nixon hatte gewonnen.
Ein verdienstlicher Sieg. Aber die im Kongreß und im Spiegel der öffentlichen Meinung gegen den Präsidenten, der die Soldaten nach und nach in die Heimat zurückführte und die amerikanischen Verluste langsam abklingen ließ, mit zunehmender Heftigkeit geführten Angriffe übertrafen noch jene, denen Johnson während der Eskalationsperiode des Vietnamkrieges ausgesetzt war. Zum Teil mögen Züge in Nixons Charakter als Erklärung für die Unbeliebtheit dienen, die ihn umgab. Aber der Haß gegen republikanische Sitten, wie er in Kreisen der amerikanischen Linken anzutreffen ist, verbunden mit deren Einfluß bei Presse und Fernsehen, trugen noch ein Übriges bei zu den gegen ihn anbrandenden Leidenschaften. Großes Stehvermögen, verbunden mit profunder, raffinierter Kenntnis des politischen Spiels standen ihm zu Gebote, um jenen Kräften standzuhalten; aber er konnte kaum hoffen, die Animosität, die ihm wie vom Schicksal bestimmt entgegenschlug, durch seine Werke zu entkräften.
Am 16. September 1972 wurde seit März 1965 zum erstenmal kein gefallener Amerikaner im wöchentlichen Kriegsbericht aus Vietnam gemeldet. Am 1. Dezember waren nur noch 27 000 von den ungefähr

Oben: Historische Kostümschau in Williamsburg/Virginia
Unten: Biltmore House in Asheville/North Carolina

600 000 Soldaten in Vietnam, die Nixon bei seiner Amtsübernahme gemeldet worden waren. Die Rückschläge bei den Pariser Verhandlungen, die Wiederaufnahme der Bombardierung Nordvietnams und Behinderungen durch die Verminung des Hafens von Haiphong konnten die Truppenabzüge nicht stoppen, die sich übrigens ohnedies nur noch auf Verwaltungspersonal bezogen. Anfang April beschränkte sich die Präsenz der Amerikaner auf das zum Schutz der Botschaft verbliebene Marine-Detachement. Der unter großen Anstrengungen herbeigeführte Waffenstillstand war nur eine mittelmäßige Lösung, besiegelte jedoch den Verzicht der Roten auf einen totalen Sieg, den sie in jahrelanger heroischer Standhaftigkeit erstrebt hatten, und brachte der Republik Südvietnam eine Überlebenschance.

Über das Disengagement in Vietnam hinaus konnte Nixon für sein erstes Präsidentschaftsmandat als weiteren Aktivposten die spektakuläre Pekingreise buchen, die eine Wiederaufnahme der Beziehungen zwischen Amerika und dem Chinesischen Weltreich zur Folge hatte. Zugleich und trotzdem hatte sich die Annäherung zwischen der Sowjetunion und den USA so weitgehend entwickelt, daß in Europa die Sorge hinsichtlich eines bevorstehenden engeren Bündnisses zwischen den beiden Supermächten aufkommen konnte. Die Abwertung des Dollar wirkte exportfördernd und importdämmend, leitete so die Sanierung der Handels- und der Zahlungsbilanz ein und bereitete eine günstige Ausgangsposition für die Verhandlungen mit dem Gemeinsamen Markt und Japan vor. Und im Innern schließlich hatte Amerika unter Nixon eine beachtliche Prosperität sowie — verglichen mit den Kämpfen und Krämpfen während der Johnson-Periode — eine unleugbare Beruhigung erlebt.

Diese durch die triumphale Wiederwahl Nixons im November 1972 gleichsam bekräftigte Bilanz wurde wenige Wochen später durch Watergate in Frage gestellt — das Wort ist inzwischen um die Welt gegangen.

Es handelt sich nicht um einen Menschen, sondern um ein Haus — oder genauer, eine Gruppe von drei Wohngebäuden und einem Bürohaus, ergänzt durch ein Hotel und ein Restaurant »Howard Johnson«. Am Ufer des Potomac unweit vom Kennedy Center gelegen, erinnert der Komplex an ein riesiges Postschiff, das auf dem Fluß vor Anker gegangen ist. Einige der berühmtesten Bürger Washingtons schlugen 1966 ihr Quartier auf, und das Nationalcomité der Demokraten mietete 1967 eine luxuriöse Büroflucht, um sie 1973 aus Ersparnisgründen

Oben: Boone Hall Plantation in Charleston/South Carolina
Unten: Fort Frederica, St. Simons Island/Georgia

wieder aufzugeben. Ein gewichtiges Argument bei der Werbetätigkeit für diesen kolossalen Komplex — mit seinen 12—14 Stockwerken, 643 Apartments, mehr als hundert Büros, dreißig Luxusgeschäften und vier Schwimmbecken — waren die Sicherheitsvorkehrungen, die in einem Moment des Umsichgreifens einer Unsicherheitspsychose von größter Werbewirksamkeit waren. Ein internes Fernsehnetz überwacht ständig alle Vestibüle, Korridore und Aufzüge. Ununterbrochen, Tag und Nacht gehen Streifen durch die Gebäude. Dieses System konnte fünf Individuen nicht abhalten, am 17. Juni 1972 im Büro der Demokraten einzubrechen, ermöglichte jedoch ihre Festnahme. Zwei gehobenere Persönlichkeiten dirigierten die Operation, die in der Entwendung von Dokumenten und Anbringung von Abhörgeräten bestehen sollte. Die Präsidentenwahl stand in fünf Monaten bevor, und Handlanger des Comités für Nixons Wiederwahl versuchten, der geheimen Pläne der rivalisierenden Partei habhaft zu werden.

Es ist bemerkenswert, daß die Angelegenheit ungehindert ihren gerichtlichen Lauf nahm und die sieben Schuldigen am 15. September von der Anklagebehörde dem Gericht übergeben wurden. Die Wahlkampagne verlief, ohne daß die Watergate-Affäre hineingezogen worden wäre, was als Hinweis zu werten ist, daß die Partei der Demokraten dem versuchten Dokumentenraub keine sehr große Bedeutung beilegte. Vielmehr wurde die Sache erst nach der Wahl zu einer Fronde gegen Nixon und zur Vorbereitung seines Sturzes wiederaufgewärmt.

Die labyrinthartigen Windungen und Verwicklungen, die Schikanen der Watergate-Affäre sind so, daß es nicht in Frage kommen kann, sie im einzelnen im Rahmen dieser Arbeit zu verfolgen. Aber die großen Linien sind einfach. Der Angriff wurde hauptsächlich von der *Washington Post* geführt, die an einem Präsidenten ihr Mütchen kühlen wollte, der gegenüber der Presse niemals die von der Vernunft diktierte Behutsamkeit aufgebracht hatte. Hintergrund der Debatten war stets der Versuch, festzustellen, inwieweit Nixon von den unrechtmäßigen Aktionen zugunsten seiner Kandidatur gewußt und inwieweit er versucht hat, jene zu schützen, die sich — mit oder ohne sein Wissen — für ihn exponiert hatten.

Das zunächst unwahrscheinlich Erscheinende ereignete sich: Die Angelegenheit schien eine Zeitlang das große Land aus dem Gleichgewicht zu bringen. Welche verzweifelten Anstrengungen Nixon auch unternahm, der Glücklose verstrickte sich immer mehr und mußte schließlich zurücktreten.

Nixons Nachfolge fiel dem Manne anheim, den er als Ersatzmann für Spiro Agnew erwählt und den der Kongreß mit großer Mehrheit bestätigt hat: Gerald Ford. Man mußte mit dem parlamentarischen Leben der Vereinigten Staaten sehr vertraut sein, um den Namen dieses Abgeordneten zu kennen, der seit mehr als einem Vierteljahrhundert einen Wahlkreis von Michigan repräsentierte. Aus dem geborenen Leslie King, der durch Adoption seitens des zweiten Gatten seiner Mutter zu einem Gerald Ford geworden war, während des Krieges in der US-Navy gedient hatte wie auch Kennedy und Nixon und wie diese unmittelbar nach Einstellung der Feindseligkeiten gewählt wurde, hat man wegen seiner ebenso unerschütterten wie unsensationellen Karriere – einfach kraft seiner »Dienstjahre« – den Anführer der republikanischen Minderheit im Repräsentantenhaus gemacht. Dieser Sechziger des zweiten Glieds avancierte zum Chef von Amerika und wurde damit einer der führenden Männer der freien Welt, und das im Gefolge eines Skandals, der kraft der politischen Ausschlachtung, die er nach sich gezogen hat, erst recht skandalös wurde. Aber Truman war mindestens ebenso unbekannt, um nicht zu sagen obskur, wie Ford, als er aus einer eben erst sanktionierten Vizepräsidentschaft zum höchsten Staatsamt aufrückte. Er hat nichtsdestoweniger eine Spur in der Geschichte unserer Zeit hinterlassen.

Fläche: 179 km²
Einwohnerzahl: 756 510
Hauptstadt: Die Bundeshauptstadt Washington ist örtlich mit dem District of Columbia identisch
Hymne: keine
Devise: Justitia omnibus
Blume: Rose (American Beauty Rose)
Baum: Eiche (Scarlet Oak).

DER SÜDEN IM ALLGEMEINEN

Wir sind nun bereits in den Süden vorgedrungen. Washington ist eine Stadt des Südens. Baltimore ist eine Stadt des Südens. West-Virginia steht dem Süden aus geschichtlichen und anderen Aspekten nahe. Es ist Zeit, dieses große und eigenartige Gebiet als Ganzes zu behandeln, das weder eine natürliche Einheit noch einen einheitlichen Charakter noch eine Nation darstellt — aber von allen dreien ist etwas in ihm enthalten, kombiniert mit einer Menge ganz verschiedener Elemente, wie zum Beispiel gewissen Spezialitäten der Küche, einem etwas schwerfälligeren Akzent und einem bestimmten Lebensrhythmus. Aber vorher stellt sich uns eine von vornherein schwierige und vielleicht unlösbare Frage: Wo beginnt der Süden und wo endet er?

Historisch beginnt er bei den beiden Männern, die häufig mit den gleichnamigen Städten identifiziert werden — Mason und Dixon.

Charles Mason und Jeremy Dixon waren beide Landmesser. Sie waren beauftragt, zwei Landstücke abzugrenzen — zwei unendlich große Landstücke. Das eine war die Schenkung des Stuart-Königs Karls I. an Lord Calvert (dessen Name im modernen Amerika als Whisky bekannt ist) aus dem Jahr 1632. Das andere war das Gebiet, das 1681 dem berühmtesten Quäker, William Penn, als Pfründe zugewiesen wurde.

Von 1763 bis 1767 stellten die beiden braven Landmesser auf diesem Terrain den 39. Breitengrad, 42 Minuten, 26³/₁₀ Sekunden fest, der auf der Karte den Grundbesitz des Lord Baltimore (Titel von Calvert) und den der Familie Penn abgrenzte. Sie setzten Meile für Meile Grenzsteine ein, die auf ihrer Nordseite die Wappen der Penn und auf ihrer Südseite das Wappenschild der Baltimore trugen. Da sie das nicht bis zum Pazifik fortsetzen konnten, hörten sie am Kamm der Alleghany-Berge auf, die praktisch die Grenze des englischen Commonwealth waren. Schon das war ein gutes Stück Arbeit gewesen, das sie mehr als einmal gezwungen hatte, das Visiergerät beiseite zu legen und nach der Muskete zu greifen.

Heute suchen viele Europäer und auch manche Amerikaner die Orte Mason und Dixon auf der Karte, um eine Vorstellung von der berühmten Linie zu bekommen, von der in der Geschichte der Vereinigten Staaten so oft die Rede ist. Sie ist ganz einfach die Grenzlinie zwischen Maryland und Pennsylvania. Trotzdem ist sie eine sehr wichtige Grenze, denn sie bezeichnet die traditionelle Demarkationslinie zwischen dem Norden und dem Süden. Auf der einen Seite erstreckt sich das Land der Yankees, auf der andern liegt »Dixie« – das Land der Neger, der Sezession und der Sonne.

Wenn man so sagt, muß man gleich eine Menge Einschränkungen und Unterscheidungen machen. Die beiden Landmesser hatten an den Alleghanies halt gemacht, und der Süden reicht bis jenseits der Berge, aber auch bis jenseits des Mississippi (Arkansas, Louisiana, Texas). Wenn man ihre Linie bis zur Mitte des Kontinents verlängert, findet man südlich davon die Gesamtheit, oder wenigstens den größten Teil der 16 Staaten, aber es wäre verwegen, sie alle ohne Unterschied dem »Dixie« einzureihen. Missouri zum Beispiel gehört nicht dazu, wenn es auch Berührungspunkte mit dem Süden hat, und West-Virginia gehört nur in einem indirekten, um nicht zu sagen negativen Sinn dazu. Nach diesen Vorbehalten bleiben noch 14 Staaten, die im weitesten Sinn der Süden genannt werden können. Es sind die folgenden: Delaware, Maryland, Virginia, Kentucky, Tennessee, Nord-Carolina, Süd-Carolina, Georgia, Florida, Alabama, Mississippi, Louisiana, Arkansas und Texas.

Man muß noch mehr unterscheiden. Texas muß zwangsläufig wegen seiner außerordentlichen Eigenart ausgeschaltet werden. Drei andere der hier genannten Staaten, Delaware, Maryland und Kentucky, haben sich nicht der Sezession von 1861 angeschlossen. Deshalb muß man sie in eine gesonderte Gruppe einordnen, denn für die Definition des Südens ist die Geschichte noch wichtiger als die Geographie.

Es bleiben also noch 10 Staaten. Drei davon, Virginia, Nord-Carolina und Tennessee, besitzen einen gewissen Mischcharakter und die gemeinsame Besonderheit, als letzte und nur widerwillig der Sezession beigetreten zu sein. Trotzdem sind sie authentische Südstaaten, und man muß schon auf Nuancen eingehen – die übrigens sehr wichtig sind –, um sie von den sieben Staaten des Tiefen Südens zu isolieren: Süd-Carolina, Georgia, Florida, Alabama, Mississippi, Louisiana und Arkansas.

Der so umrissene Süden stellt immer noch eine schöne Einheit dar.

Notwendigerweise vermischt sich alles in einer Nation, in der abwechslungsreiche Strukturen durch freiesten und intensivsten Verkehr verbunden sind. Ein klassischer Ausspruch lautet: Miami (Florida) ist ebenso südstaatlich wie The Bronx, die Vorstadt von New York. Der Westen von Nord-Carolina, der Osten von Tennessee, ganz allgemein die Gebirgsgegenden, in denen sich die Sklaverei nie durchsetzen konnte, sind ebenso weit vom Geist der Südstaaten entfernt wie Neu-England. Aber einer noch weitergehenden Verschiedenheit kann hier nicht nachgegangen werden.

*

Das wichtigste Element für die Deutung des Südens ist natürlich der Sezessionskrieg, den die Südstaatler lieber »The War between the States« – den »Krieg zwischen den Staaten« – nennen. Es ist eine erwiesene Tatsache, daß Bürgerkriege sich fester im Gedächtnis einprägen als Kriege mit dem Ausland, aber es findet sich bestimmt nirgends das Beispiel eines Konfliktes im Innern, der noch über hundert Jahre später so aktuell und so gegenwärtig geblieben ist. Der Süden hat, obgleich er besiegt wurde, diesen Krieg niemals bereut. Das größte Denkmal von New Orleans ist eine Gedenksäule für einen ihrer Rebellen-Generäle; und eine Huldigung dieser Art ist die Regel und nicht die Ausnahme. Der Geburtstag von Robert Lee (19. Januar) ist in den 11 Staaten, die früher der Sezession angehörten, ein gesetzlicher Feiertag, und 10 von ihnen feiern auch den Geburtstag von Jefferson Davis, welcher der einzige Präsident der Konföderation war. Dagegen wird der »Lincoln Birthday«, das große Nationalfest, in keinem der Südstaaten gefeiert außer in Kentucky, Tennessee und Texas.

Es ist nicht möglich, durch »Dixie« zu reisen, ohne auf leidenschaftliche Beweise eines Ressentiments zu stoßen, das längst begraben sein sollte. In einem der wunderbaren Gärten in Charleston belehrt uns eine Marmortafel, daß die Schändung eines Grabes durch Yankee-Soldaten verübt worden sei, die es beim Pistolenschießen als Ziel benutzten. Die Grausamkeiten des Generals Sherman bei seinem Marsch auf Atlanta scheinen sich erst gestern abgespielt zu haben, und man meint, die Ruinen der Städte brennten noch, so tief sind die Brände in die Erinnerung eingegraben. Als ich mir einer Dame der Südstaaten gegenüber die Bemerkung erlaubte, die Straßen in Georgia seien schlecht,

bekam ich die historische Zurechtweisung zu hören: »Vergessen Sie nicht, daß wir hier im Süden einen großen Krieg hatten.« Der letzte Kanonenschuß ist am 9. April 1865 gefallen.
Der Fall der Margaret Mitchell ist bezeichnend. »Ich war zwölf Jahre alt«, erzählt sie, »als ich begriff, daß der Süden den Krieg verloren hatte – niemals in meinem Leben habe ich so geweint.« Sie ist im zwanzigsten Jahrhundert geboren, aber ihre ganze Kindheit hat sie nur von Schlachten erzählen hören, über die schon das Gras gewachsen war, als ihr Vater auf die Welt kam. Sie lebte nur in dieser Vergangenheit und beschrieb sie einzig aus dem Wunsch heraus, sie für sich selbst auszumalen, so daß das Riesen-Manuskript mit dem größten literarischen Erfolg seit der Bibel ganz zufällig von einem Verleger auf der Durchreise entdeckt wurde. Mit dem Roman *Vom Winde verweht* begann und schloß übrigens die literarische Laufbahn von Miss Mitchell, der es nicht einmal gelang, eine einzige Erzählung zu schreiben, nachdem sie dem Süden seine Ilias geschenkt hatte. Aber als der nach dem Buch gedrehte Film in Atlanta aufgeführt wurde, pfiffen die Zuschauer die blauen Uniformen der Nordstaatler voll Gehässigkeit aus und sangen ihr *Dixie*, wie die Marseillaise noch nie gesungen worden ist.
In den Augen der ganzen Welt gehört die Glanzrolle in jenem Krieg den Besiegten – trotz der Sache, die sie verteidigten. Das trifft sogar für das Land der Sieger zu. Der Norden ist im Süden nie beliebt, während der Süden auf den Norden eine große Anziehungskraft ausübt. Jeder Amerikaner ist bereit, Robert Lee als eine große und ergreifende Gestalt anzuerkennen. Die zahllosen populären Romane, die über die Sezession geschrieben wurden, werfen alle auf die grauen Soldaten ein sympathisches Licht und idealisieren ihren ungleichen Kampf. 1951 hat die Fahne der Südstaaten, die Fahne der Rebellen – elf Sterne kreuzweise auf zwei blauen Streifen –, plötzlich ganz Amerika überschwemmt, und man mußte den Automobilisten, die sie gehißt hatten, verbieten, in der Nähe des Kapitols in Washington zu parken. Diese nationale Sympathie für den Süden hat jedoch eine gewisse Ähnlichkeit mit der für die Indianer. Sie kommt zu spät, und sie hat keineswegs die Bedeutung, daß der Süden mit Verständnis und Großmut behandelt worden sei. Er wurde im Gegenteil mit einer Härte behandelt, die im Lauf der amerikanischen Geschichte die Wirkungen des Bürgerkrieges noch verstärkte. Die meisten amerikanischen Historiker sagen, die *Reconstruction* habe mehr Spuren hinterlassen als die Se-

zession. Auf jeden Fall nachhaltigere Spuren: sie demütigte den Süden mehr als seine Niederlage, und sie ruinierte ihn nachhaltiger als seine Kämpfe.

Das Ziel des Krieges war nicht die Freilassung der Schwarzen gewesen, aber sie war seine notwendige Folge. Vier Millionen Sklaven, darunter 3 800 000 Analphabeten, waren von einem Tag zum andern die Herren ihrer Herren geworden — es war der Beginn einer außergewöhnlichen Epoche. Die Gewalttaten und Racheakte hatten vielleicht weniger Gewicht als die politische Tragikomödie, die sich bei lokalen, jetzt von den Schwarzen beherrschten Versammlungen abspielte, von denen die Rebellen von gestern ausgeschlossen waren. James S. Pike, ein Schriftsteller aus Neu-England, hat ein historisches Gemälde von der Gesetzgebung in Süd-Carolina hinterlassen, bei der 23 Weiße, »welche die Reste einer alten Kultur repräsentierten«, als machtlose Zeugen den Grimassen, Possen und Narreteien ihrer 100 farbigen »Kollegen« zusehen mußten. Ein Bild, das sich dem Gedächtnis der Südstaatler eingeprägt und eine instinktive Feindseligkeit gegen jede politische Aktivität der Schwarzen hinterlassen hat.

Aber die Sklaven von gestern waren nicht ohne Führer — oder besser gesagt, ohne Herren. Sämtliche Schurken des Nordens hatten sich auf den überwältigten Süden gestürzt. Man nannte sie die »carpetbaggers«, weil sie bei ihrer Ankunft alle Habe in einem Reisesack — carpetbag — bei sich trugen. Dieser Abschaum des Nordens vereinigte sich mit dem Abschaum des Südens, den »scallawags« — ein Ausdruck ohne Etymologie, der ungefähr Nichtstuer und Taugenichtse bedeutete. Alle maßten sich an, die Schwarzen über ihre Rechte aufzuklären, und alle beriefen sich auf die Republikanische Partei, die Partei Lincolns, der für den Norden den Krieg gegen die Rebellen geführt hatte. Davon ist ein tiefer Abscheu vor den Republikanern zurückgeblieben und das erstaunliche Phänomen, daß ein Viertel Amerikas über hundert Jahre lang zum Betätigungsfeld einer einzigen Partei wurde.

Die Weißen des Südens waren zu stolz und zu kämpferisch, um sich lange knebeln zu lassen. Wofür sie zuerst sorgten, war ihre persönliche Sicherheit und der Schutz ihrer Frauen und Töchter. Sie erreichten ihr Ziel durch Einschüchterung. Der Ku-Klux-Klan, 1865 in Tennessee gegründet, legte sich wie ein großer Schatten über den ganzen Süden, ein Schutzengel für die einen, ein Schrecken für die andern. Ihre Mönchskapuzen, langen schwarzen Röcke, brennenden Strohkreuze, dazu ihre vielen Tricks bildeten das Brimborium, um die abergläubischen Neger mit Schrecken zu erfüllen. Die »carpetbaggers« und die »scallawags«, die weniger leicht zu terrorisieren waren, hatten sehr bald gute Gründe, die Klan-Leute zu fürchten. Ein Journalist aus den Nordstaaten, Allen W. Tourgée – selbst ein »carpetbagger« –, war Zeuge ihrer Tätigkeit und berichtet, wie diszipliniert und geräuschlos die geheimnisvollen Kavaliere bei Nacht von den kleinen Dörfern Besitz ergriffen, um dort eine harte und notwendige Justiz zu üben. Der seltsame Film *Birth of a Nation* von D. W. Griffith, 1913 gedreht, schildert diese Selbstverteidigung des Südens mit mehr historischer Wahrhaftigkeit als die meisten Historiker, die von ihrer Parteinahme beeinflußt waren. Unter einer Besatzung, die ebenso hart war wie eine ausländische, hatten die Millionen Zivilisierter inmitten einer primitiven Bevölkerung, die eher entfesselt als frei war, viele Jahre keinen anderen Schutz als den, welchen sie sich selbst schufen.

Das Unrecht des K. K. K. war, daß er seine Berechtigung überlebte. Präsident Johnson hat ihn 1965 als »Gesellschaft frömmelnder Mukker mit Mönchskapuzen« bezeichnet, und eine Kommission konnte im Süden 381 örtliche Klans feststellen, von denen 260 zu der von Robert Shelton jr. aus Tuscaloosa (Alabama) geleiteten Organisation gehören. Sein Chef führt den lächerlichen Titel »Kaiserlicher Zauberer, Herrscher des Unsichtbaren Reichs« – obgleich er nur ein Geburtshelfer oder ein Versicherungsbeamter ist, den das ganze Stadtviertel kennt. Der negerfeindliche, antikatholische, antisemitische und fremdenfeindliche Klan hat seine letzte große Schlacht im Jahr 1928 gegen die Präsidentschaftskandidatur von Alfred Smith geschlagen. Er organisiert von Zeit zu Zeit kostümierte Umzüge in einigen Städten des Südens, aber die Lokalgesetze verbieten diese Art von Karneval mehr und mehr – sogar in Georgia. Das sollten die sogenannten liberalen Schriftsteller wissen, die aus ihm ein landläufiges Objekt ihrer Denunziationen machen und denen es gelingt, ein paar simple Geister davon zu überzeugen, daß der K. K. K. eine ungeheuer schädliche Macht in Amerika ausübt – obwohl er nichts weiter ist als eine kleine Freimaurerei, die ihrem sanften Erlöschen entgegengeht.

Die *Reconstruction* des Südens dauerte etwa zehn Jahre. Die elf sezessionistischen Staaten wurden einzeln in die Union wiederaufgenommen – Alabama als letzter 1871 –, und die letzten Spuren eines Besatzungsregimes verschwanden 1877. Auf seiten der Nordstaatler wurden einige zögernde Versuche gemacht, Irrtümer zu korrigieren und Ausschreitungen zu beseitigen, die Lincoln wahrscheinlich nicht zugelassen hätte, wäre er am Leben geblieben. Jetzt war es natürlich zu spät. Der Süden hat sich nach den Zerstörungen des Bürgerkriegs unter Wahrung von drei Charakterzügen wieder erhoben, die er sich jahrzehntelang bewahrt hat und die er gegenwärtig immer mehr verliert: das politische Monopol der Demokratischen Partei, die Vorherrschaft der weißen Rasse und die Armut.

*

Im Süden war das politische Monopol der Demokratischen Partei so gut wie absolut. Die eigentlichen Wahlen waren die »Vorwahlen«, in deren Verlauf sich die demokratischen Rivalen bekämpften, und die endgültigen Wahlen dienten nur dazu, ihre Resultate zu bestätigen. Außerhalb einiger aktiver Kernzonen, wie Texas und Florida, war die Republikanische Partei überall äußerst schwach, und im Tiefen Süden bestand sie praktisch überhaupt nicht. Von den 129 südlich der Mason-Dixon-Linie gewählten Deputierten waren normalerweise nur sieben Republikaner, und da sie aus den Randstaaten Maryland, Kentucky und Tennessee stammten, vertraten sie alle die vorwiegend bergigen Gebiete, wo die Baumwollkultur und die Sklaverei niemals Eingang gefunden haben. Bei den Senatswahlen hatte die Republikanische Partei generell keinen Kandidaten in Alabama, Arkansas, Georgia, Mississippi, Süd-Carolina und erhielt in Louisiana und Florida nur symbolische Minderheiten. Bei allen Präsidentschaftswahlen von 1868 bis 1928 bekam die Demokratische Partei in allen ehemaligen Sezessions-Staaten die Majorität. Die Regel wurde durchbrochen, als der Süden – die protestantischste Zone Amerikas – zwischen dem katholischen Demokraten Alfred Smith und dem Republikaner Herbert Hoover wählen mußte: Virginia, Nord-Carolina, Florida und Texas stimmten für Hoover. Aber sie kehrten dann wieder zur Traditon zurück.
Das demokratische Monopol im Süden brachte, und bringt noch, oft entscheidende Konsequenzen mit sich. Sie zeigten sich hauptsächlich bei den Präsidentschaftswahlen, bei denen die Demokraten ohne die geringste Anstrengung in ihre offiziellen Listen ein Viertel aller Wahlmandate eintragen konnten. Die Republikanische Partei, die keinen dem demokratischen tiefen Süden vergleichbaren Rückhalt besaß, mußte daher ihre Siege in nur drei Vierteln der Vereinigten Staaten erringen. Ein Handikap, das man dem eines Fußball-Teams vergleichen kann, das ständig auf neun Spieler reduziert ist.

Dieser ungewöhnliche Vorteil war nicht ohne Nachteil für die Demokraten. Der konservativste politische Mensch ist wahrscheinlich der Weiße des Südens. Das hatte keinerlei Bedeutung zu einer Zeit, in der die amerikanischen Parteien noch eine geistige Haltung darstellten anstatt Doktrinen, und den Ausdruck gegensätzlicher Traditionen statt widerstreitender sozialer Ansprüche. Aber die Demokraten des Südens befinden sich mehr und mehr in einer schiefen Lage in einer Partei, die sich nach der Seite einer Linksideologie europäischer Art entwickelt. Der Süden setzt sich für eine starke Autonomie der Staaten ein, für die gesetzliche Trennung der Rassen, gegen die ausschließliche Macht des Syndikalismus, für eine enge Konzeption des Amerikanismus, während die Demokratische Partei an der Zentralisierung Amerikas arbeitet, ein Programm der Rasseneinigung proklamiert und zu fordern bestrebt ist, was sie die organisierte Arbeit nennt, und schließlich sich kosmopolitisch färbt. Roosevelt war durch seine phänomenale Wendigkeit der letzte Mann, dem es gelang, die Liberalen der Nordstaaten und die rückständigen Südstaatler so einigermaßen harmonisch zusammenzuhalten.

Die gleiche Wendigkeit war seinem Nachfolger nicht beschieden. Unter Truman wurde die Koalition der Republikaner und der Demokraten des Südens mehr und mehr zur Regel und verhinderte im Kongreß konsequent die von der Regierung besonders nachdrücklich empfohlenen Maßnahmen. Durch unbeherrschte Reden verdarb der Präsident das Einvernehmen mit einigen der einflußreichsten Führer des Südens, angefangen mit dem Senator Byrd aus Virginia und dem temperamentvollen Gouverneur von Süd-Carolina, James Byrnes. Der Bruch mit den Südstaatlern war besiegelt, als Truman einen Entwurf über die Gleichheit der Rechte vorlegte, der der Trennung zwischen Schwarzen und Weißen durch Gesetz ein Ende machte. Es entsprach jedoch der Geisteshaltung der Südstaatler nicht, den verhaßten Präsidenten dadurch zu schlagen, daß sie sich als Block seinem republikanischen Gegner anschlossen. Sie zogen es vor, eine demokratische Splitterkandidatur aufzustellen, indem sie eine Gelegenheits-Partei gründeten, die den Namen »Partei zur Wahrung der Rechte der Staaten« erhielt. Der Gouverneur J. Storm Thurmond bekam daraufhin 1 160 000 Stimmen, gewann Süd-Carolina, Mississippi, Alabama, Louisiana für sich und reduzierte im großen Wahlausschuß die Stimmenmehrheit Trumans im Wahlmännerkollegium um vierzig Stimmen. Die Wahleinheit des Südens war gebrochen.

Vier Jahre später sahen sich Eisenhower und seine Wahlmänner vor das Problem mit dem Süden gestellt. Die Unzufriedenheit mit der demokratischen Regierung war gewachsen und hatte sich vertieft. Die Popularität des Generals in »Dixieland« war offensichtlich, und die Haltung, die er zugunsten der Südstaaten im Streit um die submarinen Ölquellen eingenommen hatte, sicherte ihm rund um den Golf von Mexiko lebhafte Sympathien. Die Experten erklärten jedoch, es sei illusorisch, sich einzubilden, der Süden werde republikanisch wählen. Sie rieten Eisenhower vor jedem persönlichen Einsatz jenseits der Mason-Dixon-Linie ab, da er nur einen Zeit-, Kraft- und Geldverlust bedeuten würde. Ein derartiger Einsatz um den Süden war in der Geschichte der Republikanischen Partei nie üblich gewesen. Infolgedessen sah der demokratische Kandidat in der Überzeugung, daß er ebensowenig zu verlieren, wie der andere nichts zu gewinnen hatte, davon ab, den Süden überhaupt zu betreten, so daß dieser eine große stumme Oase blieb, während die Wahlschlacht in den andern Gebieten der Vereinigten Staaten tobte.
Ike schlug den klugen Rat von denen, zu deren Beruf es gehört, alles besser zu wissen, in den Wind. Er erklärte, er werde, wie überall sonst, auch im Süden kämpfen. Als er zu seiner ersten Wahlreise nach Florida, Georgia, Alabama und Arkansas flog, begleitete ihn die Mißbilligung seines Stabes. Aber der Süden überschlug sich vor Begeisterung. Atlanta, die geistige und politische Hauptstadt, jauchzte dem republikanischen General zu, dem ersten, der es seit William Tecumseh Sherman, von dem es 1864 in Brand gesteckt worden war, besuchte. Ein wenig später spendeten auch Virginia und die beiden Carolina Ike ihre Huldigungen. Aber die Wahlexperten erklärten, sie gälten dem Siegeshelden und nicht dem republikanischen Kandidaten. Der 4. November werde zeigen, daß Applaudieren und Wählen zweierlei sei.
Der Abend des 4. November kam. Die Ergebnisse hagelten in die Wahlzentralen. Nach den ersten Telegrammen schien es, als habe Eisenhower fast den ganzen Süden hinter sich. Das große Texas mit seinen 24 Mandaten, Florida und Virginia waren für Stevenson im Sturm verlorengegangen. Der aufregende Kampf setzte sich in Louisiana, den beiden Carolina, Tennessee und Kentucky fort. Das Votum der entlegenen Gebiete brachte den Ausgleich zugunsten der Demokraten. Ike behielt Tennessee und verlor Louisiana nur um 10 000 und Süd-Carolina nur um 2000 Stimmen. Der gesamte Süden gab ihm 67 Mandate und Stevenson 81, was beweist, daß die Volksstimmung

sich ziemlich gleichmäßig zwischen ihm und seinem Rivalen teilte. Vier Jahre später waren die Ergebnisse nicht nur bestätigt, sondern sogar erhöht. Ike behielt alle Staaten, die er erobert hatte, fügte Kentucky und Louisiana hinzu, verfehlte Nord-Carolina nur um eine Handvoll Stimmen und konnte substanziöse Minderheiten in den Hochburgen des Sezessionismus wie Georgia und Alabama für sich buchen.

Im Jahr 1960 kam ein kampfloses Aufgeben des Südens für die Republikanische Partei nicht in Frage. Nixon konnte gegen Kennedy nicht den Erfolg Eisenhowers gegen Stevenson in gleichem Ausmaß wiederholen, jedoch immerhin Florida, Kentucky, Tennessee und Virginia erobern. Vier Jahre später erzielte die unsinnige Kandidatur des Senators Goldwater in ganz Amerika 51 Mandate – davon 40 aus dem Süden, wo Alabama, Georgia, Louisiana und Süd-Carolina republikanisch gewählt hatten. Die Wahl von 1968 sodann verschaffte Nixon die Majorität im Süden und die Stimmen von Florida, Virginia, der beiden Carolina usw. Nur zwei Staaten – und vielleicht die beiden rückständigsten und ärmsten von ganz Amerika – Arkansas und Mississippi – blieben der Tradition des Südens treu und konnten auch fürder von sich sagen, niemals republikanisch gewählt zu haben.

Die Wahl von 1972 war der Höhepunkt dieser Entwicklung. Nicht nur, daß alle Südstaaten für Nixon stimmten – sie sprachen sich auch mit den weitaus massivsten Mehrheiten für ihn aus: 427 014 gegen 180 588 in Arkansas, 778 713 gegen 260 752 in Georgia, 498 680 gegen 125 746 in Süd-Carolina, 701 435 gegen 314 309 in Louisiana usw. Der früher »solid demokratische« Süden ist innerhalb weniger Jahre zu einem solid republikanischen Süden geworden – ein für das Gleichgewicht der Parteien entscheidend wichtiger Wandel. Der Block von 136 Mandaten von insgesamt 538, den die Demokraten gleichsam automatisch in ihre Kolonne buchen konnten, hat die Seite gewechselt.

Ob das endgültig ist? Das ist wahrscheinlich und wäre logisch. Es war offensichtlich paradox, daß der zutiefst und intensivst konservative Süden ausgerechnet für die weniger konservative der beiden großen Parteien stimmen sollte. Sicher scheint zu sein, daß das System der Einparteiherrschaft, die während eines Jahrhunderts im »Dixie« die Regel war, nicht wiederkehren wird.

Die Eroberung der legislativen und vor allem der kommunalen Ämter ist für die Republikaner schwieriger als die Erlangung der Majorität bei Präsidentschaftswahlen. »Mein Großvater dreht sich jedesmal im Grab um«, sagen die Südstaatler, »wenn ich einen republikanischen Präsidentenanwärter wähle; aber wenn ich einem republikanischen Friedensrichter meine Stimme geben wollte, käme der Großvater aus dem Grab heraus ...« Dennoch macht die pro-republikanische Tendenz auch in dieser anderen Verzweigung des öffentlichen Lebens Fortschritte. Von den 28 Senatoren der 14 Staaten, die im weiteren Sinne den Süden bilden, sind derzeit 13 Republikaner. Im Repräsentantenhaus nimmt die Relation ab: 41 Republikaner von insgesamt 108 Republikanern aus dem Süden. In der Legislative der einzelnen Staaten wird das Verhältnis noch ungünstiger: so sind von den 135 Mitgliedern des Landtags von Arkansas nur 3 Republikaner, in Louisiana sind es 2 von 144, in Mississippi 4 von 174. Sogar in Texas, dem Staat des Südens, der zuvörderst zur Wahl republikanischer Präsidentschaftskandidaten beigetragen hat, erreichen die in den Landtag gewählten Republikaner gerade ein Dutzend gegen eine Gesamtzahl von 181 Abgeordneten. Die politische Einheitlichkeit des Südens gehört der amerikanischen Vergangenheit an, doch sterben Traditionen nur langsam.

*

Die weiße Vorherrschaft ist der zweite hervorstechende Zug des Südens. Sie war lange Zeit vollständig, unbestritten und von Schwarzen wie Weißen gleichermaßen anerkannt und hingenommen. Seit einer Anzahl von Jahren ist sie in Frage gestellt; aber der Widerstand ist hartnäckig, und der Streit will nicht enden.

Das Farbigenproblem ist inzwischen so verwickelt geworden, es durchdringt das Leben Amerikas mit solcher Intensität, daß ich mich außerstande sehe, es wie in früheren Ausgaben dieses Buches in den Rahmen einzelner Staaten konzentriert zu behandeln. Ich habe lange darüber gesprochen, als ich New York zu schildern versuchte. Ich habe es weiter verfolgt bei der Beschreibung von Washington, der Hauptstadt der Nation, die aus einer Stadt der weißen Marmorsteine die Stadt der Schwarzhäute geworden ist. Und in Detroit, Chikago und Los Angeles werde ich es wiederfinden. Was nun folgt, ist nicht mehr als eine Skizze der Negerfrage, wie sie war, wie sie ist und wie sie sich im Süden entwickelt.

Es war der Süden, von wo aus die Rasse Cham Amerika überflutete. Die erste Schiffsladung mit Sklaven – zwanzig Afrikaner auf einem holländischen Schiff – kam 1619 in der Kolonie Jamestown, Virginia, an. Das war ein Jahr vor den »Pilgern« von Plymouth. Da der Sklavenhandel zu Anfang des 19. Jahrhunderts aufgehört hat, sind die Neger Amerikaner älteren Stammes als die meisten ihrer weißen Landsleute. Sie waren in den frühen Jahren auch verhältnismäßig weitaus zahlreicher. Ein Viertel der Bevölkerung der im Entstehen begriffenen Vereinigten Staaten bestand aus Negersklaven. Die Massen-Einwanderung aus Europa im 19. und 20. Jahrhundert senkte den Farbigenanteil in die Nähe von 9 Prozent. Seit 1920 steigt er wieder, jedoch nirgends in übermäßig bedrohlicher Weise. Zu den 203 184 702 Einwohnern in Relation gebracht, sind 22 762 570 Schwarze (Zählung von 1970) gerade 11,15 Prozent.

Bis vor nicht allzu langer Zeit lebte die überwiegende Mehrheit der Neger südlich der Mason-Dixon-Linie. Der Norden kannte nur eine bescheidene Zahl freier Neger, die ganz friedlich einigen bescheidenen Tätigkeiten nachgingen – wie Schuhputzer oder Schlafwagenschaffner. Die große Masse der Schwarzen des Südens waren Baumwollpflücker oder Tabakpflanzer. Kraft des 13. Zusatzes zur amerikanischen Verfassung in Freiheit gesetzt, blieben die Schwarzen des Südens juristisch und politisch in unveränderten Umständen. Die Rassentrennung war in 17 Staaten und im Columbia-Distrikt gesetzlich vorgeschrieben. Weißen und Schwarzen war es verboten, dieselben öffentlichen Lokale aufzusuchen, in denselben Fahrzeugen zu fahren, sich in denselben schulischen Gebäuden unterweisen zu lassen. Die Verfassung verkündete zwar, daß niemand wegen seiner Hautfarbe politischer Rechte beraubt werden dürfe, doch war es unvorstellbar, daß ein Schwarzer als Kandidat für irgendein öffentliches Amt aufträte, und sein Wahlrecht wurde entweder durch den Wahlzensus – die *poll tax* – oder durch den geforderten Nachweis elementarer Schulbildung – den *literary test* – oder auch ganz einfach durch das Verbot, sich einer Wahlurne zu nähern, zunichte gemacht. Die Europäer haben von einer Situation philosophisch Kenntnis genommen, die ihnen von der Wertskala der Rassen diktiert zu sein schien. Anfang unseres Jahrhunderts registrierte der *Figaro*-Reporter Jules Huret kommentar- und kritiklos das Verdikt eines Pflanzers aus Louisiana: »Der Neger ist ein ungefährliches, sogar sanftes wildes Tier, aber von Lastern zerfressen. Er ist unbekümmert und faul; wenn er eine Woche gearbeitet hat, muß er sich die darauffolgende Woche ausruhen. Er lügt aus Lust am Lügen, und seine Geilheit ist grenzenlos.« Die europäischen Kolonisatoren sprachen von

ihren farbigen Einwohnern auch nicht in wesentlich anderen Ausdrükken.
Es war vor allem die sexuelle Zügellosigkeit, gegen die sich die Weißen des Südens mittels der durch den Hauptmann der amerikanischen Revolutionstruppen Charles Lynch gebilligten Volksjustiz zur Wehr setzten. Zwischen 1882 und 1940 nennt eine unvollständige Statistik 575 Fälle von Lynchjustiz in Mississippi, 528 in Georgia, 489 in Texas, 391 in Louisiana, 346 in Alabama usw. — insgesamt 4796, von denen allerdings, das muß vermerkt werden, 1291 gegen Weiße verübt wurden. Weiße des Südens, die persönlich kein Huhn zu schlachten bereit wären, verteidigten die Lynchjustiz wegen ihrer exemplarischen Wirkung und rechtfertigten gelegentliche Massenjustiz anstelle von Recht und Gesetz mit dem Hinweis auf die Besonderheit des Charakters der Neger. Ihre Begründung lautet: »Das Entscheidende ist die Hemmung, welche die ständige Bedrohung einer schrecklichen und sofortigen Bestrafung auf die brutalen und zügellosen Instinkte der Schwarzen ausübt. Ihr Leichtsinn ist so groß, daß die langsame Abwicklung eines normalen Gerichtsverfahrens mit seinem hypothetischen Urteil und der vagen Möglichkeit der Hinrichtung durch den Henker auf ihr einfältiges Gemüt nur einen schwachen Eindruck macht. Aber die Vorstellung, daß sie, auf frischer Tat ertappt, gehängt oder in Stücke gerissen werden, ist eine mächtige Schutzwehr gegen Mord und Notzucht. Ein einziger Lynchmord im Jahr hat daher mehr vorbeugenden Wert als hundert Todesurteile.«
In dem Streit um dieses Problem läßt man die Weißen des Südens selten zu Wort kommen. Sie haben jedoch ihre Aıgumente und Gründe. Der Haß gegen den Farbigen ist bei ihnen wohl vorhanden, aber er beschränkt sich auf die ärmsten Schichten, auf die Menschen, deren wirtschaftliche Lage sie zu Nachbarn der Neger macht, die ihre Selbstachtung nur durch den brutalen Stolz auf ihre Hautfarbe bewahren können. Die übrigen Südstaatler hegen keine Feindschaft gegen die Schwarzen. Die Beziehungen zwischen den Angehörigen der beiden Rassen regeln sich im allgemeinen mit Leichtigkeit, Ruhe und einem überraschenden gegenseitigen Verständnis. »Die Yankees lieben die Neger als Abstraktion«, sagen die Südstaatler, »wir aber lieben sie als Individuen.« Der Vorwurf der Heuchelei folgt dieser im allgemeinen und im besonderen erhobenen Feststellung auf dem Fuß. »Der Norden schließt den Neger genauso aus wie wir; er verweigert ihm seine Hotels, seine Restaurants, seine Familien; er hält ihn auf einem

wirtschaftlich und sozial niedrigen Niveau und spricht dabei stets von Gleichberechtigung, während wir der Meinung sind, daß die Trennung der Farben ein notwendiges Prinzip der öffentlichen Ordnung ist.«
Einer der Gründe, welche die Weißen des Südens in einem Zustand kämpferischer Abwehr gegen die Schwarzen hielten, war die Angst, von der farbigen Flut überschwemmt zu werden. Es war leicht festzustellen, daß die aus dem Rassenproblem entstehenden Reibungsmöglichkeiten je nach der Verteilung der Hautpigmentierungen von Staat zu Staat unterschiedlich gravierend waren. Rassenkonflikte sind immer und überall einer brutalen Zahlengesetzlichkeit unterworfen. Es gibt keinen Antisemitismus, wo es keine Juden gibt; es gibt nur wenig Antisemitismus, wo es nur wenige Juden gibt; und es gibt enorm viel Antisemitismus, wo es sehr viele Juden gibt. Die Spannungen des amerikanischen Südens gehorchen der gleichen Regel. Tennessee mit seinen nur 18 Prozent Schwarzen wußte nichts von der rassistischen Besessenheit in Alabama, Georgia oder Louisiana, wo der Anteil der Schwarzen 35 bis 40 Prozent der Bevölkerung betrug. Nord-Carolina war — nach südlichen Begriffen — ein liberaler Staat, während Süd-Carolina ein intoleranter Staat war: 29 Prozent Neger im ersteren, 46 Prozent in letzterem sind die Ursachen des Unterschieds. Seine heftigsten Formen erreichte der Rassismus in Mississippi — nicht weil etwa die Bewohner dieses Staates bösere Menschen wären, sondern einzig deshalb, weil dort die meisten Schwarzen lebten — in manchen Gegenden 9 Schwarze auf einen Weißen. Viele Bekenner der Rassengleichheit müßten wohl vor solcher Dosierung auch kapitulieren.
Dieser Zustand wandelt sich. Weniger als die Hälfte der 22 Millionen Schwarzen lebt jetzt noch südlich der Mason-Dixon-Linie. Die relative Anzahl der Neger nimmt in allen Süd- oder Halb-Südstaaten ab, während im sogenannten Tiefen Süden die absoluten Zahlen abnehmen. Der Fall Mississippi ist dafür typisch. Die Zählung von 1940 hat 1 074 458 Schwarze und 1 106 327 Weiße ergeben — das bedeutet praktisch Zahlengleichheit zwischen Schwarz und Weiß, woraus man damals mit Sicherheit schließen konnte, daß die Schwarzen sehr bald die Mehrheit bilden würden. Das Gegenteil ist eingetreten. Die Zahl der in Mississippi lebenden Schwarzen hat seit der Zählung von 1950 abgenommen. Und 1970 waren es nur noch 815 770 Schwarze, hingegen 1 393 333 Weiße.
Die Entwicklung von Trennung und »Entsonderung« bildet eines der interessantesten Kapitel in der politischen und juristischen Geschichte

Amerikas. Kaum hatten die Südstaaten das Desaster des Sezessionskrieges überstanden, hatten sie nichts Eiligeres zu tun, als sich Rassengesetze zu geben, die eine Trennung der Hautfarben vorsahen. Der noch ganz von den Leidenschaften des Bürgerkrieges erfüllte Kongreß bekämpfte diese Gesetze mit aller Energie. Der Bürgerrechtsakt von 1875 untersagte den Ausschluß der Schwarzen von den Gerichten und forderte für sie das Recht, dieselben öffentlichen Örtlichkeiten aufzusuchen wie die Weißen, u. zw. Hotels, Transportmittel, Parks, Theater, Schulen usw. Der Oberste Gerichtshof – er war dazumal gewissenhafter als die Gesetzgeber und die Einrichtungen, die für die sozialen Realitäten verantwortlich waren – erklärte jene Rassengesetze für verfassungswidrig. Zwanzig Jahre später hat der inzwischen eingetretene Ideenwandel zu einer neuen Beurteilung geführt. Das neue Urteil lautete, daß die Trennung nicht verfassungswidrig sei, vorausgesetzt, daß die den beiden Farben zugestandenen Chancen die gleichen wären. »Separate but equal« – getrennt aber gleich – wurde für ein halbes Jahrhundert zum Grundprinzip für das Zusammenleben im Süden. Es war, wohlgemerkt, sehr wenig wirksam, lieferte aber immer wieder Anlässe, auf das verbriefte Recht zu pochen.

Der Oberste Gerichtshof hatte den Eifer der Befreiungsapostel von 1875 gezügelt. Nunmehr bildete er allmählich die Spitze der Entsonderungsbewegung. In den öffentlichen Transportmitteln, die Staatsgrenzen zu passieren hatten, konnten sich infolge unterschiedlicher Ratschlüsse der Behörden ganz sonderbare Situationen ergeben: so mußte zum Beispiel ein Neger, der sich von Laurel (Mississippi) nach Meridian (Mississippi) begab, in einem Sonderwagen Platz nehmen; fuhr er aber nur wenige Kilometer weiter nach Livingstone (Alabama), konnte ihn nichts und niemand daran hindern, sich neben eine Weiße zu setzen. Die Gerichte und die Bundesbehörden setzten sich dafür ein, die unterschiedlichen Wartesäle und Toiletten – jeweils »schwarz« beziehungsweise »weiß« beschildert – auf Bahnhöfen, Flughäfen und Bus-Stationen abzuschaffen. Sie dehnten das Verbot der Trennung auf alles aus, was aus dem zentralen Bundeshaushalt bezahlt wurde. Ein schikanöser Kleinkrieg mit zähen Nachhutgefechten entbrannte mit den Südstaatlern. Was immer an rechtlichen Vorteilen die Schwarzen errungen hatten, alles wurde durch Finten oder Einschüchterung wieder zunichte gemacht.

In der Chronologie der Entwicklung stößt man auf das wichtige Datum des 17. Mai 1954. Oberrichter Warren verlas vor einem fiebernden

Auditorium den Spruch des Gerichtshofes in der Sache Brown gegen Erziehungsbehörde Topeka, Kansas. Die neun Rechtsgelehrten hatten einstimmig befunden, daß der Neger Brown die Aufnahme seines Sohnes in eine weiße Schule rechtens gefordert hatte. Wie gewöhnlich wurde auch hier die allgemeingültige Regel vom Einzelfall hergeleitet. »Wir sind der Meinung«, sagte Warren, »daß die Rassentrennung in den öffentlichen Schulen den Kindern den Vorteil einer chancengleichen Bildung und Ausbildung versagt. Der Kläger und alle, die sich in ähnlicher Lage befinden, können mit Recht geltend machen, daß sie des kraft des 14. Verfassungszusatzes gewährleisteten gleichheitlichen Rechtsschutzes verlustig gehen ...« Das ganze Prinzip der »Chancengleichheit trotz Trennung« war am Zusammenbrechen.

Die erwähnte Gerichtsentscheidung traf den Süden auf einem ganz besonders heiklen Gebiet. Die Vermischung der Farben auf der Schulbank ist – nach der Mischehe – diejenige, welche die lebhaftesten gefühlsbetonten Widerstände auslöst. Der Süden erhob sich daher wie ein Mann. Die Gouverneure erklärten, sie würden eher die Schulen schließen und ein neues Schulsystem auf privater Basis organisieren, als der Anordnung der neun Richter gehorchen. Auf der anderen Seite forderten die Farbigenverbände und die liberalen Gruppen die uneingeschränkte und sofortige Einführung der schulischen Entsonderung. An die drei Millionen farbige Schüler sollten durch Neueinschulung mit siebeneinhalb Millionen weißer Schüler zusammengebracht werden. Die materiellen Schwierigkeiten verschärften die politischen Unannehmlichkeiten einer überstürzten Einführung noch beträchtlich.

Eine weitere Überlegung drängte sich auf. Die Schwarzen des Nordens hatten eine Reform, die sie nicht betraf, enthusiastisch begrüßt. Die in Harlem erscheinende Tageszeitung *Amsterdam News* wollte die grünen Manschetten der Hoffnung hervorziehen und überschrieb einen Leitartikel »The Second Emancipation«. Die Schwarzen des Südens waren weit weniger begeistert. Gewiß, ihre Schulen waren im allgemeinen auf einem niedrigeren Niveau als jene der Weißen. Aber sie hatten sich auf der ganzen Linie zwischen Volksschulen und Universitäten vervielfacht. Weder die Schüler noch die Eltern begrüßten eine Aussicht als Triumph, die den Verzicht auf ein homogenes Milieu und auf die Wohltat, in ihren Schulen »unter sich« zu sein, und schließlich den Nachteil bedeutete, überall zu einer Minderheit zu werden.

Diese Unterschiede in der Auffassung bringen es mit sich, daß die schulische Entsonderung im Süden nur langsam fortschreitet. Sechzehn

Jahre nach der historischen Entscheidung des Obersten Gerichtshofes wurde der Anteil der schwarzen Schulkinder in den Schulen mit rassischer Entsonderung laut des 1115 Seiten umfassenden Berichts der Kommission für die Bürgerrechte mit lediglich 20 Prozent eingeschätzt. Er übersteigt in Süd-Carolina und Louisiana nicht 2 Prozent und sinkt in Mississippi und Arkansas praktisch auf Null.

*

Die Armut des Südens ist eine der amerikanischen Gegebenheiten, die den Europäern am besten bekannt sind. Sie lernten sie in der *Tabakstraße* von Erskine Caldwell kennen, in der imaginären Landschaft Alabamas, die William Faulkner immer wieder beschrieb, und kürzlich auch von dem kühnen kleinen Literaten, der unter dem Pseudonym Truman Capote schreibt. Ihr Süden der Zerlumpten, der Faulheit, des Analphabetentums, der verbrauchten Felder, vermoderten Häuser, unüberwindlichen Sümpfe und wilder Sexualität ist eine grobe Karikatur; aber damit ist nur gesagt, daß wirklich vorhandene Züge heftig übertrieben sind.

An der Armut des Südens war in erster Linie die Übervölkerung auf dem Lande schuld. Die wohltätige Wirkung zahlenmäßig reduzierter kleinbäuerlicher Wirtschaften, das heißt mit anderen Worten, die Gewinnung großer Anbauflächen — ein untrügliches Zeichen wachsenden Wohlstandes — blieb dem Süden versagt. Um die Mitte dieses Jahrhunderts mußte fast die Hälfte der damals 3 158 000 Landwirte im Süden Amerikas auf weniger als 15 Prozent kultivierten Landes ein kärgliches Dasein fristen, sie konnte kaum mehr als 10 Prozent des Ertrags der gesamten amerikanischen Ernten produzieren. Große Menschenmassen südlich der Mason-Dixon-Linie blieben bitterer Armut preisgegeben. Dabei handelte es sich keineswegs nur um Neger, wenngleich ihre Lage im allgemeinen die schlechteste war. Mindestens zwei Drittel der Weißen aber — die Poor Whites — lebten weit unter dem allgemeinen amerikanischen Lebensstandard.

Auf dem übervölkerten Boden des Südens war die Methode der landwirtschaftlichen Nutzung selbst für europäische Begriffe völlig veraltet. Die Halbpacht ist die Regel, wobei der Anteil des Pächters (Sharecropper) die Hälfte und oft nur ein Drittel der Ernte beträgt. Bei der Kleinheit der Farmen, der schlechten Qualität der Werkzeuge und der Erosion des Bodens stellten sich viele Bauern des Südens — Weiße und

Schwarze – nicht einmal auf 800 Dollar Nettoeinkommen im Jahr. Manche gingen ohne Schuhe, was in Amerika ein seltener Anblick, aber eine recht nützliche Lektion ist. In seinem Süden hatte Amerika ein echtes Europa im eigenen Land: zu viele Menschen für zuwenig Arbeit, was die allgemeine Entwertung menschlichen Einsatzes, Vergeudung der Arbeitskraft, Weiterbestehen veralteter Methoden, Fortdauer des Elends und die aufreizende Ungleichheit des sozialen Niveaus mit sich bringt.

Die beiden klassischen Ernteprodukte des Südens – alle beide Vermächtnisse der alten kolonialen Bodennutzung – sind der Tabak und die Baumwolle. In gewisser Beziehung sind sie sich sehr ähnlich, zumindest in der Art, wie sie Jahr für Jahr den Boden aussaugen: der Tabak ist eine äußerst gefräßige Pflanze, und die Baumwolle wächst in dichten Büschen. Trotzdem weisen sie auch einen verblüffenden Unterschied auf: der Tabak repräsentiert einen relativen Wohlstand, während die Baumwolle gleichbedeutend ist mit Not und Elend. Nord-Carolina, wo der Tabak bei weitem an der Spitze der landwirtschaftlichen Erzeugnisse steht, ist einer der reichsten Südstaaten, und Mississippi, wo die Anpflanzung der Baumwolle alle andern Anbauformen übertrifft, ist dadurch der ärmste der 50 Staaten Amerikas. Die Hygiene, der Lebensstandard, der Schulunterricht, die Rassentoleranz stehen alle im umgekehrten Verhältnis zur Ausdehnung der Baumwollplantagen.

Auf den ersten Blick erscheint dieses Verhängnis unerklärlich. Lange Zeit war die Baumwolle von einem Nimbus umgeben (*King Cotton*). Früher ermöglichte sie ganzen Pflanzer-Dynastien ein üppiges Leben. Aber dieser Reichtum einer kleinen Minderheit beruhte in Wirklichkeit auf der Arbeit von Sklaven, und der *King Cotton* wurde zum Hungerleider, als er sich von den Riesenplantagen zu unbedeutenden Pachtgütern herablassen mußte. Die Landwirtschaftsexperten sind der Ansicht, die Baumwolle sei für die meisten Gebiete des Südens der Vereinigten Staaten völlig ungeeignet, weil die Winter dort zu kalt seien, und die Wirtschaftsexperten sind der Meinung, Amerika solle seine Rohbaumwolle einführen, genau wie es seinen Rohgummi einführt. Übrigens kann die Baumwolle nur mit ständiger Unterstützung des Bundes weiter existieren, und da sie vor allem eine reichliche Düngung des Bodens erfordert, sind ausreichende wirtschaftliche Vorbedingungen nur auf wirklich großen Plantagen gegeben. Trotzdem stellt sie noch die Haupternte von 85 Prozent aller Farmen im Tiefen

Süden dar; aber die Vereinigten Staaten steuern nicht mehr als ein Fünftel zur Weltproduktion an Baumwolle bei.

*

Der Süden wurde lange Zeit als Stiefkind behandelt. Als habe sich der Bannfluch der Sezession von einer Generation zur andern übertragen, war seine Rolle innerhalb der amerikanischen Wirtschaft lange darauf beschränkt, einen Teil der Rohstoffe zu liefern und als Absatzmarkt für die industrielle Aktivität des Nordens zu dienen. In den neunziger Jahren hat eine Zeitung in Atlanta diese Zustände beleuchtet, als sie mit bissigem Humor die Beerdigung eines Bürgers von Georgia beschrieb: »Um sein Grab auszuheben, mußte man erst Marmor heraussägen, aber den kleinen Grabstein, der dann aufgestellt wurde, mußte man aus Vermont kommen lassen. Man begrub den Toten inmitten eines Tannenwaldes, aber der Sarg aus Tannenholz war aus Michigan importiert worden. Sein Grab lag in der Nachbarschaft eines Eisenbergwerks, aber die Nägel zu seinem Sarg und die Schaufel des Totengräbers stammten aus Pittsburgh. Das Grab war von den besten Schafweiden der Welt umgeben, trotzdem kam das Polster im Sarg aus dem Norden. Er wurde in einem Rock aus New York, einer Hose aus Chikago, einem Hemd aus Cincinnati und einem Paar Schuhe aus Boston begraben. Der Süden hatte nur den Leichnam und das Loch im Boden geliefert.«

Diese Zustände sind noch nicht überwunden, aber immerhin in raschem Wandel zum Besseren begriffen. Das Stigma der Armut, dem man so häufig auf dieser warmen Erde von Dixieland begegnet, ist im Schwinden.

Die Struktur des Südens verändert sich. Die ländlichen Bereiche büßen etwas an Überzahl ein, während die Städte beträchtliche Fortschritte machen. Anläßlich der Zählung von 1960 belief sich die Landbevölkerung im Süden auf 51,3 Prozent bei örtlichen Maxima von 63,3 Prozent und 61,5 Prozent in Mississippi bzw. Süd-Carolina.

Die Ursache dieser Umbildung ist die Industrialisierung des Südens. Eigentlich ist es gar kein ganz neues Phänomen. Das große Eisen- und Stahlzentrum Birmingham in Alabama, in dem Enthusiasten schon die Rivalin von Pittsburgh sahen, nahm seinen Aufschwung bereits seit 1871, und die Täler in den beiden Carolina beherbergen seit langem Baumwollspinnereien. Aber diese erste Industrialisierung hatte auf die wirtschaftliche Lage des Südens wenig Einfluß, weil sie lokalisiert, vereinzelt und hauptsächlich aus dem Wunsch entstanden war, eine zugleich überaus zahlreiche und wehrlose Arbeiterschaft auszubeuten. Die zweite Industrialisierung, die seit fünfundzwanzig Jahren im Gang ist, wirkt sich viel einschneidender aus. Wahrscheinlich gibt es kein Gebiet in den Vereinigten Staaten, wo man mehr neue Fabriken findet, die bei Tag im Weiß der Mauern und bei Nacht im Kunstlicht leuchten. Die Löhne sind nicht ganz so hoch wie im Norden, aber sie liegen weit über dem Gewinn, den die Pächter in den meisten Farmen von Dixie erzielten. Nicht selten hört man die früheren »Sharecroppers« sagen, sie verdienten in der Fabrik in einer Woche mehr als in einem Monat auf ihren Feldern.

Die Industrialisierung hat in der Textilbranche begonnen. Die beiden Carolina haben praktisch die gesamte Baumwollindustrie Neu-Englands aufgefangen. Das amerikanische Manchester ist von Boston und New Bedford nach Winston-Salem, Charlotte (360 000 Einwohner) und Greenwood abgewandert. Die Wolle ist gefolgt, und dann kamen die synthetischen Fasern nach. Dennoch ist der Anteil der Textilien an der industriellen Gesamtproduktion infolge der Zunahme anderer Zweige gesunken. Auch hält die Textilindustrie nur mehr 43 Prozent der industriellen Arbeitsplätze gegenüber 55 Prozent vor zehn Jahren bereit.

Ein Viertel der amerikanischen Industrie liegt nun im Süden. Die arbeitende Bevölkerung ist seit dem Zweiten Weltkrieg um vier Millionen Arbeitskräfte angewachsen. Sie stammen von den aufgegebenen Äckern südlicher Kleinwirtschaften, aber auch zu einem beträchtlichen Teil aus Kontingenten weißer Zuwanderer aus dem Norden. Zwischen 1960 und 1970 waren folgende Überschüsse in der Wanderungsbewegung der Weißen im Süden zu verzeichnen: in Louisiana 327 838 Weiße zugewandert; in Georgia 570 293; in Virginia 615 035; in den beiden Carolina 736 633 und in Florida 1 647 530. In Verbindung mit der Abwanderung von Negern gesehen, hat dieser Zustrom den Süden ein wenig »gebleicht« und trägt dadurch zu einer Milderung der Rassengegensätze bei. Zugleich mit und infolge dieser Entwicklung ist eine Hebung des individuellen Wohlstandes nicht zu übersehen. Das Durchschnittseinkommen pro Kopf der Bevölkerung hat 1930 im Süden nur die Hälfte des nationalen Durchschnitts betragen, hat sich aber bis 1960 auf 72 Prozent und bis 1970 auf 80 Prozent erhöht.

In der ganzen Welt wenden sich menschliche Aktivitäten, Reichtum, industrielle Kräfte und technischer Fortschritt mehr und mehr den Ländern der Sonne zu. Sie waren im neunzehnten Jahrhundert allesamt Opfer der Kohlevorherrschaft, die um so drückender war, als die Menschheit infolge einer Laune der Natur mit diesem Rohstoff gar nicht oder doch unzureichend versorgt ist. Die Herrschaft des Erdöls hatte sie nun — bis zum Auftreten der neuerdings weltweit fühlbar gewordenen Problematik — der Kohlenunbill enthoben. Die Sanierung von Strandgebieten durch das DDT, der siegreiche Kampf gegen die Versumpfung, die allgemeine Einführung der Klimatisierung in Gebäuden sind geeignet, die mannigfaltigen Formen der Abschreckung zu bekämpfen, die bisher mit den warmen und heißen Klimaten verbunden waren. Die Freude des modernen Menschen an der Sonne bringt vollends den südlichen Regionen fast der ganzen Welt einen bemerkenswerten Aufschwung. Amerika ist hierin nur ein Beispiel für ein allgemeingültiges Gesetz.

Dieser kurzen und so unvollkommenen Studie über den amerikanischen Süden müssen — um dem Geist dieses Buches treu zu bleiben — einige Zeilen über jeden einzelnen Staat, aus deren Gesamtheit er sich herausgebildet hat, hinzugefügt werden. Da ich über Maryland, Delaware und West-Virginia bereits gesprochen habe, ziehe ich in einem Kapitel die fünf weiteren, der sogenannten Region South Atlantic zugehörigen Staaten zusammen: Virginia, Nord-Carolina, Süd-Carolina, Georgia, Florida und Alabama. Ein weiteres Kapitel widme ich den Staaten des South Central, des Mittleren Südens: Mississippi, Arkansas, Louisiana, Tennessee und Kentucky. Ein wenig später noch kommen die halb und halb im Süden und im Westen gelegenen Staaten an die Reihe, nämlich Oklahoma und »Seine Herrlichkeit« — Texas.

VIRGINIA · NORD-CAROLINA · SÜD-CAROLINA · GEORGIA · FLORIDA · ALABAMA

VIRGINIA

Geschichte und Konservativisums

Virginia ist eine der beiden Wiegen Amerikas. Heinrich IV. regierte noch in Frankreich, als der Kapitän John Smith während eines heftigen Sturmes in die Chesapeake-Bai einfuhr und mit 103 Gefährten am Nordufer einer breiten Flußmündung landete. Er kam nicht aus Zufall dorthin, sondern mit dem festen Auftrag, eine ständige Niederlassung zu gründen, das heißt das Unternehmen zustande zu bringen, das William Raleigh achtzehn Jahre zuvor mißlungen war. Er nannte den kleinen Marktflecken, den er dort aufbauen wollte, zu Ehren von James I. Stuart Jamestown und begann am 13. Mai 1607 die angelsächsische Kolonisation Amerikas. Das war dreizehn Jahre vor der Ankunft der Pilger von Plymouth.

Von da an war Virginia bis fast in die allerjüngste Zeit ein Brennpunkt der Geschichte. Man hat in Amerika die ausgezeichnete Gewohnheit, an den Landstraßen Metalltafeln aufzustellen, auf denen die großen Ereignisse der Vergangenheit, die sich auf den betreffenden Ort beziehen, verzeichnet sind. Nirgends sind diese Tafeln so häufig und so interessant wie in Virginia. Manche Hauptstraßen, wie zum Beispiel die von Richmond nach Alexandria, führen buchstäblich zwischen zwei Hecken von Gedächtnistafeln hindurch. Die Epoche der Kolonialzeit, der Unabhängigkeitskrieg, der Sezessionskrieg, das alles läßt sich nebeneinander von der lockeren hügeligen oder bergigen Erde des ältesten Staates ablesen.

Die Kolonisten von John Smith — Kavaliere, keine Bauern — erlebten zuerst den Überfluß einer reichen Natur, als aber der Winter kam, den Hunger. Sie wurden durch das Korn der Indianer — den Mais — gerettet, der zum amerikanischen Getreide überhaupt wurde, eben dem »corn«. Ein wenig später baute der Nachfolger von Smith,

John Rolfe, als Mittel gegen die Malaria, die Geißel der tiefgelegenen Küstengebiete, eine medizinische Pflanze an, den Tabak. Auf dieses amerikanische Heilmittel, das rasch zu einem transatlantischen Laster geworden ist, gründete sich der virginische Wohlstand. Schon vor Ende des siebzehnten Jahrhunderts, als die Puritaner in Neu-England in ihrem Boden nur nach Nahrung suchten, warteten die Pflanzer in Virginia auf die Schiffe aus London, um ihre Importwaren mit Tabak zu bezahlen. Auf diese Art kauften sie nicht nur Lebensmittel und Möbel, sondern Männer und Frauen, sogar ihre eigenen Frauen. Diese Arbeitskräfte zur verschiedensten Verwendung kamen aus England unter der »indenture« (Kontrakt) genannten Bedingung, die nichts anderes war als eine zeitbedingte Sklaverei, die durch die List der Besitzer in eine lebenslängliche umgewandelt wurde. (Die eigentliche, echte Sklaverei, die der Neger nämlich, wurde erst später eingeführt.)

Aus jener Zeit stammt die aristokratische Tradition Virginias, die sich von der demokratischen des Nordens von Grund auf unterscheidet. Im achtzehnten Jahrhundert wurde Jamestown aufgegeben und die Hauptstadt der Kolonie nach Williamsburg verlegt. Man sieht sie unversehrt, da sie auf das genaueste wieder aufgebaut worden ist. Eine Stadt der Edelleute mit großen Gärten, Marmorstatuen, Kristallgläsern, und hin und wieder in den reichsten Häusern einem Hauch von Strenge, den Amerika sogar den gepuderten Perücken und Reifröcken aufprägte. Es gab wohl auch Wirbel und soziale Kämpfe, Aufstände der kleinen Leute — wie die Revolte, die ein Abkömmling des Kanzlers Bacon gegen den Gouverneur Lord Berkeley führte —, aber im ganzen war die virginische Gesellschaft streng in Rangordnungen eingeteilt, sehr gesittet und auf Formen bedacht. Und weit im Norden von Williamsburg, am Ufer des Potomac, inmitten eines Besitzes von 8000 Morgen, lebte in diesem sozial gesicherten und üppigen Rahmen in seinem Herrenhaus Mount Vernon der Pflanzer George Washington.

Die reichen Bürger Virginias haben die amerikanische Revolution nicht begonnen. Sie hatten sogar Bedenken gegen sie — am meisten George Washington. Aber sie waren klug genug, ihre Führung zu übernehmen. Ihre Kolonie war weitaus die bedeutendste und zählte mehr Einwohner als Pennsylvania und Massachusetts zusammen. Sie lieferten daher den General, einen beträchtlichen Teil der Truppen und die wesentlichen finanziellen Hilfsmittel. Mehr als einmal zitterten sie vor dem wechselnden Kriegsglück der fünf langen Jahre von 1776 bis 1781. Der unglaublich diffus verlaufende Krieg wurde von Kanada bis

Georgia auf einem noch kaum erschlossenen Kontinent geführt. Aber als er sich seinem Ende näherte, wurde er fast symbolisch wieder nach Virginia getragen. Die Straßen in der Ebene an der Küste sind gespickt mit Tafeln, die von den Kreuzfahrten und Nachtlagern des Brigadegenerals Lord Cornwallis erzählen, ehe er sich wie eine Ratte in der Falle fangen ließ, die Washington, de Grasse, La Fayette und Rochambeau ihm gestellt hatten. Und Virginia ging aus dem Befreiungskrieg als Haupt der kleinen Gemeinschaft der 13 Staaten hervor.

Es zog daraus seine Vorteile. Vier der fünf ersten Präsidenten — Washington, Jefferson, Madison, Monroe — waren Virginier, und nach ihnen der neunte, zehnte und elfte — Harrison, Tyler und Zachary Taylor. Die großen Kämpfe um die Verfassung, die Streitigkeiten der Föderalisten und der Republikaner schienen fast Angelegenheiten Virginias zu sein, dem die verbündeten Staaten Beistand gewährten. Dazu besiedelte Virginia das Territorium jenseits der Alleghanies, setzte über den Cumberland Gap große Emigrantenzüge in das noch unerforschte Land in Marsch, entwickelte etwas, das sich eigentlich nur mit Imperialismus bezeichnen läßt, hätte fast einen Krieg mit Pennsylvania entfacht und rief im Norden Revolten gegen seine Vorherrschaft hervor. Eine Zeitlang war es fast allzu stark und zu aktiv für einen Staatenbund, dessen Mitglieder noch keine wirkliche Gemeinschaft bildeten. Doch dann ordnete sich alles rasch, als der Norden aufblühte und der Süden den ersten relativen Rückgang zu verzeichnen hatte.

Im Jahr 1810 war Virginia noch der Staat mit der größten Bevölkerungszahl. Dieser Vorrang wurde ihm 1820 von New York genommen, und 1830 wurde es auch von Pennsylvania überflügelt. 1840 blieb es hinter Ohio zurück, und 1860 kam die Reihe an Illinois, das wie aus dem Nichts entstanden war. Der »Old Dominion State« — der alte, fast feudale Pflanzerstaat, der Verteidiger der Sklaverei, verlor zusehends seinen Einfluß vor der großen Industriemacht, die im Norden der Mason-Dixon-Linie entstand. Virginia fand sich vor eine Entscheidung gestellt wie Cäsar: Sollte es der achte oder neunte im Rom des Nordens sein oder der erste im Dorf des Südens?

In den ersten Wochen des Frühlings 1861 war die Sezession wegen der Unentschlossenheit Virginias in Frage gestellt. Der Stolz trug den Sieg davon — die Aussicht, das Haupt einer Nation zu sein und in einem neuen Rahmen die Oberherrschaft wiederzugewinnen, die man früher besessen hatte. Der Tiefe Süden jauchzte vor Freude, denn Virginia war ihm unentbehrlich, doch der Westen des Staates — rauhe Gebirge, von rauhen Menschen bewohnt –, der niemals auch nur einen einzigen Sklaven gehabt hatte, machte seine eigene Sezession innerhalb der Sezession, schlug sich zur Partei des Nordens und wurde unter dem Namen West-Virginia unverzüglich ein neuer Staat. Virginia, das früher auch das heutige Kentucky, Indiana und Illinois umfaßt hatte, schrumpfte noch mehr zusammen, verlor seine langgestreckte Front gegen Ohio und begann das Abenteuer der Freiheit.

Der Krieg, der dann folgte, spielte sich zu drei Vierteln auf seinem Boden ab. Von seinem Territorium aus konnte Virginia Washington, die Hauptstadt Lincolns, sehen, aber es konnte sich ihrer nicht bemächtigen, zweifellos weil es die Panik des Feindes, als er bei Bull Run in die Flucht geschlagen wurde, nicht rechtzeitig ausnutzte. Die Hauptstadt des Südens wurde Richmond, und da es nur 100 Kilometer vom Potomac entfernt lag, wurde es bald eine Stadt in der vordersten Front. Vier Jahre lang rollten die vom Meer zum Gebirge vorwärts und rückwärts pendelnden Kämpfe während des größten Kriegs des neunzehnten Jahrhunderts ab – von der Hafenstadt Norfolk, das den ersten Kampf zwischen zwei Schlachtschiffen und die Heldentaten des ersten Unterseebootes miterlebte, bis zum tiefen Shenandoah-Tal, das bis zum felsigen Grund verwüstet wurde. Alle die faszinierenden Helden der grauen Armee, vor allem Robert Lee und Thomas »Stonewall« Jackson, zeichneten sich auf diesen virginischen Schlachtfeldern aus, auf denen der Süden Zug um Zug seine Kraft gegen die Ströme von Menschen und Stahl aus dem Norden erschöpfte. Und genau wie der Unabhängigkeitskrieg endete auch der Sezessionskrieg in Virginia, wo er begonnen hatte.

Noch heute, nach so vielen Jahren und so vielen Tragödien, bleibt diese Kapitulation des Südens ein historisches Ereignis, das die Urenkel der Sieger aufs tiefste bewegt. Sie vollzog sich in Appomatox, halbwegs in den Bergen, in denen Lee verzweifelt Zuflucht suchte, nachdem er gezwungen worden war, Richmond zu räumen. Er wurde umzingelt, versuchte vergeblich, die Umzingelung zu durchbrechen, stellte sich unter Tränen seinen letzten 28 000 erschöpften Männern, die ihm zuriefen, sie seien bereit, noch weiter zu kämpfen, kehrte dann in sein Hauptquartier zurück und schrieb an Grant, den feindlichen Oberbefehlshaber, daß er zur Kapitulation bereit sei. Am andern Morgen ließ er aus seinen Koffern seine beste Uniform und seinen Paradedegen holen für die Unterredung mit dem rauhen Grant, der im Rock des einfachen Soldaten erschien. Der Norden und der Süden gaben ein letztes Mal ein Schauspiel ihrer Gegensätze, aber Grant, milde gestimmt durch seinen Sieg, zeigte sich edelmütig. Die 28 000 Hungrigen des Südens wurden mit den Rationen des Nordens gespeist, auf Ehrenwort freigelassen, und der Held der Konföderation verließ melancholisch sein letztes Schlachtfeld, um in dem kleinen Nest Buckingham ein Hotelzimmer zu suchen, wo man ihm die Auskunft gab, alle Betten seien schon besetzt. So endete die Sezession, nachdem eine halbe Million Menschen geopfert worden war.

Appomatox (9. April 1865) schließt den historischen Kreis um Virginia, einen Staat, der nur etwas weniger arm war als die übrigen Südstaaten, der seine aristokratische Tradition und seine Treue zu den Werten der Vergangenheit hochhielt und bis ins Mark konservativ war. Der Sonntag wurde durch striktes Alkohol- und Musizierverbot geheiligt, die Wähler wurden durch eine Wahlabgabe – *poll tax* – in möglichst geringer Zahl gehalten und die Sträflinge vorsichtshalber angekettet. Der Lenker der politischen Geschicke war lange Zeit der Senator Harry F. Byrd, dessen älterer Bruder, der Admiral Richard Evelyn Byrd, einer der ersten war, die den Atlantik in der Luft überquerten und der allererste, der den Südpol überflog. Der Senator Harry Byrd war ein so eingefleischter Virginier, daß er mit einer der klassisch virginischen Kulturen sein Vermögen machte, dem Apfel, der sogar inmitten der Helden der Nation und gewissermaßen in seiner Weltkapitale Winchester als Monument verewigt ist. Byrd bekämpfte, entsetzt über die ungeheuren Bundesausgaben, zuerst Roosevelt, dann Truman, indem er energisch forderte, Amerika solle zu seinen wohlfeilen Methoden des Regierens zurückfinden. Sein Sohn, Harry F. Byrd jr., der seine Nachfolge als Senator Virginias antrat, erklärte, sein Vater sei der Größte in der amerikanischen Geschichte gewesen. Der Herrensitz der Familie Byrd ist und bleibt die Hochburg des Adels und des Konservativismus in Virginia.

Neuerdings bläst ein frischerer Wind. Virginia ist mit vollen Segeln auf den allgemeinen Kurs der Südstaaten in Richtung Industrialisierung und Urbanisierung eingeschwenkt. Die Bevölkerung hat sich zwischen den beiden letzten Zählungen von 3 900 000 auf 4 700 000 erhöht. Das Gebiet, das der Columbia-Distrikt 1847 an Virginia zurückgegeben hat, ist dennoch nachträglich zu einem Teil der Bundeshauptstadt geworden, da doch Alexandria (110 000 Einwohner) nichts anderes ist als eine Fortsetzung Washingtons jenseits des Potomac. Der Washington National Air Port, der Nationalfriedhof von Arlington, das Pentagon und seit unlängst auch das jetzt in üppiges Grün gebettete CIA liegen alle in Virginia. Richmond ist ein weiteres, in stetiger Aufwärtsentwicklung befindliches Stadtgebiet. Es kommt allerdings dem ausgedehnten Hafenbereich von Newport News – Hampton – Norfolk – Chesapeake – Portsmouth an Größe und Bedeutung nicht gleich.

Letzteres gehört zu den wichtigsten Gebieten im Osten der Vereinigten Staaten. Dem Eingang zur Chesapeake-Bai vorgepropft bildet die Meerenge von Hampton Roads die Zufahrt zu jenem James River, den der Kapitän John Smith einst aufwärts fuhr. Newport News liegt im Norden, am äußersten Ende der ausgezackten Halbinsel von Williamsburg und Yorktown. Die drei anderen Städte sind im Süden, gegenüber der Fassade eines Hinterlands, dessen Name *Dismal Swamp* – »Unglücksmoor« – seinen Anblick treffend charakterisiert. Aber alle Aktivität ist mit dem Meer verbunden. Ein Komplex, der nur vom Hafen von New York übertroffen wird, säumt Hampton Roads, wo zehn Prozent des Seeverkehrs der Vereinigten Staaten abgewickelt werden.

Die Einfahrt zur Chesapeake-Bai – von Norfolk zum Kap Charles – ähnelt dem Pas-de-Calais. Noch vor einigen Jahren verkehrten dort mächtige Fährschiffe. Eine etwa 40 Kilometer lange Kombination aus Brücke und Tunnel hat sie inzwischen ersetzt. Es hat den Anschein, daß der geplante Ärmelkanaltunnel in den so lebhaft frequentierten Gewässern von Hampton Roads gute Ratschläge bekommen könnte.

Virginia hat sich – zum erstenmal seit 1869 – für einen republikanischen Gouverneur, Linwood Holton, entschieden. An die Tradition seiner Partei im Süden anknüpfend, tritt er für die Entsonderung der Rassen ein, und seine Hauptstadt Richmond war die erste amerikanische Großstadt, die Ende 1971 das sogenannte »busing« (Busfahren) eingeführt hat, eine Neuerung, die in den folgenden Monaten zum Gegenstand heftiger Kontroversen wurde. Die Stadt Richmond hatte in ihren Schulen 70 Prozent Negerkinder, die Nachbarkreise Henrico und Chesterfield dagegen 91 Prozent weiße Kinder. Bundesrichter H. Mehrige ordnete eine große Mix-Aktion an, die den Zweck hatte, die Relationen der Farben in allen schulischen Einrichtungen zu egalisieren. Mehr als 75 000 Kinder werden morgens und abends über Entfernungen bis zu 50 Kilometer in Bussen hin- und hergefahren. Die Versuche, dieses radikale Verfahren der Farbenmischung allgemein einzuführen, haben – insbesondere in New York – erbitterte politische und juristische Kämpfe ausgelöst. Es ist sonderbar, daß das Experiment ausgerechnet in der alten Hauptstadt des Südens gemacht wurde.

Fläche: 106 119 km²
Einwohnerzahl: 4 648 494
Hauptstadt: Richmond
Beiname: Das alte Dominion
Hymne: Carry me back to old Virginia
Devise: Sic semper tyrannis
Blume: Hartriegel
Baum: Hartriegel
Wichtigste Städte: Norfolk, Yorktown, Appomatox, Lexington
Wichtigste Produkte: Feldfrüchte. – Junges Gemüse, Äpfel, Erdnüsse. – Tabak. – Milchprodukte. – Fleisch. – Bitumenhaltige Kohle. – Steine. – Sand und Kies. – Elektrische Apparaturen. – Chemische Produkte. – Möbel. – Textilien. – Papier. – Werftanlagen.
Bundesstaat seit 26. Juni 1788 (an 10. Stelle der ersten 13 Staaten).

NORD-CAROLINA

Königin des Tabaks

Dieses Nord-Carolina ist ein sehr großer Stern. Nach der Einwohnerzahl von 5 Millionen ist es der elfte der 50 Staaten, und seine Größe übertrifft die von Pennsylvania und New York, die für den Osten Amerikas Kolosse sind. Es blickt zum höchsten Berg östlich des Mississippi, dem Mount Mitchell auf, und auf das Kap Horn Nordamerikas, Hatteras, wo ein alter, schwarz und weiß gestreifter unbenutzter Leuchtturm niemals weniger als fünfzehn Wracks bewacht, die das Meer nach und nach zerstört; aber die Schiffahrt sorgt stets für Ersatz. An diese Sichel aus Sand, die wegen ihrer gewaltigen Brandung und ihrer tückischen Strömung gefährlicher ist als die spitzesten Felsen, knüpft sich viel Geschichte. Von Kitty Hawk, dem Nachbarstrand aus, hat Wilbour Wright den unbestritten ersten Motorflug unternommen. Und ganz in der Nähe, auf der Insel Roanoke, kam Virginia Dare zur Welt, der erste Mensch europäischer Rasse, der auf dem Territorium der Vereinigten Staaten geboren ist. Diese Geschichte hat tragisch geendet. Die Kolonie auf Roanoke war von William Raleigh im Jahr 1584 angesiedelt worden, aber die fünfte seiner späteren Expeditionen fand das Fort zwar intakt, jedoch leer. Aus unbekanntem Grund, wahrscheinlich aus Hunger, drangen die Kolonisten von Roanoke vermutlich in die riesigen Sümpfe des Hinterlandes ein. Sie sind daraus kaum wieder zum Vorschein gekommen. So verschwand die erste Amerikanerin von Geburt auf geheimnisvolle Weise. Eine Theatertruppe der Universität in Nord-Carolina spielt zu ihrem Gedächtnis jedes Jahr auf Roanoke Island das Drama *The lost Colony* von Paul Green. Nord-Carolina hat keine Metropole. Raleigh, der Gründer der »Verlorenen Kolonie«, hat zwar seinen Namen der Hauptstadt gegeben, aber die größte Stadt ist Charlotte (360 000 Einwohner), eine der zwei, drei Manchester des Südens. Die Baumwolle hat jedoch weniger Bedeutung als der Tabak, sowohl für die Industrie wie für die Landwirtschaft. Der größte Teil des Rauches, der durch die Lungen der Amerikaner geht, stammt von hier.

Das ist nicht gerade wenig: Amerika raucht jährlich 500 Milliarden Zigaretten (2500 pro Einwohner), 8,5 Milliarden Zigarren und 245 Millionen Pfund Tabak. Im Winter sind die beiden Carolina buchstäblich von weißen Stoffstücken gesprenkelt, die über die Samenbeete gebreitet sind. Die Trocken- und Verkaufsräume (wo der Tabak auf Auktionen von einer Expertengruppe gekauft wird) sind deutlich von allen andern Gebäuden unterschieden. Von hier aus kommt der Tabak in die Städte Nord-Carolinas mit ihren imposanten Maschinen. Die Lucky Strike und die Pall Mall werden in Reidsville und in Durham hergestellt, wo die American Tobacco Company 19 300 Arbeiter beschäftigt. Die Camel kommen von Winston-Salem, wo die Reynolds-Company 16 700 Menschen Arbeit gibt, und die Chesterfield haben ihre Niederlassungen in Durham mit 9600 Arbeitern. Diese Stadt stopft ein Viertel aller Zigaretten, die in den USA geraucht werden.

Das historische Genie der Tabakindustrie war ein Mann, dessen Name durch eine Erbin weltbekannt geworden ist, die nichts dazu getan hatte, ihr Glück zu verdienen und die in der Zukunft wenig dazu tat, um es zu rechtfertigen. James B. Duke, Sohn eines »armen Weißen«, ahnte die Zukunft der Zigarette voraus, zu einer Zeit, als die Frauen nicht rauchten und die kleinen weißen Zylinder dennoch von bärtigen, der Zigarre oder Pfeife hingegebenen Lippen als weibisch angesehen wurden. Um 1900 stellte seine American Tobacco Company 92,7 Prozent aller amerikanischen Zigaretten her, ihre Zahl aber war neben den Milliarden, die folgen sollten, winzig. Innerhalb von fünfzig Jahren hat sich der Zigarettenverbrauch mit 11 755 multipliziert. Über diesem Mahlstrom vergrößerte sich das Vermögen Dukes. Als er mit der antikapitalistischen Regierung des ersten Roosevelt Schwierigkeiten hatte, kam er dem Antitrust-Gesetz zuvor und zerstückelte selbst sein Reich, indem er seine 150 Fabriken in drei Gesellschaften aufteilte: eine verkleinerte American Tobacco Company (Lucky Strike), die er behielt, Liggett und Myers (Chesterfield) und Lorillard (Old Gold). Einem zähen Konkurrenten, Richard Joshua Reynolds, war es gelungen, Duke ein Bein zu stellen, und seine Camel sollte die meistverkaufte Zigarette der Welt werden. In der Folgezeit änderte sich die Struktur der Tabakindustrie wenig. Duke wandte sich, von diesem Stillstand leicht angeekelt, hydroelektrischen Ausrüstungen zu. Nachdem er in Durham eine der schönsten Universitätsanlagen des Südens gebaut hatte, starb er 1925.

Diese Industrie, die zwei Prozent aller amerikanischen Ausgaben verursacht – etwa das Doppelte der Gehälter aller amerikanischen Lehrer –, muß seit einigen Jahren einen heftigen Sturm aushalten. Von 1940 an begann man zu vermuten, daß ein Zusammenhang zwischen der Vervielfachung der gerauchten Zigaretten und dem erschreckenden Umsichgreifen des Lungenkrebses bestünde. Zu Anfang des Jahrhunderts noch eine klinische Rarität, tötete er im Jahre 1959 35 000 Amerikaner. Seine Häufigkeit hatte sich in dreißig Jahren mit 1150 multipliziert. Die Frauen, die anfangs einigermaßen verschont blieben, mußten, nachdem auch sie sich mehr und mehr vom Tabakgenuß verführen ließen, alsbald erkennen, wie sich der Lungenkrebs auch in ihren Reihen verbreitete. Im Dezember 1954 gaben drei berühmte Cancerologen anläßlich eines friedlichen Zahnärztekongresses von Groß-New York ein Gutachten ab, dessen Schlußfolgerung Nord-Carolina einen schweren Schlag versetzte: die Zigarette verzwanzigfache das Risiko des Lungenkrebses. Er war bei den Rauchern von zwei Päckchen 27mal mehr und bei den Rauchern von einem Päckchen 14mal mehr verbreitet als bei den Nichtrauchern ... In Wallstreet sanken American Tobacco, Reynolds, Lorillard, Liggett, die traditionell unter den besten Werten des Aktienmarktes waren, um viele Dollar. Seitdem haben die von der American Cancer Society durchgeführten peinlich genauen Arbeiten nicht im entferntesten die Behauptungen der drei Cancerologen entkräftet. Es geht dabei nicht um das Nikotin (von einer großen Zahl anderer Schädigungen ist es allerdings nicht freigesprochen), sondern um die komplexen Produkte, die als Teere bezeichnet werden und durch die Verbrennung des Tabaks und des umhüllenden Papiers entstehen. Die Industrie, auf die man es abgesehen hat, antwortete, daß nichts bewiesen sei, und verteidigte sich, indem sie die Herstellung von Filterzigaretten oder Zigaretten größerer Länge vermehrte, von denen man annimmt, daß sie den Rauch abgekühlt, also weniger angreifend in die Lunge bringen. Während es vor einigen Jahren kaum 40 Zigarettenmarken gab, zählt man heute 117. Die Verkäufe, die in der Panik um die Entdeckungen von 1954 um 12 Prozent gesunken waren, eroberten den verlorenen Boden wieder zurück und stiegen. Die Börsenwerte der Zigarettengesellschaften sind wieder das geworden, was man in Wallstreet »blue chips« nennt.

Aber die Offensive gegen den Tabak hatte erst begonnen. Die dem Gesundheitswesen übergeordnete höchste ärztliche Instanz — der Generalarzt der Vereinigten Staaten, Surgeon General genannt — machte sich die Erkenntnisse der Krebs-Gesellschaft (Cancer Society) zu eigen, worauf ein 1966 erlassenes Gesetz die Hersteller verpflichtete, auf den Packungen kenntlich zu machen, daß Zigaretten gesundheitsschädlich sein können. Nach weiteren vier Jahren gaben Radio und Fernsehen dem Druck der Behörden nach und stellten die Werbung für Zigaretten ein. Die Weltgesundheitsorganisation schaltete sich gleichfalls ein und rief alle Regierungen auf, alle Anstrengungen zu machen, daß der unbestreitbar schädliche Tabakkonsum eingeschränkt werde. Die Folge dieser konzentrierten Bemühungen ist zumindest eine Verlangsamung oder Verhinderung der Zunahme des Zigarettenabsatzes und somit der Weiterentwicklung des Tabakbaus in Nord-Carolina und den übrigen Erzeugerstaaten, das sind Kentucky, Süd-Carolina, Georgia, Virginia und Tennessee (in der Reihenfolge ihrer Bedeutung für den Tabakanbau). Alle zusammen produzieren aber kaum mehr Tabak als Nord-Carolina allein.

Eine weitere Gefahr in diesem Zusammenhang bedeuten Versuche, synthetische Tabake herzustellen, denen die Schadstoffe des Naturtabaks nicht anhaften sollen. Zum Glück finden Nord-Carolina sowie die anderen Südstaaten anderweitige Möglichkeiten der Entwicklung als die des Tabakanbaus, der lange ihre einzige Quelle nennenswerten Reichtums war.

Fläche: 135 000 km²
Einwohnerzahl: 5 082 059
Hauptstadt: Raleigh
Beiname: Staat des Alten Nordens
Hymne: The Old North State
Devise: Esse quam videri
Blume: Hartriegel
Baum: Tanne
Wichtigste Städte: Charlotte, Asheville, Winston-Salem
Wichtigste Produkte: Tabak. — Verarbeitungsindustrie. — Textilien. — Glimmer, Feldspat.
Bundesstaat seit 21. November 1789 (an 12. Stelle der ersten 13 Staaten).

SÜD-CAROLINA

Der hitzige Staat

Süd-Carolina (2 590 000 Einwohner, Hauptstadt Columbia) ist wesentlich kleiner und ärmer als Nord-Carolina. Zwei Drittel des Landes sind bewaldet, doch handelt es sich um Pinienwälder südlicher Art, die in sandigem, kargem Boden nicht recht gedeihen. Und hier beginnen die eigentlichen Elendsgebiete des Südens. Lange Zeit war der beherrschende und bedrückende Anblick in Süd-Carolina der weiße oder schwarze Halbpachtbauer hinter seinem hölzernen, von einem ausgemergelten Esel oder Maultier gezogenen Pflug. Nach wie vor begegnet man diesem Bild; aber es ist seltener geworden und wird vielfach durch andere ersetzt. Eine staatliche Dokumentation stellt fest, daß die industriellen Erträge die landwirtschaftlichen bereits um ein Zwölffaches übersteigen. Ein weiteres Charakteristikum bildet die Einwohnerbewegung. Zwischen den beiden letzten Zählungen haben 40 000 Schwarze Süd-Carolina verlassen, aber 243 000 Weiße haben sich dort angesiedelt.

Es ist schon immer hitzig zugegangen in diesem Staat. Der Sezessionskrieg brach aus, als die Bürgerwehr von Charleston das Feuer auf das die Hafeneinfahrt beherrschende Fort Sumter eröffnete und die kleine Besatzung von Bundessoldaten zur Kapitulation zwang. Später hörte man Stonewall Jackson, den Helden des Südens, der den Krieg zwar beklagte, aber so glänzend führte, häufig sagen, wie leicht sich alles zum Guten wenden ließe, wenn der Norden Massachusetts und der Süden Süd-Carolina loswerden könnten. Hier – im letztgenannten Staat – wurde auch nach Beendigung des Bürgerkrieges noch am verbissensten um die Aufrechterhaltung der weißen Vorherrschaft gerungen. Eine Sezession en miniature hatte dort im Jahr 1948 ihren Sitz, als der Gouverneur James Thurmond namens der Opposition des Südens gegen das Bürgerrechtsprogramm des Präsidenten Truman gegen diesen kandidierte. Thurmonds Nachfolger im Kapitol von Columbia, James F. Byrnes, war ein Lieblingskind von Roosevelt gewesen und hatte alle erdenklichen Posten und Ämter der hohen Hierarchie innegehabt: als Mitglied des Repräsentantenhauses und des Senats der Vereinigten Staaten, als Richter am Obersten Bundesgericht, Generaldirektor der Mobilisierung und Staatssekretär; nichtsdestoweniger brach er mit der Demokratischen Partei, brachte Süd-Carolina dazu, Eisenhower zu wählen, und ließ, als der Oberste Gerichtshof die Entsonderung der Rassen im Schulbetrieb verordnete, alle öffentlichen Schulen seines Staates schließen. Thurmond selbst ging zur Republikanischen Partei über und wurde auch mit diesem neuen Etikett 1972 zum Senator gewählt, und zwar mit 63 Prozent, während Nixon 71 Prozent erzielte. Thurmond hält im Senat den Rekord in der Kunst des »filibustering«, der Obstruktion um jeden Preis: er hielt das Rednerpult während 24 Stunden und 18 Minuten besetzt und las aus der Bibel vor, um den Beschluß eines Gesetzes zu Bürgerrechtsfragen zu verhindern. Dennoch wurde das Gesetz drei Stunden, nachdem er von Müdigkeit übermannt worden war, beschlossen.

In Süd-Carolina liegt die wahrscheinlich reizvollste Stadt der Vereinigten Staaten – Charleston. Eine lange Geschichte, eine unerschütterlich stolze Tradition, ein unbeugsamer Widerstandsgeist gegen die Kräfte, die Amerika seit seiner Kolonialepoche umformen, haben aus ihm eine feste Zitadelle des Konservativismus gemacht. Dort regiert nicht der Dollar, sondern das blaue Blut der frühen Pflanzer, hier hat sich die exklusivste Gesellschaft gebildet, die man sich überhaupt vorstellen kann. Allein die Architektur der alten vornehmen Häuser mit ihren handgeschmiedeten Balkonen und ihrem heimwehträchtigen Charme sind ein lebendiger Protest gegen eine feindliche und erdrükkende Welt. In der Umgebung der Stadt liegen unwahrscheinlich prächtige tropische Gärten — Magnolia Gardens, Cypress Gardens usw. —, herrscht die bedrängende Stille einer Natur, die zugleich dunkel und leuchtend ist; das schwere Wasser der Sümpfe durchdringt und befruchtet sie und läßt ein Feuerwerk von Azaleen und Kamelien aufbrechen.

Fläche: 80 736 km^2
Einwohnerzahl: 2 590 516
Hauptstadt: Columbia
Beiname: Staat der Zwergpalmen
Hymne: Carolina
Devise: Dum spiro, spero
Blume: Jasmin
Baum: Zwergpalme
Wichtigste Städte: Charleston, Beaufort
Wichtigste Produkte: Zerealien. — Süße Kartoffeln. — Erdnüsse. — Pfirsiche. — Geflügelprodukte. — Holz. — Tabak, Baumwolle. — Kaolin, Vermiculit (Isoliermaterial), Glimmer, Amiant, Feldspat. — Lithium. — Talk. — Möbel. — Textilien. — Chemische Produkte. — Ziegel.
Bundesstaat seit 23. Mai 1788 (an 8. Stelle der ersten 13 Staaten).

GEORGIA

Atlanta, Metropole des Südens

Die Hauptstadt von Georgia, Atlanta, ist nach Washington die größte Stadt Amerikas mit einer farbigen Einwohnermehrheit. Die Zählung von 1970 hat 255 051 Neger gegenüber 242 370 Weißen festgestellt – das sind 51,3 Prozent. Aber wie gewöhnlich sind die Weißen im Großraumbereich der Stadt, der von 1,25 Millionen Menschen bewohnt wird, in der Überzahl.

Atlanta entstand 1837 unter dem Namen *Terminus*, ganz einfach, weil sie die Endstation der *Western and Atlantic Railroad* war. Sie hieß dann eine Zeitlang *Marthasville* – nach dem Taufnamen der Tochter eines Gouverneurs von Georgia. Der Name Atlanta wurde ihr unter nicht genau bekannten Umständen gegeben. Jedenfalls hieß sie so schon vor Beendigung des Sezessionskrieges, in dem die Stadt von General Sherman, dem Befehlshaber der Nordarmee, eingeäschert wurde. Er rechtfertigte diese Tat mit der Behauptung, Atlanta sei das Zentrum der Reste der Aufständischen, und indem er dort ein abschreckendes Beispiel setze, werde er erreichen, daß die letzten Wahnwitzigen ihren erbitterten Kampf aufgeben und die Waffen strecken. Trotzdem mußte er seinen Vernichtungszug noch bis zum Meer fortsetzen. Ein Zyklorama von ungewöhnlicher Realistik reproduziert das Kampfgeschehen am Stadtrand von Atlanta, das dem Brandopfer vorausging.

Der Name John S. Pumberton ist weniger bekannt als derjenige von Margaret Mitchell oder Martin Luther King – beide berühmte Kinder von Atlanta. Jener aber war ein alter Soldat des Generals Lee und hatte die Idee, ein unschädliches Getränk herzustellen, dessen Grundlage gebrannter Zucker sein sollte. Der Vertrieb seines Produkts brachte ihm einen ersten Jahresertrag von ganzen 25 Dollar, und Coca-Cola (das war es nämlich!) wurde bis zum Ersten Weltkrieg nur im Süden der Vereinigten Staaten vertrieben. Erst dann begann sein Aufbruch zur Eroberung des Sonnensystems, wobei aber nach wie vor Atlanta das Generalhauptquartier geblieben ist. Man bestätigt in dem zwölfstöckigen Gebäude in der North Avenue, daß dieses Universalgetränk aus sechs bekannten und einem siebenten geheimen Ingrediens besteht, welch letzteres in einem Raum hergestellt wird, der schwerer zugänglich ist als die mit codierten Schlössern versehenen Schränke des Pentagon, und dessen Zusammensetzung nur zwei Personen kennen. Ihnen ist es streng untersagt, zusammen im selben Flugzeug, Zug oder Automobil zu reisen, und sie sollen, wenn irgend möglich, vermeiden, sich gleichzeitig an ein und demselben Ort aufzuhalten. Ihre Identität wird streng geheimgehalten, weil man befürchtet, sie könnten gekidnapt und gefoltert werden, um ihnen das Geheimnis des Coca-Cola zu entreißen. Und was den Namen betrifft, konnte zwar nicht verhindert werden, daß sich Konkurrenzfirmen gleichfalls der Bezeichnung »Cola« bedienen wie zum Beispiel »Pepsi-Cola«. Aber das Monopol für »Coca« blieb unangetastet.

Die Wandlungen der Stadt Atlanta lassen den phänomenalen Aufschwung des Südens erkennen. Nicht einmal ein Schimmer der Erinnerung an die ermattende, verfallende Stadt von einst ist mehr vorhanden. Der ganze Stadtkern ist neu aufgebaut nach den kühnen, farbenfrohen Plänen des Architekten John Portman. Die Bezeichnung *Peachtree Center* kommt von dem Namen der Hauptstraße, die aus der Geschichte Atlantas berühmt und ihrerseits nach der saftreichsten Frucht Georgias benannt ist. Wie Virginia die Königin des Apfels ist, so ist Georgia die Königin des Pfirsichs, und *Peach State* ist der offizielle Beiname des Staates.

Die meisten überlebenden Reste des Ku-Klux-Klan findet man in Georgia — den sogenannten »Kaiserlichen Großzauberer« eingeschlossen. In bemerkenswertem Gegensatz hierzu befindet sich die Hauptstadt Atlanta mit ihrer auf eine lange Tradition zurückblickenden Liberalität. Hier gab es verhältnismäßig nur wenig Sklaven, eine schwarze Bourgeoisie bildete sich schon sehr früh, und ebenfalls in Atlanta erschien eine der ersten Negerzeitungen, *The World*. Auch die schulische Rassenentsonderung wurde 1961 gegen den Widerstand des ganzen Südens in allen Schulen von Atlanta eingeführt. Das Negermagazin *Ebony* ehrte die Stadt mit der Feststellung, daß die Rassendiskriminierung aus dem Alltag verschwunden sei. Bürgermeister war noch 1973 ein Weißer jüdischer Abstammung, Sam Massell, der von der gesamten liberalen Presse Amerikas als Vorbild geistiger Großzügigkeit und unerschrockener Haltung gegenüber den Traditionalisten des Südens gepriesen wurde.

Nicht minder merkwürdig ist der Fall Lester Maddo. Inhaber eines Restaurants in Atlanta, hat er sich einen höchst zweifelhaften Ruhm erworben, indem er an seine Stammgäste Äxte verteilen ließ, die dazu dienen sollten, jeden Versuch eines Schwarzen, sich an die gleiche

Theke mit Weißen zu setzen, auf diese radikale Weise zu unterbinden. Als er für den Gouverneursposten kandidierte, war der Wahlausgang so knapp, daß die Entscheidung durch die Gesetzgebende Körperschaft getroffen werden mußte. Sie entschied — sehr zum Entsetzen der Liberalen Amerikas — für Maddo. Als er später sein Amt quittierte, da er aus formalen Gründen nicht wieder wählbar war, mußten seine erbittertsten Gegner von einst anerkennen, daß er für die Förderung der Neger mehr getan hatte als alle seine Vorgänger. Einem ähnlichen Fall wird man mit Wallace in Alabama begegnen.

Sei es als verdiente und ermutigende Belohnung für ihre liberale Einstellung, sei es auch durch reinen Zufall, ist Atlanta als einziger amerikanischer Großstadt ein Rassenaufstand erspart geblieben. Das gilt nicht für den Staat Georgia insgesamt. Im Mai 1970 wurde die bedeutende Stadt Augusta von fünfzig Bränden verwüstet, und sechs Neger wurden teils von der Polizei, teils von der mobilisierten Nationalgarde getötet. Das Land, wo Martin Luther King geboren wurde, bringt immer wieder schwarze Führernaturen hervor wie den Reverend Ralph B. Abernathy, Leroy B. Johnson und Julian Bond, der mit 25 Jahren in den Senat gewählt und achtundzwanzigjährig anläßlich des Konvents der Demokraten im Jahr 1968 für die Kandidatur des Vizepräsidenten der Vereinigten Staaten vorgeschlagen wurde. Diese reiche Blüte ist vielleicht mit auf den Umstand zurückzuführen, daß Georgia als der Staat des Ku-Klux-Klans zugleich der Ort war, wo die höheren Bildungseinrichtungen für Neger zuerst und am wirksamsten entwickelt worden sind. Kontrastierende Wahrheiten können in Amerika wohl eher nebeneinander existieren als in irgendeinem anderen Land der Erde. Es ist daher ein gefährlicher Fehler, sich auf zu weitgehende Vereinfachungen einzulassen.

Georgia zählte im Jahr 1970 etwas mehr als 4,5 Millionen Einwohner. Im Westen liegt ein Gebirge mit Höhen bis zu etwa 1700 Metern, im Osten breiten sich tropische Sümpfe aus. Das Sumpfgebiet von Okefenokee, das Georgia mit Florida teilt, ist vielleicht diejenige Gegend Amerikas, in der sich ein wildes, von pflanzlichen und tierischen Giftträgern gefährdetes, lasterhaftes, erdrückendes, ausdörrendes Leben am intensivsten erhalten hat. Die warmen Quellen von *Warm Springs*, die das Polio-Leiden Roosevelts lindern halfen, wurden dem Präsidenten von einem Leidensgenossen verraten, der sie durch Zufall entdeckt hatte. Inseln, deren bekannteste Sea Island ist, bilden einen Kranz kleiner irdischer Paradiese, wo man noch die aristokratische Eleganz des alten Südens antrifft. Der Hafen von Savannah, der einzigen Rivalin von Charleston an romantischem Charme, nennt eine der schönsten Magnolien-Alleen der Welt ihr eigen und hat dem ersten Dampfschiff den Namen gegeben, das 1819 — und nicht ohne Zuhilfenahme der Segel — den Atlantik überquerte.

Fläche: 152 487 km²
Einwohnerzahl: 4 589 575
Hauptstadt: Atlanta
Beiname: Staat des Südlichen Reichs, Pfirsich-Staat
Hymne: Georgia
Devise: Wisdom, Justice, Moderation
Blume: Cherokee-Rose
Baum: Eiche
Wichtigste Städte: Brunswick, Savannah, Augusta
Wichtigste Produkte: Roggen. — Erdnüsse, Pfirsiche. — Hühner, Schweine. — Lebensmittel. — Waldprodukte. — Terpentin. — Ton, Talk. — Bausteine, Marmor. — Zirkonium, Bauxit, Baryt. — Teppiche. — Textilien, Papier. — Transportmaterial. — Chemische Produkte.
Bundesstaat seit 2. Januar 1788 (an 4. Stelle der ersten 13 Staaten).

FLORIDA

Mickymaus am Kap Kennedy

Florida kann sich rühmen, mit seiner Wachstumsrate zwischen 1960 und 1970 alle übrigen Staaten Amerikas überflügelt zu haben. Seine Bevölkerung ist um 37 Prozent angewachsen und nähert sich den sieben Millionen, während es 1920 noch keine Million und zur Zeit der Sezession keine 175 000 Einwohner zählte; dabei war es schon seit fünfzehn Jahren ein voll anerkannter Staat. 1880 existierte Miami noch gar nicht, und bei der Zählung von 1900 hatte es nur 1681 Einwohner. Der Prozeß, der in fünfzig Jahren eine Stadt von mehr als einer Million Einwohnern entstehen ließ und ihren Namen in der ganzen Welt berühmt machte, ist ein Roman, der sich mit dem von Los Angeles oder Houston vergleichen läßt.

Dieses Florida ist unfertiger Boden. Er formt sich noch durch die Anhäufung von Humus um die vorspringenden Wurzeln der hohen Zypressen. Die Höhe über dem Meeresspiegel beträgt nirgends mehr als 100 Meter, und die Kette von 30 000 Seen beweist, daß man mit der Entwässerung und Austrocknung des Bodens noch kaum begonnen hat. In den ausgedehnten Sümpfen ist der Boden, der fest zu sein scheint, oft nur eine schwimmende Insel von Pflanzen und Humus, die das Gewicht des Menschen zwar trägt, aber unter seinen Schritten schwankt. Daher der Name »Land der schwankenden Erde«, den die Seminolen-Indianer — seine grimmigen Ureinwohner — gewissen Gebieten Floridas gegeben haben. Dieser Stamm wurde zum Teil massakriert, zum Teil nach Oklahoma deportiert, nach einem wilden Kampf des Weißen Mannes mit der Natur und einem pathetischen Kampf des Roten Mannes gegen die vernichtende Überlegenheit der Weißen.

Man hat in Florida Vogelarten gefunden, die man ausgestorben glaubte. Der amerikanische Alligator wird dort zum gefährlichen Krokodil. Es wimmelt von oft giftigen Tieren, und auch die Pflanzen wuchern gefräßig, manche davon sind giftig. Weite Flächen sind nur mit Führern passierbar, die sich aus der Handvoll Seminolen rekrutieren, deren Vorfahren den Krieg überlebten und der Liquidierung entgingen.

Die Geschichte hat dieser tropischen Halbinsel hart und heftig mitgespielt. Das erste protestantische Gebet auf dem amerikanischen Kontinent wurde im Jahr 1562 (58 Jahre vor den »Pilgern der *Mayflower*«) in der Nähe der heutigen Stadt Jacksonville gesprochen — und zwar von den französischen Hugenotten des Kapitäns Jean Ribaut, der auf Geheiß des Admirals Coligny ein Asyl für die Anhänger des reformierten Glaubens suchte. Die Franzosen waren entzückt, als sie dieses Land entdeckten, sie gaben den kleinen Küstenflüssen die Namen Seine, Gironde, Charente usw., und trotz der Enttäuschungen und unvermeidlichen Leiden hätten sie sich ohne Zweifel eine dauerhafte Niederlassung geschaffen, wenn Philipp II. einen fremden und noch dazu seiner Kirche feindlichen Vorposten so nah von Neu-Spanien hätte dulden können. Der grausame Menendez de Aviles, der Herzog von Alba der Neuen Welt, wurde mit dem präzisen Auftrag abgesandt, sie bis zum letzten Mann umzubringen, und er besäte die Wälder und Gestade mit fast fünfhundert Opfern. Es war das größte Blutbad unter den Weißen, das Amerika bis zur Sezession erlebt hat. Saint-Augustine, das 1565 zur Zeit und in der Nähe dieses Dramas gegründet wurde, ist die älteste Stadt der Vereinigten Staaten. Sie war zwei Jahrhunderte lang der Ausgangspunkt einer berühmten Straße, die bis nach Santa Fé in die Wüste von Neu-Mexiko führte. Später wurde Florida an die Engländer abgetreten, kam für einige Jahre an Spanien zurück und wurde 1820 von dem Präsidenten James Monroe gekauft. Saint-Augustine bewahrt aus seiner Vergangenheit ein altes Fort, das die ersten in Amerika von Menschenhand gemauerten Wände besitzt. Mehr als einen Besuch wäre es einen Augenblick der Besinnung wert.

Der Süden ist der eigenartigste Teil Floridas. Die Keys Route springt über rund 150 Kilometer von Koralleninsel zu Koralleninsel und erreicht sodann Key West, die Marine-Basis und zugleich südlichste Stadt der Vereinigten Staaten. Westlich von Miami hat man den Nationalpark der *Everglades* (zu deutsch Küstensümpfe) angelegt, um den Touristen ein gefahrloses Eindringen in die tropische schwüle Natur zu ermöglichen. Aber die *Everglades* geben — wie Florida überhaupt — allerlei Probleme auf. Diese Wildlandschaft ist zugleich ein sehr heikler Boden. Noch so gut gemeinte Eingriffe verkehren sich häufig in Kalamitäten, wenn sie nicht gar die Schwankungen des Klimas in Kalamitäten ausarten lassen. Im Norden der *Everglades* dient der große Okeechobee-See als Wasserschloß und fließt unterirdisch — unter einem riesigen Gräserstrom ab, der sich als waagrechtes grünes Band zwischen den hochragenden Zypressenwald schiebt. Um die Mitte Floridas vor Überschwemmungen zu schützen, hat man den See reguliert, aber dadurch die Dürreperiode, von der die *Everglades* 1969 heimgesucht wurden, in unheilvoller Weise verschärft. Gigantische Waldbrände haben weite Gebiete verwüstet, und das Absinken des Süßwasserspiegels hat verheerende Einbrüche von Meerwasser zur Folge gehabt.

Der Fall des Oklawaha-Kanals ist ein weiteres Beispiel. Er sollte eine Verbindung zwischen dem Atlantik und dem Golf von Meriko herstellen, drohte aber die gesamte Wasserwirtschaft im Norden der Halbinsel in Unordnung zu bringen. Präsident Nixon hat daher die Einstellung der Bauarbeiten angeordnet.

Nur ein Zehntel von Florida dient der Landwirtschaft. Sie war lange

Zeit die einzige Tätigkeit von Bedeutung. Die Metropole der Orange war Orlando, ein reizendes, verschlafenes Städtchen, reich bestückt mit Teichen und tapeziert mit Spanischem Moos. Zwei sehr besondere und gegensätzliche Nachbarn haben einen Ort fieberhaften Wachstums daraus gemacht: *Disney World* und das Raumfahrtzentum *Kap Kennedy* oder *Kap Canaveral.*

Es hat einige Zeit gedauert, bis die Einwohner von Orlando herausbekommen konnten, daß die geheimnisvollen Bodenkäufe etwa fünfzehn Kilometer vor der Stadt die Einrichtung eines Vergnügungszentrums zum Ziele hatten, das — wenn auch auf etwas bescheidenerem Niveau — dem *Disneyland* von Los Angeles gleichen sollte. Die feierliche Eröffnung hat 1971 stattgefunden und erzielte einen phänomenalen Erfolg. In einer verwirrenden Phantasmagorie präsentiert *Mickey Mouse* die weltberühmten, aus Walt Disneys Einfallsreichtum geborenen Geschöpfe, und tausend Hektar Märchenland bringen Aschenbrödels Riesenschloß mit den farbenfrohesten Abenteuern in Verbindung. Ein Tagesdurchschnitt von 60 000 Besuchern rechtfertigt den Wagemut der Unternehmer, der sie ihre *Disney World* anstatt in das Gedränge von Miami in Floridas Mitte verlegen ließ.

Alle gewichtigen Stimmen von Florida — die der beiden Senatoren inbegriffen — haben gefordert, man solle dem Ort des Weltraumraketen-Versuchszentrums seinen Namen Kap Canaveral zurückgeben, da ihm der Name Kennedy doch nur unter dem Schock des Dramas von Dallas unterschoben worden sei. Noch 1950 war hier nur eine kleine Luftwaffenbasis — *Patrick Air Base* —, die man auf der die Lagunen vom Ozean trennenden Sandbank eingerichtet hatte. Cocoa Beach war ein gänzlich bedeutungsloses Dorf. Das Weltraumabenteuer hat aus diesen zuvor von Gott und der Welt verlassenen Plätzen eine der berühmtesten Gegenden der Welt gemacht.

Die Geschichte hat ganze Arbeit getan. Zur Zeit, als die Russen Könige des Weltraums zu sein schienen, gab es auf Kap Canaveral bittere Fehlschläge. Das Raumprogramm hatte keinen militärischen Charakter, und es war somit den Behörden nicht möglich, ihre Versuche unter dem Deckmantel des Geheimnisses vorzunehmen. Wenn sich die Leute darüber verwunderten, pflegte der Leiter des Zentrums zu antworten, Amerika sei ein demokratisches Land und ziehe es vor, sich so lange wie nötig lächerlich zu machen, als seine Verfassung zu ändern. Aber insgeheim biß man sich zornerfüllt auf die Lippen.

Triumphe sollten diese Haltung vergelten. Nur wenige Tage der Geschichte der Neuzeit waren erregender als jener 16. Juli 1969, an dem die Astronauten Armstrong, Aldrin und Collins ins Weltall flogen. Der Start fand am Vormittag bei blendendem Sonnenschein statt, der aber das Flammenbündel, das unter der 110 Meter hohen Rakete hervorschoß, kaum abzublenden vermochte. Eineinhalb Millionen Menschen schauten in weitem Umkreis zu — von den Tribünen der Offiziellen bis zu fernen Küsten. Viele brachen in Tränen aus, und viele knieten nieder.

Diesem Weltraumschiff *Apollo II* sollten neun weitere Missionen folgen, die für die Mondforscher stets schwerer werdende Aufgaben mit sich bringen würden. Eine davon — *Apollo XIII* — wurde wegen einer technischen Panne vorzeitig abgebrochen; drei weitere wurden aus Ersparnisgründen gestrichen, und als sich im Dezember 1972 *Apollo XVII* von der Basis abhob und die Eruption der Saturnrakete alle Küsten im Umkreis von 500 Kilometern — von den Keys bis zum Kap Hatteras — taghell erleuchtete, verliefen sich die Zuschauer in niedergeschlagener Stimmung. Nichts mehr soll dem verkürzten Mondprogramm folgen. Das Jahrhundert wird zu Ende gehen, ohne daß ein Mensch sich wiederum auf die Spuren jener zwölf Astronauten begibt, die den Mond betreten haben. Nachdem Amerika Rußland zuvorgekommen ist, glaubt es, daß Wissenschaft allein keine Milliarden Dollar wert sei.

Die Zukunft von Kap Kennedy stimmt mit den glänzenden Prognosen und Versprechungen nicht mehr überein, die ein anfänglicher Impuls der Stadt Orlando gegeben und Cocoa Beach in eine Stadt von 25 000 Einwohnern mit der welthöchsten Prozentzahl an Diplomierten verwandelt haben. Das *Skylab*, in dem drei Mannschaften zu je drei Astronauten zusammen fast die Hälfte des Jahres 1973 zugebracht haben, war ein Erfolg. Aber man hat es nach dem dritten Auftrag aufgegeben; denn es war ja nichts weiter als eine überzählige Saturnrakete, die sich auf diese Weise nützlich machen sollte, und keineswegs das ständige Raumlabor, dessen die Geo- und die Kosmographie gleichermaßen bedürfen. Die Konstruktion dieses Raumlabors ist bis in die zeitliche Nachbarschaft der Jahrhundertwende vertagt und das, was man das Raumschiffchen nennen könnte — halb Rakete, halb Flugzeug — und das Verbindungsvehikel zwischen Erde und Raumlabor werden soll, ist kaum vor 1980 zu erwarten. Andere, noch viel revolutionierendere Projekte — wie der Ionenmotor, der die Ära der Weltraumfahrt erst richtig einleiten soll, indem er für unsere Begriffe geradezu phantastische Geschwindigkeiten ermöglichen wird —, alle diese Projekte schlafen einen tiefen Schlaf. Das ist ein ungeheurer, ein entmutigender Fehler.

Diese Amputation eines Traums wird im Bereich des ersten Weltraumflughafens bitter empfunden. Raketenwaffen und Satelliten für den allgemeinen Gebrauch machen Entwicklungen, wie die Eroberung des Mondes sie herausgefordert hatte, nicht mehr erforderlich. Massive Entlassungen haben das Personal des Raketenversuchszentrums reduziert. Zahlreiche Häuser von Cocoa Beach sind zu verkaufen, und die Bodenpreise sind tief gesunken. In der Gegend um Disney World stiegen sie dagegen durchschnittlich auf das Fünfhundertfache. Man erzählt sich von einem Bewohner Orlandos, der dort einen Orangenhain von 40 Acres (etwa 16 Hektar) für 4000 Dollar gekauft hatte und später 8 Acres (dreieinviertel Hektar) für mehr als eine halbe Million Dollar verkauft haben soll. Das Vergnügen ist eben eine sicherere Investition als der Kosmos.

In Florida regnet es mehr als in irgendeinem anderen Land Amerikas, jedoch fast ausschließlich in den Monaten Mai bis November — eine Art himmlischer Garantie für den hauptsächlichen Erwerbszweig des Staates: den Verkauf von Sonne während des Winters.

Die winterliche Wanderungsbewegung der Amerikaner in Richtung Florida steht an Ausmaßen und majestätischem Eindruck den jahreszeitlichen Wanderungen großer Tierherden in nichts nach. Sie ist sinnfälliger Ausdruck jenes weltweiten Phänomens: des Exodus in die Länder der Sonne, den in Europa die italienische Autostrada del Sole und die Autobahn — etwa am 7. Längengrad entlang — von Hamburg an die Italienische Riviera befördern. Allein die Autostraße bringt drei von insgesamt 16 Millionen Menschen nach Florida, und Miami beherbergt davon jedes Jahr zwei Millionen. Sobald sie das ziemlich rauhe Georgia hinter sich haben, finden sie eine Welt, die wie für sie gemacht ist. Die beiden Küsten am Atlantik und am Golf von Mexiko (Tampa, Saint-Petersburg usw.) empfiehlt sich durch ihr gleichmäßiges Klima, aber die Atlantikküste kann sich dafür auf so zauberische Namen wie Palm Beach und Miami berufen. Jene erweckt die Vorstellung einer langen schmalen Insel, oder vielmehr einer Sandbank, auf der nur Raum ist für Leute, die ganz zurückgezogen leben wollen und ihren Privatstrand haben, während diese die phantastischste Karawanserei der Welt darstellt. Miami nennt seinen Stil florido-mediterran, was keiner weiteren Erläuterung bedarf. Miami

Beach besitzt 4 Badestrände, 91 Meerwasser-Schwimmbassins, 12 Parks, 50 Tennisplätze und 5 Golfplätze, von denen 2 in Privatbesitz sind. Ein Viertel aller Hotelzimmer Floridas, die sich auf ein Dutzend überfüllter Hotelpaläste verteilen, befindet sich auf der schmalen Landzunge, die 1913 noch ein von Mangroven bedecktes, fast undurchdringliches Eiland war.

Seit 1959 hat Castro 600 000 Kubaner zu Flüchtlingen in Richtung Vereinigte Staaten gemacht. Im Dade County, wo Miami liegt, haben 300 000 haltgemacht – also weniger als 150 Seemeilen von ihrer Heimatinsel entfernt –, und mindestens 150 000 haben sich in der Stadt selbst niedergelassen. Einige Viertel sind dermaßen hispanisiert, daß der Englischunterricht zur Ausnahme geworden ist. Erstaunlicherweise heißt es, daß diese Flüchtlinge keineswegs ein tristes Elendsdasein führen, sondern sich vielmehr sehr tapfer einen Platz in der Gesellschaft errungen haben, ja, daß manche geradezu glänzend gestellt sind. Mit dem Grundstock der 40 000 Dollar, die mitzunehmen ihnen gelungen ist, haben David Egozi und Eugene Ramos eine Schuhfabrikation ins Leben gerufen, die innerhalb weniger Jahre die bedeutendste in ganz Florida geworden ist. Andere Kubaner sind Präsidenten oder Vizepräsidenten von Banken, Fabrikdirektoren, Gaststättenbesitzer usw. Die meisten verdienen ihren Lebensunterhalt als Bauarbeiter oder als Tankwarte. Fast 90 Prozent der kubanischen Familien besitzen zwei Autos und ihr Durchschnittseinkommen – 7200 Dollar im Jahr 1970 – übersteigt den Durchschnitt in den Vereinigten Staaten. Einmal mehr der Beweis, daß der größte wirtschaftliche Wert immer noch der Mensch ist. Die Männer und Frauen, die dem Diktator entflohen sind, waren das Beste, was Kuba sein eigen nennen durfte. Amerika ist durch sie reicher geworden.

Ganz im Gegensatz zu der Elite von Palm Beach zeichnen sich die Massen in Miami nicht gerade durch Vornehmheit aus. Was dorthin kommt, ist im wesentlichen das grelle, lärmende, neureiche Amerika. New York ist der Großlieferant, so daß man sagen kann, Miami sei eine Verlängerung vom Bronx. Man findet weder in Miami noch sonstwo in Florida etwas, das dem literarischen und künstlerischen Leben in Kalifornien vergleichbar wäre. Die paar Versuche, die man gemacht hat, um den Film dort heimisch zu machen, sind gescheitert. Geschäftsleute von der pazifischen Küste haben hier 1921 einen Ort gegründet, den sie Hollywood getauft haben, aber es war nur eine Grundstücksspekulation, aus der eine kleine Stadt für Jachtbesitzer geworden ist.

Außer den Orangen liefert Florida Amerika nur braungebrannte Haut.

Noch ein letztes zur Charakterisierung: Florida ist das Altersheim von Amerika. In diesem Zusammenhang scheint es am Platz zu sein, einen Blick auf eines der Probleme des heutigen Amerika zu werfen: der steigende Anteil alter Menschen an der Bevölkerung.

In sieben Staaten beträgt der Anteil an Menschen über 65 Jahren mehr als 11,5 Prozent. Sechs von diesen Ländern, Maine, Missouri, Iowa, Nebraska und die beiden Dakota sind im Abstieg befindliche Agrarstaaten, aus denen immer mehr junge Männer auswandern. Der siebente Staat, Florida, zieht die Menschen hohen Alters durch seine Sonne an. Die über 65jährigen bilden 26 Prozent der Stammbevölkerung in Sarasota, 29 Prozent in Clearwater, 33 Prozent in Port Charlotte und erreichen in Miami Beach die Rekordhöhe von 49 Prozent. Diese Relationen nehmen erst im Nordosten des Staates stärker ab, weil dort mehr Industrie angesiedelt ist. Die Großstadt Jacksonville (630 000 Einwohner) weist wieder den Bundesdurchschnitt von rund 10 Prozent aus.

Aber mit dem Anwachsen der Lebenserwartung steigt auch dieser Anteil weiter. Er wird bis zum Ende des Jahrhunderts 17 Prozent erreicht haben. Die in ganz Amerika geltende soziale Sicherung gewährleistet allen im Ruhestand befindlichen Personen eine Pension in der Größenordnung zwischen 2000 und 3000 Dollar jährlich, und es versteht sich von selbst, daß viele Ehepaare sich beträchtliche Reserven für ihre alten Tage geschaffen haben. Trotzdem lebt einer von vier Amerikanern aus den 20 Millionen der über 65jährigen unter dem Existenzminimum. Dieses Verhältnis steigt bei den Alleinstehenden auf zwei Drittel. Die Sonne von Florida ist das einzige Licht in diesen ärmlichen Einsamkeiten.

Die Alten rühren sich allerdings. Ein früherer Mitarbeiter des Präsidenten Roosevelt, Arthur S. Fleming, setzt sich für einen organisierten Zusammenschluß ein. Die beiden Konferenzen, die er im Weißen Haus erreicht hat, haben zu keinem ihn befriedigenden Ergebnis geführt. Er fordert eine Verbesserung der ärztlichen Betreuung und vor allem Steuererleichterungen für die steuerpflichtigen Alten. Er weist besonders darauf hin, daß die über 65jährigen — vorausgesetzt, daß sie 10 Prozent der Bevölkerung ausmachen und angenommen, daß in Anbetracht ihres Alters nicht alle zur Wahl gehen — immerhin wenigstens 20 Prozent der Wähler repräsentieren. Ein politischer Faktor also, den Fleming zu konkretisieren gedenkt, indem er zu Märschen nach

Washington aufrufen will. Amerika erlebt viel aggressives Geschrei — für Black Power, die Farbige Macht, für Students Power, Women Power, ja sogar Homosexual Power, und Fleming will nun noch die Alten — die Aged Power — hinzufügen —, und ihre Bastion wird Florida sein.

Fläche: 152 200 km²
Einwohnerzahl: 6 789 443
Hauptstadt: Tallahassee
Beiname: Sonnenstaat
Hymne: Old folks at home
Devise: In God we trust
Blume: Orangenblüte
Baum: Palme
Wichtigste Städte: Jacksonville, Miami (Kap Kennedy), Orlando, Fort Lauderdale, Key West
Wichtigste Produkte: Frisches Gemüse, Obst. — Feldfrüchte. — Erdnüsse, Avocados. — Zuckerrohr. — Viehzucht, Geflügel. — Fische, Schalentiere. — Baumwolle. — Tabak. — Phosphate. — Titan. — Lebensmittelindustrie. — Chemische Produkte. — Elektro- und Transportmaterial.
Bundesstaat seit 3. März 1845 (an 27. Stelle).

ALABAMA

Das schmerzliche Schicksal von George Wallace

Durch den Tennessee River, von dem noch später die Rede sein wird, ist der Norden von Alabama mit dem riesigen Mississippi-Becken verbunden. Aber der Staat hat seinen eigenen Strom, den Alabama River, der ihm den Namen gegeben hat. Nach der Einmündung des Tombigbee wird er zum Mobile River, der sich zwischen den Docks des Hafens von Mobile in den Golf von Mexiko ergießt. Diese Stadt wurde 1702 gegründet. Ihre um vier Jahre ältere Nachbarin in Louisiana, New Orleans, ist nicht eigentlich eine Rivalin zu nennen, weil der Unterschied zwischen beiden seit ihren Gründungsjahren etwa dem zwischen dem Alabama-Fluß und dem Mississippi entspricht.

Die *Black Lands*, die das Herzstück des Staates bilden und seine landwirtschaftlichen Schätze hervorbringen, sind ausgeprägt südlich. Die Hauptstadt, Montgomery, war der Sitz des südlichen Staatenbundes vor der Verlegung nach Richmond, und das Emblem, das über dem weißen Kapitol weht, ist nach wie vor die mit den dreizehn Sternen gezierte Fahne der Besiegten von 1865.

Dem Staatenbund des Südens mangelte es so sehr an Eisen, daß man Schienen der noch spärlichen Eisenbahnlinien aus dem Boden riß, um daraus Münzen zu prägen. Die kleinen Hochöfen, die im Jefferson County erbaut worden waren, wurden von den Bundestruppen zerstört; aber einige Jahre später versicherten sich die kapitalistischen Interessen des Nordens der reichen Kohlen- und Erzvorkommen, die von den Südstaatlern entdeckt worden waren. Zwei eisenträchtige Städte erstanden mitten im baumwollfreundlichen Alabama: Bessemer und — zu nahezu zehnfacher Größenordnung bestimmt — Birmingham. Beherrscht von einem ehernen Monument des Gottes Vulkan, so hoch wie die Freiheitsstatue, zählt sie heute 300 000 Einwohner, ist aber in einigermaßen chaotischen Zuständen steckengeblieben und weitaus schmutziger als Pittsburgh. Mit 42 Prozent Farbigenanteil der Bevölkerung war die Stadt der Schauplatz ernster Unruhen; aber seine Baptistenkirche war die erste, die sich im Süden für die Entsonderung der Rassen entschied, und es steht fest, daß dort — wie es auch der allgemeinen Entwicklung im Dixie entspricht — die rassischen Spannungen nachlassen.

Ein Industrieunternehmen macht dem südlichen Zweig der US Steel Konkurrenz: das Arsenal der US Army in Huntsville im Norden von Alabama, nahe dem Tennessee River. Es war in den raumfahrttechnischen Entwicklungen nicht weit hinter dem russischen Sputnik zurück, stellte Wernher von Braun an und verschaffte unter Verwendung einer militärischen Jupiterrakete Amerika einen ersten Trostpreis, indem es etwas in den Weltraum jagte, wovon Chruschtschow so verächtlich meinte, es sei nichts weiter als eine Pampelmuse. Dann kam erst die Air Force und dann die NASA und machte der Bodentruppe das Vorrecht in der Raumfahrt streitig.

Alabama hat Amerika eine politische Entwicklung außer der Reihe

gebracht. Eine Revolverkugel hat deren Entfaltung unterbrochen – vielleicht für immer.
Das Drama hat sich am 15. Mai 1972 abgespielt. Ort der Handlung war das Einkaufszentrum Laurel in Maryland, nur wenige Kilometer von Washington entfernt. Der Gouverneur George Wallace, der von den Demokraten aufgestellte Kandidat für die Präsidentschaftswahl, sprach von der kleinen Rednertribüne, die er auf seinen Propagandareisen stets mit sich führte. Vier Feuerstöße streckten ihn nieder. Eine der Kugeln blieb in der Wirbelsäule stecken und lähmte das Bantamgewicht – die Golden Gloves des Südens – für immer. Als Amerika in den Krieg zog, hatte er eben erst Lurleen Burns, eine junge Verkäuferin aus Tuscaloosa, geheiratet. Er diente bei der Luftwaffe, nahm an neun Kampfeinsätzen über dem Pazifik teil, litt unter psychischen Störungen, die er auf den beim Abschuß seiner Maschine durch einen japanischen Jäger erlittenen Schock zurückführte, überstand eine zerebrospinale Meningitis und wurde 1946 als Hauptfeldwebel – Chief Sergeant – entlassen. Wieder Zivilist, ergatterte er eine bescheidene Assistentenstelle beim Generalstaatsanwalt von Alabama und ließ sich 1947 in die Gesetzgebende Versammlung wählen. Er gab seinen dortigen Sitz 1953 zugunsten eines Postens als Richter in den drei Kreisen Barbour, Dale und Bullock auf. Seine Kandidatur um den Gouverneursposten scheiterte 1958, doch siegte er 1963 mit einem Programm, dem folgender Leitspruch vorangestellt war: »Rassentrennung heute – Rassentrennung morgen – Rassentrennung (für) immer ...« – Er war dann – ähnlich wie Maddo in Georgia – ein ausgezeichneter Gouverneur, der den Grundsatz der Vorherrschaft der Weißen mit Verbissenheit gegen die Machthaber der Bundesebene verteidigte, gegenüber den Schwarzen aber stets Prinzipien der Gerechtigkeit und des Verständnisses walten ließ. Es sind dies keineswegs widersprüchliche Haltungen für jeden, der den Süden kennt.

Fläche: 133 000 km²
Einwohnerzahl: 3 444 165
Hauptstadt: Montgomery
Beiname: Herz von Dixieland (Baumwollstaat)
Hymne: Alabama
Devise: We dare defend our rights

Blume: Kamelie
Baum: Wymouths-Kiefer
Wichtigste Städte: Mobile, Birmingham, Huntsville
Wichtigste Produkte: Soja, Erdnüsse. – Kohle. – Baumwolle. – Holz, Papier. – Stahl.
Bundesstaat seit 14. Dezember 1819 (an 22. Stelle).

MISSISSIPPI · ARKANSAS · LOUISIANA

Der Mississippi kommt vom Norden — ein Ungeheuer. Nach seinem Zusammenfluß mit dem Ohio fließt er südwärts, und zwar ab Memphis in jenes Gebiet, das mit Recht der Tiefe Süden genannt wird. Hier zeigt er seine prächtigsten Landschaftsbilder, seine mächtigsten Ausmaße und seine lebhaftesten, ins Ocker gehenden Farbtöne. Hier läßt er sich auf die gewagtesten, gekrümmtesten Irrfahrten ein, die zugleich für die Schiffahrt die gefährlichsten sind. Seit zwei Jahrhunderten liefert der Strom den Vorstößen menschlicher Eroberungslust einen erbitterten Kampf in diesem wirren Tal mit seinen halb unter Wasser stehenden Wäldern und Mangrovensümpfen.

Der Mensch hat sich auf diese schlammigen, wirbelreichen, tosenden Wasser gewagt, lange bevor seine leichten Kähne ihrer Wildheit standhalten konnten. Der Entdecker des Mississippi, der Spanier de Soto, fand in dem Strom sein Grab. Später fuhren französische Forscher in Pirogen, den Indianern abgenommenen Einbäumen mit Aufsatz, stromabwärts, die Pioniere fuhren in geruderten Barken stromaufwärts und ein Roosevelt — Vorfahre des Theodore und Mitarbeiter von Robert Fulton, dem Erbauer des ersten brauchbaren Dampfschiffs — zwang dem Strom sein erstes Dampfboot auf. Ein gewisser Sam Clemens, der unter dem Namen Mark Twain immerhin allgemein bekannt ist, war mit von der Partie, als eine Gruppe von Lotsen den Mississippi auskundschaftete, und hat die Abenteuer der tollkühnen Amerikaner von vor hundert Jahren und die Unglücksfälle, die sich dabei ereigneten, in seinen berühmten Erzählungen beschrieben. Einige Urenkel jener Lotsen von damals fahren immer noch auf solchen Raddampfern hin und her, um ein wenig von der einstigen Romantik wiederzufinden; aber sie finden nur die Langeweile einer langsamen Flußfahrt, der man Gefahr und Abenteuer gründlich beschnitten hat. Der Kampf mit dem Strom scheint also beendet und gewonnen zu sein.

Aber doch nur dem Anschein nach. Der Kampf geht — nunmehr bar

jeglichen Abenteuers — in anderer Form weiter. Die Regierung gibt jährlich an die hundert Millionen Dollar aus, um sich gegen die Tükken des Flusses zu versichern, was nur unvollkommen möglich ist. Man hat in Vicksburg einen Mississippi en miniature nachgebildet. Hydraulikfachleute lassen den Teststrom zum Hochwasser anschwellen, studieren die Auswirkungen und experimentieren mit Gegenmaßnahmen. Nach und nach bekommen sie den Wasserlauf zu fassen. Seine Launen, allzuoft das Bett zu wechseln, werden ihm ausgetrieben. Seine Untiefen und Sandbänke — diese berüchtigten Schiffsfriedhöfe — sind abgeglichen. Aus den Dämmen, die ihn begleiten, sind dicke Gefängnismauern geworden. Aber die Geschäftigkeit, die an den Uferböschungen herrscht, die Länge und Anzahl der in den Flußlauf eingezogenen Schrägen, die der Strömung entgegenwirken sollen, beweisen, daß der Mississippi noch keineswegs völlig gezähmt ist.
Er ist der wichtigste Strom Amerikas und wird noch in anderen Passagen dieses Berichtes wieder in Erscheinung treten. Zusammen mit ihm auch der viel längere, durch die untergeordnete Rolle eines Nebenflusses schwer gekränkte Missouri. Dieses Kapitel behandelt die drei Staaten am Unterlauf, den Staat Mississippi selbst am linken, Arkansas am rechten Ufer und — den Strom auf beiden Seiten einfassend und ihn bis ans Meer begleitend — der wichtigste und zugleich romantischste der drei: Louisiana.

MISSISSIPPI

Im tiefsten Süden

Keiner der Südstaaten wird von denen, die sich liberal nennen, so scharf verurteilt wie Mississippi. Manche gehen sogar so weit, seinen Ausschluß aus der Union zu fordern, weil er ihrer unwürdig sei; sie betonen, daß sich alle Errungenschaften des Wohlstands, der Bildung, des sozialen Fortschritts erst dann entwickeln könnten, wenn die Vereinigten Staaten von diesem ewigen Nachzügler befreit wären. Ohne allen Zweifel schneidet der Staat Mississippi in den Statistiken sehr schlecht ab, und dennoch macht er auf den Durchreisenden keineswegs einen so armseligen Eindruck wie manche andere Gebiete des Südens. Seine Küste, ein ungefähr 100 Kilometer langer Streifen am Golf von Mexiko, ist eine Côte d'Azur. Seine Hauptstadt Jackson (250 000 Einwohner) ist eine moderne, von Weißen bewohnte Stadt. Natchez und Vicksburg, am Strom gelegen, der dem Staat seinen Namen gegeben hat, bewahren beide historische Erinnerungen – mit ihren Häusern aus der Kolonialzeit, die von schmiedeeisernen Balkonen umgeben sind. Auch über dem Land mit seiner einheitlichen Baumwollkultur liegt oft ein Schimmer von Wohlstand und Heiterkeit, der dem üblen Ruf von Mississippi widerspricht.

Ich habe schon erwähnt, daß der Staat Mississippi die noch vor einigen Jahren gängige Voraussage Lügen gestraft hat, wonach ihm bestimmt gewesen wäre, ein Staat mit schwarzer Majorität zu werden. Dennoch war er es, auf den die schwarzen Aktivisten ihren ersten separatistischen Vorstoß wagen wollten. Die RNA – Republic of New Africa – nimmt für sich fünf Staaten in Anspruch: Mississippi, Alabama, Louisiana, Georgia und Süd-Carolina, die ihr die Vereinigten Staaten als Sühneleistung für die Sklaverei schulden. Unter dem Präsidenten Imeri Abubabari I. – ehem. Richard Henry – zogen etwa zwanzig Kämpfer für diese Sache aus, einen Stützpunkt für ihre Souveränitätsansprüche zu bilden, den sie auf einem kleinen Grundstück bei Jackson zu finden hofften. Es war eine Farce, aber sie endete blutig. Die ersten Bürger der RNA eröffneten das Feuer auf die Eindringlinge, die ihnen ihr »Land« rauben wollten, töteten einen Polizisten und verletzten noch weitere, ehe sie festgenommen wurden.

Rassische Spannungen können in einem Staat nicht anders als heftig sein, in dem die Zahl der Schwarzen höher und die Tradition der Vorherrschaft der Weißen stärker ist als anderswo. Es ist etwa zehn Jahre her, daß die *Ole Miss* – die Universität von Mississippi – als erste in den Belagerungszustand versetzt werden mußte, damit ein farbiger Student, James Meredith, aufgenommen werden konnte. Die Einwohner von Mississippi widersetzten sich einer schulischen Entsonderung der Rassen durch Vermehrung der Privatschulen. Die Schwarzen erobern allmählich soziale und politische Positionen. Sie wählen neuerdings in einem der Beteiligung der Weißen vergleichbaren Ausmaß. Ihre Anführer erlebten bei den Wahlen von 1971 eine Enttäuschung. Sie hatten für die meisten örtlichen und regionalen Ämter schwarze Kandidaten aufgestellt. Trotzdem waren auch in den Kreisen mit erdrückender schwarzer Mehrheit die Gewählten ausschließlich Weiße.

Die Armut schwindet schneller als die Barrieren der Rasse. Die Statistiken, die für Mississippi stets so niederschmetternd ausgefallen waren, nehmen nunmehr eine Wendung zum Besseren. Wenn der Staat auch immer noch rückständig ist, so hat ihn seine Industrialisierung doch jedenfalls zum Spitzenreiter des Wachstums in Amerika gemacht. Von 1960 bis 1970 ist das Pro-Kopf-Einkommen in Amerika insgesamt um 76,9 Prozent gestiegen, in Mississippi aber um 113,5 Prozent. Noch 1950 haben 42,2 Prozent der werktätigen Bevölkerung in der Landwirtschaft gearbeitet. Diese Zahl war 1970 auf 14,6 Prozent gesunken. Wie allenthalben im Süden sind Resignation und Sichgehenlassen einem Geist des Fortschritts und des Wettbewerbs gewichen.

Fläche: 123 000 km^2
Einwohnerzahl: 2 216 912
Hauptstadt: Jackson
Beiname: Magnolienstaat
Hymne: Go, Mississippi!
Devise: Virtute et armis
Blume: Magnolie
Baum: Magnolie
Wichtigste Städte: Greenwood, Vicksburg, Biloxi
Wichtigste Produkte: Austern, Krustentiere. — Konserven. — Baumwolle. — Holz. — Erdöl, Erdgas.
Bundesstaat seit 10. Dezember 1817 (an 20. Stelle).

ARKANSAS

Ein Hauch vom Mittelwesten

Man sagt Arkansa — das »s« bleibt stumm. Der Staat ist unzweifelhaft ein Teil des Südens; aber hier mischt sich etwas von den weiten Ebenen in den Charakter von Dixieland. Arkansas ist kein sehr bedeutendes Mitglied der amerikanischen Staatenfamilie, wenngleich sich die Bevölkerungszahl bei der Zählung von 1970 auf 1 923 225 erhöht, die fallende Tendenz früherer Entwicklungen sich also umgekehrt hat.

Arkansas erstreckt sich über weite staubige Plateaus und kleine Gebirge – die Ozarks, von denen man sagt, daß sie die wildeste Tierwelt und die rückständigsten Menschen von ganz Amerika beherbergen. Die weißen Bewohner – etwa drei Viertel der Gesamtbevölkerung – sind zu einem größeren Prozentsatz englischer Herkunft und protestantischen Glaubens als in irgendeinem der übrigen amerikanischen Staaten. Aber das Klima und die Armut haben sie verändert. Die *poor whites* sind sehr zahlreich auf ihren abgenutzten Feldern, und recht abträgliche Geschichten sind über ihre Sitten im Umlauf. »In Arkansas gibt es eine Jungfrau«, so heißt es: »Es handelt sich um ein kleines Mädchen von sieben Jahren, das schneller laufen kann als ihre Brüder.«

Little Rock wird in der Operette *South Pacific* mit etwas ironischem Unterton erwähnt. Und dennoch ist es keine häßliche Stadt. Drei stattliche Brücken spannen sich über den Arkansas River mit seinem schlammigen Bett. Das Kapitol eifert dem von Washington nach, hat sich aber mit einem Monument südlicher Frauengestalten geschmückt, die noch aus dem Sezessionskrieg übriggeblieben zu sein scheinen. Die Geschäftsstraßen verlaufen geradlinig und sind mit bescheidenen Wolkenkratzern gesäumt. Das Farbigenviertel ist nicht anders als alle in den Südstaaten: heruntergewirtschaftet, aber vor der äußersten Häßlichkeit und Unsauberkeit durch Sonne und Bäume bewahrt. Von rund 130 000 Einwohnern sind rund 28 000 Schwarze und nicht besser und nicht schlechter dran als anderswo.

Diese typisch südliche Stadt wurde am Dienstag, dem 24. September 1957 von einer Einheit der 102. Airborne Division besetzt, der Elitetruppe, die sich bei Bastogne ausgezeichnet hatte, bevor sie einen Bajonettangriff auf die Teenager von Little Rock machte. Sie sprang aus ihren »flying box cars« (fliegenden Güterwagen) auf ein Gebiet des Strategischen Luftkommandos ab und drang bei Beginn der Nacht in großem Kampfanzug in Little Rock ein. Die verblüfften Einwohner fanden kaum die Zeit zu einem schwachen Buh-Konzert. Es war das erstemal seit 1875, daß eine Südstadt wieder unter das Kriegsrecht des Nordens fiel.

Die Fallschirmjäger der 102. Airborne blieben zehn Monate in Little

Rock. Zehn Monate lang geleiteten sie zwei kleine Negerinnen und drei junge Neger in die Central High School. Die weißen Schüler boykottierten den Unterricht und verfolgten im Fernsehen die Unterrichtsstunden, die der Gouverneur Faubus eingerichtet hatte. Als man, des Krieges müde, die Fallschirmjäger zurückgerufen hatte, ließ Faubus die Schule schließen und sie durch eine private, staatlich subventionierte Anstalt ersetzen.

Die Operation Little Rock war ein Versuchsballon. Die staatliche Zentralgewalt hatte die Wirkung der höchstgerichtlichen Entscheidung über die Entsonderung der Rassen im Schulbetrieb erproben wollen, indem sie sie zunächst in Gebieten geringeren Widerstands anwenden ließ, und zwar in den sogenannten *Border States*, den Randstaaten im Grenzgebiet: Missouri, Kentucky und Delaware. In Little Rock stieß die behutsame Staatsgewalt auf den echten Süden. Die Erfahrung hat gelehrt, wie notwendig es immer noch war, vorsichtig vorzugehen.

Fünfzehn Jahre danach sind 30 Prozent der fast 1700 Schüler der High School von Little Rock Schwarze. Die Konfrontation von 1957 ist in eine ferne Vergangenheit entrückt. Allerdings, meint ein Erhebungsbeamter, wohnen die Schwarzen und die Weißen so getrennt wie nur je — wie in einer Mischung von Öl und Wasser. Sie setzen sich zwar nebeneinander auf dieselbe Bank; aber wenn sie in Tuchfühlung geraten, fühlen sie sich als Fremde.

Das ist das getreue Abbild der Rassenfrage in Amerika. Zwei verschiedene Völker leben Seite an Seite in ein und demselben geographischen, wirtschaftlichen und institutionellen Rahmen. Sie entwickeln sich getrennt und die weniger vom Glück Begünstigten unterstreichen nur das Bewußtwerden seiner Originalität. Es bedarf eines starken Optimismus, um zu glauben, daß dieses furchtbare Problem sich lindern läßt und Öl und Wasser so fügsam werden wie Milch und Kaffee.

Fläche: 135 000 km²
Einwohnerzahl: 1 923 295
Hauptstadt: Little Rock
Beiname: Boden der Möglichkeiten
Hymne: Arkansas
Devise: Regnat populus

Blume: Apfelblüte
Baum: Kiefer
Wichtigste Städte: Eldorado, Pine Bluff
Wichtigste Produkte: Zerealien. — Baumwolle, Tabak. — Holz. — Bauxit. — Diamanten. — Mineralwasser. — Erdöl, Erdgas.
Bundesstaat seit 15. Juni 1836 (an 25. Stelle).

LOUISIANA

Exil und »Bayous«

Der Name Louisiana bezeichnet nur noch einen Teil des ursprünglichen Gebietes. Es erstreckte sich bis Montana und bedeckte den größten Teil des Landes westlich des Mississippi. Sein Gründer, Cavalier de La Salle, hatte ihm seinen grandiosen Namen zu Ehren Ludwigs XIV. gegeben, der von seinem fernen Riesenreich wohl kaum etwas ahnte. Unter Ludwig XV. diente Louisiana als Stützpunkt für das Papiergeld-System von John Law, die »Schmuggler vom Mississippi« bevölkerten die Straßen von Paris, um unfreiwillige Kolonisten auszuheben, und die rührende Sünderin Manon Lescaut wurde, von den Tränen ihres Jahrhunderts begleitet, in das ferne schreckliche Land ihrer Sühne eingeschifft. Im Jahr 1763 wurde Louisiana mit einem Federstrich an Spanien abgetreten, das es ebenso grundlos im Jahr 1801 wieder zurückgab. Schließlich — im Jahr 1803 — verkaufte es Napoleon, dazumal Erster Konsul.

Die Geschichte dieser Gebietsabtretung ist recht seltsam. Der damalige Präsident der USA, Thomas Jefferson, hatte seinen Gesandten in Paris, Robert Livingstone, nur beauftragt, New Orleans zu kaufen. Bonaparte bot ihm statt dessen das ganze Gebiet an, und der Amerikaner faßte die Gelegenheit beim Schopf und kaufte es für 27 Millionen Dollar. Er wurde von seinen Landsleuten scharf kritisiert, die nicht verstanden, daß man für ein so fernes, so wildes und so zukunftsloses Land so viel Geld verschwenden konnte.

Aus dem französischen Louisiana machten die Amerikaner ein Dutzend Staaten. Es verlor sogar seinen Namen, denn das heutige kleine

Louisiana (48 000 Quadratmeilen) wurde als Orleans-Territorium bezeichnet; es bekam seinen ursprünglichen Namen erst wieder, als es am 30. April 1812 den Rang eines Staates erhielt. Zwei Jahre später wurde es zum Schlachtfeld gegen die Engländer, die es sich anzueignen versuchten. 1861 kämpfte es auf seiten der Sezession, teilte das Schicksal der Südstaaten, mußte nach der Niederlage auch Demütigungen erdulden und wurde 1868 wieder in die Union aufgenommen. In der ganzen Zeit hat ihm der Gang der Geschichte das starke französische Parfüm, das ihm seit Urbeginn anhaftet, nicht nehmen können.

Die zahllosen Arme, in die sich der Mississippi in seinem Mündungsgebiet teilt, heißen »Bayous«. Sie haben französische Namen: Bayou Lafourche, Bayou Tèche, Bayou Caillou, Bayou du Large, Bayou des Allemands und sogar Bayou du Chef Menteur (eine Erinnerung an vergangene Betrügereien der Indianer). Viele Kirchspiele — parishes und nicht counties wie überall sonst in den USA — haben gleichfalls französische Namen: Beauregard, Saint-Martin, Vermillon, Saint-Bernard usw. Die Hauptstadt des Staates heißt Bâton Rouge. Der große See, der den Hochwassern des Mississippi als Ableitung dient, ist der Pontchartrain-See, der mit dem Maurepas-See in Verbindung steht, und dessen Anhängsel, der Borgne-See, ergießt sich durch die Chandeleur-Straße in den Golf von Mexiko.

Genau wie die Ortsnamen sind auch die Menschen, die im Gebiet der Bayous leben, französischer Abstammung. Diese »Acadiens« oder »Cajuns« — der zweite Name scheint eine Abwandlung des ersten zu sein — sind das Zeugnis eines der erstaunlichsten Kollektiv-Abenteuer, die in Amerika je unternommen worden sind.

Sie bevölkerten in Kanada die Halbinsel Akadien (das heutige Neu-Schottland) und waren 1713 die ersten Franzosen der Neuen Welt, die England weichen mußten. Als England ihre unbeugsame politische und religiöse Beharrlichkeit erkannte, deportierte es sie in seine 13 amerikanischen Kolonien — eine Tat, die weitreichende Konsequenzen hatte. Denn hätten die fruchtbaren Akadier in Kanada bleiben können, würde sich dort wahrscheinlich das Gewicht der beiden Nationen zugunsten der Franzosen verlagert haben. Die Absicht war, die Rebellen in den protestantischen und angelsächsischen Bevölkerungen aufgehen zu lassen, aber die Cajuns ergriffen die Flucht und vereitelten dadurch dieses Vorhaben. Sicher bestand kein fester Plan, und doch schlugen sich die Cajuns in Gruppen unter unendlichen Schwierigkeiten bis nach Louisiana, also auf katholischen und französischen Boden, durch. Das erinnert an den Auszug der Mormonen nach dem Westen, nur mit dem Unterschied, daß diese ihre Wanderung ein Jahrhundert später in einem schon erforschten Kontinent gemeinsam machten und sich nicht der Wachsamkeit der Behörden entziehen mußten.

Der Dichter Longfellow hat aus dieser französischen Epopöe einen amerikanischen Klassiker gemacht. Seine Heldin, Evangeline Bellefontaine, die durch das grausame Dekret Georges II. von ihrem Verlobten Gabriel getrennt wurde, setzt ihr Leben ein, ihn im wilden Amerika zu suchen, und findet ihn erst, als er im Sterben liegt. Die Geschichte hat sich kaum weniger romantisch abgespielt. Emeline Labiche, die Longfellow als Vorbild diente, kam allein in Louisiana an und wartete dort vergeblich auf Louis Arcenaux, der wahrscheinlich der gefährlichen Reise zum Opfer gefallen war. Ihr Standbild steht neben der Kirche Saint-Martin, und im Evangeline State Park kann man das Haus besichtigen, in dem die Untröstliche vor Sehnsucht nach dem vermißten Verlobten starb.

Man ist sich über die wirkliche Zahl der Cajuns bei ihrem Auszug und ihrer Ankunft nicht ganz einig. Einer Schätzung zufolge wurden etwa 11 000 aus Akadien vertrieben und 5000 erreichten Louisiana. Nach einer anderen Schätzung müssen diese Zahlen mindestens durch drei geteilt werden. Eine Zählung vom Jahr 1787 ermittelte 1587 Cajuns in Louisiana – aber diese genaue Angabe überrascht, wenn man bedenkt, daß sie von den Spaniern gemacht wurde und daß die Sümpfe des unteren Louisiana noch für die heutigen Statistiker schwierig zu durchdringen sind. Jedenfalls, mögen die Cajuns ursprünglich 5000 oder 1500 gewesen sein, so haben sie doch ihre erstaunliche Fruchtbarkeit bewiesen. Diese Menschenknospe hat in einhundertfünfzig Jahren eine franko-amerikanische Bevölkerung von mindestens einer halben Million Menschen hervorgebracht. Die *New York Times* vom 9. Mai 1972 geht noch weiter: »Alles in allem sprechen in Louisiana etwa eine Million Menschen französisch, von denen sich viele als Cajuns bezeichnen, obgleich sie, da nicht von Akadiwa abstammend, das im eigentlichen Sinn nicht sind.« Der 1971 gewählte Gouverneur von Louisiana, Edwin E. Edwards, führt keinen französisch klingenden Namen. Dennoch fühlt er sich als der erste Cajun des stärksten Bevölkerungsteils des Staates.

Zur Zeit der großen Wanderung der Akadier war das reiche Land Louisiana von Kreolen bewohnt, vornehmen Pflanzern, die Kolonnen schwarzer Sklaven und weißer Deportierter befehligten und Rohrzukker und Indigo exportierten. Diese tropischen Feudalherren nahmen die Bauern aus dem Norden übel auf, und die französischen Kolonialbehörden begriffen nicht, wie wertvoll für sie der Zuwachs an freien Männern war. Obgleich die Cajuns von der kalten Zone am Kap Breton kamen, mußten sie sich am Delta ansiedeln. Dort fanden sie eine sumpfige Gegend, Wolken von Moskitos, das gelbe Fieber, das bald endemisch, bald epidemisch auftrat, stehende Wasser unter Kathedralen von Zypressen, die von Spanischem Moos verfilzt waren, und ein Gewimmel von Alligatoren und giftigen Reptilien. Sie lebten trotz allem — und sie leben noch in einer Natur, die sich seither nicht viel verändert hat.

Die Großen Sümpfe sind eine der seltsamen und schrecklichen Schönheiten des Südens. Sie bedecken unendliche Flächen in den beiden Carolina, in Georgia, Florida und Louisiana. Es sind die Bereiche des Schweigens und der Gefahr. Die Seminolen-Indianer nannten sie »Land der schwankenden Erde«, weil selbst das, was fester Boden zu sein scheint, unter den Füßen weicht, da es meistens nur ein schwimmender Pflanzenschild ist; man braucht ihn nur mit den Händen beiseite zu schieben und stößt auf schwarzes, klebriges Wasser. Selbst die erfahrensten Trapper verirren sich in diesen Einöden, wo die Sonne sich nur in Lachen spiegelt und ein unheilschwangeres Halbdunkel verbreitet. In der Regel flieht der Mensch diese ungesunden, erdrückenden und demoralisierenden Regionen. Nur Louisiana macht eine Ausnahme durch die Cajuns.

Nicht alle, aber viele von ihnen leben in schwimmenden Häusern, und zahllose Dörfer haben als Straße nur ein Bayou. Die seltenen sandigen Straßen sind so schlecht, daß das Pferd und der zweirädrige Wagen — horse-and-buggy — noch ebenso häufig anzutreffen sind wie das Auto. Das eigentliche Transportmittel ist die Piroge, die so leicht ist, daß man glaubt, schon ein Niesen könne sie zum Kentern bringen. Aber die Cajuns behaupten, sie schwimme auf Tau so gut wie auf dem Hochwasser des Flusses. Sie gleitet über Teppiche von Hyazinthen — diese wild wuchernde europäische Blume, die einer Gartenbau-Ausstellung in New Orleans entschlüpfte, von ganz Louisiana Besitz ergriff und — wie in Indien — unendlichen Schaden anrichtet. Die Piroge umschwimmt die »Knie«, welche die Wurzeln der ertrunkenen Bäume wie Geweihe unter fahlgrünen Vorhängen von riesigen pflanzenhaften Spinnennetzen aus Spanischem Moos emporstrecken. Sie ist der Ernährer der Fischer und der Bisamrattenjäger. Die Piroge ist auch das einzige Mittel, um eine Welt zu entdecken, von der nichts in Europa – die Sümpfe von Pinsk und das Donaudelta mit inbegriffen – auch nur annähernd eine Vorstellung vermitteln kann.

Die Cajuns waren lange Zeit arm, traditionsbewußt und ziemlich rückständig. Sie bauen Reis – eine aufreibende Arbeit. Sie fischen an den Mündungsarmen des Mississippi riesige Mengen rosafarbener Krabben oder Garnelen und erzielen die bedeutendste Ernte an Rohrzucker in den Vereinigten Staaten. Sie bleiben der alten, ländlichen französischen Ernährung treu, und ihr Lieblingsdessert ist Milchreis. Sie vertilgen große Mengen sehr schwarzen Kaffees, zweifellos weil sie ihn als Stimulans gegen die drückende feuchte Hitze nötig haben. Für ihren persönlichen Gebrauch kultivieren sie die verschiedensten Heilpflanzen, was ihnen lange Zeit gestattete, auf Medikamente zu verzichten und sich ohne Arzneien zu pflegen. Sie haben die Tradition der Volkstänze bewahrt, und ihr sittlicher Lebenswandel ist nicht besser und nicht schlechter als bei anderen halb im Wasser lebenden Völkern. Sie bilden die einzige geschlossene Katholikengruppe in dem sonst protestantischen Dixieland.

Da sie sich nicht bilden, ja kaum schreiben können und daher überhaupt keine Beziehung zum gedruckten Wort haben, ist das Französisch der Bayous noch weit veralteter als das in Kanada. Es war auf dem Rückzug, seit es der Klerus nicht mehr verteidigte. Es erlebt eine Wiedergeburt – und das ist wahrhaftig ein erstaunliches Phänomen –, seit sich die Bayous dem Einzug des industriellen Lebens geöffnet haben und man eher sein völliges Verschwinden erwarten mußte.

*

Die Öffnung der Bayous ist auf das Erdöl zurückzuführen. Ein großartiger Film, die *Louisiana Story*, hat vor einigen Jahren die Feindseligkeit der Cajuns gegen das Eindringen der Ölleute und die Veränderungen, die sie immerhin für das urtümliche Leben der Bewohner mit sich brachten, geschildert. Von den 64 Pfarreien Louisianas sind 61 in Orten, wo flüssige oder gasförmige Kohlenwasserstoffverbindungen hergestellt werden. Die bedeutendsten Ölvorkommen aber befinden sich unter den Sumpfgebieten von Nieder-Louisiana. Die Sonden planschen im jahrtausendealten Schlamm herum, ehe sie auf Fels stoßen, und die Kräne graben ihre Wurzeln neben denen der hohen Zypressen in den trügerischen Grund. Ich behalte mir für die noch bevorstehende

Abhandlung über Tennessee vor, eine Gesamtschau des amerikanischen Energieproblems zu versuchen. Louisiana hat Kalifornien überholt und nimmt nun seit etwa zwanzig Jahren den zweiten Platz in der Erdölproduktion Amerikas ein – nicht die letzte Ursache für den Reichtumszuwachs des Südens.

Die Cajuns bilden ungefähr ein Fünftel der Bevölkerung Louisianas (im Jahr 1966 3 600 000 Einwohner). Die Neger – etwa 900 000 – bilden ein Viertel der Bevölkerung, aber auch die übrigen drei Viertel sind recht gemischt. Die Baumwollpflanzungen im Norden des Staates weisen eine protestantische angelsächsische Bevölkerung auf, die gegen die Nachkommen der Akadier eine hochmütige Verachtung hegt. Aber New Orleans ist ein buntes Rassengemisch, aus dem eine zweite Bevölkerung französischer Abstammung hervorsticht: die Kreolen. Sie sind die echten Nachkommen der französischen Kolonisten in Nordamerika.

Früher waren sie sehr reich. Sie hatten auf ihren Plantagen herrschaftliche Landsitze und in New Orleans vornehme Privathäuser, die durch ihre verschwenderische Benutzung von Schmiedeeisen höchst bemerkenswert sind. Sie importierten die herrlichsten Möbel und die besten Weine aus Frankreich. Sie waren reinblütige Weiße – und keine Mulatten, wie man zu ihrem unbeschreiblichen Ärger häufig annimmt – und oft auf dem Umweg über die Antillen und vor allem über Santo Domingo, wo die Revolution Toussaint Louvertures sie verjagt hatte, aus Europa gekommen. Höflichkeit, strenge Ehrbegriffe, Mut, Ungestüm gehörten zu ihrer alten Tradition, und Duelle waren keine Seltenheit. Während des Sezessionskriegs kämpften sie mit der Überzeugung von Menschen, die sich für ihre Lebensauffassung einsetzen, und einer der ihren, Pierre-Gustave Beauregard, war einer der berühmtesten Generäle der Südstaaten. Die Niederlage der Südstaaten war in Wirklichkeit die Niederlage der Kreolen: das Totengeläut einer Aristokratie, die von Amerika nicht mehr geduldet wurde.

Heute haben die Kreolen fast alles verloren – bis auf ihre Vorurteile. New Orleans ist die einzige Stadt, in der man noch Personen begegnet, die einen gewichsten Schnurrbart, ein Monokel, eine graue Pikeeweste, einen Spazierstock mit goldenem Knauf und Schuhe mit Stoffeinsatz tragen. Wenn sie unter sich sind, sprechen sie französisch, nicht aus Anhänglichkeit an Frankreich, das sie nicht kennen oder gar verachten, sondern aus Protest gegen eine Welt, die sie zugrunde richtet. Am meisten sind sie gegen die Cajuns eingenommen, so daß es fast ebenso

Segelboote in Miami/Florida

MARINELAND OF THE PACIFIC
SPLASH ZONE

schimpflich ist, einen Großvater zu haben, der aus Akadien kam, wie eine Bantu-Großmutter aus Afrika. Sie stellen keine Gesellschaftsklasse mehr dar, aber sie bilden noch eine Schicht, die immer dünner wird und dazu verurteilt ist, ganz zu verschwinden, was niemand sehr bedauert.

New Orleans war ihre Stadt und galt lange – ja gilt noch heute in Amerika als so etwas wie eine Hochburg der Sünde. Heute ist die Sünde in die Vorstädte verbannt mitsamt ihrem Zwillingsbruder, dem Glücksspiel. Aber das Zentrum der Stadt, das Vieux Carré oder French Quarter, hat sich noch das Parfüm davon bewahrt. Die Touristen kommen zu Hunderttausenden dorthin und können in den Bars noch Entkleidungsszenen beiwohnen, die im allgemeinen nur unvollkommene Körper enthüllen. Die engen, rechtwinklig verlaufenden Gassen, die von alten Laternen beleuchtet werden, haben ihre französischen Namen behalten – Conte, Bienville, Bourbon, Orléans usw. – und sie haben weder ihren Charme noch ihren Schmutz verloren. Das Vieux Carré verdiente das Interesse eines Historikers, da es das unversehrte Zeugnis einer französischen Kolonialstadt vor zweihundert Jahren darstellt mit ihrer Symmetrie und ihrer Ehrbarkeit, die aus dem Frankreich des Großen Königs stammen. Das »echt Französische« kann man noch bis zum *French Market* deutlich sehen, der irgendwo in einem alten französischen Stadtteil stehen könnte. Und doch – die ungeheure Reklame, die um das Vieux Carré gemacht wird, verfehlt ihren Zweck, weil sie übertrieben ist. Dieses Überbleibsel aus alter Zeit ist nicht allzuviel, verglichen mit der ganzen bunten, chaotischen, lärmenden und überwältigenden Stadt, die sich ringsum entwickelt hat.

New Orleans ist eine der vielseitigsten Städte Amerikas, obgleich es mit seinen 1 044 000 Einwohnern (davon 650 000 im eigentlichen Stadtgebiet) nur an 27. Stelle der großen Ballungsbereiche steht. Seine Quais am Mississippi sind von unvergleichlicher Farbigkeit und Lebhaftigkeit. Das Rauchen ist dort bei Strafe von 100 Dollar verboten. Die Hauptstraße – Canal Street – ist so lichterreich wie der Broadway. Das wichtigste Monument – es steht auf dem Saint-Charles-Platz – ist eine Säule zum Gedenken an den Südstaatlergeneral Robert Lee, dessen Siege beinahe die Vereinigten Staaten ruiniert hätten. Der Park mit dem ans Meer gemahnenden Seegestade am Lac Pontchartrain (sprich: Pontschartrain) ist prachtvoll, doch war er lange Zeit einem von drei Stadtbewohnern unbekannt, weil er Negern verboten war. Sein von Geheimverbänden organisiertes Aufgebot zum Fastnachts-

Oben: Miami-Seeaquarium, größtes tropisch-ozeanisches Aquarium der Erde in Miami/Florida
Unten: Everglades – unberührte Sumpflandschaft im Süden von Florida

dienstag besteht aus 49 Gruppen von Fackelträgern, deren Kostüme und Wagen einige Millionen Dollar wert sind. Er ist die größte Fremdenverkehrs-Attraktion von New Orleans, wenngleich die Reklame dafür übertrieben wurde und erste Anzeichen eines Niedergangs sich bemerkbar machen.

Die Küche von New Orleans ist berühmt, aber überschätzt. Das französische Etikett hat sie zwar beibehalten, ist aber in Wahrheit italienisch, und das berühmteste Restaurant in Louisiana, *Antoine*, bildet keine Ausnahme von dieser Regel. Die französische Note mag in den Monumenten der Vergangenheit erhalten sein – aus dem Leben von heute ist sie beinahe verschwunden. Der Grundstock der Bevölkerung ist italienischer Herkunft, was nicht ganz ohne Zusammenhang mit der Anwesenheit und der Macht einer Mafia sein dürfte. Eine ihrer amerikanischen Berühmtheiten ist *The little Man*, Carlos Marcello – fünf Fuß und einen Daumen hoch (etwa ein Meter fünfundfünfzig) aus Tunis gebürtig und Nachfolger des Gangsters Silvestro Carollo. Von ihm erzählt man sich, er habe es vermocht, Al Capone das Betreten von New Orleans zu verwehren und ihn zu veranlassen, daß er mit demselben Zug, der ihn gebracht hatte, wieder abfuhr. In der Lebensgeschichte jenes Marcello, die übrigens in dem Film *Der Pate* wirksam in Szene gesetzt ist, spielt ein Zug patriarchalischer Gemütlichkeit eine gewisse Rolle. Er lebt unter Bewachung eines Zerberus, der niemand anders ist als seine leibliche Tochter, führt ein bescheidenes, ja tugendhaftes Leben, steht aber in dem Ruf, in den Finanzen Louisianas Razzia gehalten zu haben, indem er die Korruption in politischen Kreisen zu wahrer Meisterschaft entwickelte. Er ist 1970 sechzig geworden, zieht sich mehr und mehr zurück und scheint eine ehrliche Chance zu haben, sein Dasein mit einem glücklichen Alter zu beenden, während er sich wegen der immer wieder fehlschlagenden Jagden, die seitens der Bundesbehörden auf ihn gemacht werden, ins Fäustchen lacht.

Nach dem Krieg hatte New Orleans geradezu berauschende Ambitionen. Der damalige Bürgermeister, Lesseps-Morrisson – übrigens der Enkel des gleichnamigen Erbauers des Suezkanals –, vertrat die Meinung, daß sich Europa von seinem Desaster nie wieder erholen und die Achse der Zukunft diejenige der westlichen Hemisphäre sein werde, auf welcher sich New Orleans glücklicherweise befinde. Er träumte davon, aus seiner Stadt den Knotenpunkt zwischen den beiden Amerika machen zu können, gab ihr ein lateinamerikanisches Zentrum und

verkündete kühn, sie werde nunmehr New York überflügeln, das doch fürder einem toten Kontinent zugewandt sei. Aber der Aufschwung Lateinamerikas und der Niedergang Europas gingen nicht ganz so vonstatten, wie Lesseps-Morrisson das vorausgesehen hatte. Weit entfernt von weiterer Expansion hat New Orleans zwischen den beiden letzten Zählungen 30 000 Einwohner eingebüßt.
Die Hauptstadt des Staates, Bâton Rouge — großes Zentrum der Erdölindustrie mit Hafen am Mississippi —, befindet sich hingegen im Zustand beständigen Wachstums. Sie ist die Hauptbühne einer Politik, die sich weniger durch Moralität als einen sehr eigentümlichen Anstrich auszeichnet. Sein hoch über den breiten Strom aufragendes Kapitol wurde vor vierzig Jahren vom Blut eines der mächtigsten Demagogen besudelt, die Amerika hervorgebracht hat: Huey P. Long, der von einem Landarzt aus Rache für dessen Schwiegervater niedergemacht worden war. Long hatte Roosevelt in Schwierigkeiten gebracht, indem er während der großen Krise vorschlug, alle großen Vermögen aufzuteilen, um jedem Amerikaner ein Kapital von 5000 Dollar zuteilen zu können. Das einfache Volk von Louisiana beweinte Long wie einen Heiland und half seinem Bruder Earl sodann, sein politisches Glück zu machen, das aber leider in einer psychiatrischen Klinik enden sollte. Dennoch kamen die Longs wieder ins Geschäft, als Hueys Sohn Russell sich der Politik zuwandte; aber der Kräfteüberschuß der Familie war erschöpft und Russell P. Long ist heute ein sehr »gesetztes« Mitglied des amerikanischen Senats.

Fläche: 125 675 km²
Einwohnerzahl: 3 643 180
Hauptstadt: Bâton Rouge
Beiname: Pelikan-Staat
Hymne: Give me Louisiana
Devise: Union, Justice, Confidence
Blume: Magnolie
Baum: Zypresse
Wichtigste Städte: New Orleans, Shreveport
Wichtigste Produkte: Zuckerrohr. — Reis. — Produkte des Meeres. — Viehzucht. — Pelze. — Erdöl, Erdgas. — Salz, Schwefel. — Chemische Produkte.
Bundesstaat seit 30. April 1812 (an 18. Stelle).

TENNESSE · KENTUCKY

Die beiden Staaten, die den Gegenstand dieses kurzen Kapitels bilden, gehören zu den Ausläufern des Südens. Zusammen mit Delaware und Maryland, aber auch mit Missouri unmittelbar mit den Großen Ebenen verbunden, bilden sie die sogenannten *Border States,* die Randstaaten oder genauer Pufferstaaten zwischen dem Norden und Tiefen Süden. Die Unterscheidung hat nicht mehr die bewertende Nebenbedeutung von einst, da noch die große Rassenauseinandersetzung einen harten Schnitt setzte zwischen die Staaten mit Sklaverei und späterer Rassentrennung einerseits und die Staaten, die als erste die Sklaverei abschafften und sich weiterhin in der Rassenfrage tolerant erwiesen. Diese scharfe Unterscheidung lebt, abgesehen von der Sprache, auch in den realen Dingen fort.

Der Sezessionskrieg brachte für die Randstaaten ein schweres Dilemma mit sich. Kentucky, der Staat, wo Abraham Lincoln und Jefferson Davis geboren waren, erklärte sich anfangs für neutral, ließ sich aber dann für die Sache des Nordens gewinnen. Tennessee entschied sich für den Süden und kämpfte auch tapfer für ihn. Aber wie in den anderen Randstaaten waren derartige Einzelentscheidungen Verstöße gegen die gesetzlichen Vorschriften. Der Bürgerkrieg zwischen Nord und Süd war zugleich ein interner Bürgerkrieg innerhalb der an der Demarkationslinie der Leidenschaften entlangschwankenden Staaten.

TENNESSEE

Die T.V.A., das Atom und die Emire

Tennessee hat seinen Namen von einem Fluß — einem langen, unberechenbaren, abenteuerlichen Fluß, der zunächst von Norden nach Süden die Alleghanies entlang fließt, zögernd in die Ebene eintritt, sich einmal um sich selbst dreht, nach Norden wendet, noch einmal innehält und sich schließlich in den Ohio ergießt, einige Meilen vor dessen Zusammenfluß mit dem Mississippi. Dieser Fluß ist zum Symbol geworden, zum Einsatz im Spiel zwischen Kapitalismus und Staat. Der Staat hat gewonnen. Die Tennessee Valley Authority — T.V.A. — ist die erste große Infiltration des Sozialismus in das amerikanische Leben gewesen.

Der Tennessee River war eine Landplage. Sein langer Lauf mit unzähligen Klippen und wandernden Sandbänken war für jede Art von Schiffahrt ungeeignet. Seine Hochwasser kamen ganz plötzlich und hatten eine schreckliche Wirkung. Der Mensch floh aus dem Talgrund, aber das wilde Wasser stieg die Abhänge hinauf, riß die Ackerkrume mit sich und vermehrte damit den Schlamm des Mississippi.

Es ist keineswegs bewiesen, daß der Kapitalismus den furchtbaren Wasserlauf nicht zur Ordnung gezwungen und sich dienstbar gemacht hätte. Die Tatsache, daß die Arbeit an vielen Stellen schon begonnen war, beweist das Gegenteil, aber da stellte der Rooseveltsche Staat mit einer Handbewegung das freie Unternehmen kalt. 36 Stauwerke des Tennessee und seiner Zuflüsse, von denen 24 vor 1933 gebaut waren, wurden ganz einfach der T.V.A. einverleibt. Der amerikanische Staat hat allein an die Southern and Commonwealth-Elektrizitätsgesellschaft — deren Vorsitz Wendell Willkie führte, Roosevelts Rivale bei den Wahlen von 1940 — 78 Millionen Dollar ausbezahlt, die gewiß bedeutende Installationen repräsentierten. Das Gesetz vom 7. Mai 1933 hat vor allem einen Gesamtplan festgesetzt und den Ausbau des Tales beschleunigt, indem es den Erbauern den Staatsschatz zur Verfügung stellte.

Das Resultat ist sehenswert. Über eine Strecke von 1000 Kilometern, vom Norris-Damm bis zum Kentucky-Damm, ist der reißende Strom zu einer Treppe geworden. Er fließt von See zu See und ist so vollständig gezähmt, daß von seinem einstigen Toben absolut nichts übriggeblieben ist. Auf jeder Stufe produziert er Elektrizität, Bewässerung oder auch, wie bei Muscle Shoals, stickstoffhaltige Düngemittel. Er trägt folgsam Schwärme von Vergnügungsbooten und schwere Frachtkähne. Um ihm einen Panzer anzulegen, hat man zweieinhalbmal soviel Beton gebraucht wie für den Panama-Kanal, der den Atlantik mit dem Pazifik verbindet. Aber das Werk ist vollendet, und die prinzipiellen Einwände sind hinfällig geworden. Als Robert Taft als republikanischer Kandidat Tennessee besuchte, fragte man ihn, was er mit der T.V.A. anzufangen gedenke, wenn er gewählt werde. »Ich war ihr Gegner«, hat er geantwortet, »aber da sie nun einmal da ist, würde ich sie trotzdem nicht vernichten.« Sie hat 285 000 Farmen elektrifiziert, eine Million Verbraucher mit Strom versorgt und das sehr niedrige Einkommen des Staates Tennessee rascher erhöht als Amerika sein durchschnittliches Einkommen.

Oak Ridge ist eng mit der T.V.A. verbunden. Wenn die erste Atomstadt in dem schwach industrialisierten Staat Tennessee gebaut wurde, so hat das seinen Grund in der großen Kapazität an Wasserkraft und elektrischer Energie, welche die Kanalisierung des reißenden Flusses lieferte. Ein wenig spielte auch die ganz versteckte Lage mit. Tausendmal konnte man auf der großen Straße in ihrer Nähe vorüberfahren, ohne auf den Gedanken zu kommen, daß hier ein gigantisches Industriewerk mit der gefährlichsten Kraft umging, die es in der Schöpfung gibt. Noch heute gelangt man zum Haupteingang von Oak Ridge über eine sehr alte Eisenbrücke, hinter der sich ein Wall erhebt, der für die Neugierigen lange Zeit eine chinesische Mauer war. 85 000 Arbeiter arbeiteten hinter dieser Einfriedung, ohne zu ahnen, was sie machten.

Die Anfänge des atomaren Abenteuers hat Stephan Groueff in seinem Buch *Manhattan Project* meisterhaft erzählt. Mangels Erfahrung, welches der beiden nuklearen Elemente sich als verwendbar erweisen würde, und in der Annahme, daß eines davon es sein werde, begann Amerika gleichzeitig mit der Herstellung von Plutonium 238 in den Graphittürmen von Hanford im Staate Washington, und mit der Uranium-235-Vergasung in der riesigen, fast eine Meile langen Halle von Oak Ridge. Beide Verfahren waren fast gleichzeitig ausgereift. Das Uranium ergab die Atombombe von Hiroshima, das Plutonium die von Nagasaki. Es ist bemerkenswert, daß es eine dritte gar nicht gab, und das bedeutet, daß Japan vor einem leeren atomaren Arsenal kapituliert hat.

Seit diesen tragischen Anfängen ist das Atom Gegenstand einer der großen Industrien Amerikas geworden. Sie beschäftigt über 150 000

Menschen, ihr Umsatz erreicht die Hälfte dessen der General Motors und ihre Wachstumsrate beträgt 15 Prozent jährlich. Das für die Verflüssigung und Anreicherung von Uran tätige Dreieck Oak Ridge – Paducah – Portsmouth hat Investitionen von acht Milliarden Dollar verschlungen und verbraucht mehr Strom als New York. Ein weiteres Riesenunternehmen ist das von Savannah River in der Nähe von Aiken in Süd-Carolina: es erstreckt sich über 1500 Hektar, beschäftigt 30 000 Personen und erzeugt vorwiegend schweren Wasserstoff, der für die thermonukleare Bombe benötigt wird.
Die amerikanische Atomindustrie stellt sich als eine Symbiose zwischen der Atomenergie-Kommission, einer direkt vom Präsidenten abhängigen Regierungsstelle, und den geeigneten industriellen und wissenschaftlichen Anlagen dar. Die Universität von Kalifornien hat die Führung des National-Laboratoriums von Los Alamos; die Union Carbide betreibt Oak Ridge; DuPont de Nemours hat die Fabrik am Savannah River gebaut. General Electric und Westinghouse spezialisieren sich auf Düsentriebwerke usw. Diese Kombination war lange Zeit zufriedenstellend, aber es ist nicht gesagt, daß sie ebenso glücklich weiterfunktioniert wie in der Vergangenheit. Das Geheimnis, das die Atomenergie-Kommission umgibt, ist nicht dicht genug, daß man nicht von den Stürmen wüßte, die sie mehrere Male heimgesucht haben, und daß Zweifel über das Zusammenspiel des amerikanischen Kernprogramms aufgekommen sind.
Auf dem Gebiet der eigentlichen Rüstung kann man unmöglich weiter vordringen als der Bericht der Atomenergie-Kommission, der besagt, daß die Herstellung von Kernwaffen »gemäß den Anweisungen des Präsidenten« erfolgt. Was die Isotope betrifft, entwickelt sich ihre Nutzung von Jahr zu Jahr; sie erstreckt sich auf 1700 Hospitäler, 15 000 Industriebetriebe und einen Teil der Landwirtschaft, spielt eine wachsende Rolle beim Schürfen, in der Kontrolle der Pipelines, bei der Legierung, beim Schweißen usw. Auf dem Gebiet der Reaktoren für Marinezwecke waren die glänzenden Dauerkreuzfahrten amerikanischer Atom-Unterseeboote mehrere Male der einzige Trost angesichts der wissenschaftlichen und industriellen Erfolge der Sowjets. Aber der Mann, dem dieser Trost zu danken war, hätte beinahe seine Karriere ruiniert – so verbissen hat er sein Ziel verfolgt.
Der Korvettenkapitän Hyman G. Rickover hatte gleich 1945 einen Lehrgang als Elektrotechniker in Los Alamos absolviert. Dabei hat er die Überzeugung gewonnen, daß das Kriegsschiff der Zukunft und

insbesondere das Unterseeboot nicht anders als durch Kernenergie angetrieben werden könne. Er war ein unscheinbarer, nur mittelmäßig beschriebener Offizier, der überall unbeliebt war und dem man nicht einmal ein altes Minensuchboot zu kommandieren gegeben hätte; allen gesellschaftlichen Verpflichtungen war er abhold, ein unermüdlicher Arbeiter, etwas skurril, hochfahrend, Jude aus einem weißrussischen Getto, mitgebracht als sechsjähriger Sohn von einem eingewanderten Schneider. Daß er in die Marine-Akademie von Annapolis aufgenommen wurde, muß unter diesen Umständen als Anomalie bezeichnet werden. Dieser Mann, der somit alle erdenklichen Handikaps zu überwinden hatte, war der Urheber des Atom-Unterseebootes und Konstrukteur der *Nautilus*-Serie. Späte Ehren hat es dann auf ihn geregnet, nachdem der mächtige Marinekonformismus zuvor alles getan hatte, um ihn zu entmutigen oder gar zu strafen.

Die energieerzeugenden Reaktoren sind das Gebiet, auf dem Amerika besonders zögernd vorgegangen ist, die meisten Fehlkalkulationen gemacht und letztlich seine Zukunft gefährdet hat.

Amerika hat sich mit einer nachgerade hoffnungslosen Langsamkeit in der Erzeugung nuklearer Elektrizität engagiert. Noch 1960 hat es nur ein einziges Versuchszentrum mit einer Leistung von 60 000 Kilowatt in Shippingport nächst Pittsburgh gegeben — zu einer Zeit also, da in Großbritannien und im europäischen Festland schon mehrere im Betrieb waren. Zwei weitere Reaktoren in Rowe, Massachusetts, und in Monroe, Michigan, waren im Bau, und die General Electric gab 1965 den Termin bekannt, bis zu welchem sie in der Lage sein werde, konkurrenzfähigen Atomstrom zu erzeugen, was dann auch eingehalten wurde. Aber die atomare Technologie war noch weit davon entfernt, wirklich gemeistert zu werden, und Amerika lebte in der Illusion, über eine Energiebilanz zu verfügen, die — oberflächlich betrachtet — glänzend erschien. Dem Bau nuklearer Zentren wurde keinerlei Dringlichkeit beigemessen.

Die Energiekrise brach wie ein Blitz aus heiterem Himmel herein. In den Wintern 1971 und 1972 mangelte es mancherorts an Heizöl und auch an dem für die Raumfahrt erforderlichen Kerosin. Manche Schulen mußten schließen. Diverse öffentliche Dienstleistungen mußten eingeschränkt werden. Die Stromversorgung der Städte ist zu jeglicher Jahreszeit ein Problem — sei es wegen Überbeanspruchung der Beleuchtung, sei es der Klima-Anlagen. Die Nacht vom 8. zum 9. November 1965 wurde zu einem denkwürdigen Unglücksdatum: da gab es eine kolossale Panne, von der 30 Millionen Bürger im Osten der Vereinigten Staaten betroffen waren. Eine Million New Yorker waren stundenlang in den Untergrundbahnen und Aufzügen blockiert. Weniger spektakuläre Zwischenfälle ereignen sich ständig, lähmen die öffentlichen Verkehrsmittel und die Fabriken, verursachen »brownouts« und sogar »blackouts« – das heißt Teil- oder Totalausfälle der Straßenbeleuchtung. Die Stromverteilergesellschaften lassen nicht ab, die zuständigen öffentlichen Ämter zu warnen, daß sie den ständig steigenden Anforderungen nicht mehr entsprechen können. Nach der allgemeinen Regel für Industrieländer verdoppelt sich der Energiebedarf alle zehn Jahre. Die Notwendigkeit, die Atomkraft zum Entsatz der fossilen Brennstoffe heranzuziehen, tritt viel früher ein als vorausgesehen. Allerdings ein schwacher Trost; denn nichts wäre leichter vorhersehbar gewesen als das!

Nun, Amerika hat jedenfalls 1972 nur 29 in Betrieb befindliche Kernzentren besessen. Der Anteil der Atomkraft an der Stromerzeugung erreichte nicht einmal ein halbes Prozent. Zu einem vollends infinitesimalen Bruchteil sackt er ab, wenn man ihn zum gesamten Energieverbrauch der Vereinigten Staaten in Beziehung setzt.

Der vierte israelisch-arabische Krieg und der über Amerika verhängte totale Erdölboykott haben die Energiekrise nicht verursacht, sondern lediglich verschärft und dramatisiert. In einem gewissen Sinne haben sie den Vereinigten Staaten den hervorragenden Dienst erwiesen, sie aus ihrer Erstarrung aufzurütteln und sie zum Einsatz eigener Hilfsquellen zu zwingen, die sie schlafen lassen. Diese Hilfsquellen sind vielfältig und gigantisch. Man hat Kohle in Pennsylvania und West-Virginia gefunden und man wird Erdöl in Texas und Alaska zum Fließen bringen. In den Staaten an den Rocky Mountains wird man märchenhafte Vorkommen von Bitumenschiefer erschließen. Das Atom ist nur kraft älterer, noch aus der Kriegszeit stammender Rechte an Tennessee gebunden. Aber es versteht sich von selbst, daß die örtliche Bindung lediglich von einer bequemen Lage herrührt. Die atomaren Energieerzeuger sind aufgerufen, ganz Amerika mit einem Netz zu überziehen, das bei der Lieferung von Energie mehr und mehr an Bedeutung gewinnen wird.

Wenn das derzeit vorgesehene Programm erfüllt wird, bedeutet das für die Vereinigten Staaten bis 1982 nicht weniger als 165 auf 32 Staaten verteilte Kernenergiezentren. Ihre durchschnittliche Kapazität wird sich in der Größenordnung von einer Million Kilowatt bewegen, was sie mit den großen Talsperren der Alpen auf eine Stufe stellt. Sie werden trotzdem nur 25 Prozent der amerikanischen Elektrizität liefern. Der Augenblick, in welchem Erdöl und Kohle nur als Rohstoffe verwendet werden können, ist also noch nicht in Sichtweite.

Wie dem auch sei, fest steht, daß die Technik der zur Zeit in Verwendung begriffenen Energieerzeuger der Produktion nuklearer Elektrizität eine nur begrenzte Ausweitung ermöglicht. Sie verwerten nur ein Prozent der potentiellen Energie, die in den Brennstoffen steckt, die sie verbrauchen. Die bekannten und vermuteten Uranvorkommen sind geringfügig, und selbst unter Hinzunahme des Thorium könnten sie bei intensivem Verbrauch nur für einige Jahrzehnte reichen. Da die Bewältigung der thermonuklearen Mechanismen noch einer fernen Zukunft vorbehalten scheint, müßte der Mensch darauf verzichten, im Atom eine befriedigende Lösung des Energieproblems zu finden, wenn es nicht den Brüter-Reaktor gäbe.

Man kennt dieses Prinzip erst seit dreißig Jahren. Der Brüter erzeugt mehr spaltbares Material, als er verbraucht. Die thermische Zentrale ist zugleich eine Plutoniumfabrik. Der Brüter ist nicht nur Selbstversorger, sondern kann auch einen Überschuß produzieren, der für andere Kernkraftwerke verwendbar ist, die ihrerseits wieder Brüterfunktion ausüben können. Mit dem Brüter hat der Mensch theoretisch eine unerschöpfliche Energiequelle in die Hand bekommen. Wenn auch zuzugeben ist, daß es auf technologischem Gebiet Grenzen geben wird, so kann man doch zumindest erwarten, daß die Ergebnisse das Fünfzigfache der Reaktoren aus der heutigen Generation betragen werden. Eine Tonne Uran erreicht den Energiewert einer Million Tonnen Kohle. Die künftige Energieversorgung der Menschheit scheint gesichert zu sein.

Versuchsbrüter arbeiten bereits in den Laboratorien der Atomforschung. Als der Physiker und Nobelpreisträger Glenn T. Seaborg den Vorsitz der Atomenergie-Kommission niederlegte, bezeichnete er die Brüter als die einzig derzeit mögliche Lösung der Energieprobleme und forderte für ihre Weiterentwicklung Investitionen der öffentlichen Hand in Höhe von zwei bis drei Milliarden Dollar. Präsident Nixon hat sich diese Auffassung zu eigen gemacht und in seiner Botschaft zu Energiefragen vom 4. Juni 1971 den Bau eines Versuchszentrums noch vor 1980 zum Ziel gesetzt. Die Tennessee Valley Authority und Commonwealth Edison haben sich zusammengetan, um das zu verwirklichen. Aber es ist recht ärgerlich für die Vereinigten Staaten, daß seit

Herbst 1973 in Marcoule in Frankreich ein schneller Brüter arbeitet, dem eine von den Russen geschaffene Einrichtung noch vorausgegangen war: ein Werk von größter Leistungsfähigkeit, das zum Teil für die Versorgung der ausgetrockneten Ebenen um das Kaspische Meer mit entsalztem Wasser aus jenem salzreichsten Meer der Erde bestimmt ist.

Eine heftige Opposition kommt von übertreibenden, ja man kann manchmal sagen: entfesselten Umweltschützern. Sie sind gegen die Kohlegewinnung im Tagbau wegen der Wunden, die sie der Landschaft schlägt. Sie wollen die Verwendung fester und flüssiger Brennstoffe in Heizwerken einschränken wegen der Luftverschmutzung. Sie bekämpfen jedes Stau-Projekt, damit die Flüsse frei und ungehindert fließen können, wie es ihr gutes Recht ist. Gegen die Atomenergie führen sie die Ängste ins Feld, die diese moderne Alchimie in den Herzen Einfältiger erzeugt. Sie finden immer wieder Persönlichkeiten der Wissenschaft, die der sozialen Ordnung grundsätzlich feindselig gegenüberstehen und diese Panikmache unterstützen. Der Bau mehrerer Kernzentren ist durch die Mobilisierung der örtlichen Einwohnerschaften behindert, die von der Vorstellung besessen sind, ihr Leben sei durch die Strahlung bedroht und vor ihrer Haustür werde eine gigantische Atombombe explodieren. Aber es versteht sich von selbst, daß kein einziger Protestierer auch nur im Traum daran denkt, auf sein elektrisches Licht zu verzichten.

Die große Energiequelle der Zukunft ist der Wasserstoff. Aber soweit heute Wasserstoff in der Industrie Verwendung findet, stammt er von Kohlenwasserstoffen, weil die betreffenden Verfahren ökonomischer sind, während der aus der Elektrolyse erzielbare Wasserstoff unvertretbar hohen Stromverbrauch verursacht. Der Brüter hingegen bringt andere Ergebnisse, die in absehbarer Zeit dazu führen werden, daß sich der thermisch ausgelöste Zerfall von Wasser (thermische Dissoziation) in einer aktiven Energiebilanz auswirken wird. Die Energiekrise ist ein Mythos oder — genauer gesagt — die gerechte Strafe für den Leichtsinn, mit dem der Westen auf dem weichen Kissen des arabischen Öls eingeschlafen war, anstatt mittels seiner Wissenschaft und Technik nach Unabhängigkeit und einer gesicherten Zukunft zu streben.

Die Tennessee Valley Authority — abgekürzt T.V.A. — und das Atom industrialisieren Tennessee und verwandeln und kultivieren die rauhe Erde der Pioniere, die den ersten Plebejer, der Präsident der Vereinigten

Staaten wurde, hervorgebracht hat: Andrew Jackson. Eine Industrie jedoch steht jener in nichts nach; denn ihr Umsatz beträgt mehr als 200 Millionen Dollar: die C & W – die Country and Western Music. Nashville mit seinen 450 000 Einwohnern (einschließlich Eingemeindungen) ist ihre Hauptstadt und zugleich die des Staates. Konventionell und sentimental ist ihr Programm mit den ewigen alten Themen: Liebeskummer, Familienfreuden, Rache für Untreue. Mehr als 700 Rundfunkstationen und Dekaden von Millionen Schallplatten verbreiten sie über ganz Amerika und locken protzige Prozente gen Nashville. So ist aus gar manchem Jüngling, der aus einem kleinen Bauernhof oder einem Getto mit einer Fünfdollargitarre angekommen ist, ein Millionär geworden.

Memphis, dessen Bevölkerungszahl zwischen den beiden letzten Zählungen von 497 000 auf 623 000 gestiegen ist, bleibt nach wie vor die wichtigste Stadt von Tennessee. Vier majestätische Brücken verbinden die Ufer des schlammigen Mississippi. Die Stadt war lange Zeit nichts weiter als ein verschlafener Baumwollhafen; sie hat sich zu einem der großen Produktionszentren für Kunststoffe entwickelt. Die größte Motelkette der Welt, Holiday Inns, hat ihren Sitz in Memphis.

Die Stadt war immer dafür bekannt, daß ihre Bürger friedlich und die rassischen Spannungen nie so heftig waren wie in den Städten des Tiefen Südens. Eine Ungerechtigkeit des Schicksals ließ sie zum Schauplatz der Ermordung Martin Luther Kings werden.

Er war am 4. April 1968 angekommen, um den Streik von 1300 farbigen Arbeitern des städtischen Gesundheitswesens zu unterstützen. Er verbrachte den Tag arbeitend in seinem Zimmer 306 im ersten Stock des Lorraine Hotels. Genau 63 Meter entfernt auf der gegenüberliegenden Seite der Mulberry Street befindet sich eine bescheidene Pension, die von einer Frau Bessie Brewe betrieben wird. Gegen Mittag hatte sich bei ihr ein etwa vierzigjähriger Mann eingefunden, der sich unter dem Namen John Willard eintrug und ein Zimmer nach der anderen Seite des Hauses ausschlug, um dann die Nr. 5 b direkt gegenüber dem Hotel Lorraine zu nehmen, das er auch mit der üblichen Wochenmiete von 8,50 Dollar anbezahlte. Dies tat er mittels einer brandneuen Zwanzigdollarnote, ging in eine nahegelegene Cafeteria, wo er Würstchen und Bohnen verzehrte, begab sich wieder in die Pension und schloß sich in seiner Bude ein. Um sechs Uhr trat Martin Luther King aus seinem Zimmer und sprach zu einigen Anhängern, die im Hof auf ihn gewartet hatten. Eine Kugel drang durch seinen Hals und verursachte eine starke Blutung. 50 Polizisten waren um das Hotel Lorraine postiert, um das Leben des Doktor Martin Luther King zu schützen. Aber der Unbekannte in der Pension Brewe hatte nicht einmal aus seinem Zimmer, sondern aus dem günstiger gelegenen Fenster eines Badezimmers geschossen und brauchte nur die Treppe hinunterzugehen, den Ausgang zur anderen Seite, in die South Main Street zu benutzen, sein Remington-Gewehr mit Zielfernrohr wegzuwerfen, in einen dort parkenden weißen Ford Mustang zu steigen und davonzufahren.

Der Pastor King wurde in einem Leichenwagen, den ein Maultier zog, in seine Geburtsstadt Atlanta zu seiner letzten Ruhestätte gefahren — ein Symbol der Armut von einst im Süden von einst. Seine Ermordung hat in fünfzig Städten Amerikas Aufstände ausgelöst. Es gab Tote in New York, Newark, Baltimore, Wilmington, Detroit und Chikago — 46 im ganzen.

Am 8. Juni nahm die englische Polizei am Londoner Flughafen Heathrow einen Mann fest, der im Begriff war, mit einem auf den Namen Ramon George Snyed lautenden Paß nach Brüssel zu fliegen. Eine meisterhafte Großfahndung hat es möglich gemacht, in dem Reisenden einen gewissen James Earl Gray zu identifizieren, der im Vorjahr aus einer Strafanstalt des Staates Missouri entwichen war. Liebenswürdigerweise hatte er sowohl an der Mordwaffe als auch an der Wand des Badezimmers, aus welchem er den einzigen fatalen Schuß abgefeuert hatte, seine Fingerabdrücke hinterlassen. Nach einem kurzen Aufenthalt in Kanada, wo er sich den Paß ausstellen ließ, hatte er sich nach Lissabon gewandt, dann nach London und wollte nun nach Brüssel, um sich dort für die Fremdenlegion in Afrika anwerben zu lassen.

Aber Ray war nie mehr als ein kleiner Gauner, der wegen geringfügiger Handtaschendiebstähle verurteilt worden war. Die Mittel, über die er nach seiner Flucht und vor allem nach dem Drama von Memphis verfügen konnte, ließen den Verdacht aufkommen, daß er das Werkzeug einer Verschwörung gewesen sei. Amerika erwartete anläßlich seines Prozesses entsprechende Enthüllungen. Amerika wurde enttäuscht. Der Rechtsanwalt Percy Foreman, derselbe, der auch Ruby nach der Ermordung von John Kennedy in Dallas verteidigt hatte, ließ ihn sich schuldig bekennen, arrangierte sich mit der Anklage, dem Richter und den Geschworenen (unter ihnen zwei Schwarze) auf eine Verfahrensweise, kraft welcher Ray nach weniger als dreistündigem

Verhör zu 99 Jahren Gefängnis verurteilt wurde. Er hat seither zweimal um Wiedereröffnung des Verfahrens gebeten, mit der Begründung, er habe sich nur unter dem Druck seines Verteidigers für schuldig bekannt. Der Richter Arthur Faquin hat seinen Antrag zurückgewiesen und Ray abführen lassen, ohne ihm auch nur zu irgendeiner Erklärung Zeit gelassen zu haben.
So wie es trotz Bergen von Hypothesen gestattet ist anzunehmen, daß es sich bei den beiden Kennedy-Morden um Taten einzelner gehandelt hat, so scheint es evident zu sein, daß der Mord an Doktor Martin Luther King organisiert war. Wahrlich beunruhigend aber ist der Eindruck, daß ein stillschweigendes Einverständnis jene gerichtliche Komödie akzeptabel gemacht hat, durch die der Anwalt Foreman den Fall niedergeschlagen hat unter dem Vorwand, seinem Klienten das Leben retten zu wollen.

Fläche: 109 400 km^2
Einwohnerzahl: 3 924 164
Hauptstadt: Nashville
Beiname: Staat der Freiwilligen
Hymne: Tennessee Waltz
Devise: Agriculture, Commerce
Blume: Iris
Baum: Virginia-Tulpenbaum
Wichtigste Städte: Charlotte, Greensboro, Knoxville, Memphis
Wichtigste Produkte: Mais. — Viehzucht. — Baumwolle, Tabak. — Holz. — Textilien. — Elektrische Apparaturen. — Chemische und Lebensmittelindustrie. — Wasserkraft.
Bundesstaat seit 1. Juni 1796 (an 16. Stelle).

KENTUCKY

Das Land, wo das Gras blau ist

Kentucky ist ein Land eindringlicher Poesie. Ihren volkstümlichen Ausdruck hat sie in dem Lied »My old Kentucky Home« gefunden, das der arme Stephen Foster dichtete, ehe er in einem New Yorker Armenhaus starb. Aber sie ist in diesem Land, das große Naturschönheiten mit einer heroischen Vergangenheit verbindet, viel tiefer verwurzelt, als ein Lied es ausdrücken kann. Die zweite Phase Amerikas – die der Periode der Kolonisierung unmittelbar folgte – begann in Kentucky.

Die Pioniere, die es bevölkerten, drangen durch eine Theater-Kulisse in die Tiefe vor. Vor ihnen richtete die zum Himmel ragende Kette der Alleghany Mountains die Grenze des weißen Mannes auf. Sie drangen in die mit Hickories, Lorbeerbäumen und Rhododendronbüschen bedeckten Schluchten ein und eroberten einen Gebirgspaß, den Cumberland Gap, der in der Geschichte der Menschheit nicht weniger Bedeutung hat als die berühmtesten Pässe der Alpen. Jenseits breitete sich in einer noch wilden Landschaft die ganze Wirklichkeit eines Kontinents aus, von dem sie bis dahin nur den Vorhof gesehen hatten.

Diese Eroberer kamen aus Virginia, der Mutter eines großen Teiles von Amerika. Die meisten von ihnen waren schottischer Abstammung und alle glühende Protestanten, Methodisten, Presbyterianer oder Baptisten. Die Familie der Lincolns gehörte zu diesen ersten Einwanderern, und auch Lincoln selbst ist in Kentucky geboren und wanderte dann auf dem Arm seiner Mutter nach Indiana weiter. Daniel Boone, der Prototyp des Pioniers, erforschte und kolonisierte das Gebiet, das im Jahr 1792 der fünfzehnte Staat der USA wurde. Schon in der Epoche des Unabhängigkeitskrieges wohnte ein blühender Siedlerstamm im Tal des Ohio. Die Intervention Frankreichs machte einen solchen Eindruck auf diese verlorenen Kinder, daß sie ihre Niederlassung zu Ehren Ludwigs XIV. von *Falls of Ohio* in *Louisville* umtauften – daraus wurde die große Stadt (775 000 Einwohner) im heutigen Kentucky.

Kentucky ist traditionsgemäß streitbar und kriegerisch. In der Karikatur wird der Mann aus Kentucky als Oberst mit dem großen Hut des Südstaatlers dargestellt, dessen Ehrgefühl über die Maßen empfindlich ist. Mit seinem weißen Kinnbart und der Lavallière-Krawatte sieht der »Oberst« Harland Sanders genauso aus wie die Karikatur; aber seine Karriere hat sich am Feuer der Küchenherde abgespielt, und sein Beitrag zur Taktik besteht in der Perfektionierung des Bratens von Geflügel, indem er dabei ein besonders vorbehandeltes Fett verwendet. Seiner Inspiration ist das Kentucky Fried Chicken zu verdanken, aus dem – zum Teil dank eines jungen Rechtsanwalts namens John Y. Brown – eine der größten Lebensmittelfirmen der Vereinigten Staaten geworden ist.

Eine weitere kulinarische Spezialität von Kentucky ist die Schnapsbrennerei. Hier wird der Whisky aus Mais gebrannt und heißt bekanntlich *Bourbon*. Der kämpferische Individualismus der Kentukky-Bewohner hat sich gegen die Kontrollbestimmungen im Zusammenhang mit der Herstellung alkoholischer Getränke aufgelehnt und lehnt sich auch weiterhin dagegen auf. Das sogenannte *moonshining* – das heimliche Schnapsbrennen zu nächtlicher Stunde, eben bei Mondenschein – hat in den Tälern der Alleghanies zu einem manchmal blutig ausartenden Kleinkrieg zwischen den Gebirgsbauern und den Beamten des Fiskus geführt. Letztere haben allein im Jahre 1959 nicht weniger als 9225 heimlich benützte Brennkolben konfisziert. Und 1971 fanden sie immerhin noch 3327.

Etwas weniger Einheitliches als dieses so farbige Kentucky kann man sich nicht vorstellen. Die Geographen machen sich den Spaß, es immer noch weiter zu unterteilen, und zuletzt kommen sie dann zu dem Schluß, es sei viel zu verschiedenartig, um einen Staat zu bilden. Der Osten vermählt sich mit den westlichen Ausläufern der Alleghanies und ist mit einem Vlies von Wäldern bedeckt, in denen eine arme, starke, abgehärtete Bevölkerung lebt, die republikanisch ist, da sie zur Zeit der Sezession gegen die Sklaverei eingestellt war. Der Westen taucht seine Füße in Sümpfe, die den schlammigen Mississippi von einem Ende zum andern begleiten. Zwischen den beiden liegt das sogenannte Bluegrass-Gebiet, das typische Kentucky mit seinen großen Prärien, weißen Schutzgattern und Vollblutpferden. Man behauptet, das Gras nehme im Frühling eine azurblaue Färbung an, aber dieses Phänomen, das dem Staat seinen Namen gegeben hat (Bluegrass State), ist vergänglich wie ein Reflex über dem Meer. Kaum ein Land der Welt ist so saftig grün wie Kentucky.

Seine Pferdezuchten sind berühmt. Seine großen Rennställe gehören zu den Wallfahrtsorten Amerikas. Der berühmteste dieser vierfüßigen

Amerikaner aus Michigan

Zöglinge, Man O'War, Inhaber von 21 Rekorden, hatte vor dem Herzkrampf, der ihn dahinraffte, eineinhalb Millionen Besucher, und seine Bronzestatue, das obligatorische Reiterstandbild, ist eine Gedächtnisstätte. Die Hälfte des amerikanischen Vollbluts und 90 Prozent der Helden der Rennbahn kommen aus Kentucky. Der feierliche Höhepunkt des Pferdesports, das Derby von Kentucky, wird am ersten Samstag im Mai auf den Churchill Downs in Louisville ausgetragen, versammelt die besten Dreijährigen der Welt zum Wettstreit und schmeichelt sich, das älteste, ohne Unterbrechung alljährlich gelaufene Rennen der hippologischen Geschichte zu sein.
Der Große Fluß, dem wir an seinem Ursprung vor dem Pittsburgher Dreieck begegnet sind, bildet im Norden die Grenze von Kentucky und trennt es von drei Staaten, die – wenngleich zur selben Nation gehörig – Teile einer ganz anderen Welt sind: Ohio, Indiana und Illinois. Hier hat der Süden aufgehört. Erst in Texas wird man einige seiner Charakterzüge wiederfinden – aber auch diese verschmolzen mit starken Einflüssen des amerikanischen Westens.

Fläche: 104 622 km²
Einwohnerzahl: 3 219 311
Hauptstadt: Frankfort
Beiname: Staat des blauen Grases
Hymne: My old Kentucky Home
Devise: United we stand, divided we fall
Blume: Goldrute
Baum: Tulpenbaum
Wichtigste Städte: Lexington, Louisville
Wichtigste Produkte: Lebensmittelindustrie. – Pferde. – Tabak. – Erdöl, Erdgas. – Bitumenhaltige Kohle.
Bundesstaat seit 1. Juni 1792 (an 15. Stelle).

Brücken über den Chicago River, Chicago/Illinois

OHIO · INDIANA · MICHIGAN · ILLINOIS

Die Großen Seen

Man weiß nicht viel von dem zweifellos sehr bemerkenswerten Waldläufer Etienne Brûlé. Es ist nur überliefert, daß er 1615 Samuel de Champlain bis zu einer ungeheuer großen Wasserfläche geführt hat. Champlain schöpfte ein paar Tropfen von dem Wasser und kostete es. Ganz unter dem Eindruck des geographischen Ereignisses, dessen sein Führer ihn soeben hatte teilhaftig werden lassen, fand Champlain sogleich einen Taufnamen dafür und rief aus: »Das ist das Süße Meer.« Aber die nach ihm kamen, zogen es vor, »Die Großen Seen« zu sagen.

Das ist schade; denn der Ausdruck »See« ist — auch in Begleitung des vergrößernden Beiworts — doch mit einer Einschränkung behaftet. Er bringt eine ungenaue Vorstellung mit sich. Am Ufer des Michigan- und auch des Ontario-Sees hat man nicht den Eindruck einer von Festland umschlossenen Wasserfläche, sondern eine Empfindung von Freiheit und Grenzenlosigkeit, wie sie das Meer vermittelt.

Was offenkundig fehlt — und was unersetzlich ist — das ist der Geruch von Jod und Salz. Sein Fehlen ist vielleicht der Grund, der die vom Atlantik gekommenen Weißen zu respektlosen Freiheiten verleitet hat, die sie sich gegen diese Großen Seen herausgenommen haben. Sie haben schwer für den Fehler bezahlen müssen, nur beiläufig seetüchtige Schiffe auf diese Gewässer zu jagen. Man zögert, den Schätzungen Glauben zu schenken, nach denen allein der Erie-See im Jahr 1850 1095 Schiffe und alles in allem an die 100 000 Menschen verschlungen haben soll. Aber die aktenkundigen Unglücksfälle genügen, um die Großen Seen als einen Großen Friedhof für Seeleute zu bezeichnen. Um nur ein einziges Beispiel zu zitieren: Ein Unwetter hat 1913 auf dem Oberen und dem Huron-See den Schiffbruch der durchweg großen Dampfer *Henry B. Smith, John McGean, Charles S. Price, Isaac M. Scott, Hydrus* und *Argus* mit einem Gesamtverlust von mehreren hundert Menschenleben verursacht.

Die Unwetter auf den Großen Seen ähneln denen auf manchen europäischen Binnenmeeren – wie dem Schwarzen und dem Marmara-Meer. Das kommt mit furchtbarer Plötzlichkeit. Auch tobt der Sturm sozusagen völlig planlos. Das Meer – es fällt schwer zu sagen, der See – ist buchstäblich außer Rand und Band. Die Wogen kommen – kurz, zusammengepreßt, zusammenhanglos – von allen Seiten und machen alle bewährten Gegenmaßnahmen der Navigation zuschanden. Ganz nach der Regel hingegen ist der gefährlichste der Großen Seen der seichteste mit einer maximalen Tiefe von 75 Metern. Wenn es inmitten eines Kontinents eine Stelle geben kann, die an den Ärmelkanal erinnert, dann ist es diese.

Sie alle, diese fünf Großen Seen, haben eine Oberfläche gleicher Größenordnung wie die Ostsee. Der größte, der Obere See, ist die ausgedehnteste Wasserfläche des Erdballs, die nicht als Meer bezeichnet wird. Der Huron- und der Michigan-See – beide annähernd flächengleich – sind zweimal so groß wie der Baikal-See und kaum kleiner als der Aral-See. In den Erie- und den Ontario-See würden der Ladoga- und der Onega-See unschwer hineingehen. Nichts, was mit diesem außerordentlichen Zusammentreffen von kontinentalen Wassermassen vergleichbar wäre, gibt es auf unserem Globus. Aus der tiefsten Mitte Amerikas führt eine gigantische Wassertreppe über vier riesige Stufen abwärts in den Ozean.

Der Schiffsverkehr, der auf den Großen Seen abgewickelt wird, steht der internationalen Schiffahrt der Vereinigten Staaten kaum nach. Die Häfen von Chikago und Duluth – letzterer am Ende des Oberen Sees – bewältigen nahezu 50 Millionen Tonnen und reihen sich damit in die Kategorie der Häfen von Baltimore und Houston ein. Der Kanal von Sault St. Marie zwischen dem Oberen und dem Huron-See registriert eine Schiffsbewegung, die dem Suez- und dem Panamakanal überlegen ist. Dabei ist zu vermerken, daß es sich nicht etwa um einen landläufigen Flußverkehr mit Schleppern und Kähnen handelt, sondern in der Regel um schwere Handelsschiffe über 10 000 Tonnen. Der ganze Unterschied zur Meeresschiffahrt liegt in der Seitenbezeichnung »links« und »rechts« anstatt backbord und steuerbord und in dem Gebrauch der Maßeinheit »Meile« anstelle von »Knoten« pro Stunde.

Ohne die Großen Seen wäre die Geschichte Amerikas anders verlaufen und die Struktur des Landes wäre nicht, was sie ist. Sie haben den Menschen angezogen, wie eine Tiefdruckzone den Wind anzieht. Sie haben eine Art Relais auf dem Marsch nach Westen gebildet und waren ein Kristallisationspunkt für ein politisches Milieu, das sich schon sehr bald von atlantischen — also europäischen — Einflüssen freigemacht hat. Amerika hat sich — ähnlich wie die Welt der Antike — zu einem Großteil um ein Mittelmeer entwickelt. Aber das klassische Mittelmeer hat die Verschiedenartigkeit seiner Ufervölker aufrechterhalten, während die Großen Seen die Bewohner ihrer Gestade weitgehend zur Einheit geführt haben. Sogar auf der kanadischen Seite sind die Regionen, die den Vereinigten Staaten in ihrem äußeren Bild und in ihrem Geist am nächsten kommen, diejenigen an den Großen Seen.

Man ist sich einig, daß sie durch das Mahlen der Gletscher entstanden sind. Die gleiche Gletscherbildung hat das Entstehen von mindestens 40 000 weiteren Seen zur Folge gehabt, die der Landschaft rund um die Großen Seen die Struktur eines pockennarbigen Gesichts gegeben haben. Aber zum Unterschied von vielen der kleinen Seen ist eigentlich keiner der fünf großen wirklich schön. Sie haben einige Stränge von Uferdünen, die eines gewissen Charmes nicht entbehren, vor allem aber langgezogene, sehr trist wirkende Strände und seichte Uferpartien, aus denen die ekelhaften Gerüche aufgewühlten Süßwassers hochkommen. Es handelt sich um flüssige Nutzflächen, die noch weit nützlicher wären, wenn die Strenge des Klimas sie nicht für vier oder fünf Monate im Jahr festwerden ließe. Dann nämlich bleibt die phantastische Schiffahrt der Großen Seen stecken und die Besatzungen ihrer mächtigen Handelsmarine bekommen Landurlaub. Viele Männer gehen über den Winter nach Florida, andere — besonders die jüngeren — schreiben sich in Navigations-Fachschulen ein, um sich für ein Offizierspatent vorzubereiten. Aber nur sehr wenige haben den Wunsch, ein Salzwasser-Intermezzo zu riskieren. Die schwimmende Bevölkerung um die Großen Seen, deren wirtschaftliche Lage hervorragend ist, hat einen Überwertigkeitskomplex gegenüber den Seeleuten der Tiefsee. Es ist ein feststehender Glaubensartikel, daß der Kommandant eines Ozeandampfers unfähig wäre, sein Boot von Gary nach Duluth zu steuern, wogegen ein Schiffer der Großen Seen zwischen New York und Liverpool nichts dazulernen kann.

*

Der Gedanke, dieses Süße Meer durch eine große schiffbare Straße mit dem Ozean zu verbinden, ist so alt wie die Entdeckung der Großen Seen. Er hat 1959 in einem der gigantischsten öffentlichen Bauvorhaben unserer Epoche Gestalt gewonnen: im Sankt-Lorenz-Seeweg. Der Sankt-Lorenz-Strom ist der Abfluß der Großen Seen. Er nimmt mit dem Abfluß des Ontario-Sees seinen Anfang — inmitten des grünen Labyrinths der Tausend Inseln — und mündet etwa 1000 Kilometer weiter in einer der ausgedehntesten Flußmündungen der Welt. Aber man kann die Geographie auch anders deuten und sagen, daß die Großen Seen selber nichts anderes sind als örtliche Ausweitungen eines großen Flußsystems, das sich zwischen den Großen Ebenen und dem Atlantik ausbreitet. Sie haben keinerlei bedeutenderen Zufluß, der etwa mit dem vergleichbar wäre, den die Wolga für das Kaspische Meer bildet; aber mit Hilfe eines Netzes kurzer Flüsse dränieren sie immerhin ein Becken von der halben Größe Frankreichs. Das Wasser, das sich in ihnen sammelt, ergießt sich über zwei große Geländestufen abwärts. Die erste ist ein Niveauabfall von acht Metern zwischen dem Oberen und dem Huron-See. Die zweite ist ein Wasserfall von 30 Meter Höhe — der Niagara — zwischen dem Erie- und dem Ontario-See. Im weiteren Verlauf bricht sich der eigentliche Sankt-Lorenz-Strom bis hin nach Montreal immerzu in Stromschnellen und Wirbeln oder verflüchtigt sich in seichten Seen.

Als Jacques Cartier ihn 1536 entdeckte, glaubte er, die Wasserstraße zwischen dem Atlantik und dem Golf von Kalifornien gefunden zu haben. Mit Begeisterung drang er stromaufwärts vor — bis zu dem Moment, da sein Traum in den Wildwassern zerstob. Irgendein Schelm gab dieser Sackgasse einen ironischen Namen: China. Er ist geblieben, und mit ihm das Hindernis auf der Straße von den Sieben Meeren zu den Großen Seen.

Bald nach 1700 gruben französische Jesuiten aus Kanada einen Kanal um die Stromschnellen von Lachine. Nach und nach wurde ein schiffbares Fahrwasser im Bett des Sankt-Lorenz-Stroms daraus und die kleinen Schiffe, die zum Ontario-See — der zweiten Wasserfront des Staates New York — hinauffuhren, konnten in den Welland-Kanal überwechseln, der auf kanadischem Boden einen Niagara überflüssig macht. Aber ihr Tiefgang durfte 14 Fuß nicht übersteigen, und wenn sie eine bestimmte Tonnage erreichten, mußten sie in Quebec oder in Montreal entladen werden. Der maritime Schiffsverkehr der Großen Seen blieb im Vergleich mit der enormen Süßwasserschiffahrt geringfügig und notdürftig.

Und doch — die Phantasie war nun einmal gereizt. Chikago — ein Seehafen! Die industriellen Ballungsgebiete im Herzen Amerikas direkt mit den Weltmeeren verbunden! Das Mittelmeer der Neuen Welt offen wie das Mittelmeer der Alten! Durch die von Chikago her gebahnte Sackgasse erreicht die Schiffahrt der Großen Seen das Becken des Mississippi, den Verbindungsweg der Gegenden, aus denen 65 Prozent aller Exporte der Vereinigten Staaten herstammen. Man könnte doch die physikalische und die Wirtschaftsgeographie ändern, indem man den Korken im St. Lorenz endlich knallen ließe und dadurch die Großen Seen gleichsam dem Weltmeer einverleibte.

Aber da erhob sich eine mächtige Stimme: die von New York. Die historische Funktion der großen Stadt ist es, als Mittlerin zwischen den Vereinigten Staaten und Europa zu dienen. Der Sankt-Lorenz-Seeweg umging sie, beraubte sie eines Monopols, stellte direkte Beziehungen und Kontakte her zwischen Rhein und Mississippi, Ruhr und Illinois, London und Detroit. New York wird in ganz Amerika mächtig beneidet, und es fehlt nicht an Propheten, die ihm ein babylonisches Schicksal voraussagen. Die Reaktion ist nicht mehr als ein Achselzucken; aber dennoch ist man in Manhattan äußerst empfindlich gegen alles, was seine Oberhoheit zu bedrohen scheint. Gegen den Sankt-Lorenz-Seeweg hat die Megalopolis gewaltige Anstrengungen gemacht.

Sie hat alles mobilisiert und föderiert, was gut und teuer war — die Syndikalisten und die Kapitalisten, die Dockarbeiter der Osthäfen und die Wallstreet, die Politiker, die von den Portorikanern in Harlem gewählt worden waren, und die Eisenbahngesellschaften. Vergebens gaben mehrere Präsidenten hintereinander ihre Zustimmung zu dem Sankt-Lorenz-Projekt: Die Vertreter New Yorks im Kongreß machten alle Versuche zunichte.

Es war schließlich Kanada, das von Metropolis recht bekam. Es wollte seinen Seeweg. Er wurde durch Abstimmung gefordert, dann geduldete man sich noch drei Jahre und dann bedeutete die kanadische Regierung der amerikanischen, daß sie den Kanal nun allein bauen wolle. Man mußte sich dieser Drohung wohl beugen, die — sollte sie wahrgemacht werden — die gesamte maritime Schiffahrt der Großen Seen unter die Kontrolle Kanadas gebracht hätte. Am 13. Mai 1954 unterzeichnete Präsident Eisenhower das Gesetz 358, wonach sich die Vereinigten Staaten mit Kanada zusammenschlossen, um das Kanalprojekt zu verwirklichen. Am 25. April 1959 weihte er die neue Wasserstraße an der Seite von Königin Elizabeth ein.

Der Anblick läßt an Großartigkeit nichts zu wünschen übrig. Riesige

Öltanker und Frachtschiffe scheinen mitten in den Stromschnellen zu schwimmen, die einst die Rindenkanus der Holzfäller gestoppt haben. Mitten in das Flußbett gebaut, heben die Schleusen von Saint-Lambert, Sainte-Catherine, Beauharnois, Snell, Eisenhower und Iroquois 25 000-Tonnen-Schiffe 70 Meter hoch. Zusätzlich zieht das Wasserkraftwerk von Beauharnois noch weitere Wassermassen aus dem Sankt-Lorenz-Strom und läßt — auftrumpfend gleichsam gegenüber den beiden benachbarten Ländern — einen mächtigen Industrieknotenpunkt entstehen.

Die Anfänge des Seewegs waren eher enttäuschend. Die Süßwasserschiffer hatten nicht unrecht, wenn sie behaupteten, ihre Schiffahrt sei schwieriger als die auf salzigen Wogen. Zahlreiche Havarien wurden verzeichnet, und vielfache Blockierungen von Hafeneinfahrten hielten den Verkehr auf. Der nur ungenügend modernisierte, in sieben veralteten Schleusen vermauerte Welland-Kanal hat die Rolle eines Flaschenhalses gespielt — ähnlich wie die nicht genügend tiefen Schwellen, die den Erie-, den Huron- und den Michigan-See trennen. Der Verkehr hat sich trotzdem normal entwickelt: von 20 auf mehr als 50 Millionen Tonnen während der ersten zehn Jahre. Aber es handelt sich fast ausschließlich um »bulk cargo« — lose Ladung in Form von Getreide und Erz. Der Sankt-Lorenz-Seeweg hat entgegen den Hoffnungen seiner Befürworter den »general cargo«, die viel lukrativere gemischte Fracht, nicht an sich ziehen können. Sein Betrieb bleibt defizitär und die Veränderungen, die er dem Mittelwesten brachte, blieben hinter den Hoffnungen, die man sich gemacht hatte, zurück.

*

Acht Länder — dazu die kanadische Provinz Ontario — sind Uferstaaten der Großen Seen. New York grenzt an das gesamte Südufer des Ontario-Sees und dehnt sich noch jenseits des Niagara am Erie-See weiter aus. Pennsylvania schaut auf den letzteren nur durch ein enges, fast stielförmiges Fenster. Die sechs anderen, die nach landläufigem Brauch die Seestaaten genannt werden, sind: Ohio, Indiana, Michigan, Illinois, Wisconsin und Minnesota. Sie bilden einen Block von Reichtum und Macht, den man auch mit vollem Recht als das Herz der Vereinigten Staaten bezeichnen kann.

OHIO · INDIANA

Das wahrhaftige Herzstück Amerikas

Ohio ist nach der Einwohnerzahl (10 652 017 laut Zählung 1970) der sechste, nach der Zuwachsrate der Industrieproduktion der dritte der fünfzig Staaten: New York 25 247 Millionen Dollar, Kalifornien 23 394, Ohio 20 435. Illinois, Pennsylvania und Michigan folgen mit 20 017, 19 277 und 17 242 Millionen Dollar. Es ist bemerkenswert, daß fünf von den sechs größten Industriestaaten Amerikas an den Großen Seen liegen.

Im Norden grenzt der mächtige Staat Ohio an den Erie-See. Im Süden wird er von dem herrlichen Fluß eingefaßt, dessen Namen er trägt. Die konservativen Gegenden, die treu republikanischen Farmer sind in den mittleren Ebenen angesiedelt, aber auch eingeengt zwischen dem Industrietal des Großen Flusses und dem Industrieufer des Großen Sees. Ungeheure Unternehmungen haben sich in den beiden Gebieten eingerichtet. In einem Rechteck von Straßen, die zum Teil noch mit Ziegeln gepflastert sind, betreiben Fabrikstädte eine eindrucksvoll vielfältige Produktion und stoßen eine unglaubliche Menge von verschiedenfarbigem Rauch aus. Youngstown, der Sitz der »Republic Steel«, gehört zum Industriegebiet von Pittsburgh. Toledo fabriziert die Jeeps, die »Champion«-Zündkerzen und besitzt die bedeutendste Erdölraffinerie des Großen-Seen-Gebiets. Dayton, wo die Brüder Wright ihre Mechanikerwerkstätte hatten, produziert Registrierkassen und Frigidaires. Akron ist die Welthauptstadt des Gummis, mit Namen, die einmal Männern gehörten, ehe sie zu Fabrikmarken wurden: Goodyear, Goodrich, Firestone, und einem Koloß, der sie alle überragt: US Rubber.

Ohio war der erste Staat des Mittelwestens, der Präsidenten hervorbrachte. Einer der ersten war der 1868 gewählte Ulysses Simpson Grant, der seine militärische Karriere wegen seiner Liebe zu starken geistigen Getränken verscherzt hatte und im Jahre 1860 nur ein Verkäufer mit 800 Dollar Jahresgehalt im Ledergeschäft seines Schwiegervaters war — und den der Sezessionskrieg zuerst an die Spitze der Nordarmee, dann zum Weißen Haus hinauftrug. In schneller Reihenfolge kamen dann Rutherford Birchard Hayes, James Abram Garfield, Benjamin Harrison, William Howard Taft und Warren Gamaliel Harding. Millionen Amerikaner hofften sehnlichst, daß die Liste um einen weiteren »Ohioan« und einen weiteren Taft reicher würde. Die Republikanische Partei entschied anders darüber. Robert Alphonso Taft erreichte es niemals, als Kandidat aufgestellt zu werden und erklärte 1952, nach seinem vierten Scheitern, feierlich, daß er auf immer entsage. Es blieb ihm keine Zeit, sein Wort zu brechen. Ein Jahr später, am 31. Juli 1953, raffte ihn der Krebs dahin. Er war einer der 13 Amerikaner, deren sterbliche Hülle in der großen Rotunde des Kapitols aufgebahrt wurde, aber er hatte seine Grabstätte in der Erde Ohios, nahe seiner Geburtsstadt Cincinnati gewählt.

Die Tafts sind eine große und alte Familie. Sie gehörten zur vornehmen Gesellschaft von Neu-England. Aber drei Generationen lang war ihr Hauptsitz Cincinnati gewesen. William Howard Taft, der Vater von Robert Alphonso, wurde von Theodore Roosevelt als sein Nachfolger im Weißen Haus bestimmt, als dieses unstete Genie eine große Jagd in Afrika einem neuen Präsidentschaftsmandat vorzog. Aber nach einigen Monaten glaubte Teddy Roosevelt, daß der von ihm eingesetzte Mann von der Politik abwich, die er ihm durch sein Beispiel vorgezeichnet hatte. Freundschaftliche Ratschläge, dann Verweise brachten den Abtrünnigen nicht auf den rechten Weg zurück, und Teddy gelang es nicht mehr, seinen Ausschluß aus der Republikanischen Partei zu erzwingen. Er entschloß sich daher, noch vor der nächsten Präsidentenwahl eine neue Partei zu gründen, um sich gegen den ungetreuen Jünger als Kandidat aufstellen zu lassen. Diesmal wurde Taft geschlagen, aber auch Theodore Roosevelt, und der Demokrat Wilson eroberte das Weiße Haus mit weniger als 40 Prozent der Stimmen.

Das war im Jahr 1912. Robert Alphonso war damals neunzehn Jahre alt. Er studierte an der Harvard Law School, nachdem er die Universität in Yale und die Taft High School absolviert hatte — die nach einem Onkel, einem berühmten Pädagogen, benannt ist. Robert Alphonso war ein frühreifes Genie — vielleicht der beste Kandidat, den Harvard je besessen hat. Er hatte die Rechtswissenschaft gewählt, aber seine Anlagen hätten ihm ebenso erlaubt, Mathematiker, Ingenieur, vielleicht sogar Musiker zu werden. Dieses Wunderkind war übrigens keineswegs ein Blender, aber phantastisch fleißig, ungeheuer ernst und hervorragend diszipliniert. Er war linkisch, steif, kurzsichtig, und äußerst schüchtern. Er trug schwer daran, der Sohn des Präsidenten zu sein, aber er erwies seinem Vater, einem hervorragenden Juristen, eine Verehrung, die ebenso auf der Achtung vor seinem beruflichen Können wie auf seiner Liebe als Sohn beruhte. Die Wahlniederlage des Vaters von 1912 wurde von ihm wie ein Brandmal empfunden. Er schwor, William Howard zu rächen und den Namen Taft wieder mit dem Weißen Haus zu verbinden. Ein ganzes Leben wurde diesem Unterfangen geweiht, das mit einem Mißerfolg endete. Es besteht noch eine Chance. Ein neuer Taft – Robert jr., Sohn des Robert Alphonso und Enkel von William Howard, ist 1970 in den Senat eingetreten, nachdem er einen mächtigen demokratischen Konkurrenten aus dem Feld geschlagen und damit bewiesen hatte, daß der Name in dem großen Industriestaat noch immer einen guten Klang hat.

Kent ist eine kleine Stadt im Osten von Ohio. Es liegt in der Nähe von Akron in welligem, waldreichem Gelände. Sein Stolz war die Kent State University mit ihren 18 000 Studenten, bis sie für die friedliebenden Bürger ein Gegenstand des Abscheus wurde. Die Unruhen rissen im Lauf der Jahre 1968–1969 und in den ersten Monaten 1970 nicht ab. Am 2. Mai 1970 setzte eine struppige, zerlumpte Horde schwarzer und weißer Studenten das Gebäude der Militärischen Wissenschaften in Brand, bemächtigte sich, als die Feuerwehr eingriff, der Feuerspritzen und zerstörte sie. Auf Ersuchen der Universitätsleitung entsandte der Gouverneur ein Bataillon des 145. Infanterie-Regiments der Nationalgarde von Ohio auf den Campus. Am 4. Mai – nachdem sie übel gesteinigt worden war – schoß die Nationalgarde. Zwölf Verletzte und vier Tote – zwei davon Studentinnen – blieben auf dem Platz.

Eine heftige Hetze entstand in ganz Amerika. Vierhundert Bildungseinrichtungen traten in den Streik. Zwei Studenten kamen bei einer Studentenrevolte in Jackson, Mississippi, ums Leben. Eine Gruppe schwarzer Studenten nahm den Ordner der Universität von New York gefangen, forderte 100 000 Dollar Lösegeld, übergossen ihn – als der Forderung nicht stattgegeben wurde – mit Benzin und zündeten ihn an. Hunderttausend Studenten überschwemmten Washington, mit denen zu diskutieren Präsident Nixon den Schneid hatte – vor dem Lincoln Memorial. Man befürchtete damals, das Drama an der Staatlichen Universität von Ohio würde eine allgemeine Studentenrevolte provozieren und Amerika in einen neuen Sezessionskrieg stürzen – den Krieg seiner Jugend gegen die öffentliche Ordnung.

In Wahrheit fiel die Schießerei von Kent State, die einen Paroxysmus in der Auseinandersetzung darstellt, mit dem Moment zusammen, in dem der anarchistische Irrwahn an den Universitäten abzuflauen begann. Man wird Beweise dafür im weiteren Verlauf dieses Berichtes finden. Kent, die kleine konservative Stadt, hat sich jedenfalls langsam, aber sicher mit seinem wieder friedlichen Campus ausgesöhnt.

In Ohio zählt man zehn Städte mit über 100 000 Einwohnern. Die Hauptstadt Cincinnati ist vom Regierungssitz Columbus überflügelt worden. Cleveland, am Ufer des Erie-Sees hingebreitet, ist stets vorndran – aber es ist, wie alle Großstädte Amerikas, von allerlei Übeln befallen. Die Bevölkerungszahl nimmt ab: 915 000 Einwohner 1950 gegen 750 000 bei der Zählung von 1970. Das bedeutet, daß mehr als 165 000 Bewohner von Cleveland während der letzten zwanzig Jahre ihren Wohnsitz in die Vororte verlegt haben. Aber der Bevölkerungsschwund ist durch die Zuwanderung zahlreicher Schwarzer gebremst worden. Das Phänomen, das in New York in weit größerem Maßstab zu beobachten ist, wiederholt sich hier: immer mehr Unterstützungsempfänger und immer weniger Steuerzahler. Der westliche Teil bleibt weiß und protestantisch; aber im östlichen werden die »Volksgruppen«, die jüngeren europäischen Ursprungs sind – wie Italiener, Polen, Ungarn, Litauer usw. – durch die Invasion der Schwarzen abgedrängt. Diese letzteren machen 40 Prozent der Bevölkerung von Cleveland aus, und man kann voraussagen, daß sie in zwanzig Jahren die Mehrheit sein werden.

Die wirtschaftlichen Kreise von Cleveland dachten besonders klug zu handeln, wenn sie der Bewegung den Wind aus den Segeln nähmen, indem sie 1967 Carl B. Stokes als ersten Schwarzen zum Bürgermeister einer sehr großen amerikanischen Stadt wählen ließen. Die Erfahrung hat gezeigt, daß diese Lösung genauso viele Schwierigkeiten hat wie die übrigen. In Rassenkonflikte verwickelt und in ständigem Kampf mit über die Maßen schwierigen Problemen der kommunalen Verwaltung, hat Stokes sein Mandat 1969 niedergelegt. Die Wähler wollten keinen weißen und demokratischen Nachfolger, wie er ihn ihnen vorgeschlagen hat. Sie haben einen soliden Republikaner, alten Polizistentyp und entschlossenen Verteidiger von Recht und Ordnung, Ralph Perk, vorgezogen.

*

Indiana liegt westlich von Ohio. Das Land ist nicht zu unterschätzen. Es hat über fünf Millionen Einwohner. Seine landwirtschaftliche Produktion sichert ihm einen Platz unter den ersten zehn Agrarstaaten, die Industrieproduktion ordnet es ebenso unter die ersten zehn Industriestaaten Amerikas ein. Der Süden des Staates ist eine wunderschöne Ebene, der Norden – mit Front zum Michigan-See – eine Region intensiver gewerblicher Tätigkeit. Die Gegend, die Calumet genannt wird und noch vor sechzig Jahren keinen einzigen Fabrikschlot kannte, ist heute eines der dichtesten industriellen Ballungsgebiete der Welt. Die große Eisenindustriestadt Gary ist nach einem früheren Präsidenten der US Steel benannt. Sie hat für ihre schwarze Mehrheit auch einen schwarzen Bürgermeister.

Aber das Calumet ist nichts weiter als ein Vorort von Chikago. Indiana ist dadurch benachteiligt, daß es zwischen drei Kolossen eingeklemmt ist: Ohio, Michigan und Illinois. Auch ein hohes Haus fällt nicht weiter auf, wenn es von Wolkenkratzern umgeben ist.

Indianapolis, wichtigste und Hauptstadt, liegt im geographischen Mittelpunkt des Staates. Sie macht die Tatsache, daß dieses Land verhältnismäßig wenig bekannt ist, durch eines der berühmtesten Autorennen der Welt wett. Die 500 Meilen von Indianapolis werden seit 1911 ohne Unterbrechung alljährlich gefahren, und zwar am sogenannten Memorial Day, dem 30. Mai. Die Durchschnittsgeschwindigkeit hat sich in sechzig Jahren von 78 auf 163 Meilen (von etwa 130 auf etwa 260 Stundenkilometer) erhöht, was genaugenommen gar nicht einmal sosehr verblüffend ist.

Ohio

Fläche: 107 177 km²
Einwohnerzahl: 10 652 017
Hauptstadt: Columbus
Beiname: Staat des Kastanienbaums
Hymne: Beautiful Ohio
Devise: With God all things are possible
Blume: Rote Nelke
Baum: Kastanie
Wichtigste Städte: Akron, Cincinnati, Cleveland, Dayton
Wichtigste Produkte: Feldfrüchte. – Zuchtvieh, Molkereiprodukte. – Bitumenhaltige Kohle, Koks. – Metallindustrie. – Flugzeuge. – Elek-

trische Haushaltsgeräte. — Elektronik. — Kautschuk (Autoreifen). — Werkzeugmaschinen. — Seife. — Spielkarten. — Keramik.
Bundesstaat seit 1. März 1803 (an 17. Stelle).

Indiana

Fläche: 93 993 km^2
Einwohnerzahl: 5 193 669
Hauptstadt: Indianopolis
Beiname: Hoosier*-Staat
Hymne: On the banks of the Wabash
Devise: Cross-roads of America
Blume: Päonie
Baum: Tulpenbaum
Wichtigste Städte: Gary, Hammond, East Chicago, Whiting
Wichtigste Produkte: Mais. — Kohle. — Zement, Bausteine. — Bauholz. — Eisenindustrie. — Chemische Produkte. — Elektrische Ausrüstung.
Bundesstaat seit 11. Dezember 1816 (an 19. Stelle).

MICHIGAN

Das Automobil ist sein Schicksal

Von den Staaten um die Großen Seen ist Michigan derjenige mit der innigsten Verbindung zum Wasser. Er besteht aus zwei Halbinseln. Die südliche — sie erinnert ein wenig an einen alten Grenzstein — wird im Osten vom Erie-See, vom Fluß Detroit und dem Saint-Clair-See sowie dem Huron-See umspült. Im Westen besorgt das der Michigan-See bis in die Nähe von Chikago. Die nördliche Halbinsel ist in

* Ureinwohner von Indiana (Anm. d. Übers.).

ihrer Struktur vielfach eingeschnitten, im ganzen kleiner und auch wirtschaftlich weniger bedeutend. Sie erstreckt sich zwischen dem Michigan- und dem Oberen See. Beide Halbinseln sind oberhalb der Enge von Mackinac durch eine der längsten Hängebrücken der Welt miteinander verbunden. Im Herzen eines Kontinents bietet der Staat Michigan die Besonderheit, vier- bis fünfmal so lange Ufergrenzen als Festlandgrenzen zu besitzen.

Nichts ließ erkennen, daß der Staat Michigan einmal der Sitz der wichtigsten und typischsten Industrie Amerikas sein würde. Die Auto-Industrie hätte sich in Neu-England niederlassen sollen, wo schon seit langer Zeit eine Tradition für Maschinenbau, eine ausgezeichnete Arbeiterschaft und Erfahrungen mit Präzisionsmaschinen bestanden. Aber die Kapitalisten von Boston und Providence waren um 1900 würdige Herren in gestreiften Hosen, die sich in ein Geschäft ohne Sicherheit von mindestens 6 Prozent Nettogewinn nicht einließen — während im Mittelwesten junge wagemutige Männer lebten, die C. W. Nash, W. P. Chrysler, R. E. Olds, Davis Buick, Louis Chevrolet, W. C. Durant und Henry Ford hießen.

Was sie geleistet haben, ist wahrhaft imponierend. In seinen Anfängen war das Automobil eine europäische Einrichtung, mit Namen wie Daimler, Benz, Serpollet, de Dion, Panhard usw. — Amerika bemächtigte sich seiner und verhalf ihm zu einer gewaltigen Entwicklung. 1952 stellten die Amerikaner 73 Prozent der Weltproduktion her, und von den 65 Millionen Wagen, die es auf der Erde gab, rollten 45 Millionen in den Vereinigten Staaten. Der Wiederaufstieg und der Fortschritt Europas haben diese Verhältnisse gewandelt und den Anteil Amerikas verringert. 1959 fabrizierte es 5 591 511 Fahrzeuge, die Weltproduktion aber näherte sich den 12 Millionen, und zum erstenmal baute Westeuropa mehr Autos als die Vereinigten Staaten. Heute produzieren die Vereinigten Staaten etwa neun Millionen Personenkraftwagen, das heißt weniger als die Hälfte der Weltproduktion, die an 25 Millionen herankommt.

Bereits ehe das Auto kam, glaubten die Europäer, schon auf das Zeugnis von ein paar Reisenden hin, die über die Fassade der Städte nicht hinausgelangt waren, Amerika sei ein umstürzlerisches Land. Ein großer Irrtum! Amerika schlief noch. Hunderte von kleinen Städten, Hunderttausende von Farmen, zwei bis drei Viertel des Landes waren in einer Abgeschiedenheit vergraben, aus der alle heldenhaften Anstrengungen der Eisenbahn sie nicht befreien konnten. Die Straßen waren viel schlechter als in Westeuropa, wo eine staatliche und militärische Tradition, die seit den Römern besteht, stets ein Straßenamt unterhalten hat. Der Farmer, der fünf Meilen vom Hauptort des Bezirks weg wohnte, war im Sommer in weiter Ferne und im Winter am Ende der Welt. Als das Vordringen der Pioniere nachließ oder ganz aufhörte, wurde Amerika, da es zu weiträumig war, von einer Art Lähmung befallen. Trotz seiner aufblühenden Industrie war es drauf und dran, ein patriarchalisches Land zu werden, wie es übrigens dem Ideal von Jefferson entsprach. Buick, Nash, Olds, Durant, Chevrolet, Henry Ford, Detroit und der Staat Michigan haben diese beginnende Erstarrung gebrochen.

Das Auto ist die große Triebkraft der amerikanischen Beweglichkeit. Neun Zehntel aller Reisen und 95 Prozent der Geschäftsreisen werden mit dem Auto gemacht. Der Gedanke, der in Europa noch verbreitet ist, das Auto sei ein Luxus oder charakterisiere ein soziales Niveau, ist in Amerika längst ad acta gelegt. In seinen zwölf größten Städten haben 29 Prozent der Einwohner kein Auto – aber auf dem Land verringern sich die Autolosen auf 6 Prozent, obgleich das Durchschnittseinkommen wesentlich geringer ist. 84 Prozent der Facharbeiter besitzen ein Auto, aber in der niedrigeren Kategorie der nichtqualifizierten Arbeiter hebt sich der Anteil der Autobesitzer, statt zu sinken, auf 91 Prozent. Das beweist ganz einfach die Tatsache, daß der Hilfsarbeiter eine weniger ortsgebundene Arbeit hat als der Facharbeiter und daher das Auto viel nötiger braucht – wie auch das Auto beim Landbewohner viel mehr Verwendung findet als beim Städter.

Die annähernd 100 Millionen Privatautos der Vereinigten Staaten, fast alles Kinder von Detroit und Michigan, haben ein Phänomen gezeitigt, das auf der Welt lange Zeit nicht seinesgleichen hatte. Aber seit Europa auf seine Weise die Vervielfachung der Straßen kennengelernt hat, steht es nicht mehr einzigartig da: die amerikanische Straße.

Sie blieb lange Zeit unzulänglich. Von der Regierung gebaut, während das Auto von der privaten Industrie hergestellt wird, war sie regelmäßig eine Etappe zurück. Bis in die fünfziger Jahre, und in einigen Bereichen noch heute, blieben die größten amerikanischen Verbindungswege, wie die Bundesstraße Nr. 1 von Maine nach Florida (from Pines to Palms) oder die Bundesstraße Nr. 40 vom Atlantik zum Pazifik, unwürdig eines Landes, in dem der Fortbewegung eine solche Bedeutung zukommt. Die Fährboote, die lange wegen der Breite der

Ströme unerläßlich waren, bildeten zahlreiche Engpässe, und die häufige Enge der Straßen erschwerte das Überholen bei andererseits unaufhörlich fließendem Verkehr sehr. In den stark bevölkerten Gegenden machten die Überfüllung, die Kreuzungen, die Zahl der Lastwagen und ihre Größe eine Autoreise zu einer physischen und nervlichen Zerreißprobe. Die amerikanische Demagogie war gegen die Autobahnen eingestellt, die beschuldigt wurden, die Städte durch Umgehung zu veröden. Es gab tatsächlich eine Zeit, wo die Verstopfung der Straßen Amerika in seiner Bewegungsfreiheit und die Automobilindustrie in ihrem Wachstum bedrohte.

Die erforderlichen Maßnahmen wurden ergriffen. Eine davon betraf den 1956 beschlossenen Plan einer Zusammenarbeit zwischen der Bundesregierung und den einzelnen Staaten hinsichtlich der Einrichtung eines Netzes von Autostraßen, der Interstate Highways. Die Einzelstaaten übernehmen den Bau der Straßen und bleiben deren Eigentümer; aber der Bundeshaushalt deckt 90 Prozent der Kosten. Die 42 500 Meilen in Dienst gestellter Straßen gewährleisten 93 Prozent aller Städte mit mehr als 50 000 Einwohnern die Benutzung einer Autostraße. Dabei bleiben die großen, *Turnpikes,* das heißt Mautschranken genannten, an die im achtzehnten Jahrhundert üblich gewesenen Straßenmauten erinnernden Verkehrswege außer Betracht. Der erste dieser Art war seinerzeit der Pennsylvania Turnpike, der das Alleghany-Gebirge mit Hilfe von sieben Tunnels durchquert, die eine Gesamtlänge von zehn Meilen aufweisen. Der Montblanc-Tunnel hat sie inzwischen bei weitem übertroffen. Die übliche Maut-Taxe beläuft sich, wo immer sie eingehoben wird, auf einen Cent je Meile — also etwa zwei Pfennig je Kilometer.

Selbstverständlich sind die amerikanischen Straßen mörderisch. Es hat allerdings den Anschein, als wären sie's in letzter Zeit weniger als zuvor. Die Zahl der Unfalltoten hat sich von 38 000 im Jahr 1960 auf 56 400 im Jahr 1969 erhöht; aber in den darauffolgenden Jahren wurde erstmalig, seit es Autos gibt, eine Art Baisse des Todes verzeichnet: 54 800 Verkehrstote 1970, 54 700 dann 1971. Die Zahl der Verkehrsunfälle mit tödlichem Ausgang je hundert Millionen zurückgelegter Meilen hat sich merklich gesenkt: auf 4,7 gegenüber einem Maximum von 5,3, das 1967 festgestellt wurde. Ein weiterer Rückgang auf 4,5 war 1972 zu verzeichnen, obwohl die absolute Zahl der Verkehrstoten — vermutlich infolge Anwachsens des Verkehrsvolumens — mit 56 000 die entsprechende Angabe für 1969 beinahe wieder erreicht hat. Ohne jeden Zweifel ist die Hauptursache dieses Fortschritts die stetige Verbesserung des Straßennetzes.

Ob sie gut, durchschnittlich oder abscheulich ist, das Faszinierende an der amerikanischen Straße ist ihr Leben. Es erlahmt niemals. Nachts trägt sie etwas weniger Personenwagen, dafür aber mehr Lastwagen. Amerika lebt auf seinen großen Straßen mit einer Intensität, daß der europäische Reisende fast immer den Eindruck hat, die Fußwege neben den Straßen seien Fassaden, hinter denen nichts mehr ist. Oder auch, daß alle Amerikaner vier Räder unter sich haben und alle Werkstätten, Fabriken, Felder und Häuser leer stehen müßten.

Diese ganz besondere, die amerikanische Straße hat sich jedoch ihre Institutionen geschaffen. Die eine ist das »diner«, eine vereinfachte Form des Restaurants, das sich anfangs in einem ausgedienten Eisenbahnwagen installierte und diesen Stil beibehalten hat. Eine zweite ist das »motel« oder »cabins« oder »tourist court« — sie wurden vom Westen in den Osten verpflanzt, sind eine vereinfachte Form des Hotels, bestehend aus Bungalows, vor denen man seinen Wagen einfach stehen läßt und in denen man bei Vorausbezahlung die Dienstleistungen des Portiers, des Zimmermädchens, der Garage und eine zeremoniöse Abreise geliefert bekommt. Eine dritte Institution ist das »drive-in«, dessen Abarten verschieden sind, dessen Prinzip aber stets ist, hineinzufahren und am Steuer bedient zu werden, manchmal mit einer Mahlzeit, manchmal mit Proviant für die ganze Woche, manchmal mit einem Film und gelegentlich mit einem Gottesdienst.

Es ist nicht mehr nötig, diese Neuerungen ursprünglich amerikanischer Herkunft näher zu beschreiben, weil sie längst den Atlantik überquert und sich auch in Europa mehr oder minder eingebürgert haben. Aber die Entwicklungsstufen sind verschieden. Das erste *drive in*-Kino wurde 1933 von einem gewissen Richard M. Hollingshead in dessen Vaterstadt Camden installiert. Jetzt gibt es in ganz Amerika mehrere Tausend davon. Manche bieten, um ihren Betrieb auch im Winter aufrechterhalten zu können, Beheizung der Wagen an, die durch ein transportables Röhrensystem gewährleistet wird. Andere übernehmen die Besorgung von Einkäufen für ihre Kundschaft, wieder andere die Zubereitung von Mahlzeiten für ihre Babys. Die *drive in*-Geschäfte, in denen der Kleinhandel am Rande der Straßen blüht, bilden ihrerseits einen wesentlich bedeutenderen Erwerbszweig als in Europa.

Es ist fast unmöglich, den Faktor, den das Auto im Wirtschaftsleben der Vereinigten Staaten darstellt, genau zu beziffern. Etwa eine Million Personen arbeitet an seiner Herstellung, aber fast die doppelte Anzahl arbeitet an seinem Verkauf, an seiner Instandhaltung und Reparatur. Mindestens zwei weitere Millionen sind bei der Gewinnung und Reinigung des Benzins, der Verarbeitung der Rohstoffe, dem Bau und dem Unterhalt der Straßen, der Fabrikation des Zubehörs, den Versicherungen usw. beschäftigt — von den Ärzten und Spitälern nicht zu reden, die sich der 1 100 000 Schwer- oder Leichtverletzten annehmen, die dem Auto jährlich zum Opfer fallen. Aber der umfangreichste Block der Arbeiter, die direkt vom Steuer leben, wird von der größten Körperschaft Amerikas gebildet: den *teamsters*, den Lastwagenfahrern.

Mit nahezu neun Millionen sind sie die weitaus stärkste Gruppe der Lohnempfänger Amerikas. Sie durchmessen alljährlich mehr als zehnmal die Distanz von der Erde zur Sonne. Allein im zwischenstädtischen Verkehr transportieren sie etwa 800 Millionen Tonnen. Sie bringen in die 75 größten Städte den gesamten Bedarf an Milch und Geflügel, 80 Prozent des Fleisch-, 70 Prozent des Baumaterialbedarfs, 35 Prozent der Kohle. Von Küste zu Küste bewirken sie das vollkommenste, bestfunktionierende Transportsystem der Welt. Dabei ist ihre Arbeit einzigartig hart. Sie sind genötigt, auf überfüllten Straßen und inmitten häufig ungeschickter Verkehrsteilnehmer eine hohe Durchschnittsgeschwindigkeit einzuhalten, was sie in einen ständigen Kleinkrieg mit der Straßenpolizei verwickelt. Die Teamsters entwickeln daher eine außerordentliche Geschicklichkeit, gepaart mit einem freiheitlichen, ungebärdigen Geist. Es ist mit Rücksicht auf die Vergleiche, die solch eine Zahl herausfordert, nicht uninteressant festzustellen, daß die jährliche Lohnsumme — die *pay roll* — der neun Millionen Lastwagenfahrer annähernd 100 Milliarden Dollar ausmacht — das heißt etwa das Gesamteinkommen aller Franzosen.

Von den 83 Millionen Arbeitnehmern der Vereinigten Staaten sind zwischen zehn und zwölf Millionen für das amerikanische Automobil tätig. Es hat den Lebensstandard und die wirtschaftlichen Erträge aller anderen Branchen gehoben. Seine Verbreitung ist so weit gediehen, daß man in manchen Gegenden mehr Automobile als Familien zählt. Die zwei Wagen in jeder Garage sind zu einer nachgerade als unerläßlich anerkannten Notwendigkeit geworden, damit die Gattin nicht eingesperrt ist, während der Gatte ein Fahrzeug für seine beruflichen Bedürfnisse in Anspruch nimmt. Es gilt inzwischen auch als völlig normal, daß drei Wagen erforderlich sind, sobald die Kinder das jeweils zugelassene Alter für einen Führerscheinerwerb erreicht haben, das in den einzelnen Staaten zwischen 15 und 18 Jahren wechselt. Ein besonderer, sogenannter Jugendlichen-Führerschein ermöglicht die Benutzung eines Kraftfahrzeugs zwischen Elternhaus und Schule ab 14 Jahren.

Die amerikanische Automobilindustrie hatte sich aus der Krise, die sie um 1967 mitmachen mußte, wieder herausgearbeitet. Der Absatz erreichte in manchen Monaten eine Million Fahrzeuge. Immerhin hatte sie das Privileg, auf dem eigenen Markt uneingeschränkt zu herrschen, noch nicht wieder zurückerobert, als sich 1974 eine neue Krise ankündigte.

*

Die ersten europäischen Wagen begannen gegen 1950 herüberzukommen. Es waren englische, rote, schnelle, lärmende — gewöhnlich mit einem amerikanischen Motor ausgestattete — unpassende Meteore in einem Land, in dem die höchste erlaubte Geschwindigkeit 100 km in der Stunde nur selten überschreitet. Die Konstrukteure von Detroit sahen keinen Grund zur Beunruhigung, selbst als einige Jahre später die europäischen Verkäufe einige Zehntel eines Prozents ihrer Umsätze erreichten. Man machte ihren Erzeugnissen seit langem den Prozeß. Man sagte ihnen, daß ihre Wagen zu groß, zu sehr verziert, zu teuer im Einkauf, zu kostspielig im Unterhalt seien, die Straßen und Parkplätze zu sehr verstopften und außerdem jeder Art von Erfindungsgabe ermangelten — wenn man einige Karosserieabwandlungen ausnimmt, die einzig dazu bestimmt waren, die maschinell streng gleichbleibenden Erzeugnisse von einem Jahr zum andern aus der Mode zu bringen. Man sagte ihnen auch, daß zwei Wagen pro Familie mehr und mehr zur Regel würden und daß es klug wäre, Varianten ihrer für acht Personen berechneten rollenden Salons anzubieten, da neun Zehntel der Fahrten nur mit einer oder zwei Personen stattfänden. Die Konstrukteure von Detroit antworteten hochmütig, sie brauchten keine Belehrungen. Sie kennten ihr Publikum. Die Amerikaner wollten lange und luxuriöse Wagen, in denen die Frauen ihren Komfort und die Männer ihren Stolz fänden. Wenn ein zweiter neuer Wagen ein wenig zu teuer für ihre Möglichkeiten sei, so könnten sie sich auf dem ungeheuren Markt der »used cars« mit einem Gebrauchtwagen versehen. Diese Versicherungen, erklärten sie, seien keine billigen Behauptungen, sondern die wissenschaftliche Aufzeichnung des Willens der Käufer, wie sie von ihren Marktforschungsdiensten unternommen werde. Was bedeute das Geschrei und selbst das hartnäckige Vorurteil einiger Exzentriker für die importierten Sardinenbüchsen? Wenn die Europäer eine Handvoll Dollars verdienten, die sie sehr nötig hätten, nun denn, um so besser. Das sei nicht wert, die majestätische Hoheit Detroits aufzuregen. Niemals waren die amerikanischen Wagen länger geflügelter und chromverzierter.

Das Netz der europäischen Wagen erweiterte sich, und sie wurden immer beliebter. Als erster schlug der Volkswagen seine Bresche, verkaufte 1955 35 000 und 1956 50 000 Wagen. Von diesem Erfolg angelockt, traten einige andere Konstrukteure auf dem Markt auf, der ihnen so unerreichbar wie der Planet Mars erschienen war. Wie Hollywood vor der Verbreitung der Fernseh-Empfänger, fuhr Detroit fort zu behaupten, es handele sich um eine Mode und sie werde vorübergehen.

Nicht weniger Verachtung zeigte Detroit für die Anstrengungen George W. Romneys. Dieser Mormone, Anhänger und Würdenträger der Kirche der Heiligen, der seine zwei Jahre Missionsdienst in Schottland abgedient hatte, wo er das Evangelium Joseph Smith' predigte, zeigte einen Porzellan-Dinosaurier vor und erklärte die Gründe, die dessen Nachfolger, die Autos von Detroit, verdammten. »Er hatte den schönsten Kühlergrill der Urgeschichte. Aber er wurde so groß, daß er starb ...« Romney, Direktor einer unabhängigen und zweitrangigen Firma mit dem Namen Nash, hatte sie mit einer ebenfalls unabhängigen und zweitrangigen Firma Hudson verschmolzen und die American Motors daraus gemacht, um das Abenteuer eines Autos mit vernünftigen Ausmaßen zu versuchen. Detroit begnügte sich damit, an vorhergegangene Mißerfolge zu erinnern, und sah in der American Motors nur eine Vorstufe für den Verlust zweier neuer Marken. In Wallstreet sanken die Aktien schon auf Null ...

Von Küste zu Küste griffen der Rambler von Romney und die europäischen Wagen die Weidegründe der Dinosaurier an. 1957 erreichte der Verkauf des ersteren 88 000 und der zweiten 259 000. Im folgenden Jahr waren die entsprechenden Zahlen 200 000 und 430 000. Die Aktien der American Motors, bis auf etwa fünf Dollar gefallen, erlebten einen Aufstieg, der sie bis in die Nähe von 100 trug. 1959 konnte Romney seine Verkäufe mehr als verdoppeln, was jedoch die europäischen Konstruktionen nicht hinderte, mit 668 070 Wagen ein Jahr des

Triumphes zu feiern. Das waren 12 Prozent aller Verkäufe. Der Anblick der Volkswagen, Renaults, Fiats, Hillmans, Mercedes, Peugeots, Volvos usw., die die Wege und Straßen überschwemmten, ist eine der seltsamsten Wandlungen der amerikanischen Landschaft.
Eine weitere Welle war auch noch im Anzug — diesmal aus Richtung Japan. Toyota und Datsun haben zusammen 1967 rund 18 000 Wagen auf dem amerikanischen Markt absetzen können. Fünf Jahre später erreichten die japanischen Verkäufe die Zahl 400 000, während der Volkswagen-Käfer — wenngleich immer noch weit an der Spitze aller ausländischen Marken — seine ersten Rückschläge bekanntgab. Europäer und Japaner zusammengenommen exportierten 1 600 000 Wagen nach Amerika, was einem Marktanteil von 20 Prozent entsprach.
Die Gegenaktion fiel langsam und beschwerlich aus. Detroit suchte nach einem Mittelweg zwischen seinen Dinosauriern und den sogenannten Kröten aus Übersee. Es wurde ein angeblich »kompakter« Wagen geschaffen — wie der Falcon von Ford oder der Corvair von G. M., die der Bedrängnis auf den Straßen abhelfen sollten, ohne viel Innenraum preiszugeben. Unter dem unverminderten Druck der Importe aber entschlossen sich die amerikanischen Konstrukture endlich doch, ihren Stolz hinunterzuschlucken und lancierten Modelle, die denen glichen, die in ganzen Schiffsladungen in amerikanischen Häfen ausgeladen wurden. So kamen der Pinto von Ford, der Vega von General Motors und der Gremlin der American Motors zustande. Seitdem ist der Kampf eher offen; aber die eigentliche Erneuerung, die Anpassung an neue Bedürfnisse sind nicht aus den Entwicklungs- und Marktforschungsbüros der Kolosse von Michigan gekommen — sondern von außen.

*

Detroit versucht es kaum, sich gegen den Vorwurf zu verteidigen, es sei eine der häßlichsten Städte Amerikas. Es ist aus dem strategischen Aspekt seiner Lage hervorgegangen, die durch die Verbindungsfunktion des den düsteren Saint-Clair-See durchfließenden Detroit-River zwischen Erie- und Huron-See gegeben ist. Die Stadt wurde im Namen Ludwigs XIV. von Antoine La Motte Cadillac gegründet, dessen Name wegen ganz anderer Dinge auf die Nachwelt gekommen ist als wegen seiner Fähigkeiten als Forscher. Es ist falsch zu behaupten, Detroit sei flach wie die Hand; denn es gibt keine Hand, die so flach wäre. Der gewundene Lauf des Flusses Detroit verleiht der Stadt die Besonderheit, nördlich von Kanada zu liegen und nicht etwa südlich. Sie ist im übrigen durch einen internationalen Tunnel mit der kanadischen Stadt Windsor verbunden.

Detroit war von 1920 bis 1950 die viertgrößte Stadt der Vereinigten Staaten. Es war in unerhörter Weise gewachsen, getragen vom märchenhaften Reichtum der Industrie, deren Symbol es für die Welt war. Es verdoppelte seine Einwohnerzahl zwischen 1910 und 1920 und noch einmal zwischen 1920 und 1940. 1950 erreichte es 1 849 000 Einwohner, aber das Wachstum von Los Angeles ließ es seine vierte Stelle verlieren, und die Zählung von 1960 brachte ihm den grausamen Beweis seines Abstiegs durch den Verlust von 170 000 Seelen, der es auf 1 672 574 Einwohner reduzierte. Die nachfolgende Zählung war eine weitere Bestätigung des Abstiegs und erbrachte nur mehr 1 531 601 Einwohner.

660 428 oder 43,7 Prozent waren Schwarze. Man war sogar auf mehr gefaßt gewesen; denn Schätzungen hatten für 1970 eine farbige Majorität vorausgesagt.

Rassenschocks sind für die Autometropole nichts Neues. Schon 1943 gab es in den durch Kriegsaufträge vergrößerten Fabriken einen Zustrom von Schwarzen, der zu einer mörderischen Schlacht mit den weißen Arbeitern führte: 35 Tote und 530 Verletzte waren das traurige Ergebnis. In den folgenden Jahren wurde Detroit als die Industriestadt mit den raschesten Fortschritten auf dem Weg der Integration genannt. Kraft des Einflusses ihres Präsidenten Walther Reuther und im Gegensatz zu den Bräuchen anderer Gewerkschaften kannte das Auto-Syndikat keinerlei Diskriminierung gegenüber den Schwarzen. Eine liberale Stadtverwaltung verfolgte großzügige Wohnungsbauprogramme, stellte ein angemessenes Kontingent von Farbigen in administrative Funktionen ein und duldete keinerlei Exzesse der Polizei. Detroit war der Sitz mehrerer Extremistenbewegungen — wie der »Afrikanischen Republik« — die mit den Vereinigten Staaten im Kriegszustand waren. Sie konnten den guten Ruf der Stadt nicht schädigen.

Der Aufruhr brach am 23. Juli 1967 mit phantastischer Heftigkeit los. Die Polizei unternahm einen Angriff auf eine verdächtige Bar. Die Menge schlug die Wächter der Ordnung in die Flucht, ergoß sich in das Stadtzentrum und verübte dort zahlreiche Plünderungen und Brandstiftungen. Die von den Fernsehsendern der ganzen Welt ausgestrahlten Bilder waren in der Tat »Bilder vom Kriegsschauplatz« mit ganzen Straßenzügen, die lichterloh in Flammen standen. Romney, der später einer von Nixons Ministern werden sollte, war damals Gouverneur von Michigan. Er überflog die Stadt im Hubschrauber. »Man konnte meinen«, berichtete er, »die Stadt sei bombardiert worden.« 1100 Gebäude brannten bis auf die Grundmauern nieder. Die Wiederherstellung der Ordnung kostete 43 Todesopfer.

Wie anderwärts auch hat sich die Spannung etwas gelöst, und wie anderwärts auch werden alle Anstrengungen gemacht, um Wiederholungen zu verhindern. Der große Aufstand ist zeitlich mit dem Tiefpunkt der die Automobilindustrie tangierenden Depression zusammengefallen. Die Rückkehr dieses wichtigen Industriezweigs zur Prosperität gestattet den Optimisten zu hoffen, daß die Hauptursache des Desasters von 1967 geschwunden ist. So gigantisch sie auch sein mag, repräsentiert die Automobilindustrie immerhin nur ein Drittel der Produktionstätigkeit des Staates; aber auch das ist genug, um die wirtschaftliche Lage von ihr abhängig zu machen.

Ein Koloß beherrscht die amerikanische Automobilindustrie – die General Motors Corporation. Sie ist das bedeutendste aller Privatunternehmen der Vereinigten Staaten und der ganzen Welt. Alle Zahlen, die sie charakterisieren, sind astronomisch: 660 997 Arbeitnehmer, Umsatz: 28 263 Millionen Dollar, Reingewinn: 1935 Millionen, Produktion: über fünf Millionen Fahrzeuge. Sie wurde 1908 gegründet – damals vereinigte der große Geschäftsmann W. C. Durant, ein Nachfolger der großen Erfinder, die Unternehmen David Buicks und R. E. Olds, wozu bald noch die von Henry Leland gegründete Cadillac Automobile Company hinzukam. Heute hat die General Motors 30 Zweigunternehmen, und da sie für einen einzigen Staat viel zu groß ist, bedeckt sie die Karte der Vereinigten Staaten mit 120 Fabriken. Außer den Autos produziert sie Diesel-Lokomotiven, Düsenflugzeuge, Elektromotoren, Kühlschränke, Waschmaschinen usw. Es ist durchaus bemerkenswert für die Streuung des beweglichen Vermögens in Amerika, daß sich die Zahl der Aktionäre seit 1940 verdoppelt hat und, was nicht weniger bezeichnend für das amerikanische Matriarchat ist, daß 56 Prozent davon Frauen sind.

Die General Motors besitzt traditionsgemäß fünf Automarken: Cadillac, Oldsmobile, Buick, Pontiac und Chevrolet. Sie hat den Vega hinzugefügt, und sie stellt auch den Opel in Deutschland und den Vauxhall in England her. Cadillac, Oldsmobile und Vega werden in Detroit hergestellt, die Pontiacs kommen aus der kleinen Stadt Pontiac, und die Chevrolets und Buicks stammen aus Flint, wo früher die Fuhrwerke der ersten Pioniere und die Landauer der Stutzer hergestellt wurden. Der Leitgedanke der General Motors ist, den teuersten Wagen Amerikas — den Cadillac — und den billigsten Wagen — den Chevrolet — zu verkaufen. Aber die Verwirrungen, die Rommey und die europäischen Hersteller hervorriefen, schufen für die Firmen neue Situationen, und ihre Politik ist weit davon entfernt, gefestigt zu sein.

Weit hinter der General Motors folgen zwei andere Gruppen: Ford und Chrysler. Erstere vereinigt Ford, Mercury und Lincoln — das heißt den volkstümlichen, den mittleren und den teuren Wagen — und den »Kompakten« Falcon. Die zweite Gruppe setzt sich aus Chrysler, De Soto, Dodge, Plymouth und dem hinzugekommenen, von Plymouth hergestellten Valiant zusammen. Ford und Chrysler stellen nicht einmal die Hälfte von General Motors dar. Eines der Ereignisse der letzten zehn Jahre war die Einführung von Fordaktien in Wallstreet. Das Unternehmen war streng familiär geblieben, nach dem Willen des alten Henry. Die Ford Foundation besitzt die Aktienmehrheit, und Henry II., der zum Katholizismus übergetretene Enkel des Tyrannen, übt die Macht aus. Das Zugeständnis, das man dem modernen Kapitalismus und den Erfordernissen des Unternehmens machte, hat übrigens die Kontrolle in keiner Weise verändert und auch nicht den Enthusiasmus der Börse hervorgerufen, auf den man gerechnet hatte.

Romney schließlich ist es zwar gelungen, die amerikanische Automobilindustrie ein wenig durcheinanderzubringen, nicht aber, aus den American Motors mehr als eine nur echt zweitrangige Sache mit einer Jahresproduktion von etwa 300 000 Fahrzeugen zu machen.

*

Im Gegensatz zu Hollywood, das sogar in seinen Zeiten höchster Blüte ein Ort der Angst, der Panik und der Tränen war, blieb Detroit bis in die jüngste Zeit eine Stätte geruhsamer Sicherheit. Dieser Zustand gehört der Vergangenheit an. Die Konkurrenz aus Übersee ist nur eine der Wolken, die jene einst so heitere Stirn umdüstern.

Am Anfang war da Ralph Nader. Das Buch, das er 1963 veröffentlichte — *Unsafe at any Speed,* Bei jedem Tempo lebensgefährlich —, war die erste öffentliche Anklage gegen die Automobilindustrie im allgemeinen. Die General Motors haben den Fehler gemacht, die Blöße zwischen Harnisch und Hals des Ritters aufdecken zu wollen, der den

Kreuzzug für das allgemeine Wohl unternommen hatte: Nader erhielt den Ritterschlag an jenem Tage, als der damalige Präsident der hochmütigen Gesellschaft, James M. Roche (Jahresgehalt 95 000 Dollar) sich inmitten einer Senatskommission in aller Form bei ihm entschuldigen mußte wegen des Nachspionierens und der dauernden Beunruhigungen, denen er ausgesetzt worden war. Dieser Befriedigung persönlichen Ehrgefühls folgte der gesetzgeberische Sieg auf dem Fuße. Der Kongreß verabschiedete 1966 einen Motor Vehicle Safety Act — ein Motorfahrzeug-Sicherheits-Gesetz — dessen Ziel es ist, ab 1975 Sicherheitseinbauten zu fordern, die jegliche Kollision bei einer Geschwindigkeit unter 50 Meilen (etwa 80 km) für die Insassen ungefährlich machen soll. Das Gesetz erteilt einer Sicherheitsbehörde die Vollmacht, den Verkauf jeglichen Fahrzeugs zu unterbinden, das die festgesetzten Normen nicht erfüllt.

Detroit bearbeitet das Problem und schlägt sich mit Gewichts- und Preisfragen herum. Der unparteiische Beobachter kann sich des Gefühls nicht erwehren, daß einer langen Periode der Nachlässigkeit nun eine der pingeligen Strenge gefolgt ist. Es ist offensichtlich unmöglich, das Risiko eines sich mit überhöhter Geschwindigkeit fortbewegenden Fahrzeugs auszuschalten, und ein selbst übermäßiges Raffinement der Ausstattung birgt seinerseits das Risiko, trotz unverhältnismäßig erhöhter Kosten nur eine illusorische Erhöhung der Sicherheit zu bringen. Im übrigen kommen viele Fachleute zu dem Ergebnis, daß die einzige wirkliche Lösung auf den Straßen mit großer Verkehrsdichte wäre, dem Fahrer gleichsam das Steuer aus der Hand zu nehmen und es der Elektronik anzuvertrauen. Abgesehen von einem auf diese Weise entscheidenden Gewinn an Sicherheit könnte eine automatische Straße achtmal soviel Verkehr bewältigen als eine, auf der sich Humanvirtuosität ausleben darf.

Das Sicherheitsgesetz von 1966 war nur eine Art Präambel zum Sound Clear Air Act — dem Luftreinhaltungs-Gesetz — von 1970. Dieses macht es Detroit zur Auflage, bis 1976 ein praktisch nicht luftverschmutzendes Fahrzeug herzustellen. Die festgesetzten Normen fordern die Eliminierung von 97 Prozent des Kohlenoxyds und von 90 Prozent des Kohlenwasserstoffs und des Stickstoffmonoxyds. Die Konstrukteure wenden dagegen ein, daß eine so weitgehende Entgiftung nicht ohne Steigerung der Gestehungskosten um 500 Dollar je Fahrzeug und ohne Erhöhung des Benzinverbrauchs um 25 Prozent möglich sei. Sie wollen sich starkmachen, eine Entgiftung bis zu neun Zehntel der im Gesetz aufgestellten Normen bei zumutbaren Folgelasten zu erreichen. Aber es ist hier ganz ähnlich wie bei den letzten Bruchteilen der Geschwindigkeit der Meeresschiffahrt: sie sind unverhältnismäßig teuer.

Fläche: 151 000 km²
Einwohnerzahl: 8 875 083
Hauptstadt: Lansing
Beiname: Staat des Vielfraßes
Hymne: Michigan, my Michigan
Devise: If you seek a pleasant peninsula, look about you
Blume: Apfelblüte
Baum: Weiß-Fichte
Wichtigste Städte: Detroit, Bay City
Wichtigste Produkte: Salz, Salinenprodukte. – Zement, Kalk, Gips. – Eisen, Kupfer. – Automobilindustrie.
Bundesstaat seit 26. Januar 1837 (an 26. Stelle).

ILLINOIS

»Neue Gesichter von Chikago«

Chikago ist eine der stolzesten Städte der Welt. Man sagt, es gäbe nicht einen Dollar für das übrige Amerika und keinen Cent für den Rest des Universums. Diese Stadt ist sich wohl bewußt, der Sitz eines Staats im Staate zu sein. Sie weiß, daß sie zugleich Haupt und Herz des wichtigsten und typischsten Teils der Vereinigten Staaten ist. Sie beherrscht die Großen Ebenen und die Großen Seen und betrachtet zwei Staaten – Illinois und Indiana – als ihre Bannmeile und etwa fünfzehn weitere, die sich bis ins ferne Louisiana erstrecken, als ihr Hinterland. Sie ist der größte Getreidemarkt der Welt. Sie fabriziert den überwiegenden Teil des gesamten von amerikanischen Kinnbacken gekauten Kaugummis. Chikago besitzt in seinen Industrie-Vororten East-Chicago und Gary einige der grandiosesten Hochöfen und Stahlwerke der USA. Es nennt 135 Parks sein eigen, die von einem städtischen Forstamt gepflegt werden. Sein 50 Kilometer langes Ufer am Michigan-See ist eine der schönsten Landschaften, die von Menschenhand gestaltet wurden, und es nennt das große Stück Festland, über das es seinen Glanz ausstrahlt, stolz *Chicagoland.*

Indessen hat Chikago seinen größten Ehrgeiz nicht verwirklicht, und es weiß jetzt sicher, daß ihm das niemals gelingen wird. Die Chikagoer der Jahrhundertwende erklärten mit ruhiger Bestimmtheit, ihre Stadt werde noch vor 1950 New York überholt haben. 1950 ist vorbei. Der Größenunterschied der beiden Städte betrug zu Beginn des Jahrhunderts 1 700 000 Einwohner, heute beträgt er mehr als vier Millionen, und Chikago ist immer noch nur die acht- oder zehntgrößte Stadt der Welt und wird von den wachsenden Hauptstädten wie Kalkutta oder São Paulo immer weiter zurückgelassen. Die Zählung von 1960 hat in die Geschichte von Chikago sogar eine unangenehme Neuigkeit gebracht: den Abstieg. Sie ergab nur 3 492 945 Einwohner gegenüber den 3 620 962 von 1950. Die Zählung von 1970 hat nur noch 3 369 359 festgestellt. Es ist wahrscheinlich, daß Chikago nicht mehr lange die zweitgrößte Stadt Amerikas sein wird. Der Abstand zu Los Angeles ist auf nur noch eine halbe Million Einwohner gesunken.

Noch vor wenigen Jahren lieferte die Eisenbahn gleichsam die Erklärung für Chikago, das ein in der ganzen Welt einzigartiges Eisenbahnzentrum war. Zweiundzwanzig große Linien und siebzehn Vorortlinien strahlten von der Stadt nach allen Seiten aus. Die ersteren trugen die berühmten Namen der amerikanischen Epopöe der Schiene: Baltimore & Ohio, Chicago & Great Western, Illinois Central, New York Central, Topeka & Santa Fé usw. – Täglich kamen in Chikago mehr Reisendenzüge an als in drei Tagen in irgendeiner europäischen Hauptstadt. Der Kampf gegen die Entfernungen ist seit Anbeginn mit der Geschichte der Vereinigten Staaten verbunden. Die Bahndämme, die den Westen geöffnet haben, der Erie-Kanal, der den Atlantik mit den Großen Seen verbindet, das Schiff des Robert Fulton, die Mississippi-Dampfer – sie alle werden von den amerikanischen Historikern mit vollem Recht als wichtigere Ereignisse betrachtet als die meisten Schlachten und Verträge. Aber die Eisenbahn war – noch vor dem Auto und dem Flugzeug – die erste entscheidende Antwort des Menschen auf die Tausende von Meilen Wald, Wüste, Gebirge und Sumpf, die den Bevölkerungsprozeß Amerikas zu einem langen Opfergang gemacht haben. Die Eisenbahn hat buchstäblich die Neue Welt erstehen lassen. Chikago war ihre große Drehscheibe und verdankt ihr seinen ungeheueren Aufschwung und seine Größe.

Aber die Eisenbahn ist im heutigen Amerika nur noch eine Sterbende.

Vor fünfundzwanzig Jahren fuhren noch 75 Prozent der Amerikaner per Bahn von Stadt zu Stadt. Heute sind es acht Prozent. Noch vor zehn Jahren durchliefen die Reisendenzüge 209 Millionen Meilen — jetzt sind es nur noch 93 Millionen. Dutzende von Linien sind stillgelegt, unzählige Bahnhöfe aufgelassen und verkauft worden. So wurde der von Clinton, Massachusetts, eine Sauna, der von Tenafly, New Jersey, eine Modeboutique. Aus dem Bahnhof von Dover, Delaware, wurde die Stadtbibliothek, und so geht es fort. Die Passagiere rekrutieren sich fast ausschließlich aus alten Menschen, die sich vor dem Fliegen fürchten, oder Inhabern von Freifahrtscheinen. Dieser Niedergang ist an den Zügen nicht spurlos vorübergegangen. Zerrissene Sitzbezüge, Toiletten ohne Wasser und Licht, Schmutz, Ungeziefer, chronische Verspätungen, wiederholte Maschinendefekte — das sind die traurigen Folgen. Die knickrigen Einsparungen, die durch eine derartige Vernachlässigung der Einrichtungen erzielt werden, konnten nicht verhindern, daß die Eisenbahngesellschaften im Jahre 1971 einen Gesamtverlust von 436 Millionen Dollar ausweisen mußten. Viele von ihnen sind seit Jahren pleite, andere nahe daran. Sie haben neuerdings eine Radikalkur ins Auge gefaßt: die vollkommene Einstellung des Personenverkehrs.

Die Bundesregierung ist zunächst eingeschritten, um diese extreme Lösung zu verhindern. Am 22. März 1972 hat Nixon die Gründungsurkunde der *Railpax* unterzeichnet, so lautet die Abkürzung für National Railroad Passenger Corporation. Der Staat übernimmt 184 Reisendenzüge, die 21 Linien bedienen, in seine Regie. Chikago bleibt der Mittelpunkt des Systems, aber auf geradezu kümmerliche Ausmaße reduziert. Drei Linien laufen in Richtung Pazifik, den sie jeweils in Seattle, San Francisco und Los Angeles erreichen. Eine andere Linie geht nach dem Süden — bis Houston. Eine einzige — mit Kurs Pittsburgh-Philadelphia — ersetzt die vielfach miteinander konkurrierenden Verbindungen zwischen Chikago einerseits und New York und den Staaten im Osten andererseits. Der berühmte Grand Central, wo einst der Twentieth Century Limited — der Luxuszug der Nabobs — verkehrte, verschwindet. Sein großer Vorbahnhof war einmal Cleveland, das — mit seinen 700 000 Einwohnern — keinerlei Eisenbahnanschluß mehr besitzt. Aus dem Bahnhof machte man eine Tennishalle. Schon jetzt erweist sich *Railpax* als Fehlschlag. Ein weiterer Versuch, die Indienststellung eines schnellen Zuges, des sogenannten Metroliner zwischen New York und Washington, hat auch nur recht mittelmäßigen Erfolg gehabt. Die Eisenbahn überlebt ihren Abstieg als Güterbeförderungsdienst, und es ist nicht ausgeschlossen, daß sie in neuer Form wiedererstehen wird — zum Beispiel als Aérotrain — als Luftkissenzug im Nahverkehr. Aber in seiner traditionellen, für Amerika besonders typischen Form ist sie am Ende. Mit ihren unzeitgemäßen Raumanforderungen in den Bahnhöfen, Werkstätten, Verschubanlagen usw. ist Chikago in Wahrheit ihr Pompeji.

Dennoch scheint die Berufung Chikagos als Drehscheibe Amerikas so vorgezeichnet zu sein, daß sie nunmehr im Luftverkehr fortlebt. Als Ersatz für den städtischen Midway Airport geschaffen, war der O'Hare International Airport für den Bedarf vieler künftiger Jahre gedacht. Aber er war beinahe gleich nach Fertigstellung schon zu klein und man mußte Midway hastig wieder betriebsfähig machen, um die neue Anlage zu entlasten. O'Hare ist der aktivste Flughafen der Welt: er hatte 1971 641 429 Landungen beziehungsweise Starts zu verzeichnen. Es folgen vier kalifornische Flughäfen: Long Beach (587 845), Van Nuys (562 030), Santa Ana (555 897) und Los Angeles (493 234). Ferner Atlanta (438 704) und noch ein kalifornischer Hafen, San Diego (408 252), und dann Dallas (387 092). Erst hiernach folgt — auf dem neunten Platz — John Kennedy International Airport (New York) mit 380 000 Operationen im Jahre 1971.

Der Sankt-Lorenz-Seeweg hat Chikago dahin gebracht, Calumet Harbor zu bauen, den Meereshafen, wo die großen Schiffe unter wehenden Flaggen aller seefahrenden Nationen vor Anker gehen, als wollten sie zeigen, daß der klassische Isolationismus der großen Stadt der Vergangenheit angehört.

*

Sie hatten haarsträubende Schilderungen und eine Inflation scheußlicher Epitheta provoziert, um ein wahres Übermaß an Barbarei ausdrücken zu helfen. Es gibt sie nicht mehr. Die Großschlächtereien von Chikago haben ihre Pforten geschlossen und man hat sie demoliert.

Die Schlachthöfe von Chikago waren auch und vor allem Fabriken der Fleischkonservierung — *meat packing*. Die Rinder- und Schweineherden aus dem Osten und Südosten strömten in diesen Höfen zusammen und endeten in weißblechernen Leichentüchern. Der Höhepunkt wurde im Jahr 1924 erreicht: 19 Millionen Tieren wurde Chikago zum Schicksal. Dann folgte eine allmähliche Dezentralisation der Industrie in Richtung der Aufzuchtgebiete. Die großen Gesellschaften wie Swift, Armour oder Wilson verließen Chikago. Im Jahr 1970 sank die Zahl der täglichen Schlachtungen unter 18 000. Damit waren die Schlachthäuser nicht mehr rentabel. »Es waren alte und teure Freunde, die dahingegangen sind« — schrieb damals die *Chicago Tribune.*

Mehr noch als New York ist Chikago die Wiege der Wolkenkratzer. Der Architekt Frank Lloyd Wright begann hier zu Anfang des Jahrhunderts seine Karriere und wurde — obgleich er vor allem durch seine ebenerdigen Konstruktionen berühmt geworden ist — zu einem der großen Theoretiker des Lebens in der Vertikalen. Er hat für Chikago ein Gebäude vorgeschlagen, das 528 Stockwerke haben, 1600 Meter hoch sein und Wohnraum für 132 000 Mieter bieten sollte. Das Ding muß erst noch gebaut werden — aber Chikago ist auf dem rechten Weg dazu. Das John Hancock Building, das die Chikagoer familiär Big John nennen, erhebt seine leicht pyramidale Silhouette 340 Meter in den Himmel. Die 44 unteren Etagen sind mit Geschäften und Büros belegt, die 45. beherbergt ein Schwimmbecken und die weiteren Stockwerke bis zum 92. sind Wohnungen vorbehalten. Es kommt vor, daß sich die Mieter über den Wolken befinden und ins Parterre telefonieren, um zu erfahren, wie unten das Wetter ist. Die von einem großen Versandhaus erbauten Sears Towers überragen Big John noch mit ihren 109 Stockwerken und 435 Metern Höhe. Ja, sie überragen sogar die höchsten Gipfel von New York, die Zwillingstürme des World Trade Center, noch um 30 Meter.

Das Zentrum von Chikago heißt The Loop, die Schleife, und bildet in Wahrheit ein Rechteck von etwa fünfzehn Straßen, das von einer lärmenden altmodischen Hochbahn, der »El« *(elevated railroad)* eingegrenzt wird. The Loop hat wahrscheinlich bezüglich seiner kommerziellen Bedeutung nur einige Viertel in Manhattan als Rivalen. Man schätzt die Zahl der Käufer, die täglich in dieses kleine Rechteck kommen, auf 450 000, und die Summe, die sie innerhalb eines Jahres dort zurücklassen, auf 500 Millionen Dollar. Nach Geschäftsschluß, sobald die Massen der Angestellten sich verlaufen haben, bemüht sich der Loop, ein nächtliches Licht- und Vergnügungszentrum zu werden. Aber nur der Lokalpatriotismus kann behaupten, er komme dem Broadway gleich. Die Nächte in Chikago — wie Chikago selbst — behalten immer etwas Provinzielles. Es ist zwar die Hauptstadt des Mittelwestens, aber es fehlt ihm das gewisse Etwas, an dem ein Reisender sofort die Weltstadt erkennt.

Nicht weit vom Loop fließt der Chikago-River — ein seltsamer Wasserlauf. Geographisch gesehen ist er kindlich und brav; er ergießt sich in den Michigan-See, aber in Wirklichkeit ergießt sich der Michigan-See in den Chikago-River. Durch Ausbaggern und Pumpen hat Chikago die Richtung seines Stadtflusses verändert, so daß sein Wasser in einen Industriekanal fließt. Im Norden, auf dem andern Ufer der Großen Seen, erhebt Kanada Einspruch gegen diese Vergewaltigung der Naturgesetze, durch die ein Wasserspiegel gesenkt wird, der unter dem Schutz eines internationalen Statuts steht. Chikago wollte das Volumen der abgelenkten Wassermassen noch vergrößern, aber die Bundesregierung erhebt dagegen Einspruch aus Rücksicht auf das gute Einvernehmen mit dem nördlichen Nachbarn.

Die Massen italienischen und polnischen Ursprungs bewirken, daß die katholische Erzdiözese von Chikago die wichtigste in den Vereinigten Staaten ist. Außerdem ist Chikago neben New York die einzige Stadt der Welt, die über eine Million Schwarze beherbergt (bei der Zählung von 1970 waren es 1 102 620). Das Getto der West Side steht in dem Ruf, der Ort zu sein, wo man die meisten Schwarzen auf den Hektar findet. Ganz wie in Harlem haben alle Schwarzen Bewegungen — von den legalsten bis zu den aufständischsten — dort ihre Äußerungen und ihre inneren Kämpfe. Aber Chikago ist außerdem in ganz besonderer Weise Ursprung und Sitz einer der originellsten dieser Bewegungen — der Schwarzen Muslims.

Der Gedanke, die Schwarzen zu befreien, indem man sie dem Glauben ihrer einstigen Herren entfremdet, entbehrt nicht einer gewissen Überzeugungskraft. Es mag eigenartig erscheinen, daß man als Ersatzreligion ausgerechnet den Islam gewählt hat, der die Religion der Sklavenjäger war; aber man muß sich vergegenwärtigen, daß eben dieser Islam ganz Afrika südlich der Sahara erobert und daß sich das Afrika von Amerika logischerweise der gleichen Entwicklung verpflichtet fühlt. Der Neoprophet, Elijah Muhammed, der 1973 fünfundsechzig Jahre alt geworden ist, stößt seinen Schrei der Erhebung nicht in einem Gefängnis oder einem Elendsloch aus. Nein — er schreit aus einem neuen 500 000-Dollar-Haus in Kenwood, dem vornehmen Viertel von Chikago. Vier weitere Residenzen — jede im Wert von rund 350 000 Dollar — hat der Prophet für seine Kinder bauen lassen.

Die Black Muslims sind Geschäftsunternehmen und Verkündigung in einem. Sie besitzen 8000 Hektar Ackerland in Michigan, Alabama und Georgia. In Chikago betreiben sie zwei Supermärkte, zwei Brotfabriken, mehrere Restaurants und etliche Apartmenthäuser. Ähnlich wie die Mormonen entrichtet jeder Anhänger der Sekte an diese — das heißt an Elijah — 10 Prozent seiner Bruttoeinkünfte. Es hat in der Geschichte der Muslims manche blutige Abrechnung gegeben. Der geliebte Jünger Malcolm X. hat 1965 seine Unbotmäßigkeit und seinen Undank gebüßt. Ein weiterer Aufstand, der vier Jahre später begann, wurde auf ähnliche Weise unterdrückt. Als ob ihn all der Aufruhr nichts anginge und nichts mit ihm zu tun hätte, regiert jener hinfällige kleine Mann, der Elijah Muhammed in der Tat ist, von seinem fürstlichen Domizil aus, das er kaum noch verläßt. Von hier aus betreibt er die Islamisierung und herrscht als Patriarch über ein Vermögen von schätzungsweise 75 Millionen Dollar.

Man wäre geneigt anzunehmen, daß man in Chikago den gleichen kommunalen Dschungel mit den gleichen unlösbaren Problemen vorfinden wird wie in New York. Das ist nicht der Fall. Die Stadt ist nicht annähernd so schmutzig. Sie ist viel besser geführt. Ihre Finanzen sind gesund. Städtische Schuldverschreibungen von Chikago laufen auf dem Finanzmarkt unter der Qualifikation AA, während jene von New York mit BBB gebrandmarkt erscheinen. Diese trotz der Abwanderung zahlreicher weißer Steuerzahler zufriedenstellende Situation ist Richard J. Daley zu danken, der 1971 seine fünfte Amtsperiode als Bürgermeister von Chikago begonnen hat. Irländer und Demokrat, wie sich's gehört, vorbildlicher Familienvater, der jeden Morgen die Messe hört, ist er eines der wenigen noch überlebenden Exemplare jener berühmten Sorte politischer Bosse, die einst in den meisten großen Städten und in einigen Staaten geherrscht hatten. Das *Wall Street Journal* hat ihn als einen »effizienten Anachronismus« gekennzeichnet. Er verwaltet seine Stadt großartig. Aber er sieht sich immer heftiger werdenden Angriffen gegen seine diktatoriale Machtausübung ausgesetzt.

Chikago ist die Stadt der Tagungen. Das Telefonverzeichnis registriert 1182 Hotels, von denen viele zugrunde gehen müßten, wenn nicht eine Kette ohne Ende von beruflichen, humanitären und natürlich politischen Vereinigungen aus ganz Amerika, die dort tagen, feste Belegungsquoten garantierte. Viele Städte liegen im Wettstreit, den alle vier Jahre stattfindenden Spitzentagungen Gastfreundschaft ge-

währen zu dürfen, in deren Rahmen die beiden großen Parteien ihre Kandidaten für die Präsidentschaftswahlen designieren. Bislang hat Chikago jeweils einen von zwei derartigen Parteikonventen zugesprochen bekommen. Seit 1856 haben die meisten Gewinner des Rennens um die Präsidentschaft – unter ihnen Lincoln, Grant, die beiden Roosevelt, Eisenhower – dort ihre Bestallung erlebt. Desgleichen auch einige berühmte Verlierer wie jener bedauernswerte Adlai E. Stevenson, den die Demokraten zweimal aus dem Kapitol von Illinois herausgezerrt haben, um ihn zweimal dem unbezwinglichen Eisenhower entgegenzujagen. Chikago hat auch angstvolle Konvente erlebt wie die beiden des Jahres 1932, wo die Demokraten und die Republikaner dort mitten in der weltweiten Krise tagten. Aber irgendwelche ernstere Unruhen haben die Sitzungen der beiden Parteien nie bedroht.
Die Demokraten traten am 26. August 1968 in Chikago zusammen. Auch der Abschaum der Gewalttätigen Amerikas kam dort zusammen und erklärte, man werde die Schuldigen des Vietnam-Krieges davonjagen. Man war genötigt, rund um den Tagungsort des Konvents feldmäßige Befestigungen zu errichten, und es wirkt wie ein Wunder, daß die Kämpfe zwischen den Ruhestörern und den Kräften der öffentlichen Ordnung nur Verletzte gefordert haben. Der erboste Daley forderte gerichtliche Ahndung. Der Verschwörung angeklagt, mußten sich sieben Links-Extremisten, die zu den Organisatoren der Unruhen zählten, am 24. September 1969 vor einem Bundesgericht verantworten. Das Verfahren zog sich unter skandalösen Begleiterscheinungen bis 7. Februar 1970 hin und endete mit einem allgemeinen Freispruch.

*

Die Geschichte Chikagos hat auf seinem Fluß begonnen. Louis Joliet und der Pater Marquette haben bei ihrer Rückkehr vom Süden ihr Kanu auf diesen Fluß gesetzt, um das »Süße Meer« wiederzufinden, das sie zu den französischen Niederlassungen am Sankt-Lorenz-Strom führen mußte. Nebenbei gesagt ist der Name Chikago, so seltsam es erscheinen mag, französisch oder, so es einem besser zusagt, indianisch und nach der französischen Phonetik abgewandelt, so daß noch heute die erste Silbe wie »chic« – also »Schikago« – ausgesprochen wird. Den Sprachforschern gemäß bedeutet das algonquinische Wort »Checagoan« soviel wie »stark« und bezog sich auf den Fluß, dessen lauchartige Pflanzen, die auf seinem Grund wuchsen, einen starken Geruch ausströmten. Die Franzosen, die sich Ende des achtzehnten Jahrhunderts dort niederließen, machten daraus Chikago, aber im Chikago-River ist von dem wilden Lauch, welcher der zweitgrößten Stadt der USA Pate gestanden hat, keine Spur mehr zu finden.

Chikago hat eine brutale und erstaunliche Geschichte. Seine amerikanische Wiege, das Fort Dearborn, mußte 1812 vor den Indianern geräumt werden, und seine Bevölkerung wurde bei dem Versuch, sich nach Detroit zu flüchten, bis auf den letzten Säugling niedergemacht. Einige Jahre später kehrten die Weißen zurück, und nach einer Inkubationsperiode machte die Eisenbahn aus Chikago plötzlich eine große Stadt. Für das neunzehnte Jahrhundert wurde sie zum Typ einer pilzartig aufschießenden Stadt, ein Monstrum an Wachstum, das sich wie eine Überschwemmung auf der Ebene ausbreitete. 1871 brannte sie durch den Fußtritt einer Kuh völlig ab — diese hatte eine Laterne im Stall einer Mrs. O'Leary umgeworfen und dadurch 18 000 Häuser in Brand gesetzt. Sie wurden so rasch wiederaufgebaut, daß schon nach zehn Jahren die Bevölkerung von weniger als 300 000 auf mehr als 500 000 angewachsen war. Zehn Jahre später — zwischen 1880 und 1890 — überholte Chikago Philadelphia, das seit der Unabhängigkeitserklärung stets die zweitgrößte Bundesstadt gewesen war. Noch lange Zeit sollte sie ein Bauplatz bleiben, ein Chaos, ein Wust von Elendsquartieren, aus denen die Paläste der Millionäre aufschossen, ein tolles Eisenbahndurcheinander, erfüllt von Rauch und Pfeifen, ein gärendes soziales Milieu, in dem das anarchistische Attentat von Haymarket und die Rassenaufstände von South Side gediehen, eine Art Paradies für Katastrophen, deren Höhepunkt der Brand des Iroquois Theatre mit 602 Toten war. Als die Europäer in New York das nicht mehr fanden, was sie die amerikanische Verrücktheit nannten, suchten sie es in Chikago. Dort entdeckten sie schließlich das Phänomen, das mit dem Namen der Stadt für immer verknüpft ist: die Gangster.

Was die Gangster von Chikago betrifft, so sind erstaunlicherweise die meisten Geschichten, die über sie geschrieben wurden, nicht übertrieben. Während der Prohibition war die Industrie des illegalen Alkohols, deren Sitz Chikago war, vielleicht eine Zeitlang das größte Geschäft der Nation, und das persönliche Einkommen Al Capones soll *wöchentlich* bis zu zwei Millionen Dollar betragen haben. Die fatale Unvorsichtigkeit der Gangster beruhte nicht darin, daß sie das Gesetz in so großem Maße hintergingen, sondern daß sie Blutbäder anrichteten — im Jahr 1928 sieben Tote bei einem einzigen Zusammenstoß am

St.-Valentins-Tag –, was die öffentliche Meinung gegen sie aufbrachte. Präsident Hoover gab damals persönlich den Befehl, Al Capone zu beseitigen, worauf er wegen seiner Steuerhinterziehungen verhaftet und ins Gefängnis in Alcatraz geschickt wurde. Sein ebenso berühmter Rivale John Dillinger wurde in einem Chikagoer Kino getötet. Ein wenig mehr Verfolgung und viel mehr noch das Ende der Prohibition drängten das Gangstertum zurück und bewirkten seinen Verfall.

Es gibt immer noch Gangster in Chikago. Noch vor wenigen Jahren wurde die Stadt als der Sitz eines der beiden großen »Syndikate« der organisierten Illegalität angesehen. Das andere ist das von New York. Das Syndikat von Chikago war nicht mehr und nicht weniger als der Rest des Reiches von Al Capone, wobei der familiäre Charakter der Firma durch die Teilhaberschaft der vier Brüder des verblichenen Heroen sowie die prominenten Funktionen seines Vetters Charles Fischetti deutlich wurde. Wie anderswo auch, aber noch mehr als anderswo gaben sich die Gangster von Chikago ein anderes Aussehen und tarnten sich hinter der äußeren Erscheinung untadeliger Geschäftsleute mit glatten Steuerkonten, die hell am Tage in schönen Villen am Stadtrand oder in aufwendigen Stadtwohnungen lebten – wie das dreistöckige Apartment des Herrn Charles Fischetti in der La Salle Avenue, der luxuriösesten Straße von Chikago. Sie machen Geschäfte mit dem Spiel, dem Gewerkschaftswesen und – mit äußerster Vorsicht – mit Rauschgift. Immerhin sind sie im Vergleich mit den Mafiosos von New York, New Orleans oder Los Angeles zweitrangig geworden. Chikago hat aufgehört, das Mekka des amerikanischen Verbrechertums zu sein. Dennoch zählt man – jahrweise unterschiedlich – im Durchschnitt 800 Morde, die der Hauptstadt des Mittelwestens den größten Anteil an Gewaltverbrechen aller Städte der Vereinigten Staaten, New York eingeschlossen, sichern.

Der große Staat Illinois breitet sich im Rücken von Chikago aus, das fast seine ganze Seeseite für sich in Beschlag nimmt. Im Süden reicht er bis zum Zusammenfluß des Mississippi und Ohio. In Cairo, das am Vereinigungspunkt der beiden großen Flüsse liegt, beginnt der Frühling schon im Februar, und eine südliche Atmosphäre liegt über der kleinen alten Stadt, deren Geschichte bis auf Charles Jussereau aus Saint-Denis zurückgeht, der sie 1702 gegründet hat und dort auf mysteriöse Weise starb. Fast das ganze übrige Illinois, dessen Hauptstadt eines der 13 Springfields der Vereinigten Staaten ist, gehört dem rauhen und wetterwendischen Klima des Mittelwestens an. Trotzdem

ist er durch den Wert seiner Farmen und seiner Ernten ein ungeheuer reicher Agrarstaat. Seine 11 113 976 Einwohner geben ihm den vierten Platz hinter New York, Kalifornien und Pennsylvania. Chikago und seine Vororte beanspruchen fast die Hälfte dieser Bevölkerung für sich, und der Rest verteilt sich unter die Städte und Dörfer eines der reichsten und fruchtbarsten Gebiete der Erde.
Der Held von Illinois ist Abraham Lincoln. Sein Leib ruht in Springfield, aber sein Schatten ist überall. Die Straße, die seinen Namen trägt, folgt dem Weg seines Lebens, der zugleich eine der Achsen der Geschichte ist. Er wurde in Kentucky geboren, aber seine Eltern brachten ihn nach Indiana und später nach Illinois. Sie gehörten zu den außerordentlichen Menschen, die stets vom Westen angelockt wurden und von denen man unmöglich sagen kann, ob sie der Zivilisation vorangingen oder vor ihr flohen. Sie machten die Wälder urbar, kämpften gegen die Natur unter namenlos harten Bedingungen, und wenn die Straßen, die Ärzte und die Kaufleute sich ihnen zu nähern begannen, verkauften sie in aller Eile ihre Lichtungen und bespannten ihre Fuhrwerke, um westwärts weiterzuziehen.
Der kleine Marktflecken Neu-Salem, in dessen Nähe sich die Lincolns endlich niederließen und in dem Abraham einen Teil seiner Jugend verbrachte, ist, wie so viele Ortschaften aus dieser Epoche, verschwunden. Die Pietät der Amerikaner hat ihn auf einem Felsen, der das Tal des Sangamon beherrscht, auf das genaueste wiederaufgebaut, mit allen seinen Häusern, mit Schule, Gasthaus und Mühle, der Schmiede, dem Postamt und der Spezereihandlung, mit der Lincoln Bankrott gemacht hat. Das ist die Gedächtnisstätte, die dem amerikanischen Volk am teuersten ist — noch teurer als die von George Washington, der zwar virginischer Pflanzer war, aber immerhin ein Aristokrat, während Lincoln wirklich im Herzen des Volkes, aus dem die größte Nation erwuchs, geboren wurde.

Fläche: 146 075 km²
Einwohnerzahl: 11 113 976
Hauptstadt: Springfield
Beiname: Staat der Prärie
Hymne: Illinois
Devise: State sovereignty, national union

Blume: Veilchen
Baum: Eiche (White Oak)
Wichtigste Städte: Chikago, Rockford, Springfield
Wichtigste Produkte: Feldfrüchte. – Zuchtvieh. – Lebensmittelindustrie. – Bitumenhaltige Kohle, Erdöl, Flußspat. – Elektrische und elektronische Apparaturen. – Werkzeugmaschinen. – Transportmaterial. –
Bundesstaat seit 3. Dezember 1818 (an 21. Stelle).

WISCONSIN · MINNESOTA

WISCONSIN

Heimat des Biers und der Milch

Die Länderkrone, die sich um die Großen Seen gebildet hat, schließt sich auf der Seite der Vereinigten Staaten mit Wisconsin und Minnesota. Beide sind groß und ergäben zusammengenommen genau zwei Drittel von Frankreich, obwohl ihre Einwohnerzahl nur 3 805 069 in Minnesota und 4 417 433 in Wisconsin beträgt. Der Südrand des letzteren Staates mischt sich mit dem Stadtrand von Chikago, während riesige Gebiete von Minnesota in Richtung zur kanadischen Grenze noch fast unbewohnt sind.

Milwaukee (772 743 Einwohner), die größte – aber nicht die Hauptstadt – von Wisconsin, war sicherlich, und ist immer noch in gewissem Maße, München ähnlich. Der Stil, der Geist, der Akzent – manchmal auch die Sprache selbst – sind deutsch. Die bekannteste Industrie – die einem Reklameslogan zufolge »Milwaukee berühmt macht« – sind seine Bierbrauereien. Sie wird durch den lokalen Verbrauch mächtig unterstützt, der jährlich pro Kopf ein Faß Bier beträgt. Alle lokalen Chronisten sind sich darin einig, daß der deutsche Charakter der Stadt sich schon sehr verwischt hat, aber die »beer-gardens«, die »beer-parties«, die »lieder« und die »gemütlichkeit« bleiben einer der Hauptzüge Milwaukees und ganz Wisconsins.

Diese geschlossene deutsche Kolonie an den Ufern der Großen Seen hat bisweilen zu Besorgnissen Anlaß gegeben. Sie spielte in Hitlers Plänen eine Rolle, der auf die ausgefallene Idee kam, mit den Deutsch-Amerikanern zusammen einen neuen Sezessionskrieg zu entfesseln. Sie wurde aufgegriffen und ausgearbeitet von pronazistischen Vereinen wie der *Bund*, der von der amerikanischen Regierung für vogelfrei erklärt wurde. Die Kolonie assimilierte sich schlecht wegen des phantastischen Zusammenhalts, dessen die Deutschen fähig sind, wenn sie in ihrem gewohnten Rahmen in größerer Zahl beisammen leben. Sie nahm sicherlich teil an der großen Aufblähung des Deutschen Reiches, so wie sich ein See in reduziertem Maß an Ebbe und Flut eines Ozeans beteiligt. Die Gefahr gehört, wenn sie überhaupt existiert hat, der Vergangenheit an. Die Masse der Deutschen in Wisconsin ist nicht mehr so kompakt, und in Milwaukee leben längst keine 80 Prozent Deutsche mehr, die noch 1900 eine Stadt des Deutschen Reiches aus ihm gemacht haben. Viele Polen sind eingewandert und haben das germanische Element aufgelockert, das sich im Westen des Michigan-Sees festgesetzt hatte. Die Amerikanisierung kam nach und nach zu ihrem Recht. Der »Schmelztiegel« hat schließlich, wenn auch mit Schwierigkeiten, seinen deutschen Barren eingeschmolzen.

Madison, die Hauptstadt von Wisconsin und zugleich Sitz der Staatlichen Universität, wurde 1948 vom Magazin *Life* als jene amerikanische Stadt bezeichnet, die ihren Bewohnern nahezu ideale Lebensbedingungen gewährleistet. Zweiundzwanzig Jahre später, in der Nacht zum 25. August 1970, erschütterte eine furchtbare Explosion die ganze Gegend in einem Umkreis von 30 Meilen. Vier linke Studenten hatten das in den Lokalitäten der Universität gelegene Zentrum für militärische Forschungszwecke mittels 1200 Kilogramm Sprengstoff in die Luft gehen lassen. Ein Forscher, der gerade dabei war, ein Experiment abzuschließen, fand dabei den Tod. Wertvolle kerntechnische Einrichtungen wurden vernichtet. Aber mit diesem Akt von Vandalismus, der sich wenige Wochen nach der Schießerei von Kent ereignet hat, war der Höhepunkt der Studentenunruhen erreicht. Und das in seiner Umrahmung von Wald und See unverrückte Madison ist weit davon entfernt, seinen Charme gänzlich eingebüßt zu haben, der dieser Stadt zu einer Zeit, da Amerika noch seiner selbst sicher sein konnte, die Palme des Glücks geschenkt hat.

Wisconsin ist der »Dairy-State«, der Molkerei-Staat. Er zählt fast halb so viele Milchkühe wie Einwohner, nämlich 2 180 000. Er produziert fast die Hälfte an Käse und über ein Viertel der Kondensmilch oder des Milchpulvers, die in den Vereinigten Staaten verbraucht werden. Eine besondere Rolle in einem Land, in dem Milch fast Kultgegenstand, Zeugnis für guten Amerikanismus, sozusagen Tugendsymbol ist. Kein Land der Welt konsumiert so viele Milchprodukte und keines vor allem behandelt die Milch mit so sauberen Händen. Die Gesetze von Wisconsin und manchen anderen Staaten begnügen sich nicht mit den Vorschriften der Pasteurisierung, Homogenisierung, Kühlung, der

Kontrolle der Fettbestandteile und der individuellen Kontrolle der Milchkühe; sie verbieten auch noch jedem, der nicht vollkommen gesund ist, mit Milch zu hantieren oder Stallungen zu betreten. Die nationale Milchgesetzgebung schreibt ein Gesamtpaket von Vorsichtsmaßregeln vor; aber die städtischen Gesundheitsämter reichern sie regelmäßig weiter an und üben ihre eigenen Kontrollen aus. Was wunder nimmt, ist die Tatsache, daß die Milch nach allen Manipulationen, denen sie unterworfen wird, nach ungeteilter Meinung immer noch zu den wohlschmeckendsten Produkten Amerikas gehört.

Ganz im Gegensatz zu den Großen Ebenen, wo der Baum ein Fremdling oder höchstens ein Ehrengast ist, gehörten die Gletschergebiete der Großen Seen den Wäldern. 1870 bedeckten sie noch vier Fünftel von Wisconsin und fast ganz Minnesota, aber sie wurden auf barbarische und stumpfsinnige Weise zerstört. Die sinnlose Abholzung geschah auf Befehl der »Holzbarone« und wurde mit einer verbrecherischen Sorglosigkeit vollzogen, deren Folge sehr häufig riesige Waldbrände waren. 1894 kamen in einem dieser Brände 400 Menschen um, und im Jahr 1871 brannten sechs Distrikte ab, wobei 1152 Menschen getötet wurden. Dabei war dieses Gebiet alles andere als übervölkert. Die ganze Erschließung Amerikas, die anarchisch und grandios war, spielte sich unter solch maßlosen Katastrophen ab, als habe in der Neuen Welt, die von den gierigen und flinken Menschen ihrem Urzustand der Wildheit entrissen wurde, das Feuer rascher gebrannt und das Wasser brutaler zugepackt. Der schroffe Gegensatz zu den heutigen minutiösen Vorsichtsmaßnahmen, der eifersüchtigen Überwachung durch die Forstämter, dem ganzen Sicherheitsnetz, das auf die kleinste Rauchentwicklung über dem Wäldermeer lauert, ist eine hervorragende Illustrierung der Verwandlung, die mit Amerika vorgegangen ist. Aber die ausgeplünderten Wälder, in denen die Bäume wie eine Kriegsbeute behandelt wurden und nicht wie eine Ernte, brauchen lange, bis sie sich erholen.

Die Sage vom amerikanischen Herkules Paul Bunyan, einem riesigen Holzfäller, knüpft sich vor allem an Wisconsin und Minnesota. Aber sie durchlief offenbar ganz Amerika, da man ihm, unter tausend anderen Heldentaten, den Gran Cañon des Colorado zuschreibt: An diesem Tag, so sagt man, hatte er seine Hacke hinter sich hergezogen! Man weiß nicht genau, welche wirkliche Person diesem Halbgott zugrunde liegt, und es ist durchaus möglich, daß Paul Bunyan ohne leiblichen Vater an den Lagerfeuern geboren wurde, zu einer Zeit, in der die tragbaren Radioapparate die Menschen der Wälder noch nicht ihrer eigenen Phantasie beraubten. Die Vorstellung ist jedenfalls ergreifend, daß mitten im neunzehnten Jahrhundert das amerikanische Abenteuer sich seine Sagen erschuf und daß sie Ähnlichkeit hatten mit denen, die sich das griechische Abenteuer dreißig Jahrhunderte früher erschaffen hatte.

Fläche: 146 000 km²
Einwohnerzahl: 4 417 433
Hauptstadt: Madison
Beiname: Staat des Dachses
Hymne: On, Wisconsin
Devise: Forwards
Blume: Veilchen
Baum: Ahorn
Wichtigste Städte: Duluth, Milwaukee, Appleton, Green Bay.
Wichtigste Produkte: Milchprodukte, Käse. – Früchte, Getreide-Erzeugnisse. – Alles vom Rind. – Konserven. – Elektrotechnisches Material – Holz. – Zink. – Zement.
Bundesstaat seit 29. Mai 1848 (an 30. Stelle).

MINNESOTA

Land der zehntausend Seen und der Eisenberge

Die wellige Ebene und das Chaos der Seen machen einander die Landschaft streitig. In Wisconsin gibt es 7000 Seen, in Minnesota 10 000. Der Norden des letzteren Staates ist nicht eigentlich Amerika, sondern eher Schweden oder Finnland mit langen Rosenkränzen zusammenhängender Seenketten und schmalen Felsgraten, die in frühen Zeiten der Erdgeschichte Gletschermoränen waren. Diese Topographie verwirrte die ersten französischen Reisenden so sehr – schließlich kamen sie aus der Normandie und der Saintonge –, daß sie einer ganzen Gegend den Namen *See der tausend Seen* gaben. Die ihnen folgten, waren weit weniger verblüfft; denn die meisten von ihnen kamen aus Skandinavien. Sie beweisen einmal mehr, daß die nach Amerika expatriierten Europäer in der neuen Heimat vor allem ihr eigenstes Europa suchten: Landschaften, Klimaten, Vegetationen und Berufe, die denen glichen, die sie verlassen hatten.

Außer der Gletscherlandschaft, den Seen und dem Klima verbindet Minnesota noch eine andere Ähnlichkeit mit Skandinavien: das Eisen. Das Gebiet im Norden von Duluth, das schon fast in der Polarnacht liegt (obgleich seine geographische Breite der von Tours oder Zürich entspricht), gleicht dem schwedischen Lappland. Der berühmte Eisenberg Kiruna hat ein größeres Gegenstück in der Mesabi Range, die durch einen kartographischen Irrtum den Vereinigten Staaten anstatt Kanada zufiel. 65 Prozent des amerikanischen Eisenerzes kommen hierher, und die großen Häfen Duluth, Superior und Two Harbors beladen die Frachtdampfer der Großen Seen vor allem mit Eisenerz, das für Gary, Erie oder Pittsburgh bestimmt ist. Wo das Erz nicht in Bergwerken abgebaut wird, gewinnt man es aus riesigen Erzbrüchen, welche die ganze Topographie Minnesotas durch ihre gigantischen künstlichen Aushöhlungen verändern. Einige der größten befinden sich bei der kleinen Stadt Eveleth, wo es, wie man behauptet, schwierig sei, einen Friedhof anzulegen, weil man keine Stelle findet, die nicht aus Eisenoxid ist. Diese Höhlen — sie sind oft 100 Meter tief und mehrere Kilometer lang und breit — sind die größten, die je von Menschenhand gegraben wurden.

Dieser zugleich gigantische und vereinfachte Abbau beeinflußt den Selbstkostenpreis des Eisens und dadurch auch des Stahls. Einer der großen Glücksfälle Amerikas ist es, daß es zu allen wichtigen Grundstoffen so leichten Zugang hat. Die Erzbrüche in Minnesota sind die Ergänzung zu den dicken Kohleflözen in Pennsylvania und dem verhältnismäßig leicht zu gewinnenden Erdöl in Texas.

Immerhin lassen die in Ufernähe der Großen Seen liegenden Erzadern Anzeichen der Erschöpfung erkennen. Die amerikanische Hüttenindustrie muß mehr und mehr auf Erze aus Labrador und Brasilien zurückgreifen. Das ist — wie bereits vermerkt — die Hauptursache, die sie — ähnlich wie die europäische Hüttenindustrie — den Meeresküsten nähertreibt.

Die weltberühmteste Einrichtung von Minnesota ist die Mayo-Klinik. Sie entstand 1883 in Rochester aus einem kleinen therapeutischen Eta-

blissement, das ein gewisser Doktor William Worall Mayo gegründet hatte. Seine beiden Söhne Charles Horace und William James haben sie zu der riesigen Gesundungsfabrik ausgebaut, die alljährlich 350 000 Patienten aus aller Welt aufnimmt.
Die Hauptstadt von Minnesota ist St. Paul (300 000 Einwohner), aber die größte Stadt in Minnesota ist Minneapolis (520 000 Einwohner). Sie liegen dicht nebeneinander, und in den Fahrplänen der Luftverkehrsgesellschaften werden sie Zwillingsstädte genannt. Ihre Rivalität ist naturgemäß unabänderlich, aber mit den Wäldern und den Seen, die sich bis mitten in die Stadt hinein erstrecken, gleichen sie beide Stockholm.

*

Wisconsin ist infolge seiner politischen Eigenheiten bemerkenswert. Milwaukee ist die einzige der großen amerikanischen Städte, die — wenn auch schlecht — von den Sozialisten verwaltet wurde: 1910 zogen sie in die City Hall ein, und zwei Jahre später wurden sie wieder daraus vertrieben, ohne daß sie allzuviel Schaden angerichtet hätten. Ein noch viel seltsameres Phänomen, das seine Spuren im gesamten öffentlichen Leben Amerikas zurückgelassen hat, wurde von Robert La Follette ausgelöst, der oft ein unvollendeter Lincoln genannt wird. Dieser Farmer, der nichts von seiner offenbar französischen Abstammung bewahrt hatte, war beinahe ein halbes Jahrhundert lang einer der mächtigsten Agitatoren, die Amerika jemals besessen hat. Seine Kämpfe gegen die großkapitalistischen Interessen und hauptsächlich gegen die Eisenbahngesellschaften gehören zur allgemeinen Geschichte der Vereinigten Staaten. Vor Wallace und nach Theodore Roosevelt gründete er eine Fortschrittspartei und erhielt bei der Präsidentenwahl von 1924 fünf Millionen Stimmen. Er wurde das Idol Wisconsins. Es ist fast überflüssig zu sagen, daß er einer der wildesten Opponenten gegen die amerikanische Intervention im Ersten Weltkrieg 1917 und drei Jahre später gegen die Ratifizierung des Versailler Vertrages war, die den Beitritt der Vereinigten Staaten zum Völkerbund zur Folge haben sollte.
La Follette, der 1925 starb, hinterließ seinen Senatorensitz einem seiner Söhne. Dieser wurde, nachdem er ihn viele Jahre innegehabt hatte, 1946 von einem jungen Athleten gestürzt, der dank einiger Verdienste im Krieg bei der pazifischen Marine und einer gefürchteten Angriffslust aus dem politischen Nichts auftauchte: Joseph McCarthy.

Die Menschen gehen schnell dahin. Als ich in den ersten Ausgaben dieses Buches von Minnesota sprach, entwarf ich das ausführliche Porträt eines seiner Kinder, das einer glänzenden Zukunft sicher schien und jedenfalls das Gerede von Berühmtheit um den Namen Harold Stassen unterhielt. Ich glaube, daß ich es streichen kann, da Stassen, ein großer, aber ungeschickter Mann, alle seine Chancen verpaßte und ins Dunkel zurückgefallen ist. Ich sprach auch des längeren von Joseph Raymond McCarthy, dem Senator von Wisconsin, damals für den größten Teil der Welt Gegenstand der Mißbilligung, aber für mehrere Millionen Amerikaner Gegenstand der Bewunderung. Am 2. Mai 1957 beendete McCarthy im Walter-Reed-Krankenhaus bei Washington ein Leben, das er durch schwere alkoholische Exzesse verkürzt hatte. Politisch gesehen war er schon seit drei Jahren gestorben. Der Senat hatte am 2. Dezember 1954 mit 67 gegen 22 Stimmen einen Prüfungsantrag gegen ihn beschlossen. Die Abstimmung erbrachte keine positive Verfügung gegen ihn, ja nicht einmal die Aufgabe eines Sitzes, der nur alle vier Jahre erneuert werden konnte. Dennoch erholte sich McCarthy niemals von der Entehrung durch seine Pairs. Er verschwand aus dem öffentlichen Leben, und als er starb, sank er wieder in Vergessenheit zurück.

Der »McCarthysmus« war nicht ganz ungerechtfertigt. Amerika kannte niemals einen Massenkommunismus, aber es kannte einen Infiltrationskommunismus, der zu bestimmten Zeiten die oberen Staatsorgane befiel. Der Beginn dieser Krebsgeschwulst läßt sich leicht datieren: 1932, Beginn der Ära Roosevelt, Angriff auf die Agenturen des New Deal durch die jungen Intellektuellen, die angesichts einer verheerenden Wirtschaftskrise die Verdammung des Kapitalismus beschlossen. Die sowjetischen Dienststellen, die in Amerika seit 1920 bestanden, bedienten sich dieser Leidenschaften, denen man kein Interesse entgegenbrachte. Anstatt sie propagandistisch und in offener Aktion zu benützen, verwandten sie sie in der Spionage und — noch raffinierter — für die Ausstreuung einer Denkweise und der Verbreitung eines geistigen Zustandes, die den Sowjets günstig waren. Während des Krieges verband sich diese Tätigkeit zugunsten des großen Verbündeten bei gewissen Leuten mit der vaterländischen Pflicht und erreichte eine außerordentliche Breitenwirkung. Amerika, das sehr schlecht gegen das Mißtrauen gerüstet war, wurde in überreichlichem Maße verraten und wieder verraten, manchmal von Männern in den höchsten und durch das Vertrauen erster Staatspersonen begünstigten Stellen.

Aber die Reaktion hatte schon stattgefunden, und die Dinge waren zum großen Teil wieder an ihren Platz gerückt, als der junge Senator aus Wisconsin die Szene betrat. Lärmhungrig beging er gleich beim ersten Anlauf den Fehler, seinen Feldzug auf Unglaubwürdigkeiten zu basieren und ihn viel zu laut zu betreiben. Von da an war sein Leben nur noch ein fieberhaftes Sichüberbieten, um den entfesselten Skandal durchzuhalten. Er war in diesem hoffnungslosen Versuch von vornherein geschlagen.

Joseph Raymond McCarthy hatte eine harte Jugend, die vom nackten Lebenskampf umschattet war. Seine Kindheit auf einer kleinen Farm in Wisconsin, mit sechs Brüdern und Schwestern, war von bitterer Not begleitet, und schon mit sechzehn Jahren versuchte er ihr zu entfliehen. Er gründete eine Geflügelfarm, tat aber damit einen Fehlschlag. Dann fand er eine Stelle als Verkäufer in einer Spezereiwarenhandlung und arbeitete sich, genau wie Stassen, nur sehr viel mühsamer als dieser, bis zur Universität hinauf. Seine wissenschaftliche Vorbereitung genügte nicht zum Ingenieurberuf, daher promovierte er in der Rechtswissenschaft, er hat aber während dieser Studienzeit die verschiedensten Berufe ausgeübt, zum Beispiel den eines Kochs oder eines Aufstellers von Grabsteinen. Da er für die Politik geschaffen war, fand er auch Zugang zu ihr. Als 1941 der Krieg ausbrach, war er Richter, und als er 1945 zu Ende war, wurde er wieder Richter. Der europäische Beobachter hat einige Mühe, sich einen so unbeherrschten und starrsinnigen Mann wie McCarthy auf dem Richterstuhl vorzustellen, aber das ist eine der Gefahren, denen sich die amerikanische Demokratie aussetzt, indem sie das Amt des Richters durch Wahl besetzen läßt.

Der Richter wurde Senator. Das war im Jahr 1946. Zwei Jahre lang blieb der Name McCarthy im Dunkel. Er wurde plötzlich zur nationalen Aktualität, als McCarthy Amerika durch eine bestürzende Enthüllung vor den Kopf stieß. »Ich habe hier in meiner Hand«, erklärte der junge Senator in einer Rede, die er in Wheeling hielt, »die Namen von 205 Personen, die dem Minister als Mitglieder der Kommunistischen Partei bekannt sind, trotzdem im State Department arbeiten und auf die amerikanische Politik einen entscheidenden Einfluß ausüben.« Das schien zwar schrecklich, aber glaubhaft zu sein. Man wußte, der Verrat drohte von allen Seiten, und auf Dean Acheson ruhte schon der schwere Verdacht einer systematisch geübten Nachsicht, vielleicht sogar einer echten gesinnungsmäßigen Mitschuld hinsichtlich der

Extremisten. Die öffentliche Meinung verlangte einstimmig die Namensnennung der 205, von denen in Wheeling die Rede war, sie faßte sich aber in Geduld, als McCarthy erklärte, daß er sie erst im Senat preisgeben werde. Während der zehn Tage bis zum Kongreß lebte ganz Amerika in einer Hochspannung voller Angst und Entrüstung.

Der Senat trat zusammen. Schon hatte McCarthy in einer weiteren Rede seine Erklärung von Wheeling abgeschwächt und seine 205 Verräter auf »81 Fälle, darunter 3 Hauptschuldige« verringert. Als man ihn aufforderte, statt der Verallgemeinerung endlich einzelne Namen zu nennen, wurde er ausfallend. Die zwei oder drei Männer, die er schließlich nannte, darunter Alger Hiss und Owen Lattimore, waren schon längst schwer belastet, und was die andern betraf, so verwies McCarthy die Neugierigen auf die Geheimarchive des State Department, die zu öffnen Truman und Acheson keinesfalls bereit waren. Ein Senats-Komitee unter dem Vorsitz von Senator Tydings kam zu dem Beschluß, daß die Behauptungen McCarthys nicht stichhaltig seien, worauf dieser wütend schrie, Millard Tydings gehorche seinen Herren, den Kommunisten. Tydings war ein sehr konservativ gesinnter Senator, der das Vertrauen seines schönen Staates Maryland genoß: Er wurde bei den Neuwahlen von 1950 von einem neuen Mann ausgestochen.

Der »McCarthysmus« hatte seine Macht bewiesen. Während der beiden folgenden Jahre setzte er seine Angriffe mit unermüdlicher Heftigkeit fort. Es ist keineswegs der Fall, daß die Anschuldigungen des Senators aus Wisconsin völlig aus der Luft gegriffen waren, und die Bemühungen weiter Kreise, einige der Ihren, die von ihm verfolgt wurden, zu retten, waren vergeblich. Trotzdem ist der »McCarthysmus« eine Kette von phantastischen Übertreibungen, Verfälschungen, Verleumdungen, betrügerischen Auslegungen und manchmal auch reinen Lügen. Der General George Marshall zum Beispiel hat gewiß in China unheilvolle Irrtümer begangen, aber als McCarthy ihn in einer langen Rede und dann in einer langen Anklageschrift beschuldigte, ein »Verräter« zu sein, ging ein Sturm der Entrüstung durch den Kongreß und durch ganz Amerika. Im übrigen setzten alle, die von dem Denunzianten angegriffen worden waren, ihre Hoffnung auf die Wahl von 1952, um ihn loszuwerden. Sein Mandat war abgelaufen, und alle Mittel wurden gegen ihn in Bewegung gesetzt.

Diese Aktion mißglückte völlig. McCarthys Konkurrent bei der Vorwahl in Wisconsin, ein republikanischer Advokat namens Leonard F.

Schmitt, führte einen leidenschaftlichen Feldzug, stellte sich stundenlang der Television zur Verfügung und beantwortete die Fragen, die ihm telefonisch gestellt wurden. Joe McCarthy dagegen, der durch eine Operation ans Bett gefesselt war, konnte nur ein einziges Mal öffentlich das Wort ergreifen. Sein Schweigen setzte sich gegen die Wortschwälle Schmitts mit einer Dreiviertel-Stimmenmehrheit durch. In seinem Staat gefestigt, ging McCarthy nach Connecticut, um William Benton zu bekämpfen, den Mann, der verlangt hatte, ihn aus dem Senat zu jagen. Benton verlor seinen eigenen Sitz, was dem Sieg des McCarthysmus endgültig einen Sinn gab.

Aber das war auch der Höhepunkt. Schwach an Geist und Begabung, hatte McCarthy nicht die nötige politische Einsicht, die von ihm hervorgerufene Volksbewegung in vernünftigere Gleise umzulenken. Seine Denunziationen wurden immer weniger glaubhaft, und seine Feldzüge stießen zunehmend Mächte vor den Kopf, die ein durchschnittlich kluger Mann behutsam behandelt hätte. Er wagte sich an die Armee heran, stieß auf unerwarteten Widerstand, ging in die Fallen, die man ihm stellte, und beendete seine Kometenbahn mit dem burlesken Fall der Verteidigung seines wohlwollenden Informators, des Soldaten zweiter Klasse Schine, dessen Vorstrafen nicht über zwei Tage Arrest für unerlaubte Abwesenheit hinausgingen. Aber ganz Amerika wurde wochenlang durch die folgende Untersuchungskommission in Atem gehalten.

Das Fernsehen gab ihm den Gnadenstoß. Es erlaubte den Amerikanern, den Mann zu beurteilen, den viele von ihnen für einen großen Patrioten oder auf jeden Fall für einen nützlichen Mann hielten. Sein unangenehmes Gesicht, seine heisere und durch unzählige Wiederholungen überanstrengte Stimme, seine offenkundige Unehrlichkeit raubten ihm den Glauben der Nation. Gestützt vom Vertrauen von Millionen braver Leute, war er unverwundbar. Gepeinigt vom Argwohn gegen seine Anhänger war er bald nur noch ein Schatten, gegen den die Vergeltungsaktionen von allen Seiten erst endeten, als der Tod ihnen McCarthy entriß.

Zehn Jahre nach seinem Hingang erschien ein neuer McCarthy auf der politischen Szene und schüttelte die traditionellen Armaturen der Demokratischen Partei ein wenig durcheinander. Er war römisch-katholisch und eine Zeitlang Novize des Benediktinerordens, wechselte dann vom Kloster zum Universitäts-Campus über und überraschte die Auguren, als es ihm gelang, sich in dem überwiegend protestanischen

Staat Minnesota zum Senator wählen zu lassen. Zwanzig Jahre dieser parlamentarischen Karriere verliefen in relativer Unauffälligkeit, bis auf einmal 1967 der Name McCarthy wie ein Pfeil in die Höhe schoß, in allen Universitäten Widerhall fand und den Eindruck erweckte, daß er eine mächtige, vom Volk getragene Bewegung auszulösen fähig wäre, die den ehemaligen Novizen, der Professor geworden, aber Poet geblieben war, bis ins Weiße Haus bringen könnte. McCarthy trat als Gegner des demokratischen Präsidenten Lyndon Johnson auf, indem er sich mit apostolischer Leidenschaft gegen den Vietnam-Krieg wandte. Als dann Johnson erklärte, er wolle kein zweites Mal kandidieren, sah man in dieser Resignation des scheidenden Präsidenten ein Verdienst McCarthys, und viele Beobachter zweifelten nicht daran, daß sich seine Chancen verzehnfacht hätten.

Diese Rechnung ging nicht auf. Trotz heftigster Kundgebungen, die sich um den Konvent der Demokraten in Chikago abgespielt haben, erhielt McCarthy nicht die Investitur. Nachdem McCarthy sein Senatsmandat freiwillig niedergelegt hatte, bewarb er sich vier Jahre später — 1972 — erneut als Kandidat für die Präsidentschaft, mußte jedoch erkennen, daß die Begeisterung, die er einstens entfachen konnte, inzwischen erloschen war — sogar im Bereich der Universitäten. Eine Sternschnuppe der Popularität, entschloß er sich in gutmütiger Gelassenheit, wieder Professor zu werden.

Infolge eines seltenen Zusammentreffens hatten die Demokraten 1967 zwischen den beiden Senatoren von Minnesota, McCarthy und dem älteren Hubert Horatio Humphrey zu wählen. Letzterer war wie nur wenige vor ihm ein Postenjäger und ist die Leiter der politischen Hierarchie äußerst zielstrebig hinaufgeklettert, um dann — wie so viele andere — vor dem letzten, heiß ersehnten Ziel zu scheitern.

Die väterliche Apotheke stand in Doland, einer winzigen Stadt in Süd-Dakota. Der 1911 geborene Hubert Horatio lernte in diesem engen Rahmen die Schrecken der großen Depression der Dreißigerjahre kennen, ohne allerdings in proletarische Verhältnisse zurückgeworfen zu werden. Er erwarb sein Apothekerdiplom, leitete kurze Zeit das väterliche Geschäft, fand aber bald im Lehrberuf eine seinen rednerischen Gaben entsprechendere Betätigung. Er wanderte nach Minnesota aus, wurde ein Kämpfer der DFL (Democratic Farmer Labor), der regionalen Spielart der Demokratischen Partei, wurde dann 1945 zum Bürgermeister von Minneapolis und 1948 zum US-Senator gewählt. Schon frühzeitig zu Präsidentschaftsambitionen erwacht, versuchte er

bei der Wahl von 1956, der zweite Mann von Stevenson zu werden, wurde aber von Estes Kefauver ausgeschaltet. 1960 wollte er sich für die demokratische Kandidatur mit John Kennedy messen, zog sie aber nach einem Mißerfolg bei der Vorwahl in West-Virginia zurück. Vier Jahre später wurde er Johnsons Vizepräsident. Das war eine der triumphalsten Wahlen in der amerikanischen Geschichte. Nach weiteren vier Jahren – 1968 also – designierte ihn der Konvent von Chikago, den Platz der Demokraten im Weißen Haus zu halten, den sie nun schon seit 1960 innehatten.
Die ganze Wahlnacht verlief wie in einem Trancezustand. Indem er die großen Staaten des Ostens wie Massachusetts, New York und Pennsylvania an sich riß, schien Humphrey dem Sieg entgegenzueilen. Der Mittelwesten schenkte ihm dann noch Michigan, versagte ihm aber Illinois. Nixon holte auf, zog gleich und errang schließlich einen kleinen Vorsprung. Kalifornien, ein sicherer Posten auf der Liste der demokratischen Wahlstrategen, fiel in Nixons Kolonne. Die Endergebnisse wiesen den Republikanern 31 785 480 und den Demokraten 31 273 166 Stimmen zu, was einer Majorität für die ersteren von 512 314 Stimmen ergibt.
Humphrey ließ den Mut nicht sinken. Er beteiligte sich auch 1972 am Wahlkampf, wurde aber unter den im folgenden Kapitel geschilderten Umständen von McGovern ausgeschaltet. Es ist sehr unwahrscheinlich, daß er sich 1976 noch einmal stellen wird, es sei denn wegen des Alters von 65 Jahren, das er bis dahin erreicht haben wird.
La Follette, Stassen, die beiden McCarthy, Humphrey . . . Wisconsin und Minnesota waren bisher Sprungbretter für brillante Aufschwünge, denen kein Morgen beschieden war.

Fläche: 218 576 km^2
Einwohnerzahl: 3 805 069
Hauptstadt: St. Paul
Beiname: Staat vom Stern des Nordens
Hymne: Hail Minnesota!
Devise: Stern des Nordens
Blume: Frauenschuh
Baum: Norwegische Kiefer
Wichtigste Städte: Minneapolis, Rochester, Northfield.

Wichtigste Produkte: Milchprodukte. – Schwein, Vieh. – Zuckerrübe. – Konserven. – Holz. – Eisenerz. – Maschinenbau. – Elektrische Apparaturen. – Chemische Produkte.

Bundesstaat seit 11. Mai 1858 (an 32. Stelle).

MISSOURI · IOWA

MISSOURI

Heimweh nach Saint Louis, wie es einmal war

Die beiden berühmtesten Kinder des Staates Missouri waren lange Zeit Samuel L. Clemens, der bekannt ist unter seinem Pseudonym Mark Twain, und ein romantischer Bandit mit Namen Jesse James. Dann zog ein Landarbeiter ins Weiße Haus ein und verdrängte den Humoristen und den Vogelfreien ins zweite Glied.

Der Landarbeiter hieß Harry Truman. Er ist als getreuer Missourianer Anfang 1973 in der kleinen Stadt Independance im biblischen Alter von achtundachtzig Jahren gestorben. Eisenhower und Hoover waren ihm ins Jenseits vorangegangen. Johnson sollte ihm bald folgen. Amerika blieb ohne einen überlebenden Expräsidenten zurück. Der Fall ist ebenso ungewöhnlich wie es ungewöhnlich ist, daß mehr als drei frühere Präsidenten gleichzeitig am Leben waren. Als einziger konnte Lincoln (1861) fünf seiner Vorgänger noch diesseits des Grabes grüßen — das waren Buchanan, Pierce, Fillmore, Tyler und Van Buren.

Truman liebte die Politik leidenschaftlich. Er hat diese Laufbahn ergriffen, nachdem er im Ersten Weltkrieg als Artilleriehauptmann gedient und dann während der kurzen Depression, die auf den Krieg folgte, als Herrenausstatter Pleite gemacht hatte. Tom Pendergast schob ihn auf einen Richterstuhl und später auf einen Senatorensessel. Das war in der Epoche der Allmacht politischen Ränkespiels, und Pendergast, ein Boß von Kansas City, diktierte das Gesetz in Missouri. Als er nach einem langen Aufenthalt in einem Bundesgefängnis starb, war Truman inzwischen Vizepräsident der Vereinigten Staaten geworden. Er hatte den Mut, dem Sarge dessen zu folgen, der ihm den Zugang ins Metier verschafft hatte.

Dieser einfache Mann ohne große Kultur, ein wenig engstirnig auch und nicht frei von Verschrobenheiten, war dennoch im ganzen ein gro-

ßer Präsident. Er gab der Außenpolitik der Vereinigten Staaten wieder eine Linie, brach mit den Illusionen Roosevelts bezüglich Stalins und Rußlands, er rettete Westeuropa, indem er sich den Marshallplan zu eigen machte, und zerschlug die rote Offensive im Fernen Osten durch seine Intervention in Korea. Vielleicht war sein einziger Fehler, daß er den Sieg, den die Amerikaner – im Gegensatz zu den späteren Ereignissen in Indochina – auf dem koreanischen Kriegsschauplatz unbestreitbar errungen hatten, nicht voll zur Auswirkung gelangen ließ.
Als der achtundsechzigjährige Harry Truman das Weiße Haus 1952 Eisenhower überlassen mußte, war er noch so voller Energie und frischer Tatkraft, daß viele erwarteten, er werde bald wieder im Senat auftauchen in jenem politischen Geschehen, das sein Lebenszweck gewesen war. Damit war es nichts. Truman lebte als Ruheständler in dem kleinen Haus mit hölzernen Türmchen und Butzenscheiben, das er in Independance von der Frau geerbt hatte, die er den »Boß« nannte – von Bess Wallace Truman. Dort schrieb er nicht sehr interessante Memoiren und ließ den Tod an sich herankommen, indem er sich heftig gegen die unvermeidlichen Konzessionen an das Alter wehrte. Man kann es fast als die Regel betrachten, daß ein ausgedienter Präsident nur äußerst selten noch einmal einen Platz im öffentlichen Leben findet. Jedenfalls liegen die spärlichen Ausnahmen sehr weit zurück, wie etwa die von John Quincy Adams. Sobald die schwerste berufliche Bürde, die es auf dieser Welt gibt, von den Schultern eines Mannes genommen ist, lebt er nur noch als Zeuge seiner Vergangenheit weiter. Das war die Zwangsvorstellung des armen John F. Kennedy. »Ich werde erst zweiundfünfzig Jahre alt sein«, rechnete er sich vor, »wenn mich der XXII. Verfassungszusatz aus dem Weißen Haus verbannen wird. Muß ich mich damit abfinden, dann nur noch ein Ruheständler zu sein? . . .« Er dachte daran, diesen Gesetzesteil außer Kraft setzen zu lassen, der schon einem Franklin Roosevelt sein viertes Mandat versagt hatte. Es wäre ein schwieriges Unternehmen geworden und die Zielfernrohrflinte des Lee Harvey Oswald hat ihn den Versuch gar nicht erst machen lassen.

*

Wenngleich Kansas City der politische Brutkasten für Truman war, ist sie doch nicht die Hauptstadt von Missouri. Dieser Ehrentitel gebührt Jefferson City, einer kleinen Stadt von etwa 30 000 Einwohnern, die rings um ein Kapitol angeordnet ist, bei dessen Anblick man unwillkürlich an das große Kapitol der Nation, an das von Washington, denken muß.

Kansas City ist auch nicht die wichtigste Stadt des Staates. Saint Louis ist wichtiger — und zwar trotz schwindenden Abstandes — weniger aufgrund des Wachstums von Kansas City als des Niedergangs von Saint Louis. Letzteres meldete nach der Zählung von 1950 856 796 Einwohner und stand auf dem achten Platz der Liste amerikanischer Großstädte. Nunmehr ist es mit 622 236 Einwohnern auf den achtzehnten Platz zurückgefallen. In Anbetracht der Tatsache, daß der Großraum der Stadt 2 363 017 Einwohner zählt, und das bei steigender Tendenz, ist nur ein Beweis, daß Saint Louis ein extremes Beispiel ist für die Entwicklung, die zu einer Entvölkerung der amerikanischen Innenstädte zugunsten ihrer Umgebung führt.

Die eigenartigste Episode in der Geschichte der Stadt ist ihre Gründung. Es ist grandios, daß sie Saint Louis heißt, richtig aber wäre es, wenn sie Chouteau hieße. Dieser (Auguste) Chouteau war genau dreizehn Jahre alt, als er den kleinen Trupp Franzosen und Indianer halten ließ, den er in der Umgebung der Stelle befehligte, wo heute eine riesige Mautbrücke über den Mississippi führt. Er beschloß, daß hier der rechte Platz für eine ständige Niederlassung des Hauses Maxent, Laclède & Co. aus New Orleans wäre, die am Mittellauf des großen Stromes entstehen sollte, und er ließ seine Männer sogleich an die Rodung des buschreichen Geländes gehen.

Als Laclède wenige Tage später eintraf, fand er die Wahl seines Schwiegersohnes Auguste Chouteau gut, gab aber der zu gründenden Stadt den Namen des Königs, der der Schutzpatron seines Königs war.

Saint Louis gehört somit zur kolonialen Expansion Frankreichs in diesem Teil von Amerika. Aber das ist kein Einzelfall. Es gibt in Missouri ein Saint Charles, ein Saint Joseph, ein Sainte Geneviève, ein Cap Girardeau (nach dem etwas entstellten Namen des Fähnrichs Girardot), ein Versailles und ein Bonne-Terre; desgleichen gibt es ein Belleville und ein Belle-Plaine in Kansas; und ein anderes Belle-Plaine, ein La Mare, ein Dubuque (nach dem aus Kanada gekommenen Trapper) und ein Des Moines in Iowa; und ein weiteres Belleville, ein Crève-Coeur, ein Des Plaines, ein La Salle, ein La Grange, ein Marseille, ein Paris, ein Rochelle in Illinois; und noch ein Saint Clair, ein Saint Ignace, ein Sault-Sainte-Marie, ein weiteres Saint Louis und ein weiteres Saint Joseph in Michigan — gar nicht zu sprechen von den

Städten in Wisconsin und Minnesota, deren Namen an französische Pioniere denken lassen: Fond du Lac, Eau Claire, Prairie du Chien, Lac qui parle, und auch Marinette, La Crosse, Beloit und endlich Racine, das dem Dichter 100 000 Racinienser zu Füßen gelegt hat, die niemals *Phèdre* gelesen haben dürften. Andere geographische Namen in Missouri – wie Marais des Cygnes oder Plateau du Coteau – die heute recht merkwürdig ausgesprochen werden, halten die Erinnerung an Franzosen wach, die sich einst in den Grandes Plaines festgesetzt hatten und ebenso fest entschlossen waren, dort auch zu bleiben. Aber ganz im Gegensatz zu den angelsächsischen Kolonisten machten sie sich nicht über den Ackerboden her. Sie versagten es sich ganz ausdrücklich, sich über den Ackerboden herzumachen, weil ihr Ziel der Handel war, der den Frieden mit den Indianern zur Voraussetzung hatte, und nicht der Ackerbau, der den Krieg zur Folge haben mußte. Hätte Frankreich in den kolonialen Auseinandersetzungen des achtzehnten Jahrhunderts obsiegt, dann wäre Amerika heute ein Land mit gemischter Zivilisation – vergleichbar möglicherweise mit Nordafrika. Falls die indianische Nation einmal Geschichte studieren sollte, könnte sie die Niederlage Montcalms und den Vertrag von Paris auf die Liste ihrer nationalen Katastrophen setzen.

Saint Louis, Metropole eines Reiches mit hängenden Zügeln, war durch lange Jahre eine Art Vorstadt von New Orleans. Die französischen Kreolen, die sich dort niederließen, schleppten in das Herzstück eines noch wilden Kontinents ihre Vorliebe für das Wohlleben, ihre Laster, ihre Höflichkeit und ihre Sklaven ein. Aber diese relativen Epikureer von damals waren auch recht rüde und unternehmungslustige Burschen. Sie wollten vor allem schnell reich werden und warfen sich auf den Pelzhandel. Achtundzwanzig Verträge mit ebenso vielen indianischen Gruppen sicherten ihnen ein Monopol, das ein Gebiet von etwa zehn heutigen Staaten beherrschte. Hauptmann Saint-Ange de Belleville war Stadtkommandant von Saint Louis, aber die eigentliche Macht hatte der unerschrockene Auguste Chouteau in Händen, der vom Wunderkind zum Mann der Elite herangewachsen war. Er und sein Halbbruder Jean-Pierre waren es, die die Wege nach Westen gebahnt und die europäische Eroberung nach Kansas, in die beiden Dakotas und nach Oregon vorangetragen haben. Die Veränderungen des politischen Status, die Abtretung Louisianas an Spanien im Jahr 1770 und der Verkauf an die Vereinigten Staaten 1803 (nach einer nur kurzen Rückführung an Frankreich) haben den französischen Grundcharakter

von Saint Louis nicht verändert. Das Reich des Handels hat das vernichtete politische Reich um ein halbes Jahrhundert überlebt.
Was das französische Saint Louis ausgelöscht hat, waren die massenweisen Einwanderungen des 19. Jahrhunderts. Gegen die Zahl kommt nichts auf. Stadt und Umgebung wurden mit einer dichten Menschenschicht überzogen, die zunächst aus Virginia und Kentucky und später direkt aus Europa kam. Die alten französischen Familien — Duchemin, Tremblée, Marmillon, Rivet usw. — wurden überspült, und es ist fast nichts mehr übrig von den Spuren jenes Kapitels der Geschichte, das mit den dreizehn Jahren des Auguste Chouteau begonnen hat.
Das Alter der Stadt beeinflußt ihren Charakter. Schon immer wurde Saint Louis mit Boston verglichen, und zweifellos, damit der Vergleich auch begründet sei, bemächtigt sich Saint Louis der Industrien — vor allem der Schuhindustrie —, die sich die verblassende Metropole von Neu-England entgehen läßt. Sie ist aber keine abenteuerliche Stadt wie so viele in den Vereinigten Staaten. Sie ist vorsichtig, maßvoll, bürgerlich, eher auf den Handel als auf die Industrie eingestellt, empfänglich für die Kunst, ehrerbietig gegen die Traditionen, wie das burleske Fest des »Verschleierten Propheten« (das Gegenstück zum Karneval in New Orleans) zeigt, und stolz auf eine der größten und respektabelsten Zeitungen Amerikas, den *Saint Louis Post-Dispatch*. Sie ist missourianisch, da sie zu Missouri gehört, aber sie geht sogar so weit, sich als das vollkommenste Sinnbild Amerikas zu bezeichnen. Sie sei seine Drehscheibe, behauptet sie, und sein wichtigster Markt. Endlich war sie die erste Stadt der Vereinigten Staaten, die für den Flugverkehr gewonnen wurde. Das erste Luftmeeting fand dort im Jahr 1910 statt, und die fünf ersten Piloten, die den Kern der amerikanischen Luftflotte bildeten, kamen aus Saint Louis. Zu Ehren dieses Wagemuts gab Charles Lindbergh dem Eindecker, mit dem er über den Atlantik flog, seinen historischen Namen: *Spirit of Saint Louis*.

Fläche: 180 000 km²
Einwohnerzahl: 4 677 399
Hauptstadt: Jefferson City
Beiname: Der Staat, der sehen will, was er glauben soll
Hymne: Missouri Waltz
Devise: Salus populi suprema lex esto

Blume: Hagedorn
Baum: Hartriegel
Wichtigste Städte: Saint Louis, Independance, Kansas City
Wichtigste Produkte: Mais, Korn. — Alles vom Rind und Schwein. — Blei. — Lebensmittelindustrie, Bier. — Luftfahrtindustrie. — Automobile. — Schuhe. — Chemische Produkte.
Bundesstaat seit 10. August 1821 (an 24. Stelle).

IOWA

Das Fleisch wächst auf den Feldern

Missouri ist seiner Fläche nach der neunzehnte der 50 Staaten, nach der Einwohnerzahl (4 677 399) der dreizehnte. Sein nördlicher Nachbar Iowa ist erheblich kleiner und weniger dicht bevölkert (2 825 041 Einwohner). Des Moines mit mehr als 200 000 Einwohnern ist zugleich Hauptstadt und wichtigste Stadt des Staates; aber es ist wenig wahrscheinlich, daß sich je ein Tourist gefunden hätte, der nach Des Moines oder überhaupt nach Iowa reisen wollte. Der Reisende, der diese Gegend berührt, hat nur einen Wunsch: ihrer Eintönigkeit so rasch wie möglich zu entfliehen. Und doch befindet sich dort einer der Grundpfeiler Amerikas. Es handelt sich um den Mais.
Der amerikanische Kontinent hat der modernen Zivilisation drei grundlegend wichtige Pflanzen geschenkt: die Kartoffel, den Tabak und den Mais. Für Amerika, wo nicht für die ganze Welt, ist der Mais unbestritten die wichtigste von den dreien. Seine amerikanische Bezeichnung ist an und für sich Beweis genug: »corn« und nicht »maize«, wie ein korrekter Engländer fordern würde. In Westeuropa bedeutet »Korn« Roggen oder Weizen. In Amerika ist es der Mais. Die Zahlen erklären und rechtfertigen diese Anpassung des Vokabulars: Amerika produziert 136 Millionen Tonnen Kartoffeln und 36 Millionen Tonnen Weizen; aber es erntet 104 Millionen Tonnen Mais.
Das Geheimnis des Mais ist eines der Probleme der Geschichte. Er kommt nirgends wild vor. Selbst als die Europäer ihn im sechzehnten Jahrhundert auf den kleinen Feldern der Indianer entdeckten, war er

schon — um in der Sprache der Spezialisten zu reden — eine hochkultivierte Pflanze. Viel kultivierter jedenfalls als die Völkerstämme, die ihn anpflanzten, was die Annahme bestärkt, es habe noch eine ältere, viel gebildetere Rasse gegeben, die entweder ausgerottet wurde oder degenerierte und den Mais durch das Zwischenglied — die Huronen — der heutigen Welt hinterließ.

Die Europäer pflanzten den Mais an, weil sie sahen, daß die Indianer es taten und weil es kein anderes Mittel gab, die ersten armseligen Kolonien vor dem Hunger zu retten. Die Notwendigkeit wurde zur Gewohnheit und dann zur riesigen Industrie. Überall in Amerika wird Mais produziert, aber im Westen und im Osten nur in verhältnismäßig geringen Mengen. Der Mais bedeutet — wie alles, was typisch amerikanisch ist — vor allem im Zentrum eine starke Macht. Was man den »corn-belt« nennt, den »Maisgürtel«, umfaßt entweder ganz oder teilweise folgende Staaten: Süd-Dakota, Minnesota, Wisconsin, Illinois, Indiana, Ohio, Missouri, Kansas, Nebraska und Iowa. Der Mittelpunkt dieses Zentrums ist Iowa. »Cornbusher State«, wie man ihn auch nennt, läßt sich ungefähr mit »Maisstaudenstaat« übersetzen. Der Mais war die Gelegenheit zu einer der ersten Kontaktaufnahmen zwischen Rußland und Amerika. Im Sommer 1955 sah man auf den glühenden Feldern Iowas eine Gruppe von Russen in weiten Hosen, die inmitten des kräftigen amerikanischen Getreides verschwanden. Freimütig bekannte der Delegationschef Wladimir Matschewitsch: »Die Höhe der Stengel lag über der Reichweite unserer Arme.« Aus seinem Ursprungsland herausgetragen, nahm der Mais einen festen Platz in der Anbauwirtschaft der Welt ein, aber erst seit kurzer Zeit dachten einige seiner Produktionsländer daran, seine Kultur durch die amerikanischen Methoden zu erneuern. Auf Anordnung des Ukrainers Chruschtschow, dessen Geburtsland so viele den Großen Ebenen ähnliche Züge trägt, kaufte Matschewitsch 200 000 Pfund Samen bei Garst and Thomas. Weniger als fünf Jahre später geschah das Unvorhersehbare: Chruschtschow selbst erschien inmitten einer wahren Karawane von Presseleuten in Iowa. Die größten Werbungsbudgets hätten die Farm und Zuchtstation Roswell Garsts nicht so berühmt machen können.

Trotz anscheinend günstiger klimatischer Voraussetzungen hat der Mais in der Sowjetunion offensichtlich nicht erwartungsgemäß eingeschlagen. Ganz anders in Westeuropa. Im achtzehnten Jahrhundert eingeführt, wurde der Mais lediglich in kleinem Umfang und mit eher fallender Tendenz in Italien und Aquitanien kultiviert. Die Einführung amerikanischer Methoden, die Entwicklung geeigneter Hybridenzüchtungen haben einen europäischen Aufschwung des Maisanbaus und seine Verbreitung in Gegenden mit sich gebracht, wo man ihm keine Erfolge zugetraut hätte. In Frankreich sieht man große landwirtschaftliche Gebiete wie die Beauce, die fast ebenso viele Hektar Mais wie Weizen aufweisen, und die Trockenanlagen im Wehen des Windes sind Bestandteile der Landschaft wie in Iowa. Auch in Belgien und Deutschland nimmt der Anbau zu, und der Mais steht derzeit an einem guten sechsten Platz aller innerhalb des Gemeinsamen Marktes geernteten Zerealien.

Ich werde im folgenden Kapitel auf die allgemeinen Verhältnisse in der amerikanischen Landwirtschaft zurückkommen. Aber es ist interessant, eine Feststellung zu machen, die nur am Rande auch Iowa betrifft. Nicht mehr der Mais oder der Weizen bringt den amerikanischen Bauern das meiste Geld, sondern eine eingeführte, den klimatischen Verhältnissen Amerikas dank bewundernswerter agronomischer Bemühungen angepaßte Pflanze: die Sojabohne. Diese überaus proteinreiche Bohnenart stammt aus China und wurde zunächst nach Europa eingeführt; aber die Europäer machten sich nicht die Mühe, den erforderlichen Auslese- und Hybridisierungsmöglichkeiten nachzugehen und zogen es vor zu dekretieren, daß die klimatischen Bedingungen diesem Gewächs aus dem Fernen Osten eben nicht zusagten. Amerika hat da anders gedacht und gehandelt. Heute ist der Anteil Amerikas an einer Weltproduktion von 45 Millionen Tonnen Sojabohnen annähernd 34 Millionen Tonnen. Das entspricht ungefähr einem Viertel der Maiserzeugung, doch ist der Zentner Soja vier- bis fünfmal soviel wert wie der Zentner Mais.

Die Exportziffern sind noch eindrucksvoller. Von einem Welthandelsvolumen von rund 12 Millionen Tonnen Soja entfallen 11 Millionen Tonnen auf Amerika. Die europäische Tierzucht hängt weitgehend von der amerikanischen Sojabohne ab, und das so sehr, daß die 1973 zur Bekämpfung der Erhöhung der Fleischpreise verhängten Einfuhrbeschränkungen zu einer diplomatischen Krise zwischen dem Gemeinsamen Markt und den Vereinigten Staaten geführt haben. Die Klagen der Europäer könnten mehr Anspruch auf Gehör erheben, wenn die Abhängigkeit, in die sich der alte Kontinent hat fallen lassen, nicht seine eigenste Schuld wäre.

Die Sojabohne wird in fast allen amerikanischen Staaten angebaut –

von den Gründen der strengen Winter in den Großen Ebenen bis zu den halbtropischen Klimaten in Dixieland, was unschwer erraten läßt, daß sich auch in der Vielfalt der europäischen Klimaten mit Leichtigkeit geeignete Voraussetzungen hätten schaffen lassen. Aber einmal mehr das Opfer der unseligen, der ruinösen kolonialen Illusionen, hat Europa es vorgezogen, seine ölhaltigen Pflanzen von den Überseeländern heranzuholen, anstatt sie auf eigenem Grund und Boden wachsen zu lassen. Diesen Fehler muß es schwer bezahlen.

*

Iowa ist unter den fünfzig Staaten das größte Anbaugebiet. 97 Prozent seines Bodens sind ertragfähig. Daher haben seine 200 000 Farmen den ungeheuren Wert von 3 bis 4 Milliarden Dollar, was die Farmer zu Plutokraten macht. Auch hier liegt die Gefahr im Übermaß. Es ist kein gesundes Verhältnis, daß nur 3 Prozent des Bodens der Natur überlassen sind, und der Mais – wie auch die beiden anderen amerikanischen Pflanzen, die Baumwolle und der Tabak – nutzt den Boden übermäßig ab. Es wird erzählt, die Indianer, die die Erde mit den Geweihen der Wapiti-Hirsche bearbeiteten, seien sehr bestürzt gewesen, als sie sahen, daß die Weißen ihn mit Eisen umpflügten. Die Aufsichtsämter, die den amerikanischen Boden verwalten, sind von der alten Furcht der Indianer erfaßt worden und geben sich alle Mühe, die Maiserzeuger von der Notwendigkeit einer bestimmten Ausdehnung der Prärien zu überzeugen. Aber Gras ist nur Gras, und Mais ist Gold.

Seine Verwendung ist kein Problem mehr. Der Mais ist tatsächlich Fleisch, das auf den Feldern wächst. Die exakten amerikanischen Züchtungsmethoden überlassen nur einen ganz winzigen Teil dieses »Stoffwechsels« dem Zufall. Und die Gleichung Mais = Fleisch hat die Genauigkeit eines Lehrsatzes. Zehn Pfund Mais ergeben ein Pfund Rindfleisch; sechs Pfund Mais ein Pfund Schweinefleisch. Wenn die amerikanische Ernährung die üppigste der Welt ist (pro Jahr und pro Kopf 166 Pfund Fleisch), so verdankte sie das dem corn-belt, dem Maisgürtel. Die Riesengebiete in Texas und Montana bedürfen der konzentrierten und intensiven Bebauung von Iowa, um den Riesenverbrauch zu decken. 25 Prozent der Rinder und 50 Prozent der Schweine Amerikas werden allein im corn-belt gezüchtet, der noch nicht einmal 10 Prozent der Oberfläche der Vereinigten Staaten bedeckt.

Iowa steht an der Spitze all dieses Wohlstandes. In Wirklichkeit ist es eine einzige Fabrik. Die Maisgewinnung aus dem Boden ist ein erster industrieller Vorgang — eine technische Höchstleistung der Pflanzenkreuzungen, die den durchschnittlichen Ertrag von 35 Scheffel pro Morgen auf 80 Scheffel ermöglichte. (Indiana erzielt die Rekordleistung von 100 Scheffel je Morgen.) Die zweite industrielle Phase stellt die Maisverfütterung an alle Tierarten dar, die geeignet sind, dem Menschen als Nahrung zu dienen. Unter diesen Nahrungslieferanten nimmt das Geflügel den Ehrenplatz ein. Fast ein Zehntel aller Hühner, die in Amerika gegessen werden, kommt aus Iowa, und die jährliche Eierproduktion erreicht die für einen einzigen Staat phänomenale Ziffer von 2861 Milliarden Stück (71 840 Milliarden für ganz Amerika). Deshalb ißt jeder Amerikaner durchschnittlich mehr als ein Ei am Tag, und das Huhn ist ein Essen für Arbeiter. Es ist erwähnenswert, daß die gleiche ernährungstechnische Entwicklung in Westeuropa zu beobachten ist, weil ja gleiche Ursachen gleiche Wirkungen nach sich ziehen.

Etwas Eintönigeres als Iowa kann man sich nicht vorstellen. Die Natur hat es mit der Wasserwaage gebaut, und der Mensch hat es der Diktatur der geraden Linie unterworfen. Offensichtlich hat sich die Bevölkerung dieser Monotonie und Strenge angepaßt. Die Gesetze des Konformismus werden streng eingehalten. Der Alkoholverbrauch wird argwöhnisch überwacht — man kann Spirituosen nur in staatlichen Läden kaufen, Bars sind gesetzlich verboten. Obwohl die Katholiken vier Diözesen haben, bilden sie kaum ein Zehntel der Bevölkerung, und Juden, die in Missouri recht zahlreich sind, gibt es hier verschwindend wenig. Man nennt allgemein Iowa das protestantische Herz Amerikas. Unüberwindlicher Ernst drückt dem persönlichen Leben seinen Stempel auf. Besonderes Gewicht wird auf den Schulunterricht gelegt, und das Analphabetentum, das sich seltsamerweise inmitten der amerikanischen Prosperität erhalten hat (4 Prozent Analphabeten), findet sich in Iowa nirgends mehr. Und wie das so oft in einem Milieu der Fall ist, das strengen sozialen Regeln unterliegt, bringt Iowa starke und manchmal auch exzentrische Persönlichkeiten hervor.

Fläche: 145 790 km²
Einwohnerzahl: 2 825 041

Hauptstadt: Des Moines
Beiname: Staat mit dem Falkenauge
Hymne: Iowa
Devise: Unsere Freiheiten preisen, auf unseren Rechten bestehen wir
Blume: Wilde Rose
Baum: Eiche
Wichtigste Städte: Dubuque, Davenport, Barlington, Iowa City
Wichtigste Produkte: Korn, Soja, Mais. – Alles vom Rind, vom Schaf, vom Schwein. – Geflügel. – Futter- und Düngemittel. – Chemische Produkte. – Elektronik, Elektrogeräte. – Eisenbahnmaterial. – Einzelteile.
Bundesstaat seit 28. Dezember 1846 (an 29. Stelle).

NORD-DAKOTA · SÜD-DAKOTA · NEBRASKA · KANSAS

Die Großen Ebenen

Es ist vielleicht das pathetischste Gebiet Amerikas — wo der Mensch am meisten gelitten und gekämpft und nur zu oft alle Hoffnung aufgegeben hat. Wiederholt wurde er von der Natur fast verjagt; doch jedesmal ist er beharrlich wiedergekommen und hat am Ende triumphiert. Aber er blieb dem Gesetz der Härte unterworfen, und die Bedrohung durch Naturkatastrophen lastet noch immer auf ihm.

Als zu Beginn des neunzehnten Jahrhunderts die Forscher Zebulon Pike und Stephen Long dieses Gebiet auskundschafteten, gaben sie ihm den Namen »Great American Desert«, den es in den Atlanten fünfzig Jahre lang behielt. »Es ist«, so schrieb Long in seinem Bericht, »für die Landwirtschaft kaum geeignet und für eine Bevölkerung, die Ackerbau treibt, nicht bewohnbar.« Eine bemerkenswerte Prophezeiung! Die Hälfte des amerikanischen Brotes kommt heute aus der Ex-Great American Desert, und vier Fünftel der fast 13 Millionen Menschen, die dort wohnen, leben — direkt oder indirekt — von ihrem Boden. Aber diesem Sieg ging ein Epos voraus.

Das Zentrum eines großen Kontinents ist immer schrecklich. In Afrika ist dieses Zentrum die Sahara. In Asien sind es Tibet und die Wüste Gobi. Das Zentrum des amerikanischen Kontinents — es befindet sich geographisch in Nord-Dakota, das Zentrum der Vereinigten Staaten in Kansas — macht keine Ausnahme. Es ist alles vorhanden: die schneidende Kälte, die erdrückende Hitze, der dauernde Wind, der alles zudeckende Schnee und die übermäßige Trockenheit. Die durchschnittliche Temperatur ist in Bismarck (Nord-Dakota) im Januar minus 15 Grad Celsius und im Juli plus 25 Grad, aber sie geht bis zu 50 Grad Kälte und bis zu 50 Grad Hitze. Der Winter dauert unverhältnismäßig lange, im April sind alle Nächte im allgemeinen noch Frostnächte. Der äußerst kurze Sommer ist ungewöhnlich drückend. An einem Ort in Kansas blieb das Thermometer während der großen Trockenheit von 1934 sechsundachtzig Tage lang beständig über 100 Grad Fahrenheit, das sind fast 40 Grad Celsius. Der Schnee dagegen fällt häufig

schon im September, und er kann durchaus auch schon im August fallen, wenn es ihm gerade paßt.
Die ersten Ansiedler, die sich in der Großen Wüste niederließen – sie war in den etwas anziehenderen Namen »Great Plains« umgetauft worden –, kamen entweder aus dem viel milderen Europa oder aus dem Osten der Vereinigten Staaten, wo der Ozean dem kontinentalen Klima seine Strenge nimmt. Sie gingen kühn darauf los, von dem heute fast unerklärlichen Vertrauen getragen, das hundert Jahre lang die geheime Antriebskraft des ständig wachsenden Amerika war. Sie ahnten nicht, was sie erwartete, noch zu welchen Kämpfen ihre »prairie-shooners« – schwere, mit grünen Planen bedeckte Wagen – sie trugen.
Stuart Henry, der die Geschichte der Eroberung der »Great Plains« erzählt hat, beschrieb die Invasion der Heuschrecken, die 1874 ganz Kansas verwüsteten. »Man erfand Maschinen, die von Pferden angetrieben wurden und die Heuschrecken tonnenweise aufsammelten, um sie dann zu verbrennen. Es war einfach absurd: es waren Myriaden. Innerhalb einer Woche waren die Getreidefelder, die Gärten, die Sträucher bis zum Boden abgefressen. Als der Herbst über den verwüsteten Feldern anbrach, entdeckte die verzweifelte Bevölkerung, daß die Insekten ihre Winterquartiere bezogen und tiefe Löcher in den Boden gegraben hatten, um bei Anbruch des Frühlings zur Stelle zu sein ...«
Das Entsetzen, das die Invasion der Heuschrecken hervorgerufen hatte, wurde noch durch die Feststellung vergrößert, daß das Klima in Kansas überaus trocken war. Die alten Einwohner von Kansas wiederholten triumphierend ihre Warnungen: »Das Land eignet sich nicht für die Landwirtschaft. Es ist viel zu trocken. Gerade recht für das Vieh. Und diese Idioten aus dem Osten zerstören mit ihrer Feldarbeit das Präriegras!«
Manche dieser Idioten gaben es auf. Verschiedene Male kehrten die prairie-shooners nach Osten um, wie die Feldwagen einer besiegten Armee. Der Journalist William Allan White sah 1887 in Emporia einen Teil der Flüchtlinge vorüberziehen. »Sie kamen aus dem westlichen Kansas ... Sie hatten ihre Wüsten erst nach zehn Jahren erbitterten Kampfes verlassen, der seine Spuren ihren Gesichtern und Leibern aufgeprägt hatte. Monate und Monate hatten sie keinen Regen gehabt. Ihre Augen waren müde vom Spähen nach den Wolken, die über ihren Köpfen hinwegzogen – sie kamen vom Südwesten und verschwanden, nach ein paar Donnerschlägen, beim Untergang der Sonne

... Sie waren mit so viel Hoffnung hier vorbeigekommen und wanderten voller Verzweiflung zurück ...«
Von weitem und im ganzen gesehen erscheint die Eroberung Amerikas als ein unaufhaltsames und stetiges Vorwärtsdrängen. Aber im einzelnen betrachtet ändert sich das Bild. Der Strom zog nach Westen, aber die Wogen, aus dem er bestand, waren voller Wirbel und überschlugen sich nach rückwärts. Die Besiedelung von Dakota zum Beispiel war eine Tragödie. Sie begann etwa im Jahr 1885 wie ein großer fröhlicher Jahrmarkt, unter dem Impuls der Gesetze, die jedem »settler« 160 und dann 320 Morgen Land umsonst überließen. Die also Angelockten waren nicht nur Bauern, sondern Arbeiter, Angestellte, Taglöhner und notleidende Emigranten, die direkt aus Europa kamen und noch niemals Landarbeit verrichtet hatten. Eine Trockenperiode, die im Jahr 1890 begann, entmutigte ein paar von ihnen, ohne den Zustrom der Bewerber um eigenes Besitztum und um Freiheit eindämmen zu können. Eine zweite Dürre, mitten im Ersten Weltkrieg, traf das Land wie ein biblischer Fluch. 1915 erntete Nord-Dakota 151 Millionen Scheffel Getreide — 1916 nur 39 Millionen, und die späteren guten Ernten ließen bis 1921 auf sich warten. Man sah wieder verlassene Felder, Menschen, die von ihrem Boden flohen, und man hörte von neuem den periodisch wiederkehrenden Schrei der Großen Wüste: »Dieses Land eignet sich nicht für den Pflug.«
Die Wahrheit ist, daß es sich nur in wiederkehrenden Zeitabständen — und dann ganz ausgezeichnet — für den Pflug eignet. Einer der Zyklen der Natur, der am besten geregelt zu sein scheint, ist der periodische Wechsel von Trockenheit und Feuchtigkeit in den Gebieten zwischen dem Mississippi und den Rocky Mountains. Nach den Katastrophen von 1915 bis 1920 — und einer wunderbaren Fruchtbarkeit im Verlauf der folgenden Jahre — begann 1930 eine neue Katastrophe, die bis 1936 dauerte. Wieder einmal lieferte eine Folge von trockenen Sommern den zu Pulver gewordenen Ackerboden den großen Kontinentalstürmen aus. An manchen Tagen sahen Städte, die so entfernt lagen wie New York und Atlanta, ihren Himmel von schwarzen Nebeln überzogen, die nichts anderes waren als der Ackerboden der »Great Plains«. Man schätzt, daß allein auf Chikago die unglaubliche Menge von 12 Millionen Tonnen Erde niederfiel. Die beiden Dakota wurden entsetzlich entblößt, und die Erosion durch die Winde erstreckte sich über das ganze Zentrum der Vereinigten Staaten, einschließlich Oklahoma und Texas. 300 000 Menschen verließen die verwüsteten

Gebiete, für deren Rettung und Unterstützung die Bundesregierung mehr als eineinhalb Milliarden Dollar ausgab.
Der neue Zyklus der Feuchtigkeit trat 1936 ein, und die Ernten, welche die »Great Plains« in der folgenden Dekade einbrachten, trugen viel dazu bei, um die Welt nach dem Zweiten Weltkrieg vor dem Hunger zu schützen. Die früheren Katastrophen — 1874, 1890, 1915, 1930 — geben Grund zu der Annahme, daß den feuchten Jahren immer in fünfzehn bis fünfundzwanzig Jahren die trockenen Jahre folgen. 1950 sah man tatsächlich die Jahre der ungenügenden Beregnung wiederkommen. Ihre neuerliche Wiederkehr brachte ein fortschreitendes Austrocknen des Bodens mit sich, das 1956 zu einer kleinen Katastrophe führte. Neu-Mexiko, der Westen von Texas, Oklahoma, Kansas und Iowa sahen wieder ihr Vieh am Durst verenden und registrierten von neuem das dramatische Phänomen der Zerstörung des Bodens durch Winderosion. Wieder einmal wurden überstürzt gesetzliche Maßnahmen getroffen, um die bebaubare Erde in Weiden zurückzuverwandeln. Aber die folgenden Jahre waren in der Beregnung normal.
Eine der Folgen der Trockenheit ist die Erosion des Bodens. Sie wird von den Spezialisten als eine der ernstesten Bedrohungen für die Nation angesehen. Die Urbarmachung der »Great Plains«, die vom Pflug ihrer Grasdecke beraubt wurden, wird häufig zu ihrer Erklärung angegeben. Aber diese Erscheinung zeigt sich nicht nur in Nordamerika. Die »gelben Winde«, die Peking am hellen Tag in Nacht hüllen, sind nichts anderes als vom Wind entführte Erde aus dem bebauten Gebiet von Shensi wie auch aus der Wüste Gobi. Zudem hatte das Martyrium der Erde schon lange vorher begonnen, ehe die ersten Siedler eine Pflugschar in den amerikanischen Kontinent gegraben hatten. Alle Reisenden der ersten Zeit erzählen von riesigen Staubstürmen, wie auch die ersten Seefahrer, die an den amerikanischen Küsten entlangfuhren, von gewaltigen fernen Feuerbrünsten erzählten, die große schwarze Wolken zum Meer trieben. Die Wälder brannten, und die Erde flog davon, ehe der weiße Mann kam. Auch in den »Great Plains« waren die »Badlands«, die eine wüstenartige, großartige und beunruhigende Insel bilden, sicherlich schon seit der Zeit von Erde entblößt, als Kolumbus die Neue Welt entdeckte. Es ist möglich, daß ein wärmeres, rauheres und trockeneres Klima die Erde genau in dem Augenblick verwundbarer macht, da die zügellose Vermehrung der Menschen (*täglich* gibt es 130 000 Menschen mehr in der Welt) den Bedarf an Brot auf dramatische Art vermehrt.

Jedenfalls unterstützt der Mensch die zerstörenden Kräfte der Natur. Die Farmer der Großen Ebenen haben in ihrem ständigen Hang zum Optimismus die klugen Ratschläge, die sie seit der Katastrophe von 1930 erhielten, in den Wind geschlagen. Man empfahl ihnen das »strip farming« (Anbau in Streifen), das den Verheerungen des Windes mehr Widerstand leistet; aber sie kehren fast unwiderstehlich zum »block farming« zurück, das eine rationellere Ausnützung des Ackerlandes erlaubt. Solange die feuchte Periode herrscht, ist nichts zu befürchten, aber eine neue Trockenperiode träfe heute die Großen Ebenen genauso ungeschützt wie vor zwanzig Jahren.

Die Gewässer sind ebenso barbarisch wie der Wind. Der größere Teil der Großen Ebenen ist die Domäne des brutalsten und unberechenbarsten Flusses Amerikas, des Missouri. Er trat in die Geschichte des weißen Menschen ein, als er durch seine Wildheit, mit der er Bäume und Pflanzen mit sich riß, die beiden sonst unerschrockenen Männer, die sich als erste seinen Wassern anvertrauten, in Schrecken versetzte: den Missionar Jacques Marquette und den Trapper Louis Joliet. »Von allen wechselhaften Dingen der Schöpfung«, schrieb zweihundert Jahre später ein Journalist, »sind die unberechenbarsten das Urteil eines Gerichts, die Launen einer Frau und die Streiche des Missouri.« Er ist schlammig und windet sich in vielen Krümmungen vorwärts, ohne Anmut und ohne Lieblichkeit, er wirkt fast unbedeutend und ist doch schrecklich durch das, was er anschwemmt und fortträgt. Die Natur ist ungerecht mit ihm verfahren, denn er ist nur ein gewöhnlicher Nebenfluß des Mississippi, obgleich er ihn an Länge um 1500 Meilen übertrifft, und daher hat er die tückische Bosheit und die Unberechenbarkeit der ewig Unzufriedenen. Seine Nebenflüsse, der Yellowstone, der Cheyenne River, der Little Missouri und der Platte River, sind nicht besser, eher sogar schlimmer. Das ergibt eine wunderliche Familie von jähzornigen Flüssen, die ihr Bett wechseln wie Kinder ihr Spielzeug, ihre Täler verwüsten, wie Verrückte ihre Kleider zerreißen, und aus den Großen Ebenen Unmengen an Humusboden wegschleppen. 100 Millionen Tonnen Erde (nach anderen Schätzungen 800 Millionen) schwemmt die Strömung des Missouri jährlich weg, und der Staat Louisiana baut sich aus den Anschwemmungen aus Montana und Nebraska auf.

Amerika hat sich mit dem Problem des Missouri beschäftigt, wie es sich mit den Problemen des Columbia und des Tennessee beschäftigt hatte. Von allen Schauspielen, die es der Welt bietet, ist das eindrucksvollste der Kampf des großen Landes gegen seine großen Flüsse. Der Kampf mit dem Missouri ist zugleich außerordentlich umfassend und schwierig. Der Umfang des Territoriums, das die M.V.A. (Missouri Valley Authority) unter ihre Kontrolle genommen hat, würde mit Leichtigkeit ganz Frankreich und sogar Texas bedecken. Es umschließt ganz oder teilweise zehn Staaten, von denen drei aus Gebirgen bestehen: Montana, Colorado, Wyoming, und die anderen sieben aus Ebenen: Nebraska, die beiden Dakota, Kansas, Iowa, Missouri und Minnesota. Bei manchen handelt es sich darum, daß sie nicht austrocknen, und bei den andern, daß sie nicht überschwemmt werden. Bei allen muß dafür gesorgt werden, daß sie eine gleichmäßige Wasserzufuhr, Bewässerung des Bodens und elektrischen Strom erhalten. Eine heikle Aufgabe, deren Schwierigkeiten nicht nur technischer Art sind. Wie auch der Tennessee und der Columbia ist der Missouri ein politisches Problem, das den Sozialismus und das freie Unternehmertum, das Bundesrecht und die Rechte der einzelnen Staaten konfrontiert.

Übrigens ist sowohl beim Missouri wie auch beim Tennessee und Columbia der Fall entschieden, und die Streitigkeiten sind beigelegt. 1950 haben die Männer des Ingenieurkorps fünf große Talsperren zu bauen begonnen, die, 1958 vollendet, aus dem wilden Fluß eine Treppe mit weit auseinanderliegenden flachen Stufen gemacht haben. Die ungeheure Stärke der Sedimente machte es unmöglich, die Grundlegung der Bauten in Mauerwerk vorzunehmen; man entwickelte also die Technik der Erdsperren, die rund um einen Kern aus wasserundurchlässigem Ton gebaut werden. Die Wälle des Garrison-Damms, von Fort Peck, Fort Randall usw. sind Kolosse von mehreren Kilometern Dicke, die das Tal wie Hügel absperren. Sie werden, durch 27 Hilfsanlagen ergänzt, zu Geburtshelfern für 12 Milliarden Kilowattstunden im Jahr, lassen durch Bewässerung 24 000 neue Farmen entstehen, die eine Oberfläche von 800 000 Hektar bedecken, und liefern 60 000 Farmen, die chronisch unter Wassermangel litten, eine ergänzende Berieselung. Nirgends ist die rapide Entwicklung sichtbarer, die die amerikanischen Ackerbauer sichert und aus ihnen, die gegen die Launen der Natur kämpfende Pioniere waren, Gärtner macht.

*

Die Großen Ebenen hatten in der Weltgeschichte des Ackerbaus schon lange eine bedeutende Rolle inne. Sie waren im letzten Jahrhundert das Experimentier- und Anwendungsfeld einer der Revolutionen unserer Zeit, des maschinellen Ackerbaus. Sämtliche Erfindungen, die urplötzlich die Produktivität des Landwirts vervielfacht haben, sind amerikanischen Ursprungs: sowohl die Grasmähmaschine von Manning (1831) wie der Bindemäher von Cyrus McCormick (1834), der Scheibenpflug von Mellon (1878), die Dreschmaschine von Matteson (1888) und der Raupenschlepper von Holt (1900). Mangel und Preis menschlicher Arbeitskraft, verbunden mit der räumlichen Ausdehnung der Ackerbaugebiete gaben Probleme auf, die der bewunderungswürdige amerikanische Erfindungsgeist Zug um Zug löste.

Dennoch blieb diese früh mechanisierte Landwirtschaft extensiv. Sie trachtete nach massenhafter Erzeugung, dachte jedoch mehr an Flächenausdehnung als an Ertragsmehrung je Flächeneinheit. Sie lebte von dem Humus eines Kontinents, den sie eben erst angekratzt hatte. Sie vernachlässigte die Düngung, die Koppelwirtschaft, wie überhaupt alle fürsorglichen, ausgeklügelten Methoden der Bodenkultur der Alten Welt, die mit ihrem knapp bemessenen Land sparsam verfahren mußte. Die Großen Ebenen Amerikas konnten ja dank ihrer unermeßlichen Weite alles immer wieder auffüllen.

Eine neue Revolution ist gerade im Gange: die der Chemie. Der Verbrauch von chemischen Düngemitteln hat sich zwischen 1940 und 1960 zweimal verdoppelt und nimmt jedes Jahr um 10 Prozent zu. Die Verwendung von Insektiziden, Unkrautvernichtungsmitteln, Vitaminen, Antibiotika, Hormonen, Enzymen usw. – sowohl in der Pflanzen- wie in der Tierzucht, verändert die Technik und die Wirtschaft auf der Farm. Manche Unkrautvernichtungsmittel zerstören 20 Millionen parasitärer Pflanzen je Hektar im Zuge einer einzigen Anwendung, und manche Hormone vermindern die zur Erzeugung von einem Pfund Hühnerfleisch erforderliche Menge verschiedener Nahrungsmittel von 5 auf 2 Pfund. Das klassische Normalmaß, der Hektarertrag an Weizen, zeigt das Ausmaß der Wandlungen im amerikanischen Ackerbau: Er betrug 15 Zentner in der Periode von 1937 bis 1941; heute beläuft er sich auf mehr als 25 Zentner – das bedeutet, daß er sich europäischen Durchschnitten nähert. Der amerikanische Ackerbau verliert rasch seinen extensiven Charakter. Die bebauten Flächen verringern sich jedes Jahr, aber die Produktion und vor allem die Kapazität steigen ununterbrochen. Die Arbeitsstundenzahl, die nötig ist, um 100 Scheffel Weizen zu produzieren, ist von 373 Stunden im Jahr 1800 und 152 im Jahr 1880 auf weniger als 20 gefallen.

Diese Tatsachen haben vielfache Konsequenzen. An erster Stelle wurden die Thesen von Malthus wieder einmal widerlegt. »Die Menschheit«, schrieb vor einigen Jahren ein Neomalthusier, »wird vor Eisen ersticken und Brot entbehren.« Dabei ist gerade dort, wo es Eisen im Überfluß gibt, auch übergenug Brot vorhanden. Man setzte der unendlichen Ausbreitungsfähigkeit der Industrie das Wachstum des Akkerbaus entgegen, das durch die Naturgesetze beschränkt ist; das Gegenteil ist wahr: Die Produktivität der Felder ist viel einfacher und schneller vermehrbar als die der Fabriken. Das Gespenst oder vielmehr die Wirklichkeit der Hungersnot existiert wohl für die Völker Asiens und Afrikas; in Europa und Nordamerika gibt es sie nicht, und man muß sich in die Erklärung dieser Tatsache durch einen Unterschied in der Tüchtigkeit der beiden Völkergruppen fügen. Die amerikanische Bevölkerung vermehrt sich in einer völlig unvorhergesehenen Weise: 1900 75 Millionen, 1940 130 Millionen, 1968 200 Millionen – und dennoch besteht das Problem Amerikas nicht darin, genügend Nahrung für seine gegenwärtigen und kommenden Kinder zu produzieren, sondern darin, nicht zuviel zu produzieren. Das Problem ist nicht, der Bodenkultur helfende Arme zuzuführen, um neuen Bedürfnissen zu begegnen, sondern ihr die überflüssigen Arme zu entziehen.

Vor 1850 ernährte jeder amerikanische Farmer einen Landsmann und kleidete ihn. 1940 ernährte und kleidete er zehn, 1960 kann er 24 nähren und kleiden. Das Problem bleibt dasselbe: nicht antreiben, sondern bremsen; nicht den Menschen ermutigen, auf der Scholle zu bleiben, sondern sie zu verlassen.

Jahr für Jahr nimmt die Landbevölkerung der Vereinigten Staaten um 800 000 Köpfe ab. In den letzten fünfundzwanzig Jahren sind 1 800 000 Farmen verschwunden. Mehr als eine Million muß in den kommenden Jahren noch verschwinden, da ihr Ertrag ungenügend ist. Die rein ländlichen Distrikte sehen ihre Einwohnerzahlen ständig sinken. Die Staaten mit starkem Überwiegen der Landwirtschaft bleiben konstant oder, soweit sie zunehmende Einwohnerzahlen aufweisen, beruhen diese auf der Tatsache, daß die Industrialisierung mehr Arbeitsplätze schafft, als durch die Landflucht verlorengehen. Kansas zum Beispiel hat zwischen den beiden letzten Zählungen von 1 905 000 auf 2 249 071 Einwohner zugenommen; aber Kansas ist auch der Sitz großer Unternehmungen der Luftfahrt geworden, und die Löhne der Industriearbeiter ergeben zusammen eine höhere Summe als die Einnahmen sämtlicher Farmer. Noch vor zwanzig Jahren wäre als Schwindler hingestellt worden, wer solches vorausgesagt hätte.

Im Gegensatz hierzu haben die beiden Dakota von dieser Industrialisierungswelle nichts profitiert und sind von den fünfzig die beiden einzigen, die einen Bevölkerungsrückgang zu verzeichnen haben: 666 000 gegen 681 000 und 617 000 gegen 632 000 jeweils für Nord- bzw. Süd-Dakota bei den Zählungen 1970 und 1960.

Die Geschichte der amerikanischen Landwirtschaft ist die eines ständigen Kampfes gegen den Überfluß. Es ist ungefähr alles Erdenkliche versucht worden, um eine Produktion zu bremsen, die durch Unverkäuflichkeit und Kurseinbrüche die Erzeuger zu ruinieren drohte. Ab 1933 setzte Franklin Roosevelt ein von ihm erfundenes System in Kraft — die sogenannte *soil bank* — wodurch die amerikanische Regierung den Farmern ihren Ackerboden »abmieten« konnte, mit anderen Worten, die Regierung zahlte Subventionen, damit die Farmer einen Teil ihrer Ackergründe brachliegen lassen konnten. Die CCC (Commodity Credit Corporation) wurde gegründet, um Überschüsse aufnehmen zu können, was zur Bildung gigantischer Vorräte an Getreide, Mais, Baumwolle, Tabak, Soja, Butter, Trockenmilch usw. führte. Die einzige Möglichkeit, diese Vorräte abzubauen, waren lange Zeit hindurch Sonderpreise zugunsten der notleidenden Länder, insbesondere Indiens. Erst nach 1965 zeigte sich eine neue Tendenz. Die Vorräte wuchsen nicht weiter an, ja in manchen Gütern machte sich sogar eine Abnahme bemerkbar. Das im Vergleich zu Amerika umgekehrte Phänomen in den Ostblockländern — nämlich eine viel zu geringe Ertragskraft der Landwirtschaft — kam dem verzweifelnden amerikanischen Staatssekretär für die Landwirtschaft zu Hilfe.

Die Getreidekäufe der Sowjetunion und in geringerem Umfang auch der Volksrepublik China haben seit einigen Jahren eine solche Regelmäßigkeit erreicht, daß sie in Amerika als ein ganz natürliches Phänomen angesehen werden. Der möglicherweise einmalige Rekord wurde 1972 erreicht: die Sowjetunion kaufte auf dem Weltmark ungefähr dreißig Millionen Tonnen Feldfrüchte ein, von denen drei Viertel — im Werte von eineinhalb Milliarden Dollar — von den Großen Ebenen geliefert wurden. Der Preis für den Scheffel Weizen stieg in Chikago von 1,31 auf 2,27 Dollar. Wie durch ein Wunder kehrte der Wohlstand in den amerikanischen Farmen wieder ein; aber die Vorräte schrumpften unter das gebotene Sicherheitsniveau zusammen, und die Verteuerung des Viehfutters hatte eine derartige Verteuerung der Fleischpreise zur Folge, daß die amerikanischen Hausfrauen sich im April 1973 zu einem organisierten Boykott veranlaßt sahen. Der

Fleischabsatz verringerte sich im Durchschnitt um 40 bis 45 Prozent. Die Viehzüchter verloren so einen Teil dessen, was die Ackerbauern gewonnen hatten.
Es besteht wohl kaum eine Chance, daß die Lage sich ändert. Man glaubt voraussagen zu können, daß die landwirtschaftlichen Käufe der kommunistischen Welt – eine Folge des völligen Scheiterns der kollektivistischen Agrarwirtschaft – im Lauf der nächsten Jahre nicht nachlassen werden. Und noch andere Hände strecken sich nach dem Berg des Überflusses aus, der aus den Großen Ebenen herausragt. Trotz der »Grünen Revolution« bleibt der dringende Bedarf des Indischen Subkontinents bestehen. Das von Trockenheit verwüstete Afrika schreit um Hilfe. Die amerikanischen Ausfuhren landwirtschaftlicher Güter steigen Jahr um Jahr; aber sie sind zum Teil Hilfslieferungen aus Wohltätigkeit, und der eigentliche Markt, dessen Tore Amerika um jeden Preis sprengen möchte, ist die Europäische Wirtschaftsgemeinschaft. Der schwerste Wirtschaftskampf der Nachkriegszeit ist im Gange.

*

Der Einteilung der klassischen Geographie Amerikas zufolge erstrekken sich die Großen Ebenen bis zum Mississippi. Im großen und ganzen neigen sie sich wie ein sanft abfallendes Dach von Westen nach Osten. Es entspräche nicht ganz der Wirklichkeit, wenn man sich vorstellte, daß dieses riesige Gebiet völlig flach sei; die Bewohner von Kansas jedenfalls behaupten voller Lokalpatriotismus, es gebe in ihrem Staat recht ansehnliche Berge. Der Süden des Staates Missouri ist ziemlich hügelig durch die Ausläufer des Ozark-Gebirges, aber den Black Hills in Süd-Dakota gelingt es sogar, Black Mountains genannt zu werden. Immerhin sind diese Bodenerhebungen Ausnahmen. Im allgemeinen ist das Land völlig flach – es ist die Prärie, die einst die Phantasie und die Beine der ersten Weißen beflügelte. Bäume sind unbekannt – man findet sie nur in den Tiefen der Täler oder in der Umgebung der schwermütigen Höfe, wo sie nur Ehrengäste sind. Dafür gibt es Unmassen von lästigen Insekten. Die wild lebenden Tiere – die man in Amerika nur in Kadavern, die auf den Straßen liegen, kennenlernt – sind ungefährlich, sie sind sozusagen dem Boden verhaftet. Im Süden des Missouri werden Myriaden von kleinen Schildkröten zerschrotet und auf den Straßen der Großen Ebenen werden Maulwürfe, Feldmäuse, Hasen, Präriehunde (nicht zu verwechseln mit den Steppenwölfen), alles wühlende, grabende, nagende, kleine und auf dem Trockenen lebende Tiere, überfahren. Das herrschende Lebewesen der Großen Ebenen ist jedoch die fruchtbare und mißhandelte Erde, die unter den Grausamkeiten des Klimas leidet und neues Leben hervorbringt.

Diesen weiten Raum durchzieht eine natürliche Grenze. Sie ist von Menschenhand gezogen und wird, obgleich sie ganz geradlinig verläuft, von der Natur respektiert, obwohl sie auch durch keinen Wasserlauf und kein Gebirge sichtbar gemacht ist. Wenn man sich von Topeka (Kansas) auf der Bundesstraße Nr. 40 oder von Jamestown (Nord-Dakota) auf der Bundesstraße Nr. 10 dieser Grenze nähert, läßt nichts erkennen, daß man einen Meridian erreicht hat, und doch spürt man sofort, daß sich die Landschaft völlig verändert. Im Westen ist das Land hart wie Pergament, im Osten dagegen wie ein schmiegsamer Stoff. Im Osten ist die Vegetation voller Lebensfreude, im Westen voller Widerspenstigkeit. Im Westen ist die Landwirtschaft ein Lotteriespiel, im Osten eine Industrie. Dieser erstaunliche Meridian ist in Wirklichkeit eine Feuchtigkeitsgrenze. In Dodge City (im Westen von Kansas) fallen im Jahr etwa 55 Zentimeter Regen und in Kansas City etwa 80. Das sagt alles.

Zwei Drittel der Großen Ebenen erstrecken sich im Westen des 98. Meridians, aber vier Fünftel ihrer Einwohner — etwa 10 Millionen von 13 Millionen — leben östlich von ihm. Der größte Teil von den beiden Dakota, von Nebraska und Kansas liegt westlich vom 98. Meridian, das gesamte Gebiet von Missouri und Iowa östlich. Schon mit wenigen Zügen kann man die vier erstgenannten Staaten charakterisieren.

NORD-DAKOTA

Der kälteste von den fünfzig

Nord-Dakota platzt vor Originalität. Da ist schon einmal die Hauptstadt: Bismarck. In einem Nest — so kann man es innerhalb amerikanischer Maßstäbe angesichts seiner 30 000 Einwohner wohl nennen —, das sich allerdings einer Prärie als Hinterland und daher unermeßlicher Ausdehnungsmöglichkeiten erfreut, haben sich die Bewohner Nord-Dakotas durch ihren Patriotismus dazu verleiten lassen, dort ein Kapitol mit zwanzig Stockwerken zu errichten. Die Stadt wurde Bismarck genannt, um die deutschen Einwanderer anzulocken, und es hat eine Zeit gegeben, da wurden von den Schiffahrtsgesellschaften direkte Fahrkarten Bremen—Bismarck ausgegeben. Die Deutschen bilden somit einen beträchtlichen Anteil an der Bevölkerung (30 Prozent), werden aber von den Skandinaviern (mit 40 Prozent) noch übertroffen. Es bedarf schon nordischer Rasseneigenschaften, um in dieser von den winterlichen Blizzards kahlgefegten Ebene hausen zu können. Bismarck und Fargo machen Duluth (Minnesota) den Rang der kältesten Stadt Amerikas streitig. Eine aufmerksame Analyse der Wetterberichte scheint dazu zu führen, daß Bismarck diese eingeeiste Palme gebührt.

Dieses Nord-Dakota hatte stets eine Vorliebe für starke Persönlichkeiten. Theodore Roosevelt, ein Kavalier, Trapper und Imperialist, baute dort eine Ranch, deren Blockhaus am Fuß des vertikalen Kapitols von Bismarck erhalten ist. Der Erfinder des Kodak-Fotoapparates, D. H. Houston, hat dort den Acker bestellt, und der Name des von ihm erfundenen Apparates ist beinahe ein Anagramm des Wortes Dakota. Aber keiner der »settler« war eine so pittoreske Erscheinung und keiner ist dem großen Glück näher gewesen als der französische Marquis Charles de Morès. Durch seine bildschöne amerikanische Frau nach Dakota verschleppt — ein dortiger Ort erinnert an ihren Vornamen Médora — erlag er dem Zauber der wüstenartigen Badlands, die entfernt an die Sahara gemahnen, und die ihm zwölf Jahre später einen Entdeckertod bringen sollten. Er brachte die großzügige Idee ins Land, eine Industrie im Werte von einer Milliarde Dollar aufzubauen, mit deren Hilfe er das Fleisch der beiden Dakota in Büchsen packen und auf diese Weise leichter an die Konsumenten im Osten des Landes heranbringen wollte. In den Jahren 1884 bis 1887 war er mit seiner Konservenfabrik und einem Viehbestand von 14 000 Stück auf dem Wege zu einem der ganz großen amerikanischen Vermögen. Aber der extravagante Hitzkopf und Duellant, der in ihm steckte, gewann wieder die Oberhand und seine vorschnelle Unreife schwächte sein Unternehmertum. Streitigkeiten mit den Nachbarn, die sein aufbrausendes Wesen nicht begreifen und sich mit den Sperren, die sein Besitztum umgaben, nicht abfinden konnten, machten ihm das Dasein schwer, ja sogar gefährlich. Er kehrte Dakota und Amerika den Rücken und hin-

terließ ein Schloß mit 28 Zimmern, das der Fremdenführer heute den Touristen zeigt mit einem entsprechenden Hinweis auf die Prachtliebe jenes Franzosen.
Die politischen Kämpfe von Nord-Dakota sind berüchtigt. Einer der energischsten Senatoren Amerikas, der totalitär und isolationistisch eingestellte William Langer, kam von dort. Auch ist das Beispiel der innerhalb von fünf Monaten gewählten und durch Volksbegehren wieder abgesetzten drei Gouverneure überliefert. Langer selbst wurde wegen einer ungesetzlichen Kollekte von Wahlgeldern zu achtzehn Monaten Gefängnis verurteilt, dann aber wieder freigesprochen. Obgleich Nord-Dakota im Grunde republikanisch ist, ließ es sich zu Experimenten in Richtung eines Staats-Sozialismus verleiten, wie da sind eine volkseigene Bank, volkseigene Silos und Mühlen sowie die Zwangsversicherung der Farmer gegen Hagelschlag.
Die Entwicklung der wirtschaftlichen Struktur zeigt sich in der Tatsache, daß vor dreißig Jahren noch mehr als die Hälfte der Bevölkerung in der Landwirtschaft tätig war, heute dagegen nur weniger als ein Drittel. Süd-Dakota sucht sein Heil in der Industrialisierung. Aber die Rauheit des Klimas in Nord-Dakota ist eben ein großer Nachteil. Die Ausschreibung der Stelle eines Elektro-Ingenieurs in Bismarck oder Fargo ist ein beinahe hoffnungsloses Beginnen. Der moderne Mensch geht der Sonne nach.

Fläche: 183 000 km^2
Einwohnerzahl: 617 761
Hauptstadt: Bismarck
Beiname: Staat der Sioux
Hymne: North Dakota Hymn
Devise: Liberty and union, now and forward, one and inseparable
Blume: Wilde Rose
Baum: Ulme
Wichtigste Städte: Fargo, Grand Forks
Wichtigste Produkte: Zerealien. — Alles vom Rind. — Erdöl, Erdgas. — Braunkohle.
Bundesstaat seit 2. November 1889 (an 39. bzw. 40. Stelle).

SÜD-DAKOTA

Letztes und neues Schlachtfeld der Indianer

Süd-Dakota (666 000 Einwohner, Hauptstadt Pierre) ist im allgemeinen konservativer und friedlicher als der nördliche Nachbar. Die Stadt Sioux Falls war ein Zentrum für Ehescheidungen, die Vorgängerin von Reno, aber ein Gegenstoß der Puritaner rottete diese unreine Industrie mit Stumpf und Stiel aus. Süd-Dakota hat einen Überfluß an Fasanen, so daß Sioux Falls sich als die Hauptstadt dieses Geflügels betrachten kann. Außer dieser kulinarischen Besonderheit besitzt der Staat noch die Black Hills, einen steil abfallenden, bewaldeten Gebirgsvorsprung, den die Rocky Mountains wie eine letzte herausfordernde Spitze in die Großen Ebenen vorstoßen. Vier Felsen sind zu annähernd ähnlichen Porträts von George Washington, Jefferson, Lincoln und Theodore Roosevelt ausgehauen worden. Diese 150 Meter hohen Skulpturen stellen die Denkmäler unsrer Kultur dar, die wohl die größte Chance haben, die nächsten Jahrhunderte zu überdauern, wenn eine Sintflut unsere Zivilisation hinwegfegen sollte. Sie fordern unfreiwillig die Gelehrten zum Nachdenken auf, die es versuchen, die Riesen der Osterinseln oder die Steinfiguren der asiatischen Hochebenen zu deuten.

In diesem Teil von Amerika nun haben die Weißen mit einer Abart von Indianern Bekanntschaft gemacht, die sich von den in Wäldern lebenden Stämmen, wie man sie in der ersten Phase der Eroberung anzutreffen gewohnt war, völlig unterscheidet. Die rassischen und idiomatischen Varietäten sind zwar kaum zu zählen, aber der Name der Sioux übertönt alle übrigen, wenn man jene Nomaden der Prärie charakterisieren will, deren Tüchtigkeit als Jäger und Krieger dank der Einführung des Pferdes durch die Spanier um ein Vielfaches gestärkt worden war. Ich behalte mir eine zusammenfassende Schilderung des neuerdings brennend gewordenen Indianerproblems für den Südwesten vor, doch geht es nicht an, im Rahmen einer Abhandlung über die Staaten der Großen Ebenen den besonderen Aspekt, den dieses Problem gerade hier bietet, außer acht zu lassen. Und in Süd-Dakota ganz besonders verdient es erhöhte Aufmerksamkeit.

Ungefähr ein Sechstel der Fläche von Süd-Dakota sind indianische Reservate. Zwei von den wichtigsten, das von Standing Rock und das von Cheyenne River, liegen im Tal des Missouri, das hier zu einer

Seenkette umgewandelt worden ist. Die beiden anderen — Rosebud und Pine Ridge — liegen im Südwesten des Staates. In diesem letztgenannten Reservat befindet sich Wounded Knee — Verwundetes Knie —, ein Ortsname, der 1973 auf die Titelseiten der Weltpresse sprang.

Die Kämpfe des Weißen und des Roten Mannes waren stets erbarmungslos. Im Osten hatten die ersten Siedler den indianischen Martergarten zu bestehen und antworteten mit dem Spruch, es gebe nur einen guten Indianer, und das sei der tote Indianer. Die Großen Ebenen wurden erst viel später erreicht, und zwar von Pionieren, die den bereits konsolidierten Machtfaktor der Vereinigten Staaten und die Bundeskavallerie hinter sich hatten, wie man sie jetzt in jedem Western zu sehen bekommt. Aber die Sioux waren tapfer und stolz. »Als ich noch ein Kind war«, sagte einmal der berühmteste ihrer alten Krieger, Sitting Bull — »da gehörte den Sioux die Welt. Über ihren Jagdgründen ging die Sonne auf und unter.«

Revoltierendes Sichaufbäumen kam immer wieder vor — auch lange nach Abschluß der Epoche, da der Indianer noch einigermaßen vernünftigerweise hoffen durfte, das Bleichgesicht verjagen und die Herrschaft über das Grenzenlose wieder erringen zu können, das auf die Abmessungen eines (durch einen konstant gebrochenen Vertrag) garantierten Reservats zusammengeschrumpft war. Im Jahr 1890 stürzte sich das Volk der Sioux mit einem Ghost Dance, einem mystischen Geistertanz, in ein verzweifeltes Abenteuer. Sitting Bull wurde in einem Hinterhalt getötet. Sein Leutnant, Big Foot, versuchte, weiter Widerstand zu leisten und fiel ebenfalls. Ein letzter Zusammenstoß ereignete sich am 29. Dezember bei polarer Temperatur in Wounded Knee. Die Verluste der Armee bezifferten sich auf 29 Gefallene und 33 Verletzte; aber ihre Schnellfeuerwaffen massakrierten 149 Indianer — darunter viele Frauen und Kinder. Hunderte sind verhungert oder erfroren.

Heute ist Wounded Knee ein kleiner Ort im Reservat von Pine Ridge. Eine katholische Kirche, ein Marktplatz, ein kleines Museum und das Massengrab der massakrierten Indianer. An dieser Stelle bemächtigte sich ein indianisches Kommando 1973 einiger Geiseln und forderte die Anerkennung eines unabhängigen, souveränen Sioux-Staates. Der Aufstand richtete sich gegen den Stammeshäuptling Dick Wilson, der wenige Monate zuvor ordnungsgemäß gewählt worden war. Sicherlich rührte sie von einer gewalttätigen Minderheit her, gab jedoch der Frage, der wir auf den verdorrten Hochebenen von Neu-Mexiko und Arizona wiederbegegnen werden, dramatischen Ausdruck.

Nach dem Aufblitzen des Scheinwerfers von Wounded Knee war Süd-Dakota durch die Kandidatur McGoverns in das grelle Licht der Aktualität gerückt worden.
McGovern wurde als Sohn eines Methodistenpastors in dem kleinen Ort Avon geboren, war sodann eine Zeitlang ebenfalls Pastor, ehe er ins Unterrichtsfach auswich, um sich endlich der Politik zuzuwenden. Er brachte es zustande, in einem streng konservativen Staat eine demokratisch funktionierende Staatsmaschinerie einzurichten — wahrhaftig keine leichte Aufgabe. Er wurde 1962 in den Senat gewählt und bekundete 1968 seine Ambitionen auf die Präsidentschaft, wurde jedoch von einem anderen Bewerber aus Süd-Dakota ausgeschaltet: von Humphrey. Die Demokratische Partei erstrebte eine Reorganisation, und McGovern schien die Selbstverleugnung zu besitzen, die für eine solche Aufgabe, wenn sie ohne Eklat vor sich gehen sollte, unerläßlich war. Die Delegationen, die im Juli 1972 dem Parteikonvent von Miami zustrebten, waren das Ergebnis äußerst geschickter Zellenbildung, wie McGovern sie vorgenommen hatte. Eine große Zahl traditioneller führender Köpfe war ausgeschaltet worden. Sie waren ersetzt worden durch struppige Hippies, streitbare Women Lib's, schwarze Aktivisten bis hin zu Delegationen von Homosexuellen, die gern ein Ende machen wollten mit dem Vorurteil, das für eine gültige Ehe auf jenen berühmten kleinen Unterschied zwischen den Partnern nicht verzichten möchte. Und zum Entsetzen aller Verantwortungsbewußten wurde McGovern, vom ersten Wahlgang angefangen, von dieser doch wohl zum Teil recht zweifelhaften Gesellschaft als demokratischer Gegenkandidat gegen Nixon aufgestellt. Er hatte davon geredet, er wolle 40 Prozent aller Amerikaner der öffentlichen Fürsorge zuführen, und hatte selbstverständlich versprochen, den Vietnamkrieg unverzüglich zu beenden.
Nun brauchte McGovern einen Listenpartner. Alles, was in der Partei irgend zählte, verkroch sich wie ein Mann. Zu guter Letzt fischte sich McGovern einen obskuren Senator aus Missouri — Thomas Eagleton. Eine weniger glückliche Hand zu haben, wäre kaum möglich gewesen: Eagleton war dreimal wegen Geistesverwirrung in Behandlung gewesen und der Elektroschocktherapie unterworfen worden. Als dieses peinliche Detail aufgedeckt wurde, begann der demokratische Präsidentschaftskandidat Erklärungen abzugeben, er »stehe tausendprozentig hinter Eagleton«, um diesen dann achtundvierzig Stunden später zu bitten, er möge doch lieber zurücktreten. Er wurde ersetzt durch den

ehemaligen Botschafter in Paris, Sargent Shriver, einen Schwiegersohn aus der Sippe der Kennedy. Diese Verwandtschaft konnte nicht verhindern, daß die Demokraten am 7. November die ärgste Schlappe verpaßt bekamen, die sich je in der amerikanischen Wahlgeschichte ereignet hat: McGovern konnte außer dem Columbia-Distrikt nur noch den Staat Massachusetts für sich buchen, und Nixon wurde sein Verbleib im Weißen Haus mit 521 gegen 17 Stimmen bestätigt.
Dieses Abenteuer beweist, daß selbst eine noch so altbewährte Partei vor verblüffenden Fehlern nicht gefeit ist. Abgesehen von einigen turbulenten Minderheiten ist Amerika insgesamt ein beinahe kompakter Mittelstand. Die beiden großen Parteien können sich infolgedessen nur bis zu einem äußerst begrenzten Ausmaß differenzieren. Sobald die eine oder die andere diese Grenzen durchbricht — sei es durch einen übertriebenen Konservativismus (wie es 1968 bei den Republikanern mit Goldwater der Fall war), sei es durch eine herausfordernde Verwegenheit in der Gegenrichtung —, kann sie einer vernichtenden Niederlage sicher sein. Es ist anzunehmen, daß Nixon gegen einen bewährten demokratischen Kandidaten zwar wiedergewählt worden wäre, aber doch wohl nur mit der üblichen geringen Marge, wie sie bei Präsidentenwahlen die Regel ist; aber die Demagogie, verbunden mit schockierenden Erklärungen, unstet variierender Taktik und dem Gesamteindruck der Unausgeglichenheit, den sein Konkurrent aufkommen ließ, hat ihm einen Triumph bereitet.

Fläche: 199 550 km²
Einwohnerzahl: 666 257
Hauptstadt: Pierre
Beiname: Staat des Koyoten
Hymne: Hail South Dakota
Devise: Under God the people rule
Blume: Küchenschelle
Baum: Tanne
Wichtigste Städte: Rapid City, Sioux Falls, Chattanooga, Memphis
Wichtigste Produkte: Zerealien. — Viehzucht. — Waldprodukte. — Uran, Gold, Silber, Beryll. — Erdöl.
Bundesstaat seit 2. November 1889 (an 39. bzw. 40 Stelle).

NEBRASKA

Von wo der Blitz aufzucken könnte

Nebraska (mit der Hauptstadt Lincoln) ist einer der Staaten, über die zu schreiben äußerst schwierig ist. Selbst für die Amerikaner ist es in fast völlige Dunkelheit getaucht. Sein Name bedeutet auf Indianisch »flacher Fluß«, und der lange Fluß, der es durchfließt, heißt auch auf englisch »Platte River«. Dabei ist seine Ebene durchaus nicht so flach, denn sie macht an manchen Stellen bemerkenswerte Anstrengungen, sich aufzublähen. Im Westen, am Rand der Badlands, erheben sich Sanddünen, die bedrohlich zunehmen. Der Staat ist jedoch fruchtbar und wird es auch bleiben, solange sich keine neue Trockenperiode über die Großen Ebenen legt. Das durchschnittliche Einkommen pro Kopf ist höher als in Kansas. Da mehr Mais angebaut wird als Brotgetreide, wird eine intensive Viehzucht getrieben. Omaha, die einzige große Stadt in Nebraska (340 000 Einwohner), ist ein ausgedehntes Schlachthaus. Vorübergehend wurde sie berühmt, als eine der Landestellen am Strand der Normandie nach ihr benannt wurde. Aber sie ist selbst erstaunt über ihre Größe und ihre Bedeutung und behält in ihren breiten, geraden Straßen und städtischen Wohnblöcken ihr linkisches bäuerisches Wesen bei.

Die schwache Wachstumsrate des Staates verweist im übrigen auf die Schwierigkeiten, denen die Besiedlung der Großen Ebenen infolge der Isolierung und der klimatischen Nachteile begegnet. Nebraska hat noch bei der Zählung von 1970 nicht mehr als 1 483 791 Einwohner melden können, obwohl es die Million bereits 1890 überschritten hatte.

Die Lebenswichtigkeit Nebraskas liegt in einem mit dem Staat selbst nicht zusammenhängenden Grund. Bei Omaha befindet sich der Strategic Air Command, das Strategische Luftkommando. Die Mitte der Vereinigten Staaten und das Zentrum Nordamerikas sind ganz nahe. Um den Vorteil der Entlegenheit auszunützen, hat man inmitten der Großen Ebenen jene Organisation eingerichtet, von der in erster Linie das Überleben der freien Welt abhängt. Die Reichweite der Interkontinentalraketen hat diesen Schutz illusorisch gemacht, aber der S.A.C. hat sich in eine Betonmasse, die allen Thermonuklearwaffen Widerstand bietet, eingekapselt. Der Arbeitssaal (War Room) ist eine Halle von 50 Meter Länge, 12 Meter Breite und 8 Meter Höhe, in der ein

Miniatur-Eisenbahnnetz gigantische Karten und bewegliche Plattformen hin und her fahren läßt. Auf ihnen verfolgen Hilfskräfte des Stabes mit tragbaren Sendern die geringsten Bewegungen einer über die ganze Welt verstreuten Luftflotte. Eine IBM-704, ein kolossales Elektronengehirn, erledigt, von einer Menge von Hilfsapparaten bedient und gespeist, 40 000 Vorgänge in der Sekunde, damit es jederzeit sofort angeben kann, welches der beste Flugplan ist, um zum Beispiel Magnitogorsk anzugreifen, oder welche Maschine am vorteilhaftesten die Ablösung des Bombers XYZ übernehmen könnte, der beim Auftrag abgeschossen wurde. Nichts, nicht einmal Luft, dringt ungefiltert und ungeprüft in dieses Heiligtum der furchtbarsten Streitmacht ein. Der strategische Befehlsstand kann gewissermaßen untertauchen wie ein U-Boot, indem er seine bombensicher gepanzerten Tore schließt. Er verfügt über Lebensmittel für dreißig Tage, mehrere Wasserzuleitungen, eine eigene Elektrizitätszentrale, ein Schleusensystem, das jedes Betreten oder Verlassen der Anlage nur unter äußersten Vorsichtsmaßregeln ermöglicht, ein Be- und Entlüftungssystem, das eventuelle radioaktive Partikel anläßlich des Luftwechsels entfernt, wobei stets eine gleichmäßige Temperatur und Luftfeuchtigkeit gehalten werden. Wände und Decken sind schallisoliert; die Neonbeleuchtung verursacht so gut wie keinen Schatten; die Menschen gehen mit filzgedämpften Schritten und sprechen ganz von selbst mit gesenkter Stimme; ein leises Brummen von Maschinen betont noch eine Stille, die erst recht unwirklich anmutet, wenn man sich vergegenwärtigt, daß nichts sich dort drinnen ändern würde, wenn auch die furchtbarste Katastrophe der Weltgeschichte die Erde verwüstete. Schlicht und einfach eine lebhaft rote, an langen Stangen aufgehängte und von sieben grauen Schwestern umgebene Pendeluhr gäbe die zu gewärtigende Dauer des nuklearen Krieges an, dessen Ausbruch sie bei Ziffer Null ihres Zifferblattes erwartet. Dieses Zifferblatt ist bis zu hundert Stunden unterteilt, für Jahre, Monate oder Tage ist nichts vorgesehen ... — als ob ein künftiger Krieg nicht länger als über fünf Sonnenaufgänge dauern könnte.

Die Tage des Strategic Air Command auf Luftfahrtbasis sind naturgemäß gezählt. Vor dem Eingang zum Hauptquartier von Omaha erinnert eine auf ihrer Abschußbasis hochgestellte Rakete an das Vorhandensein der Einrichtung, die bereits die Nachfolge der großen Bomber als massives Zerstörungsmittel angetreten hat. Dennoch bleibt der in die gute Getreideerde von Nebraska gegrabene Befehlsstand eines der wichtigsten Instrumente der amerikanischen Macht. Aber Entscheidungsgewalt kommt ihm keine zu. Einzig der amerikanische Präsident kann den schicksalsschweren Befehl erteilen. Wo immer der Präsident sich aufhält und zu welchem Zeitpunkt auch immer, ein mit geeigneten Nachrichtenmitteln ausgerüsteter Offizier ist stets in Reichweite des Oberbefehlshabers und bereit, ihm die Nachricht von einem gegebenenfalls im Befehlsstand ausgelösten Alarmzustand durchzugeben sowie die unwiderrufliche Entscheidung des Präsidenten an den Befehlsstand zurückzumelden.

Fläche: 200 000 km²
Einwohnerzahl: 1 483 791
Hauptstadt: Lincoln
Beiname: Staat des Maises
Hymne: Beautiful Nebraska
Devise: Equality before the law
Blume: Goldrute
Baum: Pappel
Wichtigste Städte: Grand Island, Omaha
Wichtigste Produkte: Zerealien, Zuckerrüben. – Viehzucht. – Elektrische und elektronische Apparaturen. – Einzelteile. – Pharmazeutische Produkte. – Erdöl. – Zement, Sand.
Bundesstaat seit 1. März 1867 (an 37. Stelle).

KANSAS

Erinnerung an Eisenhower und seine Kindheit

Das größte Ruhmesblatt der neueren Geschichte von Kansas ist, daß es Eisenhower hervorgebracht hat. Er ist in Texas geboren, aber das war nur ein Zufall, der mit einer Pechsträhne seines Vaters zusammenhing. Das Holzhaus, in dem er aufwuchs, liegt in Abilene (Abölin ausgesprochen), fast im Zentrum von Kansas, das selbst das Zentrum der Vereinigten Staaten ist. Es steht an der südlichen Grenze der kleinen Stadt, an der Stelle, wo die Straße, die von der Main Street kommt, zu einem Ackerweg wird und sich dann in unabsehbare Felder verliert. Die nationale Begeisterung hat ein Heiligtum daraus gemacht, aber es war ein ganz typisches, durchschnittliches Haus einer durchschnittlichen Familie in einem ganz und gar amerikanischen Land.

Um die Persönlichkeit Eisenhowers zu verstehen, ist es jedoch notwendig, seine Familie und die Welt seiner Kindheit und Jugend zu kennen. Als er im letzten Jahrzehnt des letzten Jahrhunderts sich langsam der Welt bewußt wurde, begann es in Abilene gerade stiller zu werden. Es gehörte zu den Orten, die wie Pilze aus der Erde geschossen waren, von der Zivilisation auf ihrem Marsch nach Westen als Vorhut vorausgeschickt. Es war ein Schlupfwinkel für Viehräuber, bis ein Richter — und Rächer — der Prärie, der Sheriff Wild Bill Hichkok, das Gebiet von dieser Bande säuberte, indem er fast 100 Übeltäter mit eigener Hand umbrachte. Dann kam die Eisenbahn, und Abilene wurde vorübergehend die Endstation der Union Pacific Railroad. Große Schlachthäuser wurden errichtet, zu denen Hunderte von Cowboys ihre gehörnten und höckerigen Rinder trieben. Der traditionelle Rahmen des Westens umschloß nun eine lärmende Geschäftigkeit, die durch die Arbeit der Metzger von Blutgeruch erfüllt war: Wirtshäuser, Spielhöllen, Bordelle, das Postamt aus Brettern, das Hotel mit Balkonen, ein paar schüchterne Kirchen und einige »general stores«, wo es alles gab, was zu diesem einfachen Leben nötig war. Eines dieser Kaufhäuser gehörte später David Eisenhower, dem Vater des Generals.

David war 1878 mit fünfzehn Jahren nach Kansas gekommen, und seine ersten Eindrücke waren der ewige Wind der Großen Ebenen gewesen und der Preis von 5 Cent für ein Dutzend Eier. Er kam nicht allein, sondern mit seiner Familie, die wiederum innerhalb einer Gemeinschaft eingewandert war. Sie kam aus Pennsylvanien und gehörte zu einer der seltsamen Sekten, die in Amerika das Europa des sechzehnten Jahrhunderts konservieren, die »Brethren in Christ«, die Brüder in Christus. Sie sind die Vettern der »Amischen«, die ihrerseits mit den Wiedertäufern zusammenhängen. Die Brethren waren so entschlossene Pazifisten, daß auch die Verehrung für Lincoln und ein tiefer Abscheu vor der Sklaverei niemand in der Familie Eisenhower dazu bestimmen konnte, während des Sezessionskriegs zu den Waffen zu greifen. In allen religiösen — das heißt, in ihren wesentlichen Anschauungen steckten sie noch tief im Deutschtum, und Deutsch war ihr Latein.

Aber diese Brethren, die etwa 200 Mann hoch nach Kansas auswanderten, hatten nichts gemein mit den Einwanderern, die direkt aus Europa kamen und glaubten, mit all ihrer Unerfahrenheit und Armut der Härte der Großen Ebenen die Stirn bieten zu können. Die Brethren paßten sich verhältnismäßig leicht an, und Jacob Eisenhower, der Vater von David, des zukünftigen Vaters von Dwight, sah sich bald im Besitz einer großen Farm. Haus und Betrieb modelte er so um, daß sie an sein deutsches Pennsylvania erinnerten. Er war eine Art Pastor, berühmt wegen seiner Frömmigkeit und seiner Bibelkenntnis, und so klug, seine Enttäuschung zu verwinden, als David als einziges seiner zahlreichen Kinder sich dem Farmerleben entziehen wollte, dem sich bisher alle Eisenhowers gewidmet hatten. Man schickte den Rebellen auf eine kleine ländliche Universität — die Lane University —, wo er Griechisch lernte. Eisenhower konnte sich erinnern, daß es bei ihm daheim drei Bibeln gab, eine davon in griechischer Sprache, und diese benutzte sein Vater.

Der Hellenist wurde jedoch abtrünnig. Da er gleichzeitig Lust zur Ehe und zum Handel verspürte, heiratete er Ida Elizabeth Stover und eröffnete mit einem Mann namens Milton Good in Abilene einen Laden mit Kleidern und Kurzwaren. Zeit und Ort waren schlecht gewählt, da die Eisenbahn längst über Abilene hinausging und der Ort, seit er nicht mehr die Endstation war, seine Bedeutung verloren hatte. Die Schlachthäuser waren geschlossen, die Cowboys kamen nur noch selten, und aus der lärmenden, farbigen Stadt des Westens war in kurzer Zeit ein ländliches, schläfriges Nest geworden. Weniger als drei Jahre genügten, um Milton Good und David Eisenhower bankrott zu machen. Daraufhin verließ Vater Eisenhower Abilene und siedelte nach Denison in Texas über, wo er eine bescheidene Stellung bei der Eisenbahn gefunden hatte.

Dwight D. wurde am 14. Oktober 1890 in Denison geboren. Aber für seinen Vater hatte Texas immer nur ein Exil bedeutet. Sobald über seinen Konkurs vom Jahr 1888 etwas Gras gewachsen war und sich ihm eine feste Anstellung bot, kehrte er mit Frau und Kindern nach Kansas zurück. Sechs Monate alt hielt ein großer Mann auf den Armen seiner Mutter seinen Einzug in Abilene. Das genaue Datum dieses Ereignisses ist übrigens nicht bekannt.

Die wirtschaftlichen Verhältnisse der Familie Eisenhower waren weder glänzend, noch bestand Aussicht, daß sie es werden könnten. Der Fehlschlag seines ersten geschäftlichen Abenteuers hatte David allen Ehrgeiz genommen, und er begnügte sich bis ans Ende seiner Tage mit der Leitung einer Molkerei, der »Belle Springs Creamery«, einer Gründung der Brethren. Es dauerte lange, bis er 100 Dollar im Monat verdiente, was im Kansas der damaligen Zeit das Ende der drückendsten materiellen Sorgen bedeutete. Mit diesem geringen Einkommen wurden sogar sechs Söhne erzogen. Alle machten sie ihren Weg — als Apotheker, Chemiker, Advokat, Bankier, Präsident einer Universität und Präsident der Vereinigten Staaten.

Der Spitzname »Ike«, den einer von ihnen berühmt machte, gehörte allen gemeinsam. Man unterschied sie durch Beifügung eines Adjektivs. In der Volksschule in Abilene war der älteste, Arthur, »Big Ike«, und der zweite, Edgar, »Little Ike«. Als die Reihe an Dwight D. kam, wurde er nicht durch seine Körpergröße, sondern durch sein Aussehen charakterisiert: »Ugly Ike« — der häßliche Ike. Das bezog sich auf seine abstehenden Ohren und auf seine vielen Sommersprossen.

Mit hundert Dollar im Monat konnte man keine acht Paar Füße bekleiden. Die »Ikes« wuchsen barfuß auf. Da sie so zahlreich waren, bildeten sie eine Clique für sich, was ihnen eine besondere Macht gab im Knabenkrieg zwischen der North Side und der South Side von Abilene. Diesen Straßenschlachten der Knaben kam eine gewisse soziale Bedeutung zu, da die North Side (im Norden der Eisenbahnschienen der Union Pacific) das Viertel der Kleinbürger war und die South Side das Viertel der Armen. Vor allen Dingen stellten die Ikes, als Söhne eines Vaters, dessen Leben nicht sehr erfolgreich gewesen war, den proletarischen Zweig der Eisenhowers dar, die erstaunlich rasch zu wohlhabenden Farmern geworden waren. Wäre Dwight D. Eisenhower ein Revolutionär geworden, so fände man in dieser Tatsache eine einleuchtende Erklärung.

Die Kindheit und Jugend Eisenhowers verliefen ohne besondere Vorzeichen, ohne jede Heldentat und auch ohne Versprechen auf die Zukunft. Der Smoky Hill River, der manchmal schrecklich wilde Fluß, der durch Abilene fließt, hätte fast seiner Karriere ein vorzeitiges Ende gemacht, als er ihn in dem leichten Kahn, den Dwight sich selbst gebaut hatte, mit fortriß, aber er setzte ihn wie Moses in einem Büschel Schilf ab. Keine Reise hat den Horizont des jungen Mannes erweitert, der bis zu seinem einundzwanzigsten Jahr nichts anderes vor Augen hatte als die Ebene, die so weit war wie das Meer.

Selbst Ikes Eintritt in das militärische Leben war nur ein Zufall, vielleicht sollte man ihn auch ein Wunder nennen. Damals war in dieser Gegend eine Uniform so selten wie ein weißer Elefant, und der Gedanke, den Soldatenrock anzuziehen, wurde einem jungen Mann fast als Wahnsinn angerechnet. Ike dachte nur daran, weil er sonst keinen Beruf kannte, der seinen Neigungen entsprach, da ihm weder die Landwirtschaft, noch die Industrie, noch ein freier Beruf zusagte.
Er wurde auch durch die Begegnung mit einem jungen Mann namens Everett E. Hazlitt jr. beeinflußt, der eben in die Marineschule in Annapolis aufgenommen worden war. Ike bewarb sich um die Aufnahme in derselben Marineschule beim republikanischen Senator Bristow – der, dem eigenartigen amerikanischen System zufolge, in beiden großen Militärschulen die Plätze zu vergeben hatte. Als Ike seine Zulassung in West Point erhielt, um die er gar nicht eingekommen war, hätte er sie beinahe abgelehnt. Er nahm sie aber doch an, weil er schon zwanzig Jahre alt und das Berufsproblem sehr dringend geworden war.
Jetzt müßte man beschreiben, wie bestürzt seine Familie war. Um sie zu verstehen, muß man sich die Atmosphäre vorstellen, in der die Eisenhowers lebten. Der von allen irdischen Hoffnungen getäuschte Vater – der Vater, der Griechisch las – lebte der religiösen Andacht und Dialektik. Er hatte sich vom Glauben der Brethren entfernt, aber er war noch immer erfüllt vom Antimilitarismus und Pazifismus, dem die ganze Skala der pennsylvanischen Sekten verfallen war, von den Quäkern bis zu den Mennoniten. Die fromme Mutter teilte seine Abneigungen, ja sie verstärkte sie gefühlsmäßig noch. Ihr genügte schon der Gedanke an die militärischen Pläne ihres dritten Sohnes, um sie in Tränen aufzulösen. Alle möglichen Druckmittel wurden auf Dwight D. ausgeübt, damit er den anstößigen Plan, Offizier zu werden, aufgebe. Man vermied es, ihm in erster Linie mit religiösen Argumenten zu kommen, aber man bestand darauf, eine Karriere, die seit der Unterwerfung des letzten Indianers jede Berechtigung verloren habe, sei ein Nonsens. »In der Armee hat man keinerlei Zukunft« – diese Warnung bekam Ike ständig zu hören. Er hielt dem entgegen, er könne es trotz seines vorgerückten Alters in West Point bis zum Oberstleutnant bringen. Schließlich aber breitete sich vor den Augen des Jungen aus Kansas im Sommer 1911 halb Amerika bis zum grandiosen Hudson River aus, der – fast in Sichtweite von New York – die Militärschule der Vereinigten Staaten umspült.
Die Karriere des Militärs und des Politikers Eisenhower gehört nicht

in den Rahmen dieses Buches. Im Hinblick auf Kansas ist immerhin die Tatsache erstaunlich, daß der General zum Befreier und dann zum Verteidiger Europas wurde und zum Symbol der überseeischen Intervention der Vereinigten Staaten. Denn sein Kansas, die Mitte Amerikas, ist natürlich das Herz des Isolationismus. Für diese weiten Ebenen liegt die Außenwelt in unendlicher Ferne. Die Trockenheit, der Wind, die Ernten, die schweren Maschinen, die das Getreide schneiden, dreschen und einsacken, das intensive Leben der religiösen Gemeinschaften, die ernsten Aufgaben der gesamten Verwaltung, der Silo, der höher ist als der Kirchturm, der Wasserturm, der höher ist als der Silo, das alles bedeutet eine Welt für sich. Die bedächtigen Farmer im blauen Overall verabscheuen es, an die ermüdenden Komplikationen der Kontinente zu denken, die sie nun schon jahrelang so restlos vergessen hatten.

Das Abenteuer der modernen Welt brachte Eisenhower weit weg, aus der eigenen kleinen Welt hinaus. Als General und Präsident hat er sich auch nicht im geringsten des Kansas seiner Kindheit erinnert. Er kam ein einziges Mal nach Abilene, um das Museum im Haus seiner Familie zu eröffnen, aber in Colorado, dem Geburtsland seiner Frau, Mamie Doud, suchte er seine langen Ausspannungen, und im Pennsylvanien seiner Vorfahren, nahe dem Schlachtfeld, auf dem der Glücksstern der Sezession unterging, richtete er sein Haus eines Altpräsidenten und Veteranen ein. Dennoch hat Kansas ihm den Stempel der Großen Ebenen aufgeprägt. Es findet sich keine Spur von Kosmopolitentum an dem Mann, der eine Armee von 20 Nationen befehligt hat, bevor er das Haupt einer weltumspannenden Koalition wurde. Alles, was er schätzte, war amerikanisch, und was nicht amerikanisch war, reizte seinen Widerstand. Ein Fremdwort in der Unterhaltung oder in einem Schriftstück verwirrte ihn bis zu feindseliger Reaktion. Die Historiker begingen einen Fehler, wenn sie der isolationistischen, der zutiefst kansanischen Ader in Eisenhowers Wesen bei der Interpretation seiner Strategie und seiner Politik nicht Rechnung trügen.

*

Kansas (2 249 071 Einwohner, Hauptstadt Topeka) hat den Beinamen Sonnenblumenstaat — Sunflower State —, aber in Wirklichkeit ist es der Weizenstaat: Er produziert ein Fünftel des Wintergetreides von ganz Amerika und besitzt in Kansas City den größten Getreidespeicher (mit

Hebewerk) der Welt. Dieses Kansas City (Kansas) gehört zu demselben Stadtgebilde, zu dem auch Kansas City (Missouri) gehört, aber es handelt sich natürlich um zwei getrennte Städte, da sie zwei verschiedenen Staaten angehören. Die Originalität dieser zwei gleichnamigen Städte innerhalb einer Stadt bestand lange darin, daß der Alkohol in Kansas City (Missouri) erlaubt und in Kansas City (Kansas) verboten war, so daß es genügte, eine Straße zu überqueren, um legitim sein Bier oder seinen Whisky zu trinken. Als puritanisches Herz Amerikas war Kansas der erste Staat, der das Alkoholverbot in seine Verfassung aufnahm und es von 1880 bis 1948 beibehielt. Nach dem Alkohol war der Tabak bedroht und auch der Zigarettenverkauf in öffentlichen Lokalen kurze Zeit verboten.

Politisch hat Kansas eine bewegte Geschichte. Es war schon vor dem Sezessionskrieg ein blutiges Schlachtfeld zwischen Norden und Süden und Durchzugsland für die entsprungenen Sklaven auf ihrem Weg in die Freiheit. Die Republikaner richteten dort eine Herrschaft auf, die für kurze Zeit von einer agrarischen Partei unterbrochen wurde, sich aber dann so fest wiederherstellte, daß Kansas ein Symbol des Republikanismus wie Maine oder Vermont in Neu-England wurde. Es gab 1912 Wilson seine Stimmen, aber es war eine Dreieckswahl, und Kansas stimmte 1916 wieder für Wilson, weil er »Amerika aus einem Krieg herausgehalten hatte« — in den er es im folgenden Jahr führen sollte. 1932 stimmte Kansas, aufgebracht durch einen Verkauf landwirtschaftlicher Produkte unter dem Wert, für Roosevelt. Vier Jahre später wählte sich die Republikanische Partei den eigenen Staatsgouverneur Al Landon, aber das verstockte Kansas bekräftigte seine Wahl Roosevelts. 1944 wurde es wieder republikanisch, gab sich aber 1956, geschlossen für Eisenhower stimmend, erst für zwei, dann für vier Jahre einen demokratischen Gouverneur. Im Jahr 1973 dann wählte Kansas wieder einen demokratischen Gouverneur — Robert Docking —, aber seine Delegierten im Repräsentantenhaus sind bis auf einen und seine Senatoren allesamt Republikaner . . .

Diese Schwankungen finden sich in allen Staaten der Großen Ebenen. Solange sie ausschließlich landwirtschaftlich geprägt waren, und solange die Farmer das Gefühl hatten, der Tuffstein der Nation zu sein, drückten die Großen Ebenen ihren Konservativismus und ihre Zufriedenheit dadurch aus, daß sie unbeirrbar für die Republikaner stimmten. Die gegenwärtigen Alarmzeichen kommen vor allem von der Verstädterung und dem Unbehagen der Landbevölkerung.

Fläche: 213 063 km²
Einwohnerzahl: 2 249 071
Hauptstadt: Topeka
Beiname: Sonnenblumenstaat
Hymne: Home on the Range
Devise: Per aspera ad astra
Blume: Sonnenblume
Baum: Pappel
Wichtigste Städte: Kansas City, Abilene
Wichtigste Produkte: Viehzucht. — Getreide. — Holz. — Erdöl, Erdgas, Helium. — Transportmaterial. — Maschinen. — Konserven. — Chemische Produkte.
Bundesstaat seit 29. Januar 1861 (an 34. Stelle).

TEXAS

Imperium in der Republik

Die Zählung von 1970 hat aus Texas, dem Staat vom Einsamen Stern, den der Bevölkerung nach viertgrößten gemacht. Er hat Illinois überholt und kommt ganz hart an Pennsylvania heran. Man kann vorhersehen, daß er bald nichts mehr vor sich haben wird als die beiden Kolosse am Pazifik und Atlantik – Kalifornien und New York.

Die Texaner mögen es gar nicht, wenn man sagt, Texas sei ein Staat des Übergangs zwischen Ost und West. Die hohe Vorstellung, die sie von ihrer Originalität haben, widersetzt sich diesem Ansinnen. Dennoch gehört Texas sowohl zum Osten als auch zum Westen. Es hat in der Sezession mitgemacht, kämpfte für die Aufrechterhaltung der Rassentrennung und hat vor kurzem mit nur knapper Mehrheit das Gesetz aufgehoben, das den Betrieb öffentlicher Bars untersagte. Die Schaulustigen aus Louisiana ergießen sich über seine Grenzen, und der Akzent der Südstaatler färbt die Sprache der Texaner. Auf der anderen Seite ist da auch der Westen mit den ungeheuren Herden, den großen Hüten und den farbenglühenden, elektrizitätsgeladenen Wüsten. Zwei Welten paaren sich, um das eine Texas zu zeugen. Auch das kann schließlich ein Grund zum Stolzsein sein.

Die Fama von der texanischen Aufschneiderei hat sich über die Küsten Amerikas hinaus verbreitet. Man weiß auf der ganzen Welt, daß in Texas alles anders ist als anderswo. Und man weiß viel weniger darüber, daß die Texaner die ersten sind, die sich über die Übertreibungen, von denen sie umgeben sind, lustig machen und sich dabei alle Mühe geben, sie zu hegen und zu pflegen. Vor einigen Jahren gaben sie den Fremden, die sie angeblich objektiv zu informieren wünschten, einen »Almanach von Texas« in die Hand, der folgendermaßen begann:

»Texas füllt den ganzen nordamerikanischen Kontinent aus, mit Ausnahme eines kleinen Bruchteiles, den es Mexiko, den Vereinigten Staaten und Kanada überläßt. Es grenzt im Osten an den Atlantik und alle andern Ozeane, mit Ausnahme des Pazifiks. Es grenzt im Westen an den Pazifik und an die Milchstraße ...« Das Werk enthielt einen Wust von Einzelheiten wie zum Beispiel folgende: »Wenn alle Schweine von Texas nur ein einziges Schwein wären, so hätte dieses den Panama-Kanal mit dreimaligem Schnappen seiner Schnauze ausgegraben.« Und hier noch die wunderbare Formulierung: »Die Größe von Texas ist so riesig, daß sie die Texaner am Schlafen hindert.«

Es wird behauptet, daß die Väter in Texas ihren Kindern folgenden Ratschlag geben: »Frage niemals jemand nach seinem Vaterland. Wenn er Texaner ist, wird er es sowieso sagen; wenn er es nicht ist, wozu soll man ihn ärgern?«

Eine der Lieblingsbeschäftigungen der Texaner ist es, die Liste ihrer berühmten Männer aufzustellen. Sie beginnt mit den beiden Gründern, Stephen F. Austin und Sam Houston, und endet – vorläufig – mit Dwight D. Eisenhower und – nach Eisenhower – mit Lyndon B. Johnson. In Wirklichkeit gehört Ike nach Kansas, er ist nur zufällig in Texas geboren, aber die Texaner lieben den Ruhm viel zu sehr, als daß sie sich einen so berühmten Namen entgehen lassen könnten. Der Name Eisenhowers bestätigt übrigens eine Regel: Texas hat eine kriegerische Tradition, und die meisten seiner berühmten Männer sind Soldaten oder zumindest Männer der Tat. Der texanische Schriftsteller J. Frank Dobie gibt zu, daß Texas nur wenige Männer des Geistes aufweist, dafür aber den Colonel Bowie besitzt, der das Nahkampfmesser mit dem Namen »bowie knife« erfand. Und die Texas Rangers, die berühmten Banditen- und Mexikaner-Jäger! Und die Militär-Akademie in Texas, die Amerika mehr Offiziere schenkte als West Point! Und die Freiwilligen von 1941, die so zahlreich waren, daß man die kanadische Luftflotte »The Royal Texan Air Force« nannte! Und die 172 Generäle aus Texas, die 1944 und 1945 die Armeen von Texas und ihre Hilfstruppen zum Sieg führten! Ja, die ganze Geschichte von Texas ist kriegerisch. Das größte Steindenkmal der Welt – 185 Meter hoch, also 5 Meter höher als das Washington-Denkmal – erhebt sich in San Jacinto in der Nähe von Houston und ist dem Andenken eines Sieges der Texaner geweiht. Wenn eine andere soldatische Nation – die Vereinigten Staaten zum Beispiel – versucht wäre, ihren Waffentaten eine noch höhere Pyramide zu errichten, so würde Texas zweifellos auf den Wettstreit eingehen und ihn bis zum Himmel weiterführen.

Am Anfang von Texas war El Alamo. Im Jahr 1836 leisteten 187 Texaner in den dachlosen Ruinen des Klosters San Antonio in El Alamo dreizehn Tage lang Widerstand gegen 5000 reguläre mexikanische Soldaten, töteten deren 1500 und starben alle – die sechs zuletzt übriggebliebenen durch einen jeglicher Großmut entbehrenden Gegner, der sie füsilieren ließ. Wie es in der Geschichte von Texas voller Stolz ausgedrückt ist: »Bei den Thermopylen hat es einen Boten des Desasters gegeben; in El Alamo gab es keinen.«

Die Episode von El Alamo, die mit außergewöhnlicher und unverminderter Heftigkeit das Grundmotiv des texanischen Patriotismus geblieben ist, ist Teil eines zähen Kampfes gegen Mexiko, das ehedem über Texas herrschte, ohne etwas daraus zu machen. Als die Texaner von der Anarchie und Korruption der Mexikaner genug hatten, erhoben sie sich gegen die nur nominellen Beherrscher ihres Landes. El Alamo war der heroische, aber glücklose Kampf der Vorhut in dieser scheinbar ungleichen Auseinandersetzung. Aber zwei Monate später brauchte Sam Houston genau zwanzig Minuten, um die mexikanische Armee des Generals und Präsidenten Santa Anna an derselben Stelle vernichtend zu schlagen, wo heute ein steinernes Kolossalmonument den unzähligen nach Houston fliegenden Flugzeugen als Signal dient. Und darauf schufen sich die Texaner ihre eigene Republik.

Diese unabhängige Republik Texas währte zehn Jahre. Sie wurde von den Vereinigten Staaten, Großbritannien, Holland und Frankreich anerkannt und wäre sehr gut lebensfähig gewesen. Sie wäre sogar zweifellos ein großes Land des amerikanischen Kontinents geworden. Aber sie war klug genug (Klugheit auch im Stolz – ein Charakterzug des Texaners), föderative Verbundenheit der Isolierung vorzuziehen, und so blieb der Einsame Stern zwar auf der texanischen Fahne, aber die Republik ließ sich aus freien Stücken in die Vereinigten Staaten einverleiben und wurde 1846 der 28. Stern auf der amerikanischen Flagge.

Die Besonderheit dieser Vereinigung bildet die zweite Bewußtseinsschicht des texanischen Patriotismus. Neben den 13 Kolonien, welche die Unabhängigkeitserklärung unterzeichnet haben, ist Texas das einzige Territorium, das sich den Vereinigten Staaten *durch Vertrag* zugesellt hat. Es ist nicht erobert worden wie Kalifornien. Es mußte nicht seine staatliche Schulung durchmachen wie Ohio, Illinois, Kansas und 33 andere große oder kleine Gebiete. Es hat wie mit seinesgleichen verhandelt und einen Vertrag unterzeichnet, der mit der traditionellen und feierlichen Formel beginnt: »Zwischen den beiden vertragschließenden Mächten ist folgendes vereinbart worden ...« Es versteht sich von selbst, daß die kleinen Texaner dieses wichtige Kapitel der Weltgeschichte – gleichsam auch ihr Nibelungenlied – in der Schule lernen.

Eine Klausel des Vertrags von 1846 erlaubt Texas, sein Land, wenn es das für richtig hält, in fünf Staaten zu unterteilen. Fünf Staaten bedeuten in Amerika, politisch gesprochen, zehn Senatoren – statt zwei. Außerdem fünf Gouverneure, fünf Gesetzgebende Versammlungen, fünf Verwaltungen, viel mehr öffentliche Angestellte, viel mehr Einfluß auf den nationalen und internationalen Markt. Es ist seltsam, es ist sogar ganz erstaunlich, aber vor allem ist es sehr bezeichnend, daß Texas sich diese unerhörte Klausel nie zunutze gemacht hat. Auch das aus Stolz. Man kann einen Stern nicht zerschneiden. Eine Fahne kann man teilen, aber ein El Alamo nicht.

Die Texaner legen vor allem Wert darauf, daß man weiß, sie sind nicht wie die andern. Man muß selbstverständlich wissen, daß sie Phänomene darstellen und nicht Mitglieder eines der 50 Staaten, sondern Bürger einer großen Republik und vor allem Amerikaner *durch Vertrag* sind. Aus diesem Grund ist es weder eine besondere Extravaganz noch eine Großsprecherei, wenn sie drolligerweise sagen: »Wir fahren in die Vereinigten Staaten . . .«

*

Sie sagen auch: »Die andern haben Staaten – wir Texaner, wir haben ein Imperium.« Es entspricht der Wahrheit.

Texas allein bedeckt ein Zwölftel der Oberfläche des Staatenkomplexes. Frankreich, das größte Land Westeuropas, umfaßt 212 659 Quadratmeilen; Texas umfaßt 267 339. Es stellt ein Gebiet dar wie die beiden deutschen Staaten und Polen zusammen, oder auch wie die beiden deutschen Staaten, die Schweiz, Österreich, Ungarn und die Tschechoslowakei zusammen. Zweimal Italien würde noch kein Texas ergeben; ihm entspricht erst etwa dreimal das Vereinigte Königreich Großbritannien und Nordirland. Die Iberische Halbinsel, Spanien und Portugal, genügte unter der Bedingung, daß man sie um alle französischen Departements des Südwestens vergrößerte. Allerdings – Alaska ist noch viel größer; aber trotz seiner Erhebung zum Staat bleibt es doch eine Wüste für Eisbären, wogegen Texas . . .

Die Entfernungen sind riesig. Von El Paso, der westlichsten Ecke von Texas, bis Beaumont, das fast an der Grenze von Louisiana liegt, beträgt die Luftlinie 1300 Kilometer. Dieselbe Entfernung durchmißt man von Texline, der Spitze der Nordwestecke, bis Brownsville, wo der Rio Grande ins Meer mündet. Zwei Flüsse, die länger sind als der Rhein, der Brazos und der Colorado (der zweite Fluß dieses Namens), entspringen in Texas und münden in den Golf von Mexiko, ohne Texas verlassen zu haben. Die Fahrt von einer Stadt zur andern nimmt Tage in Anspruch. San Antonio und Houston scheinen auf der Karte Nachbarstädte zu sein, aber sie sind so weit voneinander entfernt wie Bordeaux von Marseille. Von Dallas nach El Paso ist die Reise weiter als von Paris nach Berlin. Wie man sieht, gehen die meisten Vergleiche, mit denen man die Entfernungen in Texas anschaulich machen kann, in Europa über die politischen Grenzen hinaus. Um den Europäern zu beweisen, von welcher archaischen Enge ihre nationalen Begrenzungen sind, braucht man nicht einmal die Vereinigten Staaten anzuführen — Texas genügt.

Will man genau erfahren, wie Texas aussieht, muß man es durchreisen. Es beginnt im Westen mit Gebirgen von 3000 Meter Höhe und endet im Osten in Lagunen. Es hat Sandwüsten wie die Sahara und Sumpfgebiete mit Krokodilen wie der Kongo. In Corpus Christi herrscht ein Klima wie in Florida, und El Paso hat dasselbe Klima wie der Gran Cañon. Die unendlichen Steppen im Innern ernähren ihre Herden mit spärlichem Graswuchs, und im Magic Valley des Rio Grande findet man die intensive, gedrängte und hochgezüchtete Bebauung des Bodens wie im Central Valley in Kalifornien. In Amarillo, in dem »Panhandle«, fällt in einem normalen Jahr dreimal weniger Regen als auf der Insel Galveston — in unnormalen Jahren sieben- bis achtmal weniger. Dann treten die Katastrophen ein: der »Dust Bowl« — ungeheure Staubstürme, die den bebauten Boden zerstören und Millionen Tonnen Erde in schwarze Wolken verwandeln. Der Wind ist Ehrenbürger von Texas. Der Wintersturm, der »Northern«, ein Super-Mistral, ein eisiger Schirokko, ist fähig, die Temperatur so weit herabzudrücken, als zögen Eisberge vorüber. »Haben Sie«, so fragt man, »Wirbelstürme in Texas?« — »Puh!« antworten die Texaner, »sie werden von unserem Northern vor sich hergetrieben und ins Meer geworfen.« Die Orkane im Golf tragen jedoch über den Northern den Sieg davon, und der Orkan von 1900 hat in Verbindung mit einer Sturmflut in Galveston 6000 Opfer gekostet. Das war die größte Katastrophe dieser Art in der Geschichte der Vereinigten Staaten — noch ein texanischer Superlativ.

Texas hat mehr Farmen (213 000 mit rasch abnehmender Tendenz) und eine größere Fläche kultivierten Bodens als jeder andere Staat. Es erzielt daraus ein Einkommen (mehr als 3 Milliarden Dollar), das nirgends übertroffen wird, wenn es in dieser Beziehung von Kalifornien, Iowa und Illinois auch fast eingeholt wurde. Die Verschiedenartigkeit seiner Kulturen ist außerordentlich. Es erntet ebensoviel Getreide wie Frankreich – aber mit achtmal weniger Landarbeitern. Es erzielt die höchsten Ernteerträge an Erdnüssen, Spinat und Pekannüssen in den Vereinigten Staaten, die zweithöchsten an Melonen und die dritthöchsten an Tabak. Es züchtet zwei Drittel aller Rosenstöcke, die in Amerika blühen. Es besitzt große Reisplantagen, die maschinell bearbeitet werden, unter Bedingungen, welche die Bauern der asiatischen Flußdeltas einigermaßen in Erstaunen setzen würden. Aber darüber hinaus ist es vor allem das Land der Baumwolle und der Viehherden.

Die Baumwolle hat nicht mehr – nirgends mehr – die Bedeutung wie früher. Die Zeit, wo die Bekleidung der ganzen Welt vom Süden der Vereinigten Staaten abhing, ist vorüber. Ein neuer Sezessionskrieg würde die Spindeln in Lancashire nicht mehr stillegen und England nicht mehr in eine Hungersnot stürzen, die fast so quälend war, als wäre das Brot ausgegangen. Selbst in Texas, wo die Kursschwankungen die Pflanzer mutlos machen, geht die Baumwolle immer mehr zurück. Trotzdem bleibt sie der wichtigste Anbauzweig. Ein Drittel der Baumwollstoffe, die von den Amerikanern getragen oder sonst verwendet werden, stammt aus Texas.

Viel wichtiger ist das Vieh. Es gibt in Texas 10 757 000 Stück Hornvieh – gerade um einige tausend weniger als Einwohner. Den Rekord des Landes – und wie immer auch der Welt – hält der Landkreis Brewster mit 66 333 Rindern im Jahr 1960, auf die nur 6478 menschliche Wesen kommen. Die Herden durchziehen das Land in einer unaufhörlichen Wanderung und erfüllen es mit einer sehnsüchtigen Poesie.

Man kann sich kaum einen Begriff machen von der Ausdehnung des Gebiets, über das die Cowboys diese riesigen Herden treiben. Eine Ranch ist oft eine Provinz mit einer richtigen Hauptstadt, die verstreut in der Ebene liegt. Viele Ranches bedecken mehr als 50 000 Hektar und auf der größten unter ihnen, der King Ranch, weiden 500 000 Stück Vieh auf 125 000 Hektar Land. Zwischen den Weiden einer solchen Ranch ist die Entfernung oft so groß wie zwischen München und

Ulm. Die großartigste moderne Erfindung für die Viehzüchter in Texas ist der Stacheldraht, den sich 1876 ein Mann namens Joseph Glidden in Chikago patentieren ließ. Nur durch den Stacheldraht war es möglich, diese weiten Gebiete zu unterteilen. Fünftausend Kilometer lange Umzäunungen, die zu einer einzigen Ranch gehören, sind in Texas keine Seltenheit.

Das Rind ist in Amerika nicht heimisch, so wenig wie das Pferd, der Hund und das Huhn. Die erste Rinderrasse, die von den Spaniern eingeführt wurde, waren Tiere mit langen Hörnern, deren einziger Vorzug eine heldenhafte Widerstandskraft gegen Hunger und Durst war. Die Tierzüchter in Texas haben sie nach und nach durch die Herefordrasse ersetzt, die weiß ist und deren Form sich mehr und mehr zu einem Parallelepiped von Fleisch entwickelt. Der Kubismus ist die Rindermode in Texas – außer in den trockensten Gebieten, wo man das indische Buckelrind akklimatisiert hat, um bis zur äußersten Grenze der Wüste aus dem Boden Vorteil ziehen zu können.

Trotz seiner reichen Landwirtschaft und seiner riesigen Tierzucht ist Texas vor allem ein Land mit vielen Städten. Von den zuletzt gezählten 11 196 730 Einwohnern (1957 waren es 6 414 000, 1960 bereits 7 667 060) leben mehr als 7 Millionen in den großen Städten: Dallas, Houston, Fort Worth, San Antonio, Austin (die Hauptstadt), Corpus Christi, El Paso, Beaumont, Port Arthur. Kein anderer Staat Amerikas hat sich mit einem so originellen, so abwechslungsreichen und so neuen Kranz von Städten geschmückt. Die schönsten sind nicht die mit den Spuren der Vergangenheit – einer mexikanischen Vergangenheit voller Elend und Schmutz –, sondern im Gegenteil jene, die davon am wenigsten aufzuweisen haben. Städte ohne Makel wie die großen modernen Pullmanwagen. Städte, in denen kein Stein schwarz verrußt, in denen es keinen Industriequalm gibt, weil keine Kohle verbrannt wird, sondern Öl. Städte, die in Europa kaum bekannt sind, weil sie den prächtigen Fehler haben, allzu jung zu sein. Metropolen der Zukunft, die sicherlich dazu bestimmt sind, die schon etwas matt gewordenen, aber viel bekannteren Namen von Boston, Philadelphia und Baltimore in den Schatten zu stellen. Diesen Städten sind drei glühende Rivalen erstanden: Dallas, das sich seit 1841 wie Sonnenblumen in der Ebene ausbreitet, Fort Worth, das sich 1849 aus einer Militärstation entwickelte, und Houston, das 1836 an einem schmutzigen Bach entstanden ist.

Dallas (435 000 Einwohner 1950, 1960 schon 672 000) ist zu einer

Großstadt von 1 352 000 Seelen angewachsen und erhebt Anspruch darauf, das »Paris von Texas« genannt zu werden – jedenfalls ist es das größte der acht oder zehn »Paris«, die es in Amerika gibt. Aber Houston und Fort Worth weisen diese Anmaßung mit größter Heftigkeit zurück. Sie behaupten, Dallas sei ein Abgrund von Snobismus und erkennen ihm höchstens das Recht zu, sich mit Boston zu vergleichen – was allerdings eine Beleidigung ist. Wenn der Sozialismus nicht eine Chimäre wäre, könnte sich Dallas rühmen, eine Insel der Seligen zu sein. François-Marie-Charles Fourier gründete ganz in der Nähe, in La Réunion, sein Phalanstère, wo ein jeder sein Glück finden sollte, indem es ihm freistand, spontan zu entscheiden, auf welche Weise er sich in der Gesellschaft nützlich machen wollte. Amerika war im neunzehnten Jahrhundert das Experimentierfeld für die meisten europäischen Utopien – angefangen von Champ d'Asile, der Militärkolonie von Grouchy, bis New Harmony, dem kooperativen Paradies von Robert Owen. Auf diesem jungfräulichen Boden hatten sie alle dieselben Chancen wie der wirtschaftliche Individualismus, und dennoch sind alle gescheitert. Das Phalanstère von La Réunion ist nach wenigen Jahren ausgezogen, ohne auch nur irgendeine Spur in der Geschichte, ja nicht einmal im Gedächtnis der Bewohner von Dallas zu hinterlassen.

Dallas verdankt zwar seinen Wohlstand der Baumwolle, aber ihr Rückgang hat ihm nichts anhaben können. Die Stadt hat recht viele große stolze Vermögen aufzuweisen, und ihre Millionär-Clubs sind sehr exklusiv. Sie investiert ihren Reichtum mehr und mehr in vornehmen Aktivitäten, an der Börse, in der Kunstpflege und Mode. Genau wie Hollywood – aber im Gegensatz zu New York, das der Modediktatur von Paris gehorsam Folge leistet – maßt Dallas sich an, eine autonome amerikanische Mode zu schaffen. Eine texanische Mode – prächtig, auffallend, voller Farbigkeit, die stark von Mexiko und dem Westen beeinflußt wird. Die großen Kaufhäuser von Neiman Marcus schmeicheln sich, die luxuriösesten der ganzen Welt zu sein, und das mag sogar zutreffen.

Der Stadt Dallas bleibt ein düsteres Mahnmal. »Old Red«, der plumpe Ziegelbau von Nummer 411 Elm Street, ist geräumt, verbarrikadiert, der Zutritt Unbefugten streng untersagt. Aus einem Fenster im sechsten Stockwerk hat am 22. November 1963 um 12 Uhr 30 Lee Oswald die Hirnschale des Präsidenten John Kennedy zerschossen. Das Gebäude war dazumal ein Auslieferungslager für Schulbü-

Oben: Wildnis in North Dakota

Unten: Gateway Arch am Mississippi in Saint Louis/Missouri

cher – Texas School Book Depository. Zu tief herabgesetztem Preis ausgeboten – wie um dem Unheil Rechnung zu tragen, das damit verknüpft war – wurde es von dem Millionär Aubrey Mayhew in der Absicht erworben, ein Kennedy-Museum darin einzurichten. Aber der Plan ist auf lebhaften Widerstand gestoßen, und die allgemeine Meinung ist, man solle das ehemalige Schulbuchdepot abbrechen, da das Andenken an den ermordeten Präsidenten durch ein in der Nähe der Stelle, wo ihn die Kugel des Attentäters erreichte, aufgestelltes Bronzedenkmal verewigt ist. Der Streit ist, während diese Zeilen geschrieben werden, noch nicht beendet. »Old Red« erwartet sein Schicksal unter den tausend Blicken, die alltäglich auf sein Massiv gerichtet sind.

»Trotz der Kennedy-Tragödie«, heißt es in einer Notiz der American Automobile Association, »bleibt der dynamische Geist, der Dallas seit seiner Gründung beseelt hat, ungebrochen lebendig.« Gewiß. Die Stadt wächst immer weiter – aber unbeschadet aller Gleichgültigkeit, die ihre Bewohner zur Schau tragen, sind sie sich doch des Stigmas bewußt, das nach wie vor ihrer Stadt anhaftet. Die Ermordung eines Staatsoberhaupts ist ein historisches Ereignis, das nicht allzu selten vorkommt; aber kaum ein zweiter derartiger Vorfall war von solch skandalöser Nachlässigkeit gekennzeichnet. Sie gab auch noch dem Inhaber eines Lokals mit zweifelhaftem Ruf, einem gewissen Jack Ruby, die Möglichkeit, Oswald auf dem Wege vom Bürgermeisteramt zum Gefängnis niederzustrecken. Ein Schleier des Geheimnisses ist über die Tragödie von Dallas gebreitet.

Auch über zehn Jahre nach dem Drama haben die leidenschaftlichsten Nachforschungen kein einziges Indiz erbracht, das die Vermutung rechtfertigen könnte, John Fitzgerald Kennedy sei nicht von der Kugel eines Geistesgestörten getroffen worden, sondern im Kreuzfeuer einer Verschwörung gefallen, die alle erdenklichen Machtmittel anzuwenden bereit war, um sich von einem großen Sozialreformer zu befreien. Sei es kraft der ehrlichen Überzeugung der Autoren, sei es aus verkaufstechnischen Erwägungen, verwerfen sämtliche Arbeiten, die über das Geschehen geschrieben worden sind, einen individuellen Akt und stützen die Theorie eines organisierten Mordes. Nur eine einzige, die nur wenige Menschen zur Gänze und unter Hinzuziehung der Ergänzungsbände gelesen haben, kommt zu dem Schluß, daß Oswald für sich allein gehandelt habe, getrieben von der Zwangsvorstellung, töten zu müssen, und dem Drang, seine Macht als Rächer

Oben: Felsen im Toadstool Park bei Crawford/Nebraska
Unten: Auf den Spuren der Trapper in Montana

gegenüber der Gesellschaft bestätigt zu fühlen. Es handelt sich um den Bericht der Untersuchungskommission, deren Vorsitzender der ehemalige Oberrichter am Bundesgericht, Earl Warren, war. Dieses umfassende Dokument, das seinen Verfassern eine Flut von Drohungen eintrug, enthält einen Vorbehalt der Aufrichtigkeit: den Vorbehalt, daß neue Tatsachen zu neuen Schlußfolgerungen führen könnten. Aber bisher ist nichts Derartiges zutage getreten, und mangels irgendeiner absoluten Gewißheit erscheint es doch im höchsten Grade wahrscheinlich, daß die Ermordung John Kennedys ein Glied in der langen Kette politischer Verbrechen bildet, die im fanatisierten Kopf eines einzelnen geboren wurden.

*

Fort Worth (638 000 Einwohner) ist neben Dallas extrem rauh in seinen Lebensformen. Es gibt sich selbst den Titel »Pforte zum Westen«. Jedenfalls ist es unter den großen Städten Amerikas die Stadt, in der man die meisten breitrandigen Hüte, sternförmigen Sporen und bestickten Stiefel zu sehen bekommt. Hierher treiben die Cowboys das zum Schlachten bestimmte Vieh — die unermeßlichen Viehherden von Texas. Die größten Schlachthäuser der Welt sind nicht in Chikago, wie man in ganz Europa annimmt, sie sind in Fort Worth. Über anderen Teilen der Stadt liegt der helle Staub des Weizens. 75 Prozent des in Texas geernteten Getreides sammeln sich dort in Silos an, die so hoch sind wie Wolkenkratzer.
Die Dimensionen von Fort Worth halten sich dessenungeachtet in wesentlich bescheideneren Grenzen als jene von Dallas. Die 400 000 Seelen seiner Stadtbevölkerung setzen es nur auf den dreiunddreißigsten Rang der Städteliste von Amerika, ja sogar hinter einer anderen texanischen Stadt, der Hüterin des Heiligtums von El Alamo, San Antonio. Das Rennen ums Größerwerden hat unbestreitbar Houston gemacht. Seine Bevölkerungszahl hat sich seit 1930 verfünffacht, seit 1900 verfünfzigfacht. Noch 1960 hatte sie die Nummer 14 auf der Liste der Großstädte. Die Zählung von 1970 erbrachte 1 232 802 Einwohner und brachte sie an die sechste Stelle.
Ein besonderer Stolz der amerikanischen Städte ist ihre »skyline«, das heißt die Silhouette, die ihnen ihre Hochhäuser vor dem Hintergrund des Himmels geben. Wenn man New York aus diesem Wettbewerb ausschließt, ist es für einen unparteiischen Richter nicht leicht,

diesen Schönheitspreis zu erteilen. Die Silhouette von San Franzisko ist prachtvoll, die von Philadelphia majestätisch, die von Chikago beinahe grandios und die von Cleveland eine Augenweide. Aber die Silhouette von Houston ist durchaus berechtigt, an diesem Wettbewerb teilzunehmen. Der Vorzug dieser Stadt ist, wie schon erwähnt, ihre Jugend. Die Architekten haben nicht herumprobiert, nicht kopiert, keine falschen Kathedralen errichtet und auch nicht den Versuch gemacht, um jeden Preis die Wolken zu stürmen, indem sie lange spitze Dolche in den Himmel stießen. Sie haben außerordentlich ausgeglichene kubische Baukörper an die jeweils richtige Stelle gesetzt. Das höchste Bauwerk in Houston ist nur 135 Meter hoch (25 Meter niedriger als das höchste Gebäude in Dallas, was trotz allem ein wenig ärgerlich ist), aber die Einheitlichkeit seiner Silhouette trägt unbestreitbar zu seiner Harmonie bei. Es ist durchaus möglich, daß Houston, das einen glücklichen Ausgleich zwischen Ausdehnung und Höhe gefunden hat, viel dichter zusammengefaßt ist als Los Angeles und viel weniger dicht gedrängt als New York, die fast vollkommene Form der Stadt von heute darstellt.

Dieses Houston, das mehr als 60 Kilometer von der Küste entfernt liegt, hatte immer den Ehrgeiz, eine Hafenstadt zu sein. Es versuchte lange Zeit, dieses Ziel durch eine Art Kanal ohne Tiefe zu erreichen, den »Buffalo Bayou«. Als es schließlich müde wurde, dieses schlammige Rinnsal ständig auszubaggern, packte es den Büffel bei den Hörnern und grub einen richtigen Kanal von 100 Meter Breite und 12 Meter Tiefe bis zum Meer. Diese große Wasserstraße machte aus Houston sofort den viertgrößten Seehafen der Vereinigten Staaten. Mit Galveston und Texas City als Außenhäfen hat es einen regeren Schiffsverkehr als die Mündungen der Elbe oder der Schelde.

Die neueste Entwicklung hat Houston seit 1963 genommen, als es eine der wichtigsten Einrichtungen der NASA zugeteilt bekam: das Manned Space Center, wo alle Experimente, Vorbereitungen und Lenkungsmanöver der menschlichen Tätigkeiten im Weltraum durchgeführt werden. Zur Zeit des ruhmreichen *Apollo*-Programms strömten zeitweise aus Europa gekommene Menschenmengen nach Houston, nachdem sie in Kap Canaveral einem Raketenstart beigewohnt hatten. Sie hatten Zugang zu den Astronauten, besuchten ihre Unterkünfte und bestaunten die phantastischen Apparaturen, das elektronische Universum, die notwendig sind, damit der Mensch zum Mond fahren und heil und gesund zurückkehren kann. Die Beschränkung der amerikanischen Ambitionen im Weltraum haben diese Zukunftsentwicklung scharf abgebremst. Die Kommentatoren bestätigen immerhin, daß Houston die der Raumfahrt widerfahrenen Zuschußstreichungen besser überstanden habe als Dallas und selbstverständlich auch San Diego und Seattle.

Gleichsam als Kapitale des Weltraums hat sich Houston unter das Zeichen des Kosmos gestellt. Eines seiner sonderbarsten Gebäude ist der Astrodome, ein klimatisiertes Kolosseum, das von einem Parkplatz für 30 000 Automobile umgeben ist und in welchem sämtliche Sportarten zu jeder beliebigen Zeit getrieben werden können. Das luxuriöseste Hotel der Welt – aber nicht gerade das mit der bescheidensten Dekoration – ist unwidersprochen das Astroworld. Die Celestial Suite umfaßt sechs Schlafräume, drei Salons, zwei Eßzimmer, einen Spielsaal und einen Astrodome in Miniatur usw. – Sie ist ganzjährig gemietet von dem Mann, der der eigentliche Schöpfer des Astrodome ist, von dem »Richter« Roy Hofheinz – gegen eine Tagesmiete von 2500 Dollar ...

Bis in die allerjüngste Zeit war Texas im wesentlichen Agrarstaat. 1940 zählte man dort noch keine 180 000 Industrieangestellten; zwanzig Jahre später waren es beinahe fünfmal soviel, die sich auf 10 000 Betriebe und 700 Industriezweige verteilten. Houston, das vor 40 Jahren sozusagen noch keinen einzigen Fabrikschlot besaß, wird zu einem der größten Industriezentren der Welt. Die chemische Industrie Amerikas konzentriert sich dort und steigt durch den phantastischen Reichtum an synthetischen Erzeugnissen, Kunstfasern, Kunststoffen usw. pfeilartig auf.

Die bewegende Kraft dieses äußerst rapiden Aufstiegs ist nicht die Kohle wie in den klassischen Industriegebieten des Ostens – es ist das Erdöl. Die texanische Chemie ist eine Petrochemie. Ihr Wachstum drückt sich in Investitionen der Größenordnung von 500 Millionen Dollar pro Jahr aus. Texas hat das zweite Stadium seines wachsenden Wohlstandes durch das Erdöl erreicht: auf den Gewinn durch die Förderung folgen die Gewinne durch die Verwertung.

Der Boden von Texas ist von etwa 190 000 Schächten durchbohrt; 25 000 werden jedes Jahr neu gebohrt, aber etwa ebenso viele versiegen und werden aufgegeben. Die ungeheure Zahl dieser Löcher, die eine Folge der geringen Durchlässigkeit der felsigen Reservoirs ist, stellt zum Nachteil der USA einen lebhaften Kontrast zum Vorderen Orient dar. In einem Fall muß Texas auf einen Rekord verzichten: auf den der Fördermenge der Ölquellen – trotz der sehr großen technischen Anstrengungen, des Pumpens, der Wasserinjektion, der Wiederinjektion des Gases usw., wodurch diese Produktivität erhöht wird. Man erreicht damit eine Förderung von 80 Prozent des vorhandenen Öls, während vor dreißig Jahren 20 Prozent als ausreichend angesehen wurden. Aber die Investitionen und Gestehungskosten sind hoch.

Die 190 000 Quellen von Texas liefern durchschnittlich eine Milliarde Barrels Erdöl im Jahr. Da ein Barrel 42 Gallonen à 3,75 Liter enthält, stellt das ein Volumen von 160 Milliarden Liter dar, beinahe einen sechstel Kubikkilometer, ein Gewicht von mehr als 130 Millionen Tonnen und einen Wert von 3 bis 4 Milliarden Dollar.

Bis 1901 wußte niemand, daß Texas auf einem See von Erdöl schwimmt. In jenem Jahr wollte ein Starrkopf mit dem französischen Namen Lucas (in der Nähe der Stadt mit dem ebenfalls französischen Namen Beaumont) beweisen, daß sein geliebtes Texas keinen Grund hatte, Pennsylvania zu beneiden. Er bohrte drei Schächte, die sich als so trocken erwiesen wie ein alter Knochen. Er stürzte sich bis über den Kopf in Schulden, bohrte einen vierten Schacht und schwor, ihn bis zum Mittelpunkt der Erde vorzutreiben, falls es nötig sei. Als der Bohrer eine Tiefe von etwa 30 Metern erreicht hatte, gab es eine Detonation wie vom Schuß einer Kanone, und ein Geysir klebriger Flüssigkeit sprang aus dem Boden. Eine wunderbare Geschichte nahm ihren Anfang.

Noch war Pennsylvania der große Erdölstaat, aber inmitten des Goldtaumels, der Amerika ergriff, erstanden ihm Rivalen. Von 1910 ab stand Kalifornien an erster Stelle. Ein kurzer Sieg. Der Anlauf, den Texas genommen hatte, war nicht aufzuhalten. Das Jahr 1935 bestätigte die Niederlage des Pazifiks gegenüber dem Golf von Mexiko. In den folgenden Jahren vergrößerte sich der Vorsprung von Texas. Gegenwärtig ist die Rangordnung der Staaten nach ihrem Erdölertrag folgende: Texas 1301 Millionen Barrels; Louisiana 891; Kalifornien 347; Oklahoma 207; Wyoming 140; Neu-Mexiko 110; Kansas 78; Mississippi 64; Illinois 34; Nord-Dakota 21; Arkansas 18. Insgesamt für die fünfzig Staaten: 3053 Millionen Barrels.

Das auffallendste an dieser Tabelle sind ihre Riesenzahlen. Dazu kommt ein Strom von Erdgas, der 500 Milliarden Kubikmeter im Jahr erreicht, das ist hundertmal das berühmte französische Vorkommen von Lacq. Das Erdgas spielt in der amerikanischen Wirtschaft eine große Rolle, da es ein Drittel der verbrauchten Energie liefert und nicht nur die »Weiße Kohle« (nur 4 Prozent), sondern sogar die Kohle überhaupt übertrifft. Ein Netz von »gaslines« von mehr als 1 Million Kilometer Länge bedeckt das Territorium der USA, durchläuft Amerika in allen Richtungen und bringt das Gas von Texas in die häuslichen Herde New Yorks. Diese Beschaffung eines reichlich vorhandenen Brennstoffs, der im Gebrauch geschmeidig und bequem ist, reduziert die diesbezüglichen Bedürfnisse an Brennölen und stachelt folglich die amerikanische Raffinade-Industrie dazu an, durch die maximale Verbreitung des Cracking die größtmögliche Menge an Leichtbrennstoffen zu produzieren.

Als Einzelstaat bleiben die Vereinigten Staaten der größte Erdölproduzent der Welt. Die Sowjetunion folgt mit 2895 Millionen Barrels. Die an produzierten Barrels milliardenschweren Länder, die in der Liste folgen, waren 1972 Saudi-Arabien (2202 Millionen); der Iran (1843); Venezuela (1178); Kuweit (1201). Was in spektakulärer Weise abgenommen hat, ist das Verhältnis der amerikanischen zur Weltproduktion. Sie belief sich noch 1940 auf die Hälfte, 1960 aber nur mehr auf ein Viertel. Die genauen Zahlen für 1972 belaufen sich auf 18 583 783 000 Barrels für die ganze Erde gegenüber 3 453 914 000 Barrels aus amerikanischer Produktion. So ist aus der Hälfte von 1940 nur noch ein Fünftel geworden.

Die Lage erscheint noch ungünstiger, wenn man die Reserven betrachtet. Die der Vereinigten Staaten werden auf 6,7 Prozent der Weltreserven geschätzt, während der Vordere Orient allein 60 Prozent für sich buchen kann. In diesem Zusammenhang darf jedoch nicht verschwiegen werden, daß es keine Schätzungen gibt, bei denen die Margen so großzügig, um nicht zu sagen, extravagant sind wie bei diesen. Der US Geological Survey stellt die nachgewiesenen amerikanischen Reserven mit 30 700 Millionen Barrels fest, gesteht aber zu, daß sich die *erzielbaren* Reserven auf 532 Milliarden Barrels beziffern können und die *äußersten* Reserven — die außerhalb der Küstengebiete inbegriffen — möglicherweise 2410 Milliarden Barrels betragen könnten. Selbst unter Außerachtlassung dieser letzteren Ziffer entspräche die erstgenannte etwas weniger als der zehnfachen derzeitigen Jahresproduktion, während die zweitgenannte die Erzeugung für eineinhalb Jahrhunderte sicherstellte.

Dieses Problem der Reservequellen besteht in Wahrheit schon seit langer Zeit. Die drohende Erschöpfung der Erdölquellen hat eine Folge von unheilvollen Vorhersagen ausgelöst — doch regelmäßig schoben neue Funde die Notstandstermine immer weiter hinaus. Als Pennsylvania versiegte, entdeckte Kalifornien seine Quellen; als Kaliforniens Quellen stockten, nahm Texas seinen Aufschwung, als Texas den ungeheuer angewachsenen Bedürfnissen nicht mehr zu genügen schien, kam Oklahoma zu Hilfe. Der Süden, von dem niemand etwas erwartet hatte, sicherte die neue Ablösung. 1935 produzierte er 30 Millionen Barrels, heute eine Milliarde und mehr.

Immerhin war es seit langem offenkundig, daß der steigende Bedarf die Inlandsproduktion mit der Zeit als unzulänglich erweisen würde. Amerika wurde um 1950 von importiertem Erdöl abhängig. Diese Abhängigkeit erreichte 1962 13 Prozent des Verbrauchs. Im Jahr 1972, dem letzten einigermaßen normalen Jahr vor Ausbruch der großen Energiekrise, kaufte Amerika 811 Millionen Barrels Rohöl. Der Anteil der arabischen Länder belief sich auf 184 Millionen und der des Iran auf 50 Millionen Barrels. Der größte Lieferant war Kanada mit 312 Millionen Barrels, gefolgt von Venezuela mit 93 Millionen und Nigeria mit 89 Millionen. Das Erdöl des Nahen Ostens hatte somit nur mit 500 000 Barrels Anteil am Tagesverbrauch von einer Größenordnung von 18 Millionen – das heißt mit etwa 1 Fünfunddreißigstel.

Aber das Ausmaß der Abhängigkeit sollte mit großer Schnelligkeit wachsen. Man hat vorausgesagt, daß die Vereinigten Staaten ab 1985 die Hälfte der von ihnen benötigten Kohlenwasserstoffverbindungen aus fremden Vorkommen decken müssen. Im Jahr 2000 dann, wenn die mutmaßlichen Bedürfnisse auf ein Minimum von 7343 Millionen und ein Maximum von 16 412 Millionen Barrels angewachsen sein werden – man muß die Präzision der Zahlen wahrlich bewundern! –, wird Amerika beinahe für die Gesamtheit seiner Ölversorgung tributpflichtig geworden sein. Einzig die Länder am Persischen Golf, die über drei Fünftel der anerkannten Weltreserven verfügen, könnten sie dann noch beliefern.

Was man am meisten bewundern muß, ist aber die geradezu phänomenale Unbekümmertheit, oder sollte man gar sagen, Ahnungslosigkeit, die alle Verantwortlichen, öffentliche Ämter und Produktionsgesellschaften angesichts dieses Zukunftsbildes bewiesen haben.

Nichts wurde getan, um der Entwicklung auf dem Gebiet der Atomenergie den Charakter der Dringlichkeit zu geben. In passiver Weise wurde zugegeben, daß die Kohle (7600 Trillionen Wärmeeinheiten auf eine globale Bilanz von 9000 Trillionen) aus dem wirtschaftlichen Kreislauf der Gegenwart ausbreche. Kaum daß man sich angestrengt hat, die Planung in den angestammten Bereichen der Erdölvorkommen zu perfektionieren und den Anteil des tatsächlich gewonnenen Öls zu vergrößern – an die Erschließung neuer Quellen hat kaum jemand ernstlich gedacht. Man ließ sich durch die kindischen Proteste der Umweltschützer bremsen – sowohl was die Öle von Alaska als auch was die Vorkommen auf dem Meeresgrund anbelangt. Ich habe 1953 die Ölquellen im offenen Meer besucht, die außer Küstensicht im Golf von Mexiko liegen: das sind künstliche Inseln, ausgesetzt in einem von Hurrikans gepeitschten Meer – aber es wurde nicht verschwiegen, als man sie mir zeigte, daß sie einen Kraftakt darstellen, der ebenso überflüssig wie kostspielig ist und zu einem Zeitpunkt unternommen wurde, da die Angst vor einem echten Notstand eine Beunruhigung ausgelöst hat. Selbst wenn das Erdöl in den fünfzig Staaten Amerikas rar werden sollte, würde es doch andernorts in solchen Mengen und neuen Vorkommen gefunden, daß es »erhältliche Ware« sei und bleibe. Amerika hat den Verlust seiner energetischen Unabhängigkeit leichten Herzens hingenommen.

Der arabische Boykott, die willkürlichen und brutalen Erhöhungen der Ölpreise durch die Erzeugerländer haben die Vereinigten Staaten wie alle anderen Länder der westlichen Welt hart getroffen. Die Beschränkungen, die 1973 begonnen und Anfang 1974 beträchtlichen Umfang angenommen hatten, werden zweifellos und nicht ohne weitere Verschärfungen über mehrere Jahre hinaus verlängert werden müssen. Sie beeinträchtigen die Amerikaner in ihrem Wohlstand und ihren Bequemlichkeiten, bedrohen jedoch nicht – und hierin liegt der Unterschied gegenüber Europa – die Grundlagen der amerikanischen Wirtschaft. Amerika verfügt in größerem Ausmaß über entsprechende Hilfsquellen und Reserven, die es dem Land ermöglichen, seine Unabhängigkeit auf dem Energiesektor, die es sich hat entfremden lassen, schnell genug wiederzugewinnen.

Ich habe die Frage der Kohle und der Atomkraft kurz gestreift und behalte mir die Ölschiefer für die Staaten der Rocky Mountains vor, wo sich die wesentlichen Vorkommen befinden. Was das Erdöl selber und insbesondere auch das Erdgas anbelangt, welch letzteres im Preis so niedrig gehalten worden ist, daß Planer und Erzeuger entmutigt wurden, kann man wohl voraussagen, daß die Energiekrise neue Funde nach sich ziehen wird – auch in Texas.

*

Hunderte von Menschen durchwühlen den Boden von Texas in der unbesiegbaren Hoffnung, neue Fontänen des flüssigen Goldes zu erschließen. Diese Erdöl-Sucher sind nicht alle, nicht einmal die meisten von ihnen, von den großen Gesellschaften beauftragt. Manche bilden kleine Gesellschaften, viele andere sind Einzelgänger. Sie werden »wildcatters« genannt — mit »wildcatting« bezeichnet man in Amerika alle Unternehmungen, die gegen den gesunden Menschenverstand verstoßen. Nach Ansicht der Banken, die regelmäßig ihren Beistand verweigern, gleicht ihre Tätigkeit dem Kauf eines Lotterieloses. Wenn der Mann gewinnt, gewinnt er viel. Wenn das Glück ihm aber nicht zur Seite steht, bleibt ihm nach sehr kurzer Zeit nichts anderes übrig, als seine Arbeitskraft auf den Erdölfeldern zu vermieten, sich in die Reihe der gefährdetsten und schmutzigsten Arbeiter der Welt, der »drillers«, einzureihen. Aber, sei er nun ein Glückskind oder ein Pechvogel, ein »wildcatter« verläßt selten seinen Beruf oder Texas. Das flüssige Gold läßt, genau wie das harte Gold, den nicht los, den es einmal gepackt hat.

Der »wildcatter« muß zuerst eine Konzession vom Eigentümer des Bodens erwerben. Dieser verlangt manchmal ein Standgeld, aber meistens kommt er dem »Goldsucher« entgegen. Die beste Nummer der Lotterie hat im Grunde er in der Hand. Wenn das Erdöl seinem Feld entströmt, so reserviert ihm die Schlußklausel gewöhnlich eine Gallone Erdöl bei acht Gallonen Ertrag, ohne daß es ihn irgendein Risiko gekostet hätte, er braucht nur seine Unterschrift unter einen Vertrag zu setzen. Da Erdölvorkommen in 115 von den 154 Landkreisen in Texas anerkannt worden sind, ist es weiter nicht verwunderlich, daß zwei Drittel des riesigen Landes unter derartigen Bohrverträgen stehen.

Hat der »wildcatter« das Öl erst einmal zum Strömen gebracht — sehr oft mit einer Wünschelrute —, kommt es darauf an, ob er ein guter Verwerter seiner Rechte ist. Manche beuten die Quellen selbst aus, die sie entdeckt haben, und werden aus Goldsuchern Goldmacher. Aber wer wirklich das »wildcatting« im Blut hat — und das haben fast alle —, verkauft seinen Vertrag an eine Gesellschaft für Erdölbohrungen und bringt seine Sonde und mit ihr seine Glückschance anderswohin.

Die meisten großen Vermögen in Texas gründen sich auf das Erdöl. Der reichste Mann in Texas — und einer der reichsten von ganz Ameria — Roy Cullen, ist ein Erdölmagnat. Er wurde auf 275 Millionen

Dollar geschätzt bis zu dem Tag, wo er die denkwürdigen Gesten Rockefellers und Fords nachahmte und mit einem Federstrich dem medizinischen Forschungsinstitut in Houston 180 Millionen Dollar schenkte. Ein anderer berühmter reicher Mann — ein authentischer »wildcatter« — ist Glenn McCarthy. Mit zwanzig Jahren entführte er — arm und schön, wie er damals war — die Tochter eines Millionärs; aber der wütende Vater beließ der Romanze den Charakter einer Liebesheirat und hielt den Daumen auf seiner Börse. Um seine junge Frau zu ernähren, wurde Glenn erst Wäscher, dann Tankwart. Sobald er ein paar Dollar in der Hand hatte, begann er sein »wildcatting«. Nach dem Gesetz der Wahrscheinlichkeit war der erste Schacht, den er bohrte, trocken. Es fehlte wenig, so wäre der zweite verhängnisvoll geworden. Ein Brand hätte McCarthy fast verkohlt und der Einsturz einer Plattform ihn fast erschlagen. Als er das Erdöl fand, wenige Tage nach seinem dreiundzwanzigsten Geburtstag, war er so am Ende aller Quellen seines Reichtums, daß er nicht mehr besaß als sein Vater als Arbeiter. Zwanzig Jahre später, kaum vierzigjährig, beherrschte McCarthy das, was man in Amerika ein Reich nennt. Er ist Besitzer einer eigenen Erdölgesellschaft, eines Hauses im Wert von 700 000 Dollar, des Superhotels Shamrock in Houston, einer Ranch von 5000 Hektar und eines Fabrikkonzerns für chemische Produkte. Er hat mindestens einmal Bankrott gemacht, brachte die verfahrene Situation wieder ins Geleise und erschreckt seine Umgebung noch immer durch die Kühnheit seiner finanziellen Kombinationen. Er genießt das Leben, wie nur ein Hasardeur es genießen kann, trinkt und streitet wie ein richtiger Ire, der er immer geblieben ist, umgibt sich mit Parasiten, fährt seinen Wagen mit 200 Stundenkilometern, reist in seiner privaten viermotorigen Maschine und betrachtet die Dinge und die Menschen mit dem seltsamen Lächeln seiner schräggestellten listigen Augen. Er wird vielleicht der reichste Mann der Welt werden oder auch mit einem Krach alles verlieren. Wer einmal ein »wildcatter« war, bleibt immer einer.

Sogar in Texas sind die neu entstandenen Vermögen jedoch weit entfernt, die Dimensionen ihrer Vorgänger zu erreichen. Dem steht die verkehrte Gleichmacherei durch die Einkommensteuer entgegen. Der Erdölmagnat Roy Cullen hat einige hundert Millionen Dollar verdient; aber der Erdölmagnat John Rockefeller hatte über zwei Milliarden eingeheimst, was heute sechs bis acht Milliarden bedeuten würde. Selbst die beiden exzeptionell großen, ebenfalls aus Texas stammenden Vermögen von Paul Getty und Howard Hughes sind weit entfernt, eine so schwindelhafte Höhe zu erreichen. Das Magazin *Fortune* hat ersteres vor einigen Jahren (es kann sein, daß es inzwischen noch angewachsen ist) auf 957 bis 1338 Millionen Dollar geschätzt. Das zweite, das zweifellos schwerer zu schätzen und stärkeren Schwankungen oder Wechselfällen ausgesetzt ist, wurde von dem genannten Magazin auf schätzungsweise 985 bis 1373 Millionen Dollar beziffert. Ohne Zweifel wächst die Zahl der Millionäre mit dem Tempo des Anwachsens des nationalen Reichtums. Nach *Fortune* sollen elf andere Amerikaner über 500 Millionen Dollar und 52 weitere mehr als 150 Millionen besitzen. Die Hälfte dieser Großvermögen soll bei Lebzeiten der Besitzer oder doch ihrer unmittelbaren Vorfahren entstanden sein. Die Möglichkeit, individuellen Reichtum zu erwerben ist also – wenngleich nicht mehr in dem Ausmaß wie vor hundert Jahren – immer noch gegeben.

Aber dieses eben noch Fortbestehen ist nur eine Kleinigkeit, verglichen mit dem Anwachsen eines mittleren Reichtums, gewissermaßen eines Fußvolks von Besitzenden.

Im Jahr 1950 hatten sechs von zehn amerikanischen Familien ein Einkommen von weniger als 5000 Dollar. 1960 waren es nur noch vier von zehn und 1968 nicht einmal mehr eine von zehn. Dabei handelt es sich selbstverständlich um jeweils »aufgewertete« Dollar – das heißt, der laufenden Geldentwertung ist Rechnung getragen worden.

Im Jahr 1950 ging der Anteil der Familien mit einem Einkommen von mehr als 10 000 Dollar nicht über 7 Prozent hinaus. Er hat sich bis 1960 auf 18 Prozent und bis 1972 auf 31 Prozent erhöht.

Man hat stets angenommen, daß die Zone des großen Wohlstandes bei einem Jahreseinkommen von 25 000 Dollar beginne. Nur 330 000 Haushaltungen konnten bis 1950 diese Schallmauer durchbrechen. »Am Ende des Jahrhunderts«, meint *Fortune*, »wird ein Amerikaner unter vieren 25 000 Dollar oder mehr verdienen.«

Besitz geht im Gefolge wachsenden Reichtums. Das Anwachsen der Einkünfte zieht eine noch vor wenigen Jahren unvorhersehbare Folgeerscheinung nach sich: sie führt dazu, daß der Besitz von Großunternehmungen immer sicherer sehr rasch in die Hände der Allgemeinheit übergeht.

Die Zahl der Inhaber von Industriewerten beläuft sich in den Vereinigten Staaten auf 25 Millionen. Es gibt dort 50 Millionen Familien.

Jede zweite amerikanische Familie ist somit Mitinhaberin der nationalen Industrie.
Es gibt berühmte Beispiele. A. & T. – die American Telegraph and Telephone Company – besitzt und bedient 80 Prozent der amerikanischen Telefone, das heißt die Hälfte sämtlicher Telefone, die es auf der Welt gibt. Sie bezahlt an ihre 750 000 Arbeiter und Angestellten mehr als fünf Milliarden Dollar an Löhnen und Gehältern, das entspricht etwa der Lohnsumme, die sämtliche in der Pariser Großregion tätigen Arbeiter verdienen. Aber A. & T. gehört drei Millionen Aktionären, von denen drei Viertel nicht mehr als hundert Aktien besitzen (Wert: etwa 6000 Dollar). Hundert Aktionäre sterben durchschnittlich im Tag. 20 500 heißen Smith.
Ein ähnlicher Fall: die General Motors, abgekürzt G.M.C. – Über 700 000 Arbeiter. Ein jährlicher Gewinn, der höher ist als die Gewinnsumme der dreißig größten europäischen Unternehmungen zusammengenommen. Aber die Zahl der Mitinhaber liegt nahe bei eineinhalb Millionen und die Hauptmasse des Kapitals befindet sich in den Händen der Inhaber von hundert bis tausend Aktien.
Dieser Volkskapitalismus verwirklicht schrittweise und im Wege des Individualismus und der Freiheit das Ziel, das sich der Marxismus gesteckt hat: die Abschaffung des Privateigentums an Produktions- und Finanzmitteln im großen Stil. Der Volkskapitalismus überträgt das Eigentum an diesen Produktions- und Finanzmitteln anstatt auf den Staat – die unselige und langweilige Zielsetzung des Sozialismus – vielmehr auf die Nation.

*

Der texanische Typ des Neureichen ist nicht der klassische Milliardär, sondern der *wildcatter*, der Glück gehabt, der Farmer, dessen Ackererde Öl geschwitzt hat, der Ranchero, dessen Herden wohl gediehen sind, der Grundstückspekulant, der mit Erfolg auf das Baufieber gesetzt hat. Sie haben keine Jachten, so lang wie Ozeandampfer, und verzichten gern darauf, sich Kopien des Schlosses von Blois bauen zu lassen. Von seltenen Ausnahmen abgesehen – wie zum Beispiel dem strahlenden Glenn McCarthy – halten sie sich im Hintergrund, ja beinahe in Anonymität. So wie die heutigen Sterne von Hollywood nur noch ein schwacher Abglanz der vorigen Generation sind, so können auch die texanischen Millionäre nur als schwächliche Nachfolger der Kolosse des Kapitals gelten. Über Texas liegt noch ein Schimmer des verstorbenen Amerika; aber es ist nur noch ein letzter Strahl eines erlöschenden Gestirns.

*

Texas hat Amerika einen typisch texanischen Präsidenten geschenkt: Lyndon Baines Johnson. Er ist als Vizepräsident zugleich mit dem Sarg des ermordeten Präsidenten Kennedy ins Weiße Haus gekommen und wurde 1964 in einer der triumphalsten Wahlen in der politischen Geschichte Amerikas als Präsident bestätigt. Die Vorschriften des XXII. Verfassungszusatzes waren insofern kein Hindernis für seine Wiederwahl im Jahr 1968, als seine Präsidentschaft als vorheriger Stellvertreter kürzer als zwei Jahre gewährt hatte. Es war wie ein Theatercoup, als er am 31. März 1968 im Fernsehen die Botschaft verlas, wonach er erklärte, sich aus dem politischen Leben zurückziehen zu wollen. Niemand hatte vorausgesehen, daß dieser in die Macht verliebte Erzpolitiker aus freien Stücken von der höchsten Stufe nationaler und internationaler Würden herabsteigen könnte. Ich habe im Kapitel über Washington die wahren Gründe dieses überraschenden Rücktritts genannt.

Ein anderer Texaner hatte sich im Schatten von Johnson mit so großer Exaktheit genähert, daß man hätte meinen können, er habe seinen Fuß auf den Stein gesetzt, von dem sich Johnsons Fuß soeben erst weggehoben hatte. Er ist heute eine der Unbekannten in der amerikanischen Politik und wäre sehr wohl imstande, Texas Anfang 1977 ins Weiße Haus zurückzuführen.

Lyndon Johnson ward in wirklicher Armut geboren. John Connally ebenso. Er ist mit sieben Geschwistern und bloßfüßig aufgewachsen — in Floresville, einem kleinen Nest in der Nähe von San Antonio, und hat dann sein Universitätsstudium mit Hilfe aller erdenklichen Arten von Broterwerb finanziert, einschließlich (auch wie Johnson) der sogenannten *highway gangs.* Das waren Straßenbautrupps, die von vielumworbenen Sträflingen angeführt wurden. Er schloß sich an Johnson an, machte seine Wahlkampagne mit und half ihm, mit einer winzigen Mehrheit von 87 Stimmen aus einer Million in den Senat zu kommen und lernte von ihm den Leitsatz, daß es unerläßlich sei, neben dem Vorwärtskommen in der Politik zugleich den Erwerb eines Vermögens zu betreiben. Johnson hatte damit begonnen, indem er

sich an einer Radiostation beteiligte; Connally tat es ihm nach, wurde aber später der erfolgreiche Vermögensverwalter des texanischen Supermillionärs Sid Richardson. Johnson, der inzwischen Vizepräsident geworden war, empfahl ihn für den Posten eines Staatssekretärs der Marine; aber Connally zog es vor, sich zum Gouverneur von Texas wählen zu lassen. In dieser Eigenschaft befand er sich am 22. November 1963 im Wagen von John Kennedy in Dallas und wurde von der Kugel, die den Präsidenten getötet hatte, an Hand und Hüfte verletzt. Fünf Jahre später gründete er die »Demokraten für Nixon« und brachte den republikanischen Präsidentschaftskandidaten die 26 Mandate von Texas zu. Drei weitere Jahre danach vertraute ihm Nixon das Portefeuille des Finanzministers an mit der zweifachen Mission, ein Wiederaufbauprogramm der amerikanischen Finanzen aufzustellen und sowohl mit Europa als auch mit Japan, die beide in keckem Vordringen begriffen waren, hart zu verhandeln. Connally hat seine Mission nicht bis zum Ziel geführt, sondern es vorgezogen, auf das politische Schlachtfeld zurückzukehren und die Wiederwahl Nixons zu unterstützen. Er hat inzwischen die Demokratische Partei verlassen, ist zu den Republikanern übergegangen und hofft nun – daran kann es keinen Zweifel geben – für die Präsidentenwahl 1976 aufgestellt zu werden. Nachdem er zuerst den Spuren Johnsons gefolgt ist, will er nun im Kielwasser von Nixon weiter Karriere machen.
Er ist sehr reich, besitzt drei Ranches, züchtet Rinder, wird 1974 siebenundfünfzig, pflegt eine schon ganz weiße Mähne über starken, eckigen Schultern, und hält auf seine Kleidung, ohne allerdings an seinem Heimatland Texas durch übertriebene Einfachheit zum Verräter zu werden. Man glaubt von ihm zu wissen, daß er als Mensch aus härterem Holz geschnitzt ist als Johnson, und man darf nicht vergessen, daß er der in Amerika um sich greifenden Schule des Neo-Isolationismus angehört. Europa hätte in Connally keinen Freund, wenn er zum Oberhaupt der Vereinigten Staaten gewählt würde.

Fläche: 680 000 km²
Einwohnerzahl: 11 196 730
Hauptstadt: Austin
Beiname: Staat vom Einsamen Stern
Hymne: Texas, our Texas

Devise: Friendship
Blume: Blaue Lupine
Baum: Pekan-Nußbaum
Wichtigste Städte: San Antonio, Dallas, El Paso, Houston
Wichtigste Produkte: Reis, Hirse. – Spinat, Pfirsiche. – Baumwolle. – Alles vom Rind und Schaf. – Erdöl, Erdgas. – Magnesiumchlorid. – Asphalt, Graphit. – Schwefel, Salz. – Helium, Brom.
Bundesstaat seit 29. Dezember 1845 (an 28. Stelle).

OKLAHOMA · NEU-MEXIKO · ARIZONA

Bis zur Erhebung von Alaska und Hawaii zu Bundesstaaten waren Arizona, Neu-Mexiko und Oklahoma die drei Jüngsten der amerikanischen Familie. Oklahoma ist noch keine Siebzigerin, da es erst am 16. November 1907 den Rang eines Staates erhalten hat. Die beiden anderen — sie sind fast Zwillinge — sind gerade sechzig Jahre alt gewesen: Neu-Mexiko ist am 6. Januar 1912 geboren und Arizona am 14. Februar desselben Jahres. Zusammen mit dem riesigen Texas bilden diese drei jungen Staaten den sogenannten Südwesten — ein weites, unübersehbares Gebiet, das sich vom Golf von Mexiko bis zu den Küstengebirgen des Pazifik erstreckt. Es ist die schmalste Stelle der Vereinigten Staaten, und nirgends sonst haben Natur und Menschen größere Kontraste entwickelt.

Dieser Südwesten ist zugleich das jüngste und das älteste, das ärmste und das reichste, das farbigste und das eintönigste Gebiet Amerikas; es ist das Land der Indianer, der Mexikaner, der Künstler, der Schwindsüchtigen, der Erdölsucher, der Regenmacher, der Klapperschlangenjäger, der Atombombensammler, der Menschenschmuggler, der Petrefaktenhändler, der jüngsten Millionäre, der Mauleselführer und der Raketenkonstrukteure; es ist das Land der »Painted Deserts« — der farbenreichen Wüsten — und der aschenfarbigen Steppe, das Land des Kaktus und der Baumwolle, der neuen Fabriken und der alten archäologischen Funde, der grünen Sonnenuntergänge und der Staubstürme, welche die Sonne tagelang verhüllen. Angesichts dieses Universums ist es beinahe unverzeihlich, dieses Gebiet mit wenigen Seiten abzutun, während ihm doch für jeden seiner Aspekte ein ganzes Buch gebührte.

Kapelle Alamo in San Antonie/Texas – Texanisches Freiheitssymbol seit 1836

OKLAHOMA

Bohrtürme in den Vorgärten

Oklahoma beginnt im Osten in der rauhen, waldreichen und verschwiegenen Kette der Ozark-Berge. Im Westen endet es an einem ausgetrockneten, flachen, staubigen, vom Wind gepeitschten Seebett. Ich erinnere mich, wie ich es zwischen staubigen Windwirbeln überquerte, die wie blasse Gespenster umherirrten. Jedes Jahr fordern die Tornados Opfer in dieser schutzlosen Ebene. Hier ist man in einer großen Ackerbaulandschaft, die in der Weizenernte direkt hinter Kansas und Nord-Dakota rangiert. Aber es ist noch nicht gesagt, daß man gut daran getan hatte, dieses erosions-empfindliche Land seines Pflanzenkleides zu berauben und dem Pflug auszuliefern. Die Dürrekatastrophe, der *dust bowl* der Dreißigerjahre, brachte Amerika eine schwere Belastungsprobe bis an den Rand des Zusammenbruchs von Wallstreet. Das Zentrum des Katastrophengebietes war Arizona, und die Farmer leben in der bedrückenden Angst, die Dürre könnte sich wiederholen.

Die jüngste Schlacht der Prohibition fand in Oklahoma statt. Im Gegensatz zu der Meinung vieler Europäer war die Frage 1933 durch die Abschaffung des 18. Verfassungszusatzes nicht entschieden. Die Prohibition hörte auf, eine allgemeine Auflage zu sein, aber die Staaten und selbst die Bezirke bleiben die Herren ihrer Alkoholgesetze. Ein regionaler Kampf hat fast überall begonnen, und die »Trockenen« geben ihr Terrain nur Schritt für Schritt auf. Zu guter Letzt haben sich die meisten Staaten zu einer freiheitlichen Handhabung entschlossen außer 16, die den Alkohol einer Kontrolle unterworfen haben, welche auf dem Einzelhandelsmonopol beruht, und dreien, Kansas, Mississippi und Oklahoma, die starr prohibitionistisch blieben. Dann war die Reihe sich zu beugen an Kansas, und der Streit der »Trockenen« gegen die »Feuchten« konzentrierte sich auf Oklahoma. Der 7. April 1959 war ein entscheidender Tag und ein Tag der Trauer für die Feinde des Alkohols. Mit 396 845 Stimmen gegen 314 380 beschloß eine Volksabstimmung die Abschaffung der Antialkohol-Klausel, die in der Verfassung des Staates stand. Es gibt nun nur noch einen »trockenen« Staat, den Erzsüdstaat Mississippi — aber mehrere Millionen Amerikaner leben noch unter lokalen Gesetzen, die den Alkohol verbieten. Der Reisende, der vernimmt, daß man ihm ein Glas Bier verweigert,

Oben: Montezuma Castle in Arizona
Unten: Felsenlandschaft in Utah

»Sorry, we're dry«, darf nicht glauben, daß er in die Zeit von vor dreißig Jahren geraten wäre; das ist nur eine Manifestation der Autonomie der Gemeinden.
Oklahoma ist der Vorbote von Texas. Es hat seinem großen Nachbarn im Norden einen »Panhandle« (Pfannenstiel) abgeschnitten, der 200 Kilometer lang ist und den ihm die Texaner in ihrer Großmut nicht mißgönnen. 72 der 74 Landkreise erzeugen Erdöl. In Oklahoma-City erheben sich die Bohrtürme sogar auf dem Rasen des Kapitols. Und man sieht Rentner in Hemdsärmeln in ihrem Garten die Zeitung lesen, während hinter ihnen eine hurtige Pumpe ihr Einkommen aus dem Boden saugt.

Fläche: 181 440 km²
Einwohnerzahl: 2 259 253
Hauptstadt: Oklahoma City
Beiname: Staat des Ersten Besitznehmers
Hymne: Oklahoma
Devise: Labor omnia vincit
Blume: Mistel
Baum: Judasbaum
Wichtigste Städte: Fort Smith, Lawton, Tulsa
Wichtigste Produkte: Wintergetreide, Hirse. — Alles vom Schaf. — Baumwolle. — Erdöl, Erdgas, Kohle.
Bundesstaat seit 16. November 1907 (an 46. Stelle).

NEU-MEXIKO

Gestern die Atombombe – heute die Western

Neu-Mexiko, der Fläche nach der sechstgrößte Staat, ist zweimal so groß wie Oklahoma, aber wesentlich dünner bevölkert: es hatte anläßlich der Zählung von 1970 1 016 000 Einwohner gegen 2 259 253 in Oklahoma. Ein Drittel der Bevölkerung lebt im Stadtgebiet von Albuquerque, das sich kräftig entwickelt, während Santa Fé in seinem alten spanischen Kostüm einen verschlafenen, aber dabei bezaubernden Eindruck macht.

Der Staat ist eine karge Steppe, im Winter verschneit, im Sommer verdorrt, im übrigen aber reich an Schönheiten und auch exzentrischen Launen der Natur. Mit einer unterirdischen Halle von einem Kilometer Länge gelten die Grotten von Carlsbad als die größten bisher auf der ganzen Erde entdeckten Höhlen. Der Rio Grande zwängt sich durch steile, farbenprächtige Felsufer, ehe er zur Grenze zwischen Texas und Mexiko wird. In der Einöde Neu-Mexikos fand man das Experimentierfeld für die Atombombe. Sie explodierte im Morgengrauen des 16. Juli 1945, im Dämmer einer neuen Ära der Menschheitsgeschichte, zum erstenmal in dem militärischen Sperrgebiet von Alamogordo und überstrahlte die Bergkette von Sangre de Cristo mit einem supraterrestrischen Blitz.

Der Explosivstoff dieser Bombe Nummer Eins kam aus der Anlage für Isotopenspaltung in Oakridge, Tennessee, aber die Bombe selbst wurde in Neu-Mexiko, genauer gesagt, in Los Alamos zusammengesetzt, wo das Vorhandensein eines Pfadfinder-Camps die Kommission für das »Projekt Manhattan« veranlaßt hatte, die Hauptstelle ihrer Geheimbasen einzurichten. Nach der Kapitulation Japans verließen die Gelehrten, einigermaßen entsetzt über das, was sie angerichtet hatten, Los Alamos mit dem dringenden Rat, es wieder den Nagern der Wüste zu überlassen. Daß die Einrichtung dennoch gerettet wurde, ist Norris Bradbury und Edward Teller zu danken — zu danken aber auch der Schnelligkeit der sowjetischen Fortschritte auf dem Gebiet der Atomrüstung. Heute ist das Los Alamos Scientific Laboratory einer der Plätze auf Erden, wo die meisten Wunderwerke ausgearbeitet werden: der NERVA-Motor, der Reisen durch den Weltraum mit wesentlich höheren Geschwindigkeiten ermöglichen wird als Raketen des Schnellbrüters LASL, der die wunderbare Eigenheit besitzt, mehr spaltbares Material erzeugen zu können, als er erhält: der Reaktor Scylla, der das Energieproblem endgültig lösen wird, indem er die thermonukleare Explosion unter Kontrolle nimmt. Die Örtlichkeit, die lange Zeit unzugänglich, improvisiert und mit bunt zusammengewürfelten Baracken bebaut war, ist eine richtige kleine amerikanische Stadt geworden, die Jahr für Jahr ihre hunderttausend Besucher hat. Die Einwohnerzahl beträgt 16 000, von denen 4000 Angestellte des Laboratoriums und 600 mit einem Doktortitel behaftet sind.

Die neueste Neuheit in den Aktivitäten Neu-Mexikos ist der Film. Der Anstoß ist von jungen Produzenten ausgegangen, denen die Kompliziertheit und die Kosten der großen Studios zuviel geworden waren. Mit seinem günstigeren Klima und wohlfeileren Einrichtungen hat Neu-Mexiko praktisch alle Western von Hollywood abgezogen.

Fläche: 314 000 km²
Einwohnerzahl: 1 016 000
Hauptstadt: Santa Fé
Beiname: Zauberland
Hymne: O, fair New Mexico
Devise: Crescit eundo
Blume: Yucca
Baum: Cembro-Kiefer
Wichtigste Stadt: Albuquerque
Wichtigste Produkte: Hirse. — Schafe. — Baumwolle. — Holz. — Uran. — Gold, Silber. — Kupfer, Zink. — Kaliumsalze. — Erdöl, Erdgas. — Nahrungsmittel und Chemische Produkte. — Elektromechanik. — Glas.
Bundesstaat seit 6. Januar 1912 (an 47. Stelle).

ARIZONA

oder der phänomenale Aufstieg der Stadt Phoenix

Die Jugendlichkeit des Westens ist packend. Vor einigen Jahren habe ich in Tucson einen Greis gesehen, einen Wächter der Freimaurerloge, der als der erste in Arizona geborene Weiße vorgestellt wurde. Damals feierte man auch einen Sheriff, den bei der Verfolgung zweier Diebe in der Wüste eine Klapperschlange gebissen hatte. Er ließ seine Wunde bluten, brannte sie mit seinem Feuerzeug aus und verfolgte die Spuren der beiden Verbrecher weiter. Er überraschte sie im Schlaf, fesselte ihre Hände, warf den Schlüssel der Handschellen in eine Schlucht und machte seinen beiden Gefangenen klar, daß ihre einzige Chance, nicht zu verhungern, darin bestünde, sich ihrer Beine zu bedienen und ihm Hilfe zu holen. Dann legte er sich vom Gift gelähmt nieder und wartete – ein großartiges Szenario für einen Western, ein zeitgenössisches Abenteuer voller Romantik des Wilden Westens, der dem heutigen Westen noch so nahe ist.

Das Gebiet von Arizona hatte 1870, im Jahr der ersten Volkszählung, weniger als 10 000 Bewohner. Im Jahr darauf erstanden im Tal des Salt River, mitten in indianischem Gebiet, ein paar Hütten, die ein Feuer zerstört hatte, von neuem, und die Siedlung erhielt den Namen Phoenix. 25 Jahre später hatte Phoenix noch immer nur 300 Seelen – sofern man den Abenteurern, die es bewohnten, eine Seele zugestehen mochte. Der Aufstieg ging allmählich, dann beschleunigt, schließlich rasend vonstatten. Die Zählung von 1930 ergab in Phoenix 48 000 Einwohner, die von 1940 65 000, die von 1950 106 000 – aber das waren nur bescheidene Sprünge, verglichen mit dem steilen Anstieg, den die Zählung von 1960 bezeugte. Phoenix, das zehn Jahre vorher noch die achtundneunzigste Stadt der Vereinigten Staaten gewesen war, schwang sich mit 430 159 Einwohnern auf den neununddreißigsten Platz. Das bedeutet ein Wachstum von 320 Prozent, weit überlegen dem von Dallas, Houston und San Diego, das 55, 58 und 65 Prozent betrug; überlegen sogar dem Zuwachs von El Paso (Texas) und Tampa (Florida), deren Bevölkerung sich in denselben zehn Jahren verdoppelt hatte. Die Zählung von 1970 vermerkt einen weiteren Sprung nach vorn: Phoenix wird mit 581 562 Einwohnern die zwanzigste Stadt der Vereinigten Staaten. Mehr als die Hälfte der 1 772 000 Arizonaner leben im Stadtbereich von Phoenix. Seine industrielle Entwicklung, das Fundament seines blitzartigen Wachstums, ist ganz im Sinn der neuesten Technik geleitet. Keine alte oder schwarze Fabrik belastet und entstellt den Aufschwung der Aeronautik, der Fernsteuerung, der Elektronik, der Elektronengehirne; 16 der größten amerikanischen Firmen haben in der Gegend bedeutende Anlagen gebaut. Die Lufttrockenheit und das Fehlen von Industriestaub sind vor allem Bedingungen, die zählen, da es sich um äußerst empfindliche Maschinen handelt, wie zum Beispiel die Sucherköpfe der Luftabwehrraketen. Es überraschte nicht, wenn Phoenix, das Geschosse herstellt, das lebendigste, wenn nicht das größte amerikanische Arsenal geworden wäre. Aber es hat sein Aussehen einer Ferienstadt nicht eingebüßt, mit seinem ewigen Sommer, seinen hemdsärmeligen Passanten, seinen untadeligen Straßen, seinen Parks und Wohnvierteln, wo man tatsächlich ein Schwimmbecken pro Haus zählt. Was noch vor kurzem ein Luxus der Hollywood-Stars war, gehört in Arizona zum Standard eines mittleren Angestellten.

Arizona leuchtet von Romantik. Von dieser Erde, die gewaltigen Verwitterungen unterworfen war, läßt sich eine jahrtausendealte Geschichte ablesen. Die Gewalten der Natur haben riesige Einschnitte gegraben, den Schoß der Erde klaffend geöffnet, schwindelnde Brücken gebaut, Tausende von Bergspitzen gemeißelt, Felsgrate ausgezackt und Bergkuppen abgeschliffen. Eine erstaunliche Mannigfaltigkeit an Metalloxyden hat der steinigen Landschaft sämtliche Farbnuancen verliehen, vom strahlenden Rot bis zum Ebenholzschwarz und dem satten Grün des Sommers. Die von Mineralsalzen gesättigten Wasserläufe haben sterbende Wälder versteinert, die der Verfall des Erdreichs wie ungeheure Achatstümpfe preisgibt. Ein glühender Himmel, der über dieser Pracht strahlt, macht aus Arizona das heißeste Land der Vereinigten Staaten, aber seine Luft ist trotzdem so kräftig, daß die Lungenkranken dort in den schönsten Sanatorien der Welt Heilung finden. Wo sich ein Gebirge hoch genug erhebt, ist es, als stehe der Jura mitten in der Sahara, und der Schnee bricht seinen Glanz in den weißen Sandwüsten, die sich zu seinen Füßen ausbreiten. Bei Flagstaff fährt man im Winter Ski auf den Hängen des Mount San Franzisko, während Phoenix und Tucson, die beiden heißesten Städte der Vereinigten Staaten, stets höhere Temperaturen haben als Miami.

Das Wunder der Wunder ist natürlich der Gran Cañon des Colorado. 400 Kilometer lang windet er sich bald durch enge, bald durch weite Schluchten. Der Fluß, der durch die jähe Tiefe stumm erscheint, strömt mehr als 1000 Meter und manchmal sogar fast 2000 Meter unter dem Hochplateau dahin. Nichts auf der Welt ist dieser phantastischen Schlucht zu vergleichen, und nicht selten brechen die Besucher, von Staunen ergriffen, in Tränen aus vor einem Schauspiel, dessen gewaltigen Eindruck alle Beschreibungen und alle Fotografien nicht abschwächen können.

Wenngleich der Gran Cañon alles an Großartigkeit übertrifft, gibt es doch auch in Arizona — ähnlich wie in Neu-Mexiko und in Kalifornien — noch andere Sehenswürdigkeiten, die den Staat eine der reichhaltigsten und originellsten Gegenden für den Tourismus sein lassen, die es auf der Welt gibt. Er hat die bevorzugte Erde der großen, stachligen und gequälten Familie der Kakteen. Die Berge, die Tucson umgeben, sind übersät mit diesen tristen Riesen, die am Herzleid sterben und zugleich Bäume und Gräser sind: den Saguaros. Das Saguaro National Monument ist eine der 88 Sehenswürdigkeiten (worunter sich White Sands, der Versteinerte Wald, der Gran Cañon usw. – ebenfalls alle im Südwesten gelegen – befinden), die nach den 29 Nationalparks ihrer Zielsetzung dienen, die Schönheiten der Natur und die Spuren der amerikanischen Geschichte zu erhalten. Aber die Botaniker sind der Meinung, daß der Saguaro eine Pflanzenart ist, die zum Aussterben verurteilt und durch keinen menschlichen Eingriff mehr zu retten sei.

*

Der Südwesten war Zeuge einer Epopöe; und er ist noch immer Zeuge eines Dramas. Die Epopöe betraf die Spanier; das Drama betrifft die Indianer.

Das heutige Arizona und Neu-Mexiko gehörten einst den mächtigen Spaniern. Der Mississippi ist von einem Spanier – Hernando de Soto – entdeckt worden. Spanier haben Florida kolonisiert, ihre Missionare nach Kalifornien geschickt und sind bis in das Gebiet von Colorado vorgedrungen. Aber sowohl in Kalifornien wie in Florida und Colorado zeugen von den Spaniern nur noch geographische Namen und ein paar Kirchtürme. Dagegen haben sie im Südwesten, vor allem in Neu-Mexiko, tiefe menschliche Spuren hinterlassen und die unvergängliche Erinnerung an eine große und dramatisch verlaufene Geschichte.

Wenn man durch die öden Gebirge fährt, die Santa Fé umgeben, wird man unwillkürlich nachdenklich. Wie konnten diese eisengepanzerten Hidalgos des sechzehnten Jahrhunderts sich so weit in diese feindlichen Gebiete vorwagen? Nun, die Geschichte bezeugt es. 1519, im gleichen Jahr, in dem Cortez Mexiko eroberte, entdeckte ein Spanier namens Alonzo Alvarez de Pinedo den Rio Grande. 1528 wurde ein mutiger Spanier mit dem unglaubhaften Namen Cabeza de Vaca von den Indianern an der Küste des Golfs gefangen, blieb sieben Jahre in Haft, entfloh dann, durchquerte den ganzen Kontinent bis Südkalifornien und brachte es fertig, nach allen diesen Strapazen den ersten Forschungsbericht über den Südwesten zu schreiben. 1539 zog der Franziskaner Marcos de Niza allein und unbewaffnet durch das Gebiet des heutigen Arizona. Die aus gestampftem Lehm oder Luftziegeln – »adebe« – gebauten Häuser der Indianer, die in der Sonne glänzten, täuschten ihn, so daß er berichtete, er kehre aus einem Land zurück,

wo die Mauern der Häuser aus Silber seien. Schon im folgenden Jahr verließ eine große Armee Mexiko — 1200 Mann unter der Führung von Vasquez de Coronado — und machte sich nach der Fata Morgana auf. Sie marschierte zwei Jahre lang, drang bis Kansas vor und kehrte wieder heim, ohne irgendwelche Edelmetalle gefunden zu haben; dafür hatte sie aber den Weg frei gemacht für 92 spanische Expeditionen, die in kaum zwei Jahrhunderten den amerikanischen Kontinent durchzogen. Im Jahr 1598 nahm Don Juan Oñate im Namen Philipps II., der unterdessen jenseits des Ozeans gestorben war, feierlich von dem Land Besitz, das er Neu-Spanien nannte. Wo begann es? Wo endete es? Niemand machte sich darum Sorgen. Es erstreckte sich bis ins Unendliche — so weit die Sonne reichte.
Die erste Hauptstadt war San Juan, die zweite wurde das 1610 gegründete Santa Fé — das war also zehn Jahre, bevor die Pilger der *Mayflower* — diese berühmten Spätlinge — in der Bucht von Plymouth an Land gingen. Das Leben spielte sich ein — auf spanisch natürlich — mit seinen Notaren, Gerichtsdienern, Brüderschaften und Büßermönchen, seinen Mantillen und Jalousien. Man brauchte immer noch Monate, um aus Mexiko anzureisen oder aus San Augustin in Florida, der ersten Stadt in den künftigen Vereinigten Staaten und Angelpunkt der von Spanien beherrschten Gebiete nördlich von Vera Cruz. Noch einmal: Wie fanden sie ihren Weg, wie reisten sie, diese Kastilianer? Auf kaum gebahnten Straßen und mitten durch kriegerische, tapfere Indianerstämme? Selbst an Ort und Stelle ist man heute außerstande, sich ihren sagenhaften Weg vorzustellen. Und die Berichte, die sie hinterlassen haben, sind so undramatisch abgefaßt, daß sie den verwirrenden Eindruck erwecken, als sei alles ganz leicht gewesen.
Mit den Indianern, die sie sich unterworfen hatten, waren sie zugleich schrecklich und gutmütig. Sie waren nicht darauf aus, sich Grund und Boden anzueignen — sie forderten die Seelen. Im Jahr 1680 brach ein großer Aufstand gegen diese Eroberer des Absoluten aus. Die gestürzten indianischen Götter feierten Auferstehung. Innerhalb von fünf Tagen bemächtigen sich 5000 Pueblos der Stadt Santa Fé. Neu-Spanien setzte sich in El Paso am Rio Grande fest und vegetierte dort zwölf Jahre lang. Dann brach es zur Rückeroberung auf. Es konnte Santa Fé wieder nehmen und fand das Rathaus von den dort befehligenden Häuptlingen beinahe unbeschädigt vor, baute eine Kathedrale wieder auf, die noch heute steht, legte einen bepflanzten Platz an, der auch immer noch da ist, und prägte der Stadt einen un-

auslöschlichen Stempel auf. Neu-Spanien dehnte sich 1821 über Mexiko aus, doch hat es den Anschein, daß sich dabei nichts geändert hat. Die Veränderung ließ bis 1848 auf sich warten, als die Vereinigten Staaten Neu-Mexiko, Arizona und Kalifornien en bloc annektierten. In den Höheren Schulen wird gelehrt, daß dies rechtens geschehen sei, weil die Regierung in Washington den Mexikanern, nachdem sie sie mit Waffengewalt aus dem Land gejagt hatten, 15 Millionen Dollar gezahlt habe, damit sie die Abtretungsurkunde unterschrieben. Es ist ja auch in der Tat noch ein Unterschied zu Bismarck, der nicht nur Elsaß-Lothringen, sondern dazu noch Kriegsentschädigung verlangt hat; aber trotzdem sollte man das Manöver nicht zu sehr herausstreichen.
Was von dem ausgedehnten Aufenthalt der Spanier und Mexikaner übriggeblieben ist, das sind die »Greasers«. Dieser Beiname für die Mexikaner — er bedeutet »die Fettigen« — ist nicht gerade schmeichelhaft. Sehr selten, oder vielleicht auch niemals, sind sie reinblütige Spanier. Fast alle, oder auch alle, sind Mestizen. Aber sie haben die spanischen Sitten eingesaugt, sie lieben das Nichtstun, essen scharf gewürzte Speisen und bewahren ihrer Gitarre eine beharrliche Anhänglichkeit. In der Sprache dieser Übriggebliebenen sind die Eroberer aus dem Norden (sie bilden heute 70 Prozent der Bevölkerung) die »Anglos«. Jede Stadt, jedes Nest in Neu-Mexiko besteht aus zwei Teilen: dem Stadtviertel der »Anglos« und dem der »Greasers«. Das eine ist von tragischer Häßlichkeit, das andere von abschreckender Armseligkeit.
Im Viertel der »Anglos« glänzen Wellblechdächer unter der drückenden Sonne, sie bedecken Frigidaires und Klima-Anlagen, in dem der »Greasers« dienen verfaulende Veranden als Nährboden für Kletterpflanzen. Die beiden Viertel — oder die beiden Welten — kennen sich nicht, verachten sich aber von Herzen.

*

Die Koexistenz der beiden verschiedenen, einander feindlich gesinnten Bevölkerungsteile in Neu-Mexiko ist ein Versagen des berühmten Schmelztiegels — »melting-pot« — Amerika. Es ist nicht das einzige und auch nicht das tragischste Versagen. Der Südwesten selbst zeigt ein anderes Beispiel in einer ernsten und schwierigen Lage: Er war und ist noch immer der Schauplatz des indianischen Problems.
Es gibt in ganz Amerika Indianer. Die offizielle Zählung stellt sie in

allen 50 Staaten, wenn auch oft in symbolischer Zahl fest: 656 in Delaware, 229 in Vermont, 751 in West-Virginia, usw. Sogar im Osten findet man überall noch kleine Reste, einige Dutzend rothäutiger Menschen, die im Umkreis einer Schule oder eines Drugstore leben. In bestimmten Gebieten des Südens werden die Indianer etwas zahlreicher, in Nord- und Süd-Carolina zum Beispiel leben fast 45 000. Aber sonst ist die Masse der indianischen Bevölkerung in den Westen verdrängt worden, und zwar sehr weit in den Westen, bis hinter den Mississippi. Im großen und ganzen gibt es zwei Hauptgruppen: die Indianer des Nordwestens (die Algonkin, Irokesen und Sioux) und die des Südwestens. Die einen – etwa 200 000 – leben vor allem in Wisconsin, Minnesota, Dakota, Montana und Washington. Die anderen wohnen in Kalifornien, Arizona, Neu-Mexiko und Oklahoma. Sie sind die zahlreicheren (fast 400 000), im allgemeinen die ärmeren und meist auch die reinblütigeren. Der höchste Prozentsatz indianischen Blutes – mit einer Genauigkeit berechnet, die 97,9 Prozent erfaßt hat – findet sich bei den Pimas in Arizona; die Ethnologen schätzen daher, daß mehr als 60 Prozent aller Indianer nicht mehr reinrassig sind.
Die indianische Welt ist von einer seltsamen Uneinheitlichkeit. Sie setzt sich aus 96 Stämmen zusammen, die 41 verschiedene Sprachen sprechen. Sie zeigt fünf oder sechs verschiedene Kulturstufen. Nach den modernen Theorien entsprechen sie den sich über Dekaden von Jahrhunderten hinziehenden Völkerwanderungen, die über die Bering-Straße herüberkamen. Die Fachleute, die den ungeheuren Mut haben, sich in dieses Labyrinth zu stürzen, kommen einigen Zusammenhängen auf die Spur. Sie halten es zum Beispiel für erwiesen, daß die seßhaften Indianer in Neu-Mexiko, die Pueblos, von den berühmten »Korbmachern« abstammen, deren fünf bis sechs Stockwerke hohe Höhlenhäuser man an den unzugänglichen Abhängen der Mesa Verde gefunden hat. Aber viele Zwischenglieder fehlen, und die meisten Erklärungen sind nur Hypothesen. Es ist schwierig, die Geschichte von Völkern zu schreiben, die keine Schrift kannten und sich niemals darum bekümmerten, der Nachwelt irgendwelche geschichtliche Daten zu hinterlassen.
In großen Umrissen ist wenigstens das harte Schicksal der Indianer seit dem Erscheinen des Weißen Mannes bekannt. Heute ist bei den Amerikanern eine gewisse Reue darüber zu spüren, aber solche Gefühle hätten ihre Vorfahren, sogar noch die Großväter der heutigen Amerikaner, sehr überrascht. Die Beschreibungen, die sie über die In-

dianer hinterlassen haben, lauten alle gleich: Menschenschinder, Sadisten und vor allem Diebe und Betrüger. Wenn sie ihr Wort gaben, hielten sie es niemals. Wenn sie ihr Land verkauften und man es ihnen bezahlt hatte, versuchten sie, es sich mit Gewalt wieder anzueignen. Oft verkauften sie sogar, was ihnen gar nicht gehörte. Das berühmteste Beispiel dafür ist Manhattan. Jeder weiß, daß die Holländer diese Insel 1626 um das Lumpengeld von 24 Dollar kauften, aber nicht jedem ist bekannt, daß Peter Minuit, als er seine Erwerbung friedlich in Besitz nehmen wollte, merkte, daß die Verkäufer sich aus dem Staub gemacht hatten und ein Stamm, der mit der Sache nichts zu tun hatte, Besitzer der Insel war. Nachdem er Manhattan bezahlt hatte, mußte er es erst erobern, so daß der Handel, der allgemein als ein ungerechter Kaufvertrag bezeichnet wird, in Wirklichkeit ein Schwindel war. Der Kern der Sache ist, daß die Indianer keinerlei Vorstellung vom Eigentum des Bodens und noch weniger von einem Kaufvertrag nach europäischer Art hatten. Schon diese Unvereinbarkeiten, abgesehen von andern Unterschieden, machten den Kampf zwischen den Rothäuten und den Weißen Menschen zum Vernichtungskrieg.

Die Europäer eroberten Amerika vor allem durch ihre Überzahl. Das alte Klischee, nach dem eine Handvoll weißer Männer von rothäutigen Horden überfallen worden sei, ist sehr schön, aber falsch. Theodore Roosevelt gibt in seiner Geschichte der Eroberung des Westens zu, daß die Weißen mindestens bei vier von fünf Zusammenstößen an Zahl weit überlegen waren. Als der tapfere Seminolenhäuptling Assunwha sich 1843 ergab, nach einem Kampf, der offiziell noch immer als »indianischer Krieg« angesehen wird, hatte er auf seiner Seite 70 Krieger – während die Vereinigten Staaten mehr als 1735 Generäle, Offiziere und Soldaten geschickt hatten. Sogar im siebzehnten und achtzehnten Jahrhundert waren viele Stämme so schwach, daß sie sich den Verlust von zehn tapferen Kriegern nicht hätten leisten können, ohne die Existenz ihres Stammes aufs Spiel zu setzen. Die Wissenschaftler rechnen, daß es in den heutigen Gebieten von Kanada und den Vereinigten Staaten in dem Jahr, in dem Jacques Cartier zum Sankt-Lorenz-Strom vordrang, 864 000 Indianer gab. Diese Zahl, selbst wenn man sie nicht wörtlich zu nehmen braucht, ist ein Schlüssel zur Geschichte der Indianer. Die Rothäute müssen außerordentlichen Mut und kriegerische Fähigkeiten besessen haben, um sich so lange verteidigen zu können, wie sie es taten. Man ist verblüfft, wenn man erfährt, daß 1765, nur ein paar Jahre vor der Unabhängigkeitserklärung, eine indianische Gegenoffensive 50 Meilen von Baltimore entfernt stattfand und daß Annapolis in aller Hast Befestigungen errichtete.

Keine andere Politik schien möglich außer der, die Indianer vom Osten der Vereinigten Staaten zu vertreiben. Diese erzwungene Völkerwanderung zieht sich über die erste Hälfte des neunzehnten Jahrhunderts hin. Die erschütterndsten Episoden spielten sich bei der Deportation der fünf zivilisierten Stämme ab — der Choktaws, Chickasaws, Cherokees, Creeks und Seminolen —, die in Florida, am Mississippi und in Louisiana wohnten. Sie besaßen Schulen, hatten Berufe und eine Schrift und denselben Glauben wie die Weißen; sie baten oft die Bundesbehörden um Lehrer, Ratgeber und Hufschmiede; sie boten an, ihre eigene Polizei aufzustellen, und um zu beweisen, daß es sich nicht um ein Versprechen ins Blaue hinein handelte, lieferten sie die Mörder aus und schnitten den Dieben die Hand ab. Sie wollten in ihrem großen angestammten Sumpfgebiet mit seinen rosafarbenen Flamingos und seinen Krokodilen bleiben. Alles war umsonst. Die Erfahrungen zweier Jahrhunderte hatten gelehrt, ob mit Recht oder Unrecht, daß die beste Sicherung gegen die Indianer ihre Ausweisung war. In kleinen Gruppen von 200 bis 300 Personen wurden die fünf Stämme auf Schiffen, die den Mississippi, den Arkansas, den Canadian und Red River hinauffuhren, nach Oklahoma deportiert. Sie verließen ein Sumpfgebiet, in dem die Erde sich nur im Schlammzustand befindet, und sahen sich in ein Wüstengebiet versetzt, in dem Erde nur als Staub vorhanden ist. Niemand hatte sie auf diese Veränderung vorbereitet, und bis sie sich den schwierigen Verhältnissen angepaßt hatten, mußte die Bundesregierung sie auf der jämmerlichen Basis von täglich dreieinhalb Cent pro Kopf ernähren. Noch heute ist in der Volkskunde der Choktaws und ihrer unglücklichen Brüder die erzwungene Auswanderung unter dem erschütternden Namen »Der Weg der Tränen« bekannt.

Immerhin waren die ersten indianischen Reservate weiträumig und manchmal auch fruchtbar. Der Westen schien endlos und ihn zu bevölkern fast unmöglich. Man überließ den »ersten Amerikanern« Gebiete, die mehr als ausreichend waren, um ihre Herden zu weiden oder, falls sie den Wunsch hatten, den Boden ertragreich zu machen. Aber die Weißen bemühten sich nicht sehr lange um dieses große primitive Land. Die neuen Amerikaner, die begierig waren nach unerforschten Gebieten, rächten sich gründlich für das Nichteinhalten des gegebenen

Versprechens, das sie einst den Indianern so oft vorgeworfen hatten. Durch Gewalt, List und manchmal auch Raub schrumpften die indianischen Reservate zusammen. Heute umfassen sie ein Gebiet von 53 Millionen Morgen. Im Jahr 1887 war das Gebiet noch 137 Millionen Morgen groß gewesen.

Oklahoma ist dafür das typische Beispiel. Schon der Name, der dem Gebiet gegeben wurde — Okla: Volk, Homa: rot —, schien es als unantastbares Asyl der besiegten Rasse zu bezeichnen. Die fünf zivilisierten Stämme, die inzwischen ihr Gleichgewicht wiedergefunden hatten, schienen den entwicklungsfähigen Kern inmitten der weniger fortgeschrittenen Stämme zu bilden. Mit demselben Recht wie die Puritaner in Massachusetts oder die Schweden in Minnesota hätten sie als indianischer Staat ihren Platz in der Union einnehmen können. Aber die Hilferufe der ersten Siedler tönten lauter als diese stumme Bereitschaft. Im Jahr 1889 gab der Kongreß das indianische Territorium den Weißen zur Kolonisation frei. Am 22. April dieses Jahres entstand Oklahoma City aus einer Station der Santa-Fé-Eisenbahn ,deren Wartesäle und Büros aus einem alten abmontierten Güterwagen bestanden. Bei Sonnenuntergang bedeckten die Zelte von 10 000 Auswanderern die Ebene um den alten stillgelegten Waggon. Eine der blühendsten Städte Amerikas — 240 230 Einwohner bei der letzten Zählung — war innerhalb von ein paar Stunden entstanden, ohne das Erdöl, das erst dreißig Jahre später entdeckt wurde. Aber der Traum eines indianischen Staates war ausgeträumt.

Es ist nicht leicht, auf wenigen Seiten den derzeitigen Stand des Indianerproblems darzulegen. Das Gesetz der Mannigfaltigkeit, das die Geschichte der Rothäute prägt, setzt sich heute in einer großen Vielfalt der Situationen fort. Vereinfachung wäre Verrat an der Wahrheit. Und viele Reisende — sowohl Amerikaner als auch Europäer — haben die Dinge höchst vereinfacht dargestellt, nachdem sie die indianischen Territorien des Südwestens nur flüchtig durcheilt hatten.

Noch einmal zurück nach Oklahoma: die Zählung von 1950 hat dort 53 769 Indianer festgestellt. 1940 waren es 63 125. Eine voreilige Schlußfolgerung ergäbe, daß die Zahl der Indianer in Oklahoma in zehn Jahren um 10 000 abgenommen hat. Nichts wäre verkehrter als das. In Wirklichkeit leben in diesem Staat mindestens 120 000 Indianer — aber die Statistiker rechnen nur solche Individuen als Indianer, die einen bestimmten Status haben. Man findet in Tulsa, in Enid oder Oklahoma City Advokaten, Journalisten, Ärzte, Kaufleute, Angestellte, Arbeiter, die zur indianischen Rasse gehören, aber juristisch und praktisch nicht mehr zur indianischen Minderheit gerechnet werden. Dasselbe gilt für die Farmer. Für sie alle ist das Problem gelöst, da sie sich assimiliert haben. Nicht einmal ein Vorurteil gegen ihre Hautfarbe ist vorhanden. Ein Amerikaner würde aus allen Wolken fallen, wenn er erführe, er habe in seinen Adern von lange her einen Tropfen schwarzen Blutes, aber er gesteht nicht nur ungeniert, sondern mit einem gewissen Stolz, daß er eine indianische Großmutter hat. Und die zahlenmäßige Abnahme der Rothäute im Staat Oklahoma beweist ganz einfach, daß die Zahl der Indianer, die in den normalen Kreislauf der amerikanischen Zivilisation Eingang gefunden haben, sich unendlich rasch vermehrt. Es bleibt hinzuzufügen, daß die meisten von den fünf zivilisierten Stämmen herkommen, die innerhalb der indianischen Welt eine höhere Stufe der Kultur und der Befähigung darstellen.

Aber eine tiefe Kluft trennt die indianischen Bürger von Oklahoma City von den Indianern der Reservate — den sogenannten »blanket Indians«, den Decken-Indianern.

Dem Gesetz nach sind sie Unmündige. Sie werden vom Amt für Indianische Angelegenheiten in Washington regiert, und ihre Organisation umfaßt immer den ganzen Stamm. Ihr Land gehört kollektiv dem Stamm, und jeder persönliche Besitz ist ihnen untersagt. Sie zahlen auch keine Steuern. An und für sich steht ihnen gesetzlich nichts im Wege, ihre Reservate zu verlassen und sich dem allgemeinen amerikanischen Gesetz zu unterstellen. Aber die verwaltungsmäßigen Schwierigkeiten sind beträchtlich. Und für diese Primitiven ist die Freiheit ein schreckliches Abenteuer. Sie bleiben an ihre Reservate gekettet, nicht durch Stacheldrahtverhaue, die nicht existieren, sondern durch die unsichtbaren Bande der Tradition und der Furcht.

Aber das Schlimmste ist das Elend, in dem sie leben. Die Reservate wurden, wie wir sahen, durch die Gewinnsucht der Kolonisten reduziert; sie bestehen meist aus kahlen Hochebenen, auf denen das Gras nur sehr langsam nachwächst. Selbstverständlich kann auch einmal ein außergewöhnlicher Glücksfall eintreten, wie bei den Osagen, in deren Gebiet man Erdölquellen im Wert von mehreren Milliarden Dollar fand, die in einem Jahr 22 Millionen Dollar Gewinnanteil einbrachten, so daß auf eine Familie von Mann, Frau und Kind 13 400 Dollar kamen. Aber diese wunderbare Geschichte ist nur ein Einzelfall. Das gemeinsame Verhängnis für die Indianer ist die Trockenheit. Ihr Haupterwerbszweig ist die Schafzucht — und das Forstamt der Vereinigten Staaten, alarmiert durch die Entwertung des Bodens und die Verschlechterung der Wasserverhältnisse, bemüht sich ständig darum, den Bestand der Herden zu verringern. Es ist ihm gelungen, sie aus ökonomischen Gründen, die unwiderlegbar sind, um ein Viertel herabzusetzen.

Und das geschah in dem Augenblick, in dem die indianischen Stämme, nachdem sie offensichtlich dem Aussterben nahe waren, sich wieder vermehrten. Das ist auch eine Vorstellung über Amerika, die von den Europäern revidiert werden müßte — eine der unzähligen Wahrheiten, die im Lauf der Zeit zu Irrtümern geworden sind: Die indianische Rasse ist in den Vereinigten Staaten keine aussterbende Rasse mehr, sie ist im Gegenteil im Zunehmen begriffen.

Von den 864 000 Rothäuten aus der Zeit von Jacques Cartier blieben im Jahr 1865 (dem Jahr der ersten Zählung) 294 000 willenlose, unterworfene Indianer übrig. Im Lauf der folgenden Jahre verringerte sich ihre Zahl noch mehr, wahrscheinlich infolge der Verzweiflung, die besiegte Rassen ihrer vitalen Energie beraubt: 1890 gab es nur noch 248 000 Indianer — 1900 noch 235 000. Das indianische Volk schien dem Ende nah zu sein.

Mit einem Schlag änderte sich dieser Lauf der Dinge. Unmerkbar war eine Wendung eingetreten. Die Hygiene hatte sich nicht sehr verbessert, der ärztliche Beistand sich kaum vermehrt, die Abhängigkeit sich nicht vermindert, die Not war nicht geringer geworden, und doch begann die Geburtenziffer zu steigen, die Sterblichkeitsziffer zu sinken, die Tuberkulose wurde seltener, und die seelische Depression war im Schwinden. Mit einer phänomenalen Geburtenquote von 30 Promille erneuert und vermehrt sich die indianische Rasse mit äußerster Schnelligkeit. Die letzte Zählung stellte 763 594 Indianer fest. Das würde bedeuten, daß sich die Zahl der Indianer — trotz der Verluste durch Assimilation — seit Beginn des Jahrhunderts mehr als verdreifacht hat.

In Arizona und Neu-Mexiko ist die Lebenshaltung der Indianer auf ihrem niedrigsten Stand. Mit Ausnahme der Pueblos am Rio Grande, die in 17 Dörfern auf eingetrocknetem Schlamm leben (zu Zeiten der Spanier waren es 70 Dörfer), und einiger kleiner Stämme, wie der 160 Havampais am Gran Cañon, sind hier alle Indianer Nomaden oder Halbnomaden. Der Stamm der Apachen, der ungefähr 5000 Menschen zählt, trägt einen Namen, der noch heute wie einst Furcht einjagt. Eine andere Gruppe, die Hopis, kenntlich durch das rote Band, mit dem sie ihre kurzen Haare festbinden, haben sanftere Sitten und betreiben gemeinsam den Anbau von Kürbissen, Sonnenblumen und Bohnen. Die wichtigste Gruppe, die Vereinigung der Navajos, leidet wahrscheinlich auch am meisten Not. Man kann fast sagen, sie verdüstere das indianische Problem. Spricht man von diesem Problem in Amerika, meint man damit fast immer die Navajos.

Ihr Reservat ist sehr groß: 15 Millionen Morgen. Aber so unfruchtbar, daß man 160 Morgen braucht — den Umfang einer schönen Farm in Neu-England —, um ein einziges Pferd zu erhalten. Zwei- bis dreihundert Schafe wären nötig, um eine Familie ausreichend zu ernähren, und ein Navajo besitzt selten mehr als 50 Schafe. »Die Navajos leben in einem Zustand niedrigster Armseligkeit«, schrieb einmal ein Minister in einem Bericht an den Kongreß. Ihr wöchentliches Einkommen wird auf 2,50 Dollar pro Kopf geschätzt, was kaum dem Stunenlohn eines qualifizierten Arbeiters entspricht. Im Winter frieren sie, weil sie nicht genug warme Decken haben, und den Hunger kennen sie in jeder Jahreszeit. Sie haben keine Straßen und kaum Brunnen. Wenige von ihnen sprechen englisch, 80 Prozent sind Analphabeten, und 15 000 junge Navajos erhalten überhaupt keinen Unterricht, obgleich der Vertrag von 1868, mit dem sie ihre Unterwerfung besiegelten, ihnen eine Schule für 50 Kinder im schulpflichtigen Alter versprach. Gewiß ist der Weiße Mann seinen Verpflichtungen nicht nachgekommen, und sein Versäumnis ist unverzeihlich. Aber es muß festgestellt werden, daß die Situation im Grunde nicht besser wäre, wenn alle Bedingungen des Vertrages von 1868 erfüllt worden wären. Die tiefe Not der Navajos wäre nicht ganz so groß — aber ihr Problem und das aller Indianer der Reservate bliebe dasselbe.

Sie nomadisieren unter schrecklichen Bedingungen. Die schätzungsweise 864 000 Indianer zu Zeiten von Jacques Cartier hatten einen ganzen Kontinent als Durchzugsgebiet, was sie übrigens nicht davor bewahrte, erbitterte Kämpfe um die besten Weide- und Jagdterritorien auszufechten. Um den Resten ihrer Nachkommen zu ermöglichen, die seit Jahrhunderten übliche Existenz fortzusetzen, müßte man ihnen unendlich viel größere und auf alle Fälle viel fruchtbarere Gebiete zur Verfügung stellen. Da diese Lösung nicht möglich ist, bleibt als einziger Ausweg, sie seßhaft, das heißt aus Hirten Bauern zu machen. Aber dabei begegnet man sogleich ihrem Mißtrauen und ihrer mangelnden Fähigkeit, sich anzupassen. »Warum«, fragen sie, »wollt ihr, daß wir den Boden bebauen? Unsere Väter haben das nie getan.« Sie widersetzen sich in ihren Reservaten den Arbeiten an der Bewässerung und der Errichtung von Wehren — vielleicht aus der berechtigten Furcht, den ewigen Räuber herbeizuziehen, und aus der von ihrer Erfahrung bestärkten Vorstellung, jede Veränderung bedeute für sie eine Verschlechterung. Hinter ihrer gleichmütigen Maske, ihrem stolzen, hochmütigen Gesichtsausdruck sind sie übertrieben mißtrauisch und bleiben außerordentlich primitiv. Das bedeutet nicht, daß sie leicht zu verstehen seien, weit entfernt. Sie haben komplizierte religiöse Bräuche, seltsame Gewohnheiten, verwirrende Angstvorstellungen — das alles in erstaunlicher Verschiedenheit von Stamm zu Stamm, von Klan zu Klan. Bei den Navajos zum Beispiel ergibt sich aus den mindestens 50 Klans ihrer Konföderation eine Unmenge von Rivalitäten, so daß man ein Super-Experte sein müßte und selbst dann nicht herausfände, welcher Unterschied zwischen einem Debehglihzhini (schwarzes Schaf), einem Maheebeshghezni (Fährte des Steppenwolfs) und einem Teshnahbahbilthni (steiler Fels) besteht. Die Navajos, welche die unterste Stufe der indianischen Zivilisation darstellen — trotz ihrer glänzenden künstlerischen Fähigkeiten —, sind wahrscheinlich von den Choctaws und den Creeks weiter entfernt als diese von den weißen Menschen. Deshalb ist die Assimilation, die in Oklahoma so ausgezeichnete Resultate erzielte, in Arizona fast aussichtslos. In diesem weiten, schönen Land ist das Haupthindernis zur Lösung des indianischen Problems der Indianer selbst.

Der Tourist, dessen Gewissen davon nicht belastet ist, tröstet sich mit dem malerischen Anblick. Einmal im Jahr versammeln sich die Hopis, die Apachen, die Pimas, die Papagos, die Navajos und selbst die seßhaften Taïos vom Rio Grande in Flagstaff in Arizona. Sie führen ein sogenanntes »Pow Wow« vor — ein einstudiertes Schauspiel von rituellen und kriegerischen Tänzen, zu dem die Waffen, Kostüme und Kriegsbemalungen ihrer Vorfahren gehören. Ähnliche Feste gibt es auch in andern Städten, vor allem in Gallup in Neu-Mexiko; aber die Vorführung in Flagstaff ist von besonderer Symbolik, und zwar aus folgendem Grund: 1876 wanderten Emigranten nach Westen, kampierten am Fuß des Mount San Franzisco, veranstalteten Freudenfeste und verlangten von den Indianern, daß sie daran teilnahmen — so ist die Tradition des jährlichen »Pow Wow« von Flagstaff entstanden. Das Motiv zum Freudenfest der Weißen war — der 4. Juli. Seit mehr als fünfundachtzig Jahren feiern so die Besiegten durch die Entfaltung der Pracht ihrer zerstörten Kultur den Tag des Triumphes und des Sieges ihrer Bezwinger.

In der löblichen Absicht, die Armut zu bekämpfen und die Assimilation zu beschleunigen, hat das Büro für die Angelegenheiten der Indianer während einer Reihe von Jahren eine sogenannte »Umsiedlungspolitik« getrieben. Die Niederlassung von Indianern in den Städten wurde gefördert. Die Ergebnisse waren mehr als enttäuschend. Weit davon entfernt, sich in die weiße Bevölkerung einzugliedern, wie das mancherorts aus einer spontanen Bewegung heraus gelingt, rotteten sich die Rothäute in Gettos zusammen. Man schätzt, daß sich solcherart etwa 45 000 in Los Angeles und 35 000 um die Bucht von San Franzisko zusammengefunden haben. Viele kehren auch in ihre Reservate zurück, was in Verbindung mit der demographischen Explosion möglicherweise den phänomenalen Sprung nach vorn erklärt, den die indianische Bevölkerung zwischen den beiden letzten Zählungen — von 523 000 auf 763 000 — gemacht hat. Die Umsiedlungspolitik jedenfalls wurde 1971, nachdem man den Mißerfolg erkannt hatte, wieder aufgegeben.

Wiedergutmachungsansprüche und Nationalismus sind unter den indianischen Stämmen nie gänzlich zur Ruhe gekommen. Eine Zeitlang waren diese Bewegungen auf das Gebiet der Folklore abgedrängt worden: alle Jahre wieder kamen tapfere alte Krieger mit buntem Federschmuck im Central Park von Manhattan kampierend zusammen, um den Vereinten Nationen eine Bittschrift wegen Rückgabe Amerikas an die Indianer zu überreichen. Aber die wiedergewonnene Tatkraft der Indianer und ihr in den letzten Jahren immer häufiger aufwallender Selbstbehauptungswille haben den Protestaktionen vergröberte Formen gegeben. Ich habe über die Belagerung von Wounded Knee in Süd-Dakota bereits berichtet. Andere indianische Kommandos haben die Insel Alcatraz in der Bucht von San Franzisko und das Büro für die Angelegenheiten der Indianer in Washington besetzt. Die Aktivisten des gemäßigten Flügels fordern die Wiedergutmachung des Unrechts, das den Indianern durch die Verletzung von Verträgen widerfahren ist — der extremistische Flügel verlangt die Anerkennung einer indianischen Nation, die von der amerikanischen klar zu trennen ist und auf den ihr zurückzuerstattenden Territorien souverän zu sein hat. Das Chimärenhafte einer derartigen Forderung wird offenkundig, wenn man die Unterschiedlichkeit, die Diaspora und die Uneinigkeit der indianischen Welt in Betracht zieht.

Fläche: 295 000 km^2
Einwohnerzahl: 1 772 482
Hauptstadt: Phoenix
Beiname: Staat des Gran Cañon
Hymne: Arizona
Devise: Dictat Deus
Blume: Riesenkaktus
Baum: Parkinsonia
Wichtigste Städte: Tucson, Winslow
Wichtigste Produkte: Früchte. — Alles vom Rind und vom Schaf. — Baumwolle. — Kupfer. — Luftfahrtindustrie. — Elektro- und Elektronische Industrie. — Hüttenindustrie.
Bundesstaat seit 14. Februar 1912 (an 48. Stelle).

UTAH · NEVADA

UTAH

Die Kirche der Mormonen in voller Blüte

Utah ist der Staat der Mormonen. Von seinen 1 059 273 Einwohnern sind drei Viertel Mormonen. Diesen Namen geben sie sich nicht selbst — sie nennen sich bescheiden Heilige: »die Heiligen der letzten Tage«. Untereinander sprechen sie sich mit »Bruder« und »Schwester« an. Alle anderen Glieder der menschlichen Familie nennen sie »Heiden«. Utah ist das einzige Land der Welt, wo ein Jude als Heide angesehen wird.

Nur die Heiden nennen die Hauptstadt der Mormonen Salt Lake City. Die Mormonen selbst nennen sie Zion. Sie ist der Größe nach nur die siebenundfünfzigste Stadt der Vereinigten Staaten (526 000 Einwohner), aber sie ist eine der schönsten: weit, luftig, seriös und kalt. Der Great Salt Lake ist glücklicherweise ein paar Kilometer entfernt, denn die Ufer dieses Binnenmeeres, die immer mehr austrocknen, sind ein fürchterliches, verpestetes Sumpfloch.

In Zion — oder Salt Lake City — sind die Mormonen in der Minderzahl, obgleich ihnen der Boden gehört, und auch die Macht. Die »Heiden« genießen natürlich die gleichen politischen Rechte, aber der Gouverneur von Utah, die Mehrzahl der Senatoren, der Kongreßmitglieder, der lokalen Beamten, der Männer, welche die Schlüsselstellungen der Wirtschaft und Politik innehaben, sind stets Mormonen.

Die Mormonen sind in der Hauptsache Landwirte. Sie ziehen mit einer phantastischen Findigkeit aus den kleinsten Stückchen bestellbaren Bodens Gewinn. Da ihre Äcker überall von der Bewässerung abhängig sind, schlängeln sie sich in den Tälern entlang und schieben ihre grünen Windungen zwischen die hohen Plateaus, die rot oxydiert oder mit weißem Salz bedeckt sind.

Es gibt in Utah 13 000 Farmen. Sie sind europäischen Bauernhöfen sehr ähnlich. Sie umgeben sich mit Vorhängen aus Pappeln, sind oft sehr klein (manchmal weniger als zwanzig Morgen) und sehr zerstükkelt. Es werden dort weniger Maschinen und mehr Menschenarme verwendet als auf anderen amerikanischen Farmen, so daß es sogar noch Höfe gibt, wo die Kühe mit der Hand gemolken werden. Bei ihnen ist nicht die Monokultur üblich, wie sonst in der amerikanischen Landwirtschaft, ihre Ernteerträge sind im Gegenteil außerordentlich variabel.

Einer dieser Ernteerträge ist die Zuckerrübe, die einer der wenigen französischen Mormonen, der Lyoner Philippe de la Mare, eingeführt hat. Aus irgendeinem Grund ist die Sellerie eine mormonische Spezialität. Auch Getreide, Gerste, Hafer, Futterpflanzen, Obst, Kartoffeln, Baumwolle usw. werden fast überall angebaut. Und was die Viehzucht anbelangt, gibt es in Utah mehr Kühe als Menschen. Die landwirtschaftliche Produktion bringt jährlich mehr als 325 Millionen Dollar ein, für eine Wüste eine erstaunliche Summe.

Man findet in Utah auch viele Minerale, deren Aufzählung dem Inventar eines geologischen Kabinetts gleicht: Phosphate, Gips, Salz, Kupfer, Quecksilber, Antimon, Tungstein, Molybdän, Schiefer, Wismut, Vanadium, Uranium u. a. Wäre es allerdings nur auf die Mormonen angekommen, so hätte man die Minerale Utahs niemals ausgebeutet, noch überhaupt entdeckt. Als ein Heide, der Colonel O'Connor, bald nach dem Sezessionskrieg begann, den Boden Utahs zu durchwühlen, um ihm seine Schätze zu entreißen, widersetzten sich die Mormonen anfangs seiner Tätigkeit mit der Waffe in der Hand. Aber die kapitalistischen Interessen trugen über die Exklusivität der Heiligen den Sieg davon.

Von fünf Mormonen ist einer — Frauen inbegriffen — Priester, aber nur einige hohe Würdenträger der Kirche üben das Priesteramt als Beruf aus. Alle Gläubigen dienen zwei Jahre lang freiwillig als Missionare. Der Gottesdienst besteht — wenigstens für den Uneingeweihten — nur aus Gebeten und Chorälen, ohne alle äußeren Formalismen. Andererseits ist die mormonische Kirche äußerst streng. Sie hält den Gläubigen mit starker Hand. Sie verlangt von ihm Gehorsam und ein enthaltsames Leben. Sie verbietet ihm Alkohol, Kaffee, Tee, alle Anregungsmittel, Coca-Cola inbegriffen, wegen seiner kleinen Dosis Koffein. Das Verbot des Tabaks ist sehr streng — das Rauchen ist verhaßt, weil es »die Luft Gottes« verunreinigt.

Die Mormonen fassen den in ihre Religion übernommenen biblischen

Fluch gegen die Söhne Chams buchstabengetreu auf. Sie meinen daher, eine großzügige Konzession zu machen, wenn sie einen Neger in ihre Religionsgemeinschaft aufnehmen (was äußerst selten vorkommt); aber sie weigern sich beharrlich gegen die Zulassung von Negern zum Priesteramt. Alle diesbezüglichen Pressionen haben sie bislang nicht umstimmen können.

Die Mormonen halten sich für die Kinder Gottes im wahren Sinn — im buchstäblichen Sinn des Wortes. Für die »Heiden« haben sie eine ruhige und tiefe Verachtung, so sehr, daß sie sich nichts daraus machen, Alkohol zu destillieren, den sie dann an diese Unreinen verkaufen. Da sie wissen, daß sie die Kinder des Herrn sind, können sie keinerlei Furcht empfinden. Wenn sich die Kirche der Heiligen in Gefahr befände, würde Gott persönlich einschreiten, um sie zu retten, wie er es schon mehrfach getan hat. Das Bewußtsein dieses Schutzbriefes ist die Grundlage des Optimismus der Mormonen. Endlich weiß jedermann, daß die mormonische Religion die Polygamie zuläßt und fördert. Aber aus Gründen, auf die wir später zu sprechen kommen, ruht dieser Glaubensartikel im Augenblick.

Die Sekte wurde von dem Propheten Joseph Smith gegründet. Er erhielt seine Offenbarung durch die Stimme des Engels Moroni, Sohn des Erzengels Mormon, die ihn zum Buch der Wahrheit führte, das in einem bequem zu erreichenden Wäldchen hinter seinem Haus versteckt lag. Das Buch war in einer unbekannten Sprache auf goldenen Blättern geschrieben. Smith übersetzte das Buch. Da er aber zwar die den Propheten gemeinsame Sprache verstehen konnte, aber nicht auch des Schreibens mächtig war, diktierte er seine Übersetzung dem Lehrer Oliver Cowdery, seinem ersten Jünger. Um die Anweisungen Moronis zu befolgen, der ihm streng verboten hatte, das Buch irgend jemandem zu zeigen, arbeitete Smith hinter einem Vorhang. Diese Dinge haben sich 1823 im Staate New York zugetragen — fünfzig Jahre nach Voltaires Tod. Sie beweisen geradezu schlagend, wie unerschöpflich fruchtbar das Göttliche ist.

Es erscheint angebracht, ergänzend hinzuzufügen, daß Smith im nachhinein vor sieben Zeugen ermächtigt wurde, das Buch herauszubringen. Es wurde ein Protokoll hierüber angefertigt und mit den sieben Unterschriften versehen, so wie überhaupt die Religion der Mormonen auf mindestens ebenso respektablen und einsichtigen Grundlagen gestiftet wurde wie irgendeine der anderen auf Offenbarungen basierenden Religionen.

Das »Buch Mormon«, das ist der offizielle Titel, ist ein ausgesprochen amerikanisches Evangelium. Jesus Christus, in der Alten Welt von der Schlechtigkeit und Ungläubigkeit der Menschen verraten, folgte der Lichtstraße der Sonne über den Ozean und brachte seine Lehre in eine bessere Welt. Ein den Umständen angepaßtes, aber tiefes Symbol.

Die profanen Exegeten des Mormonentums haben in dem »Buch« ganze Abschnitte aus der Bibel gefunden, was völlig normal und nicht weiter erstaunlich ist. Sie haben auch wörtlich zitierte Stellen von Shakespeare gefunden, aber warum sollte Gott schließlich nicht in denselben Worten reden wie ein Dichter, da er doch die Quelle jeglicher Inspiration ist?

Joseph Smith übersetzte das Buch, und als die Übersetzung fertig war, ließ er 5000 Exemplare von einem Verleger in Palmyre (Staat New York) für den Pauschalpreis von 3000 Dollar drucken. Dann verkaufte er das Exemplar zum Einheitspreis von zweieinhalb Dollar. Von ihrer Geburt an erhielt so die mormonische Religion das Gepräge eines starken ökonomischen Realismus, den sie niemals verloren hat.

Der weitere Verlauf der Geschichte ist leider zu umständlich, als daß er hier in allen Einzelheiten erzählt werden könnte. Joseph Smith sammelte rasch eine stattliche Zahl von Gläubigen um sich, und um sie der beginnenden Verfolgung zu entziehen, entführte er sie nach dem Westen. In Illinois, das damals noch fast unberührt war, gründete er eine Stadt, Nauvoo, die innerhalb von ein paar Monaten die bevölkertste und schönste Stadt dieses Gebiets wurde. Er schuf eine Armee, nannte sich Generalleutnant, zog eine blaue Uniform an, deren Schnitt ihm Gott selbst eingegeben hatte, und kandidierte als Präsident der Vereinigten Staaten.

Aber sie wurden von neuem wütend verfolgt — als eine ausländische Sekte, die sich anscheinend über die heiligsten Dinge lustig machte und sogar den guten Sitten Trotz bot, indem sie heimlich die Polygamie zuließ. Der Herodes von Illinois, der Gouverneur Ford, drohte, Nauvoo dem Erdboden gleichzumachen. Smith bekam Angst, floh, machte ähnliche Ängste durch wie Christus, kehrte dann nach Nauvoo zurück, verhandelte mit Ford und willigte ein, sich als Gefangener zu stellen unter der Bedingung, daß man für sein Leben bürge. Er wurde in Karthago — schicksalhafter Name — eingekerkert.

Am 27. Juni 1844 drangen gegen fünf Uhr abends Mörder mit verhüllten Gesichtern in das Gefängnis ein und erschossen den Propheten Joseph Smith und seinen Bruder Hiram.

Die Religion der Mormonen hatte die unbedingt notwendige Märtyrerweihe erhalten. Aber bei der Nachricht von den Ereignissen in Karthago wurde Nauvoo von Schrecken erfaßt. Eine entsetzliche Nacht lang erwartete man die Ankunft der mordenden Miliz des Gouverneurs Ford, und am andern Tag begann die Flucht und die Verleugnung. Die schon vor dem Tode von Smith durch Streitigkeiten geschwächte Kirche hätte sich wahrscheinlich zerstreut und vielleicht auch aufgelöst, wäre nicht ein großartiger Führer aufgetaucht: Brigham Young. Smith hatte die mormonische Religion ins Leben gerufen — Young hat sie gegründet.

Seine geniale Eingebung war, daß er begriff, die »Heiligen der letzten Tage« würden keine Ruhe finden, wenn sie nicht vor dem Zorn der Heiden noch viel weiter flohen. Er gab daher den Befehl, Nauvoo — die herrliche Stadt — zu verlassen. Die 20 000 Menschen, Männer, Frauen und Kinder, aus denen damals das mormonische Volk bestand, luden all ihre Habe auf Handkarren und zogen zur Wüste des Westens. Die letzten Ansiedler an der Grenze sahen voller Bestürzung diese gigantische Völkerwanderung, die größte, die jemals den amerikanischen Kontinent überquert hatte.

Young, der zum Führer der Kirche gewählt worden war, ließ sein Volk im Tal des Missouri überwintern. Er selbst machte sich mit einer Vorhut auf die Suche nach einem endgültigen Wohnsitz. Er fand hundertmal herrliche Stellen, fruchtbare Täler, Ebenen, die auf den Pflug warteten. Aber er versagte es sich, dort zu bleiben, da er befürchtete, der Strom der Heiden werde die Gemeinde Gottes bald wieder einholen, wenn er den Fehler beginge, eine möglichst günstige Lage auszuwählen. Endlich, am 24. Juni 1847, erreichte er den Eingang eines trockenen, öden, sengend heißen, äußerst häßlichen Tales. In der Ferne glänzte die Wasserfläche eines großen Sees, dessen Ufer von Salz verkrustet waren. »This is the place!« rief Brigham Young. »Hier ist der Ort!«

Young hatte 142 Männer, 3 Frauen und 2 Kinder bei sich. Die Frauen begannen zu weinen und sagten, sie seien zwar furchtbar müde, aber lieber wollten sie noch tausend Meilen weiterwandern, als an einem so schrecklichen Ort bleiben. Brigham Young blieb dabei: »This is the place!« Der Kreuzzug der Mormonen war zu Ende — das Reich der Mormonen nahm seinen Anfang.

Wäre Brigham Young nicht Brigham Young gewesen, das heißt ein Mann, dessen Wille und Voraussicht nicht zu erschüttern waren, so wäre nicht Utah der Staat der Mormonen geworden, sondern Kalifornien. Eine andere Abteilung der Vorhut, unter Führung eines gewissen Brennan, hatte das kalifornische Gebiet erreicht, nachdem sie außergewöhnliche Abenteuer bestanden und unter dramatischen Umständen das Death Valley überquert hatte. Brennan traf mit Young an dessen Standort, der künftigen Salt Lake City, zusammen und beschrieb ihm die Fruchtbarkeit des Gebiets, das er endlich gefunden hatte. Young antwortete, er werde das Volk Gottes zugrunde richten, wenn er es in einem Küstengebiet ansiedle, dessen sich eines Tages zwangsläufig die Heiden bemächtigen würden. Brennan wurde abtrünnig und kehrte nach Kalifornien zurück, aber er und die Seinen wurden von der großen Völkerwanderung der folgenden Jahre überschwemmt und dem Wort Gottes entfremdet.

Der »gold rush« wurde für die Heiligen eine Prüfung ihres Glaubens und ihrer Standhaftigkeit. Einer von ihnen war zufällig am gleichen Tag in Fort Sutter in Kalifornien, als Marshall dort das Gold entdeckte. Er wusch von mittags bis abends die goldhaltigen Anschwemmungen aus, brachte Gold im Wert von etwa fünfzig Dollar zusammen und kehrte eilends nach Salt Lake City zurück, um dort den Fund und seine Ausbeute vorzuzeigen. »Das Gold«, donnerte Brigham Young, »ist nur dazu gut, die Straßen zu pflastern! Die Aufgabe eines Heiligen ist es, die Felder zum Grünen zu bringen.« Nach diesem denkwürdigen Wort verließ nicht ein einziger Mormone seine Wüste, um sich in das Dorado an der Küste zu stürzen.

Aber der Salzsee befand sich auf dem Wege der Goldsucher. Brigham Young hatte geglaubt, er könne ein Jahrhundert Distanz legen zwischen die Heiden und die Heiligen, indem er letztere so weit abseits führte – hinein in die Einöde und Dürre. Er hatte dabei mit der allmächtigen Triebkraft des Goldes nicht gerechnet. Die Heiden waren bereits im Begriffe, die Heiligen einzuholen. Und was für Heiden! Der Abschaum, die Hefe der Alten und der Neuen Welt, tobsüchtig geworden im Fieber des Goldrausches.

Die Mormonen waren grausam in ihrer Not. Mit Gewehrsalven hielten sie die Goldsucher von ihren im Aufbau befindlichen Unterkünften fern. Selbst Brot und Wasser wurde ihnen verweigert. Grollend vor Wut wich der unreine Strom ihnen aus – nicht ohne den Wüstengeiern einige Kadaver zu hinterlassen.

Das erste Feld, das in Utah zum Grünen kam, war eine kleine Kartoffelanpflanzung, die von einem Flüßchen, dem heutigen City Creek, bewässert wurde. Dann begannen die Mormonen mit ihrer Lebensaufgabe. Sie erforschten den Boden der fruchtbaren Täler, lenkten die Wasserläufe um, entzogen dem Boden das Salz und organisierten das erste Bewässerungssystem der Vereinigten Staaten. Sie zwangen die Wüste, ihre sich rasch vermehrende Bevölkerung zu ernähren. Die von Brigham Young auf die Beine gestellte Wirtschaftsorganisation war so ausgezeichnet, daß die mormonische Geschichte von keiner einzigen Hungersnot berichtet, trotz Zeiten großer Dürre und Verheerungen durch Heuschreckenschwärme.

Aber noch andere Prüfungen erwarteten die Heiligen.

In Ohio und in Illinois war die Polygamie bei ihnen insgeheim üblich. In ihrem eigenen Staat Utah bekannten sie sich ganz offen zu ihr als einem ihrer grundlegenden Dogmen. Brigham Young ging mit gutem Beispiel voran und hatte 17 Frauen, denen er 56 Kinder schenkte. (sic!) In der Hast, sich rasch zu vermehren, steckte ein Instinkt der bedrängten Minderheit, die ihr Wachstum mit Gewalt beschleunigen wollte. Übrigens war die Polygamie (oder vielmehr die Mehrehe, wie die Mormonen sie lieber nennen) nicht den Launen und Ausschweifungen der Sinne überlassen. Die Kirche war wachsam. Sie gestattete einem Mann erst dann, mehrere Ehen zu schließen, wenn sie sich vergewissert hatte, daß er imstande war, mehrere Familien zu ernähren; sie machte damit die Vielzahl der Frauen zur Belohnung für die Fleißigsten und Tüchtigsten. Der orientalische Harem war unbekannt; jede Frau mußte ein eigenes Heim besitzen, in dem sie über ausgedehnte Rechte verfügte. Die Frauen spielten überhaupt eine wichtige Rolle in der mormonischen Gemeinschaft, die ihnen als erste das Wahlrecht und die politische Gleichberechtigung gewährte. Zudem gab die Unmöglichkeit der Scheidung – die Unauflöslichkeit des ehelichen Bandes in dieser und in jener Welt – der mormonischen Polygamie einen unbestreitbar moralischen Charakter.

Trotzdem war sie ein Brandmal, das die Mormonen lange Zeit aus der Gemeinschaft der Nation verbannte.

1850 war ihre Zahl groß genug, um die Bildung eines eigenen Staates zu ermöglichen. Sie stellten diesen Antrag und wurden fünfmal abgewiesen. Es wurde zu einem Kreuzzug gegen sie aufgerufen, mit dem Erfolg, daß der Präsident Buchanan im Jahr 1857 ihnen eine militärische Expedition auf den Hals schickte; sie ging übrigens schmählich aus, da die Mormonen selbst diese Strafbataillone vor dem Hungertod retten mußten. 1872 erließ der Kongreß ein Gesetz, das die Polygamie verbot. Die Mormonen begegneten dem Angriff, indem sie einräumten, daß jede Verbindung über die erste Eheschließung hinaus als Konkubinat angesehen werde. Ein neues Gesetz im Jahr 1882 verschloß ihnen auch diese Ausflucht. Die Heiligen sahen sich in die Ecke gedrängt.

Nur 3 Prozent von ihnen waren damals in Mehrehe gebunden. Aber es handelte sich um ein Prinzip, und acht Jahre lang haben die Mormonen es tapfer verteidigt. Utah mußte Zwangseinquartierungen erdulden. Die Gefängnisse der Bundesstaaten füllten sich mit Rebellen, die das Recht eines Mannes, in mehr als einem Bett zu schlafen, gegen die Souveränität der Vereinigten Staaten verteidigten. Endlich, nach einer schmerzvollen Beratung mit Gott, verkündete im Jahr 1890 der Präsident der Kirche, Wilford Woodruff, ein Manifest, in dem er die Heiligen aufforderte, sich nach dem bestehenden Landesgesetz zu richten und künftig auf Mehrehen zu verzichten. Sechs Jahre später, nach der Verzögerung eines halben Jahrhunderts, wurde Utah der fünfundvierzigste Stern in der amerikanischen Flagge.

Die Kirche hat sich gebeugt, aber sie ist ihrem Dogma nicht abtrünnig geworden. Sie versichert noch immer, daß die Polygamie mit dem göttlichen Gesetz übereinstimme und als moralisches und soziales Prinzip höher stehe als die Monogamie. Sie ist überzeugt, daß aufgeklärtere Zeiten ihr erlauben werden, sie wieder einzuführen. Einige alte Mormonen haben sich sogar geweigert, das Gesetz der Vereinigten Staaten über das Gesetz des Herrn zu stellen, und ein paar verbüßen noch lange Gefängnisstrafen wegen Übertretung der Edmunds-Akte von 1882. Samuel W. Taylor, der Sohn eines hohen Würdenträgers der Kirche, hat in einer großen illustrierten Zeitschrift erzählt, wie sein Vater Ende des letzten Jahrhunderts in aller Heimlichkeit sechs Familien hatte, die zwischen Mexiko und Kanada verteilt waren. »Mein Vater«, sagte er, »hinterließ sechs Witwen, alle prächtige Frauen, die niemals mit einem andern Mann geliebäugelt haben. Sie waren mit ihm für das Leben und für die Ewigkeit verbunden und erwarteten mit vollkommener Ergebenheit den Augenblick, wo sie ihn am andern Ufer des Todes wiederfinden würden.«

Auch in neuerer Zeit hat ein anderes Magazin einen Mormonen aufgesucht, der als Sechsundsechzigjähriger polygam lebte und sich, so schien es, gar keine Mühe gab, es zu verheimlichen. »Ich habe«, sagte er, »drei Frauen, dreißig Kinder, acht Schwiegerkinder, über hundert Enkel und sechs Urenkel — und ich lebe noch immer.« Da ein merkliches Nachlassen des amerikanischen Rigorismus die Anwendung der Gesetze gegen die Polygamie mehr und mehr erschwert, hat die Mehrehe der Mormonen eine Chance, einen neuen Aufschwung zu erleben. Es erscheint angebracht, hier ergänzend hinzuzufügen, daß die Jugend der Mormonen inmitten der weitverbreiteten sittlichen Verwilderung unter den übrigen Jugendlichen völlig gesund geblieben ist, keinen Drogenmißbrauch kennt und in keiner Weise zur Rekrutierung der Hippies beigetragen hat.

Die Schlacht um die Polygamie ist die einzige, welche die mormonische Kirche im Verlauf ihrer hundertfünfzigjährigen Geschichte verloren hat. Sie nimmt gegenwärtig eine phänomenale Entwicklung: es gab vor zwanzig Jahren eineinhalb Millionen Mormonen; heute gibt es weit über drei Millionen in allen Ländern der Erde (es gibt eine mormonische Mission in Paris). In den Vereinigten Staaten leben Mormonen außer in Utah auch im Süden von Idaho, in einem Teil von Wyoming, in großen Gebieten Kaliforniens und in Arizona. Sie bilden eine der dauerhaftesten und lebendigsten religiösen Gemeinschaften der Welt. Ihr innerer Aufbau ist nicht leicht zu durchschauen, denn ein großer Teil des Mormonentums ist, wie bei den Freimaurern, in tiefes Geheimnis gehüllt, was offenbar noch aus der Zeit stammt, in der es verfolgt wurde. In Salt Lake City ist eines der großen mormonischen Heiligtümer, das Tabernakel, der Öffentlichkeit zugänglich (es ist berühmt durch seine Orgel mit den Riemen aus ungegerbtem Kalbsleder, durch die alle Metallteile ihrer Mechanik ersetzt worden sind), aber das andere Heiligtum, den Tempel, dürfen nicht einmal alle Mormonen betreten. Kein Heide hat sich jemals erklären können, nach welcher Regel zwischen den Zugelassenen und den Ausgeschlossenen unterschieden wird.

Die Spitze der mormonischen Hierarchie ist jedenfalls von geometrischer Einfachheit oder, genauer gesagt, pyramidenförmig: 12 Apostel, 3 Kirchenräte und ein Oberhaupt, das den demokratischen Titel Präsident führt. Der Präsident ernennt die Apostel. Die Apostel — die mormonischen Kardinäle — wählen den Präsidenten. Die Ähnlichkeit mit dem Katholizismus, wenn nicht sogar seine Nachahmung, ist auffallend, und sie wird noch verstärkt durch die Lehre von der Unfehlbarkeit. Aber das Mormonentum geht darin noch weiter als die römische Kirche. Gott in Person regiert die Kirche der Heiligen. Der Präsident tritt jedesmal in direkte Verbindung mit Gott, wenn er es für nützlich hält, und er bekommt von ihm seine Richtlinien, wie ein

Stabschef seine Instruktionen von seinem Oberbefehlshaber. Die göttlichen Interventionen sind nicht auf die geistigen Interessen beschränkt, sondern erstrecken sich ebenso auf die Wahrnehmung der materiellen Interessen. Da die mormonische Kirche den Staat Utah regiert, kommt man zu dem erstaunlichen Schluß, daß einer der 50 Staaten, aus denen die amerikanische Demokratie besteht, eine echte Theokratie ist.

Eine der notwendigen Fähigkeiten des Präsidenten der mormonischen Kirche ist große finanzielle Leistungsfähigkeit. Er verwaltet eine Geldmacht, deren Ursprung auf einem Gesetz von Joseph Smith beruht: ein Heiliger soll für die Kirche den zehnten Teil seines Ackers bebauen. In die moderne Sprache übersetzt, bedeutet diese Vorschrift, daß ein Mormone der Kirche ein Zehntel seines Einkommens schuldet. Selbst in unserer von weltlichen Steuern belasteten Epoche geht diese drückende Steuer auf erfreuliche Weise ein, ohne Kontrolleure und ohne Gerichtsvollzieher. Die Einnahmen der Kirche sind beträchtlich, und obgleich alle Ausgaben für den Gottesdienst, die Propaganda und die Wohltätigkeit davon bestritten werden, konnte sie ein imponierendes Kapital ansammeln.

Die Präsidenten, die einander als Oberhäupter der Mormonen gefolgt sind, waren fast alle Patriarchen. Harold B. Lee wurde 1972 im Alter von dreiundsiebzig Jahren gewählt; aber sein Vorgänger, Joseph Fielding Smith, hat sein Amt im biblischen Alter von dreiundneunzig Jahren angetreten. Er war ein Nachkomme des Bruders des Propheten, der vierte Träger des Namens Smith, der die Geschicke der Mormonen lenken sollte, und Nachfolger des David Oman McKay, der 1951 mit siebenundsiebzig Jahren gewählt wurde und erst 1970 – nach einer Regierungszeit, in der seine Kirche einen ungewöhnlichen Aufschwung erlebte – sechsundneunzigjährig verschied. Er hat fünf Tempel gegründet – einen davon in der Schweiz und einen in England – um den Mormonen nicht länger eine Reise nach Utah zumuten zu müssen, damit sie an bestimmten Riten teilnehmen konnten. Er erhöhte die Zahl der Missionen von 43 auf 89 und diejenige der »skates« oder Bischofssitze von 191 auf 500. Er ließ eine beachtliche genealogische Arbeit durchführen, deren Ergebnisse in zwei, in der Nähe von Salt Lake City befindlichen Höhlen gelagert sind: es handelt sich um 750 000 Mikrofilme, die 900 Millionen Seiten mit Informationen enthalten. Der Zweck ist folgender: ein vor der Gründung der Mormonenkirche im Jahre 1830 Geborener kann gerettet werden, wenn er der Vorfahre eines Mormonen war, der die Genealogie studiert hat und ihn posthum taufen läßt.

Ein *Who's Who bei den Mormonen* könnte leicht einen Band füllen. Ich habe anläßlich der Behandlung von Michigan George W. Romney erwähnt, der einmal den Automarkt revolutioniert hat, der auch Präsident der Vereinigten Staaten werden wollte und aus dem Nixon dann einen Minister für Wohnungsbau und Städteplanung gemacht hat. Ein noch bekannterer Mormonenname ist der von Jack (recte John Northman) Anderson. Er war der Nachfolger von Drew Pearson als Kolumnist der Klatschspalte *Washington Merry Go Round* – etwa »Washingtoner Ringelspiel« – und erwarb nationale Berühmtheit durch die Veröffentlichung von Geheimdokumenten des Pentagons über den Vietnamkrieg. Später schloß er sich den Attacken gegen Nixon an. Ende 1972 waren 746 Zeitungen auf seine Schreibe abonniert. Im Jahr darauf waren es schon 949. Die Hälfte der jährlich etwa 200 000 Dollar betragenden Einnahmen wird an Pearsons Witwe abgeführt. Andere Aktivitäten sichern Anderson einen mindestens dem ihm verbleibenden Rest gleichen Betrag. Er ist Vater von neun Kindern und lebt sehr bescheiden in einem kleinen Haus in Maryland. Er beteuert, daß seine zuweilen dem Hochverrat nahekommenden journalistischen Methoden einzig und allein den uneigennützigen Dienst an der guten Sache fördern sollen. Anderson wurde nach den strengsten Regeln der Kirche der Heiligen erzogen und leistete seinen religiösen Dienst im Süden der Vereinigten Staaten ab. Die Feinde des Lichts lassen es sich nicht nehmen, ihm vorzuwerfen, daß er es unterlasse, der Anschuldigung der Heuchelei ein energisches Dementi entgegenzusetzen, einer Anschuldigung, die – angefangen beim Propheten selber – gegen alle privilegierten Söhne des Herrn erhoben wurde.

Was erhoffen sie, diese Mormonen, die nicht einmal den tausendsten Teil der Bewohner dieses Planeten ausmachen? Sie erhoffen, was alle Gläubigen aller Religionen erhoffen: eines Tages die ganze Welt zu erobern und ihre Wahrheit über alle Irrtümer siegen zu sehen. Aber sie haben es damit – trotz ihres aktiven Bekehrungseifers – nicht eilig. Sie wissen bestimmt, daß Gott sie führt, und Gott hat Zeit zu warten. Im sicheren Besitz dieser Gewißheit werden sie dazu verführt, der übrigen Menschheit eine ruhige Verachtung entgegenzubringen, der ein wenig Mitleid beigemischt ist. Denn ihr Dogma lautet kategorisch: Außerhalb der Kirche der Heiligen gibt es kein Heil. Die Offenbarung wurde der Welt an dem Tag gegeben, an dem Joseph Smith vom Engel Moroni zu dem Buch geführt wurde, das unter dürren Blättern in einem Urwald des noch kaum bevölkerten Amerika lag. Wenn die Welt die Offenbarung noch nicht begriff, so hat Gott seine Gründe dafür. Unterdessen schmeichelt es der Eigenliebe, inmitten einer Herde von Blinden ein Häuflein Hellsichtiger zu sein.

Fläche: 220 000 km²
Einwohnerzahl: 1 059 273
Hauptstadt: Salt Lake City
Beiname: Bienenkorbstaat
Hymne: Utah, we love Thee
Devise: Industry
Blume: Mormonen-Tulpe
Baum: Blautanne
Wichtigste Städte: Ogden, Provo
Wichtigste Produkte: Zerealien, Zuckerrüben. — Aprikosen, Kirschen. — Schafe, Truthühner. — Erdöl. — Kaliumsalze. — Kupfer. — Gold. Blei. — Molybdän, Vanadium. — Asphalt. — Raumfahrtindustrie.
Bundesstaat seit 4. Januar 1896 (an 45. Stelle).

NEVADA

Howard Hughes am Spieltisch

Die ersten ständigen Einrichtungen in dem jetzigen souveränen Staat Nevada sind von den Mormonen gegründet worden. Nevada wurde — ohne zeitlichen Zusammenhang mit Utah — 1861 zum Territorium erhoben. Drei Jahre danach erfolgte mitten im Sezessionskrieg die Hochkatapultierung zum Rang eines Bundesstaats, nachdem seine Verfassung über die gerade eröffnete transkontinentale Telegrafenleitung zur Approbation nach Washington übermittelt worden war. Zur Hauptstadt wurde ein winziger Marktflecken erklärt, der zu Ehren des

Grenzgängers Kit Carson nach diesem benannt wurde. Der neue Staat dürfte kaum mehr als 10 000 Einwohner gehabt haben. Carson City selbst mußte die Vierzigerjahre unseres Jahrhunderts abwarten, bis es sich rühmen durfte, 3000 Seelen zu beherbergen.

Trotz raschen Bevölkerungszuwachses — 285 000 Einwohner 1960, 488 000 im Jahre 1970 — ist die Besiedlungsdichte immer noch sehr schwach. Eine gleichmäßige Aufteilung des Bodens hätte zur Folge, daß jede Familie von Nevada über Grundbesitz im Umfang von fast tausend Hektar verfügen könnte, auf welchem sie allerdings verhungern und verdursten müßte. Die Feststellung der kultivierten Flächen ist noch weit eindrucksvoller als die Einwohnerzählung: 120 000 Hektar sind bebaut, während die Gesamtfläche von Nevada annähernd 300 000 Quadratkilometer beträgt. Wenn die rund 480 000 Einwohner von Nevada nur die Erzeugnisse ihres Landes hätten, um sich zu ernähren, könnten sie nur einmal im Monat essen.

Als die Atomenergiekommission ein Experimentierfeld in der Größenordnung der Hälfte von Belgien für sich haben wollte, brauchte sie nur einige nomadisierende Indianer »umzusiedeln«. Mehrere hundert Atomexplosionen haben in diesem weiten Gebiet stattgefunden. Anfänglich erhellten sie Las Vegas mit phantomartigen Blitzen und zertrümmerten gelegentlich auch Fensterscheiben. Seit dem sowjetisch-amerikanischen Abkommen, das Versuche in der Atmosphäre verbietet, finden die Explosionen nur mehr unterirdisch statt. Zuweilen bis zur Hysterie getriebene Befürchtungen sind lautgeworden; aber alle Messungen haben ergeben, daß die Vermehrung der Radioaktivität unbedeutend ist und keinerlei gesundheitliche Gefährdung der Öffentlichkeit bedeutet.

Obwohl die Bewohner von Nevada in einer mit der Sahara vergleichbaren Wüste leben, ist es ihnen gelungen, sich ein Prokopfeinkommen zu sichern (4822 Dollar im Jahr 1971), das nur in den Staaten New York, Connecticut und — aus besonderen Gründen — Alaska übertroffen wird. Das ist wohl nur aufgrund äußerster Anstrengungen und außergewöhnlicher Erfindungsgabe möglich.

Im Westen der USA beginnt alles mit den Bergwerken. Die Gruben von Nevada waren unerhört reich. Die Grube Comstock Lode, die 1859 entdeckt wurde und die Mutter der heute zu einem Schattendasein verurteilten Stadt Virginia ist, hat in vierzig Jahren mehr als eine Milliarde Dollar an Gold und Silber produziert. Sie ist zwar nicht völlig ausgeschöpft, aber ihr Abbau stellt nur noch einen ganz kleinen

Teil der Einnahmequellen dieser phantastischen Wüste dar. Die neuen Gruben Nevadas — unerschöpflich, da sie die menschliche Natur ausbeuten — sind Ehescheidung, Heirat, Spiel und Vergnügen.
Die Ehescheidung, die berühmteste Industrie in Nevada, wurde durch die Gesetzgebung geschaffen, die in den 50 Staaten fünfzigmal verschieden ist. Der eine von ihnen, Süd-Carolina, erlaubte bis zur Volksabstimmung vom 2. November 1948, die das Verbot aufhob, überhaupt keine Scheidung. Der Staat New York, der in dieser Beziehung — wie auch in anderer — archaisch ist, gewährt sie nur bei Ehebruch. In anderen Staaten gibt es unzählige Motive zur Ehescheidung. Der Staat Pennsylvania läßt Impotenz des Mannes als Scheidungsgrund gelten, sein Nachbarstaat New Jersey aber nicht. Wenn eine Frau zur Zeit der Eheschließung von einem Dritten ein Kind erwartet, ist das in Maryland ein rechtskräftiger Scheidungsgrund, nicht aber in Delaware. Untreue während der Verlobungszeit hat rückwirkende Kraft in Arizona, Mississippi und Wyoming, während sie überall sonst keinerlei Einfluß hat. Wenn sich einer der Ehegatten eine Geschlechtskrankheit zuzieht, bewirkt das in Illinois die sofortige Ehescheidung, während es in Virginia keine juristischen Folgen hat.
Die legalen Scheidungsfristen sind nicht weniger verschieden als die Motive. Arizona fordert ein Jahr Frist zwischen der Eröffnung des Scheidungsverfahrens und dem Urteil. Massachusetts und Utah fordern sogar bis zu zwei Jahre. Louisiana schreibt dem Mann vierzehn Monate und der Frau zweiundzwanzig Monate vor. Viele der sehr liberalen Staaten verlangen sechs Monate für das Prozeßverfahren und die Bedenkzeit der Ehegatten.
Nevada fordert überhaupt keine Frist. Nevada läßt alle Motive gelten. Es hat sogar *sein* Motiv erschaffen: die seelische Grausamkeit — eine geniale Erfindung. Das Feld der Anwendung dieser berühmten Klausel ist unbegrenzt. Im Gerichtsarchiv von Reno sind Akten einer Scheidung aufbewahrt, die gegen eine Frau ausgesprochen wurde, weil sie kalte Füße hatte — seelische Grausamkeit —, und eine andere Scheidung wurde gegen einen Mann ausgesprochen, der im Ehebett Fischklöße gegessen hatte — *dito*. Urteile, die das Lesen der Zeitung bei Tisch — seelische Grausamkeit — oder das Herauskehren geistiger Überlegenheit — seelische Grausamkeit — als Scheidungsgrund gelten ließen, sind gar nicht zu zählen.
Wer Schwierigkeiten hat, sich in seinem Heimatstaat scheiden zu lassen, braucht nur nach Nevada zu gehen. Dort ist er sicher, daß er seine

Freiheit findet. In der Praxis hat er die Wahl zwischen zwei Städten, die Rivalinnen und beide verführerisch sind: Reno, der Hauptstadt des Nordens, und Las Vegas, der Oase im Süden.

Reno, die größere von beiden und länger berühmt, hat einen stolzen und drolligen Wahlspruch erwählt, den sie auf einem Triumphbogen über der Virginia Street verkündet: *Reno, die größte Kleinstadt der Welt.* Aber Las Vegas hat es mit unaufhaltsamer Schnelligkeit überholt, nachdem es lange hinterhergelaufen war. In den zehn Jahren von 1940 bis 1950 verdreifachte die Stadt ihre 8000 Einwohner von 1940. Von 1950 bis 1960 machte die Einwohnerzahl einen Satz auf 64 405, womit sie die Rivalin trotz deren 51 470 Bürgern von der Zählung des Jahres 1960 hinter sich ließ. Das Jahr 1970 bestätigte Reno 72 863 Seelen, Las Vegas aber machte wieder einen kolossalen Sprung — diesmal auf 125 787 Einwohner, und ließ damit die Stadt, die als erste zur Berühmtheit Nevadas geführt hatte, endgültig hinter sich.

Die strategische Lage von Las Vegas ist vorteilhafter wegen der Nähe von Los Angeles, was Reno durch die Nachbarschaft des biederen San Franzisko schlecht ausgleichen kann. Las Vegas ist trocken, hart, vital, von völliger Unfruchtbarkeit umgeben, unglaublich heiß, ohne jede Feuchtigkeit, besitzt aber ein so gutes Klima, daß dieser heiße Mantel sich wie ein leichtes Kleid trägt.

Der Scheidungskandidat kann nach Reno oder nach Las Vegas gehen, er findet die gleiche Bequemlichkeit. Um in den Genuß der liberalen Gesetze Nevadas zu gelangen, muß man seinen Wohnsitz dort aufschlagen — was nach dem Buchstaben des Gesetzes tatsächlich und »in gutem Glauben« zu geschehen hat. Aber als souveräner Staat fixiert Nevada ganz genau, welche Bedingungen zu diesem Vorrecht verhelfen. Sechs Wochen Aufenthalt — ein angenehmes Fegefeuer — genügen. Der Ehegatte, der danach trachtet, es nicht mehr zu sein, bezieht eines der 57 Hotels oder eines der 1500 möblierten Zimmer für »Touristen und Scheidungsuchende«, die es in Reno und fast in der gleichen Anzahl auch in Las Vegas gibt. Seine Ankunft wird automatisch registriert, und er muß jeden Abend, noch vor Mitternacht, seine Anwesenheit bestätigen lassen wie ein Rekrut, der sich beim Stubenältesten zu melden hat. Unter dieser einzigen Bedingung hat er zweiundvierzig Tage lang nichts anderes zu tun als zu essen, zu trinken, einzukaufen, zu spielen und sich zu vergnügen.

Am Ende der sechs Wochen Aufenthalt wird die Scheidung in sechs

Minuten ausgesprochen. Der von seiner Fessel befreite Ehegatte – in drei von vier Fällen ist es die Frau – geht die Stufen des kleinen Gerichtsgebäudes hinunter, in der Hand seine Haftentlassung schwingend. Wenn er der Tradition folgt, so küßt er als Zeichen der Dankbarkeit einen der Steinpfeiler. Schon in der nächsten Stunde nimmt dieser »gutgläubige Einwohner« gewöhnlich das Flugzeug, um nach Hause zurückzukehren.

Aber eine allzu lukrative Industrie unterliegt unvermeidlich starker Konkurrenz. Auch andere Staaten wurden gewahr, daß die Ehescheidung ein gutes Geschäft ist. Da sie Nevada nicht übertreffen konnten, haben sie es nachgeahmt. Florida, ein gefürchteter Rivale, hat die notwendige Aufenthaltsdauer für eine Scheidungsklage auf drei Monate festgesetzt. Wyoming und Idaho, welche die Nachahmung bis zur sklavischen Kopie treiben, genehmigten dieselbe Aufenthaltsdauer wie Nevada, sechs Wochen, so daß man sich in Casper oder Pocatello genauso rasch scheiden lassen kann wie in Reno. Eine kleine amerikanische Besitzung im Karibischen Meer, der Archipel der Jungfern-Inseln, hat die ihm gewährte Verwaltungs-Autonomie genutzt, um sich an dem Wettbewerb zu beteiligen; ihr Hauptort, Charlotte-Amélie, ist dabei, sich zu einer der größten Ehescheidungs-Fabriken der westlichen Hemisphäre zu entwickeln.

Die Scheidungsindustrie ist, wie alle anderen auch, konjunkturellen Schwankungen unterworfen. Vor dem Krieg belief sich die Zahl der Scheidungen im Jahr auf 265 000 gegenüber 1 600 000 Eheschließungen. Während des Kriegs und vor allem gleich nachher ist die Scheidungsziffer wie ein Pfeil in die Höhe geschnellt. 1946 hat sie die Rekordhöhe 620 000 erreicht. Die Kurve ging dann wieder zurück und stabilisierte sich bei 400 000, was für die Scheidungsfabrikanten einen Umsatzrückgang von 40 Prozent bedeutete. Dann stieg die Scheidungsziffer wieder eindrucksvoll an auf 768 000 im Jahr 1971 gegenüber 2 192 000 Eheschließungen, was etwa einem Drittel entspricht.

Viele Gesellschaftsanalytiker haben in der Häufigkeit der Scheidungen in Amerika einen Beweis für den Respekt vor der Einrichtung der Ehe gesehen. Neun von zehn Männern sowie ein beträchtlicher Prozentsatz von Frauen haben sich erst zu einer Scheidung entschließen können, nachdem sie bereits eine Wiederverheiratung vor sich und einen Ersatzpartner gefunden hatten. Viele Soziologen sagen ohne Umstände, daß der Amerikaner, der eine Verwirrung der Sinne oder des Herzens erleidet, besser daran täte, sich einen Seitensprung zu leisten wie die Europäer, anstatt auf immer und ewig seinen Haushalt abzubrechen, um in einen anderen einzutreten. Diese ingeniöse These wird durch die Scheidungsinflation widerlegt, die ausgebrochen ist, seit aus dem rigoristischen Amerika ein tolerantes Amerika geworden ist. Die strikte eheliche Treue hat aufgehört, ein Dogma zu sein. Es gibt in zahlreichen amerikanischen Gemeinden *swap wives clubs* — Clubs für Partnertausch — und doch ist die Scheidung — trotz dieser Möglichkeiten »abzureagieren« — jetzt häufiger denn je.

Dennoch ist Nevada durch sein Aushängeschild »Scheidungsstaat« beeinträchtigt. Seine wirtschaftlichen und philanthropischen Einrichtungen fordern, keinerlei öffentliche Reklame für diese einträgliche, aber fatale Spezialität zu machen. Sie setzen den Akzent lieber auf die entgegengesetzte Spezialität, die nevadische Heirat, die noch schneller vonstatten geht. »Reno löst die Fesseln«, hieß der alte Slogan, und der neue heißt: »Reno vereinigt.« Das Scheidungszentrum ist zugleich Heiratszentrum. In Nevada insgesamt werden zweimal soviel Hochzeiten gefeiert wie Scheidungen ausgesprochen — fast 100 000, 1971 genau 99 696. Das ist nicht schlecht in einem Staat von weniger als einer halben Million Einwohner.

Man verheiratet sich aus demselben Grund in Nevada, aus dem man sich dort scheiden läßt: weil es sehr leicht geht. Es werden keinerlei Formalitäten verlangt, und im Gegensatz zur Scheidung wird auch keine Aufenthaltsfrist gefordert. Es wird kein Aufgebot, keine Blutprobe verlangt wie in den meisten andern Staaten. Das Heiratsgesuch wird mit Bleistift auf einem vorgedruckten Formular ausgefüllt, und von der Gemeinde erhält man die Liste der Richter, der katholischen und evangelischen Geistlichen, die sich bereithalten, auf der Stelle die Gelübde entgegenzunehmen, die Reno und Las Vegas niemals als ewig betrachten. In den Büros dieser liberalen Standesämter stehen Automaten mit »Ansteckblumen« — das heißt mit Blumensträußen für die Jungvermählten. Fünf 25-Cent-Stücke, die man in den Spalt des Apparates steckt, liefern eine Orchidee zur Zierde des jungen Glücks.

Bei dieser hurtigen Art zu heiraten besteht keine Gefahr der Bigamie, wie man zu glauben geneigt ist. Mit der Unterzeichnung der Heiratslizenz bescheinigt jeder der beiden Ehekandidaten unter Eid, daß er frei ist von jeder anderen ehelichen Verpflichtung. Der Meineid ist in Amerika ein sehr schweres Delikt, und wer ihn schwört, landet im Gefängnis. Aber die nevadische Heirat kann leicht auch eine Ehefalle sein. Diese Möglichkeit wird ohne Nachteil von Männern und Frauen ausgenützt, die Feinde jeder Förmlichkeit sind, aber sie wird es auch von jungen Leuten, die ihre Gelegenheit beim Schopf zu fassen wissen. Tolle Wettrennen finden manchmal auf den Straßen dieser Wüste statt zwischen einem Sohn, der seine Sirene zum Altar von Reno führt, und seinen Eltern, die im letzten Augenblick davon Wind bekommen haben. Wenn sie die Flüchtlinge einholen, können sie sich nur auf ihre Überredungskunst verlassen, da das nevadische Gesetz sich mit alten Vorurteilen, wie der Bevormundung durch Papa und Mama, niemals befaßt hat.

Gerechterweise muß man hinzufügen, daß nicht nur Nevada dieses Eherisiko zuläßt. Nicht selten findet man in andern Staaten Leuchtschilder etwa mit folgender Inschrift: »Nach rechts! Das Büro für Ehelizenzen ist die ganze Nacht geöffnet.« In Amerika schläft die Gefahr, die den Menschen auflauert, niemals.

*

Scheidung und Hochzeit waren gewissermaßen zweckgebunden: der Zweck war das Spiel. Um Gäste für die Spielkasinos anzulocken, hat Nevada den Scheidungs- und den Heiratslustigen so entgegenkommende Möglichkeiten geschaffen. Man könnte heute fast sagen, daß diese beiden Attraktionen überflüssig geworden sind. Sie ziehen nur einen kleinen Bruchteil von den 27 Millionen Besuchern an, die — es sind immerhin 55mal so viele wie der Staat Einwohner hat! — spontan in den Wüstenstaat kommen. Manche zur Jagd, manche zum Fischen, andere wieder, um sich mit Wildwest zu imprägnieren, indem sie die Phantomstädte besuchen. Die überwältigende Mehrheit aber kommt, um zu spielen.

Die Grundlage des Reichtums von Nevada ist das grüne Tuch der Spieltische. Und die fürstlichen Geldquellen des Wüstenstaates sind die Menschenmassen, die aus ganz Amerika herbeigeeilt kommen, in der sicheren persönlichen Hoffnung zu gewinnen und mit der kollektiven Gewißheit zu verlieren. Sie kommen ganz von selbst — aber noch sicherer ist es eben doch, sie mit allen Mitteln anzulocken.

Fast überall in Amerika wird auf das Spiel Jagd gemacht. Die Polizei in New York hebt von Zeit zu Zeit in Staten Island die »Geldautomaten« tonnenweise aus, die heimlich in den Bars aufgestellt sind. Alle Kommissionen zur Untersuchung des Verbrechens zeigen, daß die wichtigste und ertragreichste Tätigkeit der Unterwelt im Spiel liegt.

Die »bookmaker« werden wie Verbrecher behandelt. Die Wette ist auf den Rennplätzen gestattet, aber die große Telegrafengesellschaft Western Union wurde gerichtlich belangt, weil sie im Sonderdienst die Resultate der Wetteinsätze verbreitete. Das unschuldige Bingo, nichts anderes als ein Familienlotto, ein Ferienzeitvertreib und ein Mittel, um ein paar Beträge für wohltätige Zwecke einzuspielen, ist Gegenstand heftiger Angriffe und oft durch lokale Beschlüsse verboten. Doch in Nevada ist das Spiel nicht nur frei, es wird vom Gesetz überhaupt ignoriert. Alle Spiele sind also stillschweigend erlaubt, und keines davon unterliegt den Anordnungen der Polizei. Jeder x-beliebige kann eine Spielhölle eröffnen: der Inhaber des Drugstores stellt mitten im Laden Geldautomaten auf, der Friseur einen Roulettetisch in seinem Warteraum, der Wirt des Motels richtet in seinem Schwimmbassin schwimmende Spieltische ein usw. Man spielt auf dem Flugplatz, sobald man den Fuß aus dem Flugzeug setzt, und bei der Tankstelle, während der Tankwart den Benzintank füllt und die Scheiben wäscht. Auf den Wüstenstraßen, in der kristallenen Klarheit der Nacht leuchten Spelunken, in denen die Touristen sich beim Würfelspiel echten Cowboys gegenübersehen. Wenn die Nevadier auch von den Erleichterungen der Scheidung durch ihre Gesetzgebung nur wenig Gebrauch machen, so läßt sie doch das Spiel nicht unberührt. Sie zahlen ihm eine Dankesschuld, und sie gewinnen noch, selbst wenn sie verlieren. Denn ihr ganzes Nevada lebt entweder direkt oder indirekt vom Spiel.

Las Vegas war — was Spiel und Scheidung angeht — ursprünglich nur ein Abglanz von Reno. In Reno stritten sich *Harold's* und *Harrap's,* die großen »saloons«, um den Titel des größten Spieletablissements der Welt. An den Straßen zeigten die Reklametafeln einen Pionierwagen mit der Überschrift: »Reno or burst!« (etwa: Reno oder Untergang!). Las Vegas antwortete auf die bestmögliche Weise mit seinem *Golden Nugget* (Goldklumpen), der in der Freemont-Street leuchtet, zwischen einem Dutzend anderer Kaschemmen mit den geheiligten Namen *Last Frontier, Last Chance, Lucky Strike, Monte Carlo* usw.

Der ganz große Aufschwung aber datiert erst von dem Moment an, da ingeniöse Industrieritter begriffen, daß man dem Spiel eine Vitrine geben mußte, die weit anziehender war als die Dekolletés der Bardamen und die Kruppen der weiblichen Croupiers in den klassischen Spielsalons. Der Gangster Bugsy Siegel, der sich mit vorgehaltener

Hand rühmte, er habe sich den Weg zum Glück gebahnt, indem er ein Dutzend Menschen mit eigener Hand umbrachte, war einer dieser Neuerer. Er plante seinen *Flamingo* als Kombination eines Luxushotels mit den Attraktionen einer *music hall* und den Versuchungen eines Spielkasinos. Die Einweihung fand am Weihnachtstag 1946 mit protzigem Gepränge statt. Aber o weh! — sechs Monate danach beging Mr. Siegel die Unvorsichtigkeit, sein Profil, auf das er so stolz war, so nahe an einem Fenster von Beverly Hills zu exponieren, daß es ihm mittels einer Feuergarbe aus einem Jagdgewehr weggerissen wurde. Sein *Flamingo* hatte ihm viel üble Nachrede eingetragen — insbesondere weil der Freund des Dekorums, der dieser liebenswürdige Mörder war, sich der Regel des in Nevada so beliebten saloppen Deshabillés *Come as you are* widersetzt und für die Besucher seines Kasinos Smokingzwang eingeführt hatte. Die Ungerechtigkeit, von der die Geschikke der Großen bekanntlich so häufig verfolgt werden, hat es mit sich gebracht, daß das *Flamingo* gerade aus seinen Schwierigkeiten heraus- und in die Gewinnzahlen hineinzukommen schien, als sein Begründer ein Ende fand, das man der Unzufriedenheit seiner Teilhaber wegen seiner defizitären Geschäftsgebarung zugeschrieben hat.

Aber der *Strip* war lanciert. Der Strip ist die Sackgasse, in der die Straße von Los Angeles im Zentrum von Las Vegas endet. Er kommt aus der Wüste und war bis vor wenigen Jahren selber noch Wüste. Man hat den Morgen noch 1940 für 100 Dollar verkauft. Zwanzig Jahre später kostete er das Zweihundertfache. Beidseits des Strip steht Kasino-Hotel an Kasino-Hotel in Reih und Glied über mehrere Kilometer: *Thunderbird, Riviera, New Frontier, Dunes, Starry Dust, Desert Inn, Sahara, El Rancho,* und endlich das *Sands* . . . Das Music-hall-Restaurant dieses Superlativs eines Superhotels hat Plätze für 1200 Eßgäste, vor denen sich das luxuriöseste Schauspiel der Welt begibt. In diesen Etablissements werden die Spitzenhonorare Amerikas bezahlt: 30 000 Dollar in der Woche für Marlene Dietrich, 40 000 für Frank Sinatra, 50 000 für den Pianisten Liberace, den langjährigen Orpheus und Eros der alten Damen. Nicht mehr das verblühte, verarmte Hollywood ist es, das die großen Starnamen mit goldenen Fontänen überschüttet: das tut Las Vegas heute. In den ersten dreißig Monaten seines Bestehens hat das *Sands* für seine Attraktionen die kaum glaubliche Summe von 5 630 000 Dollar ausgegeben, die sich wie folgt aufteilt: 27 Stars, 427 Tänzerinnen, 727 Musiker und Ausstattungen, von denen man am Broadway nicht einmal zu träumen wagt. Im gleichen Zeitraum waren 143 000 Paar Würfel — zu 1,25 Dollar das Paar — in 52 100 000 Würfen benützt worden.

Bis 1967 waren nur Privatpersonen berechtigt, in Nevada Spielsäle zu betreiben. Eine Gesetzesänderung hat dieses Recht dann auch Gesellschaften eingeräumt. Zwei Großmächte, zwei Weltnamen tauchten in Las Vegas auf: Hilton und Hughes.

Baron Hilton, der Erbe der Hilton-Kette, hat zwei große Hotels erworben, die seinen Namen ihrem bisherigen hinzugefügt haben: International Hilton und Flamingo Hilton. Die Geschichte um Howard Hughes ist, wie es sich gehört, weitaus romantischer und komplizierter. Nichts prädestinierte den ehemaligen Flieger und Inhaber eines der umfangreichsten Industrie-Königreiche Amerikas, auch noch Hotelier und Spielhöllenpächter zu werden. Man erzählt sich, er habe das *Desert Inn*, eines der berühmtesten Etablissements am Strip, gekauft, weil man ihm sein 250-Dollar-Apartment für andere Gäste, die es reserviert hatten, wegnehmen wollte. Er hat noch weitere vier Hotels dazugekauft: *Frontier, Landmark, Sands* und *Castaway*, ferner zwei Kasinos, das *Silver Clipper* in Las Vegas und das berühmte *Harold's* in Reno. Er zog selber im *Desert Inn* ein und umgab sich ausschließlich mit Mormonen (die bekanntlich ein Drittel der Bevölkerung ausmachen), weil sie nicht trinken, nicht rauchen und — theoretisch — nicht spielen. Offenbar von Las Vegas enttäuscht, packte er eines Tages seine Koffer und flüchtete sich auf die Bermudas. Aber seine Interessen in Nevada hat er beibehalten. Abgesehen von seinen Kasinohotels umfassen sie eine Luftfahrtgesellschaft, einen märchenhaften Country Club in Paradise Valley, an die 3000 Bergwerkskonzessionen und 150 Quadratkilometer jungfräulichen Landes in der Umgebung von Las Vegas. Dieser letztere Vermögensteil erklärt, warum Howard Hughes eine Umweltschutzkampagne befohlen hat, die bezwecken soll, die Gefahren der Atomversuche der Öffentlichkeit bewußt zu machen und ihre Einstellung zu fordern.

Hughes hat dazu beigetragen, daß eines der charakteristischen Eigenheiten des Strip eine Änderung erfahren hat. Der sagenhafte Luxus, der dort geboten wurde, war beinahe gratis oder, richtiger gesagt, er wurde wohl teuer bezahlt, aber durch die vorausberechenbaren Verluste der Kasinobesucher. Die Superhotels des Strip boten Unterkunft, Verpflegung und Zerstreuung zu Preisen, die jede Konkurrenz aus dem Felde schlugen. Ein Zimmer kostete fünf Dollar; eine Werberechnung im Copa Room ging nicht über sechs Dollar hinaus, und es war möglich, sich der Kunst der Dietrich oder Sinatras um den Preis eines Whisky mit Soda zu erfreuen. Natürlich war das Ziel dieser Großzügigkeit, die Besucher letztlich an die Spieltische zu bekommen.

Das alles gehört der Vergangenheit an. Die neuen Manager sind sich einig, daß Hotellerie und *music hall* an und für sich Profit abwerfen. Es ist nicht mehr möglich, ein Zimmer mit Fenstern auf den Strip für weniger als dreißig Dollar zu bekommen, und die Rechnung, die dem Verzehr während einer *midnight show* entspricht, wird nicht unter zwölf Dollar liegen.

Der Strip hat übrigens manchen Katzenjammer gekannt. Die Rezession von 1970 hat ihn hart angeschlagen. So haben die insgesamt achtzehn nacheinander aufgereihten Kasinos einen Einnahmenrückgang um 70 Prozent erfahren. Im Gegensatz hierzu hat die sogenannte Glitter Gulch (annähernde Übersetzung: Glitzerschlucht) mit ihren traditionellen Spielhöllen, aus deren vorderster Reihe der *Golden Nugget* — der Goldklumpen — hervorleuchtet, weitaus besser standgehalten und einen Geschäftsrückgang von nur 10 Prozent gemeldet.

Hier findet man in noch typischerer Weise als am Strip entlang das eigentliche Nevada. Ein wahrhaft unerhörtes Schauspiel. Buntscheckige Menschenmassen laufen hier ohne Unterlaß aus allen Teilen Amerikas zusammen. Eine noch gänzlich unberührte Demokratie mischt sich hier um Faro, Poker, Craps, Bakkarat, Roulett usw., usw.: Chefs und Angestellte auf Urlaub, Juden vom Broadway, Filmschauspieler aus Hollywood, Studenten, die ihren in Harvard oder Yale verlorenen Einsatz hier verdoppeln wollen, Neger, Clochards, sensationslüsterne Frauen, hübsche leichte Mädchen, echte oder falsche Cowboys mit sternförmigen Sporen. Allein Las Vegas brüstet sich mit einer jährlichen Besucherzahl von 11 Millionen Fremden und kultiviert eine Sorte von Volksmärchen wie das von dem alten Mann, der so lange den Hebel eines Spielapparates bedient, bis ihm das Blut von den Fingern tropft, oder das von dem unbekannten Greis im Silberhaar, der sechzehn Stunden am Spieltisch ausharrt, um dann mit 350 000 Dollar Gewinn aufzustehen. Aber jeden Abend sammelt die Heilsarmee dreihundert Ausgebeutelte zusammen, und die Spielkasinos »repatriieren« jährlich Tausende zu Lasten eines gemeinsamen Fonds. Andere klammern sich in erschütternder Leidenschaftlichkeit an diese Stätte der Illusionen. Man sieht alte Leute in zerlumpter Kleidung um die Spielhöllen herumstreichen oder die Hebel von 5-Cent-Spielautomaten mit beiden Händen betätigen, wobei ihre Gesichter sich in Wut und Verzweiflung verzerren. Bettler, die einmal reich waren, merken sich die Spieler, die Glück hatten, um vielleicht durch sie eine Chance für einen neuerlichen Versuch zu bekommen. Alles ist auf das Spiel zugeschnitten, die Dollars inbegriffen, die hier keine grünen Banknoten, sondern runde, große, glänzende Silberstücke sind, die sich gut rollen lassen. Die Spielhöllen schließen ihre Pforten nie, und vor den Saloons, die umschichtig geöffnet sind, treffen sich die Frühaufsteher mit den nächtlichen Glücksrittern, die abgestumpft vor Müdigkeit im grellen Morgenlicht der Wüste nach Hause wanken.

Diese Spielwut ist ein Erbstück der Vergangenheit. So hat man einstmals im ganzen Westen gespielt, hasardiert — mit dem Unterschied, daß die *diggers*, die Goldgräber, ihre Goldklumpen oder ihren Goldstaub in kleinen Säcken aus Leder mit sich führten, die sie neben ihre »six shooter«-Pistolen auf die Tische legten. Aber die übrigen Staaten haben sich ihr Sittenzeugnis etwas kosten lassen. Einzig Nevada hat durchgehalten. Aus dem sporadischen Spiel, das aus fauligem Stroh Gold machen wollte, hat es eine Industrie und eine Institution gemacht. Unheilbar arm, bedurfte es einer Geldquelle. Es hat eine überreichliche gefunden.

Fläche: 285 000 km²
Einwohnerzahl: 488 738
Hauptstadt: Carson City
Beiname: Der Silberstaat
Hymne: Home means Nevada
Devise: All for our country
Blume: Salbei
Baum: Cembro-Fichte
Wichtigste Städte: Las Vegas, Reno
Wichtigste Produkte: Holz. — Tierzucht. — Kupfer, Gold, Quecksilber. — Silber. — Baryt. — Spielautomaten. — Chemische Produkte. — Elektronik.
Bundesstaat seit 31. Oktober 1864 (an 36. Stelle).

COLORADO · WYOMING · MONTANA · IDAHO

Der Westen

Schon längst ist dieses Buch in den Westen vorgedrungen. Er beginnt bereits mit den beiden Dakota, ihren weiten, entblößten Flächen und der Trockenheit ihres Klimas. Texas gehört selbstverständlich zum Westen, und ebenso Oklahoma, Neu-Mexiko und Arizona. Aber diese verschiedenen Staaten gehören zum Teil auch zu den Großen Ebenen, zum Teil zum Süden und zum Teil zu Spanisch-Amerika. Utah und Nevada gehören gleichfalls zum Westen, sind aber ihrem Charakter nach so eigenartig, daß sie ganz für sich gesehen werden müssen. In Kalifornien dann befindet man sich zwar der geographischen Länge nach noch weiter im Westen — und doch verläßt man ihn (in seiner Bedeutung als Charakteristikum) in Richtung »Küste«. Diese Unterscheidung wird jedermann begreiflich sein, der die Besonderheit etwa der Côte d'Azur gegenüber dem übrigen Frankreich kennengelernt hat. Oregon, Washington, Hawaii gehören zur Welt des Pazifik, und Alaska ist eine Welt für sich. Im Gegensatz hierzu bilden die vier Staaten, von denen in diesem Kapitel die Rede sein soll — Colorado, Wyoming, Montana und Idaho — den eigentlichen, den echten Westen. Wenn man erfahren möchte, was und wie dieser Westen ist und was er im Leben Amerikas bedeutet, dann — jetzt oder nie.

Der Einfluß des Westens auf Kleidung und Umgangsformen ganz Amerikas ist auffallend. Die Hemden mit großen roten Karos, die bei den Männern so beliebt sind, kommen aus dem Westen, genau wie ihre Vorliebe für breitrandige Hüte. Auch die blauen Hosen, oder Blue jeans, welche die jungen Leute tragen, stammen aus dem Westen. Für die Kinder ist das Äquivalent für den guten alten Matrosenanzug Westeuropas der Cowboyanzug: die Jacke aus Hirschleder, die Hose mit Fransen, die Halbstiefel mit hohen Absätzen, nicht zu vergessen den Gürtel mit zwei dicken vernickelten Revolvern. Die sehr verbreitete Liebe zu Pferden verdankt Amerika größtenteils dem Nimbus des Westens. Der Westen hat ihm auch das *barbecue* gebracht, das Rösten bei offenem Feuer, das von den Picknicks seinen Weg in die

Restaurants machte. Kurz, der Westen hat vermutlich dem Amerikaner seine Vorliebe für rauhe Sitten und unbekümmertes Auftreten geschenkt, Eigenschaften, die infolge der schnellen Entwicklung des Landes zu einer strengen gesellschaftlichen Disziplin mehr und mehr »aufgesetzt« und unnatürlich wirken.

Der Einfluß des Westens auf die Formung der Persönlichkeit beginnt frühzeitig. Die Helden des Kindesalters sind und bleiben die »Westerners«. Manche hat es wirklich gegeben — wie Colonel George Armstrong Custer, der berühmt geworden ist, weil er sich in der Schlacht um Little Big Horn (Montana) von den Sioux massakrieren ließ. Andere sind halb legendäre Gestalten wie Kit Carson und der Colonel Cody (Buffalo Bill), dessen Grabstätte einen Berg in der Nähe von Denver (Colorado) krönt. Noch andere — die jüngsten von ihnen — sind erdachte Gestalten wie »The lone Ranger«, oder lebenden Personen »angedichtet«, wie das bei dem sehr merkwürdigen Hopalong Cassidy der Fall ist. Er wurde vom Fernsehen zum Idol der Jugendlichen gemacht, heißt in Wirklichkeit William Boyd und war niemals Cowboy, sondern schlicht und einfach ein zweitrangiger Filmschauspieler aus Hollywood, dessen vergessene 85 Westernfilme eines schönen Abends wieder auf den Bildschirmen zu erscheinen begannen. Einige Monate später weigerte sich William Boyd, bei einer vaterländischen Zeremonie Seite an Seite mit dem amerikanischen Vizepräsidenten zu erscheinen, indem er wissen ließ, er könne den Bildschirm unmöglich mit Alben Barkley teilen, während ihm doch Harry Truman versprochen worden war. Er ist seitdem wieder der Vergessenheit anheimgefallen.

Aber die Westernfilme haben ihren Platz im Leben der Amerikaner durchaus behauptet. Sie bildeten den Großteil der »B«-Filme, die von 50 Millionen Zuschauern bevorzugt wurden, gegen nur 13 Millionen, die den bedeutenden oder »besonders wertvollen« Filmen den Vorzug gaben. Das Fernsehen hat das Kino abgelöst. In seinen Studios werden am laufenden Band Kriminalaffären, Verfolgungen zu Pferd, Schießereien in Bars gedreht oder Geschichten um pflichtvergessene Gerichtsbeamte, die der reizenden Tochter des bei der Arbeit leider umgekommenen Goldsuchers alles rauben, was sie besitzt, und Heldenepen von unerschrockenen Cowboys, die Rache nehmen an den Rechtsbrechern. Jede Fernsehstation gibt täglich zumindest ein solches Schaustück zum besten. Der sich nie erschöpfende Erfolg, der auch durch nicht mehr überbietbare Monotonie gänzlich unverwundbar zu sein

scheint, beweist die unverbrauchte Zauberkraft, die der Westen auf die Phantasie ausübt.
Der Westen ist übrigens auch durchaus würdig, nicht nur kindliche Gemüter zu begeistern. Die vier Staaten Idaho, Montana, Wyoming und Colorado beherbergen die wahrscheinlich reichhaltigste Sammlung von Naturschönheiten in den Vereinigten Staaten insgesamt. Das Wunder aller Wunder, den Gran Cañon, haben sie sich allerdings entgehen lassen, er ziert Arizona, aber Idaho kann sich einer noch tieferen Runzel der Natur rühmen – des Hell Cañon –, desgleichen eines Wasserfalls – der Shoshone Falls –, der von größerer Höhe niederstürzt als der Niagara. Das riesenhafte Montana, der Fläche nach viertgrößter Staat, ist mit Gebirgen bedeckt, die vom Eis der Gletscher glitzern. Wyoming hat den Yellowstone National Park im Besitz, dessen Schilderung durch die ersten Reisenden lange Zeit als ein Werk der Phantasie betrachtet wurde. Colorado schließlich verkündet den Touristen, daß seine Hauptstadt Denver eine Meile über dem Meeresspiegel liegt und 51 der 64 amerikanischen Berggipfel über 4200 Meter sich über seinem Territorium erheben. Die Rocky Mountains erreichen in Colorado ihre größte Breite, Höhe und Steilheit. Die Luft ist dort so durchsichtig und klar, daß der Entdecker Zebulon Pike, als er den Berg (4290 m) erblickt hatte, der seinen Namen verewigen sollte, fünf ganze Tage auf ihn zuging und sodann kehrtmachte, ohne ihn erreicht zu haben, und er war doch ganz sicher gewesen, er würde noch am selben Abend an der Flanke des Berges kampieren können.
Dieser Westen wurde erst spät bevölkert. Mit Ausnahme der Mormonen zogen die ersten Einwanderer gleich bis Kalifornien weiter, und nur die letzten Ausläufer dieser Völkerwanderung blieben in den Talbecken des Snake River, des North Platte oder des oberen Colorado hängen. Vor diesen Ansiedlern hatte es nur wenige Durchreisende gegeben – die meisten von ihnen waren Franzosen oder französisch-indianische Mestizen, die aus Kanada kamen. Einem gewissen Herrn La Verendrye und seinen Söhnen wird nachgesagt, als erste im Jahr 1742 in das heutige Gebiet von Montana vorgedrungen zu sein. Aber viele geographische Ortsbezeichnungen im Westen (die Seen Cœur d'Alêne [Borstenherz] und Pend Oreille [Hängeohr] in Idaho, der Malheur Lake in Oregon usw.) und auch die Namen mancher Indianerstämme, wie die Gros Ventres (Dickbäuche) und die Nez Percés (Durchstochenen Nasen), zeigen, daß die französischen Pelzjäger schon früher viel weiter vorgedrungen waren. Eine ganze Vorgeschichte von Entdek-

kungsreisen, Abenteuern und Massakern hat sich wahrscheinlich in den Gebirgsgegenden des Westens abgespielt.

Vor einem Menschenalter war der Westen noch ein Abenteuer. Die Indianer in Montana errangen ihren letzten Sieg im Jahr 1876 und wurden erst 1890 in ihren Reservaten festgesetzt. Die Fahrspur durch Oregon und die Telegrafenleitung, die noch vor der Eisenbahn quer durch Amerika führten, waren die Streitobjekte endloser Kämpfe, die sich immer wieder um das in Wyoming gelegene Fort Laramie (eine Verunstaltung des französischen La Ramée) drehten. Es ist unvermeidlich, daß eine so nahe Vergangenheit tiefe Spuren in der sozialen Struktur, in den politischen Ideen und in der Lebensweise hinterlassen hat.

Der Mensch des Westens, der Sohn oder höchstens der Enkel des »settler«, ist jedenfalls der am meisten individualistische, abenteuerliche, freizügige, optimistische und unabhängige unter den Amerikanern. Da er selber Silber produziert, hat er wild, doch vergeblich, darum gekämpft, daß das Silber als Geldwährung bestehenbleibe und Amerika »nicht an ein goldenes Kreuz geschlagen werde«. Er wählt häufiger republikanisch als demokratisch: bei der sehr umstrittenen Wahl von 1968 war es der Westen, der Nixon den Sieg brachte, während der Osten — New York inbegriffen — sehr stark zu Humphrey neigte.

Der Außenwelt gegenüber blieb der Westen lange Zeit in einem starren Isolationismus verschanzt. Der berühmte Senator Borah, der Prototyp und Prophet der Feinde Europas, war ein Produkt Idahos; mit der letzten Tat seines politischen Lebens leistete er Hitler einen außerordentlichen Dienst: Er ließ im Juli 1939 die Aufhebung des Waffenembargos vertagen, als er dem Kongreß persönlich dafür garantierte, daß der Krieg noch nicht in diesem Jahr ausbrechen werde. Jeannette Rankin, die erste der *congress women* und einziges Kongreßmitglied, das gegen Amerikas Kriegseintritt im Jahr 1917 stimmte, kam aus Montana, wie auch einer der hauptsächlichen Neutralisten des Zweiten Weltkriegs, der Exsenator Burton K. Wheller. Noch in jüngster Vergangenheit hat Henry Wallace im Westen Unterstützung gefunden, fast aus dem einzigen Grund, weil sein Widerspruch gegen den Marshall-Plan der Isolationspolitik William Borahs zu entsprechen schien. Diese Gesichtspunkte wandeln sich, aber nur langsam, und der Westen kann, als Ganzes gesehen — zum Unterschied von Kalifornien — als ein der transatlantischen Zusammenarbeit der Vereinigten Staaten feindlich eingestellter Block angesehen werden. Sein Einfluß in der internationalen Politik ist im übrigen weit größer als sein inneres Gewicht: die acht sogenannten »Mountain States« halten 16 Senatorensitze besetzt, das bedeutet 20 Prozent des Senats, während sie kaum 3 Prozent der Bevölkerung der Vereinigten Staaten repräsentieren.

Die Romantik des Westens ist ganz prosaisch mit einem seiner wichtigsten Wirtschaftszweige verknüpft: der Viehzucht. Es ist klar, daß es die Bestimmung dieses Gebiets ist, Hornvieh zu züchten. Es war das Durchzugsgebiet der großen Bisonherden, von denen der Rote Mann lebte und die der Weiße Mann bis zum letzten Stück ausgerottet hat. Aber der Weiße Mann hat seinerseits eine Viehherde geschaffen, die wahrscheinlich der früheren an Zahl und jedenfalls an Wert weit überlegen ist. Montana, Idaho und Wyoming ernähren jedes allein etwa eine Million Stück Hornvieh, von der fast gleichen Anzahl von Schafen gar nicht zu reden. Und das Hornvieh erzeugt seinerseits im Westen Amerikas jene altvertraute und faszinierende Persönlichkeit: den Cowboy.

Genaugenommen handelt es sich bei ihm – und das besagt ja auch sein Name – um einen Kuhhirten. Aber was für ein Kuhhirt ist das! Der damalige sowjetische Außenminister Wyschinskÿ kränkte diese Gilde einmal durch eine unfreundliche Bemerkung vor der UNO-Vollversammlung. Anderntags trat vor dem grünen Rasen von Lake Success ein Dutzend langer Kerle mit breiten Sombreros und schmalen, in Blue jeans steckenden Hüften an und marschierte im Kreis. Dabei schwangen sie Schrifttafeln, auf denen dem ehemaligen Ankläger der Moskauer Prozesse die gepfefferte Antwort der Cowboys erteilt wurde. Man erkundigte sich: es waren keine Attrappen, sondern echte Cowboys, die im Flugzeug aus dem Westen eingeflogen waren, um sich für die Kränkung, die ihnen widerfahren war, zu revanchieren. Wenn sie die Beliebtheit der Cowboys bei den Amerikanern nicht noch gesteigert haben, so einzig deshalb, weil sie schon im Zenit stand.

Der Cowboy treibt ein rauhes Handwerk. Die Pflege einer Herde, deren Wert häufig Zehntausende von Dollar beträgt, ist eine Arbeit, die keinerlei Launen duldet und kaum zur Ruhe kommen läßt. Der Cowboy stempelt die Tiere, führt sie von Weide zu Weide, kümmert sich um ihre Vermehrung, hilft den Muttertieren, steht den Neugeborenen bei, fängt die Tiere ein, die fürs Schlachthaus reif sind, und hält Meilen und Meilen von Gehegen in Ordnung. Er hat ein Zimmer auf der »Ranch«, schläft aber meist in einem »Waggon« und nimmt seine

Mahlzeiten im Freien ein. Er erträgt das harte Klima der Rocky Mountains, und seine Kämpfe gegen die Schneemassen, die seine Herden gefährden und sie dem Hungertod preisgeben, verlangen oft Heldenmut. Meist hat er sechs, sieben oder gar zehn bis zwölf Pferde, die er abwechselnd reitet. Fast immer ist er ein wortkarger Mensch, wenn man auch manchmal einem Cowboy begegnet, der mit seinen Abenteuern prahlt. Nur selten ist er verheiratet, und wenn er sich dazu entschließt, findet er für gewöhnlich seine Gefährtin durch einen »lonely hearts club«. Aber noch seltener ist die Ehe eines Cowboys glücklich, weil die Frauen sich schlecht an die ständige Abwesenheit ihrer Männer gewöhnen können. Er verdient wenig: 300 bis 400 Dollar im Monat — in New York ist das der Lohn eines Laufjungen von sechzehn Jahren. Aber er gibt noch weniger aus, und mancher alte Cowboy hat ein beträchtliches Konto auf der Bank, vor allem dann, wenn er sich dem Spiel fernhält.

Wie alle übertrieben volkstümlichen Figuren wird der Cowboy durch die beiden Schaustellungen, deren Hauptakteur er ist: durch den Film und die Wildwestschau — den »Rodeo« — nur zum Teil beschrieben, zum Teil aber auch entstellt. Der Cowboyfilm ist außerhalb Amerikas genügend bekannt, so daß man ihn nicht mehr beschreiben muß. Der »Rodeo« dagegen gelangt selten ins Ausland. Hierbei entfaltet der Cowboy beim Besteigen wilder Pferde *(backing bronco)* und beim Kampf mit Stieren, die er an den Hörnern zu Boden zwingt, außerordentliche Kraft und Gewandtheit. Die Truppen, die durch alle großen Städte ziehen — New York hat eine *rodeo season* —, setzen sich aus Berufskämpfern zusammen, aber der »Rodeo« ist auch in den kleinen Nestern im Westen sehr beliebt, wo er von echten Rinderhirten vorgeführt wird. Wer im Sommer durch den Westen reist und Zeuge solcher Stierkämpfe mit der dazu gehörenden Gitarrenmusik und den Quadrilletänzen ist, könnte glauben, der Cowboy führe ein sorgloses, leichtes und fröhliches Dasein — während er in Wirklichkeit ein Einzelgänger und harter Arbeiter ist.

Der Cowboy ist ein für den Westen charakteristischer und traditioneller Menschentyp und zugleich einer, dessen mit dem Pferd verbundenes Dasein sich am wenigsten verändert hat. Hingegen ist das Leben seines Vorgängers in den Rocky Mountains, das des Bergmanns, durch die modernen Verhältnisse grundlegend verändert worden.

Immerhin mit einer Ausnahme, könnte man sagen. Im ganzen Westen, von Kalifornien bis Colorado, gibt es noch Goldsucher. Diese

Unentwegten (die nichts mit der im großen betriebenen Goldgräberei zu tun haben) sind fast immer alte Leute, die den Sand der Flüsse mit der Schaufel und der Kürbisflasche auswaschen, wie ihre großen Vorfahren von 1849. Obgleich diese Beschäftigung alles andere als ein sicherer Erwerb ist, kann sie doch einen genügsamen Mann mit einem Ertrag von ein paar Dollar am Tag ernähren. Zudem läßt sie ein kleines Fenster auf das große Glück offen, was viel wichtiger ist als das tägliche Brot.

Schwindelerregende Kurssteigerungen haben dem Gold einen Anreiz zurückgegeben, den es durch den künstlich gestützten Kurs von 35 Dollar je Unze fast gänzlich eingebüßt hatte. Verschiedene Adern sind wieder der Ausbeutung zugeführt worden, und einige aufsehenerregende Funde haben die goldproduzierenden Gesellschaften aus einem langen Erschöpfungsschlaf aufgerüttelt. Trotzdem bleibt das Gold Nebensache, verglichen mit den mineralogischen Schätzen, die den Westen einer Mineraliensammlung vergleichbar machen, in der Blei, Zink, Kupfer, Molybdän, Uran, Vanadium, Silber und andere vorhanden sind.

Dieser metallurgische Reichtum ist allen Staaten des Westens eigen. Nach dem Minenertrag steht Arizona an der Spitze, sein Kupferbergbau bestreitet 10 Prozent der Weltproduktion. Utah ist auch ein mächtiger Kupferproduzent und kann im Brigham Young Cañon auf die größte Grubenaushebung hinweisen, die je von Menschenhand vorgenommen wurde. Utah ist Spitzenproduzent von Blei, Colorado von Zink, Idaho von Silber und Wyoming von Vanadium.

Aber das Bergbauwesen der Mountain States erfährt eine außergewöhnliche Wandlung – als Auftakt zu einer neuen Hochblüte. Nachdem sie einen Gipfel des Metallreichtums gebildet hatten, sind sie nunmehr aufgerufen, die großen Energiespender Amerikas, ja vielleicht der ganzen westlichen Welt zu werden.

In der unmittelbar auf den Krieg folgenden Zeit konnte man seltsame Menschengruppen beobachten, die sich in die großartige Unnahbarkeit der Rocky Mountains vorarbeiteten, Zelte aufschlugen und Wohnwagen über holprige Plateaus und durch Cañons mit vor Hitze triefenden Seitenwänden zogen. Statt Spitzhacken trugen diese modernen Goldsucher Geigerzähler mit sich. Der Sturm auf das Gold wurde durch den Sturm auf das Uran abgelöst.

Der Sturm hat Enttäuschungen, aber auch Ergebnisse gebracht. Die Vereinigten Staaten sind sich bewußt, daß 35 Prozent der Weltreserven des wichtigsten metallischen Energiespenders in ihrem Besitz sind. Kanada folgt mit 28 Prozent. Uran kommt fast in allen Teilen des Westens vor, insbesondere aber in Neu-Mexiko, Utah, Colorado und Wyoming. Die Atomenergiekommission hat 1957 eingegriffen und den Abbau aus der Überlegung heraus abgebremst, daß alsbald ein Überhang an U_3O_8 entstehen könnte. Aber die rasche Entwicklung der Nuklearprogramme scheint diese restriktive Politik nicht mehr zu rechtfertigen.

Eine mächtige Energiequelle ruht in den unergründlichen Steinkohlenflözen von Wyoming, die noch kaum angeritzt sind. Eine weitere, brennend aktuelle und zukunftsträchtige Energiereserve sind die Ölschiefervorkommen von Colorado, Utah und Wyoming.

Diese Schiefervorkommen, deren Mannigfaltigkeit beträchtlich ist, sind Sedimentböden, die zwischen Ton und Schiefer eingesprengte Lamellen enthalten. Der reiche Energiegehalt einiger von ihnen ist nicht weiter verwunderlich. Eine der ältesten Theorien über den Ursprung des Erdöls bezeichnet solche Schieferschichtungen als das Milieu, in welchem es sich gebildet haben muß, bevor es in die »Gruben« abgewandert ist, die es kraft ihres undurchlässigen Untergrundes vor dem Versickern bewahrt haben. Vor den Funden Drakes in Kalifornien wurde das erste gewonnene Erdöl in den Ölschiefern Schottlands gefunden. Die Ölschiefervorkommen wurden hierauf in zahlreichen Ländern ausgebeutet, in beträchtlichem Umfang zum Beispiel in Schweden, Spanien, der UdSSR und in China. Aber zwei Kontinente spielen in diesem Zusammenhang eine überragende Rolle. Der eine ist Südamerika mit kolossalen Vorkommen in Brasilien, der andere Nordamerika mit noch riesigeren Vorkommen in den Vereinigten Staaten.

Einige Zahlen sollen Größenordnungen erkennen lassen. Die Weltreserven an gewinnbarem Erdöl sind auf 80 Milliarden Tonnen geschätzt. Die Uferstaaten am Persischen Golf sollen zu dieser riesigen Gesamtmenge 50 Milliarden Tonnen beitragen können. Aber die Weltreserven an Schieferöl bewegen sich in einer Größenordnung von mindestens 250 Milliarden Tonnen. Mindestens 180 Milliarden — das sind eineinhalb Trillionen Barrels — befinden sich in einem jeweils kleinen Teil von Colorado, Utah und Wyoming. In manchen Schätzungen findet man diese Menge verdoppelt auf drei Trillionen Barrels. Das erwähnte »Rocky-Trio« steht auf einer Erdölmenge, die drei- bis fünfmal so groß ist wie die des ganzen Mittleren Ostens, dessen Diktat der Westen derzeit untersteht.

Dieses Areal ist in einem Trapez mit einer Fläche von kaum 40 000 Quadratkilometer enthalten. Die Grundlinie verläuft etwa an der Grenze zwischen Colorado und Utah und ist auch annähernd mit dem sogenannten Continental Divide, der Wasserscheide zwischen Atlantik und Pazifik, deckungsgleich. Die Scheitellinie erstreckt sich in Wyoming nördlich der Kohlenstadt Rock Springs, die 1885 ein Chinesenpogrom erlebte. Die benachbarte Ortschaft Green River hat der geologischen Formation, die das Schieferöl birgt, ihren Namen gegeben. Dinosaurier haben sich in dieser Gegend getummelt: an dem Standort des Dinosaurier National Monument hat man 22 vollständige Skelette und große Mengen von Knochenresten ausgegraben. Die Riesenreptile des Erdmittelalters haben vor 40 Millionen Jahren in den Seen Gosiute und Uinta gebadet, wo die Organismen gelebt haben, deren Zerfallstoffe die Schieferlagen der Rocky Mountains zum Überlaufen mit Erdöl gefüllt haben. Es ist erstaunlich, was für ungeheure Mengen in zwei verhältnismäßig kleinen Seen entstehen konnten, doch sind sich alle Fachleute einig: die Bitumenschiefer dieser Region liefern je Tonne 675 Liter eines schweren, hochgradig kalorienreichen, nur wenig schwefelhaltigen Öls, das für alle Verwendungszwecke der in Arabien oder im Iran gewonnenen Ölsorten geeignet ist.

Die umfangreichsten Schieferformationen mit einer Ausdehnung von mehr als 9000 Quadratkilometer befinden sich in Utah. Die reichhaltigsten liegen in Colorado, genauer gesagt im Becken von Piceance, in der Nähe einer kleinen, an der Eisenbahnlinie entstandenen Stadt namens Grand Junction. Für Colorado allein schätzt man den Vorrat gewinnbaren Öls auf 480 Milliarden Barrels, das sind 60 Milliarden Tonnen. Es ist in einer Tiefe von weniger als tausend Fuß im Muttergestein – etwa 25 Barrels je Tonne – enthalten. Weitere interessante Bitumenschiefer-Vorkommen sind in dreißig Staaten – darunter Alaska – bekannt.

Aber das Erdöl, auf das der Westen seine Wirtschaft unvernünftigerweise gegründet hat, ist fix und fertiges Erdöl. Das Schieferöl hingegen ist eingeschlossenes Erdöl, das man erst aus seinem Gang herauszwingen muß, und dazu gehört eine Prozedur, die nicht ganz so einfach ist, wie ein Loch in die Erde zu bohren.

Eine Versuchsbohrung arbeitet seit einigen Jahren in der Umgebung von Colony bei Rifle in einer wüstenartigen Region von Colorado und unweit eines anderen »National Monument«, das mit versteinerten Bäumen und fossilen Dinosauriern übersät, von Cañons zerfurcht, von

Grotten unterhöhlt und mit phantastischen, durch Erosion entstandenen Skulpturen gespickt ist. Ein weiteres Versuchsprojekt wurde kürzlich in der Nähe von Grand Valley, in Parachute Creek, begonnen. Die in geringer Tiefe gewonnenen Ölschiefer werden auf zweierlei Weise destilliert und werfen die übliche Skala der Erdölprodukte ab — wie Benzin, Kerosin, Heizöl usw. sowie eine Reihe von ammoniakhaltigen und aromatischen Nebenprodukten. Aber die Gesellschaften, die diese Ausbeutungsmethode finanzieren, mußten sie mehrmals aufgeben, da sie ihr keine Zukunft voraussagen konnten. Der Gestehungspreis des Erdöls belief sich auf fünf, sechs Dollar je Barrel. Warum sollte man sich plagen, wo doch die arabischen Öle zwei-, dreimal so billig waren und das Öl doch ein Käufermarkt ist!
Seit 1972 ist es den Versuchsbetrieben von Colorado gelungen, den Gestehungspreis auf 4,20 Dollar je Barrel herabzudrücken. Es galt als sicher, daß er sich weiter auf 3,80 Dollar senken ließe, wenn umfangreichere Einrichtungen geschaffen würden. Im selben Moment haben die persischen und arabischen Ölproduzenten ihre Preise auf zehn, fünfzehn und zwanzig Dollar klettern lassen, und alle übrigen Lieferanten in den Vereinigten Staaten und Kanada haben sich beeilt, diesen Höhenflug mitzumachen. Und wieder im selben Moment brachte ein Verfahren, das *in situ* (wörtlich: »in der Lage«) genannt wird, die Möglichkeit, den Destillationsvorgang in der Tiefe des Bodens vorzunehmen und so das kostspielige Heraufschaffen des Gesteins sowie das Wegschaffen des Abfallprodukts zu vermeiden. Auf der Basis dieses Verfahrens macht sich die Occidental Petroleum Society stark, Schieferöl zu 1,18 Dollar je Barrel zu produzieren!
Die Ausbeutung der Ölschiefer von Colorado, Utah und Wyoming zur Erzeugung der billigsten Kohlenwasserstoffe der Erde hat künftig nur noch ein einziges Hindernis zu überwinden: die Hysterie der Ewiggestrigen. Sie haben noch genügend Macht, um diese Pläne einen sonderbaren Kleinmut zu verbreiten. Aber die Not diktiert ihr eigenes Gesetz.

COLORADO

Der Tourismus entthront das Bergwerk

Die Staaten der Rocky Mountains sind dünn besiedelt. Der bedeutendste, Colorado, zählt kaum zwei Millionen Einwohner und steht daher in der Liste der Fünfzig — nach Einwohnerzahl klassifiziert — nur an 28. Stelle. Sein Beiname — Zentenarstaat oder Staat des Hundertjährigen Bestehens — kommt ihm zu, weil er am 1. August 1876, also genau hundert Jahre nach dem Inkrafttreten der Amerikanischen Verfassung, gegründet wurde. Es war zunächst ein reines Bergbauland, doch stellt der Bergbau heute nur noch einen Bruchteil seiner Aktivitäten dar. Die Fremdenindustrie liegt jetzt an der Spitze. Aspen zum Beispiel war ursprünglich eine kleine, noch ganz in einer Wildnis abgelegene Bergbausiedlung; heute ist es die Skikapitale Amerikas, das Wintersportzentrum, das alljährlich nahezu sieben Millionen Sportbegeisterte nach Colorado lockt.

In diesem Bergstaat erlaubt sich die zugleich wichtigste und Hauptstadt, Denver, die Extravaganz, in der Ebene zu liegen. Allerdings auf einer Hochebene, 1500 Meter über dem Meeresspiegel, aber doch einer Ebene, dem Vorfeld unendlicher Weiten, die sich unmerklich, dem Atlantik zu, absenken. Nach Osten öffnet sich der Blick ins Grenzenlose. Im Westen stößt er an die Berge, die den Horizont versperren wie eine Wand. Die von einer halben Million Menschen bewohnte Stadt bildet das Zentrum eines Ballungsgebietes von etwa der doppelten Einwohnerzahl. Sie ist stolz auf ihre 42 Parks, deren Bewässerung einen erheblichen Teil des Tagesverbrauchs von 400 Millionen Litern Wasser verursacht. Es kommt vom wasserreichen Westhang der Rocky Mountains durch den 35 Kilometer langen Roberts-Tunnel, der den Continental Divide, die Wasserscheide zwischen Pazifik und Atlantik, an einer fast 2000 Meter tiefen Stelle überquert.

Der Roberts-Tunnel ist nur ein Beispiel dieser künstlichen Wasserverteilung zwischen dem feuchten und dem trockenen Hang der Rocky Mountains. Bei Green Mountain wird der Colorado selber eingefangen, in einen Tunnel gezwängt, und gezwungen, zum entgegengesetzten Ozean hinzufließen, wobei er die ausgedörrten Berghänge des Staates bewässert, dem er seinen Namen gegeben hat. Im übrigen überwindet der Colorado 1300 Staustufen, die sowohl der Stromerzeugung als auch der Bewässerung dienen.

Fläche: 269 000 km²
Einwohnerzahl: 2 207 259
Hauptstadt: Denver
Beiname: Staat des Hundertjährigen Bestehens
Hymne: Where the Colombines grow
Devise: Nil sine Numine
Blume: Akelei
Baum: Colorado-Blautanne
Wichtigste Städte: Leadville, Silverston, Sterling
Wichtigste Produkte: Zuckerrüben, Zerealien. — Fleischverarbeitung. — Kohle, Erdöl. — Gold, Silber, Zink. — Molybdän, Uran.
Bundesstaat seit 1. August 1876 (an 38. Stelle).

WYOMING UND MONTANA

Yellowstonepark, Kupfer und Christbäume

Wyoming (mit der Hauptstadt Cheyenne) hat nur 332 000 Einwohner und liegt zwar der Fläche nach an neunter Stelle, der Einwohnerzahl nach aber nur vor Alaska. Es berührt mehrfach den Continental Divide und bildet somit ein mächtiges Wasserschloß, das in Richtung Atlantik den Missouri, in Richtung Pazifik den Columbia und den Colorado ausschickt. Amerika ist dort beinahe unberührt inmitten unbeschreiblicher Naturschönheiten, die sich im Nationalpark von Yellowstone nur gleichsam vertretungsweise ein Stelldichein gegeben haben. Aber die unterirdisch verborgenen Energiereserven werden es Wyoming gewiß nicht erlauben, seinen ursprünglichen Charakter zu bewahren.

Montana ist etwas größer als die Bundesrepublik Deutschland, doch nur von 694 000 Einwohnern bevölkert. Die Hauptstadt, Helena, ist ein Dorf. Seine wichtigste Stadt, Butte, könnte als Beispiel genommen werden für durch den Bergbau verursachte Ballungszentren, die dem Westen seinen Charakter verliehen haben. Die »butte«, die jene gleichnamige Stadt hier hat entstehen lassen, ist ein Hügel aus Kupfer, aus dem die Anaconda Copper Company in sechzig Jahren die gigantische

Menge Kupfer gewonnen hat, die den Gegenwert von 4 Milliarden Dollar darstellt. Es gibt allerdings nichts, was öder und schrecklicher sein könnte als dieser Ort. Das leicht giftige Kupfer hat über die ganze Gegend seinen Fluch verbreitet, und die Arbeit in den Minen war lange Zeit nicht anders als infernalisch zu nennen. Nicht einmal der Boden ist fest, auf dem die Stadt steht. Stollen in einer Gesamtlänge von etwa 3000 Kilometer unterminieren ihn, und es ist keine Seltenheit, daß ein ganzes Haus infolge einer unterirdischen Erschütterung versinkt. Die halb slawische, halb irische Bevölkerung hält sich für diese Härten an den gröblichsten Ausschweifungen schadlos. Die Prohibition wurde in Butte niemals angewendet und die Prostitution auch in einer Zeit geduldet, in der Amerika schlechthin in Tugend badete.
Heute befindet sich Butte im Niedergang. Die Stadt hatte einmal hunderttausend Einwohner. Bei der Zählung von 1970 waren es nur noch 23 368. Es könnte möglich sein, daß sie dereinst eine jener Phantomstädte werden wird, die den Touristen allenthalben im Westen jeweils eine unvergleichliche Seite aus der Geschichte der Vereinigten Staaten in Erinnerung rufen.
Montana schenkt den Amerikanern jeden Winter vier Millionen Christbäume. Die Gebirge sind nicht so hoch wie in Colorado, aber das Klima ist nordischer, und der Gletscher-Nationalpark, der bei Alberta nach Kanada hineinragt, zählt nicht weniger als sechzig Gletscher. In der Politik ist Montana der Heimatstaat einer der wichtigsten Persönlichkeiten des Kongresses, Mike Mansfields, des Anführers der demokratischen Mehrheit im Senat. Der Siebziger hat sich 1970 zurückgezogen und nur unter Schwierigkeiten einen Nachfolger gefunden, der verhindern konnte, daß an seiner Stelle ein Republikaner in den Senat gewählt wurde.

Wyoming

Fläche: 251 228 km²
Einwohnerzahl: 332 416
Hauptstadt: Cheyenne
Beiname: Staat der Gleichheit
Hymne: Wyoming State Song
Devise: Cedant arma togae

Blume: Pinselstrauch
Baum: Balsampappel
Wichtigste Städte: Casper, Laramie
Wichtigste Produkte: Zerealien, Zuckerrüben. — Alles vom Rind, alles vom Schaf. — Erdöl, Erdgas. — Eisenerz. — Uran. — Baumaterial. — Nahrungsmittelindustrie. — Elektronik.
Bundesstaat seit 10. Juli 1890 (an 44. Stelle).

Montana

Fläche: 380 000 km²
Einwohnerzahl: 694 409
Hauptstadt: Helena
Beiname: Staat der Schätze
Hymne: Montana
Devise: Oro y plata
Blume: Lewisia (Portulak)
Baum: Gelbtanne des Westens
Wichtigste Städte: Butte Great Falls, Billings
Wichtigste Produkte: Zerealien, Zuckerrüben. — Schafe. — Waldprodukte, Christbäume. — Stromerzeugung (durch Wasserkraft). — Erdöl. — Gold, Silber. — Kohle. — Hüttenindustrie.
Bundesstaat seit 8. November 1889 (an 41. Stelle).

IDAHO

Monopol auf eine Kartoffel

Idaho — 713 000 Einwohner, Hauptstadt Boise — hat etwas mehr Einwohner als Montana. Der Wald nimmt noch mehr Platz in Anspruch, nämlich 40 Prozent der Gesamtfläche. Verschiedene Namen, wie Cœur d'Alêne — Borstenherz — für eine Stadt, Pend Oreille — Hängeohr — für einen See oder Nez Percés — durchbohrte Nasen — für einen Indianerstamm u. ä. scheinen zu beweisen, daß mutige französische Pioniere bis in diese Region vorgedrungen sind, obgleich sie von einem so ungeheuer weit entfernten Punkt wie Montreal oder Quebec aufgebrochen sein mußten. Im übrigen wurden zwei amerikanische Forscher des neunzehnten Jahrhunderts, Lewis und Clark, von einem gewissen Charbonneau geführt, der mit einer Indianerin verheiratet war. Aber leider ist keinerlei Dokument erhalten, das als Grundlage dienen könnte, dieses Kapitel der amerikanischen Geschichte nachzuerzählen.

Die Entdeckung reichhaltiger Silberadern hat 1884 einen Sturm auf das praktisch noch unberührte Idaho hervorgerufen. Cœur d'Alêne hat zwar überlebt, aber die ganze Gegend ist voller Phantomstädte, die nach Erschöpfung der Minen ausgestorben sind, deren Entdeckung sie einst hatten entstehen lassen. Zwar haben die Edelmetallvorkommen an Bedeutung nicht verloren, doch ist die Spezialität des Staates die Kartoffel, deren Anbau einen Ertrag von nahezu 150 Millionen Dollar bringt: riesengroß und außergewöhnlich schmackhaft, stellt die Idaho-Kartoffel eine besondere Sorte dar, die zu akklimatisieren den europäischen Landwirten bisher nicht gelungen ist. Eine weitere üppige Einnahmequelle ist der Wintersport: Sun Valley, das auch ein Bergbauzentrum war, macht Aspen erfolgreich Konkurrenz.

Als unmittelbarer Nachbar von Oregon schließt sich Idaho bereits an den Pazifik an. Die Verbindung zu Utah wird durch einen beträchtlichen Anteil der Mormonen an der Bevölkerung gewährleistet. Der Wechsel zwischen schneebedeckten Bergen und ausgedehnten grünenden Prärien gibt dem Land einen eigenartigen Reiz. Nirgendwo ist das Leben im Freien, ist der Wassersport und das Reiten genußreicher als hier.

Fläche: 215 000 km²
Einwohnerzahl: 713 008
Hauptstadt: Boise
Beiname: Juwelenstaat
Hymne: Here we have Idaho
Devise: Esto perpetua
Blume: Pfeifenstrauch
Baum: Weißtanne des Westens

Wichtigste Stadt: Pocatello

Wichtigste Produkte: Zerealien, Kartoffeln, Zuckerrüben. – Alles vom Schaf, alles vom Rind. – Holz. – Silber, Blei, Zink. – Antimon, Kobalt. – Vanadium, Quecksilber.

Bundesstaat seit 3. Juli 1890 (an 43. Stelle).

ALASKA

Es ist schon alles dagewesen . . . Für Erwachsene war der Gebrauch des Fahrrades in Amerika bereits zur Kuriosität geworden. Jetzt hat das Fahrrad Amerika zurückerobert. Der radelnde Mensch ist in den großen Städten wieder fester Bestandteil des Straßenbildes. Es gibt zwar noch keine »Tour d'Amérique«, aber Radrennen und Wertungsfahrten häufen sich. Hier ein Beispiel: Zwei Ehepaare, Dan und Lys Burdon und Grey und June Siple haben am 16. Juni 1972 Anchorage in Alaska verlassen und sind am 7. September in Missoula, Montana, angekommen. Sie haben sich vorgenommen, ihre Wanderschaft auf Rädern bis Punta Arenas an der äußersten Spitze Südamerikas fortzusetzen. Die fast 5000 Kilometer lange Strecke Anchorage–Missoula brachte ihren Kniekehlen bereits einen Pluspunkt dank der ersten zweirädrigen Verbindung, die sie ohne Motorkraft zwischen dem Solitärstaat Alaska und den Achtundvierzig, die man dort oben die »down under«, zu deutsch etwa »die da drunten« nennt, hergestellt haben.
Mir verbleiben noch drei dieser »down under«, die ich vorzustellen habe. Der weitaus wichtigste davon ist Kalifornien. Ich werde es auf einem riesigen Umweg, der über eine Halbinsel und über eine Insel führt, erreichen, indem ich zunächst die beiden jüngsten Mitglieder der Fünfzigerfamilie beschreibe — Alaska und Hawaii.

ALASKA

Das polare Amerika und die Wechselfälle einer Pipe-Line

Von Amerika aus kann man Rußland mit bloßem Auge sehen, denn nur 5 Kilometer Salzwasser trennen die Große Diomida-Insel, die zur

UdSSR gehört, von der Kleinen Diomida, die ein Bestandteil der Vereinigten Staaten ist. Die »International Date Line«, die Datumsgrenze, und die Grenze zwischen zwei Welten verlaufen zwischen den beiden kleinen Inseln in der Bering-Straße. Nur ein paar Eskimos wohnen dort, und die brauchten reichlich lange, ehe sie begriffen, daß sie Bürger zweier gegnerischer Zivilisationen sind und nicht bloß Vettern in einer großen Familie, die gegen die entfesselte Natur und die Kälte des Nordens zu kämpfen hat. Als Chruschtschow 1960 nach Amerika kam, verlangten die amerikanischen Eskimos von ihm die Wiederherstellung nachbarlicher Beziehungen, die durch die Errichtung sowjetischer Küstenwachen in Sibirien und auf den umliegenden Inseln unterbrochen worden waren. Alles, was sie mit ihrer Bittschrift erreichten, war eine Empfangsbestätigung.

Über die Bering-Straße kamen die ersten Bewohner Amerikas ins Land. Die Ethnologen behaupten, man fände in Alaska Spuren der ersten Ansiedlung von aus Asien gekommenen Völkerschaften, deren Zug sich dann bis nach Patagonien fortsetzte. Manche Geologen unterstützen diese Theorie, indem sie behaupten, daß einst ein Isthmus zwischen Asien und Amerika bestand. Die aus dem nicht sehr tiefen Meer auftauchenden Inseln sind letzte Spuren dieser Landenge, gleichsam die Kieselsteine in einer Furt.

Den Indern folgten dann die Russen. Als Jäger und Trapper kamen sie über die Aleuten, auf denen es massenhaft Seehunde und Meerottern gab. Sie hatten ihren Stützpunkt auf der Insel Kodiak, schoben ihn dann 1799 in den Alexander-Archipel vor, wo sie Sitka gründeten. Mehrere Gouverneure waren energisch genug und trotzten der feindseligen Natur und der mörderischen Rachgier der Eingeborenen, die von den erlittenen Brutalitäten und Plünderungen in Wut gebracht worden waren. Trotzdem aber wurde aus der russischen Niederlassung doch nie etwas Rechtes. Sie lag viel zu weit weg vom eigentlichen Rußland, und der Nachschub in dieses Gebiet ohne natürliche Hilfsmittel blieb ein unlösbares Problem. Die Regierung in St. Petersburg versuchte ab 1850 unentwegt, das russische Amerika zu verkaufen, und nach siebzehn langen Jahren glückte es ihr endlich.

Ohne Seward wäre es wahrscheinlich nie soweit gekommen. William Henry Seward stammte aus dem Alaska diametral entgegengesetzten Land, aus Florida. Dieser Südstaatler hatte eine Leidenschaft für die Ideale der Nordstaatler. Er bekämpfte die Sklaverei, ließ sich in New York als Anwalt nieder und wollte Präsidentschaftskandidat der jungen

Partei der Republikaner werden. Die aber zogen ihm 1856 Frémont und 1860 Lincoln vor. Lincoln machte ihn zum Staatssekretär und hatte dann mit dem Feuerkopf Seward reichliche Sorgen. Seward versuchte nämlich, die Sezession zu verhindern, indem er in Europa nach einem Ablenkungskonflikt suchte. Dabei hätte er den Norden beinahe wegen Mexiko mit Frankreich und wegen der Freiheit der Meere mit England in einen Krieg verwickelt. Neben überschäumender Betriebsamkeit und Kühnheit besaß er auch noch bestechende Liebenswürdigkeit und Jovialität, die ihm bei seinen oft reichlich verrückten Plänen halfen. Alle seine Vorzüge brauchte er auch zur Genüge, als er nach Beendigung des Bürgerkrieges die Idee aufbrachte, es gäbe für die Vereinigten Staaten nichts Wichtigeres als die Beseitigung des von Rußland auf amerikanischem Boden geschaffenen Brückenkopfes.
Der Augenblick war schlecht gewählt. Der lange Bürgerkrieg hatte eine Finanzkrise zur Folge, und Amerika war vollauf mit der schwierigen Aufgabe des Wiederaufbaus beschäftigt. William Henry Seward hatte alle Mühe, ernst genommen zu werden, als er vorschlug, von dem Abscheu des Zaren gegenüber Alaska zu profitieren und die Vereinigten Staaten um ein Stück Polarlandschaft zu vergrößern. Glücklicherweise war der zaristischen Regierung ebensoviel an einem raschen Verkauf gelegen wie dem Staatssekretär Seward an einem baldigen Erwerb. Der russische Botschafter in Washington, Baron von Stoeckl, verteilte 300 000 Dollar an mehrere Zeitungen, die ihr Herz für Alaska entdecken sollten und an verschiedene der 27 Senatoren, die denn auch am 30. Mai 1867 dem Ankauf Alaskas zustimmten. Die Vereinigten Staaten zahlten 7 200 000 Dollar und wurden damit um eineinhalb Millionen Quadratkilometer größer. »Mir fällt ein Stein vom Herzen, weil diese Angelegenheit endlich unter Dach und Fach gebracht ist«, kabelte Stoeckl nach St. Petersburg. Dieser Stein liegt aber den Russen von heute schwer im Magen.
Die nun folgenden Jahre gaben allerdings denen recht, die fragten, was denn Amerika mit dieser Eiswüste anfangen solle. Der Zar zog seine Beamten zurück, und die paar Russen, die im Lande blieben, bildeten lange Zeit die einzige Zivilbevölkerung dieser amerikanischen Kolonie. Zuerst lag die Verwaltung in den Händen der in Sitka stationierten Garnison, dann wurde die Zollverwaltung damit betraut, die dieses undankbare Geschäft aber bald auf die Marine abwälzte. Die »Seward-Marotte« lieferte regelmäßig Witze für die Blätter der Vereinigten Staaten. Als Seward elf Jahre nach dem Kauf Alaskas starb,

hatte man ihn zwar nicht zur Rechenschaft gezogen, aber Ruhm hatte ihm seine Idee wahrlich nicht verschafft. Sein Alaska hatte damals noch nicht einmal 20 000 Einwohner, davon 19 000 Indianer und Eskimos.

Mit einem Schlag wurde dieses menschenleere Gebiet zu einem Märchenland: Man hatte in Klondyke Gold gefunden, und der bequemste Weg dorthin führte über Alaska. Die Goldsucher kamen über Sitka, zogen weiter über Skagway am Fuße des White-Passes mit seinen vereisten Pfaden und stiegen dann nach Kanada hinunter, nach Whitehorse, Yukon und schließlich zu den »Placers«, den Goldfeldern. Sogar Frauen kamen, mit hohen Schnürstiefeln und den weiten Röcken der Mode von 1898. Auf Schlitten festgeschnallt eilten sie, das Nordlicht zu erleben.

Dann fand man auch in Alaska Gold. Nome war im Frühjahr 1899 ein Eskimodorf am ewig eiskalten Meer. Im Herbst des gleichen Jahres hausten dort 30 000 verwilderte und ausgehungerte Abenteurer. Das von hohen Bergen umrahmte Fairbanks wurde auch von einer Menschenwelle überschwemmt, von Goldgräbern, die den Sand der Creeks wie Wildschweine durchwühlten. Manche »Bonanzas« ergaben 6 oder 7 Dollar pro Kubikmeter Kies. Einige Jahre später ging dann das Alluvialgold zu Ende, und es blieben nur noch einige Fanatiker, die von der Hoffnung lebten und Hungers starben. Ansonsten blieben nur noch einige kapitalistische Minen, in denen der goldhaltige Quarz gemahlen wurde.

Immerhin, der »gold rush« war für die Geschichte Alaskas von ungeheurer Bedeutung. Wegen der plötzlich auftauchenden und recht gefährlichen Menschenmengen hatte man eine Polizei schaffen und eine allerdings recht rudimentäre Verwaltung aufbauen müssen. Von dem ungünstig an einem Außenfjord gelegenen russischen Sitka wurde die Hauptstadt nach Juneau verlegt, das an einem natürlichen Meeresarm liegt, der sich bis Seattle hinzieht und einen vom Pazifik unabhängigen Wasserweg bildet. Geschäftsleute hatten zwei große Reichtümer des Landes entdeckt, nämlich 20 Millionen Morgen Urwald und schier unermeßliche Lachsschwärme, die hier ihre Laichplätze aufsuchen. Außerdem hielten diese »Businessmen« andere Mineralien für wichtiger und dauerhafter als Gold, so Zinn, Kupfer und Kohle. Damals war man noch sehr kapitalistisch eingestellt und dachte nicht daran, das Allgemeingut zu schützen. Immerhin wurde die Regierung des Präsidenten William Howard Taft beschuldigt, Alaska der schamlosen Ausplünderung durch private Unternehmer ausgeliefert zu haben. Das war ein Beweis dafür, daß es in »Sewards Eiskeller« doch recht wichtige und wertvolle Dinge gab. Sein Ruhmesstern fing jetzt langsam zu leuchten an, aber Seward war längst tot. Im Jahre 1912 wurde sein Lieblingskind Alaska zum Territorium der Vereinigten Staaten erhoben, der Gouverneur wurde zwar immer noch von der Exekutive ernannt, aber es wählte seine eigene Gesetzgebende Versammlung und hatte das Recht auf einen Beobachter im Kongreß. Alaska brauchte also nur noch Bundesstaat zu werden.

Unendlich weites Alaska! Texas wurde oft beschuldigt, Amerika durch sein dauerndes Prahlen mit seinen 267 000 Quadratmeilen zu erdrükken, aber was war jetzt dieses Riesengebiet gegen die 586 000 Quadratmeilen des 49. Staates! Die Entfernungen werden in Alaska noch weit größer durch die Form dieses Landes, das sich, beginnend mit einem Streifen längs der kanadischen Küste, dem »Panhandle« (Pfannenstiel), bis zu den Aleuten hinzieht wie zwei überdimensionale, weit ausgebreitete Flügel. Von Ketchikan bis Attu, der äußersten der Aleuten-Inseln, ist es so weit wie von Miami bis San Franzisko und von Ketchikan bis Point Barrow, dem südlichen Kap des kontinentalen Alaska, so weit wie von Miami bis Minneapolis. Wenn man diese Entfernungen auf unser altes Europa übertragen wollte, so entsprächen sie den Strecken Madrid—Moskau und Palermo—Oslo.

Als es noch keine Flugzeuge gab, waren die Verbindungen in Alaska ein unlösbares Problem. Man hatte zwar mit enormen Kosten zwei höchst fragwürdige Eisenbahnstrecken gebaut, eine über den allen Goldsuchern wohlbekannten White-Paß und die andere von Port Seward nach Fairbanks. In erster Linie aber beschränkte man sich auf die Küstenschiffahrt, die im »Panhandle« recht bequem, aber in den wilden und meist im Nebel liegenden Gewässern des übrigen Landes alles andere als angenehm war. Auch einige Straßen waren geschaffen worden, aber was war das alles in einem so unendlich großen Gebiet! Alaska schien dazu bestimmt, ein unberührtes Land zu bleiben, weil es einfach nicht möglich schien, die riesigen Entfernungen zu bewältigen.

Dann kam das Flugzeug. Von 1925 ab kämpften mutige Burschen gegen den Nebel der Aleuten, gegen die hochaufragenden Berge der Gebirgsketten im Innern des Landes und die Schneestürme der Arktis. Nach einer — vielleicht sogar wahren — Legende landete einer auf dem Rücken eines Wals und ein anderer, Bob Reeve, schuf den Grundstock

seines Vermögens, indem er die Leiche eines Fischereibesitzers aus Dutch Harbor auf eine Tragfläche seines Flugzeuges band und sie zu den lachenden Erben des Toten führte, die diesen Beweis brauchten, um die Erbschaft antreten zu können. Eine ganze Reihe dieser Flieger-Pioniere starb nicht im Bett. Die Überlebenden sind heute Besitzer, Direktoren oder Verwaltungsratsvorsitzende der zahlreichen Luftfahrtgesellschaften, die Alaska erschlossen haben.
Alaska ist das Land, in dem am meisten auf der ganzen Welt geflogen wird. Ein Einwohner Alaskas verbringt durchschnittlich vierzigmal mehr Zeit in der Luft als jeder andere Amerikaner, und die Flugpläne weisen 207 Orte auf, meist nur kleine Weiler, die regelmäßig angeflogen werden. Das Privatflugzeug ist hier ebenso verbreitet und mindestens ebenso wichtig wie das Auto in anderen Ländern und unter anderen klimatischen Bedingungen. Im Winter mit Kufen, noch häufiger im Sommer mit Schwimmern an Stelle des Fahrgestells ausgerüstet, ist es das normale Fortbewegungsmittel des Verwaltungsbeamten, des Missionars, der Lehrerin und der Krankenschwester, des Handlungsreisenden, des Jägers, der am Fuße eines Gletschers sein Lager aufschlagen will, und sogar des Verlobten, der seine Zukünftige besuchen möchte. Um nur ein typisches Beispiel zu nennen: Der anglikanische Bischof William J. Gordon jr., der rund sechs Monate auf seine Einsetzung warten mußte, weil man ihn mit neunundzwanzigeinhalb Jahren schon zum Bischof gewählt hatte, fliegt im Jahr 70 000 Kilometer mit seinem Flugzeug, um seine ihm anvertrauten Pfarreien zu besuchen. Das Handikap der großen Entfernungen ist allerdings für Schwertransporte immer noch nicht ganz beseitigt, aber für den Personenverkehr gibt es praktisch keine Schwierigkeiten mehr.
Für Europäer, die bis Spitzbergen hinauf wohnen, hat die nördliche Breite Alaskas nichts besonders Erschreckendes. Juneau liegt südlich des Breitengrades von Leningrad, Helsinki, Stockholm oder Oslo, also von Großstädten, während Juneau lediglich ein Verwaltungsnest mit 10 000 Einwohnern ist, und Nome, das wieder zum Dorf herabgesunken ist, liegt nicht näher am Pol als Trondheim. Der nördlich des Polarkreises liegende Teil Skandinaviens ist relativ dicht besiedelt, hat ein richtiges Straßennetz und ist durchaus aktiv, während die entsprechenden Gebiete Amerikas nur eine nördliche Wüste sind. In den drei norwegischen Provinzen von Nordland leben allein 400 000 Menschen und in dem riesengroßen Alaska nur 302 000! Mit nur einem »Fünftel Einwohner« auf den Quadratkilometer ist es eine der am wenig-

sten besiedelten Gegenden der Erde, während Skandinavien an Amerika eine Million Einwanderer abgegeben hat.
Dieser Unterschied ist nicht nur auf die klimatischen Verhältnisse zurückzuführen, die Amerika im Vergleich zu Europa stiefmütterlich behandeln. Alaska ist in dieser Hinsicht sogar besser dran als Grönland oder Labrador. Der Golfstrom wird teilweise durch den aus Japan kommenden Kuroshiwo ersetzt, im Süden der Bering-Straße gefriert das Meer nicht, und das Treibeis erreicht nie die Aleuten. Weiter im Süden wird das Klima Alaskas zu dem, was man als »kühles ozeanisches Klima« bezeichnet, das dem Hollands entspricht. Man kann nicht gerade sagen, daß es in Anchorage oder Juneau warm sei, aber es ist dort weniger kalt als in den Großstädten Kanadas, in Toronto oder Montreal, oder in den amerikanischen Großstädten Minneapolis oder Des Moines im Zentrum der Vereinigten Staaten. Es ist in diesen Städten Alaskas weniger kalt, ja sogar ganz wesentlich wärmer als in Stockholm, Leningrad, Moskau, Warschau, Bukarest oder Berlin.
Der Lebensraum der Amerikaner der ersten 48 Staaten beträgt pro Kopf 5 Hektar, was im Vergleich zu Europa als enorm bezeichnet werden muß. In Alaska kommen auf den Einwohner 12 Quadratkilometer, also 240mal so viel. Alaska blieb aber nicht so lange Zeit verlassen, weil es ein »Eiskeller« ist, sondern ganz einfach aus dem Grund, weil die Vereinigten Staaten zuviel Land und zuwenig Menschen hatten, denen die Neuerwerbung des Herrn W. H. Seward verlockend erschien.

*

Der »Panhandle«, der Pfannenstiel, besteht aus den 1100 Inseln des Alexander-Archipels und einem kontinentalen Streifen von 600 Kilometer Länge und rund 100 Kilometer Breite, der von Kanada durch einen riesigen Gletscherwall getrennt ist. Kurz vor Ketchikan geht der natürliche Seekanal auf amerikanisches Gebiet über, ohne daß dadurch die Schiffahrt erschwert würde, noch die herrliche Landschaft, durch die er seine Mäander zieht, sich irgendwie ändert. Ein Labyrinth von Rinnsalen durchfließt die schweigenden, blauen Wälder, die in einigen Stufen von Meereshöhe bis in die Gefilde ewigen Schnees aufsteigen. Die meisten in dieser schwermütigen Pracht verstreuten Ortschaften stammen noch aus der Zeit der Russen, wie dies die Namen Wrangel, Petersburg, Baranow usw. bezeugen. Das gleiche gilt auch für die frühere Hauptstadt Sitka, deren ganz aus Holz erbaute Sankt-Michaels-Kathedrale mit ihrem schraubenartig gewundenen Turm und der byzantinischen Kuppel mit dem griechischen Kreuz das bedeutendste Bauwerk aus moskowitischer Zeit ist. Sitka ist der Sitz des orthodoxen Bischofs, dem 17 Kirchen, 70 Kapellen und 11 000 Gläubige unterstehen, die fast ausschließlich auf den Aleuten hausen und deren Vorfahren eben die erste Religion, die man ihnen anbot, annahmen. Dieses Sitka ist heute nur noch ein völlig unbedeutendes Dorf.

Juneau, das 1906 zur Hauptstadt erhoben wurde, läuft jetzt Gefahr, seinerseits entthront zu werden. Es entstand durch den Gold Creek, einen goldhaltigen Bach, und noch lange gab es dort eine Goldmine mitten in einem den Ort beherrschenden Felsen. Die Ausbeutung wurde aber vor 15 Jahren aufgegeben, denn Gold steht heute in der Nomenklatur der Grubenindustrien Alaskas an Bedeutung noch hinter den Sandgruben. Die Lachsfischerei, eine weitere wirtschaftliche Rechtfertigung für das Bestehen des Ortes Juneau, ist ebenfalls zurückgegangen, und seine verwaltungstechnische Wichtigkeit war nur zu einer Zeit gegeben, als der »Panhandle« neun Zehntel der Aktivität Alaskas vereinigte. Heute, wo die Verhältnisse sich völlig geändert haben, kann von einer Wichtigkeit der »Verwaltungsstadt Juneau« wirklich keine Rede mehr sein. Am Fuße von zwei herrlichen, mit ewigem Schnee bedeckten Gipfeln stirbt diese mikroskopische Hauptstadt an tödlicher Langeweile. Klimatisch ist es weniger die Kälte, unter der man hier leidet, als der tage- und wochenlange, unaufhörliche Regen. Mit den Gletschern zusammen wäre diese verderbliche Hydrologie der Quell für eine unvorstellbar große Menge von elektrischer Energie, aber nur weniger als ein Hundertstel davon wird ausgenutzt.

Der »Panhandle« ist vom übrigen Alaska völlig getrennt. Der natürliche Kanal endet in einer Sackgasse am Fuße des White-Passes, die Küsteninseln hören auf, und die territoriale Fortsetzung ist auf dem Kontinent auf ein Band von einigen Kilometern Breite beschränkt. Berge, höher als der Montblanc, wie der Mount Fairweather und das St.-Elias-Massiv, riesige Gletscher wie der Malaspina, von dem zahllose Eisberge herkommen, versperren die Passage. Die Bundesverwaltung schuf in dieser grandiosen Landschaft einen Naturschutzpark, das Glacier Bay National Monument. Auf Vergnügungsdampfern fährt man in eine Welt, die sonst nur um den Preis schwieriger Bergtouren zugänglich ist. Trotzdem aber ist es unmöglich, auf dem Landweg von Juneau nach den übrigen neunzehn Zwanzigsteln des Staates zu gelangen, dessen Hauptstadt es ist. Dazu muß man den Umweg über Kanada wählen und in Whitehorse die Eisenbahn nehmen, um über die Panamerika-Strecke nach Alaska zu kommen. In der Ära des Luftverkehrs lassen sich aber nur ganz wenige Alasker auf diese Expedition ein.

Anchorage ist *die* Großstadt Alaskas. Im Norden des »Panhandle« biegt die Küste nach Westen und beschreibt dann einen nach Süden weit geöffneten Kreis, bevor sie in dem unendlichen Archipel der Aleuten zerbröckelt. Anchorage liegt zentral am Ende eines Fjords, der an den von Oslo erinnert. Die Stadt entstand im Jahre 1914. Zuerst war nur ein Fertigbau-Haus da, in dem die Vermessungsingenieure der Bahnlinie nach Fairbanks wohnten. Nominell zählt die Stadt heute 48 000 Einwohner, in Wirklichkeit aber zwischen 68 000 bis 90 000, je nachdem, was man von der Umgebung zur Stadt rechnet. Mehrere internationale Luftfahrtgesellschaften benutzen auf der Pol-Linie nach Japan Anchorage als Zwischenlandeplatz. Der alte Pioniergeist und die Schwärmerei von der »äußersten Grenze« haben sich bei den Einwohnern gelegt, und sie leiden alle unter winterlichen Zusammenbrüchen und jammern pausenlos über das harte Klima. Diese Neubürger Alaskas möchten sofort wieder nach sonnigen Gegenden zurück, sobald sie genug Geld verdient haben. Die ungeheuren Löhne — ein einfacher Arbeiter verdient rund 750 DM pro Woche — spiegeln einem die Illusion vor, es sei ein leichtes, große Ersparnisse zu machen, aber die Lebenskosten sind dermaßen hoch, daß nicht allzuviel übrigbleibt.

Der Name Matanuska erinnert noch viele Amerikaner an eine schlimme Zeit. Gleichzeitig mit der Wirtschaftskrise herrschte im Jahre 1935 im Middle West eine nie dagewesene Dürre. 208 Familien nahmen damals die von der Regierung Roosevelt angebotene Hilfe an, verließen ihre ausgedörrten Ländereien und wurden im Matanuska Valley in der Nähe von Anchorage angesiedelt, um dort einen ersten Versuch der landwirtschaftlichen Nutzbarmachung Alaskas zu unternehmen. Dieser Versuch war weder ein absoluter Fehlschlag noch ein voller Erfolg. Jedenfalls aber wurde bewiesen, daß Landwirtschaft in Alaska durchaus möglich ist. Es folgten dann verschiedene Niederlassungen im Susitna-, Copper- und Tanana-Tal. Die Länge des Winters wird durch einen Sommer mit dauernder Sonne wettgemacht, und aus noch nicht erforschten Ursachen erreichen dort verschiedene Pflanzen, besonders Erdbeeren, Zuckerrüben und Kohl, riesige Ausmaße. Um aber zufriedenstellende Erträge zu erreichen, muß der Boden stark verbessert werden. Außerdem beträgt die gesamte bebaute Fläche nur 7000 Hektar, und das in einem Land, das dreimal so groß wie Frankreich ist!

Gegen Südosten zu versinkt Alaska im Nebel. Die Insel Kodiak war der erste Stützpunkt der Russen in Amerika, und ihr benachbart ist die Halbinsel, die dem ganzen Land den Namen gab und die wie ein gekrümmter Finger in den Pazifik greift. Auf ihr ereignete sich im Jahre 1912 eine Naturkatastrophe, die, ähnlich wie beim Ausbruch des Krakatau, den ganzen Gipfel des Vulkans Katmai in die Luft jagte. Ein 12 Meilen langes Tal entstand, der emporgeschleuderte Staub störte die Regenzeit und kreiste ein volles Jahr um die Erde. Dabei gab es nicht einen einzigen Toten, ein schlagender Beweis, wie verlassen dieses Land war. Und heute, nach fünfzig Jahren, gibt es immer noch zahllose Fumarolen, vulkanische Dampf- und Gasquellen, im »Tenthousand Smokes Valley«, das von der Regierung zum Nationalpark erklärt wurde.

Auf dieser geographischen Länge verläuft die Baumgrenze, und das Land gleicht den schottischen Highlands mit ausgedehnten Mooren, die von Sprühregen und Wind gepeitscht werden. Die Aleuten bilden die Fortsetzung dieser Landspitze. Über 1200 Seemeilen bis nach Sibirien zieht diese Inselkette sich hin. Sie ist fast unbewohnt, und nur selten kommt ein Mensch hier vorbei. Sie steigt aus dem nicht sehr tiefen Meer auf, und die Dünung schlägt hart an die Ufer, die im dichtesten Nebel aller Ozeane liegen. Während des Krieges hatten die Japaner Kiska, Agattu und Attu besetzt, und in den Heeresberichten tauchte der Name Dutch Harbor auf, wo sich eine amerikanische Marinebasis befindet, in der kaum 500 Zivilisten leben.

Diese so menschenleeren Inseln kannten einst ein turbulentes Leben, denn riesige Herden von Walrossen und Seehunden bevölkerten den Strand der Inseln. Russische und amerikanische Jäger richteten Blutbäder unter ihnen an und rotteten sie fast aus. Der Schutz der noch überlebenden Tiere verursacht der Regierung größte Schwierigkeiten. Auf den Inseln leben noch 5000 Aleuten, die gleichfalls Überlebende sind, Reste eines, ehe die Russen kamen, vermutlich zehnmal größeren Volkes. Ihr einziger Lebensunterhalt besteht in der Jagd auf die Herden des Meeres, die man unter Schutz gestellt hat. Man hat umsonst versucht, Hammel dort anzusiedeln, um so diese Jäger in Hirten zu verwandeln. Es ist einfach unmöglich, die Aleuten, und unter diesen vor allem wieder die ärmsten von ihnen, die Bewohner der Pribilow-

Inseln, von der seit undenklichen Zeiten gewohnten Jagd abzubringen. Schließlich beschränkte sich die amerikanische Regierung auf das strenge Verbot der Jagd für alle Weißen und behielt sich den Ankauf der Felle vor, die regelmäßig über ihrem Wert bezahlt werden, ohne daß dadurch die Lage der Aleuten gebessert würde.

*

Was hier summarisch beschrieben wurde, bildet nur ein Drittel von Alaska. Das Zentrum, der wichtigste Teil, wird durch das Yukon-Becken und dessen Zuflüsse, den Porcupine, den Tanana und den Koyukuk, gebildet. Der aus Kanada kommende Strom fließt zuerst auf die Beaufort-See zu, überlegt es sich dann aber anders und mündet schließlich nach vielen Umwegen im Bering-Meer. Der Yukon ist ein trüber und langsam dahinfließender Wasserlauf, der nur unregelmäßige Zuflüsse hat und der in seinem einmal breiten, dann wieder schmalen Bett Sand- und Schlammbänke ablädt. Das um ihn liegende Alaska ähnelt durchaus Sibirien, mit Sommertemperaturen von 50 Grad Hitze und im Winter 50 Grad Kälte. Das Alaska-Randgebirge, eines der größten Massive der Welt, begrenzt das Yukon-Becken im Süden. Klar und mächtig liegt der Mount McKinley, der Riese Nordamerikas, mit seinen 6700 Meter Höhe weithin sichtbar da. In Alaska hat er übrigens seinen alten indianischen Namen beibehalten, und die Einwohner nennen ihn »Deneli«. Zum erstenmal wurde er 1913 von Hudson Stuck in einer dreimonatigen Expedition erstiegen. Die höchste Erhebung ist ein weites Firnschnee-Plateau, aber immerhin gibt es nur wenige Bergriesen, bei denen der Anmarsch leichter ist und die derart gut von allen Seiten zu überschauen sind.

Das herbe, allen Willkürlichkeiten der Temperatur ausgesetzte Yukon-Becken ist für Alaska-Enthusiasten trotz allem ein gelobtes Land der Zukunft. Das direkt am Strom liegende Fort Yukon ist zwar nur ein kleines Nest, aber das in einem Bogen des Tanana liegende Fairbanks macht schon einen recht imposanten Eindruck und überrascht durch seine hohe Zivilisation. Zur Sommersonnenwende geht dort die Sonne um 23.48 Uhr unter und um 0.57 Uhr wieder auf und beleuchtet nun das traditionelle Baseball-Match, bei dem der Anwurf genau bei Sonnenuntergang erfolgt.

Weiter nördlich wird Alaska aber zum wirklichen Polargebiet. Die nur wenig erforschten Weiten des Brooks-Gebirges bilden ein unendliches Plateau, dessen Boden niemals auftaut. Die arktische Tundra dann mit ihren Moosen und Zwergweiden erstreckt sich in grenzenloser Eintönigkeit bis zu den trostlosen Ufern des Eismeers. Im Sommer ist es allerdings genauso einfach, Barrow zu erreichen, wie beispielsweise Chikago oder London. In einem fast geschlossenen Talkessel findet man dort lediglich eine Mission der Presbyterianer, ein Eskimodorf, einen Kaufladen und ein Kino. Und einige Meilen weiter steht dann das Denkmal des Fliegers Wiley Post und des Schauspielers Will Rogers, die 1935 an dieser äußersten Spitze Amerikas abstürzten.

*

Nach seiner Erhebung zum Territorium mußte Alaska noch über 45 Jahre warten, bis es die letzte, höchste Stufe erreichen konnte. Der Hauptgrund für diese ganz ungewöhnliche Verzögerung war die Langsamkeit, mit der die Bevölkerungszahl anstieg. Die Volkszählung von 1930 ergab nur 60 000 Einwohner, und bei der von 1940 waren es auch erst 72 000. Alle offiziellen Lockrufe, der gut funktionierende Luftverkehr, die Aufzählung der unberührten Schätze — das alles rührte die Enkel jener Pioniere, die einst Wyoming und Dakota trotz der dauernden Schneestürme kolonisiert hatten, herzlich wenig. Sie gaben stereotyp und ausnahmslos die gleiche Antwort: »Alaska? Viel zu weit weg und viel zu kalt!«
Übrigens mußten auch alle Bewohner Alaskas damit einverstanden sein, daß das Territorium in einen Bundesstaat umgewandelt werde. Dagegen aber waren zwei Interessengruppen: Der Alaska Steamship Company war es völlig klar, daß sie ihr Monopol im Augenblick der Staatserhebung verlieren würde, und die großen Lachsfischereien wußten nur zu gut, daß ein Staat Alaska dem großen Fischmord mit Fallen, die zu Hunderten in den Buchten lagen, ein Ende machen würde. Zwei Interessengruppen neutralisierten sich gegenseitig in den Gängen des Kongresses während der Beratungen über die Erhebung Alaskas zum Staat: die »Anti« unter der Führung des ehemaligen Bundesbeamten Winston C. Arnold und die »Pro« unter der Leitung des Gouverneurs des Territoriums, Michael Anthony Stepovitch, dessen Familie im Jahre 1919 direkt von Belgrad nach Alaska ausgewandert war.
Die Jahre vergingen. Die Volkszählung von 1950 ergab in Alaska schon 128 000 Einwohner, und die gespannte Lage mit Rußland ver-

anlaßte die Befürworter eines Staates Alaska, die unbedingte Notwendigkeit der Schaffung eines unlöslichen Bandes zwischen den Vereinigten Staaten und diesem amerikanischen und am meisten gefährdeten Land herzustellen. Diese Angelegenheit drohte aber das ganze Räderwerk der Innenpolitik durcheinanderzubringen. Die großen amerikanischen Oststaaten standen der Schaffung eines neuen pazifischen Staates ablehnend gegenüber, da dadurch das Verhältnis des Anteils an Senatssitzen zu ihren Ungunsten verschoben würde. Die demokratischen Südstaatler wehrten sich gegen einen vielrassigen Staat, dessen Abgeordnete dann die Gegner der Rassentrennung im Senat verstärken würden. Truman hatte den Alaskern im Jahre 1948 Versprechungen gemacht, die er dann nicht halten konnte. Eisenhower erneuerte diese Versprechungen, und es glückte ihm sogar, diese seine »Bill« gegen alle Widrigkeiten unter Dach und Fach zu bringen.

Die entscheidende Debatte begann im Senat am 24. Juni 1958. Die Südstaatler brachten lang und breit ihr Argument vor, Alaska sei politisch zu unreif. Sechs Tage wurde heftigst debattiert, dann wurden die Südstaatler mit 74 gegen 20 Stimmen geschlagen. Zwei Monate später wurde in Alaska eine Volksabstimmung über das neue Gesetz abgehalten, bei der die Zahl der »Ja«-Stimmen eine Majorität von 17 000 ergab. Weitere vier Monate später, am 3. Januar 1959, unterzeichnete Eisenhower die Aufnahme Alaskas in den Verband der Vereinigten Staaten, zu denen das »amerikanische Rußland« seitdem endgültig gehört.

*

Der politische Aufstieg Alaskas war insgesamt weniger umstritten als die wirtschaftliche Entwicklung dieses Landes. Die Kritik an Seward verstummte mehr und mehr, weil man sich zunehmend bewußt wurde, daß er es gewesen war, der Rußland vom amerikanischen Kontinent, den es zu überschwemmen drohte, zurückgedrängt hatte. Aber es gab noch immer viele, die nicht abließen zu fragen: »Wozu soll diese Eismaschine gut sein?«

Die Strenge des Klimas mußte die Gründung menschlicher Einrichtungen als ein abschreckendes, entmutigendes Unternehmen erscheinen lassen. Die realisierbaren Hilfsquellen flossen spärlicher anstatt anzuschwellen. Das gewinnbare Gold erschöpfte sich. Der Pelzhandel verlor seine Bedeutung. Der jährliche Lachsfang sank von 500 auf 200 Millionen Pfund. Die andere große Einnahmequelle aus dem Meer ist die riesige Königskrabbe mit einer Ausladung von einem Meter und darüber, deren bedeutendste Fanggebiete sich um die Insel Kodiak befinden (die im übrigen durch die dort vorkommenden größten und gewaltigsten Bären der Welt bekannt ist). Krabben und Lachse gerieten nach dem Krieg in Gefahr, als die Russen das Bering-Meer mit Schleppnetzen auszufischen begannen, anstatt sich mit ausgelegten Küstennetzen und der Korbfischerei zufriedenzugeben. Einsprüche gegen diese Ausrottungspraktiken haben bisher noch zu keiner Regelung geführt.

Aber die Nähe der Russen hat in Alaska eine Aktivität ausgelöst, wie es bislang noch keine gekannt hat. An der arktischen Küste und auf den Aleuten stehen die gewaltigen Radarmasten der D.E.W. (Distant Early Warning Line). Vier große Luftstützpunkte mit Raketenrampen befinden sich in Ladd und in Eielson bei Fairbanks, in Elmendorff bei Anchorage und in Shemya im Near-Archipel. Die Marine ihrerseits hat zwei Stützpunkte, den einen in Kodiak und den anderen in Dutch Harbor. 100 000 Mann der bestausgerüsteten und bestausgebildeten Truppen der Welt stehen in einem Staat, der kaum das Doppelte an Zivilbevölkerung hat; sie haben ihm Hunderte Millionen Dollar eingebracht.

Dieses Manna wurde zusehends rarer, als die russisch-amerikanischen Gegensätze an Intensität verloren. Zu diesem Zeitpunkt stießen die Japaner verstärkt vor. Gierig nach Rohstoffen und erfüllt von überschäumender Initiative und Tatendrang, machten sie sich an die Ausbeutung der Minen und Wälder, schufen zahlreiche Verarbeitungsbetriebe und machten Anchorage zum großen Zwischenlandungsplatz der Japan Airlines mit einer Tagesbewegung von 44 Langstreckenmaschinen. »In vielerlei Hinsicht«, heißt es in einer Studie der Handelskammer für Alaska, »ist die Wirtschaft unseres Staates enger an die japanische gebunden als an die Vereinigten Staaten.«

Die große Hoffnung war das Erdöl. Einige bescheidene Funde wurden im Süden gemacht; aber die Sonden, die etwa seit 1946 von der Marine unter die Polarwüste von Brooks Range niedergebracht wurden, haben nur enttäuschende Ergebnisse gebracht. Erst 1968 gelang es der unternehmendsten unter den jungen Erdölgesellschaften, der Atlantic Richfield, an der Prudhoe Bay am Beaufort-Meer — also 200 Kilometer nördlich des Polarkreises — das Vorhandensein eines bedeutenden Vorkommens nachzuweisen. Achtundzwanzig Gesellschaften haben an den Staat Alaska 900 Millionen Dollar — das entspricht der dreifachen

Summe seines Jahresbudgets — für die Konzessionen bezahlt, die sie erwerben wollten. Die erzielbaren Bohrergebnisse wurden zunächst auf 12,5 Milliarden Barrels, also annähernd zwei Milliarden Tonnen, geschätzt. Im Verlauf der Bohrtätigkeit hat sich diese erste Schätzung wesentlich erweitern lassen, und es wird jetzt als neue Größenordnung eine Ziffer von 50 Milliarden Barrels angegeben.

Sie übertrifft die Reserven in den 48 Staaten »down under«, die in ihrer Gesamtheit auf 30 Milliarden Barrels geschätzt werden. Alaskas Tundra gehört somit in die gleiche Kategorie wie die großen Produzentenländer im Mittleren Osten (Saudi-Arabien 77 Milliarden Barrels, Kuweit 69 Milliarden, Iran 54 Milliarden). Alaska kann der energiehungrigen amerikanischen Wirtschaft ein Minimum von jährlich 700—800 Millionen Barrels liefern. Amerika führt bereits eine Milliarde ein. Seine Polarwüste wird nicht imstande sein, seine energiewirtschaftliche Unabhängigkeit wiederherzustellen; aber sie wird das Anwachsen der Einfuhren, diese Ursache unausgewogener Finanzgebarung und politischer Abhängigkeit, abbremsen helfen.

Alaska erlebte ein neues Fieber. Dickbäuchige Transportflugzeuge deponierten Berge von Material auf dem Tundraboden. Menschen erklärten sich bereit, zu fürstlichen Bezügen und in komfortablen Unterkünften Sommer mit tanzenden Mückenschwärmen und so harte Winter zu ertragen, in denen der Speichel zwischen Mund und Erdboden zu Eis wird, wenn man ausspuckt. Die Ölgewinnung selbst bringt keine unüberwindlichen Schwierigkeiten. Ein ernstes Problem aber bildet der Abtransport des Rohöls.

Der Sommer 1969 brachte ein hochinteressantes Experiment. Man faßte den kühnen Gedanken, das Erdöl von Alaska zu den Atlantikhäfen über die Nordwestpassage zu befördern, die dem Heroismus der Entdecker so lange getrotzt hatte, aber doch von den kleinen Motorschiffen der kanadischen und amerikanischen Küstenwache regelmäßig befahren wird. Der 150 000-Tonnen-Tanker *Manhattan* wurde völlig umgebaut, verlängert, verstärkt, mit einem Eisbrecherbug versehen und drang am 2. September in das Eisfeld des Baffin-Meeres ein. Die großen Schwierigkeiten ergaben sich dann bei der Einfahrt in die Enge von Melville, als die *Manhattan* an aufgestauten Eismassen vorbei und durch enge Fahrwasser hindurch sollte. Festgefahren, wurde das Schiff mit großer Mühe von dem kanadischen Eisbrecher *MacDonald* flottgemacht und mußte in der von seinem Begleitschiff freigelegten Wasserfläche ein gefährliches Wendemanöver ausführen, um einen neuen Kurs einschlagen und auf der Höhe von Banks das freie Meer erreichen zu können. Aber die *Manhattan* war gleichsam mit Narben bedeckt, Schrauben und Steuer hatten gelitten, und die Mannschaft war erschöpft. Eine andere Schwierigkeit, die leicht vorauszusehen gewesen wäre, hätte sich ergeben, wenn das Schiff voll beladen worden wäre: die Hafenanlagen an der Prudhoe Bay sind nicht ausreichend, um ein so großes Schiff mit 14 Meter Tiefgang aufzunehmen. Es hätte 30 Seemeilen vom Ufer entfernt vor Anker gehen müssen. Um diesen Mißstand zu vermeiden, wäre es notwendig, eine entsprechend lange Fahrrinne auszuheben und einen Erdölhafen auszubauen — zwei Vorhaben, die am Rande dieser Eiswüste praktisch undurchführbar erscheinen.

Die einzig praktikable Möglichkeit, das Erdöl aus Alaska abzutransportieren, ist eine Pipe-Line — auch ein schwieriges Unternehmen. Im Sommer ist die Tundra ein Sumpf, unter dem — in etwa drei Meter Tiefe — der dauernd festgefrorene Boden (der »Permafrost«) so hart wie Beton ist. Im Winter sinkt die Temperatur bis auf minus 50^0 Celsius, so daß der flüssige Zustand des Erdöls nur aufrechterhalten werden kann, indem es erwärmt wird. Die einzige Trasse, die nicht von den Voraussetzungen her in unrealistische Kostendimensionen führen würde, war eine Durchquerung Alaskas von Norden nach Süden mit dem Zielpunkt des eisfreien Hafens Valdez westlich von Anchorage. Sieben große Gesellschaften taten sich zusammen, um diese gigantische Rohrleitung zu legen. Die Röhren (mit einem Durchmesser von 1,20 Meter) wurden in Japan bestellt — eine Demütigung für Pittsburgh! — und längs der vorgesehenen Trasse gestapelt. Das Alaska-Öl hätte seit 1972 in die amerikanische Wirtschaft Eingang finden können.

Aber eine weitaus schlimmere Plage als die Schnee- und Eisstürme warf sich diesem notwendigen und dringlichen Werk entgegen. Die Fanatiker, die aus einer legitimen Sache — dem Naturschutz — eine Geißel der Menschheit gemacht haben, erhoben sich zum Protest und erklärten: »Niemals!«

Die Trasse der Pipe-Line verläuft durch eine Region, die als noch ausschließlicher wüstenhaft zu bezeichnen ist als die Sahara. Die Rohrleitung würde — mitsamt ihren angeschlossenen Installationen — nur einen winzigen Bruchteil der unermeßlichen Ausdehnung von Alaska in Anspruch nehmen. Die Beeinträchtigungen, die sie — wenn überhaupt — mit sich brächte, könnten nur örtlich begrenzt sein. Die Hysteriker der Ökologie haben dessenungeachtet die unglückselige Röhre als ein vernichtungverbreitendes Ungeheuer hingestellt. Sie werde den Permafrost auftauen, und damit werde das anfällige Gleichgewicht der Tundra zerstört. In der Folge sei das Rentier dem Untergange geweiht, denn dessen Wanderungen würden unterbunden. Die Röhre werde schließlich die Stammbevölkerung verderben, beziehungsweise pervertieren und gar durch Erdbeben noch selbst zerstört werden, so daß sich unkontrollierbare Fluten von Öl über den letzten jungfräulichen Boden Nordamerikas ergießen würden ...

Soweit diese Einwände nicht völlig absurd sind — was allerdings bei den meisten von ihnen der Fall ist —, sind sie doch in krasser Weise übertrieben. Die Alyeska Pipe-Line Service Company hat sich bemüht, diese Befürchtungen zu beruhigen, die — zum System erhoben — ihren affektiven Namen kaum noch verdienen. Über mehrere hundert von ihren insgesamt 1262 Kilometern — eben über die Gesamtbreite der Permafrost-Zone — wäre die Pipe-Line entweder auf Betonpfeilern gelagert oder aber mit Isoliermaterial umgeben, um jeden Wärmeverlust unmöglich zu machen. Ein elektronisch funktionierendes Warngerät würde jeden Verlust von Öl, der 15 Liter in der Stunde überstiege, sofort und mit genauer Ortung melden. Bei der geringsten seismographisch registrierbaren Erschütterung würden sich alle Sperrvorrichtungen — ganz wie die wasserdichten Schotten eines Schiffes — automatisch schließen. »Die Ökologen waren doch zu etwas gut«, äußerte sich einer der leitenden Herren der Alyeska, »ohne sie wäre unsere Röhre nicht die perfekteste und bestbehütete, die je geplant worden ist.« Um Wirklichkeit zu werden, müsse sie allerdings noch aus dem Stadium der Planung herausfinden.

Ein verbissener politischer und juristischer Kampf entspann sich. Mehrere Bundesgerichtsurteile untersagten dem Innenminister, unter Hinweis auf die Einsprüche von Vereinen wie *Wilderness* oder *Friends of the Earth,* den Bau der Pipe-Line zu gestatten. Der Oberste Gerichtshof blockierte das Projekt, indem er eine Umgehung des Bundesgesetzes ablehnte, wonach das Recht, öffentlichen Grund zu durchqueren, auf 25 Fuß beschränkt ist — eine für den Bau der Pipe-Line zu geringe Breite. Eine Enquête im Kongreß wurde zum Zirkus, an dem sich die ulkigen Champions der Wildnis gegen die Zivilisation als Mitwirkende beteiligten. Die Pipe-Line von Alaska war aus einem Problem zu einem Symbol geworden.

Gegen die Erdölgewinnung und -ausbeute beriefen sich die Ökologen auf die Rechte der 55 000 Eingeborenen — teils Eskimos, teils Aleuten. Dieses Hindernis wurde durch den »zweiten Ankauf von Alaska« beseitigt, indem eine Ablöse von fast einer Milliarde Dollar zugebilligt wurde, die hauptsächlich aus den Grundzinsen der Gesellschaften, aber auch durch Übertragung unveräußerlicher Bodenrechte im Gesamtumfang von 15 Millionen Hektar aufzubringen ist. Als sie merkten, daß sie Terrain verloren, taten sich Gruppen von Gegnern unter warmen Beifallskundgebungen der kanadischen Regierung zusammen und schlugen eine andere Trasse vor, deren Endpunkt Edmonton im kanadischen Alberta werden, von wo aus sich dann die Leitung fächerförmig in Richtung der Staaten des Mittelwestens aufteilen sollte. Auf diese Weise, so argumentierte man, könnte der Seetransport mit allen seinen angeblichen Gefahren umgangen werden. Die Leitung wäre dann aber dreimal so lang und die Kosten wären dadurch unverantwortbar hoch gewesen.

Am 7. September 1973 richtete Präsident Nixon wegen der Energiefrage eine Botschaft an die Nation. Es sei untragbar, erklärte er, daß die Vereinigten Staaten in einem so lebenswichtigen Bereich von fremden Mächten abhängig sind. Verschiedene Maßnahmen wie die Destillation von Steinkohle und Ölschiefer müßten darauf gerichtet sein, die Selbstversorgung mit Energie wiederherzustellen. Eine dieser Maßnahmen sei auch die sofortige Inangriffnahme des Baues der Pipe-Line von Alaska.

Vier Monate zuvor hatte der Senat mit 77 gegen 20 Stimmen das Vorhaben gutgeheißen und die zulässige Breite der Leitungstrasse verdoppelt (auf deren bisherige gesetzliche Beschränkung der Oberste Gerichtshof seinen Einspruch begründet hatte). Die Gesetzesvorlage mußte nun, um Rechtskraft zu erlangen und gegen alle Widerstände durchgesetzt zu werden, noch die Zustimmung des Repräsentantenhauses abwarten. Die Opponenten verdoppelten ihre Anstrengungen und bedienten sich sogar ungesetzlicher Mittel zur Wählerbeeinflussung.

Die Geschichte ist grotesk. Und sie ist typisch. Sie veranschaulicht die Schwierigkeiten, unter denen die demokratischen Regierungen dem Allgemeingut dienen sollen. Während die Schlacht um die Alaska-Pipe-Line tobte, haben die Russen über dem sibirischen Permafrost Hunderte Kilometer Rohrleitungen verlegt, um die Kohlenwasserstoffe aus dem Ural an ihre Häfen heranzubringen. Keinerlei besondere Vorsichtsmaßnahmen wurden ergriffen und keinerlei Widerspruch hat sich erhoben. Amerika aber hat mindestens sechs Jahre und mehrere Milliarden Dollar verloren – den Rentieren zuliebe, die sogar nach dem Urteil der seriösen Ökologen durch die Erdölleute nicht gefährdet sind. An der Prudhoe Bay, wo sie in der nächsten Umgebung der Unterkünfte ständig kommen und gehen, sind zwei Dinge streng verboten: der Alkoholgenuß und der Besitz eines Gewehrs. Es ist dies ein weit gerechterer Beitrag zum Schutz des Lebens in der Wildnis als die Sterilisation des größten unter den fünfzig Staaten. »Wir sind die Benjamine in der Familie«, sagen die Bewohner von Alaska. »Aber das ist kein Grund, uns das Recht auf die Nutzung unserer Hilfsquellen zu nehmen – ein Recht, das alle älteren Mitglieder der Familie für sich in Anspruch genommen haben, und das bis zu mißbräuchlichen Ausmaßen.«

Der arabische Boykott und die Energiekrise haben schließlich die Schlacht um die Pipe-Line gewonnen. Aber verlorene Zeit bleibt verlorene Zeit. Das Alaska-Öl wird vor 1978 der amerikanischen Wirtschaft nicht zur Verfügung stehen.

Fläche: 1 524 640 km^2
Einwohnerzahl: 302 173
Hauptstadt: Juneau
Beiname: kein offizieller
Hymne: Alaskas Flag
Devise: North to the future
Blume: Vergißmeinnicht
Baum: Vancouver-Tanne
Wichtigste Städte: Fairbanks, Anchorage, Sitka
Wichtigste Produkte: Fischerei. – Pelzwaren. – Holz. – Erdöl. Erdgas. – Braunkohle. – Gold, Quecksilber.
Bundesstaat seit 3. Januar 1959 (an 49. Stelle).

HAWAII

Wie aus einem Paradies ein Staat wurde

In einem viel zu großen Matrosenkittel stand schlotternd ein junger Bengel auf den Stufen der Yale-Universität. Dem Reverend E. W. Dwight fiel er durch seine kohlschwarzen Augen und das kupferbraune Gesicht auf. Er fragte ihn, wie er heiße, verstand aber wegen der gutturalen Aussprache des Befragten nicht sofort, daß der seltsame Name des Jungen Opukahaia war. Immerhin konnte der junge Bursche genug Englisch, um erklären zu können, daß er Waise sei, von sehr weit her komme und daß die Männer, die ihn aus seiner Heimat verschleppt hatten, ihn nun einfach im Stich ließen. Reverend Dwight war gerührt und nahm Opukahaia mit zu sich. Später adoptierte er ihn sogar.

Das war im eisigen Winter 1817 in Neu-England der Auftakt der amerikanischen Geschichte von Hawaii.

Einige Monate später starb Opukahaia an der Schwindsucht. Was er aber in diesen wenigen Monaten erzählt hatte, genügte, um den braven Reverend E. W. Dwight erschauern zu lassen, denn dort, auf der anderen Seite der Welt, lebten götzenanbetende Heidenvölker, die nackt herumliefen und Unzucht trieben. Vierzig Jahre zuvor waren sie von dem englischen Seefahrer Cook wiederentdeckt worden, doch machte sich Europa dort nur durch einen Abschaum der Menschheit bemerkbar, durch den zu den Lastern der Wilden auch noch jene der Zivilisierten kamen. Allerlei Händler anrüchigster Art ließen sich im Archipel nieder. Walfänger und Seehundjäger, die schlimmsten und gottlosesten aller Schiffsbesatzungen, hielten sich dort auf. Seeleute dieser Sorte hatten auch den armen Opukahaia entführt und ihn dann in einem für ihn mörderischen Klima einfach laufenlassen wie einen Hund.

Dwight war aus Boston, und er begeisterte seine tatkräftigen und phantasievollen Mitbürger für eine Expedition nach Hawaii, die keinerlei kommerzielle oder politische Ziele hatte, denn die Vereinigten Staaten waren damals noch weit vom Pazifik entfernt, und der Gedanke, über dessen Ufer hinaus vorzustoßen, schien glatter Wahnsinn. Man wollte also nur die Seelen armer Wilder retten, das Reich Gottes vergrößern und den ihren »schlimmsten Instinkten« ausgelieferten Menschen die Begriffe von Schicklichkeit und Moral beibringen. Dieser Gedanke war so mächtig, daß die sonst so sparsamen Bürger von Boston nicht nur reichlich spendeten, sondern auch Männer und Frauen aus ihren Reihen stellten, die als Streiter Christi nach den südlichen Meeren aufbrachen. Am 23. Oktober 1819 stach nach einer religiösen Feier, die auf dem Long Warf von Boston abgehalten wurde, die Brigg *Thadeus* nach den Sandwich-Inseln in See. Die Namen der Passagiere, wie Bingham, Chamberlain, Ruggles, Thurston usw., sind heute noch genauso bekannt wie jene der Pilgerväter der *Mayflower*. Sie bildeten den Grundstock der Aristokratie des 50. Staates.

Als die Brigg *Thadeus* nach 63 Tagen recht stürmischer Überfahrt Anker warf, war der König von Hawaii, Kamehameha der Große, eben gestorben. Heute steht sein Standbild, das mehr Ähnlichkeit mit einem römischen Feldherrn als mit einem polynesischen Krieger hat, vor dem Justizpalast von Honolulu. Er hatte den ganzen Archipel erobert und in seiner Hand vereinigt und auch das Heidentum seiner Untertanen schwer erschüttert, das eben die Pilger der *Thadeus* ausrotten wollten. Verschiedene Weiße waren nämlich in sein Reich gekommen, doch hatte ihn besonders der bärtige englische Forscher Vancouver beeinflußt. Von ihm war er so halbwegs zum Christentum bekehrt worden, und halbwegs hatte er sich auch England ausgeliefert, indem er Vancouver einen Vertrag unterschrieb, durch den er die englische Oberhoheit anerkannte. Eine russische Mission hatte er dagegen sofort des Landes verwiesen.

Die von einem Engländer entdeckten Sandwich-Inseln, die noch dazu den Namen eines englischen Ministers trugen, sollten also eine englische Kolonie werden. Es schien dies auch eine vollendete Tatsache zu sein, als der Sohn und Nachfolger Kamehamehas des Großen sich mit seiner Gattin zu einem offiziellen Besuch nach London einschiffte. Er konnte aber nicht mehr von Georg IV. empfangen werden, denn zuerst starb die kleine Tropenkönigin an einer Lungenentzündung, und er selber folgte ihr kurz darauf. Die formelle Übergabe des Landes und der Herrschaft wurde durch diese Todesfälle verhindert, und der königliche Hof beeilte sich in der Folge nicht übermäßig, die ihm von Vancouver überbrachten Rechte geltend zu machen.

An Ort und Stelle arbeiteten die amerikanischen Missionare dagegen

mit wahrem Bienenfleiß. Das Bild, das sie sich von dieser paradiesischen Hölle gemacht hatten, stimmte zwar mit der Wirklichkeit überein, aber die Schwierigkeiten, mit denen es zu kämpfen galt, stachelten sie ganz gewaltig an. Sie lernten die Landessprache und schufen ein eigenes Alphabet, ließen eine Druckpresse kommen, gründeten eine Zeitung und begannen ihre christliche Glaubensmission damit, daß sie zuallererst für die schulmäßige Instruktion der Bevölkerung sorgten. Am meisten waren ihnen bei ihrer Landung die großen, nackten und feisten Weiber aufgefallen — »die Frauen wiegen im Durchschnitt 300 Pfund«, heißt es in einem ihrer Berichte —, und sie beeilten sich, diese unreinen »Statuen« zu verhüllen. Die langen, schwarzen Kleider, die die Hawaiierinnen heute noch an Festtagen als häßliche Uniform tragen, wurden von den Pilgern erfunden. Das Klima und die weichen, zur Sinnlichkeit reizenden Winde der Südsee konnten dem Eifer der Pilger nichts anhaben, und durch ihre rastlose Tätigkeit beherrschten sie bald die gleichgültigen Eingeborenen. Zuerst wollten die »Wilden« sie gar nicht an Land gehen lassen, und lange angstvolle Tage mußten die Ankömmlinge auf der Reede von Honolulu warten. Einige Jahre später hatte aber dann alles nach ihren Anordnungen zu geschehen, denn sie hatten aus dem weichlichen Hawaii einen puritanischen Stützpunkt gemacht.
Eines Tages dröhnten jedoch Kanonenschüsse und störten das Idyll, das diese reinen Pilger geschaffen hatten. Die französische Fregatte *Artémise*, unter dem Kapitän Laplace, war vor Honolulu erschienen, und man gab dem König Kamehameha III. achtundvierzig Stunden Zeit zum Überlegen, ob er den Katholizismus zulassen und die von den Bostonern als Helfershelfer des Bösen eingekerkerten Papisten freilassen wolle. Der König gab nach, denn es blieb ihm schließlich angesichts der Kanonen der *Artémise* nichts anderes übrig. Eine Messe wurde unter dem Schutz von 150 Matrosen am Strand zelebriert, doch dank der unerforschlichen Ratschlüsse der Vorsehung wendete sich dieser Gewaltakt zugunsten der protestantischen und damit der amerikanischen Sache. Wegen dieses Gewaltstreichs von 1839 wurde Frankreich zum Schwarzen Mann für die Eingeborenen, und als ein zweiter solcher Streich im Jahre 1849 — diesmal allerdings aus höchst materialistischen und kaufmännischen Gründen — erfolgte, war es für die Leute aus Boston ein leichtes, die Könige Kamehameha III. und IV. davon zu überzeugen, daß es für sie wesentlich vorteilhafter wäre, sich unter die Fittiche der Vereinigten Staaten zu begeben, statt sich

den Franzosen auszuliefern. Die Vereinigten Staaten hatten sich gerade Kalifornien angeeignet und damit eine allerdings ferne Küste gegenüber Hawaii erhalten. Hawaii trat nun für immer in ihre Einflußsphäre.

Die eigentliche Annexion erfolgte erst später. In der Zwischenzeit war die Monarchie in Hawaii immer mehr heruntergekommen und schließlich abgeschafft worden. Ein Drama, nämlich das Erlöschen der hawaiischen Rasse, spielte sich unter ebenso komischen wie tragischen Umständen ab, denn in regelmäßigen Abständen wurde Honolulu von politischen Krisen aus seinem wohligen Dahindösen geweckt. Cook hatte im Jahre 1779 die Bevölkerungszahl auf 400 000 geschätzt, und die Schätzung der vierzig Jahre später erschienenen Pilger aus Boston belief sich auf 300 000 Bewohner. Bei der ersten Volkszählung im Jahre 1832 wurden nur mehr 130 313 festgestellt, und bei der von 1854 waren lediglich 73 314 Eingeborene vorhanden. Der Tiefpunkt wurde dann 1900 erreicht, als im ganzen kaum noch 40 000 eingeborene Hawaiier lebten, während die Inseln immer mehr von Einwanderern der ganzen Pazifikküste bevölkert wurden. Es waren durchaus nicht die Waffen des Weißen, die dieses Dahinschwinden der hawaiischen Rasse verursachten, sondern im wahrsten Sinne des Wortes sein Atem, seine giftigen Ausdünstungen und all die Krankheiten, die mit und durch ihn kamen. Schon sagte man ein völliges Erlöschen dieser Rasse voraus. Doch gerade in diesem Augenblick hatte sich die Anpassung der Eingeborenen endgültig vollzogen, das demographische Verhältnis erfuhr einen Umschwung, und die vom Erlöschen bedrohte Rasse erfuhr ein ungeahntes Wiederaufleben. Ein ähnlicher Fall ereignete sich übrigens auf dem amerikanischen Festland mit den Indianern.

Seit 1894 hatte das Parlament von Hawaii dauernd den Anschluß an die Vereinigten Staaten gefordert, der dann im Jahre 1898 endlich vollzogen wurde. Hawaii wurde zum Territorium erklärt, erhielt einen von Washington ernannten Gouverneur und eine gewählte Gesetzgebende Versammlung. Der endgültige Schritt zum Bundesstaat erfolgte erst sechzig Jahre später, als Präsident Eisenhower am 20. August 1959 feierlich die neue amerikanische Flagge entfaltete. Die roten und weißen Streifen, die »stripes«, hatten seit dem 18. Jahrhundert immer die gleiche Zahl, die der dreizehn Gründungs-Staaten, jener kleinen Gemeinden an der Atlantikküste, die den rührigen kleinen Bund schlossen, aus dem dann die Weltmacht der USA entstand.

Die Sterne im Banner dagegen, von denen jeder einen der Staaten symbolisiert, waren durch den Eintritt von Hawaii, das auf Alaska folgte, auf fünfzig angewachsen. Über die Art der Verteilung dieser Sterne im linken oberen Feld des Banners wurde einige Zeit herumgestritten, bis der Präsident einfach fünf Reihen zu sechs und vier Reihen zu je fünf Sternen anordnete. Er hatte damit gegen die Meinung der Traditionalisten gehandelt, die verlangt hatten, man solle nach einer Zeichnung von Betsy Ross, der ersten Herstellerin des »Star-Spangled Banner«, die Sterne im Kreis anordnen, um dadurch anzudeuten, daß alle Staaten gleichberechtigt seien.

Hawaii ist der langgezogenste Archipel der Welt. Er beginnt beim Inselchen Kure in der Nähe des 180. Längengrads und endet im Osten am 157. Längengrad mit der Insel Groß-Hawaii. Eigentlich gibt es nur wenige Inseln in diesem Archipel, und zusammen haben sie kaum 15 000 Quadratkilometer. Erst der transozeanische Luftverkehr hat sie aus ihrer Verlorenheit im weiten Weltmeer gerissen, denn unter 2000 Seemeilen Entfernung gibt es weder eine größere Insel, geschweige denn einen Kontinent, und die supermodernen Passagierdampfer, die zwischen Los Angeles, San Franzisko oder Seattle und Honolulu verkehren, brauchen immerhin fünf volle Tage für diese Reise. Die propellergetriebenen Langstreckenflugzeuge benötigen neun Stunden, die Jets von 1970 vier, und die Überschallmaschinen der Zukunft werden voraussichtlich die Strecke in einer Stunde und vierzig Minuten zurücklegen. Dadurch wird jedoch der vielseitige, exotische Charakter des Archipels in keiner Weise beeinflußt.

Die 769 913 Einwohner bilden ein Völkergemisch, in dem der asiatische Faktor dominiert. Die stärkste Gruppe bilden nach der Zählung von 1960 mit 32,2 Prozent die Japaner, dann folgen die Filipinos mit 10,8 Prozent und schließlich die Chinesen mit 6 Prozent, so daß fast die Hälfte der Bevölkerung allein durch diese drei Gruppen gebildet wird. Die reinrassigen Hawaiier und die Mischlinge machen 16,2 Prozent der Bevölkerung aus, und unter »Verschiedene«, in der Mehrzahl Portorikaner, fallen 2,3 Prozent. Der kaukasischen Rasse gehörten 32 Prozent an. Vor 1940 gab es noch eine Unterklasse für die Portugiesen, die man aus unerfindlichen Gründen als nicht ganz reine Weiße betrachtete, wodurch die besonders aus Amerika eingewanderten Angehörigen der kaukasischen Rasse nur 12 Prozent ausmachten. Es erübrigt sich zu betonen, daß sie über einen höheren Anteil an Reichtum verfügen, als ihnen nach diesem Prozentsatz zukäme.

Es kann natürlich keine Rede davon sein, daß diese so sehr untereinander verschiedenen Rassen sich jemals verschmelzen. Die Asiaten halten sich streng an ihre Stammeskreise und leben abseits. Die Hawaiier bleiben arm und passen sich schlecht an. Englisch ist für sie schwer auszusprechen, weshalb ein »Pidgin-Englisch« entstand, das mit einer Unzahl von hawaiischen Brocken gespickt ist. Ernsthafte Spannungen zwischen den Rassen gibt es keine, aber ebensowenig gibt es ein wirklich gutes Einvernehmen untereinander. Man schätzt sich gegenseitig nicht und betrachtet seinen Nachbarn mit müder Verachtung.

Eine andere Eigenart von Hawaii sind die Grundbesitzverhältnisse. Bis 1845 gab es überhaupt keinen privaten Grundbesitz, und erst die Missionare erreichten es, daß Kamehameha III. sich dazu herbeiließ, sein Reich zu modernisieren und sein Land aufzuteilen, wobei die frommen Männer darauf sahen, daß sie selber bei der Landverteilung nicht zu kurz kamen. Die riesigen Besitzungen, die damals geschaffen wurden, bestehen heute noch. Parker Ranch, auf Groß-Hawaii, umfaßt beispielsweise 300 000 Acres (121 400 ha) und das Besitztum Bishop, auf der Insel Oahu, sogar 360 000 Acres (145 700 ha), doch dienen die Einkünfte aus diesem Besitz entsprechend dem Testament der Prinzessin Bishop, einer Nachfahrin Kamehamehas des Großen, zum Unterhalt von Schulen. Auf der Insel Oahu sind übrigens 80 Prozent des Landes in der Hand von nur 60 Grundbesitzern, von denen die meisten Urenkel der Nutznießer der seltsamen Landverteilung von 1845 sind.

Auf Hawaii bezeichnen sich die Aktiengesellschaften nicht mit Inc. *(incorporated)* wie in Amerika, sondern mit Ltd. *(limited)* wie in England. Fünf dieser Gesellschaften, die »Big Fives« (die großen Fünf), werden übrigens beschuldigt, gegen das Anti-Trust-Gesetz zu verstoßen, da sie sich Monopole der Schiffahrt, des Handels und der Industrie geschaffen haben. Zwei dieser »Big Fives«, die Carter and Cook Ltd. und die Alexander and Baldwin Ltd., wurden, nebenbei gesagt, durch die unermüdlichen Missionare aus Boston gegründet.

Seit 1892 gibt es auf Hawaii die Ananas. Der englische Gärtner John Kidwell pflanzte 1000 Stauden, die er aus Jamaika mitgebracht hatte. Später gründete ein Graduierter der Harvard-Universität namens James D. Dole die »Hawaiian Pineapple Company«, der heute die ganze Insel Lanai gehört und die mit anderen Konkurrenzgesellschaften 75 Prozent der Ananas-Welternte kontrolliert.

Der zweitgrößte Reichtum von Hawaii ist das Zuckerrohr, und an dritter Stelle steht der Kaffee, der seit nicht allzulanger Zeit erst angebaut wird, doch übertrifft ihn der Fremdenverkehr an wirtschaftlicher Bedeutung bei weitem.

Es gibt wohl kein irdisches Paradies, das mehr gerühmt wird als Hawaii. Seit der Luftverkehr die Entfernung verkürzt hat, kommen immer mehr Touristen; denn das fast gleichbleibende Klima schafft drei Jahreszeiten ab und läßt nur die schönste bestehen. Beinahe zwei Millionen Besucher profitieren alljährlich davon.

Eine Sonderstellung nehmen die sogenannten Westerly Islands ein. Eine dieser Inseln, Midway, die einer Hummerschere gleicht, war einmal der Zwischenlandeplatz bei Passagierflügen nach Japan, zu Zeiten, als der Transozean-Verkehr noch in den Kinderschuhen steckte. Schaut man durch das Bullauge des Flugzeugs, so kann man gleich schwarzen Kieseln inmitten von Schaumkränzen des Meeres Pearl, Lisianki, Maro Reef, Gardner Pinnacles, French Frigate, Shoal usw. sehen. Die einen sind vulkanischer Natur, andere Korallenriffe, aber alle sind unbewohnt, und man schuf deswegen dort den größten Naturschutzpark der Welt für Meeresvögel. Es war auch höchste Zeit, daß man sich zu solchen Maßnahmen entschloß, denn die Japaner drohten, alle auszurotten. Jedes Jahr töteten sie Hunderttausende von Vögeln, um sie zu essen und die Federn zu verkaufen.

Der eigentliche Archipel zählt acht Inseln. Sie heißen, der Größe nach geordnet: Hawaii, Maui, Oahu, Kauai, Molokai, Lanai, Niihau und Kahoolawe. Der Staat, den sie bilden, ist nicht der kleinste der fünfzig USA-Staaten, denn Rhode Island, Connecticut und Delaware kommen noch nach Hawaii. Verglichen mit der Bevölkerungszahl haben acht Staaten noch weniger Einwohner. Hawaii ist also zwar ein kleiner Stern, aber unübertrefflich an Schönheit.

Die Insel Groß-Hawaii selbst bildet zwei Drittel des ganzen Gebietes. Man behauptet — und das ist nicht einmal so paradox —, seine beiden Vulkane seien die höchsten Berge der Welt, denn sie erheben sich von einer 6000 Meter unter dem Meer gelegenen Ebene bis zu 4000 Meter über den Meeresspiegel. Ihre Gipfel sind trotz des tropischen Klimas schneebedeckt, besonders der des Mauna Kea, des Weißen Berges, eines erloschenen Vulkans. Kühn angelegte Wege führen durch eine Steinwüste und ein Pflanzendickicht, das von Baumfarnen von 15 bis 20 Meter Höhe gebildet wird. Kein Quell entspringt hier, abgesehen von der Nordseite des Berges, doch in der Regenzeit stürzen wahre Wasserfälle direkt ins Meer. Diese üppige Natur gestattet keine übertriebene menschliche Tätigkeit. Parker Ranch, die ihr Entstehen der Liebe eines Puritaners aus Massachusetts zu Thelma, einer hawaiischen Prinzessin verdankt, wird an Größe in den Vereinigten Staaten nur durch die King Ranch in Texas übertroffen. Kaffee und Zucker gedeihen hier, ohne daß jemals eine Mißernte eintritt. In der Umgebung von Hilo werden 22 000 verschiedene Orchideen-Arten gezüchtet. Dabei zählt die ganze Insel kaum 70 000 Einwohner, ein Zehntel der Gesamtbevölkerung des Archipels.

Die Insel Hawaii liegt auf einem Feuerherd. Spätestens alle fünf bis sechs Jahre, im Durchschnitt aber alle zweieinhalb Jahre, öffnet sich eine der Seiten eines Vulkans und läßt glühende Lavaströme zutage treten. 1852 wälzte sich der Lavastrom 50 Kilometer über das Land, ehe er ins Meer stürzte, jener von 1855 floß ununterbrochen ein ganzes Jahr. Der Lavastrom von 1935/36 mußte durch Fliegerbomben abgelenkt werden, und der mächtigste von allen, im Jahre 1950, wand sich um den Mauna Loa wie eine riesige Schlange. Die wenigen Straßen überqueren zehnmal, wenn nicht noch öfter, diese erstarrten Lavazüge, manchmal an Stellen, die man so ließ, wie die Lava erkaltete, an anderen Stellen wieder hat die üppige Vegetation die Spuren des Lavastroms verwischt. Schilder mit einem hawaiischen Krieger, dem Zeichen der hawaiischen Fremdenverkehrspropaganda, erinnern an die Daten, an denen solche Ausbrüche erfolgten, seit man mit deren Aufzeichnung begann. An der südlichen Küstenstraße am Abhang des Mauna Loa liest man die Jahreszahlen 1807, 1813, 1823, 1855/56, 1868, 1887, 1907, 1916, 1919, 1926, 1950. Die Nordseite erlebte nicht weniger, aber um so schwerere Ausbrüche, von denen noch heute die hauptsächlich durch die Katastrophen von 1843, 1855/56, 1880, 1889 und 1935 hervorgerufenen Lavafelder zwischen dem Mauna Loa und dem Mauna Kea zeugen. Mehr als 2000 Quadratkilometer, also ein Drittel der Insel, sind von vulkanischer Auswurfmasse bedeckt. Vulkanischen Ursprungs ist auch der Sand, der den Strand von Hawaii so seltsam schwarz färbt und gegen den der schneeweiße Gischt der Wogen des Pazifiks so eigenartig absticht.

Der Mauna Kea ist erloschen, aber der Mauna Loa arbeitet noch immer. Der dritte der großen Vulkane Hawaiis, der Kilauea, kann sich hinsichtlich seiner Größe nicht mit diesen beiden Riesen messen. Man könnte ihn eigentlich als einen zusätzlichen Krater des Mauna Loa ansprechen, doch ist er gegenwärtig der weitaus gefährlichste. Ein im Januar 1960 erfolgter Ausbruch zerstörte das 50 Kilometer entfernte Dorf Kapoho und begrub einen 600 Meter hohen Hügel unter 135 Millionen Kubikmetern Lava. Die Ansässigen bleiben diesen gefährlichen Ungeheuern fern, Touristen aber wollen Sensationen erleben. Ein Hotel, das »Volcano House«, liegt direkt am Krater des Kilauea. Eine betonierte Straße führt zwischen herrlichen Basaltsäulen direkt aus dem Urwald zur großen Sehenswürdigkeit von Hawaii, dem Feuersee Halemaumau. Obwohl dieser an Größe und Tätigkeit abgenommen hat, rührt er sich immer noch genügend in seinem 250 Meter tiefen Kessel, überspült den Rand mit feurigen Wogen und schleudert ab und zu Blöcke von mehreren Tonnen in die Luft. Außerdem ist er gelegentlich die Endstation für Liebhaber eines romantischen Selbstmords.

Pele, der Gott des Feuers, so erzählt eine hawaiische Sage, verlegte seine Residenz von Kauai, wo es ihm zu kalt war, nach Hawaii. Das beweist, daß die vulkanische Tätigkeit Hawaiis so verhältnismäßig jung ist wie die Insel selber. Sie stieg vermutlich aus den Tiefen des Pazifiks auf, und zwar zu einer Zeit, als es schon Menschen gab, die diesem gigantischen Geschehen beiwohnten. In der Folge vergrößerte sich die Insel durch die Lavamengen, die ihre Vulkane ausspien und die im Meer erkalteten. Fachleute erklären, es bestehe keine große Gefahr, da die orogenetischen, die Gebirge bildenden Veränderungen auf Hawaii vorausgesagt werden können und die Lava zähflüssig, langsam und regelmäßig ausfließt. Bedauerlicherweise halten sich Vulkane nicht immer an die Regeln, und einige Male schon stand man am Rand einer Katastrophe. Die Hauptstadt Hilo ist eine der bedrohtesten Städte der Erde. 1855 und 1935 war sie dem Untergang nahe, und 1940 wurde sie durch eine auf ein Erdbeben folgende Springflut zerstört. Es gab dabei 120 Tote, doch hätte sich deren Zahl sicher verzehnfacht, wenn die Katastrophe nicht am Morgen, sondern tagsüber eingetreten wäre. 1930 entging sie einer weiteren Eruption des Kilauea, die nur eine gerichtliche Auseinandersetzung wegen der Grundbesitzverhältnisse im Zusammenhang mit den neu entstandenen Grundstücksteilen vulkanischen Ursprungs im Gefolge hatte.

Auf Molokai liegt eine durch 2000 Fuß hohe Steilhänge von der Welt abgeschnittene Leprosenanstalt. Lanai gehört der Hawaiian Pineapple Company und ist ein einziges Ananasfeld, übersät von diesen niederen, grünen Pflanzen, deren enorme Früchte die braunen Arbeiter einfach einsammeln, denn von einem Ernten kann man wirklich nicht sprechen. Kahoolawe, das Zwerglein unter den Inseln, war von Ziegen bevölkert, und nur einige Hirten wohnten dort, doch diente sie während des Krieges der US-Kriegsmarine als Ziel für ihre Schießübungen, und Kahoolawe ist heute nur mehr von Blindgängern und Granatsplittern bevölkert. Niihau ist Privateigentum. König Kamehameha IV. verkaufte sie für 10 000 Dollar an die schottische Touristin Mrs. Stewart, deren Nachkommen, die Robinsons, es zu einer wahren Meisterschaft in der Fernhaltung Fremder gebracht haben. Es bleiben also noch drei Inseln, Maui, Kauai und Oahu, eine so wichtig und prächtig wie die andere.

Maui mit seinen nicht ganz 50 000 Einwohnern sieht einer nackten Frauenbüste sehr ähnlich. Kopf und Schultern bilden zwei Bergmassive, von denen der Halehekele, das »Haus der Sonne«, vielleicht der größte erloschene Vulkan ist. Dem Hals entspricht ein mit Plantagen bedecktes Tal. Es ist außerordentlich schwierig, einen richtigen Begriff von der Schönheit dieser aus dem tropischen Pazifik auftauchenden Inseln zu vermitteln, die sich von einem strahlenden Himmel als regelmäßige Kegel abheben und dabei eine Unzahl von Formen unter dem Mantel einer üppigen, man möchte fast sagen sinnlichen Vegetation bergen, mit ihrem geräuschvollen Leben, ihrem leuchtenden Farbenreichtum und ihren Wolken von Düften.

Auf Kauai ist der Gipfelpunkt wilder Schönheit wohl erreicht. Diese Insel liegt an der Nordwestspitze des Archipels, und ihr vorgelagert ist nur mehr Niihau. Der kaum erloschene Vulkan, der sie bildet, birgt noch brennendheiße Höhlen, und die Fumarolen mischen unter die balsamischen Düfte höllischen Schwefelgestank. Eine dieser feurigen Erdfalten, der »Grand Canyon von Wiamea«, ist 1000 Meter tief, aber seine Steilhänge und die dichte Vegetation schützen und verbergen ihn so gut, daß ein Blick in seine Tiefe schon recht schwierig ist. Die volle Harmonie findet man dann am Strand wieder, wo sich Kokospalmen mit echt polynesischer Grazie über die schneeweißen Meeresufer neigen. Cook landete 1778 an dieser idyllischen Insel, auf der eine sanfte und liebenswürdige Bevölkerung ihn begrüßte, während er einige Monate später und nur ein paar Meilen weiter, am Strand von Hawaii, auf eine Horde von Mördern stieß. Den Hekatomben, welche das Auftauchen des Weißen Mannes vorausahnen ließ, kamen die Hawaiier durch präventive Vergeltung zuvor, die sie an denen übten, die sie aus ihrer glücklichen Verborgenheit gerissen hatten. Auf Kauai lebten sie übrigens noch am ehesten ungeschoren, denn die Insel war zu dicht bewaldet und zu zerklüftet, um Neuankömmlinge zu interessieren. Der Anteil des rein hawaiischen Blutes bei den heute 30 000 Bewohnern ist vier- bis fünfmal größer als auf den anderen Inseln.

Oahu war vor der Ankunft der Weißen das politische Zentrum des Archipels. Der große Eroberer Kamehameha kam von Groß-Hawaii, doch gründete er seine Hauptstadt auf Oahu, und seine Waffengefährten amüsierten sich schon damals mit »surf riding«, dem Wellenreiten, wie es heute die Gäste des Royal Hawaiian- und des Hilton-Hotels noch am Strand von Waikiki betreiben. Ein Kapitän Brown entdeckte den Zugang zu einem hervorragenden Naturhafen, dem er den Namen »Fair Haven« gab. Das klang aber ein wenig zu banal, weshalb man ihn ins Hawaiische übersetzte. Seither heißt der Hafen »Honolulu«.

Honolulu ist die völlig amerikanisierte Hauptstadt des 50. Staates. Mark Twain, einer der ersten Schriftsteller, die sie besuchten, beschreibt sie als »herrliche kleine Stadt mit schneeweißen Landhäusern, die unter Lianen und Blumen verschwinden«. Heute ist Honolulu eine Großstadt mit 585 000 Einwohnern, westlicher Architektur und westlichen Auffassungen. Wer am Flughafen ankommt, wird sofort mit dem »lei«, einer Girlande von Gardenien oder Jasmin, geschmückt, doch gleich darauf sieht er sich von einem Verkehr umgeben, der von dem in Los Angeles nicht in den Schatten gestellt wird, und gelangt dann auf einem zementierten Super-Highway zum Zentrum der »Perle des Pazifik«. Die Stadt besteht aus dem Hafen, dem Geschäftsviertel und dem weitläufigen, stets wachsenden Fremdenzentrum von Waikiki Beach, mit seiner berühmten Kalakaua Avenue, an der die großen Hotels liegen und auf der sich eine der buntest gewürfelten Menschenmengen der Welt drängt. Das ist Coney Island nach den Tropen versetzt, ohne daß die durch das Klima überhitzte Banalität der glasklaren Luft und dem Zauber des Pazifiks, der seine faszinierenden Wellenberge am Strand ausrollen läßt, Abbruch tun könnte.

Pearl Harbor liegt Waikiki gegenüber. Der Besuch ist nur amerikanischen Bürgern gestattet, aber alle Passagiere des »International Airport« überfliegen die Doppelbucht, die tief ins Land einschneidet und deren schmale Einfahrt einstmals absolute Sicherheit zu verbürgen schien. An jenem 7. Dezember 1941 war die amerikanische Flotte höchst verwundbar, denn ein Schwarm von Spionen konnte alle ihre Bewegungen beobachten. Trotzdem wurde sonderbarerweise die japanische Luftattacke gerade an dem Tag gestartet, als sich die wichtigsten Schiffe, die Flugzeugträger, auf hoher See befanden. So wurden lediglich die schon einigermaßen veralteten Schlachtschiffe getroffen, und zwar alle acht, die an der Battleship Row vor Anker lagen. Zwei von ihnen liegen heute noch im Schlick von Pearl Harbor, die Schlachtschiffe *Arizona* und *Utah.* Im Bauch der *Arizona* wurden 1202 Mann begraben, angefangen vom Konteradmiral Kidd bis zum letzten Mann der Bordkapelle, die gerade am Vorabend den ersten Preis des Geschwaders errungen hatte. Das Wrack ragt einige Fuß aus dem Wasser, und amerikanische Touristen dürfen es besteigen und sich darauf fotografieren lassen. Die Marine hat beschlossen, dieses Massengrab nicht zu heben, sondern es sozusagen als Sarg zu erhalten. Folglich steht die *Arizona* auch weiterhin auf der Liste der diensttuenden Schiffe, und jeden Morgen wird ihre Flagge gehißt, ganz so, als ob noch Lebende auf dem Schiff wären.

Fast die Hälfte der Bewohner des Staates Hawaii lebt in Honolulu, also etwa 80 Prozent der Bewohner von Oahu. Die Bevölkerungsdichte übersteigt noch die von Japan, Baugrund ist äußerst rar und entsetzlich teuer, aber trotzdem macht Oahu jede Anstrengung, unter allen Umständen dieses Übergewicht zu halten. Man zieht die Abgeordneten nach Oahu, verhätschelt die Touristen, teilt sich den Hauptteil der Kredite zu und behandelt die als »Äußere Inseln« bezeichneten anderen Gebiete des Archipels ein wenig wie Kolonien. Sicher ist Oahu sehr schön, aber die tiefe Schönheit und die packende Originalität von Hawaii wird wie hinter einer Maske verborgen. Man wirft der Insel vor, die Stigmen des modernen Lebens in das Inselparadies des Pazifik eingeschleppt zu haben, die da heißen Beunruhigung, Überfüllung, Geschäftemacherei, Verschmutzung.

*

Wahrscheinlich ist der Stern von Hawaii der letzte, der in das amerikanische Banner aufgenommen wurde.

Die Vereinigten Staaten haben noch folgende Besitzungen: Die Jungfern-Inseln und Portoriko in den Antillen, die Kanalzone von Panama in Zentralamerika, Guam, Wake, einen Teil des Samoa-Archipels und einige Felsen und verstreute Inselchen im Pazifik. Keine dieser Besitzungen ist, außer Portoriko, geeignet, ein Staat zu sein, denn alle sind nur Luftlandeplätze oder strategische Stützpunkte.

Portoriko käme als einziger Besitz für eine Staatsbildung in Betracht. Es ist viermal so stark bevölkert wie Hawaii, liegt näher und ist dem amerikanischen Leben enger verbunden, sei es auch nur durch die Tausende von Portorikanern, die in New York leben. Aber Portoriko hat nicht einmal Territorialstatut, die unbedingt notwendige politische und verwaltungsmäßige Voraussetzung für eine Zulassung als Staat. Eine Partei verlangt danach, während eine andere die völlige Unabhängigkeit fordert, doch scheinen es weder die amerikanische Regierung noch die Bevölkerung von Portoriko selbst mit einer Entscheidung nach der einen oder anderen Seite eilig zu haben. Amerika macht finanzielle Anstrengungen ganz besonderer Art, um etwas mehr Wohlstand auf der übervölkerten Insel zu schaffen, und die Portorikaner lassen sich gnädigst helfen. Sie haben Anrecht auf einen amerikanischen Paß, der ihnen erlaubt, uneingeschränkt nach den Vereinigten Staaten auszuwandern, doch zeigen sie durchaus keinen unwiderstehlichen Drang, in die große Republik integriert zu werden. Das hat der Volksentscheid vom 27. Juli 1967 erwiesen. An jenem Tag hatten die Portorikaner zu wählen zwischen der Möglichkeit, eine den Vereinigten Staaten assoziierte Gemeinschaft zu bleiben, der 51. Stern des Bundes zu werden oder sich völlig unabhängig zu machen. 60,5 Prozent der Stimmen, das heißt 425 081 Wähler haben sich für die erstgenannte Möglichkeit entschieden. Die Vereinigten Staaten werden sie gewiß nicht unter Zwang zurückhalten, wenn sie ihre Meinung ändern sollten.

Fläche: 16 702 km²
Einwohnerzahl: 769 913
Hauptstadt: Honolulu
Beiname: Staat des Willkomms
Hymne: Hawaii Ponoi
Devise: Ua mau ke ea o ka aina i ka pono*
Blume: Hibiscus
Baum: Kerzennußbaum
Wichtigste Stadt: Pearl Harbor
Wichtigste Produkte: Rohrzucker. — Ananas. — Zement. — Bausteine, Basalt. — Stahl. — Erdölprodukte.
Bundesstaat seit 21. August 1959 (an 50. Stelle).

* Das Land wird durch Rechtschaffenheit ewig bestehen.

WASHINGTON · OREGON

Von Alaska abgesehen, erstreckt sich die pazifische Küste der Vereinigten Staaten von 48° 45′ 02″ nördlicher Breite – ein wenig nordwärts von der kleinen Stadt Bellingham mit 30 000 Einwohnern – bis 32° 42′ 53″ – etwas südlich von der Großstadt San Diego mit 700 000 Einwohnern. Das ist ungefähr die Entfernung Hamburg–Tunis, weit genug, um durch radikal gegensätzliche Klimaten zu führen. Aus dem regnerischen, kühlen Norden gelangt man allmählich in eine Wüste. Es überwiegt aber die Wüste.
Die drei Staaten, die sich in diese schöne Strandfassade teilen, sind von sehr ungleicher Bedeutung. Washington und Oregon, die den Gegenstand dieses Kapitels bilden, haben zusammen fast genau die Fläche von Kalifornien; aber zählt man ihre Einwohnerzahlen zusammen – 3 509 169 beträgt sie für Washington und 2 091 385 für Oregon –, erhält man nur etwa ein Viertel der Bevölkerung Kaliforniens. Reichtum, Einfluß und Reputation in der Welt entsprechen diesem deutlichen Unterschied.
Der Columbia River beherrscht die Geographie und die Wirtschaft beider in diesem Kapitel behandelten Staaten.
Für die Geologen ist er kein junger Fluß. Er entspringt in einem sehr alten Seengebiet in Kanada und kämpft sich durch Gebirge, die älter sind als die Alpen und die Pyrenäen. Aber für das Menschengeschlecht ist der Columbia River der jüngste aller großen Wasserläufe der Welt. Selbst sein Name hat noch nicht Zeit gehabt, sich der europäischen Vorstellungswelt einzuprägen, so daß er im Vergleich mit dem Nil, dem Kongo, dem Yangtse, dem Hudson oder dem Mississippi fast unbekannt ist.
Der Columbia River bringt jedoch (seit 1944) das Plutonium hervor, einen Bestandteil der Atombombe. Er wird von einem Wasserfall unterbrochen, der von Menschenhand verursacht wurde und doppelt so hoch und fast doppelt so reißend ist wie die Niagara-Fälle. Dieses künstliche Märchen, der Grand-Coulee-Damm, ist nur ein Glied in

einer Kette von Sperren, die genausoviel Strom erzeugt wie alle Turbinen Frankreichs zusammen: Bonneville, McNary, The Dalles, Chief Joseph, Rocky Reach, Priest Rapids. Die Bewässerungs- und Bodenverbesserungsarbeiten zusammen mit den hydraulischen Werken ermöglichten es, aus einer Wüste ein großes Landwirtschaftsgebiet für 150 000 Menschen zu machen. Der Überfluß und die Wohlfeilheit der Energie haben eine industrielle Blüte herbeigeführt, die der Kaliforniens vergleichbar und in gewissen Fällen sogar überlegen ist. Und das Gebiet, das geographisch vom Columbia River geprägt wird – vor zwei Jahrhunderten noch unbekannt, vor einhundert Jahren noch unerforscht, vor fünfzig Jahren noch unbebaut –, nimmt in der Struktur und im Leben Amerikas eine Bedeutung ein, die von Jahr zu Jahr wächst.

Alles in diesem Nordwesten kann nur jung sein. Die sagenhaften Vorfahren reichen nicht über John Jacob Astor hinaus, dessen namensgleicher Urenkel beim Untergang der *Titanic* 1912 umkam. Der erste John Jacob, ein Magnat des Pelzhandels, bevor er einer der Grundstücksbarone der Stadt New York wurde, gründete 1811 die *Astoria Trading Post*. Die nach ihm kamen, waren Missionare, lauter Protestanten. Die bedeutendste Mission war die der Pastoren Eells und Walker – sie zog sich 1840 wieder zurück, ohne daß es ihr gelungen wäre, einen einzigen Indianer zu bekehren; und ein anderer Missionar, der Doktor Markus Whitman, wurde im Jahr 1847 von den Kayuten ermordet. Im Gebiet um Spokane leben noch Greise, deren Väter die ersten Weißgesichter gesehen und skalpiert haben.

Diese westliche Schulter der Vereinigten Staaten hätte ebensogut englisches Gebiet werden können. Die britische Hudsonbai-Kompanie – die Rivalin der Astoria-Handelsgesellschaft – hatte sich auf der Insel Vancouver niedergelassen und entfaltete im Columbia-Becken eine viel größere Aktivität als die Amerikaner. Dreißig Jahre lang, von 1816 bis 1846, in Erwartung einer Regelung, die immer wieder verschoben wurde, war ein anglo-amerikanisches Kondominium bis zur kalifornischen Grenze errichtet worden, wo die schlaffe Regierung Mexikos begann. Als James Buchanan, Staatssekretär des Präsidenten James Knox Polk, mittels eines Kompromisses die neuen Grenzen der Vereinigten Staaten festlegte, gab es im Osten Amerikas einen wahren Aufruhr an Kritik und Ironie. Diese Gebietserweiterung in so weiter Ferne schien ganz sinnlos zu sein. Daniel Webster, ein berühmter Politiker, fragte: »Was sollen uns 300 Meilen im unwirtlichen Küstengebiet des Pazifik nützen? Was mich betrifft, ich würde nicht einen Cent dafür geben.« Ein anderer Senator bewies das Absurde durch folgende Beweisführung: »Angenommen, ihr organisiert diese Gebiete. Dann werden sie eines Tages, gemäß unserer Verfassung, Staaten werden und uns ihre Repräsentanten schicken. Vermutlich ist es euch nicht entgangen, daß diese zu ihrer Reise mindestens ein Jahr brauchen werden?«

Tatsächlich sind aus dem Kompromiß von 1846 zwei Staaten hervorgegangen, Oregon und Washington. Sie zählen heute vier Millionen Einwohner, und ihre jährlichen Einkünfte betragen acht Milliarden Dollar. Wenn ihre Senatoren und Abgeordneten in Seattle oder Portland um 16.30 Uhr das Flugzeug der T.W.A. nehmen, kommen sie reichlich früh genug in der Bundeshauptstadt an, um dort zu Abend zu essen.

Der Columbia River, ein wahrhaft majestätischer Strom, gehört zwar beiden Staaten an, aber nicht gleichmäßig. Er bildet die nördliche Grenze von Oregon und fließt mitten durch Washington. Ließe man nur die geographischen Gegebenheiten gelten, so wäre es nicht leicht zu beweisen, daß er das einigende Band ist in einem Gebiet, das drei Viertel von der Oberfläche Frankreichs bedecken würde und sehr unterschiedlich geartet ist. Man müßte von der Olympic-Halbinsel sprechen, die eine Welt für sich bildet. Man müßte vor allem die große Kette von Wasserfällen hervorheben, die zwischen Süden und Norden und zwischen zwei Viertausendergipfeln eine Art Rückgrat bildet und eine Grenze der klimatischen Verhältnisse darstellt. Man müßte einen Unterschied machen zwischen dem Süden von Oregon, der Kalifornien sehr ähnlich ist, und dem Stromgebiet im Innern des Landes, das eher einer Wüste gleicht. Aber die zivilisatorische Wirklichkeit ist einfacher. Der Columbia River ist der große Einiger, der große Befruchter, der große Motor, und zugleich eine der sensationellsten Naturschönheiten des Nordwestens.

*

Außerdem ist er der Hort eines der größten Geheimnisse der Natur: der Fortpflanzung des Lachses.

Die Lachse des Pazifik werden im Columbia River geboren und sterben dort. In der Zwischenzeit leben sie vier Jahre im offenen Meer. Sobald sich der Zeitpunkt ihrer letzten Funktion – des Laichens – nähert, kehren sie in das Süßwasser des Flusses zurück, und da sie zweifellos

sauerstoffhaltigeres Wasser suchen, schwimmen sie so weit wie möglich talaufwärts. Selbst in den reißenden Stellen des Flusses ist das ihr großer Sport. Bei Cecilo, wo der Columbia River eine Reise über die großen Wasserfälle antritt, donnert und brüllt er in den Stromschnellen und jähen Gefällen. Die riesigen Lachse (»chinooks«) springen gegen die steilen Wasserfälle; immer wieder von ihnen zurückgeworfen, zerschellen sie oft an den Felsen, und doch erneuern sie ihre Attacken mit einer Hartnäckigkeit, die nur durch den Tod gebrochen werden kann, und bieten das Schauspiel eines unbegreiflich pathetischen und fast erschreckenden Dramas. Doch der grausame Weiße Mann hat sich an der Wiege der Lachse niedergelassen, und seine Grausamkeit übertrifft noch alle Grausamkeiten der Natur.
In der Mündung des Columbia River fangen große Fischerkähne, die Schleppnetze von über 600 Meter Länge hinter sich herziehen, die Lachszüge auf ihrem Weg zu den Laichbänken ab. Der Lachs muß blutigen Zoll zahlen, um in einen Fluß eindringen zu können, der vielleicht schon Millionen Jahre vor dem Erscheinen des Menschen in der Schöpfung sein Heimatgewässer war.
Aber das ist noch nicht alles. Der Lachs ist sauber, und der Mensch verschmutzt das Flußwasser. An der großen Stadt Portland vorbeizuziehen, kostet den Lachs unzählige Opfer. Dreißig Meilen weiter unterbricht das große Wehr bei Bonneville den Columbia River völlig. Wenn es den Lachsen nicht gelänge, dieses Hindernis zu überwinden, würden sie vermutlich aussterben, denn ihre Laichbänke befinden sich alle viel weiter stromaufwärts. Um diese Natur- und Wirtschaftskatastrophe zu vermeiden, hat man »Lachsleitern« gebaut, die neun Millionen Dollar gekostet haben, den zehnten Teil der Kosten des Wehrs. Sie erlauben, die vorüberziehenden Tiere zu zählen — ungefähr 400 000 im Jahr —, die ihre letzte Wanderung vollziehen.
Auch die Wehre der Nebenflüsse des Columbia River haben ihre Lachsleitern. Aber diese Überbrückungsmöglichkeit hat ihre Grenze gefunden, als man den Koloß aller Kolosse, die Cheopspyramide der modernen Technik baute, den Grand-Coulee-Damm. Der Damm ist heute nicht mehr das größte Stauwerk der Welt. Aber viele Superlative, die zum Zeitpunkt seiner Inbetriebnahme auf ihn angewandt wurden, haben noch heute Gültigkeit.
Das Stauwerk ist an Gewicht doppelt so schwer wie die ganze Bevölkerung der Vereinigten Staaten, und man könnte mit Leichtigkeit in seinen sieben Millionen Kubikmetern Beton vier große Passagier-

dampfer unterbringen. Dieses Stauwerk – es liegt an der Strecke des Flusses, wo der Mensch ihm erlaubt, seinem natürlichen Lauf zu folgen – sammelt gewaltigere Wassermassen als der Niagara. Die Wassermassen stürzen fast zweihundert Meter in die Tiefe – eine Höhe, die einem Gebäude von 40 Stockwerken entspricht. Trotz seiner Muskelkraft und Energie schaffenden Wildheit steht außer Frage, daß ein Lachs diesen grünweißen Wasserfall nicht überwinden kann. Selbst wenn es ihm gelänge, würde seine Brut im folgenden Jahr bei ihrer Reise flußabwärts zermalmt werden. Keine Fischleiter könnte, wenn sie nicht Wunder vollbrächte, diesen Ausfall wieder ausgleichen. Die Wanderung der Lachse scheitert hilflos am Grand-Coulee-Damm.

Trotzdem ist die Erhaltung der Lachse gesichert. Es gibt auch stromabwärts Laichbänke, in den Untiefen des Columbia und in den Tälern mancher Nebenflüsse. Nur jener allerdings bedeutende Teil der Lachse, der die angeborene Gewohnheit hatte, über das Wehr hinaus zu den frischen und eisigen Wassern an der kanadischen Grenze zu ziehen, war aller Voraussicht nach dem Untergang geweiht. Wenn der Lachs auch ein fahrender Geselle ist, so ist er doch kein Vagabund: Er kann das Leben nur dort weiterschenken, wo er es selbst empfangen hat, und er kehrt zum Laichen daher zu der Sandbank zurück, wo er selbst dem Ei entschlüpft ist.

Um diesen bedrohten Teil der Lachse zu retten, haben die Naturschutzgesellschaften eine gewaltige Anstrengung gemacht. Während der Grand-Coulee-Damm gebaut wurde, haben sie alle Lachse, die zum Oberlauf des Flusses unterwegs waren, abgefangen. In riesigen Fischzuchtanlagen nahmen sie den weiblichen Lachsen künstlich die Eier weg und den männlichen die Substanz, die sie zur Befruchtung über die Eier ergießen. Dann nahmen sie in vier kleinen Nebenflüssen des Unterlaufs des Columbia die Befruchtung künstlich vor. Die Fischbrut gedieh und wanderte zum Pazifik. Die Frage war, was die erwachsenen Fische bei ihrer Rückkehr tun würden. Würden sie sich gegen das Stauwerk werfen, um vor seiner unerbittlichen Mauer an Erschöpfung zu sterben? Würden sie beim Versuch, auf irgendeine Weise seinen riesigen Wasserfall zu erklimmen, zerschellt liegenbleiben? Würden sie mit aller Gewalt an ihre altgewohnte Brutstätte, zur Wiege ihrer Väter, zurückkehren wollen? Oder würden sie sich damit begnügen, ihre eigene Wiege wiederzufinden?

Drei Jahre lang mußte man warten. Im vierten Jahr beobachtete man gespannt den jährlich wiederkehrenden Zug der Lachse, der den Columbia River aufwärts zog. Manche, die in der Ebene beheimatet waren, beendeten ihre Reise, wie sonst auch, bei Pasco oder Yakima. Die andern zogen zum Stauwerk weiter. Aber als sie beim Einfluß des Wenatchee, des Entiat oder des Methow anlangten, wandten sie sich brav in ihre kleinen Heimattäler. Nur sehr wenige — wahrscheinlich die Nachkommen der Lachse, die vier Jahre früher den Fischkulturen entronnen waren — machten den Versuch, die 23 Millionen Tonnen des Grand-Coulee-Damms zu überwinden. Die aus dem Gebirge stammende Familie der Lachse hatte sich verpflanzen lassen und war gerettet. Zu gleicher Zeit war ein heißumstrittener Beweis gelungen: der Lachs gehorcht nicht einem von altersher ererbten Instinkt, sondern einer individuellen Erfahrung. Er kehrt an den Ort seiner Geburt zurück, da er sich an den Kreuzweg erinnert, den er bei seiner Ausreise durchschwommen hat.

Der Erfolg dieses glänzend gelungenen Versuchs hat die Möglichkeit in Aussicht gestellt, sowohl die Industrialisierung des Columbia River durchzuführen, wie auch die Lachse zu erhalten. Die Naturschutzvereine wollen die Laichbänke verringern und auf die von der Stromerzeugung verschonten Täler beschränken. Aber diese Täler werden immer weniger zahlreich, und wenn sie nicht weit genug von der Flußmündung entfernt sind, entsprechen die Zusammensetzung und das spezifische Gewicht des Wassers nicht mehr den Bedingungen der Fischbrut. Tatsächlich ist zu befürchten, daß die Beschützer des Lachses eine verlorene Schlacht schlagen. Zwei Drittel der Laichbänke, die von den Lachsen vor 1883 aufgesucht wurden, sind verstopft oder verschmutzt. Zwanzig neue Stauwerke, die im Rahmen des großen staatlichen Unternehmens, das unter dem Namen Columbia Valley Authority (C.V.A.) bekannt ist, sind schon gebaut oder geplant, und eine Reihe von Fabriken wird ihnen folgen. Der Fischfang, der 1883 noch 42 700 000 Pfund betrug, ist seither auf 15 000 000 Pfund gesunken. Mit dem Aussterben der Lachse im Columbia River ist die wichtige Industrie, die von seinem Tod lebte — zusammen mit den Sägewerken die erste Industrie am Columbia River —, zum Sterben verurteilt. Aber daran ist nichts mehr zu ändern. Ein edles Tier und die geringe Menge an Nahrung, die es liefert, bedeuten nichts neben der riesigen Energie, die der Columbia River dem Menschen schenkt und noch weiter schenken wird.

Der Sinn und das Maß der technischen Zivilisation Amerikas kann nur an diesem Begriff der Energie deutlich gemacht werden. Wenn ein

Oben: Touristen beim Glücksspiel in Las Vegas/Nevada
Unten: Cliff Palace im Nationalpark von Mesa Verda/Colorado

Headliner
CUSTOMER
INSTRUCTIONS
Harrah's
INSURANCE

europäischer Arbeiter über die technische Energie von zwei Pferdekräften verfügt, so verfügt ein amerikanischer über zehn Pferdekräfte. Die menschliche Kraft wird nur in Verbindung mit den riesigen Gewalten, die Amerika sich unterjocht hat, geschätzt und auch entsprechend bezahlt. Wenn es sich bei diesen Gewalten um Flüsse handelt, so hat die amerikanische Sprache einen bildhaften und konkreten Ausdruck geprägt: *to harness.* Man versieht die Flüsse mit Rüstungen. Der Columbia River und seine Nebenflüsse werden eine vollkommene Rüstung erhalten.

Die Spezialisten haben ihre Berechnungen angestellt. Allein diese Flüsse im Nordwesten, die von den feuchten Winden des Pazifik genährt und von den großen Schneeschmelzen angefüllt werden, stellen mehr als ein Viertel des amerikanischen Kapitals an Wasserenergie dar: 46 Milliarden Kilowattstunden von den 200 Milliarden, die heute pro Jahr zur Verfügung stehen. Für den Nordwesten, der weder Kohle noch Erdöl besitzt, ist das entscheidend. Darin liegt der Schlüssel zu seiner Industrialisierung. Sie ist erst zum Teil durchgeführt, aber wenn riesige Flugzeuge in Seattle gebaut, wenn zwischen Longview und Bonneville Millionen Kilo Aluminium produziert werden, so verdankt man das ausschließlich dem Columbia River. Wie man dem Columbia River auch Hanford verdankt.

Während des Krieges war diese einzigartige Fabrik der Gegenstand peinlichster Kritik. Die Leute bemerkten wohl, daß dort Millionen Dollar verschlungen wurden, und sie sahen auch, daß nichts daraus hervorkam. Schon die Wahl des Ortes war bestürzend. Der Columbia durchfließt an dieser Stelle ein wüstenartiges Becken, das von häßlichen kleinen Bergen begrenzt wird, von denen einer boshafterweise »Berg der Klapperschlange« heißt – Rattlesnake Hill. Auch die Fabrik selbst war bestürzend: eine Art Feudalschloß aus dicken Türmen, zu dessen mittelalterlichem Bau riesige Überlandkabel führten. Das alles schien eine enorme Verschwendung zu sein, aber die Verwaltung konnte damals dem aufgebrachten Publikum nicht schon erklären, daß in Hanford in Apparaten aus reinem Graphit Plutonium 239 fabriziert wurde. Sie war glücklich, als das Gerücht entstand, in der Fabrik werde ein Super-Giftgas hergestellt und aufgestapelt für den Fall, daß Herr Hitler sich als erster dieses Greuels bediente.

Heute ist die Plutoniumfabrik Hanford in die riesige Kernindustrie eingegliedert. Zwanzig Jahre haben genügt, um die gewaltigen Anstrengungen, die sie erforderte, zu den technischen Selbstverständlich-

Oben: Sportangler in Idaho
Unten: Gletschermoränen zwischen Alaska und Kanada

keiten zu zählen. Zu der Zeit, als sie gebaut wurde, erklärten die Ingenieure von Du Pont de Nemours, denen das Läutern des Graphits unlösbare Probleme stellte, wiederholt, man verlange von ihnen Unmögliches, schließlich seien sie Techniker und keine Zauberer. Die hydro-elektrische Energie stammt vom Grand-Coulee-Damm, der sich 200 Kilometer flußaufwärts befindet und eine Spannung von 450 000 Volt liefert. Dasselbe Wasser, das diesen Strom erzeugt hat, wird auch zur Absorbierung der kolossalen Hitze gebraucht, die bei der Bearbeitung des Uranmetalls entsteht. Die Wassermassen, die an der Fabrik vorbeifließen, werden unter Druck in solcher Menge durch haarfeine Röhren geleitet, daß die Temperatur des Flusses spürbar steigt, wenn die »Türme« in Betrieb sind. Indessen ist der Prozeß, wie er in Hanford stattfindet, die Einfachheit selbst gegen den von Oak Ridge, wo man Uran 235 durch Gasdiffusion isoliert. Als die Russen mit dem Bau der Bombe begannen, machten sie es schnell und einfach, indem sie die Erkundungen des Spions Klaus Fuchs und noch mehr die unvorsichtigen Veröffentlichungen der amerikanischen Atomenergiekommission benützten: Sie bauten eine Plutoniumbombe.

Dennoch war die Überraschung der Amerikaner enorm. Ihr eigener atomarer Erfolg erschien ihnen als die Frucht einer industriellen Perfektion, die minutiöse Präzisionsarbeit mit gigantischen Ausmaßen der eingesetzten Mittel verband, und sie waren nicht bereit, den Sowjets auch nur von ferne an die amerikanischen Möglichkeiten heranreichende Chancen einzuräumen. Ich habe selbst gehört, wie General Marshall erklärte, die Russen würden möglicherweise gar nie eine Atombombe konstruieren, und zwar nicht etwa, weil es ihnen an tüchtigen Wissenschaftlern, wohl aber an den erforderlichen industriellen Grundlagen fehle. Der General zählte die in Los Alamos, Oak Ridge und Hanford benutzten oder sogar entstandenen Patente auf sowie die Anzahl der vertraglichen Unterlieferanten, die in dem Riesen-Puzzle einer jeden dieser Einrichtungen Mitspieler waren. »Die einzige Chance der Russen«, meinte er voller Stolz, »wäre ein ›Abschneider‹ — ein Abkürzungsweg, der ihnen die Schwierigkeiten ersparte, durch die einzig und allein wir hindurchzufinden fähig sind.« Aber diese Chance schien nur sehr schwach zu sein. Die Atombombe war die einzige und spektakuläre Blüte an einem ökonomischen Baum, dessen Vollkommenheit und Stärke von nichts und niemand erreicht werden konnte, soweit der Blick in die Zukunft reichte ... Die Tatsachen haben die Hinfälligkeit dieser Spekulationen erwiesen. Es ist eine Ironie des Schicksals, daß man den Grand-Coulee-Damm zwingt, immer mehr Plutonium zu produzieren (heute außerdem noch Tritium, das zur Wasserstoffbombe benötigt wird). Das Stauwerk war nicht für kriegerische, sondern für sehr friedliche Zwecke gebaut worden. In der Idee des Erbauers war die hydro-elektrische Energie, so beträchtlich sie war (eine Million Kilowatt), neben der Bewässerung nur von nebensächlicher Bedeutung. Die 10 Millionen Kubikmeter des Sees von 200 Kilometer Länge, den man künstlich angelegt hatte, sollen vor allem eine Wüste zum Grünen bringen.

Der Regen fällt im Nordwesten völlig ungleichmäßig. In Spokane fallen in den besten Regenmonaten fünf Zentimeter Wasser, in Seattle und in Portland in den trockensten Monaten das Doppelte. Die Kette des Küstengebirges, die Steilabhänge der Wasserfälle, die in Richtung zum Ozean abfallen, erleben sintflutartige Regenfälle, und die Olympic-Halbinsel, auf der fünf Meter Regen im Jahr fallen, hält den amerikanischen Rekord an Niederschlagsmenge. Aber die Wasserfälle mit ihrer großen Kirchturmpyramide von 4392 Meter Höhe, dem Mount Rainier, schneiden den Regen wie mit der Säge ab. Der Osten ist trokken. Und es gibt wenig Gebiete, die so trocken sind wie die Mulde, die man, im buchstäblichen Sinn des Wortes, das »Columbia-Becken« nennt. Es ist wirklich ein Becken, aber ein Becken ohne Wasser. Der Columbia, der es früher durchfloß, hat sich später infolge einer geologischen Verschiebung in eine andere Richtung gewandt und macht einen großen Haken nach Norden.

Der in seiner vollen Auswirkung grandiose Plan besteht darin, in dieses wasserarme Gebiet den Teil des Flusses, der es verlassen hat, gewaltsam zurückzuführen. Dem Grand-Coulee-Damm, diesem brutalen Eingriff des Menschen, wird diese Aufgabe übertragen. In riesigen Kanälen wird das Wasser in südliche Richtung gezwungen, um unter der Aufsicht des Menschen eine Strecke von 200 Kilometern zurückzulegen, ehe es in sein altes Bett zurückfindet. Auf diesem Weg läßt man es arbeiten. Es ergießt sich über ein Gebiet, das so groß ist wie halb Belgien und in dem es noch vor zehn Jahren nur ein paar wasserarme Farmen und Weideland für Viehherden gab. Wenn das Bewässerungsnetz vollendet ist, wird es dort 17 000 neue Farmen geben mit 80 000 Farmern und einer zusätzlichen Bevölkerung, die wahrscheinlich 100 000 Menschen betragen wird.

Wenn es ein Gebiet gibt, wo die Natur wirklich vom Menschen verändert wurde, so ist es der Westen der Vereinigten Staaten. Es ist wahr,

es gibt eine negative Seite dieser Umwandlung. Der Lachs wird vielleicht aus dem Columbia verschwinden. Die herrlichen Wälder in Oregon und Washington sind durch eine bedenkenlose Ausbeutung, die übrigens heute nicht mehr möglich ist, schon sehr geschädigt worden. Die Bilanz ist trotzdem höchst positiv. In der ganzen Welt gibt es wenige Gebiete, die so rasch bevölkert, umgewandelt und reich geworden sind wie der Nordwesten der Vereinigten Staaten. Noch im Jahr 1900 hatten Oregon und Washington zusammen nicht einmal 1 300 000 Einwohner; heute zählen sie fast sechs Millionen, und dabei sind die Quellen ihres natürlichen Reichtums noch fast unberührt.
Der Columbia River entspringt in der kanadischen Provinz, der er den Namen gegeben hat: British Columbia. Ein Journalist, der diverse Unterhaltungen an Ort und Stelle mitangehört hat, war von der Heftigkeit der darin erhobenen Klagen frappiert. Die Kanadier werfen den Amerikanern vor, sie nähmen ihnen ihren Fluß und beuteten ihre Naturschätze und ihre Arbeitskräfte aus. Diese Klagen sind Selbstanklagen: es läge ja nur an ihnen, dies alles selber in rechter Weise zu nutzen. Aber es ist dies ein wiederholter Anlaß festzustellen, daß die Beziehungen zwischen den beiden großen Ländern, die sich den nordamerikanischen Kontinent teilen, bei weitem nicht die besten sind.

WASHINGTON

Boeing, Boeing, Ruhm und Krise

Der Staat Washington war immer ein Rassengemisch, so bunt wie New York, mit dem er übrigens in mehr als einer Beziehung Ähnlichkeit hat. Die Chinesen, Japaner und Filipinos geben ihm einen asiatischen Einschlag. Unter den Europäern überwiegen die Skandinavier. Washington ist daher eine Zuchtstätte für Riesen. Es produziert Champions im Basket-Ball und im Überfluß hellblonde, große, wunderschöne Walküren. Amerika verlängert jeden Wuchs, einschließlich den der Japaner, und wenn man ihm eine menschliche Materie ausliefert, die an sich schon sehr groß ist, so bemüht es sich, Wolkenkratzer daraus zu machen.

Der Staat Washington ist stolz darauf, als fortschrittlich zu gelten. Er hat eine Vorliebe für Staatsmonopole, vor allem natürlich für das Monopol der Elektrizität. Er besitzt die modernste soziale Gesetzgebung Amerikas, aber auch drückende lokale Steuern. Man betrachtet diesen Herd des Radikalismus des öfteren voller Unruhe. Jim Farley, ein früherer Kollege Franklin Roosevelts, sagte einmal: »Amerika setzt sich aus 47 Staaten und der Sowjetrepublik Washington zusammen.« Und der Senator Owen Brewster erklärte: »Die Vorläufer des Kommunismus haben in Seattle festeren Fuß gefaßt als irgendwo sonst in unserem Land.« Wohlverstanden, diese Urteile sind übertrieben. Washington hatte vor ein paar Jahren ein Kongreßmitglied mit dem französischen Namen DeLacy gewählt, dessen Einstellung sich vom Kommunismus Stalins nur in kaum bemerkbaren Nuancen unterschied; aber bei den folgenden Wahlen wurde er geschlagen. Nirgendwo in Amerika kann sich der Kommunismus festsetzen, außer in den beschränkten Gehirnen einiger Intellektueller und in den verdrehten Köpfen einiger Millionäre. Wahr ist nur, daß im Staat Washington eine Tendenz zum staatlichen Sozialismus existiert, die seine Skandinavier importiert haben.

Der Osten des Staates Washington ist verhältnismäßig trocken und unfruchtbar. Die wichtigste Stadt ist Spokane. Der Westen des Staates ist von einer landschaftlichen Schönheit, die nur in Alaska ihresgleichen hat. Der Mount Rainier – eine einzeln stehende Pyramide von 4392 Meter Höhe – ist eines der imposantesten Bergmassive der Welt. Die Gebirgskette der Cascades ist in ihrem nördlichen Teil ein nur mit den zerklüftetsten Partien der Alpen vergleichbares Gletscherchaos. Im Gegensatz dazu ist die Olympic-Halbinsel, die durch den Pazifik ein feucht-mildes Klima hat, mit beinahe tropischer Vegetation überzogen. Seattle liegt an einer großen Meeresstraße, dem Puget-Sund, und gilt als die Königin des Nordwestens. Es wurde im Jahr 1851 gegründet, ist also über hundert Jahre alt; aber den größten Teil dieser Existenz bestand es aus ein paar Holzhütten. Der Goldrausch von Alaska im Jahr 1897 brachte es erst zum Leben. Es war der Stützpunkt dieser tollen Expedition, der verrücktesten in der Serie der »gold rushes«, dieses sinnlosen Anrennens gegen Eismassen und Schneestürme durch Unglückliche, die meistens dem Klima des Nordpols weder angepaßt noch anpassungsfähig waren. Seattle entließ die Ausreisenden und nahm die Gestrandeten wieder auf. Natürlich in einem wilden Milieu von Spielleidenschaft, Alkohol, Sex und Brutalität.

Wie San Franzisko hat Seattle diese beschämenden Jahre vergessen. Es ist mit 530 000 Einwohnern die zweiundzwanzigste Stadt Amerikas (1870 zählte sie 1107 Einwohner). Sie hat eine wunderbare Lage; links das Salzwasser der Puget-Bucht, rechts das Süßwasser des Washington-Sees, über dem eine Zementbrücke von 3 Kilometer Länge buchstäblich schwimmt; im Herzen der Stadt Kanäle, welche die Schiffe bis an die Häuser heranführen. Das Klima ist mild, beständig und feucht. Die Stadt hat 1962 eine Weltausstellung ausgerichtet, die recht bescheiden ausgefallen ist, von der aber eine sogenannte *Space Needle* zurückgeblieben ist, um deren Spitze sich ein Aussichtsrestaurant herumdreht. Es braucht dazu jeweils eine Stunde. Das waren Zeiten, in denen Seattle (man spricht Si-ättl) hochfliegende Ambitionen hegte und seinem Wachstum keine Grenzen setzen mochte. Dann aber kamen magere Jahre.

Das Schicksal von Seattle ist mit dem der Boeing verquickt. Seattle lebt von der Boeing. Es gab einen heißen Alarm, als die Regierung der USA um 1950 entdeckt hatte, daß Seattle die der Sowjetunion nächstgelegene Stadt ist, und folgerichtig daran dachte, eine Verlegung der Produktionsstätten ihrer Interkontinentalbomber nach Kansas zu veranlassen. Diese drohende Wolke an Seattles Horizont verflüchtigte sich jedoch wieder, und die Boeing-Werke erlebten einen neuen Auftrieb, als sie zunächst einen neuen Flugzeugtyp für den Zivilluftverkehr eingeführt hatten und sodann das erste »Paketboot« der Luft mit Düsenantrieb realisieren konnten. Seit der unsterblichen DC 3 war Douglas das Spezialunternehmen für Passagierflugzeuge. Die Boeing ist an ihre Stelle getreten, und viele Leute sagen jetzt: »Ich nehme die Boeing« — sogar wenn diese Boeing eine DC 10 ist.

Aber die Schlagkraft eines klangvollen Namens bedeutet noch nicht ohne weiteres einen wirtschaftlichen Erfolg. Die militärischen und zivilen Aufträge wurden rar. Den mutigen Anstrengungen des Präsidenten Nixon zum Trotz beschnitt der knausrige Kongreß die Mittel für die SST — die Supersonic Transports, zu deutsch den Überschallverkehr — und überließ Frankreich und England auf der einen, Rußland auf der anderen Seite das künftige Feld des Erfolges. Die Krise senkte sich über Seattle. Die Beschäftigtenzahl fiel von 101 500 auf 54 000. Man erlebte wieder Szenen, die an die große Depression der Dreißigerjahre erinnerten: Menschenschlangen bildeten sich vor Lebensmittelverteilungsstellen. Zahlreiche hochqualifizierte Techniker, denen gekündigt worden war, suchten Arbeitsmöglichkeiten in Europa oder Australien. Arbeiter verließen zu Tausenden die Stadt. Die Einwohnerzahl von Seattle verminderte sich zwischen den beiden letzten Zählungen von 557 000 auf 530 000. Seit 1970 hat sich die Lage gebessert, und Seattle hat aus den Ereignissen seine Lehre gezogen: die Stadt bemüht sich jetzt um eine größere Vielfalt ihrer industriellen Aktivität.

Die Senatoren des Staates Washington sind beide Demokraten und spielen in der Politik der USA eine bedeutende Rolle. Aber der ältere von ihnen, Warren G. Ferguson, wird allmählich alt, der jüngere hingegen, Henry M. Jackson (Jahrgang 1912) hat noch eine Chance, Präsident der Vereinigten Staaten zu werden. Er wird häufig als idealer Kandidat bezeichnet, wobei man auf sein fotogenes Aussehen und seine guten Manieren verweist. Er ist der Günstling großer Zentren der Arbeit, weil er es ablehnt, sich bezüglich der Sowjetunion Illusionen hinzugeben. »Sie erinnert«, so sagt er, »an hungrige Hotelratten, die alle Korridore entlanglaufen und probieren, wo eine Türe offen ist. Ich habe nichts gegen eine Annäherung, setze aber voraus, daß Amerika ausreichende Verteidigungsmittel bereithält und mit den anhaltenden Rüstungsverstärkungen der Sowjets durch Gegenmaßnahmen Schritt zu halten fähig ist.«

Fläche: 176 000 km²
Einwohnerzahl: 3 509 169
Hauptstadt: Olympia
Beiname: Der immergrüne Staat
Hymne: Washington, my home
Devise: Al-ki (Nach und nach . . .)
Blume: Rhododendron
Baum: Prince-Albert-Kiefer
Wichtigste Städte: Seattle, Bellingham, Davenport, Longview
Wichtigste Produkte: Kartoffeln, Gemüse. – Früchte, – Fischerei. – Holz, Papier. – Silber, Blei, Zink. – Zement, Sand, Kies. – Wasserkraftwerke. – Aeronautik. – Chemische Produkte. – Schiffsbau-Anlagen.
Bundesstaat seit 11. November 1889 (an 42. Stelle).

OREGON

Der fieberfreie Westen

Stromabwärts wird der Columbia River eine innere Grenze. Er trennt die beiden nordwestlichen Brüder, Oregon im Süden und Washington im Norden.

Ähnlich wie Los Angeles wurde Oregon vorwiegend durch die interne Emigrationsbewegung bevölkert und bezog seine Einwohner großenteils aus Neu-England, das ja an der entgegengesetzten Fassade des Kontinents liegt und sich ein wenig als das amerikanische Griechenland fühlt, indem es sich eine auf zwei Jahrhunderten zusätzlicher Geschichte basierende größere Reife anmaßt. Die beiden Gründer von Portland, Amos L. Lovejoy aus Boston, Massachusetts, und Francis W. Pettygrove aus Portland, Maine, stritten sich um den Namen der Stadt und entschieden den Streit durch ein Geldstück, das sie in die Luft warfen. Das Erstaunlichste ist, daß Portland in Oregon eine große Ähnlichkeit mit Portland in Maine hat, als hätte das Geldstück auch die Architektur und die Atmosphäre der zukünftigen Stadt bestimmt.

Oregon ist niemals vom Goldfieber ergriffen worden — und auch sonst von keinerlei Fieber. Es wurde vom »gold rush« reicher, aber nur indirekt. Die ersten Farmer, die sich im Williamette Valley niedergelassen hatten, übernahmen es, die Schatzgräber, die den damals noch unergiebigen Boden Kaliforniens durchwühlten, zu ernähren. Dieser pastorale Beginn wurde zu einer Tradition, die noch heute besteht: Zum Unterschied von seinem Nachbarn jenseits des Columbia verhält sich Oregon unerbittlich ablehnend gegen seine Industrialisierung. Es hat zwar damit begonnen, aber nur mit großem Widerstreben. Der Staat bemüht sich in keiner Weise um Fabrikschlote, und er würde nie, wie so viele andere, ganzseitige Anzeigen in den Zeitungen bringen, um die Industriellen anzuregen, sich dort niederzulassen. Er begnügt sich mit seinen Kirschen, seinem Getreide und seinen Truthühnern.

Die Hauptstadt heißt Salem — so wie die Stadt in Massachusetts, die durch ihre Hexen berühmt geworden ist. Astoria an der Mündung des Columbia River verewigt den Namen des großen Pioniers des Nordwestens. Aber Oregon hat die neu-englische Koketterie bis zu der 1970 erfolgten Wahl des in Boston geborenen Gouverneurs McCall getrieben.

Die weitaus wichtigste Stadt von Oregon ist Portland: es hat 386 000

Einwohner und über eine Million im Einzugsgebiet. Sie hat mehrfache Berührung mit dem Williamette River, bevor er in den Columbia mündet. Der Williamette ist ein interessanter Fluß. Er war lange Zeit von jungfräulicher Reinheit; denn er kam aus der Tiefe der Wälder von den Hängen des Cascades-Gebirges. Zellstoff-Fabriken haben ihn abscheulich verschmutzt und mit einem übelriechenden Schaum überzogen. Ein Säuberungsprogramm — das im übrigen recht kostspielig war — hat seine Sauberkeit wiederhergestellt. Sogar die Lachse sind wiedergekommen — ein Beweis, daß die berüchtigte Verschmutzung lediglich die Folge ungenügender technischer Vorkehrungen und daher ein Problem der Ingenieure und nicht ein Thema für die Kassandrarufer, die Demagogen und Seher ist.
Ein gleiches gilt für die Waldbrände. Die amerikanischen Behörden kämpfen gegen die durch Menschen verursachten Gefahren mit wahrhaft drakonischen Vorschriften. Aber die vom Himmel verursachten Gefahren sind bei weitem bedeutender — insbesondere die trockenen Gewitter, die in zahllosen Waldstücken Brände entfesseln, deren Übergreifen dann zu riesigen Flächenbränden führt. Die dagegen ergriffenen organisatorischen Maßnahmen haben die Verwüstungen um zwei Drittel vermindert. Wenn es zutrifft, daß der Mensch der industriellen Zivilisation die Natur schädigt, muß man ihm auch zugestehen, daß er sie schützt und verteidigt, was der primitive Mensch zu leisten gar nicht imstande war. Aber niemand ist jemals bereit, eine objektive Bilanz zu ziehen.
Obgleich Portland hundert Kilometer vom Meer entfernt liegt, ist es nach Los Angeles der zweite Hafen der pazifischen Küste. Es ist indessen eine sehr junge Stadt, und dennoch bringt sie es fertig, die Illusion zu erwecken, als hätte sie schon mehr als eineinhalb Jahrhunderte erlebt. Die Luft ist mit Puritanismus geschwängert. Die öffentlichen Gebäude haben etwas von jener abweisenden Kühle, jener Bescheidenheit, ja vielleicht einem Anflug von Geiz, die als Zeichen einer vorsichtigen Verwaltung und einer zur Reife gelangten Gesellschaft gelten können. Eine Teil-Prohibition hat sich dort noch bis in die letzten Jahre hinein verspätet: die städtischen Vorschriften gestatteten keinerlei öffentlichen Barbetrieb und in privaten Clubs nur das Trinken aus der eigenen Flasche, die jeweils wieder zurückgestellt und unter Verschluß genommen werden mußte. Die Kritiker von Portland haben nicht ermangelt, der Stadt Rückständigkeit und eher Heuchelei vorzuwerfen als Tugend nachzurühmen. Aber die Portländer sind über

derartig gemeinen Schimpf hoch erhaben. Ihre Stadt ist sehr schön, sehr groß und sehr stolz auf ihre riesigen Parks und den fernen Schnee des erloschenen Vulkans Mount Hood, der ihre gleichfalls erhabene Kulisse bildet. Sie spielen Cricket, was zweifellos ebenso originell wie snobistisch ist in einem Land, das den Baseball vergöttert. Die örtlichen Steuern, die man ihnen abverlangt, sind mäßig, und sie verspüren nicht die geringste Lust, sich in eine Politik luxuriösen Glanzes einzulassen und sie hinaufzutreiben. Sie wissen sich bestens zu trösten, wenn Seattle sie überholt hat — so wie das viel größere Oregon um eine reichliche Million Einwohner von Washington überholt wurde. Sie sind wie alle Oregonianer im allgemeinen Republikaner und solid konservativ. Dies hindert jedoch den Staat Oregon nicht, den 1900 geborenen Wayne Morse seit 1944 wieder und wieder zu wählen, obwohl er regelmäßig zwischen den jeweils extremen linken Flügeln der beiden Parteien — einmal Republikaner, das nächstemal Demokrat — hin und her wechselt.

Die südliche Grenze von Oregon ist eine wie mit dem Lineal gezogene Gerade von 400 Kilometer Länge. Der Gegensatz zwischen den Gegebenheiten der Natur in Ost und West, zwischen dem Landesinnern und der Küste, ist faszinierend. Der Osten trennt Oregon in einem Bereich von Nevada, der bereits als Wüste zu bezeichnen ist. Der Westen trennt Oregon von Kalifornien in einer Gegend, die ein noch bewässertes, baumbestandenes, grünendes Bergland ist. Der Crater Lake, eine tiefe Wasserschale, die einen erloschenen Krater krönt, ist ein vielgerühmter Punkt landschaftlicher Schönheit in den Vereinigten Staaten. Das Shasta-Massiv hat im Winter viel Schnee, dessen Schmelzwasser südwärts abfließt. Wir werden seinen Wellen in weiten Fernen wiederbegegnen, in einer Welt, die der Königin unter den Pazifikstaaten zugehört — in Kalifornien.

Fläche: 251 000 km²
Einwohnerzahl: 2 091 385
Hauptstadt: Salem
Beiname: Der Biberstaat
Hymne: Oregon, my Oregon
Devise: The Union
Blume: Oregon-Weinblüte

Baum: Douglas-Kiefer
Wichtigste Städte: Eugene, Portland
Wichtigste Produkte: Lachs. — Hochseefischerei. — Birnen, Kirschen. — Schafe, Truthühner. — Steine, Zement. — Nickel. — Wasserkraft.
Bundesstaat seit 14. Februar 1859 (an 33. Stelle).

KALIFORNIEN

Der goldene Staat im Angesicht seiner Zukunft

Kalifornien wurde im Jahre 1848 von den Vereinigten Staaten annektiert und 1850 zum Bundesstaat erhoben. Nach der Volkszählung des gleichen Jahres hatte es damals 97 543 Einwohner und stand an einunddreißigster Stelle der amerikanischen Bundesstaaten. Auch 1900 war Kalifornien erst auf die einundzwanzigste Stelle vorgerückt, obwohl die Bevölkerungszahl inzwischen auf 1 485 053 angewachsen war. Es gab dann 1940 bereits 6 907 387 Bürger Kaliforniens, das dementsprechend nur noch von New York, Pennsylvania, Illinois und Ohio überboten wurde. Die Zählung von 1950 brachte den Staat an die zweite Stelle, nachdem er Illinois und Ohio um Haaresbreite überholt hatte. New York war auch 1960 noch Spitzenreiter; aber die Zählung von 1970 erwies Kalifornien mit 19 953 134 Einwohnern als den volkreichsten der fünfzig Sterne. Der stolze Empire State, der Staat New York, fiel auf die zweite Stelle zurück: er zählte 18 241 266 Bürger.

Trotz allem haben sich die hieraus gefolgerten Voraussagen nicht voll erfüllt. Sie hatten für 1970 einen Stand von 20 184 000 vorgesehen, man mußte aber zur Kenntnis nehmen, daß das Wachstum des Wunderstaats eine Verlangsamung erfahren hat. Sie ist aus den Wachstumsraten von 52,3 Prozent zwischen 1940 und 1950, 48,3 Prozent von 1950 bis 1960 und nur 27 Prozent von 1960 bis 1970 ersichtlich. Das war für viele Kalifornier eine Überraschung, ja ein Schock.

Aber die Tendenz verschärft sich. In den Jahren 1971 und 1972 hat die Zahl der Abgewanderten die der Zuzüge übertroffen. Von hundert Befragten haben 1967 noch 73 erklärt, es gebe auf der ganzen Welt kein Land, wo es sich besser leben läßt. Die Zahl dieser Enthusiasten ist inzwischen auf 67 zurückgegangen. Die Sonne hat nichts von ihrer Kraft eingebüßt und doch ist auf die rückhaltlose Begeisterung von vordem eine leise Ernüchterung gefolgt. Die neue Wirtschaftsstruktur, deren Wiege zu sein Kalifornien sich rühmte, ist in eine Phase der Schwierigkeiten geraten. Die Raumfahrtindustrie, die 1967 noch

617 000 Personen beschäftigte, gibt heute nur noch wenig mehr als 400 000 Menschen Arbeit. Die Arbeitslosenquote ist empfindlich höher als im Bundesdurchschnitt der Vereinigten Staaten. Die bevölkerungspolitischen Gegebenheiten vermehren noch die Schwierigkeiten und Probleme. Kalifornien ist ein Beispiel für die Hinfälligkeit allzu optimistischer Prognosen. Die Früchte Kaliforniens haben stets mehr gehalten, als die Blüten versprochen hatten. Das hat sich nun in anderen Bereichen ins Gegenteil verkehrt.

Dennoch wäre es absurd, der Verlangsamung des kalifornischen Wachstums eine übertriebene Bedeutung beizumessen. Sie ist nicht mehr als ein Zwischenfall in einer eindrucksvollen und stetigen Entwicklung — dem Zug Amerikas nach dem Westen. Die elf westlich der Rocky Mountains gelegenen Staaten einschließlich Hawaii und Alaska hatten nach der Zählung von 1970 zusammen über 34 Millionen Einwohner, was einem Zuwachs von 6 Millionen innerhalb zehn Jahren entsprach. Man kann sagen, daß sich zwischen den beiden Randgebieten der Vereinigten Staaten — dem am Pazifik und dem am Atlantik — ein demographisches und ökonomisches Gleichgewicht einzupendeln beginnt. Zugleich kündigen sich mehr und mehr Differenzierungen an. Kleidung, Mode, Lebensrhythmus, die Denkungsart und wahrscheinlich die psychische Einstellung im allgemeinen sind an den einander gegenüberliegenden Küsten Amerikas durchaus nicht identisch. Es handelt sich um subtile Unterschiede, die man leichter behaupten als beschreiben kann. Man läuft Gefahr, in lächerliche Übertreibungen auszuarten, wenn man versucht, sie zu konkretisieren oder allzu tiefschürfend zu analysieren. Aber es gibt sie. Eine pazifische Zivilisation, wie sie der Visionär General MacArthur geahnt hat, ist im Begriffe heranzuwachsen.

Kalifornien ist ihre Vorhut und zweifellos das wichtigste Vorbild.

Es hätte wenig gefehlt, so wäre Kalifornien eine russische Provinz geworden. Die Liebe hat es davor bewahrt.

Im Jahr 1806 fuhr der Bojar Nicolas Petrovitch Rezanov, Geheimer Staatsrat des Zaren, auf seiner Dreimastbark *Juno* in die »Golden Gate« ein. Er hatte zwar eine Ladung Pelzwerk an Bord, aber er kam nicht als Händler. Rußland, das sich damals in Alaska, dem kältesten Gebiet des amerikanischen Kontinents, festgesetzt hatte, suchte in wärmere Länder vorzudringen — eine ewige Sehnsucht. Rezanov hatte den geheimen Auftrag, Mittel und Wege zu erkunden, mit denen die Küsten am Pazifik für das Zarenreich zu gewinnen wären — diese

Küsten, über die das ferne, lässige Spanien, das auch noch mit Napoleon verbündet war, nur eine Schattenherrschaft ausübte.

Rezanov fand das Land wunderbar. Aber noch wunderbarer fand er die Tochter des spanischen Kommandanten von Yerba Buena, Concha Arguelle y Morreaga.

Ein unerhörter Roman. Der Bojar war fünfundvierzig Jahre alt — Donna Concha fünfzehn. Sie liebten sich. Der Heiratsantrag des vom rechten Glauben Abtrünnigen versetzte die spanische Familie in Schrecken. Schließlich gab sie halb und halb ihre Einwilligung, machte sie aber von zwei Bedingungen abhängig: Rezanov mußte zum Katholizismus übertreten und sich in Madrid die Genehmigung von Karl IV. selber holen.

Ohne zu zögern, segelte Rezanov wieder über den Pazifik. In Sibirien geriet er in den schrecklichen Winter, der aber seine Liebe nicht zum Erkalten bringen konnte. Er jagte in einem offenen Schlitten über die weiten schneebedeckten Steppen, und als er endlich Irkutsk erreichte, starb er an einer Lungenentzündung.

Donna Concha trat in ein Kloster ein, wo sie ihr Leben beschloß. An dieses romantische Abenteuer erinnert nur noch der Name eines Hügels bei San Franzisko, der »Russian Hill«.

Wie man sieht, hängt die Geschichte ebensooft vom Zufall ab wie von der Macht. Zu Beginn des neunzehnten Jahrhunderts waren die Russen Kalifornien näher als die Amerikaner, und ihre Chancen, sich dort festzusetzen, schienen viel aussichtsreicher zu sein. Hätte Rezanov die Seele eines Konquistadors anstatt das Herz einer Midinette besessen, so hätte er eine Kolonie gründen können, die der Zar ganz bestimmt nicht so leichtherzig verkauft hätte wie sein eisiges Alaska. Die Amerikaner wären auf ihren Expansionszügen auf Rußland gestoßen, und der Kampf der beiden Kolosse hätte schon ein Jahrhundert früher begonnen.

Aber die Sache ist gut abgelaufen. Die moskowitische Expedition von 1806 ist niemals wiederholt worden. Ein paar Russen blieben in Yerba Buena hängen, aber da sie von ihrer Regierung vergessen wurden, gingen sie im Jahre 1841 von selbst wieder fort. Anstatt Kalifornien den Klauen eines mächtigen Reiches entreißen zu müssen, bekamen die Amerikaner es vierzig Jahre später fast mühelos von dem in sein Schicksal ergebenen Mexiko. Es wurde mit einem einzigen Bataillon erobert und kostete keine zehn Toten. Schon im folgenden Jahr zog der Fund eines Goldklumpens, den ein Mann namens Marshall in den Anschwemmungen des Rio Sacramento machte, jenen Reichtum nach Kalifornien, dessen es am meisten bedurfte: Menschen. Und die Geschichte nahm ihren Lauf.

Kalifornien ist ein großes, fast unermeßlich großes Land. Es könnte dreiviertel der Bodenfläche Frankreichs bedecken und ist fast doppelt so groß wie Großbritannien. Über Spanien würde es hinausreichen, im Norden bis Bordeaux, und im Süden bis Marrakesch. Die Luftlinie zwischen Crescent City in der äußersten Nordwestecke und Araz Junction im südöstlichsten Winkel beträgt 1400 Kilometer. Das bedingt enorme Unterschiede des Klimas, der Feuchtigkeit und der Vegetation. Die Landschaft Kaliforniens beginnt mit dichten Nadelwäldern und endet mit einzelstehenden Kaktusbüschen im Wüstensand.

Die Kontraste liegen nicht nur auf der horizontalen, sondern auch auf der vertikalen Ebene. In Kalifornien erhebt sich der höchste Berg der Vereinigten Staaten (zählt man Alaska nicht), der Mount Whitney – er ist über 4400 Meter hoch –, und nicht weit vom Fuß dieses Berges befindet sich der tiefste Taleinschnitt der westlichen Hemisphäre, das Death Valley: es liegt 85 Meter unter dem Meeresspiegel. Der unwirtliche Gebirgszug an der Küste fällt steil zum Pazifik ab, und die Bergkette im Innern ist mit Schnee bedeckt und wirkt wie eine Schutzmauer gegen die schwere Masse des amerikanischen Kontinents. Zwischen diesen beiden Gebirgsformationen liegt das Central Valley – es ist der größte Obstgarten der Welt und zugleich das einzige Gebiet, wo die Bauern (10 Prozent der Bevölkerung) die höchsten Bankkonten besitzen.

In Kalifornien befindet sich der höchstgelegene See Amerikas, ein Wasserbecken, das am Nordabhang des Mount Whitney in 4000 Meter Höhe aufgestaut wird; in Kalifornien gibt es auch die riesigsten Bäume der Welt, Mammutbäume oder Sequoia genannt, wahre Ungetüme von Bäumen, traurig anzusehen wie alle Ungetüme, von Blitzen zerklüftet und oft auch ausgehöhlt, wie der Wanowa-Big-Tree, der einen Tunnel bildet, durch den die Autos durchfahren. Die meisten dieser Riesenbäume stehen im Yosemite National Park, dem einzigen ernsthaften Rivalen des Yellowstone Parks; in seiner herrlichen Landschaft sind alle Naturschönheiten der Welt vereinigt. Der Champion und wahrscheinlich der höchste Baum der Welt ist ein Küstenmammutbaum von 115 Meter Höhe. Er soll dennoch nur 1500 Jahre alt sein, während das Alter von einigen dieser kalifornischen Baumpatriarchen auf 3500 Jahre geschätzt wird.

Kalifornien ist zwar bunt wie eine Palette, aber eine Farbe herrscht vor: Gelb. Seinen Beinamen »Golden State« hat es nicht seiner Goldminen wegen, und »Golden Gate«, die leuchtende Einfahrt in die Bucht von San Franzisko, hieß schon so, ehe John Marshall den berühmten Goldklumpen im Rio Sacramento fand. Der Erdboden ist rötlich getönt und darüber liegt ein rötlicher Staub – beides eine Erinnerung an die Wüste, die immer nahe und drohend ist. Manchmal entsteht dadurch der Eindruck von Unfruchtbarkeit, er wird aber widerlegt durch die reichen Erträge der kalifornischen Landwirtschaft. Der Mensch hat viel dazu beigetragen durch Veredeln und Bewässern des Bodens. Die Veränderungen in Kalifornien kommen einer zweiten Eroberung gleich, die noch immer im Gange ist.

Im Verlauf dieses Buches hat man gesehen, wie Amerika der Natur nachgeholfen hat. Kalifornien ist dafür ein packendes Beispiel. Im Norden gab es für den spärlichen Ackerboden viel zuviel Wasser, im Süden zuwenig für die Masse bebaubaren Bodens. Das Programm für das Central Valley, das 1952 erfüllt wurde, hat diesem Mißverhältnis abgeholfen. Man läßt dem Sacramento River, der das Wasser vom Norden zuführt, bis zur Mitte Kaliforniens seinen Lauf, aber im Augenblick, da er in den Pazifik fließen will, erfaßt man ihn mit riesigen Pumpen, hebt seinen Spiegel um 30 Meter und lenkt ihn 100 Meilen südwärts, damit er die dürstende Erde tränke. Er fließt dann zum Pazifik, aber durch das Tal des San Joaquin River, der von Süden nach Norden fließt. Etwa auf die Landkarte von Frankreich übertragen, würde dieser Eingriff in ein Flußsystem bedeuten, die Sarthe an den Ursprung der Vienne umzuleiten – nur daß die Entfernungen in Kalifornien ungefähr das Doppelte betragen.

Im Verlauf der Ausführung ist dieses gigantische Bewässerungsprojekt natürlich dem Zugriff der Pestilenz moderner Gesellschaften, der Ökologen und Naturschützer, nicht entgangen. Wären sie im alten Rom die Herren gewesen, hätten die Römer keinen einzigen Aquädukt gebaut, und hätten sie in den primitiven Gesellschaften regiert, hätte der Mensch nie ein Werkzeug in die Erde getrieben. In Kalifornien, wo alles in vergrößertem Maßstab stattfindet, muß man darauf gefaßt sein, daß sie sich virulenter geben werden als irgend anderswo. Sie fordern die Aufgabe oder gar die Zerstörung des Aquädukts im Central Valley mit der Begründung, daß der Entzug von Süßwasser den Salzgehalt in der Bucht von San Franzisko verändert und infolgedessen das Gleichgewicht in der Natur stört. Nun wälzt aber die Flut

Oben: Yosemite Nationalpark in California
Unten: Hurst Castle in San Simeon

jedesmal mehrere Male den Amazonas in das Golden Gate hinein, während der durch die Vereinigung des Sacramento und des San Joaquin entstandene San Francisco River niemals mehr als ein bescheidener Fluß gewesen und gar nicht imstande ist, den Salzgehalt der Bucht spürbar zu verdünnen.

Die kalifornische Landwirtschaft ist unendlich vielseitig, sie reicht von der Gerste bis zur Dattel. Die Tierzucht, durch die Kalifornien in die Geschichte der Volkswirtschaft eintrat, als es den Gerbereien in Boston Leder lieferte, weist den sehr beträchtlichen Bestand von 2 700 000 Ochsen und 920 000 Kühen auf. Diese reiche Polykultur bringt mehr ein als die Monokultur der meisten amerikanischen Staaten, sogar mehr als die unübersehbaren Getreidefelder in Kansas oder Iowa. Kalifornien erzielt mit allen seinen Produkten den zweithöchsten landwirtschaftlichen Ertrag von Amerika (den höchsten erreicht Texas). Seine Einnahmen übersteigen vier Milliarden Dollar, aber das wichtige Faktum — das amerikanische Faktum — liegt darin, daß eine ländliche Bevölkerung von kaum mehr als einer halben Million Menschen diesen ungeheuren Ertrag erzielt. Das ist der Schlüssel zu dem auffallenden Wohlstand, der in ganz Amerika herrscht: wenige Menschen ernähren mit Hilfe von vielen Maschinen Massen von Menschen, die eine hohe Kaufkraft repräsentieren.

Der Wein ist nur ein Tropfen Wasser in diesem Meer des Reichtums. Wie auch in einigen anderen Gegenden, zum Beispiel dem Staat New York, hat die katholische Kirche ihn eingeführt, weil sie Meßwein brauchte. Die Franziskaner von San Diego sparten als erste die Frachtkosten, indem sie die spanischen Weinberge durch eigene ersetzten. Hundert Jahre später hat der ungarische Graf Agostin Karerzthy den heiligen Wein der Weltlichkeit überliefert, als er im Napa Valley das erste Weinbaugebiet schuf. Nach dem ungarischen Grafen kamen die französischen Marquis: die La Tour aus Bordeaux. Sie gründeten die Weindomäne, die sie Beaulieu nannten, als sie Weinstöcke aus der französischen Provinz La Guyenne in kalifornischen Boden verpflanzten. Ein paar Jahre später retteten die »amerikanischen Reben«, die durch die Verpflanzung aus ihrem Mutterboden eine wunderbare Widerstandskraft erlangt hatten, den europäischen Weinbau, der von der Reblaus fast zugrunde gerichtet worden war.

Es ist kein Zufall, daß sich das Weingeschäft in den um die Bucht von San Franzisko gelegenen Tälern konzentriert; denn ohne diese Groß-Klimaanlage wäre es für die Kultur von Tischweinen zu heiß. »Unsere

Golden Gate Bridge in San Francisco/California

besten Weinjahre«, sagen die kalifornischen Fachleute, »sind die mit den frischen, bedeckten Sommern. Aber die europäischen Weinbauern wollen uns das nicht glauben.«
Es ist freilich sonderbar, daß Kalifornien außer Tokayer auch Bordeaux, Burgunder, Champagner, Grave, Sauterne, Saint-Emilion, Traminer, Riesling, Pinot, Cognac, Chianti, Muskateller, Sherry usw. produziert. Aber die Schlacht um die Bennenung nach dem Herkunftsland ist in Amerika verloren, da alle alten berühmten Namen jetzt allgemein gebraucht werden. Immerhin schreibt das amerikanische Gesetz vor, daß die Bezeichnung »Kalifornien« hinzugefügt wird, was jeden Irrtum verhindert. Und wenn die kalifornischen Weine ihren berühmten Paten auch nicht gleichkommen, so sind sie doch meistens den anonymen französischen Weinen überlegen.
Die Bewohner Kaliforniens gehören zu den reichsten Amerikas und daher der Welt. Ihr durchschnittliches Pro-Kopf-Einkommen hat sich von 1852 Dollar im Jahre 1950 auf 4426 Dollar im Jahre 1970 erhöht, was in jedem Fall – auch wenn man die Abwertung des Dollars berücksichtigt – eine beträchtliche Zunahme des Wohlstands bedeutet. Und doch übertrifft das Durchschnittseinkommen im Staate New York trotz der verarmten Volksmassen von New York City mit 4762 Dollar das Niveau Kaliforniens erheblich. Weit entfernt von einem sich abzeichnenden Ausgleich, den man immerhin jahrzehntelang beobachten konnte, wird der Unterschied krasser. Er betrug zugunsten New Yorks nur 21 Dollar im Jahr 1950, hat sich aber bis 1970 auf 336 Dollar erhöht. Illinois und New Jersey hatten 1950 ein geringeres Durchschnittseinkommen als Kalifornien. Inzwischen haben die beiden Staaten sogar einen Vorsprung erreicht. Mögen diese Veränderungen auch geringfügig sein, sie beweisen doch immerhin eine Verlangsamung des kalifornischen Aufschwungs.
Kalifornien war das erste Land der Welt, wo die Möglichkeit geschaffen wurde, auch nachts einen Scheck einzulösen. Diese Initiative ist – nebst zahlreichen anderen – der größten Wirtschaftsmacht Amerikas zugute zu halten: der Bank of America. Sie ist mit 28 Milliarden Dollar Einlagen das mit Abstand größte Kreditinstitut der Vereinigten Staaten. Die First National City Bank in New York erreicht nur 23 Milliarden, doch muß man billigerweise hinzufügen, daß die fünf weiteren bedeutendsten Bankinstitute Amerikas – die Chase Manhattan, die Manufacturers Hanover Trust, die Morgan Trust und die Chemical Bank – sämtlich in New York domizilieren.

Die amerikanische Gesetzgebung gestattet keiner Bank, in mehr als einem Bundesstaat tätig zu sein. Es gab 1971 in Amerika 14 179 Banken, das war die Hälfte der fünfzig Jahre zuvor ermittelten Zahl. Aber die Summe der Einlagen war von 29 auf 553 Milliarden Dollar angewachsen. Es ist eine weitverbreitete Ansicht, daß es in Amerika allzu viele Riesenunternehmungen gibt. Das Bankensystem ist eines der Beispiele, die geeignet sind, diese irrige Auffassung zu korrigieren. Ein Teil der amerikanischen Geschäftstätigkeit beruht auf einer Vielzahl kleiner Kreditinstitute, die sich im allgemeinen auf einen örtlich begrenzten Aktionsradius beschränken, sich den örtlichen Gegebenheiten anpassen und von Männern geleitet werden, die über die Bedürfnisse, die geschäftliche und persönliche Kapazität sowie die Solvenz ihrer Kundschaft bestens Bescheid wissen. Etwa sechzig Großbanken mit je über einer Milliarde Einlagen heben sich aus diesem Ameisengewimmel heraus. Die Bank of America ist die größte unter ihnen. Es ist erstaunlich, daß der Name des Gründers dieser Bank, Amadeo P. Giannini, außerhalb Amerikas so wenig bekannt ist. Dieser Sohn eines italienischen Maurers in San Diego, der selbst Gemüsehändler war, bevor er der größte Bankier der Welt wurde, hat ein mindestens so interessantes und bedeutendes Leben gehabt wie J. P. Morgan. Seine Lieblingsidee war, die Bank zum Wohl der kleinen Leute arbeiten zu lassen. Er demokratisierte sie ein wenig, wie die Gründer der großen Kaufhäuser im letzten Jahrhundert auch den Handel demokratisiert haben. Er begann seine Laufbahn als Bankier, indem er den italienischen Fischern in San Franzisko kleine Darlehen gab. Als das Erdbeben von 1906 die Stadt verwüstete, verkündeten alle Bankiers ein Moratorium, nur Giannini öffnete die Schalter seiner »Bank of Italia« in einer halbzerstörten Filiale im Debarcadero und gab bekannt, daß er den Geschädigten Kredite geben werde. Am Tag vorher hatte er seinen Kassenbestand, zwei Millionen in Gold und Wertpapieren, gerettet, indem er ihn auf einem Handwagen aus der brennenden Stadt brachte.

Giannini pflegte zu sagen, er habe nicht einen Dollar an den Krediten verloren, die er gegen eine einfache Unterschrift gewährte, trotz aller Verwirrung und Unordnung, die der schweren Katastrophe in San Franzisko folgten. Sein Wagnis wurde im Gegenteil der Ausgangspunkt seines glänzenden Aufstiegs. Getragen vom Aufschwung, den der Westen nahm, selbst eine seiner Stützen, bekam die »Bank of Italia« nach und nach Verbindung mit den hauptsächlichsten aufstrebenden Unternehmen Kaliforniens, namentlich mit den Orangenplantagen und der Bewässerungs-Industrie. Im Jahre 1936 – damals zählte Amadeo Giannini schon zwei Drittel der Kalifornier zu seinen Kunden – änderte er, wenn auch mit Bedauern, den Namen seiner Firma, um Mussolini für den Überfall auf Äthiopien zu bestrafen. Nur wenig später überflügelte die »Bank of America« – Symbol und Herz aller Finanztransaktionen an der pazifischen Küste – die »Chase Bank« in New York und wurde das größte Kredit-Institut der Welt. Giannini, ein einsamer Mann mit einem athletischen Körper, starb 1949 an einem bösartigen Geschwür, ohne daß es ihm gelungen wäre, fließend Englisch sprechen zu lernen. Seine Bank hatte sechs Milliarden Depositen, aber sein privates Vermögen betrug nur 600 000 Dollar. Hätte Giannini fünfzig Jahre oder auch nur dreißig Jahre früher gelebt, wäre ein Milliardär begraben worden. Als J. Pierpont Morgan eine Bank und Andrew Carnegie ein Stahlwerk gründeten, gehörten die Bank und das Stahlwerk Pierpont Morgan, beziehungsweise Andrew Carnegie. Diese Zeiten sind vorüber. Die Entwicklung im neuen Amerika läuft immer mehr darauf hinaus, daß die großen Gründer nur leitende Angestellte sind.

Das Wesen Kaliforniens ist Bewegung. Nirgends sonst durchjagt der Mensch so viele Kilometer und verbraucht so viel Brennstoff. Paragraph 154 der Verkehrsordnung untersagt ein Übermaß an Langsamkeit, aber das Übermaß an Schnelligkeit, das gesetzlich auch verboten ist, tötet pro Jahr mehr als 5000 Menschen. Die Hotels an den Autostraßen – die »Motels« – bieten in Kalifornien (und auch in den Nachbarstaaten) ein Maximum an Komfort und manchmal auch an Luxus. Im kalifornischen Volk hat sich ein restlicher Zug primitiven Nomadentums erhalten: Zehntausende von Menschen leben in Wohnwagen – »trailers« genannt –, daher kann ihnen die Wohnungskrise nichts anhaben. Zu gewissen Zeiten errichten die Saisonarbeiter in bestimmten Gegenden des Central Valley ein unabsehbares Zigeunerlager. Hin und wieder werden diese obdachlosen Massen, wenn es ihnen an Arbeit mangelt, zu einem Herd des Elends, und dann bereiten sie der Bezirksverwaltung beträchtliche Ungelegenheiten. Übrigens ist es eine der Kehrseiten der kalifornischen Prosperität, daß sie sowohl die Arbeitsscheuen wie die Tüchtigen anzieht. Der Staat stöhnt ständig darüber, daß die Erwerbslosen der anderen amerikanischen Gebiete in wachsender Zahl ihm zur Last fallen. Oft sind es die Allerärmsten und Schwächsten, die der Sonne nachwandern.

Kalifornien hat zwar nur wenig mehr Einwohner als der Staat New York, aber doppelt so viele Automobile: 12 300 000 gegenüber 6 900 000. Ungefähr vierzig Milliarden Liter Treibstoff werden jährlich in Kalifornien getankt, und es ist außer jedem Zweifel, daß die von der kolossalen Massierung von Automobilen ausgespienen schädlichen Abgase die Reinheit der kalifornischen Luft trüben und gesetzgeberische Maßnahmen sowie industrielle Anstrengungen zur Einschränkung der Emissionsmenge und -schädlichkeit rechtfertigen. Aber um das Erforderliche zu erreichen, ist es nicht nötig, apokalyptische Bilder heraufzubeschwören und die industrielle Zivilisation in den Anklagezustand zu versetzen.

Zu den Paradoxa Kaliforniens zählt auch, daß es keines der Millionen Fahrzeuge, die es in Bewegung setzt, selbst fabriziert. Sie kommen fast alle aus Detroit und müssen in langen vollbeladenen Zügen oder auf riesigen zweistöckigen Lastwagen, die sechs Cadillacs aufladen können, Ebenen, Gebirge und Wüsten überqueren. Die europäische Automobilindustrie — allen voran der Volkswagen — hat in dieses Monopol eine erste Bresche geschlagen. Sie war aber nur Vorläufer eines noch weit gefährlicheren Konkurrenten, nämlich Japans, das zuvor gar keine Automobilindustrie hatte. Der erste Anstoß, dem die Lenker der japanischen Wirtschaft sogar mit Ablehnung begegneten, kam von den Amerikanern, und zwar zur Zeit des Korea-Krieges. Im Jahr 1961, als die Volkswagenwerke schon 177 000 Wagen nach Amerika verkauften, exportierte Japan erst 11 800 in die ganze Welt. Heute übertreffen die im Süden Kaliforniens erzielten Verkaufsziffern von Toyota, Datsun, Honda und Mazda (mit Wankelmotor) diejenigen der Fordgruppe. Die geographische Nähe hat Kalifornien zur günstigsten Landestelle für Japan gemacht — nach dem Gesetz »jeder kommt einmal dran« —, doch hat es auch den Anschein, daß man in Kalifornien in mancher Hinsicht Geschmack gefunden hat an den Wagen, die da aus Übersee bei ihnen landen. Sie erreichen immerhin 35 Prozent der Käufe, während sich dieser Satz für ganz Amerika auf 16 Prozent herabmindert.

Was Kalifornien fehlt, sind schwere, feste Rohstoffe wie Kohle und Eisen, die traditionellen Grundlagen wirtschaftlicher Macht. Alles, was dieses Land hervorbringt, ist leicht: Filme, Benzin, Aluminium, Flugzeuge, Werkstoffe aus Plastik, elektronische Schaltsysteme, Glas, Kleidungsstücke ...

Einer der Industriellen, die die Wirtschaft des Westens geprägt haben, Henry Kaiser, hat öffentlich erklärt, das Zeitalter des Stahls gehe zu Ende und die Ära der Leichtmetalle sei im Kommen. Das war allerdings wieder einmal eine allzu kategorische Behauptung, die Kaiser selbst durch die Tat korrigiert hat, indem er sich an der Gründung von Stahlwerken in Oregon, Washington und Utah beteiligte. Aber die westliche Hüttenindustrie macht nur 5 Prozent der amerikanischen insgesamt aus, und die demgegenüber erfolgreichere westliche Industrie ist anfälliger. Die Krise in den Aktivitäten für die Raumfahrt ist dafür typisch. Kalifornien wollte der Zukunft vorauseilen. Dafür muß es Lösegeld zahlen.

*

Zweites Gestirn im Sternbild Amerikas ist Kalifornien aus einer Mutterzelle hervorgegangen: San Franzisko.
Rom hat nur sieben Hügel, San Franzisko neunundzwanzig. Seine Bürger und seine Bewunderer behaupten, es sei die schönste Stadt der Welt – was nur darum falsch ist, weil es eine schönste Stadt der Welt gar nicht gibt. Aber San Franzisko ist eine der strahlenden Städte, die aus der Vereinigung von Gebirge und Meer entstanden sind. Ihre Schwestern sind Hongkong, Sydney, Bombay, Neapel und Algier. Um ihr eine schöne Lage zu geben, drängt sich der Pazifik in den amerikanischen Kontinent hinein und bildet eine Bucht, die San Franzisko beherrscht, behütet und adelt und an deren Ufern drei Millionen Menschen leben.
San Franzisko ist stolz darauf, daß es die Stadt Amerikas ist, die am weitesten von Europa entfernt und zugleich die europäischste Stadt Amerikas ist. Seine Buchhandlungen und seine Buchhändler sind, wie es selbst behauptet, die besten in der westlichen Hemisphäre. Es schmückt seine Straßen mit Blumen. Seine Frauen legen Wert darauf, Geschmack zu zeigen, und da sie darum bemüht sind, haben sie ihn sich angeeignet. Und doch hat diese charmante, sehr gebildete, etwas geheimnisvolle, ein wenig hochmütige und ein wenig dilettantische Stadt eine schreckliche Vergangenheit voller Gewalttätigkeit und Sittenlosigkeit. Die Abkürzung ihres Namens »Frisko« hatte in der Welt einen abenteuerlichen Klang: die Stadt der Verbrechen, die Stadt des Lasters, die Stadt des Goldes. Wir werden finden, daß sie bis zu einem gewissen Grad in ihre Vergangenheit zurückgefallen ist, die sie schon bis auf die allerletzten Spuren ausgetilgt glaubte.
San Franzisko war gleichsam das Durchgangslager, das die meisten

der Goldsucher von 1849 – der ersten seit den Konquistadoren des 16. Jahrhunderts – als Ausgangspunkt benutzten. Barbary Coast, ein Zelt- und Barackendorf am Fuß der Hügel, ein scheußliches, verdrecktes Nest, war ihr Stützpunkt und einzige, elendiglich fransige Nahtstelle zwischen ihnen und der Zivilisation. Die Bucht war voll von verlassenen Schiffen – verlassen von Kapitänen und Mannschaften, die sich wie alle Ankommenden auf die Goldlager gestürzt hatten. Die primitivsten Bequemlichkeiten fehlten diesem Abenteurerhaufen vollständig.

Ein listiger Franzose namens Verdier machte sein großes Glück, indem er Eisen nach Kalifornien brachte, anstatt in seiner Erde nach Gold zu scharren. Er charterte eine Brigg – *La Ville de Paris* – und lud sie voll mit Eisenwaren. Seine Matrosen desertierten, wie das die Regel war, nachdem der Anker vor Barbary Coast Grund gefaßt hatte. An Bord alleingeblieben, bewaffnet mit einer Waage, verkaufte Verdier nun Nägel: ein Pfund Nägel für ein Pfund Goldstaub. Aus diesem fruchtbaren Tauschgeschäft wurde die lange Zeit luxuriöseste Modewarenhandlung des Westens: *City of Paris.*

Es fehlte an Frauen. Für die Männer mit heißem Blut bedeutete das eine Qual. Ihr Verlangen nach Frauen war stärker als das nach anderen Dingen. Im Oktober 1850 kündigte die Zeitung *Pacific News* an, daß ein Dreimaster »mit 900 Frauen aus den besten Häusern von Paris, Marseille und Genf« sich dem Hafen nähere. Die Stadt brannte vor Begierde. Als der Telegraph Hill die Liebesgalione meldete, machte sich die ganze Bevölkerung unter Fanfarengeschmetter zum Ufer auf. Die Enttäuschung war grausam: statt 900 Odalisken wurden sechzig verbrauchte Prostituierte an Land gesetzt. Übrigens waren alle innerhalb von vierzehn Tagen verheiratet, und viele der vornehmsten Familien Kaliforniens können ihr Geschlecht bis auf diese komische *Mayflower* zurückführen.

Es hat eine alte, gottesfürchtige spanische Stadt gegeben, deren Häuser sich rings um die Mission Dolores zusammendrängten: sie wurde vom Lauf der Geschichte hinweggeschwemmt. Bewohnt war sie zunächst von den als erste erschienenen Goldsuchern, den Mexikanern. Amerikaner, Engländer und Franzosen verjagten oder töteten sie – manchmal auch zum bloßen Zeitvertreib. Die Verfolgten riefen einen Rächer auf den Plan, einen Freischützen gleichsam, Joachim Muriata mit Namen, der Ungerechtigkeit mit Terror vergalt. Schließlich erwischte man ihn, schnitt ihm den Kopf ab und stellte die Trophäe im Grusel-

kabinett des »Doktor« Jordon in einem Nebengäßchen aus, das heute nichts Geringeres ist als die Montgomery Street.
Noch im Jahr 1880 war San Franzisko, das damals schon 235 000 Einwohner hatte, eine Stadt ohne Gesetze. Die »hoodlums«, Nachfolger der berüchtigten Straßenräuber der beiden vorangegangenen Jahrzehnte, mordeten und brandschatzten beinahe ungestraft. Die Ordnung wurde schließlich von den Bürgern selbst wiederhergestellt. Mehrmals brachten sie eine richtige Armee auf die Beine und säuberten die Straßen; die Geschütze voraus, warfen sie die Rowdys ins Gefängnis und hängten jene auf, denen sonst eine bestechliche Justiz unbegrenzten Strafaufschub gewährte. Die Prostitution blühte bis 1917. In diesem Jahr schloß die Polizei — da in Amerika Kriegsjahre für gute Sitten sorgen — 83 Bordelle und verjagte 1073 Dirnen. Auf gewisse Weise war es das Ende der »Barbary Coast« und — provisorisch! — der letzte Seufzer des Lasters in San Franzisko.
Die Art seiner Lage hat San Franzisko immer veranlaßt, in die Höhe zu bauen. Es ist nach New York und Chikago die amerikanische Stadt mit den meisten über hundert Meter hohen Gebäuden — am 1. Januar 1972 waren es vierzig — und was die Bevölkerungsdichte anbelangt, liegt es einzig hinter New York. Seit Kriegsende haben sich die Wolkenkratzer sprunghaft vermehrt. Der zuletzt entstandene — das »Transamerica« — ist etwa 280 Meter hoch und hat 48 Stockwerke. Er ist der höchste von allen, und es ist typisch für die Einstellung der Bürger von San Franzisko, daß diese neueste Blüte städtebaulicher Ambitionen dem Lokalpatriotismus keineswegs schmeichelt, sondern vielmehr lebhafte Proteste ausgelöst hat. Es wurde ein Verein gegen die »Manhattisierung« von San Franzisko gegründet und die Forderung gestellt, daß jedes über sechs Stockwerke hinausgehende Bauvorhaben einem städtischen Referendum zu unterwerfen sei.
Die Stadt ist äußerst kosmopolitisch, hat einen italienischen Fischerhafen, eine Chinesenstadt, ein kleines Osaka, ein kleines Mexiko und ein kleines Harlem. Sie kennt schon lange die gelbe Frage, und seit den großen Völkerwanderungen, die der Krieg hervorgerufen hat, kennt sie allmählich auch die schwarze Frage. Ihr am meisten umstrittenes Denkmal ist ein Turm in Form einer Kerze, der auf dem Telegraph Hill steht und nach dem Namen seiner Stifterin unglückseligerweise »Coit Tower« heißt. Eine andere Millionärin hat San Franzisko mit der Nachahmung des Palais der Ehrenlegion beschenkt, in dessen Giebel der Wahlspruch des Ordens französisch geschrieben steht:

Honneur et Patrie. Vor diesem Gebäude, das das Golden Gate beherrscht, breitet sich einer der herrlichst gelegenen Golfplätze der Welt aus — ein städtischer Golfplatz, dessen Benutzung nur ein paar Cent kostet. In den Vereinigten Staaten ist das Golfspiel ein Sport der Arbeiter.

Die Straßen von San Franzisko sind wegen der 29 Hügel oft sehr steil und daher nicht immer sehr bequem. Oft sind sie sogar gefährlich. Und da die Bewohner von San Franzisko eine Neigung zum Konservativismus haben, legen sie Wert darauf, sie unbequem und gefährlich zu erhalten, denn sie wollen die Museumsstücke, die den Amerikanern und den Ausländern Freude machen, nicht aufgeben: ihre *cable-cars*, — die Form ihrer Straßenbahn. Sie existierten schon vor dem Erdbeben von 1906 und sind aus Pietät wieder unverändert instandgesetzt worden. Halb Drahtseilbahn, halb Straßenbahn, zum Teil offen, werden sie über die steilen Abhänge der Hügel mit Hilfe eines Drahtseiles, das ächzt und stöhnt, hinaufgehißt. In der Market Street, der unteren Endstation, müssen sie auf kleinen hölzernen Drehscheiben gewendet werden, und die Fahrgäste sind voller Gutmütigkeit bereit, mit einem Schulterstoß nachzuhelfen. Von Zeit zu Zeit wird dabei ein Wagen demoliert, und es besteht ständig die Gefahr, daß ein Kabel bricht oder die Bremsen versagen. Zwanzigmal schon haben die Transportgesellschaften gemeinsam das Angebot gemacht, sie durch Autobusse zu ersetzen, sie haben sogar vorgeschlagen, eine Linie beizubehalten. Doch San Franzisko ist empört darüber. Die Liga zur Verteidigung der Seilbahnen organisiert den Widerstand. San Franzisko will seine Seilbahnen behalten, jede einzelne von ihnen. Wie lange noch? Die Leute in San Franzisko behaupten kühn: »Für immer!«

Dichter haben die Seilbahnen besungen: »Wenn ihr in Chelsea am Strand einen Omnibus um einen Penny besteigt — könnt ihr die Westminsterabtei sehen und werdet finden, daß sie großartig ist. — Wenn ihr auf dem Oberdeck eines Pariser Omnibusses am Luxembourg und an der Place de la Concorde vorüberfahrt — dankt ihr ohne jeden Zweifel eurem Herrgott. — Aber der Londoner gäbe seine Gerte hin und der Pariser seinen Schnurrbart — könnte er die Seilbahn in Hyde Street besteigen und San Franzisko bewundern.«

San Franzisko hatte noch eine andere Kuriosität aufzuweisen: einen Kaiser. Norton I., Kaiser der Vereinigten Staaten.

Er war ein Lebemann, den ein Börsencoup ruinierte. Er verschwand für ein paar Tage und tauchte dann wieder auf — in einer prächtigen

blauen Uniform. Zwanzig Jahre lang pochte er auf seinen kaiserlichen Titel, und zwanzig Jahre lang ging die Stadt gutmütig auf das Hirngespinst eines Verrückten ein. Niemand hat ihn jemals anders als »Majestät« angeredet. Unbekannte regelten seine Ausgaben in den besten Restaurants, und die Zeitungen brachten ohne jede Ironie die Befehle und Ultimata, die er an die Usurpatoren seines Throns, die Herren Präsidenten in Washington richtete. Sein letztes Dekret befahl seinen gehorsamen Untertanen, über die Bucht eine Brücke zu bauen, was sie leider zu spät taten, so daß Norton I. nicht mehr die Genugtuung hatte, ihren Gehorsam konstatieren zu können. Aber seinem Sarg folgten 30 000 Menschen.
Diese Charakterzüge, und noch viele andere, machen aus San Franzisko eine wahrhaft einzigartige Stadt. Die Natur hat das Ihre dazugetan und ihr ein Klima geschenkt, wie es wohl keine zweite Stadt der Welt besitzt. Es gibt dort weder Winter noch Sommer — 11 Grad Celsius mittlere Temperatur im Januar und 16 Grad im Juli — dafür eine Art von ständigem Frühling, der es seinen Bewohnern erläßt, sich einen Wintermantel anzuschaffen. Es darf sich nicht beklagen, daß es von dicken Morgennebeln eingehüllt wird, die von dem vielen Wasser, das es umgibt, aufsteigen. Dafür gibt es fast keine Fabrikschlote, denn es ist die Stadt Amerikas, in der bei weitem am wenigsten gearbeitet wird, nur 10 Prozent seiner Einwohner sind Handarbeiter.
Seine Chinesenstadt ist eine große Sehenswürdigkeit. Sie entspricht nicht der Vorstellung, die man sich von ihr macht, denn man erwartet von einer chinesischen Stadt nicht, daß sie wie auf dem Schachbrett erbaut ist. Und doch ist es ein Stück China, das man hier sieht, im Herzen von San Franzisko, zwischen dem Pazifik und den Prachtstraßen. Es entstand schon 1848, dem Jahr der Eingliederung: Zwei Männer und eine Frau gingen damals von der Brigg *The Eagle* an Land und drängten sich ängstlich durch das lärmende Hafenvolk. Im folgenden Jahr waren es schon 500 Chinesen, fünfzehn Jahre später 70 000. Sie hätten San Franzisko, ganz Kalifornien, ja ganz Amerika überschwemmt, wenn nicht Maßnahmen — die erste Einwanderungsbeschränkung — gegen sie ergriffen worden wären. Anfangs waren sie isoliert, oft wurden sie mißhandelt, bis sie sich schließlich auf das Viereck zurückzogen, das sie noch heute bewohnen. Dort setzten sie ihr geheimes Leben fort, das sie vielleicht immer noch führen. Sie hatten in einem Staat, der niemals zur Partei der Sklavenhalter gehörte, sogar noch lange Zeit nach dem Sezessionskrieg, ihren eigenen

Sklavenhandel. Es existiert noch eine Faktura vom 1. Mai 1898, auf der zwischen 6 Scheffeln Reis à 2 Dollar und 60 Pfund Krabben à 10 Cent steht, daß Loo Chee aus Kanton an Loo Wong in San Franzisko ein »girl« für 200 Dollar verkauft hat. Entgegen allen sanitären Vorschriften überquerte manch verstorbener Chinese den Pazifik in umgekehrter Richtung, um in chinesischer Erde begraben zu werden. Es ist nicht ganz ausgeschlossen, daß noch immer ein seltsamer Handel, unerlaubte Sitten und verbotenes Spiel im stets ein wenig geheimnisvollen Dunkel von Chinatown weiterleben. Doch die Chinesen in San Franzisko wollen das nicht wahrhaben.

Sie regieren sich selbst. Sechs Körperschaften, die man oft für Geheimgesellschaften hielt, repräsentieren die sechs großen Provinzen Chinas und bilden ihren sozialen, politischen und beruflichen Rahmen. Jede von ihnen stellt im Turnus von zwei Monaten einen Präsidenten, der in Wirklichkeit der Bürgermeister der Chinesenstadt ist. Seine Untergebenen verkaufen Porzellan, waschen Wäsche, importieren Produkte aus dem Fernen Osten und bereiten köstliche Speisen. Manche von ihnen sind reich. Die meisten sind amerikanische Bürger, aber Englisch ist für sie im besten Fall die Sprache, mit der sie mit ihrer Kundschaft in Verbindung treten. Sie haben sechs Zeitungen in chinesischer Sprache und ein tadellos funktionierendes, von Hand zu bedienendes Telefonsystem, bei dem die Teilnehmer die Namen aller Abonnenten auswendig wissen. Eine Nummer anzurufen, würde für die Chinesen einen Verstoß gegen die Höflichkeit bedeuten.

Nach Singapur und Cholon ist Chinatown die größte chinesische Stadt außerhalb Chinas. Leider ist sie nicht ohne Fehl. Ein Drittel aller Familien lebt unter dem gesetzlichen Existenzminimum. Der Prozentsatz der Arbeitslosen ist doppelt so hoch und die Bevölkerungsdichte beträgt das Zehnfache wie in San Franzisko insgesamt. Chinatown hat in der Vergangenheit Perioden blutiger Gewalttätigkeit durchgemacht, die durch Rivalitäten von Geheimbünden ausgelöst waren. Gewalttaten haben sich jüngst wiederum eingestellt in Form jugendlicher Banden, die sich »Red Guards« oder »Chinese Youth« nennen, Kaufleute erpressen, Passanten ausrauben und alljährlich einige Mordtaten auf ihrem Konto haben. Einst ein Mekka der Touristen, ist Chinatown auf dem Wege, ein Getto zu werden, wo die Weißen einen Schauer der Unsicherheit, wenn nicht der Angst empfinden.

San Franzisko tut sich etwas darauf zugute, die Wiege der Hippie-Bewegung gewesen zu sein. Richtiger gesagt, haben Klima und allgemeines Ambiente zusammengewirkt, um diese Bewegung sich gerade in Kalifornien besonders entwickeln und in San Franzisko seine zeitweilige »Hauptstadt« finden zu lassen.

Haight Street und Ashbury Street sind zwei sich nächst dem Golden Gate Park kreuzende Straßen, die einem traditionell nonkonformistischen Viertel seinen Namen gegeben haben. Es war zunächst der Sitz der literarischen Bohème, dann — nach dem Zweiten Weltkrieg — der von den Untergrund-Intellektuellen, den Beatniks, bevorzugte Aufenthaltsort. Ihre Nachfolger waren dann die Hippies. Ihr großer Tag war der 14. Januar 1967, an dem es im Golden Gate Park wimmelte von einer unübersehbaren Menge bärtiger, langhaariger, verschlissener, brustfreier Jugend, die sich mit Blumen schmückte und nach Marihuana roch, Räucherkerzen entzündete und im Klang der Gitarren ertrank wie Kalifornien im Sang der Grillen. Und ihr, der Jugend Sang, war zugleich ihre Devise: »Make Love, not War.« Haight-Ashbury zählte damals 60 000 Seelen, von denen einige ganz ernsthaft an die Errichtung einer dem Materialismus gänzlich entzogenen Stadt glaubten, die nur der Liebe und blühenden Girlanden geweiht sein und eine »Gegenkultur« suchen sollte, die leichter zu benennen als zu definieren war. Eine Gruppe von Anhängern dieser Idee fand irgendwo 60 000 Dollar, um in der Haight Street ein phantastisches Theater eröffnen zu können. Andere gründeten Boutiquen, wo sich jeder nach Bedarf und gratis bedienen konnte — leider ging das nicht lange. Die am wenigsten undurchsichtigen Geldquellen von Haight-Ashbury waren die neugierigen Gaffer, die sich vom Ruf dieses Viertels angezogen fühlten. Man verstand es jedenfalls, sie mit unterschiedlichen Graden von Liebenswürdigkeit tributpflichtig zu machen. Eine derartige, der Hygiene und den guten Sitten wenig förderliche Zusammenrottung wirkte alarmierend. Die sprichwörtliche Gewaltlosigkeit der Hippies wurde häufig durch allerlei Wirren und Gezänk Lügen gestraft, bei denen die Liebe bei weitem nicht die einzige Waffe war. Dennoch waren jene Kreise im Recht, die zur Geduld rieten. Die Hippie-Kapitale hat sich allmählich aufgelöst — teils weil die Bewohner an den heimischen Herd zurückkehrten und ihre Gitarre an die Wand des Vaterhauses hängten, teils weil sie sich anderen Orten zuwandten und anderen Erlebnissen, anderen Illusionen.

Dem Stamme der Hippies entsproß die Bewegung »Zurück zu Jesus«, deren Theologie und Exegese von recht merkwürdiger Art sind, wobei jedoch das Bestreben, die ursprüngliche Sanftmut der Blumenkinder zu wahren, nicht zu übersehen ist. Die Freaks (Mehrzahl des Hauptworts, das Laune, Kaprize bedeutet) sind beunruhigender. Es sind echte Vagabunden — die einen im Wohnwagen, die anderen zu Fuß —, die entlang der herrlichen Höhenstraße Kaliforniens, der Straße Nr. 1, ihr Unwesen treiben. Sie betteln, stehlen, erpressen, handeln mit Drogen oder offerieren Interessenten die Darbietung kollektiver Liebesspiele zu Preisen, die bis zu fünf Dollar heruntergehandelt werden können. Es ist nichts bekannt, daß sie irgendwelche doktrinäre Ambitionen hätten — wohingegen andere Abfallprodukte der Hppie-Bewegung, die Anhänger der Kommunen, voll davon sind.

Man schätzt die Zahl der in Amerika bestehenden Kommunen auf 2000. In Kalifornien gibt es über dreihundert. Viele andere haben sich in den Südwest-Staaten etabliert, wo ja das Klima gleichfalls günstig ist. Besonders bevorzugt wird Neu-Mexiko, dessen indianisches Kolorit auf die Neo-Kommunarden eine besondere Anziehungskraft ausübt. Auch die Südstaaten haben ihren Anteil — die Umgebung von Washington eingeschlossen, wo etwa dreißig Kommunen existieren. Aber auch unter dem rauheren Himmel von Neu-England, in Massachusetts, Maine und Vermont, gibt es welche. Die Aktiven, die sie anwerben, sind nur selten mehr als dreißig an der Zahl. Die Klassifizierung, die man versucht hat, sieht folgende Unterscheidung vor: landwirtschaftliche, künstlerische, handwerkliche, religiöse, mystische, ökologische, philanthropische, kommunistische, anarchistische Kommunen und — nicht zu vergessen — die Kommunen für die freie Liebe und die homosexuellen Kommunen. Einige sind seriös, wie zum Beispiel die israelischen Kibbuzim, andere wieder sind ephemeres Strandgut von Drogensüchtigen und Vagabunden. Ihr Prinzip ist stets die Ablehnung der bestehenden Gesellschaftsordnung und der Versuch, eine Zelle kollektiven, von der Tyrannei des Geldes befreiten Lebens zu bilden. In Rußland hat es nach der Revolution von 1917 Heimstätten eines primitiven Kommunismus gegeben, die jedoch seit sehr langer Zeit verwaist sind. Amerika ist reich an sozialen Überspanntheiten und hat im Lauf seiner Geschichte gar manche Utopien kennengelernt. Ihr vermehrtes Auftreten ist ein Symptom dafür, daß eine Skala von Werten wieder ins Spiel gebracht wird, die man weder übersehen noch überschätzen sollte.

Seit Barbary Coast hatte San Franzisko seine Unschuld verteidigt. Es hat sie verloren. Vielleicht wäre es wegen der großen anderweitigen Konkurrenz übertrieben zu behaupten, die Stadt sei die Kapitale des

Sex und der Pornographie. Aber ihren Vorderplatz in dieser beachtlichen Industrie verdient sie ohne Zweifel.

In den Bars von San Franzisko hat man die ersten Serviererinnen mit entblößten Brüsten — »oben ohne« — gesehen, aus denen sehr bald gänzlich unbekleidete Serviererinnen wurden. Diese Nachtlokale bieten erotische Schaustellungen an, wie man sie in Europa nur im Berlin der verrückten zwanziger Jahre annähernd gekannt hat. An der Market Street, der Hauptverkehrsader von San Franzisko, stehen mindestens zehn Filmtheater, die so gröblich Obszönes bieten, das so bar alles Künstlerischen ist, daß sich das Gezeigte auch vom Laster weit genug entfernt, um schließlich ins Lächerliche abzusinken. San Franzisko ist in das Filmgeschäft eingestiegen, indem eine Anzahl Filme zu geradezu lächerlichen Preisen in provisorischen Studios mit Amateurschauspielern beiderlei Geschlechts hergestellt wurden, die gelegentlich auf der Leinwand Erklärungen abgeben, daß sie auf diese Weise nicht nur ihr Einkommen verbessern, sondern auch der guten Sache der Befreiung des Films dienen wollen.

San Franzisko hat nur eine Schwäche: es ist beinahe eine Insel. Wie ein Brückenkopf drängt es sich zwischen den Pazifik und die Bucht, die seinen Namen trägt, aber es ist mit der Masse des Kontinents nur durch eine schmale Landenge verbunden. Um diesem halben Inselzustand ein Ende zu machen, hat es 1936 und 1937 zwei Meisterwerke gebaut, zwei Brücken: die damals längste Brücke der Welt, die Bay Bridge, und die immer noch schönste Brücke der Welt, die Golden Gate Bridge. Die erste, die sich über eine totale Länge von fast acht Kilometern erstreckt, ist zusammengesetzt: sie stützt sich auf eine Insel, überquert eine Straße, wölbt sich über einen Meeresarm, den sie in großen, ungleichmäßigen Sprüngen bezwingen muß. Die zweite ist nur eine Linie und fast abstrakt. Statt die wunderbare Landschaft, über der sie schwebt, zu verunstalten, ergänzt, unterstreicht und erweitert sie diese Landschaft. Was sie nicht hindert, hundert Meter über den Wogen acht Reihen Autos zu tragen. Die konservative Einstellung der Bürger von San Franzisko hat sich dem Plan widersetzt, die Verkehrskapazität der Brücke zu verdoppeln, indem man ihr eine zweite Etage einziehen wollte. Man war auch dagegen, als der texanische Industrielle Lamar Hunt die ehemalige Gefängnisinsel am Fuße des Goldenen Tors in einen Vergnügungspark verwandeln wollte.

Eine Brücke ist eine Brücke. Sie ersetzt zusammenhängendes Festland nicht und vermag einer modernen Stadt auch nicht das zu geben, was sie am nötigsten braucht: Raum, sich zu entfalten. Das eigentliche San Franzisko ist in einem relativen und absoluten Rückgang begriffen. Es war im Jahr 1900 die fünftgrößte Stadt Amerikas, im Jahr 1970 nur mehr die elfte. Bei der Zählung von 1950 erreichte sie ein Maximum von 775 387 Einwohnern. Zwanzig Jahre später waren es nur noch 715 372. Diese Entwicklung fiel in eine Periode, in der andere kalifornische Städte wie Fremont, Terrance, San José usw. ihre Einwohnerzahlen verdoppelt, verdreifacht und verfünffacht haben.

Das wahre, das San Franzisko der Zukunft, ist das gigantische Ballungsgebiet, das rund um die Bucht gewachsen ist und allmählich zusammenwächst. Ein Dutzend Großstädte: Richmond, Berkeley, Oakland, Alameda, Fremont, San José, San Mateo usw. bilden eine Kette um dieses vielbuchtige Binnenmeer. Hier entsteht eine einzige Stadt, San Francisco Bay City, der man für das Jahr 2000 acht Millionen Einwohner voraussagt.

Das traditionelle San Franzisko, der Kern dieses großartigen Ensembles, wird nur noch eine Art Vorgebirge über dem Ozean sein — hinter der Silhouette seiner unnützen Zitadelle *Presidio,* deren Kanonen noch niemals das Feuer auf einen Feind eröffnet haben. Aber diese alte Stadt wird in der Geschichte von Kalifornien und Amerika Seiten um Seiten gefüllt haben, die unauslöschlich bleiben.

*

Berkeley (116 716 Einwohner) ist einer der Teile des vollständigen San Franzisko — vielleicht sogar der wichtigste wegen seiner Eigenschaft als Sitz der Universität von Kalifornien.

Eine imposantere Anlage ist kaum vorzustellen. Sather Gate gibt den Blick frei auf die wahrscheinlich größte Ansammlung von Einrichtungen zur Anreicherung und Weitergabe von Wissen, die es auf der Welt gibt. Die Bibliothek enthält dreieinhalb Millionen Bände. Das Lawrence Radiation Laboratory verfügt über 184 Zyklotrone. Der Viren-Pavillon ist in der Erforschung lebender Materie am weitesten vorgedrungen. Dabei ist Berkeley nur der Kopf. Die Universität von Kalifornien umfaßt acht weitere autonome Campus-Einheiten: Los Angeles (UCLA), Davis, Irvine, Riverside, San Franzisko, San Diego, Santa Barbara, Santa Cruz. Insgesamt 120 000 Studenten und ein Lehrkörper mit 5000 Mitgliedern, aus dem vierzehn Nobelpreisträger hervorgegangen sind.

Alljährlich tritt der amerikanische Bildungsrat zusammen, um die Rangliste der wichtigsten Universitäten nach den von ihnen in den fünf Hauptdisziplinen erzielten Erfolgen aufzustellen: Humanistische Fächer, Soziologie, Biologie, Physik und Technologie. Die Universität von Kalifornien steht jedesmal an der Spitze – nach ihr folgt Harvard. An dritter Stelle rangiert Standford in Palo Alto. Alles in allem gibt es in Kalifornien 168 Campus-Einheiten, deren Hörerzahlen von den 28 000 Studenten von Berkeley bis zu einigen hundert in Bethany Bible oder am Californian College of Podiatric Medicine reichen. In ganz Amerika gibt es 2551 solcher Bildungseinrichtungen, die von etwa sieben Millionen Studenten besucht werden.

Es war Berkeley, wo 1964 die Studentenunruhen begannen. Sproul Plaza – gleichsam das Forum der großen Stadt des Wissens – wurde der Sitz einer dauernd tagenden Versammlung, von der ausgehend in mehreren Wellen wahre Aufstände stattgefunden haben. Die übrigen Bildungseinrichtungen der Universität von Kalifornien wurden davon nicht verschont. Neben dem Campus von Santa Barbara hatte sich am Strand von Ila Vista eine Niederlassung von Hippie-Studenten gebildet, wo die Droge und die freie Liebe herrschten. Eine polizeiliche Intervention löste eine regelrechte Schlacht aus, in deren Verlauf eine Filiale der Bank of California von den Aufrührern in Brand gesteckt wurde.

Die Wiederherstellung der Ordnung kostete ein Todesopfer und erforderte etwa tausend Festnahmen.

Vom Campus Berkeley ausgehend, haben sich die Studentenunruhen über ganz Amerika ausgebreitet. 22 Prozent der Universitäten und Colleges waren 1964 bis 1971 davon betroffen und in 6 Prozent unter ihnen sind die Zwischenfälle bis zu Tätlichkeiten, Verwüstungen und Brandstiftungen ausgeartet. Dabei haben sich nur Minoritäten an diesen Ausschreitungen beteiligt: weniger als 1 Prozent, haben zwei Professoren der Yale-Universität, Kenneth Kewston und Michael Lerner, in einer Studie festgestellt. Diese nach Anzahl der Beteiligten begrenzte Agitation erfuhr auch eine ganz ungleiche Verteilung innerhalb der Kategorien der betroffenen Studieneinrichtungen. Die fast ausschließlich von Arbeitersöhnen besuchten Zweijahres-Colleges haben praktisch so gut wie überhaupt keine Unruhen gekannt. Die Colleges mit vierjähriger Studiendauer, in denen die Anforderungen bereits wesentlich höhere sind, haben verhältnismäßig unbedeutende Zwischenfälle gemeldet. Die öffentlichen Universitäten, die praktisch keine oder doch nur sehr geringfügige Hörergelder erheben, wobei aber der Lebensunterhalt für die Studenten deren Familien immerhin bedeutende Opfer auferlegen, sind mit einem Anteil von 13,1 Prozent schon stärker betroffen. Ein Höchstmaß an Zwischenfällen (mit 34,4 Prozent) haben die privaten Universitäten, die recht bedeutende Studiengelder fordern: Stanford 2145 Dollar, Princeton und Yale 2350 Dollar, Harvard 2400 Dollar usw. – Die von den privilegierten Schichten frequentierten Universitäten haben somit unter dreimal soviel Unruhen zu leiden als die übrigen. Nur wer die Zusammenhänge und Hintergründe nicht kennt, kann sich darüber verwundern.

Die Unruhen an der Universität von Kalifornien hat Konsequenzen für sie selbst und politische Auswirkungen im Staatswesen gehabt. Sie war der Stolz Kaliforniens gewesen. Die öffentlichen Mittel, die ihr in großzügigem Ausmaß zugeflossen waren, sind rarer geworden. Ein Kredit von 250 Millionen Dollar, der von der Gesetzgebenden Körperschaft zum Ausbau des Campus bewilligt worden war, wurde durch ein Referendum rückgängig gemacht. Die UC konnte sich rühmen, keinerlei Studiengebühren zu erheben, ungeachtet der großartigen Hilfsmittel, die sie ihren Studenten zur Verfügung hält. Seit 1971 muß sie nun 600 Dollar verlangen, die wiederum nur einen kleinen Teil der Pro-Kopf-Aufwendungen für jeden einzelnen Studenten aufwiegen. Die UC hat übrigens zur Karriere des Gouverneurs Donald Reagan beigetragen. Als er 1966 als Kandidat gegen den scheidenden demokratischen Gouverneur Edmund G. Brown aufgestellt wurde, machte er die Universität zu seinem Wahlkampfthema und gelobte, er werde dort Ordnung und Anstand wiederherstellen. Das war einer der Gründe für seine Wahl – und für den Haß, der Reagan – sehr zu seiner Ehre – seitens der Aktivisten von Berkeley entgegengebracht wird.

Ordnung und Anstand sind an der Universität von Kalifornien einigermaßen wiederhergestellt und im allgemeinen auch an den übrigen höheren Lehranstalten der Vereinigten Staaten. Die Agitation ist wie mit einem Schlag zusammengebrochen – einer Fieberkurve vergleichbar, die plötzlich absinkt. Die Ergebnisse, die sie gezeitigt hat, sind auf der ganzen Linie negativ, und dennoch ist das Symptom, das sie nun einmal darstellt, nicht zu unterschätzen. Die Untersuchung, die von Präsident Nixon angeordnet und vom Gouverneur von Pennsylvania, William Scranton, unter Mitarbeit von 173 Rechercheuren durchgeführt wurde, ergab das Vorhandensein eines Unbehagens in den Campus-Einheiten, das ganz besonders deshalb so irritierend wirkt, weil es ebenso unmöglich ist, es zu übersehen wie es zu definieren. Früher erwachsen als ehedem, leiden die amerikanischen Studenten unter dem Zustand eines verlängerten Jünglingsalters, in welchem sie infolge ihrer Gesamtsituation festgehalten werden. Sie wollen Reformen in der Struktur der Gesellschaft und Veränderungen in der Lebensweise. Ihr Streben ist auf andere Dinge als den materiellen Nutzen gerichtet und sie empfinden die enge Spezialisierung, in die sie getrieben werden, als Quelle einer Angst vor dem Eingesperrtsein in einem geschlossenen Raum — als Klaustrophobie.

Was man so pompös die studentische Revolution genannt hat, schreibt der Soziologe von Berkeley, Professor Robert Nisbet, das ist gestorben. In seinem Epitaph zu dieser Bewegung erklärt er, warum und woran. Und diese seine Erklärung hat über den Rahmen der Universität von Kalifornien hinaus Gültigkeit. Sie ist auf das Gesamtbild von Amerika schlechthin anwendbar.

Beinahe ganz Amerika, sagt Professor Nisbet, »ist festgefügter Mittelstand«. Einige Fransen von Armut sind zwar noch geblieben, aber eine durch lange Zeit praktizierte Wirtschaftsdemokratie hat einen so weitgehenden Ausgleich der Lebensbedingungen — auch in ihrem äußeren Rahmen — mit sich gebracht, daß sich daraus der wohl homogenste Sozialkörper der Welt hat bilden können. Die sieben Millionen junger Menschen, die seine Universitäten bevölkern, unterscheiden sich scharf von ihren Eltern durch Haartracht und Kleidung, durch Redeweise und sexuelles Verhalten. Sie mögen sich von der Romantik ihrer Jugend leiten lassen. Aber sie gehören deshalb nicht minder zu jenem Mittelstand, der gar nicht daran denkt, seine Existenzbedingungen durch einen Umsturz in Frage stellen zu lassen. Das ist der Grund für die Tatsache, daß die Jugendbewegungen der letzten Jahre so eindrucksvoll sie auch sein mögen, dazu verurteilt sind, in der Oberfläche steckenzubleiben.

Im übrigen beginnen sich sogar die Äußerlichkeiten zu verändern. »Allmählich begegnen wir wieder Studenten«, sagen die Professoren, »die denen um 1950 ähnlich sehen.« Das war die Zeit, da die Haartracht der Jungen fast militärisch kurz, tadellos saubere, faltenlose Kleidung ein Merkmal eines jungen, vor dem Eintritt ins Leben stehenden Amerikaners war, und in der zuvorkommenden Höflichkeit gegenüber jungen Mädchen ein Zug von Ritterlichkeit zum Ausdruck kam. So weit ist es noch nicht gediehen mit der Rückkehr zu exemplarischen Zuständen; aber eine Entwicklung in diese Richtung ist angelaufen.

*

San Franzisko hatte lange Zeit eine Nebenbuhlerin — es hat sie nicht mehr. Die Dimensionen, die Struktur, die Bedeutung von Los Angeles haben sich so verändert, daß die klassische Gegenüberstellung der beiden Städte sinnlos geworden ist. Das einzige, was von ihrem einstigen Wettstreit übrigblieb, ist eine gegenseitige Feindschaft, die wahrscheinlich niemals getilgt werden kann.

Die riesige Ausdehnung von Los Angeles ist allbekannt. Sogar in Amerika sucht man sie durch bildliche Beispiele zu veranschaulichen. Eines davon ist: Von Harlow im Süden der Stadt nach Olive Vierro, das im Norden liegt, muß man im Taxi 96 Kilometer zurücklegen, was 30 Dollar kostet. Ein anderes Beispiel: Die großen Verkehrsadern von L.A. (geläufige und viel gebrauchte Abkürzung), wie Sunset Boulevard, Wilshire Boulevard, Washington Boulevard und andere, haben 12 000 bis 16 000 Hausnummern. Für Europäer noch ein Größenvergleich: Die Stadtoberfläche von Los Angeles ist fast so groß wie die Hälfte des Großherzogtums Luxemburg. Dieses mißt 2597 Quadratkilometer — Los Angeles würde davon 1175 Quadratkilometer bedecken.

Die Zusammensetzung dieser Weltstadt entspricht ihrer Ausdehnung: Hollywood ist ein Stadtviertel von Los Angeles, aber Beverly Hills, das Luxusschlafzimmer von Hollywood, bildet inmitten der Stadt eine ausgedehnte Enklave. Die andern Enklaven, diejenige mit dem stolzen Namen Universal City einbegriffen, sind sehr klein. Große Wohnsiedlungen, die mit dem Leben von Los Angeles eng verbunden sind, wie Burbank, Glendale, Anaheim (mit Disneyland!), Pasadena, Long Beach, gehören nicht mehr zum Stadtgebiet, da Wohngebiete, die 100 Kilometer vom Civic Center entfernt liegen, sich selbst verwalten. Die Karte von Los Angeles (das Wort »Stadtplan« würde ihm zuwenig Ehre antun) ist komplizierter als die der Balkanstaaten. Die Verwaltung der Stadt stellt Probleme, die sich nur mit denen von New York vergleichen lassen. Was man alles in allem als Wohngebiet von Los Angeles bezeichnen kann — 40 Städte mit insgesamt 7 Millionen Einwohnern —, erstreckt sich über fast 1 Million Hektar. Das ist nicht mehr die Hälfte von Luxemburg, sondern fast die Hälfte von Belgien.

Das Erstaunlichste dabei ist, daß die Natur absolut nichts dazu beigetragen hat, um eine derart große Menschenansammlung dorthin zu locken. Die wenigen Reisenden aus früheren Zeiten, die von der Lage von Los Angeles sprachen, haben es als eine Wüste beschrieben. Und es ist eine Wüste. Im Süden Kaliforniens ist das Klima sehr heiß, die Berge werden niedriger, das Süßwasser ist rar, der Sand reicht plötzlich bis zum Meer. Selbst das Erdöl ist kein ausreichender Grund, um das Entstehen einer so großen Stadt zu erklären. Da es nur in unfruchtbaren Gegenden vorkommt, wird es fast überall sogleich in begünstigtere Gegenden transportiert und fesselt an seine Wiege nur eine Handvoll Ingenieure und Arbeiter.

Los Angeles, die künstlichste aller Städte, die größte Oase aller Wüsten der Erde, ist in Wirklichkeit aus zwei Arten moderner Antriebskraft entstanden: Konkurrenzneid und Sucht nach Publizität.

Es wurde im Jahr 1781 von spanischen Mönchen der Mission San Gabriel gegründet. Sie gaben ihrer kleinen Niederlassung den bemerkenswerten Namen »El Pueblo de Nuestra Señora la Reina de Los Angeles de Porcioncula«. Der kleine Ort, der daraus entstand, führte lange Zeit ein elendes Leben, obgleich er ein paar Monate lang die Hauptstadt des Landes Kalifornien war, ehe er gegenüber der zentralen Lage von Sacramento zurückstehen mußte. Damals hatte Kalifornien noch keine Bedeutung, und seine Hauptstadt noch weniger. Die Goldsucher, die dorthin kamen, blähten San Franzisko auf und machten es berühmt. Los Angeles in seiner entlegenen Wüste blieb unbekannt. Im Jahr 1860 hatte es 4385 Einwohner und 1870 hatte es 5728 — Indianer mit einbegriffen. Eines schönen Tages erreichte etwas bis dahin Unbekanntes die Sandwüste: die Eisenbahn. Sie gehörte der Southern Pacific Railroad, die damals daran arbeitete, New Orleans mit San Franzisko zu verbinden. Ein wenig später erschien in ihrer Umgebung noch eine zweite Linie: die der Santa Fé Railroad. Die beiden Rivalinnen setzten sich fest, und das Schicksal von Los Angeles nahm seinen Anfang.

Die beiden Gesellschaften hatten große Gebietskonzessionen erhalten, so daß ihre ganze Politik darin bestand, zu verkaufen. Um Südkalifornien zu bevölkern, wo sich Los Angeles von Anfang an im Eisenbahnzentrum befand, suchten sie den Mittelwesten anzulocken. Zuerst boten sie die Reise von St. Louis oder Chikago für 100 Dollar an. Die eine der beiden Gesellschaften senkte den Preis auf 95 Dollar, was die andere damit beantwortete, ihren Tarif auf 90 Dollar zu senken. Da

der Kampf kein Ende nahm, wurde es schließlich möglich, drei Viertel des Kontinents für 75, dann für 50, dann für 5 und zuletzt für einen Dollar zu überqueren. Das Eisenbahnbillett war in Wirklichkeit ein Prämienangebot für jedermann, der bereit war, eine Bodenparzelle zwischen der Wüste Mojave und dem Meer zu erwerben.
Los Angeles erlebte seinen ersten Aufschwung. Die Santa Fé- und die South Pacific-Gesellschaft steckten Parzellen ab, gründeten Dörfer und wetteiferten darin, die künftigen Südkalifornier mit den Vorteilen bekannt zu machen, die sie ihnen boten. Es ist interessant, sich zu vergegenwärtigen, daß die meisten von ihnen nicht direkt aus Europa kamen, sondern aus einem anderen Teil Amerikas, und daß sie schon einen gewissen Wohlstand erreicht hatten, als sie sich entschlossen, ihren Wohnsitz zu wechseln. San Franzisko, heute die steifere der beiden kalifornischen Metropolen, wurde von Freibeutern bevölkert und Los Angeles von Spießbürgern. Für Los Angeles war es ein Start, aber ein schlechter Start. Enttäuschungen, deren schlimmste die Trockenheit war, erwarteten die Neuankömmlinge. Die Bodenpreise, die steil in die Höhe geschnellt waren, sanken bis zum Nullpunkt. Die Ankäufer, die auf Treu und Glauben gekauft hatten, kannten, als sie das Grundstück zu sehen bekamen, nur noch einen Gedanken: es rasch wieder zu verkaufen und abzureisen. Die Heimreise kostete natürlich mehr als einen Dollar, und trotzdem stieg die Zahl der Fahnenflüchtigen bis auf 100 pro Tag. Los Angeles, das sich im Jahr 1885 bis zu 35 000 Einwohnern aufgeschwungen hatte, schmolz zusehends zusammen. Die Seifenblase künstlicher Besiedelung platzte. Offensichtlich macht man aus einer Wüste keine Stadt.
Als alles schon verloren schien, gaben die beteiligten Grundeigentümer, die hinter dem Unternehmen standen, es auf, sich zu bekämpfen, und unterzogen die Lage einer ernsthaften Prüfung. Sie gründeten (im Jahr 1888) die Handelskammer von Los Angeles, die bis heute einer der großen Machthaber Kaliforniens geblieben ist. Sie fanden als Geschäftsführer einen schwindsüchtigen Kurzwarenhändler, den die Ärzte nach Südkalifornien geschickt hatten, damit er dort sterbe. Da Franz Wiggins, wie er behauptete, vom Orangensaft, dem Wein und der Sonne geheilt worden war, wollte er Los Angeles mit dem Leben beschenken, das es ihm wiedergegeben hatte. Selbst bei diesem spekulativen Unternehmen hat das Ferment der Begeisterung nicht völlig gefehlt.
Wiggins war seiner Zeit voraus. Er hat als erster organisiert, was zu

einem der stärksten Impulse der modernen Welt geworden ist: die Sehnsucht nach der Sonne. Der zweite Kreuzzug nach Los Angeles wurde nicht im Namen des Bodens, sondern im Namen des Klimas proklamiert. Nach dem Klimatologen Markhan entsprechen die naturgegebenen Bedingungen Südkaliforniens genau dem Ideal, das der Mensch auf seinem Planeten überhaupt finden kann. Die Hitze ist nicht so groß, daß sie seine Energie lähmen könnte, und die Trockenheit nicht so übermäßig, daß sie ihm auf die Nerven ginge, dafür scheint fortwährend die Sonne, so daß man Tag um Tag sein Leben in der frischen Luft verbringen kann. Der alte Glaube, daß das nordische Klima die Spannkraft des Menschen erhöhe, begann sich in dem Augenblick zu wandeln, als Los Angeles einer neuen, diesmal dauernden Blütezeit entgegenging. Von dieser Bewegung ist schon lange die ganze Welt ergriffen worden. Europa beweist es durch die Renaissance seiner Mittelmeerküste und Amerika durch die Entwicklung von Florida, Texas, Arizona usw. Die Menschheit kehrt zur Sonne zurück.

Aber Los Angeles hatte ein besonders schwieriges Problem: das Wasser. Der kleine Fluß, der es durchfließt, wurde rasch absorbiert, und es war sehr bald nicht mehr zu übersehen, daß das Wachstum der Stadt von ihrer Wasserversorgung abhing. In der Folge erwarb sie sich einen ihrer Beinamen: Polypen-Stadt. Sie saugte alle Wasserläufe der Umgebung aus, die übrigens, wenn wir Mark Twain glauben wollen, vor allem Staubfänger waren. Dann fing sie — 400 Kilometer nördlich — den gesamten Wasserbestand des Owens River auf und richtete dadurch ein fruchtbares Tal zugrunde, dessen Besitzer niemals entschädigt worden sind. Das heutige Bild von Los Angeles begann sich abzuzeichnen. Was sein Entstehen erklärt und es überhaupt erst ermöglichte, sind die riesigen modernen Aquädukte, Stahlrohre von mehreren Metern Durchmesser, die eine Sandwüste, fast so groß wie die Sahara, überqueren. Es ist sonderbar, daß man noch immer die Ruinen von Timgad bestaunt, während man doch ein ebenso gigantisches modernes Beispiel einer riesenhaften Stadt, die gegen die Gesetze der Natur lebt, vor Augen hat. Man muß hinzufügen, daß sie auch zum Nachteil der Natur gelebt hat: Los Angeles hat den Grundwasserspiegel von Südkalifornien um 15 Meter gesenkt und trocknet das ganze Gebiet aus, als wehe ein ständiger Schirokko.

Das Drama des Wassers hat das Wachstum von Los Angeles gehemmt. Heute glaubt man, es durch das Stauwerk am Colorado überwunden zu haben, wodurch theoretisch die Möglichkeit gegeben wäre, daß es zu einer Stadt von 20 Millionen Einwohnern anwächst. Die Bürger von Los Angeles sagen allerdings bescheidenerweise, daß sie sich wahrscheinlich mit 15 Millionen begnügen werden. 1900 haben sie die 100 000 überschritten, 1920 die 500 000, 1930 die Million, 1940 1 500 000, und bei der Zählung von 1950 haben sie fast zwei Millionen erreicht. 1960 waren auch diese bereits reichlich überschritten: Es gab 2 479 015 Einwohner. Die Zählung von 1970 schließlich erbrachte 2 816 061 und setzte Los Angeles an die dritte Stelle der amerikanischen Städte — nach New York und Chikago. Die gegenüber der eigentlichen Stadt womöglich noch bedeutenderen Satellitenballungen sind in diesen Zahlen nicht inbegriffen.

Das Erdöl und der Film sind ihm natürlich bei dieser Entwicklung, die es der Sonne zu verdanken hat, wie Geschenke vom Himmel in den Schoß gefallen. Das Erdöl hat ganz Amerika zum Schuldner von Los Angeles gemacht, und der Film hat den Einflußbereich dieser Stadt und die Sphäre, innerhalb derer es seine Urheberrechte wahrnimmt, auf die ganze Welt ausgedehnt. Sie haben Los Angeles, das von Haus aus keine eigenen Einnahmequellen besaß, mit Zellen des Reichtums beschenkt, um die sich alle Aktivität dieser großen Stadt organisiert hat. Eine vielgestaltige Industrie ist entstanden. Los Angeles, die Oase in einer Wüste, ist genauso mit Fabriken vollgestopft wie New York. Los Angeles bliebe gewiß auch eine riesige und blühende Stadt, wenn das Erdöl versiegen und die Filmstudios abwandern oder eingehen würden.

Diese beiden Fragen erheben sich tatsächlich. Das Versiegen des kalifornischen Erdöls ist sogar ein Schicksal, in das man sich schon ergeben hat. Der erste Bohrturm — eine einfache Bohrung von ca. dreißig Metern — wurde im Jahr 1892 erstellt, und seit diesem Tag ist das Keuchen der Pumpen, die das Öl einsaugen, ein gewohntes Geräusch im großen Orchester der Stadt. Die Armee der Derricks, der Bohrtürme, weist alle taktischen Formationen der Kriegskunst auf, von den dicht geschlossenen Bataillonen, welche die Ebene von Long Beach bedekken, bis zu den Freischaren, die einzeln über die Hügel verteilt sind. Mitten in der Stadt stehen Bohrtürme in den Höfen und öffentlichen Parks. Andere dringen bis ins Meer vor. Im ganzen zählt Südkalifornien, der zweitgrößte Erdölstaat, 20 000 Bohrtürme, die 20 Prozent des amerikanischen Öls liefern. Diese große Rohstoffindustrie ist nicht das Monopol einiger mächtiger Gesellschaften. Es gibt mehr als 1100 Erdölproduzenten, von denen viele Privatleute sind, die manch-

mal nur einen einzigen Bohrturm zwischen Tomaten und Zwiebeln in ihrem Garten stehen haben.
Aber das kalifornische Petroleum, dessen intensive Ausbeutung seit vierzig Jahren betrieben wird, ist stationär, mit einer leichten Tendenz zur Abnahme. Schätzungsweise wird man noch etwa zwanzig Jahre die Ausbeutung weiter betreiben. Dann wird es wohl, wie in Pennsylvania, nur noch vereinzelte Bohrtürme geben, die ein paar Stunden in der Woche in Betrieb sein werden, um dem restlichen Öl Zeit zu lassen, sich anzusammeln.

*

Hollywood — zu deutsch Stechpalmenwald — ist ein Stadtteil von Los Angeles und wurde von den Filmleuten weder gegründet noch getauft. Sein Name entstammt der frommen Phantasie einer Dame namens Daeida Martell Wilcox, die dort zu Beginn des Jahrhunderts eine Sekte gründete. Diese Sekte, die den Puritanismus mit dem Okkultismus vereinigt, behauptete, sie halte sich streng an die Lehre der Bibel. Mrs. Wilcox hatte ihrer kleinen Gründung, deren erste Regel die Abstinenz war, den Beinamen Neu-Jerusalem gegeben, auf den der Film anscheinend niemals Wert gelegt hat.
Der Film ließ sich in Hollywood nieder, weil er dort eine leere Scheune fand, in welcher der erste Produzent, David Harsley, recht sparsam seinen ersten Film drehte. Das war im Jahr 1911, also verhältnismäßig spät. Der Sitz der neu entstehenden Industrie war damals Chikago. Als sie Neu-Jerusalem vermöge einer Konjunktur von Sonne und Glück zu erobern begann, wehrten sich die Schäflein von Mrs. Wilcox wacker gegen die andringende Sünde. Sie sträubten sich bis 1919 und versuchten, durch öffentliche Gebete eine erbärmlich gleichgültige Bevölkerung gegen »die Sünde« aufzuwiegeln. Besiegt räumten die Gerechten das Feld, und in den Jahren nach 1920 wurde Hollywood vom lockeren Leben der Filmleute überschwemmt.
Man sagt heute niemandem mehr etwas Neues, wenn man behauptet, daß Hollywood sich seinen Titel »Welthauptstadt des Films« widerrechtlich angeeignet hat. Die großen Studios sind gar nicht in Hollywood, und die beiden größten in Culver City, die der MGM gehören, liegen sogar sehr weit davon entfernt. Die Filmstars wohnen in Beverly Hills, in Santa Monica oder auf ihren Farmen im San-Fernando-Tal. Genaugenommen ist Hollywood ein ziemlich farbloser Ort, zudem recht häßlich. Gerechterweise müßte es Los Angeles heißen, aber

der von Mrs. Wilcox geprägte Name ist viel zu sehr durch den Gebrauch geheiligt, als daß ernsthaft davon die Rede sein könnte, ihn zu ändern.

Weniger bekannt ist, daß die Filmindustrie, die Studiobetriebe inbegriffen, in der Gesamtwirtschaft der Vereinigten Staaten nur 0,19 Prozent ausmacht. Sie hatte es vor dreißig Jahren auf 0,63 Prozent gebracht, stand aber auch damals nicht an zweiter Stelle – wie man in Europa annahm –, sondern an zwölfter nach der Höhe des investierten Kapitals, und an vierzehnter Stelle nach der Bedeutung ihres Umsatzes. Sie hat sich seitdem in zweitrangigen wirtschaftlichen Unternehmungen verloren. Der totale Wert der Filme, die jährlich in den 103 Studios von Hollywood produziert wurden, überstieg selten 400 Millionen Dollar, was nicht einmal den Gewinn von Gesellschaften wie Telephon, Telegraph oder General Motors erreicht.

Die früheren Ausgaben dieses Buches haben ausführliche Erörterungen zu den Krisen, den Ängsten, den Unberechenbarkeiten und dem Niedergang Hollywoods enthalten. Sie haben die Umstände aufzuzeigen versucht, unter denen Hollywood auf dem Höhepunkt seiner wirtschaftlichen Blüte und in einem Paroxysmus des Eigenstolzes vom Fernsehen überrumpelt und zugrunde gerichtet wurde, dessen Geburtsstunde die Filmstadt mit einer vielleicht noch beleidigenderen Geringschätzung quittiert hatte, als bloße Verachtung hätte beleidigen können. In einer Porträtstudie Amerikas, wie es heute ist, hat eine so betont retrospektive Episode keinen Platz mehr.

Wenn es in Hollywood auch heute noch eine gewisse Aktivität gibt, ist dies ausschließlich auf große Fernsehgesellschaften wie CBS, NBC, ABC zurückzuführen, die ihre Produktionsstätten dort eingerichtet haben. Das Fernsehen beschäftigt ein Heer von Schauspielern und sonstigem Personal. Es verbraucht zwanzigmal soviel Filmmaterial als der Film. Aber es handelt sich dabei um ein ganz anderes Hollywood, dessen Spielregeln und Gebräuche sich vom alten, im Hinschwinden begriffenen Hollywood grundlegend unterscheiden.

»Das Filmgroßreich Hollywood, das den amerikanischen Geschmack ein halbes Jahrhundert lang beherrscht hat«, so schrieb 1970 das Magazin *Newsweek*, »liegt im Staub darnieder, seine tyrannischen Moguln sind tot oder entthront, die Studios leer, die matt erleuchteten Gassen wie ausgestorben . . .« Das Bild ist in Schwarzmalerei stilisiert. Falsch ist es nicht.

Durch das Fernsehen in seinen Grundfesten erschüttert, suchte Hollywood nach einer neuen Basis. Die Ära der in Serien produzierten sogenannten »B«-Filme war offensichtlich gestorben. Die großen Häuser widmeten sich gigantischen Vorhaben und konzentrierten ihre Kräfte auf die Erringung lauter und einträglicher Erfolge. Kolossale, in ihrem Aufwand häufig erdrückende Produktionen wie *Krieg und Frieden, Die Zehn Gebote* oder eine Neufassung von *Ben Hur* kennzeichnen diese Etappe. Sie brachte den Schauspielern so manche Überraschung. Im Hollywood von einst, wo der Produzent noch König war, konnte der Darsteller nur ein ruhmreicher Gehaltsempfänger sein und man konnte sich, weil der Film ja unbedingt fertigwerden mußte, allerlei mit den Darstellern erlauben – auch wenn sie zu den Berühmtheiten gehörten, denen man gerade noch ihre publizitären Launen durchgehen lassen mußte. Das neue Hollywood war von den herausragenden Talenten viel abhängiger, das heißt, von einer verhältnismäßig kleinen Gruppe von Darstellern, deren Zugkraft beim Publikum absolut sicher war. Die Folge war, daß sie ihre Bedingungen diktieren konnten. Man hat es erlebt, daß Cary Grant für einen Film 700 000 Dollar bekommen hat, der dem Produzenten nur 50 000 einbrachte, und daß Marlon Brando 75 Prozent des Gewinns aus einem anderen Film erhalten hat.

Warum ist diese Methode des Überbietens ohne Ende endlich doch gescheitert? Die Antwort ist vielleicht in einer Umgruppierung des Publikums zu suchen. In einem Land, das 30 Prozent Bevölkerungszuwachs aufzuweisen hat, beträgt die Kasseneinnahme von 1973 gegenüber 1946 nur 75 Prozent. Dazu kommt, daß 62 Prozent des Kinopublikums Kinder, Jugendliche und junge Männer zwischen zwölf und dreißig Jahren sind. Diese Schichten sind noch nicht so vom Fernsehen abhängig wie ihre Eltern, und an ihnen ist das Starsystem ganz allgemein gescheitert.

Die ausgehenden sechziger Jahre erweckten noch gewisse Hoffnungen. *Sound of the Music* schlug alle jemals erzielten Einnahmen – und das mit der alle Hoffnungen erstickenden Folge, daß der Untergang Hollywoods dadurch nur beschleunigt wurde. Alle Produzenten stürzten sich in einen Wettlauf, um Paramount in einem Genre, das die verlorenen Massen wiederzugewinnen versprach, einzuholen oder zu überholen. Alle – auch Paramount selbst, die gleichsam einen Rückfall riskierten – mußten schwere Fehlschläge einstecken, die nur geeignet sein konnten, ohnedies schon schwierige finanzielle Verhältnisse noch weiter zu erschweren. Im Jahr 1970 waren sieben von zehn

Filmen defizitär und alle Studios — ausgenommen Walt Disney — kamen in die roten Zahlen. MGM stellte die Produktion für sechs Monate ein und 80 Prozent des technischen Personals aus. Eine Liquidation wurde unvermeidlich.

Sie ist abgeschlossen. Paramount wurde von Gulf and Western aufgekauft, United Artists von Transamerica, Warner Brothers von Kinney National Service. Die alten, die klassischen Produzenten waren — mit allen ihren Verschrobenheiten — doch Männer, die das Handwerk verstanden, die es liebten und häufig ihre persönlichen Interessen dem Ruhm eben des Filmhandwerks zum Opfer brachten. Die neuen Herren von Hollywood sind Finanzleute mit Herzen von Eis. »Gulf and Western werden eine gänzlich verrückt gewordene Industrie wieder zur Vernunft bringen«, sagte einer von ihnen. »Wir brauchen hier keine Armee von Parasiten. Wir werden uns den Forderungen der großen Stars nicht beugen. Bei der heutigen Jugend, die unser Publikum ist, helfen keine bloßen Namen einen Film verkaufen.«

Die Studios hielten weiträumige Gründe besetzt, hatten künstliche Städte und monumentale Gebäude aus Papiermaché errichtet. Sie besaßen in ihren riesigen Lagerräumen alle erdenklichen Kostüme, Möbel und Ausstattungsgegenstände und konnten einem auf Verlangen einen Reisepaß vorzeigen, der noch unter der Herrschaft von Kaiser Franz Joseph I. in der Österreichisch-Ungarischen Monarchie gültig war, oder die authentischen Dessous der Anna Boleyn. Man liquidiert. Metro-Goldwyn-Mayer zum Beispiel haben 30 Hektar Culver City für ein Stadtentwicklungsprojekt an Levitt Brothers verkauft. Die Stars nagen nicht gerade am Hungertuch, entledigen sich aber einer nach dem andern ihrer Millionenwerte repräsentierenden Villen in Beverly Hills. Die meisten stellen übrigens fest, daß sie ganz gute Immobiliengeschäfte abgeschlossen haben.

Hollywood stirbt und der Film lebt. Die neuen Apparaturen haben das Drehen sehr vereinfacht und verbilligt. Man bedient sich viel weniger der früher üblichen teuren Dekorationen, sondern begibt sich weit mehr an die authentischen Schauplätze. Neu-Mexiko ist im Begriff, Süd-Kalifornien zu ersetzen, und andere sonnenbegünstigte Staaten geben sich alle erdenkliche Mühe, einen Teil der Filmindustrie an sich zu ziehen. Die große Verschwendungssucht ist vorüber. Die Darsteller vergeben ihre Dienste zum halben Preis oder zu einem Drittel dessen, was sie noch vor einigen Jahren gefordert haben. Die Produzenten arbeiten einzig im Hinblick auf jene ultrajunge Publikumsschicht, die sich der die Alten immobilisierenden Television entzieht. Hollywood wird seine Glanzzeit nicht zurückholen können. Aber was war das für eine Glanzzeit!

*

Los Angeles ist nicht nur eine Stadt, sondern ein Zankapfel. Es gibt auf der Welt keine Großstadt, die mehr diskutiert, mehr kritisiert und im allgemeinen mehr verdammt würde. Ohne jeden Zweifel wirkt sie sehr unharmonisch. Diese jüngste aller Großstädte, die zu einer Zeit entstand, als der Städtebau schon zu einer Wissenschaft zu werden begann, hat sich aufs Geratewohl entwickelt. Die Dörfer, die von der Santa Fé Railroad und der South Pacific Company gegründet wurden, haben sich gesucht, gefunden und zusammengefügt, wie es gerade kam. Zwischen ihnen liegt noch ein riesiges Niemandsland, liegen verlassene Erdölfelder, von Trockenbaggern vielfach umgewühlte Hügel, Überbleibsel von Grundstücksspekulationen, die fehlgingen. Los Angeles ist sozusagen ein Konglomerat von Vorstädten, die auf ihr Zentrum warten, oder auch ein Zirkus ohne Dach. Sein Charme, sofern es ihn gibt, ist lokal beschränkt. Es gibt Oasen in der Oase, Grünflächen, Palmenalleen, sogar hinreißend schöne Gebäude. Aber Häßlichkeit, Einförmigkeit und schlechter Geschmack geben den Grundton.

Dennoch ist — obwohl spät — eine Neukonzeption in Gang gekommen. Das Stadtplanungsbüro hat einunddreißig Brennpunkte festgelegt, die ebenso vielen Stadtgebieten als Zentren dienen sollen. Die *down town* hatte den Nachteil der Enge aller Altstädte, ohne deren Vorzüge als Entschuldigung vorschieben zu können. Man renoviert sie durch die Schaffung eines großzügigen Civic Center. Der Verkehr war lange Zeit anarchisch und beängstigend, ein unerträglicher Mißstand in einer Stadt, deren Entfernungen das Auto zu einem Behelf allererster Ordnung machen, weil ein rüstiger Fußgänger zur Bewältigung der Figueroa Avenue — ohne die verkehrsbedingten Aufenthalte zu rechnen — neun Stunden benötigte. Das Metropolitan Parkway Committee hat dieser Lage Rechnung getragen und mit einer dem öffentlichen Wohl dienlichen Eile 700 Kilometer Auto-Schnellstraßen gebaut, die dem »stehenden Verkehr« ein Ende bereitet und die einzelnen Teile der ins Maßlose gewachsenen Stadt miteinander verbunden haben.

Maßlos, ja, das ist Los Angeles. Und doch ist es im Recht.

Unsere Vorstellungen von Städten sind schrecklich veraltet. Früher waren die Städte klein und verhutzelt wie alte Äpfel oder alte Frauen — sie waren es aus der Notwendigkeit, sich zu verteidigen. Als sie aus dem Ring ihrer Stadtmauern heraustraten, paßten sie ihre neuen Grenzen dem Schritt der Pferde an. Amerika, das nicht mehr so jung ist, wie man ständig sagt, hat es in dieser Beziehung genau wie Europa gemacht. Nur hat es sich noch bedenklicher geirrt als Europa, da es rascher von Motorfahrzeugen überschwemmt worden ist. Fast alle amerikanischen Städte, jedenfalls die im Osten ohne jede Ausnahme, sind für das moderne Tempo und für die fortgeschrittene Technisierung ihrer Länder eine Herausforderung. Die Stadt muß schon heute, nicht erst morgen, riesige Ausmaße haben, wenn sie genügen soll. Die Entfernung an sich hat wenig Bedeutung, da das Auto, wenn es in seinem Tempo nicht behindert wird, und der Hubschrauber sie mit Leichtigkeit überwinden. Und man bedarf großer weiter Flächen, wenn man ein großzügiges Verkehrsnetz anlegen, den erforderlichen Raum schaffen will für bequeme Parkplätze, Grünanlagen und Teiche, die zu den wichtigsten Bedürfnissen des modernen Menschen zählen, für die Schulgärten, die Fabriken, die von ihrer notorischen Häßlichkeit befreit sind, für die öffentlichen Ämter, die nicht mehr an Raummangel leiden, für die Flugplätze, da es offensichtlich unsinnig ist, sie nicht innerhalb der Städte anzulegen, deren Flugverkehr sie vermitteln. Keine Stadt der Welt erfüllt diese theoretischen Bedingungen, außer einer: Los Angeles. Jedenfalls ist sie der erste Entwurf einer Stadt von morgen — mit ihren Gebäuden, die nur ein Drittel der Bodenfläche beanspruchen, während 38 Prozent von Parkplätzen besetzt sind.

*

Die Palme des kalifornischen Wachstums gebührt nicht mehr Los Angeles. San Diego, dessen Umkreis teilweise mit der mexikanischen Grenze in Berührung kommt, hat bei der Zählung von 1970 677 027 Einwohner melden und sich daher an die vierzehnte Stelle der amerikanischen Städte setzen können. Zwei Jahre später — anläßlich einer 1972 durchgeführten Schätzung — schrieb man der Stadt 746 500 Seelen zu und erhob sie auf den 11. Rang. San Franzisko ist überholt und San Diego somit die zweitgrößte Stadt Kaliforniens.
Es ist eine Stadt des Meeres und des Himmels. Es beherbergt das große ozeanographische Institut von La Jolla. Es hat sich durch einen kühnen Brückenbau mit der Insel Coronado verbunden. Und es be-

herrscht eine prächtige Bucht. San Diego war Marinebasis, wurde später auch Seeflughafen und ist eine der Wiegen der Luftfahrtindustrie. Lindberghs Eindecker wurde innerhalb von zwei Monaten von dem jungen Flugzeugbauer T. Claude Ryan konstruiert, der für den Flug über den Atlantik eine der ersten Maschinen adaptierte, die überhaupt für den Passagiertransport konzipiert waren. Die Luftfahrtindustrie ist durch die Raumfahrtindustrie gestärkt worden. Das Antriebselement der großen Weltraumfahrten, die Atlasrakete, stammt aus San Diego.

Auf halbem Wege zwischen San Diego und Los Angeles, auf dem Territorium der kleinen Stadt San Clemente, steht das eine Zeitlang umstrittenste Haus der Welt. Der gerade erst gewählte Präsident Nixon kaufte von einer neunzigjährigen Witwe, Mrs. Henry Hamilton Cotton, ein Grundstück von etwa neun Hektar, das mit einem Privatstrand seinen Abschluß findet, und ein Haus mit Patio und zwanzig Zimmern. Der Ankauf wurde durch ein Darlehen von 625 000 Dollar ermöglicht, das ein begüterter Freund Nixons, der Finanzmann Robert Abplanalp, ein gebürtiger Schweizer, gewährt hatte. Im darauffolgenden Jahr überließ Nixon 17,2 Morgen seines Grundes dem Geldgeber und außerdem eine Hypothek von 560 000 Dollar. Im Jahr 1973 hatten die Nixons für San Clemente 468 224 Dollar bezahlt und schuldeten noch 226 640 Dollar. Der Besitz ist laut Schätzungen von Immobilienhändlern über eine Million wert.

Demokratischer Argwohn richtet sich nur allzu leicht gegen einen Mann der Öffentlichkeit, der mit einem Geldmann geschäftliche, mit privaten Beziehungen untermischte Kontakte unterhält. Im vorliegenden Fall hatten Nixons Kritiker den Kauf selbst beiseite gelassen, um sich desto mehr auf die zusätzlichen Einrichtungen zu konzentrieren, die auf Kosten der Vereinigten Staaten installiert wurden, um die Sicherheit des Präsidenten zu gewährleisten und ihm die Ausübung seiner Amtsgeschäfte vom »Weißen Haus am Pazifik« aus — so wurde es genannt — zu ermöglichen. Man baute eine Umfassungsmauer, die 62 999,24 Dollar kostete; vor dem Schwimmbecken wurde ein kugelsicherer Schirm für 12 959,24 Dollar errichtet und der Brandschutz für 41 052,58 Dollar perfektioniert. Außerhalb des Hauses wurden Büroräume, ein elektronisches Nachrichtenzentrum sowie Räumlichkeiten für den Secret Sercie, die Küstenwache usw. eingerichtet. Etwa zwei Millionen Dollar wurden aufgewendet, um aus dem Haus zugleich einen Erholungsort und ein Arbeitsgerät zu machen.

Zwei Fragen wurden aufgeworfen: sind derartige Ausgaben zulässig, wenn sie der Verschönerung oder Verbesserung eines Privatbesitzes dienen? Sind sie notwendig, da doch Nixon über die Einrichtungen des Weißen Hauses selbst, über die der Residenz Kay Biscayne in Florida sowie auf dem Landsitz Camp David in den Appalachen verfügt?

Die Kontroverse zielte letztlich auf die Rolle des Westens in der amerikanischen Politik. Die Fünfzig Amerika werden aus derselben Gegend regiert wie die einstigen dreizehn kleinen Kolonien, aus denen sie vor zwei Jahrhunderten entstanden sind. Sogar die Erholungsplätze der Präsidenten lagen — bis zu Nixon — am Meer oder in den Bergen des Ostens. Es mißfällt den Menschen des Westens keineswegs, daß der Chef des Staates manche seiner Entschlüsse angesichts des Pazifik faßt, der hier unmittelbarer und mächtiger an die Ufer schlägt, als der Atlantik Washington, New York oder Boston nahe ist. Die Außenstelle des Weißen Hauses in San Clemente hat symbolischen Wert, ist sichtbares Zeichen des politischen Wachstums des Westens.

*

Als der Kalifornier Richard Nixon am 9. Januar 1913 zur Welt kam, trug sein Heimatland Kalifornien nur 13 Stimmberechtigte zu dem 531 Mitglieder umfassenden Kollegium bei, das den Präsidenten der Vereinigten Staaten designiert. In der Legislative des Staatswesens war der Westen im Senat begünstigt, da jeder Staat zwei Senatoren wählt; im Repräsentantenhaus war der Westen nur sehr schwach vertreten, weil die Anzahl der Sitze sich jeweils nach der Einwohnerzahl der einzelnen Staaten richtet.

Von Volkszählung zu Volkszählung hat sich der Anteil Kaliforniens vergrößert, wobei die ihm zugewachsenen Sitze und Stimmen nach amerikanischem Brauch den Vertretungen der übrigen Staaten entnommen wurden. Im Jahr 1920 standen den 13 kalifornischen Stimmen 45 New Yorker Stimmen gegenüber. Der Abstand verkürzte sich 1960 auf 48 : 31. Die Zählung von 1970 hat das Verhältnis umgekehrt. Der Staat des Goldes hatte den Staat des Reiches überflügelt. Kalifornien entsendet 41 Deputierte in die Kammer und kann 43 Stimmen auf die Waage der Präsidentenwahl legen. New York verfügt nur noch über 37 Sitze und 39 Stimmen.

Als der Goldstaat 1916 durch eine überraschende Abstimmung die

Wahl des Demokraten Wilson gegen den Republikaner Hughes sicherte, lieferte er im nationalen Leben einen ausschlaggebenden Schiedsspruch. Hughes schlief damals als Präsident der Vereinigten Staaten ein — auf seinem Nachttisch lag das Glückwunschtelegramm des sich geschlagen gebenden Wilson — und wachte besiegt auf. Seit diesem aufsehenerregenden Ereignis denken die Kalifornier ununterbrochen daran, daß es ihnen zustünde, der Nation einen Präsidenten zu geben. Sie ahnten 1948 ihre erste Chance, dieses Ziel mit ihrem Gouverneur Earl Warren zu erreichen, dem Sohn eines auf geheimnisvolle Weise ermordeten Eisenbahnmechanikers. Aber der brave Warren vertauschte die schwachen Hoffnungen auf die Präsidentschaft gegen den Posten des Präsidenten des Obersten Gerichtshofes, den er aus den Händen Eisenhowers empfing, nachdem er sich auf der republikanischen Wahlversammlung 1952 in Chikago zu dessen Gunsten zurückgezogen hatte.

Die Wahl des neununddreißigjährigen Senators Richard Milhous Nixon, der als Kandidat zum Vizepräsidenten an der Seite Eisenhowers vorgeschlagen worden war, hatte die Enttäuschung der Kalifornier gemildert. Nixon war 1945 in das öffentliche Leben getreten, als er auf eine kleine Anzeige antwortete, mit der man einen jungen republikanischen Kandidaten suchte, der einen alten Vertreter des New Deal im Distrikt Whittier bei Los Angeles schlagen sollte. Nach seiner Wahl tat er sich in der Kommission gegen antiamerikanische Umtriebe hervor und brachte einen der Redakteure der UNO-Charta, Alger Hiss, vor Gericht, dem zuliebe sich fast die ganze amerikanische Intelligenz in Bewegung setzte; dann schlug er im Senat die hübsche Demagogin Helen Gallaghan Douglas aus dem Felde, deren Rückhalt in den intellektuellen und plutokratischen Kreisen nicht weniger stark war. Am Ende eines erregten Konvents wurde er zur Vizepräsidentschaft bestimmt, als Vertreter der Rechtstendenz, die — in der Person Robert A. Tafts geschlagen — die gewohnte Besänftigung in der Form des zweiten Platzes nach dem Präsidenten-»ticket« entgegennahm. Aber viele Republikaner bedauerten diese Wahl, denn Nixon galt nur als ein etwas zahmerer McCarthy.

Es fehlte wenig und Nixon hätte Eisenhower ersetzt, als der Präsident 1955, während seiner lebensgefährlichen Herzkrise, die Amtsniederlegung ins Auge faßte. Im darauffolgenden Jahr wäre er beinahe wegen seines heftigen persönlichen Grolls gegen Sherman Adams, damals die graue Eminenz Eisenhowers, verdrängt worden. Gleichzeitig schoben sich zwei kalifornische Mitbewerber zwischen Nixon und das Weiße Haus. Der ungefährlichere war der Gouverneur Goodwin J. Knight, der gefürchtetere der Senator William F. Knowland. Aus einer alten kalifornischen Familie hervorgegangen, Besitzer einer Zeitung in Oakland, Führer der Republikaner im Senat, ungeheuer autoritativ und umgeben von einmütigem Respekt, schien Knowland gegen Nixon den Kampf San Franziskos gegen Los Angeles weiterzuführen. Aber er operierte falsch; er glaubte sich in eine bessere Position zu setzen, wenn er seinen Senatorensitz mit dem Posten des Gouverneurs vertauschte. Es gelang ihm wohl, Knight zu vertreiben, aber nicht, sich an seine Stelle wählen zu lassen, so daß sich die beiden kalifornischen Mitbewerber Nixons gegenseitig ausschalteten. Das Glück, das ihn während seiner ganzen Karriere begleitet hatte, schien dem Vizepräsidenten treu zu sein.

Aber die Glücksfee Nixons war nicht leicht zu haben. Alles, was ihm gelungen ist, mußte er sich schwer erringen. Als er 1913 in dem Marktflecken Yerba Linda bei Los Angeles zur Welt kam, war dort nur eine kleine Ansammlung von Holzhäusern an einer grundlosen Straße. Das Haus der Nixons, das durch eine schwarze Holzverkleidung noch besonders traurig aussah, war mehr als bescheiden, und das Leben seiner Bewohner hatte zu dem traurigen Äußeren auch im Innern seine Entsprechung. Der Vater, Frank Nixon, war Trambahnschaffner gewesen und hatte dann versucht, sich wirtschaftlich unabhängig zu machen, indem er auf Kredit eine kleine Zitronenplantage kaufte; aber die Raten waren hoch, und ein Dollar bedeutete eine Summe, mit der man rechnen mußte. Nach einigen Jahren bekam er die Zitrusfrüchte satt und wagte sich näher an Los Angeles heran. Er kaufte in der kleinen Stadt Whittier eine Lebensmittelhandlung, der er eine Tankstelle anschloß. Die Mutter – sie hieß Hannah – kochte Pasteten, stand um 4 Uhr früh auf und arbeitete bis zu sechzehn Stunden täglich. Sie stammte aus Indiana, der Vater aus Ohio, und beide waren Quäker. Diese ernste, auf individuelle und kollektive Einkehr ausgerichtete Sekte bekannte sich zu einem direkten Kontakt zwischen dem Individuum und seinem Schöpfer, achtete die Mittlerrolle des Klerus gering und erhob den Pazifismus zum Beruf. Keinerlei Extravaganzen, ja kaum ein Lächeln muß es zur Milderung der gestrengen Tugend eines Haushalts gegeben haben, in dem Richard als mürrisches, altkluges Kind aufwuchs, schon voller Ernst mit sechs Jahren, aber ohne irgendwelche Zeichen der Frühreife, wie sie – gleich Funken, die plötzlich aufspringen — die Jugend von Ausnahmemenschen zu kennzeichnen pflegen. Er brachte ein wenig glanzvolles, für die Armut der Familie gerade noch darstellbares Studium hinter sich, und seine zahlreichen Biographen von heute sehen sich außerstande, in jener Lehrzeit des Lebens mehr zu finden als Beflissenheit ohne besonderen Erfolg.

Entbehrungen und Arbeit — ein *background* von Konzentration und Anspannung . . . Deutlich trug Nixon die Spuren davon im Gesicht. Es ließ die Zwänge erkennen, die er sich in einer vorwiegend nach außen wirkenden Laufbahn auferlegen mußte. »Ich weiß«, gab er zu, »daß mein Gesicht vielen Leuten nicht gefällt und daß es mir nicht beschieden ist, ohne weiteres geliebt zu werden.« Und noch ein merkwürdiges Eingeständnis: »Als Kind und Jüngling habe ich versucht, dies und das zu verkaufen, um mir ein wenig Geld zu verdienen; es ist mir nie gelungen. Ich habe meine Schüchternheit soweit bezwungen, daß ich vor großen Menschenansammlungen oder vor den unsichtbaren Millionen von Fernsehzuschauern sprechen kann; aber von Mensch zu Mensch bin ich der schlechteste *salesman*, der schlechteste Verkäufer, den man sich vorstellen kann.« Nixon mußte seinem tiefen Naturell Gewalt antun, um in der Politik bleiben zu können, wo er Spontaneität durch eine professionelle Technik ohnegleichen ersetzen, dabei aber seine temperamentbedingten Behinderungen und Beschränkungen ertragen mußte.

Dieser freudlose Habenichts wurde bei der Präsidentenwahl von 1960 von einem Jungen besiegt, der seinen Lebensunterhalt als professioneller Charmeur zu verdienen fähig gewesen wäre, wenn er nicht das Glück gehabt hätte, der Sprößling einer der reichsten Familien Amerikas zu sein. Früher schon hatte sich Nixon in der Partei der Republikaner mit einem gleichermaßen mit persönlicher Ausstrahlung wie mit einem Haufen Geld ausgestatteten Rockefeller gemessen. Der erste Politiker, den er 1946 in der nicht eben bedeutenden Wahl in Whittier geschlagen hatte, war bereits ein Millionär. Es war lange Zeit Nixons Geschick, gegen Mauern von Geld anrennen zu müssen, hinter denen noch dazu Persönlichkeiten standen, die mehr mitbekommen hatten als er, um überzeugen und mitreißen zu können.

Arm geboren, war er es auch geblieben. Als Abgeordneter, Senator und Vizepräsident lebte er von seinen Diäten und führte zusammen mit seiner Frau Thelma Catherine Patricia Ryan, die er als Lehrerin in Whittier kennengelernt hatte, ein bescheidenes Dasein.

Eine verunglückte Wahl eröffnete Nixon ganz andere Perspektiven. Nachdem er 1960 von Kennedy geschlagen worden war, versuchte er 1962 eine Rückkehr in das politische Leben, indem er für den Posten eines Gouverneurs von Kalifornien kandidierte. Der Demokrat Edmund Brown brachte ihm eine vernichtende Niederlage bei. Nixon trat von der politischen Bühne ab und schwor, sie niemals wieder zu betreten. Bei dieser Gelegenheit tat er auch gegenüber Journalisten jene berühmt gewordene Äußerung: »Ich weiß, euch gefällt mein Gesicht nicht. Seid zufrieden – ihr werdet es nicht mehr sehen. Guten Abend, meine Herren . . .«

Und dann entdeckte Nixon, daß einem das Leben auch andere Erfolge und andere Befriedigungen bieten kann, als sie die Politik ihren beruflichen Adepten zu bringen vermag.

Er wandte sich wieder einem Beruf zu, den er nie wirklich ausgeübt hatte, und trat als Rechtsbeistand in eine Anwaltskanzlei in der Wallstreet, Mudge, Stern, Baldwin and Todt, ein. Zwei Jahre später hieß die Firma Nixon, Mudge, Guthrie, Rose and Alexander und 1964 betrug das Einkommen des Exvizepräsidenten 125 000 Dollar. Er kaufte für 135 000 Dollar ein Apartment an der Ecke 5th Avenue/62th Street und eröffnete ein europäisches Filialbüro in Paris, Rue de la Paix. Er führte Tricia in elegante Mode-Ateliers; er kannte Charles de Gaulle, der ihn schätzte und den er bewunderte. Die Machthaber im Kreml hingegen gewährten ihm keine Audienz, als er eine Reise nach Moskau unternahm. Nixon war eben niemand mehr, und Nikita Chruschtschow sah keinerlei Grund, warum er ihm die Gunst eines Gesprächs erweisen sollte.

Wenn Nixon bei der Jurisprudenz geblieben wäre, hätte er als einer der führenden Anwälte New Yorks ein reicher Mann werden können. Aber die Politik läßt ihre Opfer nicht so leicht wieder los: Sie ergriff den Mann aufs neue, der ihr in so spektakulärer Weise den Rükken gekehrt hatte. Nixon nahm die Arbeit an der Basis wieder auf, durcheilte ganz Amerika und reorganisierte die nach der vernichtenden Niederlage von Barry Goldwater gegen Lyndon Johnson völlig außer Tritt geratene Republikanische Partei. Der Konvent von Miami zog ihn 1968 Nelson Rockefeller vor – trotz dessen Namen, Vermögen, Charme und Liberalität. Was als ein ganz individueller Fall von Hoffnungslosigkeit erschienen war, wurde einer der glänzendsten Aufstiege in der politischen Geschichte der Vereinigten Staaten. Der Nixon von 1972 war erfolgreicher als der Roosevelt von 1936 und holte sich die Stimmen von 49 der 50 Staaten. Roosevelt bekam nur 46 von 48.

Und dann kam die Watergate-Affäre — wie eine Nemesis am Morgen nach dem Triumph ...

*

Kalifornien ist im ausgehenden zwanzigsten Jahrhundert kein Land der Verheißung mehr. Ernste städtische Probleme sind entstanden. Die Industrialisierung hat Verschmutzungserscheinungen mit sich gebracht, gegen die noch keine ausreichenden technologischen Maßnahmen entwickelt oder in Anwendung begriffen sind. Die Verfünffachung der schwarzen Bevölkerung innerhalb von zwanzig Jahren hat eine Rassensituation geschaffen, die mit Bedauern an jene Zeiten zurückdenken läßt, da die Japaner und Mexikaner noch die einzigen waren, die zu Reaktionen der Stammbevölkerung Anlaß gaben. Die wirtschaftlichen Versprechungen sind nicht vollständig eingelöst worden. Die Scheu, mich zu wiederholen, hat mich davon abgehalten, noch einmal lang und breit über die sozialen Mißbräuche zu sprechen — wie zum Beispiel die an Irrsin grenzende Ausdehnung der Wohlfahrt —, die in Los Angeles nicht geringfügiger sind als in New York. Das linde kalifornische Klima und die Annehmlichkeiten des Lebens, denen es so förderlich ist, haben die Zunahme der Gewaltverbrechen und das Umsichgreifen der Verheerungen des Rauschgifts nicht aufhalten können. Kalifornien hat eher die Neigung, alles mehr statt weniger werden zu lassen. Im guten wie im bösen prägen sich die besonderen Züge Amerikas dort stärker aus.

Noch lange Jahre nach Kriegsende konnte der Reisende, der vom New Yorker Flughafen Idlewild gestartet war und in Europa landete, frappiert sein von dem Kontrast zwischen der Aktivität, den Lichtern und dem Reichtum der Welt, die er verlassen hatte, und der Stumpfheit, Düsternis und Armseligkeit derer, die er betrat. Dieser Eindruck ist im Verhältnis zwischen dem Osten der Vereinigten Staaten und dem Westen Europas nahezu völlig geschwunden. Er überkommt mich noch, wenn ich Los Angeles über die Polar-Route verlasse und ohne Zwischenlandung in Orly ankomme. Einen starken Kontrast erlebt man auch, wenn man von New York, Philadelphia oder Boston an die pazifische Küste kommt. Es wäre aber eine arge Übertreibung, wollte man daraus schließen, daß es grundlegende Unterschiede zwischen dem Osten und dem Westen der Vereinigten Staaten gebe. Man darf lediglich einen unterschiedlichen Intensitätsgrad feststellen, für den die größere Jugend des Landes jenseits der Rocky Mountains zweifellos ausreichende Begründung ist.

Fläche: 410 000 km^2
Einwohnerzahl: 19 953 134
Hauptstadt: Sacramento
Beiname: Staat des Goldes
Hymne: I love you, California
Devise: Eureka
Blume: Mohn
Baum: Sequoia (Mammutbaum)
Wichtigste Städte: San Franzisko, Los Angeles, Hollywood
Wichtigste Produkte: Zitrusfrüchte. — Aprikosen, Pflaumen, Nektarinen. — Feigen, Datteln, Mandeln, Oliven. — Wein. — Geflügel, Rinder. — Tiefkühlprodukte, Konserven. — Erdöl, Gold, Tungstein. — Gips, Zement, Asbest. — Chemische Produkte. — Raumfahrtindustrie. — Filmindustrie.
Bundesstaat seit 9. September 1850 (an 31. Stelle).

NACHWORT

Amerika und die Zukunft

Das Schrumpfen der Entfernungen und die Erleichterungen im Reiseverkehr haben Amerika etwas von jener Aura des Fremdartigen und Unerreichbaren genommen, von der es lange umgeben war. Man hört auch immer seltener sagen, die Amerikaner seien extravagante, kindische, ungebärdige, verrückte Wesen, die ein wunderbares, närrisches, riesengroßes und entnervendes Land bewohnen. Die Albernheiten von der Überanstrengung, von den Psychosen, den Neurosen, den sexuellen Verdrängungen, der Langeweile und Unstetheit, mit und in denen die Amerikanerinnen und Amerikaner angeblich leben, werden zwar noch immer da und dort geglaubt, aber doch nicht mehr so allgemein als unverrückbare Wahrheiten, die jederzeit erweisbar wären, anerkannt.

Was für die Menschen gilt, trifft auch auf das Land zu. Die meisten Bücher, die in den letzten fünfzig, sechzig Jahren Gültiges über Amerika ausgesagt haben wollten, sind inzwischen bis zur Lächerlichkeit überholt. Alles, was die Autoren mit Entsetzen beschrieben oder mit Spott überschüttet, weit seltener gepriesen und bewundert haben, hat den Atlantik überquert und ist — beinahe immer zur Versüßung, Verschönerung und Bereicherung des Lebens — in die europäischen Sitten und Gebräuche eingedrungen.

Dennoch ist diese so rasche Einverleibung Amerikas in das europäische Ambiente zaudernd — gleichsam im Krebsgang — vonstatten gegangen. Wie oft habe ich sagen hören, das Fernsehen sei etwas für Amerikaner, werde aber bei den Franzosen niemals ankommen, weil sie doch — Gott sei Dank! — viel zu intelligent und viel zu individualistisch seien, um dieses Medium der kollektiven Verdummung zu tolerieren. Wie oft habe ich das Drugstore lächerlich machen gehört — diesen komischen Laden, wo man ein soeben vom Arzt verschriebenes Rezept gemixt bekommt, während gleich daneben einer Sockenhalter verlangt — und bekommt, und wieder ein anderer mit Appetit seine Hot dogs verzehrt. Alles, alles ist über den Atlantik gekommen, als wäre es der Westwind gewesen, der in kunterbuntem Durcheinander Neuerungen hergeblasen hätte, die den Rhythmus, den Rahmen und den Inhalt des Lebens verändert haben: das Fernsehen, das Drugstore, den Wolkenkratzer, den Supermarkt, die Selbstbedienung, die weißen Streifen auf den Straßen, die Sexualerziehung, die Zeugen Jehovas, die Meinungsumfragen, das Reiten als Volkssport, die Zweitwohnung, das Coca-Cola, das T-Shirt, die Blue jeans, die Tranquilizer, den Ratenkauf, die Gebärkliniken, die Vorbeuge-Untersuchungen, die Macht der Gewerkschaften, die Wichtigkeit des Managements, die Kaffeepause im Büro, die Kalorienangst, die Umweltverschmutzungsangst, das Taschenbuch, die Kücheneinrichtung und alle Haushaltsgerätschaften, das Minigolf, die Autovermietung, das Drive-in, das Motel usw., usw. — bis zu der angenehmsten Art zu sterben: dem Herzleiden. Ich kenne eigentlich nur zwei Ausnahmen — mögen sie vorläufig oder endgültig sein, das vermag ich nicht zu sagen: Baseball und den Leichensalon.

Über diese Eroberung Europas durch Amerika kann man sich — auch wenn sie gleichsam »gegen den Strich« erfolgt ist — eigentlich nicht mehr lustig machen, sondern nur noch wundern. Sie ist nämlich in ihren Folgen nichts anderes als eine Bereicherung Europas. Amerika hat den Weg zu einer Gesellschaft des Überflusses gewiesen: es wäre schwer gewesen, auf diesem Weg noch Neues zu finden. Also ist man ihm gefolgt.

*

Wenn man Amerika nicht völlig verkennt, muß man sich über Wahrheiten, die noch vor wenigen Jahren als Unsinn gegolten hätten, gar nicht mehr lang und breit auslassen. Es genügt, sie aufzuzählen.

Amerika ist nicht von einer im guten wie im bösen exzeptionellen menschlichen Spezies bevölkert, sondern von zutiefst normalen Wesen, die sich von den Europäern weder durch Qualitäten noch durch Mängel transzendenter Kategorie unterscheiden, die vom selben Zivilisationstyp herstammen und — wie es Eisenhower einmal ausgedrückt hat — einander durch ihre Gemeinsamkeiten weit näher als durch ihre Verschiedenheiten voneinander getrennt sind.

Amerika ist kein expeditives Land, sondern im Gegenteil ein formalistisches Land, wo die Raschheit im Ausführen nicht von der Eile herrührt, sondern von der minutiösen Vorarbeit und der hervorragenden Organisation.

Amerika ist nicht ein Land der gelockerten familiären Bande, sondern vielmehr ein Land, in dem der familiäre Rahmen vielfach zu eng, zu exklusiv und bedrückend ist.

Amerika ist nicht ein in seinen Grundfesten erschüttertes, von Umsturz und Zerfall infolge Ablehnung seiner Gesellschaftsordnung bedrohtes Land; es ist vielmehr ein Land des Mittelstandes, in welchem ein Konformismus und eine Achtung vor dem Gesetz vorherrschen, wie sie kaum irgendwo übertroffen werden.

Aber, wird man vielleicht sagen, Sie vergessen doch die Wirren der letzten Jahre, den Aufstand der Jugend, das Vordringen des Rauschgifts, das Umsichgreifen der Gewalttaten, die Angst, die sich ausbreitet, die Aufstände in den Städten, die Insubordination der Nachwuchskräfte, die Verbreitung der Pornographie, die Verhöhnung der amerikanischen Ideale, die Welle der Anarchie . . .

Nein — ich vergesse gar nichts. In den vorstehenden Seiten haben die Unregelmäßigkeiten und Unruhen, deren Schauplatz Amerika gewesen ist, einen breiten Raum eingenommen. Ich weiß, daß manche dieser Symptome mit Situationen zusammenhängen, die Amerika noch während vieler Jahre die allergrößten Schwierigkeiten bringen werden und deren Ausgang vorauszusehen nicht möglich ist. Das trifft für alles zu, was mit der Negerfrage zusammenhängt. Die Phase der Entspannung, die auf die Paroxysmen der sechziger Jahre gefolgt war, kann nicht als Anzeichen einer Ära endgültiger rassischer Harmonie gedeutet werden. Sie ist nichts anderes als ein Innehalten in einem Kampf, der allzu heftige Formen angenommen hatte, um nicht auch einmal eine Erschlaffung zu erfahren.

Alles übrige wiegt viel weniger schwer. Der Resonanzkasten und der Zerrspiegel des modernen Informationswesens haben den Unruhen und Ausschreitungen, die immer und überall nur vorübergehenden und oberflächlichen Charakter hatten, eine erschreckende Bedeutung verliehen. Die überwältigende Mehrheit der Amerikaner hat nie aufgehört zu arbeiten, die Gesetze zu befolgen, die Polizei zu respektieren und an ihre politischen Einrichtungen und ihr gesellschaftliches System zu glauben. Die Autoren, die sich beeilt haben, die amerikanische Revolution zu proklamieren, haben ihre Wunschvorstellungen zur Wirklichkeit erheben wollen, sind vielleicht auch dem Dämon der Sensationen verfallen oder haben möglicherweise sogar gutgläubig eine Magenverstimmung für einen Krebs gehalten.

Wahr ist, daß Amerika und die Amerikaner langsame, aber tiefgreifende Veränderungen durchmachen. Sie haben seit langem begonnen. Wir sind Zeugen ihres Verlaufs.

*

Der Abenteurergeist, die Lust am Wagnis, das lärmende Wesen, die Verwegenheit der Amerikaner — das alles ist auch nur eine Legende. Die amerikanische Lebensweise von heute widerlegt dieses traditionelle Bild eines verwegenen, ein wenig verrückten Volkes. Es hat tatsächlich eine Zeit gegeben, da war der Amerikaner ein Abenteurer, ein Individualist, stets bereit, mit hohem Einsatz um sein Glück zu spielen, ein Nomade, der es nicht erwarten konnte, fernen Horizonten zuzustreben. Diese Zeit ist vorbei. Die Entwicklung Amerikas hat diese Bilder hinter sich gelassen, die immer noch die konventionelle Vorstellung von den Vereinigten Staaten formen.

Keine Nation ist heute mehr auf Sicherheit erpicht als die Amerikaner. Die Sorge um diese Sicherheit erstreckt sich auf alle möglichen Arten des Risikos. Die Geschwindigkeit beim Autofahren ist in starrer, kleinlicher Weise beschränkt. Die Aufzüge müssen alljährlich technisch überprüft werden. Die Höchstzahl der in einem Restaurant oder an irgendeinem anderen öffentlichen Ort zugelassenen Personen ist stets aufs knappste bemessen. Die sanitären Bestimmungen bezüglich Nahrungs- und Heilmitteln sind äußerst streng. Die Sicherheitsmaßnahmen bei der Industrie und in den öffentlichen Verkehrsmitteln sind so weitgehend entwickelt wie nirgends sonst auf der Welt. Die berühmten spektakulären Sportveranstaltungen, die einstens die Zuschauer erschauern ließen — wie etwa beim Rodeo oder dem amerikanischen *football* — sind sehr gemildert worden. Das rücksichtslos unbekümmerte, das unerschrockene Amerika der hohen körperlichen Risiken und der Geringschätzung menschlichen Lebens existiert nicht mehr.

Noch vor kaum hundert Jahren war der Amerikaner fähig, unglaubliche Unbilden zu ertragen. Die Geschichte der Pioniere ist eines der großen Kapitel menschlichen Wagens und Erduldens. Sogar in den Städten war der Amerikaner lange Zeit bereit, alles zu riskieren, um den kürzesten Weg zum Erfolg zu finden. Das Leben war ein erbarmungsloser Kampf, und keiner erwartete für sich mehr Mitleid, wenn er fiel, als er für die empfand, die er unterwegs niedertrat. Alle europäischen Schriftsteller haben diese amerikanische Gesellschaft beschrieben, die nur für die Starken gemacht schien, ein Schrecken war für die

Schwachen und symbolisiert durch das Stürmen der Straßenbahn am Broadway — eine Gesellschaft, auf deren atemlosem Marsch Hekatomben sozialen Strandguts liegenblieben, eine Gesellschaft, die unaufhörlich ein Nebeneinander brillanter Erfolge und brutalen Scheiterns möglich machte — erbarmungslos, skrupellos, unmenschlich. Und das Merkwürdigste ist, daß es europäische Schriftsteller gibt, die fortfahren, sie so zu beschreiben, und sie scheinen es mit aller erdenklichen Gutgläubigkeit zu tun, obwohl es doch diese amerikanische Gesellschaft gar nicht mehr gibt!

Das heutige Amerika widersetzt sich dem Abenteuer, meidet das Risiko und scheut das Unbequeme. Der Amerikaner, der stets bereit ist, sich auf die tollkühnsten Unternehmungen einzulassen, der heute ein Vermögen verdient und es morgen wieder verliert, Krisen hinnimmt wie der Seemann eine Sturmbö, sich nur auf sich selbst verläßt und aus einem Mißgeschick wieder hochspringt wie ein Tennisball — dieser Amerikaner ist aus dem Bild des wirklichen Amerika von heute beinahe ebenso vollständig verschwunden wie die Lokomotiven mit dem trichterförmigen Rauchfang im Fernwest von einst. Auf Industriekongressen wird immer wieder festgestellt, wie schwierig es heutzutage sei, junge Geschäftsleute zu finden, die darauf brennen, sich auf eine neuartige Laufbahn zu werfen, oder auch nur genügend mutige Exekutivkräfte, die bereit sind, ihren persönlichen Erfolg mit dem einer Neuerung zu koppeln. Die Männer, deren Aufgabe es ist, Ingenieure oder künftige Führungskräfte in die Universitäten einzuschleusen, berichten alle, daß eine der ersten Fragen, die ihnen gestellt werden — und zwar von zwanzig- bis fünfundzwanzigjährigen Jünglingen! — die folgende ist: »*What is your pension plan?*« Die Zeitungsjungen auf den Straßen haben zu glauben aufgehört, daß sie eine Million Dollar in ihrem Zeitungspacken mit herumtragen, wie die Soldaten Napoleons glaubten, den Marschallstab im Tornister zu haben. Und die Romane von Horatio Alger, in denen die braven Jungen, die es verdienten, mit einem Vermögen belohnt wurden, sind nicht mehr das Brevier der heutigen Jugend. Der amerikanische Zeitgenosse zieht bescheidenen, aber sicheren Gewinn, eine gesicherte Position und regelmäßige Aufbesserung dem berauschenden Spiel mit dem Glück vor — zum Teil wohl deshalb, weil der Steuereinnehmer dabei mitspielt und zuletzt mehr gewinnt. Das bringt die Amerikaner jenen administrativen Karrieren näher, die ihre Vorväter mit so viel Verachtung betrachteten. In der Ära McKinley war es schwierig, die notwendigen administrativen Stellen zu besetzen, obwohl es damals nur den hundertsten Teil des Bedarfs an Büromenschen in Amerika gab als heute. Und heute fällt es nicht schwer, die benötigten Horden von Angestellten für 6000 bis 8000 Dollar jährlich zu bekommen.

Die amerikanische Typologie hat sich verändert. Der klassische Held war der schroffe Einzelgänger, der rauhe Individualist, der sich mit Ellbogen den Weg bahnt, im Scheitern wie im Gelingen ein aggressives Selbstbewußtsein bewahrt und sich kein Blatt vor den Mund nimmt. Man feiert ihn immer noch als den Erbauer der Nation; aber der Prototyp des neuen Amerika ist weit mehr *the well rounded man,* der wohlbeleibte Mann und Konformist im Geist, im Alltag und im Beruf, beliebt als Nachbar, geschätzt im Berufskreis wegen seines Team-Geistes und seines ausgeglichenen Wesens. Die Bosse der Großunternehmen waren im Anfang auch ihre Gründer, sodann große Techniker, die ohne Erbarmen Mensch und Maschine das Äußerste abforderten. Heute sind sie alle *Organization men,* und die Geschichte ihrer Erfolge läßt weit mehr ihre Anpassungsfähigkeit an ihre Umgebung erkennen als die Fähigkeit, Umwälzungen zu verursachen. Sie haben wenig Grund, ihren Untergebenen Scheu vor dem Risiko vorzuwerfen, da sie es doch selber scheuen und lieber behende verwalten als schöpferisch verändern.

Bis zu einem gewissen Grad erklärt sich die Verlangsamung des amerikanischen Tempos aus dem Wohlstand. Die Europäer machen große Augen, wenn man ihnen begreiflich machen will, daß der andere Kontinent und nicht der ihrige das Land des angenehmen Lebens geworden ist. Sie bestreiten das mit Hilfe subjektiver Urteile; aber die Tatsachen sprechen für sich. Nirgends ist es so leicht, sich mit der geringsten Anstrengung ein zufriedenstellendes Existenzminimum zu verschaffen wie in Amerika. Das Pensionssystem enthebt den sich mit einem anständigen materiellen Mittelmaß bescheidenden Menschen aller finanziellen Angst und Sorge. Die kleinen Amerikaner, die behütet, verteidigt und organisiert in einem Häuschen mit grünem Rasen davor leben, das ihr Eigentum ist, vor dem ihr eigenes Auto steht — die ihren Fernsehapparat, eine wohlassortierte Garderobe und ein Päckchen Schatzscheine im Schrank oder Aktien beim Makler besitzen, können sich in Zufriedenheit ergehen und ihr Leben genießen, das vielleicht ein wenig fad, aber doch rundum angenehm ist. Vorausgesetzt, daß die Erschütterungen der Nation sie je erreicht haben sollten, sind sie ihnen seit langem und für immer entrückt. Wenn man um keinen Preis wahrhaben will, daß sie glücklich sind, muß man sich schon mit der Behauptung abfinden, daß die Amerikaner die Fähigkeit zum Glücklichsein in geringerem Ausmaß besitzen als andere Menschen. Aber damit gerät die Diskussion ins Metaphysische.

Amerika hat aufgehört, das Land der heroischen Anstrengungen und der großen Spannungen zu sein. Amerika ist auch nicht mehr das Land, wo die Effizienz auf der Einfachheit der sozialen Zusammenhänge und Beziehungen beruhte. Überorganisation herrscht offensichtlich auf allen Gebieten, die wissenschaftliche Forschung eingeschlossen. Ein üppiges Parasitentum hat sich in Gestalt von Millionen Beratern, Anwälten und Experten entwickelt, die sich anmaßen, die Amerikaner in allen Lebenslagen zu belehren und zu beeinflussen. Alles wird fort und fort komplizierter und schwerfälliger in einer Gesellschaft, die ihren überwältigenden Erfolg ihrer expeditiven Eigenart verdankte.

Es kommt hinzu, daß Amerika Hemmnisse und Belastungen hinnehmen mußte, die eine lange Zeit europäischen Nationen vorbehalten blieben, die in internationale Kämpfe und alte innere Probleme verwickelt waren: die zunehmende Verbürokratisierung und Zentralisierung, die um sich greifende Sozialisierung, das Wachstum der sozialen Einrichtungen — nicht zu vergessen auch den bewaffneten Frieden und die allgemeine Wehrpflicht. Kraft und Schwung des amerikanischen Volkes sind in einer Gesellschaft gehemmt und verlangsamt worden, die nicht annähernd mehr so beweglich ist wie früher einmal. Der Individualismus ist gottlob nicht tot; aber die Organisation ist übermächtig geworden. Amerika brodelt nicht mehr.

Das bedeutet, daß Amerika eine wichtige Etappe seines nationalen Daseins hinter sich gelassen hat. Eines der besonders irreführenden Schlagworte der Europäer bezüglich Amerika ist das von seiner »Jugend«. Der Europäer — und besonders jener, der sich zur Kategorie der Intellektuellen zählt — spricht zu Amerikanern, wie wenn sie kleine Kinder wären. »Der Beweis, daß ihr jung seid«, habe ich Jean Cocteau in einem Vortrag zu ihnen sagen hören, »ist, daß ihr Milch trinkt.« Ich befürchte, daß die Mehrzahl der Beispiele, die man für die Jugendlichkeit Amerikas anzuführen weiß, nicht mehr wert ist als diese Eselei eines Schöngeistes.

Jung im eigentlichen Sinn des Wortes ist Amerika gewesen. Solange das Bevölkerungswachstum vom Zustrom der Einwanderer stammte, war der Bevölkerungsanteil von Menschen in den ersten Lebensdekaden (so wie heute in Israel) abnormal hoch. Aber die Alterspyramide hat sich beträchtlich gewandelt, seit Amerika beinahe ausschließlich aus sich heraus für sein Bevölkerungswachstum sorgt. Im Jahr 1850 waren 52,5 Prozent der Amerikaner unter 20 und nur 11,4 Prozent über 45 Jahre alt. Hundertzwanzig Jahre später ist die erstere Zahl auf 30,3 Prozent gesunken und die zweite auf 31,8 Prozent gestiegen. Die zunehmende Lebenserwartung überlastet die Vereinigten Staaten mit reifen Menschen und stellt mit aller Schärfe das Problem der Pensionsreifen. Amerika hat aufgehört, »jünger« zu sein als die meisten europäischen Länder, und fängt an »älter« zu werden als sie.

Alter oder Jugend eines Volkes ist eine konkrete Gegebenheit, wenn man seine Alterspyramide zugrunde legt. Alles übrige bleibt vage Spekulation. Amerika ist »jung«, weil es weniger Geschichte hat als Europa, das seinerseits weniger hat als Asien; aber die Menschen, die es bevölkert haben, sind doch nicht aus dem Nichts gekommen, als sie sein Festland betraten. Sie kamen vielmehr aus »alten« Nationen, brachten ihre jeweiligen Atavismen mit, und es ist daher nicht einzusehen, warum ein Ire, der in Boston geboren ist, »jünger« sein sollte als einer, der in Tipperary zur Welt kam. Es mag sein, daß er »jugendgemäßer« aufgewachsen ist, als die sozialen Voraussetzungen in der Neuen Welt noch nicht verfestigt waren, als es noch reichliche Möglichkeiten gab, rasch sein Glück zu machen, und als sich dem Kühnen noch unberührte Weiten erschlossen. Diese Zeiten sind vorbei. Wenn die soziale Beweglichkeit der Maßstab ist, an dem man die Jugend eines Volkes messen will, dann hat sich der Altersunterschied zwischen Amerika und Europa weitgehend ausgeglichen.

Natürlich kann man Gründe finden, welche die Amerikaner in den Augen der Europäer »jung« erscheinen lassen. Mit ihren um vieles reicheren Mitteln haben sie sich mehr Beherztheit und Zuversicht bewahrt. Sie sind in aller Regel frei von Zynismus, der ein wesentlicher Bestandteil des französischen Charakters wie des englischen schwarzen Humors und der zänkischen deutschen Neurasthenie ist. Die Mißgunst, von der die sozialen Beziehungen in Europa durchsetzt sind, ist bei den Amerikanern nur in einem unendlich viel kleineren Ausmaß vorhanden. Letztere geben sich daher einen gewissen Anstrich von Harmlosigkeit, den sie häufig durch demonstrative Fröhlichkeit noch besonders betonen. Dazu kommt eine übersteigerte Großmut in ihrer Einschätzung alles Geistigen. Es wäre dennoch unbegründet, wollte man hieraus die Berechtigung ableiten, sie als »große Kinder« zu bezeichnen, eine Qualifikation, die für so viele Europäer eine völlig ausreichende Charakterisierung ihrer psychologischen Struktur bedeutet.

Amerika ist gealtert, ist disziplinierter geworden und hat sich in gewisser Weise gemäßigt. Es hat den wirtschaftlichen Individualismus gezügelt und zum Teil sogar zunichte gemacht, obwohl es ihm doch seine Erfolge verdankt. Es ist weit weniger ein Land, wo ein Riese das Goldene Vlies erringen kann, und weit mehr ein Land, wo die kleinen Leute glücklich sind. Es hat korrigiert, was an ihm unmenschlich und zuweilen ungeheuerlich war. Es wird nicht mehr von Wallstreet beherrscht, wovon die Kommunisten und die Einfaltspinsel immer noch hartnäckig faseln. Die führenden Köpfe der Großunternehmungen sind immer seltener auch die Eigentümer, sondern mehr und mehr leitende Angestellte. Niemand ist mehr »König« von irgend etwas — ausgenommen die Gewerkschaftsführer, die zu Königen der Arbeiter geworden sind. Amerika ist viel weniger farbig, viel weniger überschäumend, viel weniger unerschrocken, viel weniger amerikanisch als früher. Sein Volk nimmt an Zahl, Körpergröße, Muskelkraft und Intelligenz zu, aber an Ausdauer und Selbstverleugnung ab. Seine Schriftsteller, die zu Anfang Barden waren, die seinen Ruhm verkündeten, sind zu Kritikern geworden, die seine Unvollkommenheiten rücksichtslos und oft ungerecht darstellen. Nimmt man alle diese und noch viele andere Wesenszüge zusammen, wird man eine gemeinsame Bedeutung finden: die Reife. Amerika ist erwachsen, körperlich und geistig erwachsen.

*

Die wirtschaftlichen und monetären Wechselfälle, die Amerika zwischen 1960 und 1973 durchgemacht hat, haben zu zahlreichen Irrtümern geführt. Viele haben für eine Dämmerung gehalten, was doch nur eine mit harter Arbeit verbundene Anpassung an eine Neuordnung war.

Amerika hatte sich nach dem Sieg von 1945 allzu viele Lasten aufgebürdet; denn nur im Mythos konnte Atlas die Weltkugel tragen, ohne zu straucheln. Nachdem Amerika in den Krieg hineingezogen worden war, mußte es auch noch die Ruinen wiederaufbauen, die es hinterlassen hatte. Die Feinde von gestern, denen es den Wiederaufbau ermöglichte, bewiesen den Erfolg, indem sie es mit ihren Erzeugnissen überschütteten. Aus dem Dollar hatte es die Weltwährung gemacht, die durch den Goldstandard unveränderlich fest zu sein schien, und zugleich geglaubt, dem westlichen Wirtschaftssystem damit eine unerschütterliche Grundlage zu geben. Im übrigen hat sich Amerika nicht versagt, aus der ungewöhnlichen Situation, die es geschaffen hatte, auch für sich selber Nutzen zu ziehen. Ohne den Imperialismus eigentlich erstrebt zu haben, wurde es in eine entsprechende Lage hineingezogen und ließ sich auch von deren Annehmlichkeiten einigermaßen benebeln. Aber der Imperialismus — und davon weiß Europa ein Lied zu singen — ist eine schwerere Last für den, der ihn ausübt, als für jene, auf die er ausgeübt wird.

In wenigen Jahren — fast könnte man sagen, in ein paar Monaten — hat Amerika seine Position berichtigt. Zwei kleine Abwertungen bedeuteten zwar die Abdankung des Dollars, haben aber genügt, um die Auslandskonten der Vereinigten Staaten in Ordnung zu bringen. Die Aussöhnung mit Rußland hat eine Art weltweit wirkendes Gemeinschaftsregiment der beiden Supermächte entstehen lassen und ein begrenztes Disengagement der Amerikaner möglich gemacht. Die Verknappung und schwindelerregende Verteuerung des Erdöls haben den Konkurrenten Europa und Japan einen schweren Schlag versetzt. Für Amerika eröffnen sich daraus zwar Wege zu gigantischen industriellen Entwicklungen, die aber in der Folge zu einer Wiederherstellung autarkistischer Möglichkeiten führen könnten.

Im Innern hat sich Amerika beruhigt. Alle Spannungen haben nachgelassen; die Universitäten funktionieren wieder; das Gespenst der Unsicherheit ist gebannt; die Pornowelle ist abgeebbt; das Rassenproblem hat sich entkrampft. Auch das Antlitz New Yorks ist wieder freundlicher. Die energietechnischen Beschränkungen ziehen nur mehr unbedeutende Benachteiligungen nach sich, durch welche die wesentlich wichtigen Tätigkeiten der Nation nicht berührt werden.

Nach außen hat Amerika im Bereich der westlichen Welt eine Stärkung erfahren. Die Unfähigkeit Europas, seine politische Einheit zu verwirklichen, läßt die Hoffnung auf eine Entwicklung des Atlantischen Bündnisses in Richtung des Zusammengehens zweier gleichrangiger Partner auf Null zusammenschrumpfen. Amerika bleibt Lehnsherr, und die vereinzelten europäischen Staaten bleiben Vasallen, die tributpflichtig sind für ihre Sicherheit und morgen auch für die Basis ihrer wirtschaftlichen Lebensfähigkeit. Die Rückkehr zu einer der unmittelbaren Nachkriegssituation ähnlichen Lage hat sich mit erschreckender Schnelligkeit vollzogen. Dank der Nachwirkungen des Kolonialsystems mit seinen billigen Energie- und Rohstoffpreisen hatte man die

Tatsache aus dem Auge verloren, daß die Kraft der Nationen in entscheidender Weise von ihrem Eigenbesitz abhängig ist und daß die einzigen Reiche von Dauer die Kontinentalreiche sind. Von einem Atomkrieg abgesehen, hat Amerika nichts zu fürchten, weil es Herr seiner Hilfsquellen ist und sich allen Schwierigkeiten anpassen kann. Es hat schon viele Fehlurteile über sich ergehen lassen müssen. Das vom Koloß auf tönernen Füßen ist mit Sicherheit das verfehlteste.

VERSUCH EINER ZUKUNFTSPERSPEKTIVE
AMERIKAS WENDUNG NACH INNEN

Wer heute, kurz nachdem das zwanzigste Jahrhundert seinen Höhepunkt überschritten hat und der Beginn eines neuen Millenniums in der Reichweite mancher Lebensspanne liegt, über die Zukunft Amerikas und der Amerikaner nachdenkt, neigt meist viel zu ausschließlich dazu, dieses erstaunliche Land und seine Bewohner als aktive, dynamisch nach außen drängende und die Umwelt immer stärker beeinflussende Kraft zu sehen. Es will den Völkern der Alten Welt nach zwei großen Kriegen, die von Amerikas steigender Macht zeugten, nicht mehr in den Sinn, daß es nicht nur ein energisch handelndes und alles, was in seine Reichweite kommt, umgestaltendes, sondern auch ein zweifelndes, in sich gekehrtes Amerika geben könne, nicht nur ein Amerika, das hilft, sondern auch eines, das selbst Hilfe und Rat brauchen könnte.

Gewiß — dieses suchende, tastende Amerika wird vom prometheischen Amerika überschattet, das von »immer neuen Erkenntnissen« zu »immer besseren Erzeugnissen« vorwärtszustürmen scheint. Und doch ist es da, bemüht sich um Beachtung, wird sie sich endlich sogar erzwingen. Heute erscheint ein müßiger, verträumter, unpraktischer Amerikaner beinah unvorstellbar, so sehr haben sich die Leistungsfanatiker, die Himmelsstürmer und Alleskönner in den Vordergrund geschoben. Ein Amerikaner, der den Erfolg für unwichtig hält? Ein Amerikaner, der nachsinnt, statt zu handeln, der phantasiert, ohne seine Ideen sofort als Erfindungen marktfähig und ausmünzbar zu machen? Welch paradoxes unwahrscheinliches Geschöpf! Immerhin haben wir im Laufe der letzten Jahrzehnte manche früher für kaum möglich gehaltene Wandlung nationaler Stereotypen erlebt. Wer hätte gedacht, daß der russische Muschik zum pünktlichen Arbeiter erzogen werden könne? Wer hätte es für möglich gehalten, daß orientalische Menschen ihren Fatalismus abwerfen und mit überraschender Entschlossenheit die Umgestaltung ihres Schicksals in die Hand nehmen würden? Wir haben heute Lazzaroni, die Überstunden machen. Weshalb sollte da nicht auch im Laufe der Zeit der »efficiency«-gläubige Amerikaner — den umgekehrten Entwicklungsweg beschreitend — die Wonnen des »dolce far niente« kennenlernen?

Tatsächlich deutet schon heute vieles gerade auf eine solche Entwicklung hin. Zwar trifft es zu, daß Amerika seit nun bald zwei Jahrzehnten mehr und mehr hervorbringt, gleichzeitig aber konnte infolge besserer Produktionsmethoden die Arbeitszeit verkürzt werden. Längere Feierabende und Weekends, bezahlte Ferien, durch Staats- und Wirtschaftspension gesichertes Alter waren die Früchte einer langen Prosperitätsperiode. Damit stellt sich der amerikanischen Gesellschaft nun eine geschichtlich ganz neue Aufgabe: die sinnvolle Gestaltung des Lebens *nach* der Befriedigung jener physischen und materiellen Bedürfnisse, die im Mittelpunkt jahrtausendelangen menschlichen Strebens standen.

War es bisher die Not und die immerwährende Bemühung um ihre Beseitigung, welche entscheidend gesellschaftliche und geschichtliche Antriebe gab, so ist es nun die Fülle, die bewältigt werden will. In Zeitaltern, da die große Masse der Bevölkerung um Nahrung, Kleidung, Wohnung und vielleicht noch ein wenig Freizeit kämpfte, bot sich ihr kaum Gelegenheit zur Langeweile. Nun mit einem Male ist ein Überangebot von Muße da. Die Ära des materiellen Überflusses bringt nicht, wie ihre Propheten stets verkündeten, den Zustand von paradiesischem Glück mit sich, sondern eher eine merkwürdige Unzufriedenheit, eine Ratlosigkeit, die oft so quälend ist wie Hunger, Durst oder Kälte.

Der Amerikaner, der sich langweilt, der, obwohl ihm zu seinem körperlichen Wohlbefinden nichts fehlt, sich nicht gut zu fühlen scheint, ist vielen Europäern seit dem Ende des Zweiten Weltkrieges beinahe vertrauter als seinen eigenen Landsleuten. Man hat in Paris und Rom, in München und London jene amerikanischen Soldaten auf Urlaub gesehen, die mit der »Zeit an der Hand« nichts Rechtes anzufangen wissen. Sie sind gut ernährt, befriedigend untergebracht, sie haben meist mehr als genug Soldgeld in den Taschen, und doch sehen sie oft so unbeschreiblich unglücklich aus, eine Stimmung, die sie gelegentlich recht wenig erfolgreich durch künstliche »Begeisterung« und lauten »Betrieb« zu übertäuben hoffen.

Ich habe aus Sympathie und Dankbarkeit diese so verloren an den Straßenecken herumstehenden, auf den Barstühlen des von ihnen befreiten Europa trübe hockenden jungen Männer öfter angesprochen.

War es Heimweh, das sie plagte? War es der Militärdienst, der sie verdroß? Gewiß — das spielte eine Rolle. Aber am überzeugendsten sprach ein aus den Südstaaten stammender Sergeant zu mir, den ich im Jahre nach dem Waffenstillstand auf dem Boulevard des Capucines in Paris traf. Da stand er, der Riesenkerl, einsam, mürrisch, apathisch wirkend, wortlos mitten im Strom von angeregt, aufgeregt redenden und hastenden Menschen, deren Gesichter und Kleider die Spuren des harten, oft nur mit List zu bewältigenden Lebenskampfes trugen, und knurrte voller Neid: »Wenn ich nur ein paar von den Sorgen dieser Leute hätte. Dann wüßte ich wenigstens, was ich mit mir anfangen soll.«

Wäre es möglich, so kann man sich fragen, daß Prometheus für seinen freventlichen Himmelssturm zur ewigen Folter durch die Langeweile verurteilt wird? Könnte es sein, daß die Ruhelosen die Fähigkeit verlieren friedlich zu sein und nur um der Monotonie zu entfliehen, sich in gefährliche schmerzliche Konflikte stürzen? Noch ist zwar dem durchschnittlichen amerikanischen Bürger nicht jeder Grad von materieller Saturiertheit (bei gleichzeitigem zeitweisem Freiheitsverzicht) gesichert wie dem amerikanischen Soldaten, aber es naht sich immerhin schon für eine mit jedem Prosperitätsjahr wachsende Zahl von Millionen dieses Problem der unbewältigten, ja oft beinahe gefürchteten Freizeit. Die amerikanischen Soziologen Reuel Denney und David Riesman haben dazu bemerkt: »Es läßt sich bestimmt die Ansicht vertreten, wir seien zu schnell zu ›reich‹ an Freizeit geworden und benähmen uns jetzt so ungeschickt und stillos wie Parvenus. Und es ist klar, daß viele Leute, vielleicht öfter unbewußt als bewußt, sich in anstrengende Arbeit — ja sogar in Krieg — flüchten, nur um der Qual der Wahl zu entgehen, die ihnen durch einen Überfluß an Muße geboten wird.«

Vielleicht könnte man diese neue gesellschaftliche Krisenerscheinung, die von Vollbeschäftigung und Prosperität nicht beseitigt werden kann, sondern gerade in »fetten Jahren« stärker spürbar wird als in »mageren Jahren«, als »Arbeitslosigkeit der Seelen« bezeichnen. Sie ergreift den Menschen oft schon im hochgradig mechanisierten oder an eine bestimmte nicht von ihm selbst erdachte Routine gebundenen Arbeitsprozeß. Denn es wird bei der jetzigen Wegrichtung des technischen Fortschritts mit jedem Jahre deutlicher, daß die Bewältigung quantitativ stets größerer produktiver Leistungen immer weniger Menschen schöpferische Arbeit, geschweige denn schöpferische Erfüllung erlaubt. Eine neue Sozialgliederung entsteht derart, in der diejenigen, die selbst planen, disponieren, produktiv sind, zu den an seelischer Befriedigung »Habenden« zu rechnen sind, denen aber die ungleich größere Masse der seelisch unbefriedigten »Nichthabenden« gegenübersteht, welche ausführen müssen, was man ihnen vorschreibt. In dieser Wertskala kann sehr oft der materiell Arme oder gerade nur das Lebensnotwendige Verdienende »reicher« sein als der Großverdiener, ein Scherenschleifer oder Holzschnitzer mit vollem Recht zufriedener sein als ein an strikte Regeln gebundener höherer Verwaltungsbeamter.

Der moderne amerikanische Amüsementbetrieb, die sogenannten »mass media« wie Film, Radio, Fernsehen, Magazine und der Zuschauersport bemühen sich zwar, dem einzelnen die Last seiner Muße zu erleichtern, können ihm aber letztlich doch keine wirkliche Befriedigung verschaffen. Denn er bleibt auch hier passiv, erlebt nur nach, was andere für ihn erdachten und ihm vorspielen. Auch beim modernen Zeitvertreib bleibt seine Seele arbeitslos, wird die jedem Menschen mitgegebene schöpferische Kraft vielleicht manchmal angesprochen, aber nie auf die Probe gestellt. Der Soziologe C. Wright Mills bemerkt dazu: »Als mehr und mehr Leute die Möglichkeit zur Muße erhielten, wurden die Methoden der Massenproduktion für das Amüsement angewandt wie vorher für die Arbeit. Der auffallendste Zug des gesellschaftlichen Lebens im heutigen Amerika sind seine Massen-Freizeitaktivitäten. Die wichtigsten Charakteristiken aller dieser ›Tätigkeiten‹ bestehen darin, daß sie erstaunen, erregen und ablenken, aber sie bereichern weder das Denken noch das Gefühl . . . Das Amüsement hohler Menschen entspringt ihrer eigenen Hohlheit und füllt sie nicht auf, es beruhigt und entspannt sie nicht, wie frühere Vergnügungen und Späße es fertiggebracht haben mögen. Ihre Mußestunden sind dazu da, sie durch die Mühle passiven Vergnügens an falschem Glanz und künstlichen Sensationen von der Mühle ihrer Arbeit abzulenken . . .«

Es ist anzunehmen, daß Amerika auch in Zukunft versuchen wird, sich die Natur noch vollständiger zu unterwerfen und neben der gewachsenen Natur eine zweite rational funktionierende »Natur« zu schaffen. Aber die schnellere und mühelosere Bewältigung immer größerer Distanzen auf dieser Erde und vielleicht sogar im Weltenraum, die Erschließung neuer Energiequellen, die Schaffung neuer künstlicher Materie, ja vielleicht des Lebens selbst, wird vermutlich an Bedeutung verlieren, wenn nicht sogar in katastrophaler Weise scheitern, falls nicht zugleich die viel näher liegende und immer dringlicher werdende Bemühung um die »Innenwelt« des Menschen gewagt wird. Denn was würde die Verwandlung aller Wüsten in Gärten nützen, wenn als unvorhergesehene Konsequenz einer immer mehr Menschen zu passiver Arbeit und passiver Muße verurteilenden Technik die Quellen der Phantasie allmählich versiegen, die schöpferischen Kräfte ungenutzt verdorren und inmitten einer blühenden Außenwelt dann Menschen vegetieren, deren Inneres unfruchtbar wurde?

Der praktische Sinn der Amerikaner bemüht sich nun seit Jahren schon intensiv und ohne Programm, mit diesen neuen Problemen fertigzuwerden. Millionen haben angefangen, am langen Feierabend und über das Wochenende zu gärtnern. Sie verlassen ihre Stadtwohnungen, siedeln sich am Rande der Metropolen an, wo Blumen, Gemüse, Obst und — Kinder besser gedeihen. Viele begnügen sich nicht einmal mit dem Garten, sondern erwerben Ackerland dazu, das sie mit Hilfe moderner Maschinen nach dem Ende der Büroarbeit bebauen. So groß ist die Zahl dieser sogenannten »Sonnenuntergangs-Farmer« geworden, daß eine ganze Industrie entstanden ist, die den »sundowners« die notwendigen Geräte verkauft. Zwanzig Millionen Amerikaner gehen regelmäßig auf die Jagd, fast ebenso viele haben mit Begeisterung den Gedanken des »Do it yourself« aufgegriffen. Sie schreinern sich ihre eigenen Möbel, basteln in ihren privaten Werkstätten, drehen sich auf primitiven Scheiben eigene Tontöpfe, bauen sich sogar ohne Hilfe von Berufsfachleuten ganze Häuser.

In dieser Tätigkeit ist bereits eine Abwendung vom Zweckmäßigkeitsgedanken und »efficiency«-Gedanken zu sehen. Die krude selbstgefertigte Kommode kommt weder so billig zu stehen, noch ist sie so vollendet wie der Massenartikel, das selbstgezüchtete Gemüse, das von der Jagd heimgebrachte Wild, die Eier und die Milch aus dem »eigenen Stall« sind, wenn man genau kalkuliert, finanziell weniger vorteilhaft für die Familie als die im Laden gekaufte Ware. Aber sie stellen eine »seelische Notwendigkeit« für ihren Hersteller dar, stillen eine ganz andere Art von Hunger. Sie machen ihm Freude, halten ihn gesund, erlauben ihm nach seiner im Brotberuf fast unvermeidlichen Langeweile und Passivität nun Abenteuer und befriedigende Aktivität.

Die Amateurfarmer, Bastler, Sonntagsjäger wollen das übrigens oft nicht zugeben. Sie glauben, daß sie durch ihre »praktische« Feierabendtätigkeit das Familienbudget entlasten. Das ist eine aus puritanischer Tradition entspringende Illusion, welche eine andere Gruppe von

Amateuren schon nicht mehr braucht, um ihre Freizeitbeschäftigung zu rechtfertigen. Das sind die Millionen Sonntagsmaler, die mit jedem Jahr an Zahl wachsenden Freunde der Hausmusik, die Laienschriftsteller und Philosophen aus Liebhaberei. Wenn auch der Großteil dieser Kulturbeflissenen heute noch bewußt oder unbewußt einfach Klischees nachahmt, so wird hier vielleicht doch der Boden für künftige Generationen origineller wirklich schöpferischer Künstler und Denker geschaffen.

Aber selbst diese bisher höchste Stufe der Freizeitbeschäftigung ist immer noch von dem amerikanischen Credo besessen, daß etwas geleistet, etwas hervorgebracht werden müsse, um die Muße zu rechtfertigen. Die indische Schriftstellerin Miss Rama Rau sagte auf einer von den Corning-Glaswerken veranstalteten Tagung, die sich mit den Problemen der Zivilisation im industriellen Zeitalter befaßte: »Ich halte es für ein Unglück, daß man für den Mann keinen Respekt mehr hat, der einfach in seinem Schaukelstuhl sitzt und nachdenkt, wenn ihm danach ist, oder der einfach nichts tut. Ich glaube, diese Unruhe, das ist die Krankheit, die allem zugrunde liegt.«

Erstaunlicherweise stimmten die meisten anderen Teilnehmer der »Round Table« zu: amerikanische Manager, Geschäftsleute, Soziologen, alles Tat- und Erfolgsmenschen reinsten Kalibers, sahen ein, daß ruhige Selbstbesinnung, stiller Lebensgenuß, der schöpferische Pausen biete, für Amerika und die geistige Gesundheit seiner Bewohner von immer größerer Wichtigkeit würden. »Wir müssen überhaupt erst lernen, mit Anstand müßig zu sein und das Leben zu genießen. Eine Umstellung ist nötig.« Das war die Meinung der Diskussionsteilnehmer in Corning.

Hier kündigt sich eine Wendung für Amerika an, die wichtiger sein könnte als alle »weltumstürzenden« Errungenschaften künftiger Supertechnik. Ein nachdenkliches, ein philosophierendes, kulturschaffendes und kulturgenießendes Amerika, dessen Menschen einen heute unvorstellbaren Grad von echtem Glück und wirklicher Zufriedenheit erreichen könnten, ist ebenso eine Möglichkeit, die sich aus dem Zeitalter des Überflusses und der Muße ergeben kann, wie eine Ära der Massen-Neurosen, der Massen-Verführung und des Massen-Rausches, die Aldous Huxley in »Wackere neue Welt« vorhersah.

Vielleicht könnte Europa, das so viele materielle Hilfe von Amerika erhalten hat, an diesem Kreuzweg einmal durch Gegenhilfe seinen Dank abstatten. Denn mit einer »Wendung nach innen« nähert sich

Amerika den Werten der »Alten Welt«, kann es mit jener Kraft und Fülle, jener Begeisterungsfähigkeit und Frische, wie sie aus fast jeder Seite des großen Panoramas von Raymond Cartier zu uns spricht, eine höhere Blüte erreichen, die erst die wirkliche Erfüllung jeder Zivilisation bedeutet. Diese Entwicklung aus eigener langer geschichtlicher Erfahrung zu fördern oder aber durch Hinweise auf eigene tragische Fehlentwicklungen (wie Nationalismus und Militarismus) vor falschen Idealen zu warnen, ist heute die wichtige Aufgabe der alten Kulturvölker gegenüber der »Neuen Welt«. Weder kritiklose Amerika-Begeisterung noch steriler Antiamerikanismus, weder die Anbetung technischer Errungenschaften noch der billige Spott über »kulturelle Barbarei«, sondern verständnisvolle Kritik gepaart mit liebevollem bescheidenem Rate steht heute dem Mutterkontinent Europa gegenüber dem mächtig entwickelten Sprößling auf der anderen Seite des Atlantik an. Als eine solche Bemühung erscheint mir das vorliegende Buch. Denn es versucht, Amerika nicht einseitig, sondern von möglichst vielen Seiten zu sehen, dem großen Lande gerecht zu werden und den Europäern einen in dieser Vollständigkeit bisher kaum gebotenen Begriff von den Vereinigten Staaten zu vermitteln.

Salzburg, im März 1954 *Robert Jungk*

PERSONEN-, ORTS- UND SACHREGISTER

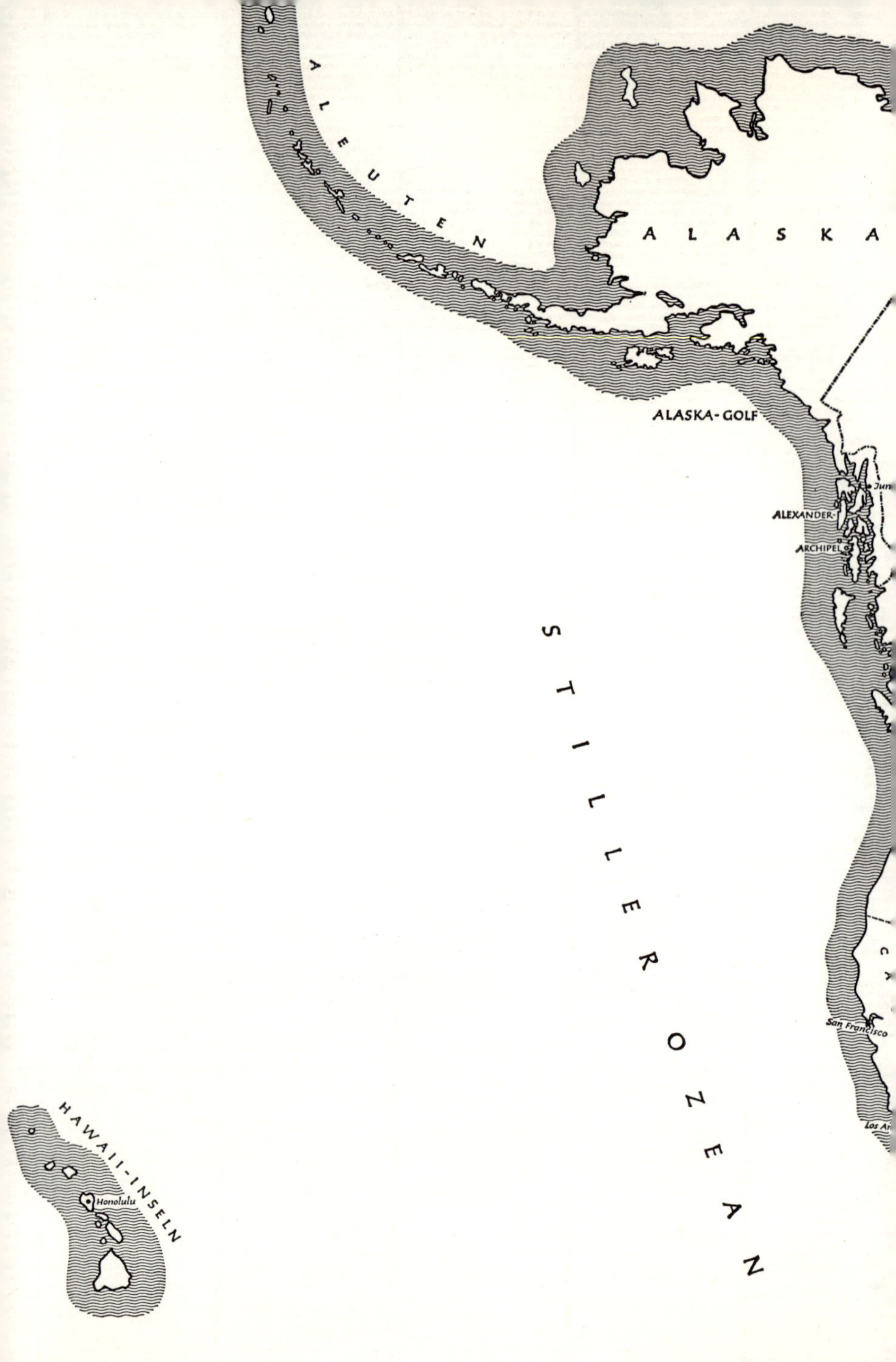
ALEUTEN
ALASKA
ALASKA-GOLF
ALEXANDER-
ARCHIPEL
STILLER OZEAN
San Francisco
HAWAII-INSELN
Honolulu